Stefan Weispfennig
Der gewünschte Konsument

D1663757

Stefan Weispfennig, geb. 1990, forscht zur jüngsten Zeitgeschichte. Der Historiker promovierte am Forschungszentrum Europa der Universität Trier. Sein Schwerpunkt ist die Konsumentengesellschaft nach dem Boom.

Stefan Weispfennig

Der gewünschte Konsument

Zur Entstehung des politischen Konsums

[transcript]

Dissertation am Fachbereich III der Universität Trier

Bibliografische Information der Deutschen Nationalbibliothek

Die Deutsche Nationalbibliothek verzeichnet diese Publikation in der Deutschen Nationalbibliografie; detaillierte bibliografische Daten sind im Internet über https://dnb.dnb.de/ abrufbar.

Umschlaggestaltung: Jan Gerbach, Bielefeld
Umschlagabbildung: Foto von Gabrielle Ribeiro auf Unsplash
Druck: Majuskel Medienproduktion GmbH, Wetzlar
https://doi.org/10.14361/9783839471586
Print-ISBN: 978-3-8376-7158-2
PDF-ISBN: 978-3-8394-7158-6
Buchreihen-ISSN: 2702-9409
Buchreihen-eISSN: 2702-9417

Gedruckt auf alterungsbeständigem Papier mit chlorfrei gebleichtem Zellstoff.

Inhalt

Danksagung

In der langen Zeit meiner Promotion hatte ich das Glück, von vielen Menschen unterstützt worden zu sein, denen ich danken möchte. Zunächst gilt mein Dank meinem Doktorvater Morten Reitmayer, der mit großer Geduld und vielen Anstößen meinen gedanklichen Horizont erweitert hat. Auch möchte ich meinem Zweitgutachter, Lutz Raphael, für seine Unterstützung danken.

Einen großen Anteil an der Realisierung meines Projektes haben auch das Forschungszentrum Europa an der Universität Trier sowie die Promotionsförderung der Friedrich-Ebert-Stiftung. Julian Lechner, Simone Stöhr und Markus Trömmer hatten immer hilfreiche Antworten auf meine vielen Fragen. Besonders möchte ich Benjamin Hachenberg danken, dessen Perspektiven auf das Thema mein eigenes Verständnis vertieft haben. Zudem wäre die Dissertation nicht möglich gewesen ohne die Hilfe vieler leidenschaftlicher Menschen in Archiven und Sammlungen. Hervorheben möchte ich besonders das Team des Afas in Duisburg.

Während der fünf Jahre, die ich an diesem Buch gearbeitet habe, war meine Familie die größte Stütze. Meine Frau Julia und meine Kinder Leni und Luisa waren immer für mich da. Widmen möchte ich das Buch meinem Vater.

1 Einleitung

Dieses Buch beschäftigt sich mit politischem Konsum, darin engagierten Akteuren und ihren Konsumentenbildern. Verknüpfungen von Konsum und Politik sind nicht neu. Zeithistorische Diagnosen benennen für die Zeit nach dem Boom ab der Mitte der 1970er Jahre einen Übergang zur individualisierten Konsumentengesellschaft.[1] Verbraucher[2] tragen nach dieser Annahme seit den späten 1970er Jahren zu Zielsetzungen politischen Konsums bei und handeln damit auch als Staatsbürger.[3] Daran knüpft dieses Buch an und fragt nach den Gruppen, die den politischen Konsum in der jüngsten Zeitgeschichte ermöglichten. Angesichts der grenzenlosen Möglichkeiten an Themen und Konsumprodukten beschränkt sich diese Untersuchung auf zwei Kernbereiche: ökologischer und alternativ-fairer Handel.

1.1 Fragestellung

Der Erfolg ökologisch-sozialer Gedanken beim Einkauf geht historisch zurück auf Akteure, die diese Gedanken erst formulierten und mit Produkten verknüpften. Eine Aufarbeitung derjenigen Gruppen, die Ziele und Praktiken politischen Konsums erarbeitet haben, füllt eine erklärungswürdige Lücke zwischen jüngster Zeitgeschichte und Gegenwart des politischen Konsums. Diese Akteursgruppen können sichtbar gemacht werden, indem die sozialwissenschaftlich festgefahrene verbraucherpolitische Sichtweise beim politischen Konsum zugunsten einer Betrachtung der dahinterstehenden Gruppen und ihrer Ziele erweitert wird. Die These dieser Untersuchung lautet: Für die politischen Zielsetzungen und die Praktiken dieser Gruppen waren ihre Konsumentenbilder zentrale Elemente. Diese Bilder näherten sich einander an und können um die Jahrtausendwende als Sozialfigur, dem sozial-ökologischen Konsumentenbürger, beschrieben werden.

---

1 Vgl. Doering-Manteuffel, Anselm/Raphael, Lutz: Nach dem Boom. Perspektiven auf die Zeitgeschichte seit 1970, Göttingen 2012, hier S. 124.

2 Zur besseren Lesefreundlichkeit wird in diesem Buch nicht gegendert. Bei Nutzung des generischen Maskulins sind ausdrücklich alle Geschlechter und Identitäten gleichrangig angesprochen.

3 Vgl. Torp, Claudius: Wachstum, Sicherheit, Moral. Politische Legitimationen des Konsums im 20. Jahrhundert, Göttingen 2012, hier S. 124f.

Akteure waren in erster Linie Importeure und Händler, aber auch Anbauverbände. Hinzu kommen (halb)staatliche Institutionen und ökologische Verbraucherschutzgruppen sowie mit den Grünen ein parteipolitischer Akteur. Mit dem Erfolg von entwicklungs- und umweltpolitisch aufgeladenen Produkten verbindet sich auch die Frage, inwieweit die Akteure eigene politische Teilhabeansprüche stellten. Es geht in diesem Buch daher weniger darum, *was* produziert, verkauft und konsumiert wurde, sondern um die Frage nach den Erwartungen und Zielhorizonten dieser Gruppen. Welche Akteursgruppen haben zu welchem Anlass zu politischen Konsumformen aufgerufen? Welche Erwartungen formulierten sie an Konsumenten? Welche Formen von Ungleichheit wurden dabei bedacht, in Kauf genommen, gar bewusst gefördert? Mit diesen Fragen wird an die Akteursgruppen und ihre Konsumentenbilder herangetreten.

Bei der Suche nach Antworten auf diese Fragen wird recht schnell deutlich, dass sich die Argumentationen hinter öffentlichen Kampagnen nur sehr selten auf einzelne Konsumprodukte wie fair gehandelten Kaffee beschränkten. Vielmehr lassen sich bestimmte Ziele und Erwartungen feststellen, die im Laufe des letzten Drittels des 20. Jahrhunderts entstanden, abstrakter wurden und in manchen Fällen auch wieder verschwanden. Ähnliche Sichtweisen konnten dabei auf verschiedene Konsumprodukte angewendet werden.

Politischer Konsum kann je nach Abstraktionsgrad auch weit über den alltäglichen Bedarf hinausgehen. Historisch sei hier mit Fernreisen und Mobilität nur auf zwei Themenfelder verwiesen, die in dieser Untersuchung ausgeklammert werden. Im Tourismus etwa manifestiert nicht der Verkaufsort einer Reise, sondern der Ort der Reise selbst, mithin der Blick auf den Ort, den Konsumakt.[4] Beteiligte eines ökologisch-sozialen Konsumstils sind in diesem Fall direkt vor Ort und direkt betroffen. Mobilität, insbesondere Automobilität dagegen, wurde spätestens ab den späten 1970er Jahren bei Fragen politischen Konsums nur indirekt mit dem Gegenstand selbst verbunden. Hier war es besonders die zu Beginn der 1980er Jahre gesamtgesellschaftlich rezipierte Debatte über das Waldsterben, das einen veränderten individuellen Konsumstil lohnend erscheinen ließ und den Ort der Umweltschäden in den Vordergrund stellte.[5]

Angesichts der Fülle möglicher Sichtweisen auf politischen Konsum bietet sich ein praxisorientiertes Forschungsvorgehen an. Nachfolgend beschränkt sich die Untersuchung daher auf Phänomene des täglichen Einkaufs, obwohl sich Ideen politischen Konsums nicht zwangsläufig auf diese beschränken. Die enorme Zahl von oft kurzlebigen Projekten einzelner Entwicklungs- und Ökologiegruppen macht es unmöglich, im Umfang dieser Untersuchung eine Aufzählung sämtlicher Akteure zu leisten, die sich im späten 20. Jahrhundert mit politischem Konsum beschäftigt haben. Die Darstellung beschränkt sich daher auf die Gruppen in (West-)Deutschland, die aufgrund ihrer Reichweite, ihrer Argumentation und ihrer Entwicklung einen Überblick über Teilhabevorstellungen und Konsumentenbilder im politischen Konsum anbieten.

---

4   Vgl. grundlegend Urry, John: The Tourist Gaze. Leisure and Travel in Contemporary Societies, London 1990; auch ders.: The Tourist Gaze and the ›Environment‹. In: Theory, Culture & Society, Heft 1/1992, S. 1–26.

5   Vgl. zur Automobilität in den 1970er Jahren Fabian, Sina: Boom in der Krise. Konsum, Tourismus, Autofahren in Westdeutschland und Großbritannien 1970–1990, Göttingen 2016.

Die Frage nach Relevanz eines Akteurs ist beim politischen Konsum nicht anhand von Umsätzen, egal welcher Art, zu quantifizieren. Schließlich betonten zahlreiche Akteure gerade bei entwicklungspolitischen Aktionen einen Modellcharakter, der keinen Anspruch auf messbare (Verkaufs-)Erfolge erhob. Sowohl im entwicklungs- als auch im umweltpolitischen Bereich lassen sich Zeitschriften als Diskussionsplattformen identifizieren, die zur kritischen Diskussion von Partizipationsansätzen dienten. Bei der Annahme eines Multiplikatoreffektes sind sie als Schwelle zur historischen Relevanz zu interpretieren. Letztere bezeichnet hier die überregionale Verbreitung und Diskussion eines Akteurs und seiner Partizipationsansätze zum politischen Konsum in Westdeutschland.

Darüber hinaus stellt sich die Frage nach internationalen Akteuren. Diese spielen eine Rolle für die Kontextualisierung dieser Untersuchung, politischer Konsum wurde aber weitestgehend national gedacht. Angesichts der zahlreichen Ideen, die bspw. von Akteuren des alternativen Handels international übernommen wurden, blieben die argumentativen Rückbezüge hier stets schwach. Gleiches gilt für ökologische Akteure. Der Konsumentenbürger, der zum Ende des 20. Jahrhunderts von den Akteuren konstruiert wurde, blieb größtenteils ein konsumierender Staatsbürger. Deshalb beschränkt sich diese Arbeit weitestgehend auf (west)deutsche Akteure.

1.2 Forschungsstand

Während viele gegenwartsorientierte Analysen zum politischen Konsum eine starke Theoriefixierung vorweisen und meist deduktiv auf ausgewählte Kampagnen anwenden, beginnt die historische Forschung erst seit einigen Jahren mit der Aufarbeitung von Phänomenen politischen Konsums im späten 20. Jahrhundert. Markant ist hier die geringe Zahl von akteurszentrierten Arbeiten, die mit Ausnahme einiger entwicklungspolitischer Akteure bislang erst wenige Phänomene zur Entstehungsgeschichte des politischen Konsums betrachtet haben. Zudem arbeiten die wenigen Akteursgeschichten zum größten Teil mit einem induktiven Ansatz, der die zeitgenössisch ungewöhnlichen Praktiken untersucht und daraus theoretisierende Schlüsse zieht wie beispielhaft das weitgehend autonome »Feld des fairen Handels«, wie es Ruben Quaas diagnostiziert.[6] Bereits stärker berücksichtigt wurden politikgeschichtliche Entwicklungen der 1970er und 1980er Jahre, bei denen die Zunahme von umweltpolitisch als relevant wahrgenommenem Problemdruck hervorgehoben wurde. Geschichtswissenschaftliches Neuland ist dagegen die Aufarbeitung der nachhaltigen Entwicklung, wie sie mit der Agenda 21 ab 1992 in den Fokus der umweltpolitischen Öffentlichkeitsarbeit rückte.[7]

Dieses Buch baut analytisch auf einer Annahme des Nach-dem-Boom-Ansatzes auf: Die Annahme einer individualisierten Konsumentengesellschaft dient hier als Grundla-

---

6   Vgl. Quaas, Ruben: Fair Trade. Eine global-lokale Geschichte am Beispiel des Kaffees, Köln 2015.

7   Verwiesen sei hier auf das laufende Verbundprojekt »Geschichte der Nachhaltigkeit(en)« unter der Leitung von Elke Seefried (https://www.nz.histinst.rwth-aachen.de/go/id/lqknb, 25.09.2023).

ge, um die Partizipationsansprüche und Konsumentenbilder der Akteursgruppen einzuordnen.

Im Gegensatz zu anderen Arbeiten, die sich stärker auf wirtschaftsgeschichtliche
Verwerfungen nach dem Boom beziehen, steht die Frage nach der tatsächlichen Rolle
des Absterbens eines fordistischen Produktionsregimes in Westdeutschland nach dem
Boom hier nicht im Vordergrund.[8] Lutz Raphael beschreibt das Ende des fordistischen
Produktionsregimes insbesondere aus sozial- und wirtschaftsgeschichtlicher Sicht.
Vom Standpunkt der Konsumgeschichte könnte nun eingewandt werden, dass das
Attribut »fordistisch« Assoziationen einer standardisierten Massenproduktion mit sich
bringen kann, die dem Endverbraucher wenig Spielraum für Individualisierungen ließe.
Ein solcher Einwand würde jedoch Raphaels Untersuchungsgegenstand missverstehen.
Die Forschungen zum Nach-dem-Boom-Ansatz legen ihren Schwerpunkt weniger auf
das Ausmaß des Niedergangs, sondern darauf aufbauend auf die Notwendigkeit neuer
gesellschaftlicher Analysekategorien, zu denen auch die Identifikation mithilfe von
Konsumstilen anstelle bisheriger Trennlinien, etwa nach Klassen oder Bürgerlichkeit,
zählt.[9]

Darüber hinaus ist die häufig beschriebene Annahme eines »Strukturbruchs« nach
dem Boom korrekt einzuordnen. Sie kann nicht beliebig auf jeden Aspekt gesellschaftlichen Handelns angewandt werden. Anselm Doering-Manteuffel spricht bei Struktur-
brüchen von einem pluralen Phänomen, das nicht auf die Mitte der 1970er Jahre beschränkt war.[10] Dass den Konsumentenbildern der Akteure ein individualisiertes Konsu-
mentenverständnis nach dem Strukturbruch zugrunde lag, ist demnach parallel zu gedanklichen Kontinuitäten – etwa: der Anthroposophie – denkbar.[11] Im Folgenden wird
daher der Übergang von Konsum- zur individualisierten Konsumentengesellschaft als
Voraussetzung für die Partizipationsverständnisse der Akteursgruppen angenommen.

Diese Annahme verlangt vorab nach einer Differenzierung zwischen Konsum- und
Konsumentengesellschaft. Helmut Schelskys Konzept einer nivellierten Mittelstandsge-
sellschaft ist als mögliche Interpretation einer Konsumgesellschaft schon von mehreren
Seiten teils abgelehnt, teils modifiziert worden. Schelsky selbst ging von der Tatsache
aus, dass dank des Nachkriegsbooms verschiedene Konsumgüter, besonders die lang-
lebigen wie Kühlschränke und Autos, für einen großen Teil der westdeutschen Bevölkerung erschwinglich wurden.[12] Dies habe zu einer Nivellierung von Klassenunterschieden

---

8   Vgl. zum Ausmaß des gesellschaftlichen Wandels nach dem Boom Raphael, Lutz: Jenseits von Koh-
     le und Stahl. Eine Gesellschaftsgeschichte Westeuropas nach dem Boom, Berlin 2019.
9   Vgl. Raphael, Lutz/Doering-Manteuffel, Anselm: Nach dem Boom: Neue Einsichten und Erklä-
     rungsversuche, in: Raphael, Lutz: Ordnungsmuster und Deutungskämpfe. Wissenspraktiken im
     Europa des 20. Jahrhunderts, Göttingen 2018, S. 173–197, hier S. 186f.
10   Beispielhaft dafür ist die Diagnose des Staatsrückzugs gegenüber dem digitalen Finanzmarktka-
     pitalismus nach 1990, vgl. Doering-Manteuffel, Anselm: Die Vielfalt der Strukturbrüche und die
     Dynamik des Wandels in der Epoche nach dem Boom. In: Reitmayer, Morten/Schlemmer, Tho-
     mas (Hg.): Die Anfänge der Gegenwart. Umbrüche in Westeuropa nach dem Boom, München 2014,
     S. 135–145.
11   Vgl. auch Doering-Manteuffel, Anselm: Konturen von Ordnung. Berlin 2019.
12   Vgl. Schelsky, Helmut: Gesellschaftlicher Wandel. In: Ders.: Auf der Suche nach der Wirklichkeit.
     Gesammelte Aufsätze, Düsseldorf 1965, S. 337–351.

geführt, die auch im Alltag spürbar gewesen sei, da solche Güter als mittelständische Attribute wahrgenommen wurden und nun aber auch in den Besitz von Familien übergingen, die hinsichtlich ihrer sozioökonomischen Stellung als Proletariat galten. Diese Interpretation erschien bereits in den 1980er Jahren Sozialwissenschaftlern wie etwa Ulrich Beck unvollständig. Vor dem Hintergrund dieses Phänomens, das Beck als Brüchigkeit des sozialen Binnengefüges bezeichnet, wandte er das Konzept »Fahrstuhleffekt« an.[13] Demzufolge habe die Verwischung der bisher sichtbaren Klassenmerkmale keine gesellschaftliche Nivellierung im engeren Wortsinn mit sich gebracht, sondern lediglich soziale Abgrenzung beim Konsum stärker auf andere, individuell prägbare Lebensstilfragen bezogen.

Bezogen auf die Konsumgeschichte knüpft Michael Wildt an diesen Befund an.[14] Die rasant wachsenden Möglichkeitsräume für den Massenkonsum von damaligen Luxusgütern ab der Mitte der 1950er Jahre provozierte eine neue, sozioökonomisch horizontal statt vertikal geprägte soziale Abgrenzungspraxis der Konsumenten. Abgrenzung ließ sich nicht mehr strikt am Geldwert des Konsums ablesen. Doch während sich Westdeutschland nach der NS-Zeit auch dank der Konsumorientierung zu einer Zivilgesellschaft entwickelt habe, habe »die Zivilisierung durch den Massenkonsum ihren Preis: Sie geht mit einer Entpolitisierung einher. (...) Die Einsicht, öffentliches, ›verschwenderisches‹ soziales Engagement ebenso wie globale Verantwortung aufzubringen, ist einem Konsumbürger eher fremd.«[15] Daraus zieht Wildt den Schluss, dass die Konsumgesellschaft nur mühsam mit der Begrenztheit von Ressourcen umgehen könne und nicht in der Lage sei, »eine neue politische Moral zu entwerfen«[16], die ökologische Problemkomplexe lösen könne.

An diese Annahmen wird im Folgenden angeknüpft. Während Wildt jedoch die Konsumgesellschaft bis in die Gegenwart verlängert, geht diese Untersuchung von einem Bruch zur Mitte der 1970er Jahre aus. Politischer Konsum ist seitdem, so eine Annahme dieser Untersuchung, eng mit politischer Teilhabe verbunden. Deshalb ist das Konsumentenbild von besonderem Interesse. Fraglich ist dabei, wie Maren Möhring angedeutet hat, das Ausmaß der Voraussetzungen, das Verbraucher erfüllen müssen, um politische Konsumformen umsetzen zu können. Möhring spricht von finanziellen Hürden sowie vom kulturellen Kapital, das Hintergrundwissen insbesondere im Food-Bereich voraussetze.[17] Die Verbindung von Individualität und politischem Konsum ließ einen ungeahnt großen gesellschaftlichen Rahmen für die Ausgestaltung von Lebensstilen. Lutz

---

13   Vgl. Beck, Ulrich: Risikogesellschaft. Auf dem Weg in eine andere Moderne, Frankfurt a.M. 1986, hier S. 115–122.

14   Vgl. hier und im Folgenden Wildt, Michael: Konsumbürger. Das Politische als Optionsfreiheit und Distinktion, in: Hettling, Manfred/Ulrich, Bernd (Hg.): Bürgertum nach 1945. Hamburg 2005, S. 255–283, hier S. 273.

15   Wildt, Konsumbürger, S. 282.

16   Ebd.

17   Vgl. Möhring, Maren: Ethnic food, fast food, health food. Veränderung der Ernährung und der Esskultur im letzten Drittel des 20. Jahrhunderts, in: Doering-Manteuffel, Anselm/Raphael, Lutz/ Schlemmer, Thomas (Hg.): Vorgeschichte der Gegenwart. Dimensionen des Strukturbruchs nach dem Boom, Göttingen 2016, S. 309–331, hier S. 324f.

Raphael und Anselm Doering-Manteuffel beschreiben diese Konstellation mithilfe von Pierre Bourdieu:

»Das Konsum- und Modespiel der ›feinen Unterschiede‹ erzeugte ein offenes Feld von Lebensstilangeboten und Individualitätsversprechen. (...) Moden und kulturelle Trends reagierten auf die zunehmende Bedeutung von Individualität, und sowohl das Warenangebot als auch der Konsumstil spiegelten dies wider.«[18]

Politischer Konsum fand unter diesen Voraussetzungen statt. Umgekehrt ist die Entstehung der individualisierten Konsumentengesellschaft eine Vorbedingung für die Beschäftigung mit Konsumentenbildern. Die Nach-dem-Boom-Forschung hat bereits früh auf die Bedeutung der »Ausbreitung marktförmiger Ordnungsmodelle und Regulierungsmodi«[19] hingewiesen. Die Akteursgruppen in diesem Buch werden als Teil davon verstanden. Es ist daher auch zu untersuchen, inwieweit Konsumentenbilder als Legitimation einer politischen Interessenrepräsentation dienen konnten. Verbraucheraktivismus spielt dagegen eine untergeordnete Rolle. Entscheidend ist die Frage, welche Akteursgruppen sich für politischen Konsum engagierten und wie sie ihr Konsumentenbild gestalteten.

Die Akteursgruppen selbst bewegten sich zwischen verschiedenen Organisations- und Institutionalisierungsgraden. Dementsprechend muss hier auch im Plural von Forschungslagen gesprochen werden: Während zumindest das alternative Milieu als Personalpool für einige Initiativen mittlerweile geschichtswissenschaftlich erschlossen ist, sind historische Arbeiten zu politisch-partizipativen Aspekten politischen Konsums bislang rar.

Der alternative Handel hatte im späten 20. Jahrhundert zwei Stoßrichtungen: eine christlich-karitative und eine solidarisch-alternative. Erstere ist mit ihren Akteuren deutlich besser erforscht, was insbesondere am stark institutionalisierten Hintergrund der Akteure liegen dürfte. Die Gesellschaft zur Förderung der Partnerschaft mit der Dritten Welt (GEPA) ging 1974 als eigene Importgesellschaft der Aktion Dritte Welt Handel (A3WH) hervor, die beide von kirchlichen Organisationen getragen wurden. Ihre Argumentationen und Praktiken wurden neben eigenen Veröffentlichungen von kirchlichen Verbänden, vor allem vom evangelischen Pressedienst (epd) und vom katholisch-bischöflichen Hilfswerk Misereor meist unkritisch gewürdigt. Bereits zeitgenössisch hat Ernst Schmied die Gründungsgeschichte der A3WH nachgezeichnet und deren internationale Dimension, insbesondere die Verknüpfung mit niederländischen Vorbildern, betont.[20] Seitdem sind einige Arbeiten erschienen, die sich insbesondere mit dem Phä-

---

18   Raphael/Doering-Manteuffel, Nach dem Boom, S. 124.

19   Reitmayer, Morten: Nach dem Boom – eine neue Belle Époque? Versuch einer vorläufigen Synthese, in: ders./Schlemmer, Thomas (Hg.): Die Anfänge der Gegenwart. Umbrüche in Westeuropa nach dem Boom, München 2014, S. 13–22, hier S. 14.

20   Vgl. Schmied, Ernst: Die »Aktion Dritte Welt Handel« als Versuch der Bewusstseinsbildung. Ein Beitrag zur Diskussion über Handlungsmodelle für das politische Lernen, Aachen 1977.

nomen des fair gehandelten Kaffees als pars pro toto für den alternativen Handel beschäftigt haben.[21]

Alternativer Handel ist bislang entweder der Entstehungsgeschichte des fairen Handels untergeordnet oder als Teil der Historiographie zur westdeutschen Solidaritätsbewegung betrachtet worden. Letztere behandelt in den vergangenen Jahren vermehrt die Solidaritätsgruppen zum sandinistischen Regime in Nicaragua zwischen 1979 und 1990, dessen Unterstützung auch bei den solidarischen Kaffeeimporteuren den maßgeblichen Beweggrund darstellte.[22] Dieses Konzept mit eigenem, konkret politischem Zielhorizont verschwand in der Praxis rasch nach 1990. Das vermeintliche Ende der Solidaritätsbewegung stellt bislang ein Forschungsdesiderat dar, da eine historische Einordnung von erodierenden sozialistischen Utopien noch aussteht.[23]

Die ökologische Dimension des politischen Konsums war anders gelagert. Da seit der Existenz von Umweltpolitik in Westdeutschland Konsumdebatten deutlich stärker ausgeprägt waren als bei der zunächst technisch geprägten Entwicklungshilfe bzw. -politik, ist das Augenmerk bei der ökologischen Dimension stärker auf Anbauverbände und politische Akteure zu legen. Konzepte des ökologischen Konsums sind bereits gegenwartsorientiert vorgelegt worden.[24] Ebenfalls politisch sehr präsent waren die Umweltverbände.[25] Mit Ausnahme des frühen Bundesverbands Bürgerinitiativen Umweltschutz (BBU) blieben diese bei Konsumfragen aber auf einer abstrakten, lebensstilbezogenen Ebene.[26]

---

21 Vgl. grundlegend Kleiner, Uwe: Inlandswirkungen des Fairen Handels. In: Misereor/Brot für die Welt/Friedrich-Ebert-Stiftung (Hg.): Entwicklungspolitische Wirkungen des Fairen Handels. Beiträge zur Diskussion, Aachen 2000, S. 21–110; Fridell, Gavin: Fair Trade Coffee. The Prospects and Pitfalls of Market-Driven Social Justice, Toronto 2007; Raschke, Markus: Fairer Handel. Engagement für eine gerechte Weltwirtschaft, Ostfildern 2009; Quaas, Fair Trade; Möckel, Benjamin: Gegen die »Plastikwelt der Supermärkte«. Konsum- und Kapitalismuskritik in der Entstehungsgeschichte des »fairen Handels«, in: Archiv für Sozialgeschichte, Jg. 56/2016, S. 336–352.

22 Vgl. Helm, Christian: Reisen für die Revolution. Solidaritätsbrigaden als Praktik transnationaler Solidarität zwischen der Bundesrepublik und dem sandinistischen Nicaragua, in: Bösch, Frank/Moine, Caroline/Senger, Stefanie (Hg.): Internationale Solidarität. Globales Engagement in der Bundesrepublik und der DDR. Göttingen 2018, S. 35–63; Bösch, Frank: Zeitenwende 1979. Als die Welt von heute begann, München 2019.

23 Bislang wurde die Solidaritätsbewegung meist im Rahmen der Geschichte der Neuen Sozialen Bewegung und des alternativen Milieus in Westdeutschland eingeordnet und dementsprechend lediglich bis in die frühen 1980er Jahre nachverfolgt, vgl. Reichardt, Sven: Authentizität und Gemeinschaft. Linksalternatives Leben in den siebziger und frühen achtziger Jahren, Berlin 2014; auch Milder, Stephen: Greening Democracy. The Anti-Nuclear Movement and Political Environmentalism in West Germany and Beyond, 1968–1983, Cambridge 2017; auch Falasca, Anina: »Spaßige Spontis« und »fröhliche Freaks«. Zur theoretischen Neuorientierung der Neuen Linken um 1978, in: Arbeit – Bewegung – Geschichte, Heft 2/2018, S. 72–87.

24 Vgl. prägnant Lorenz, Stephan: Biolebensmittel und die ›Politik mit dem Einkaufswagen‹. In: Lamla, Jörn/Neckel, Sighard (Hg.): Politisierter Konsum – konsumierte Politik. Wiesbaden 2006, S. 91–112.

25 Vgl. kritisch dazu Bergstedt, Jörg: Agenda, Expo, Sponsoring – Recherchen im Naturschutzfilz (Bd. 1). Daten, Fakten, historische und aktuelle Hintergründe, Frankfurt a.M. 1998.

26 Vgl. zur Bewegungsnähe des BBU in seiner Frühphase zeitgenössisch Kempf, Udo: Der Bundesverband Bürgerinitiativen Umweltschutz (BBU). In: Ders./Guggenberger, Bernd (Hg.): Bürgerinitiativen und repräsentatives System. Opladen 1984 (1978), S. 404–421; zur abstrakten These einer Institutionalisierung von Umweltverbänden Rucht, Dieter/Roose, Jochen: Von der Platzbesetzung zum

Außerhalb des Rahmens dieser Untersuchung steht die Entwicklungsgeschichte von Akteuren der Anthroposophie, im Besonderen Demeter: Während die Thesen Rudolf Steiners etwa zur Waldorfpädagogik bereits zahllose kritische Würdigungen erfahren haben, ist die Bedeutung der Anthroposophie für die Entwicklung des ökologischen Landbaus und die politischen Implikationen bislang kaum über die Agrarwissenschaften und den anthroposophischen Forschungsring hinaus besprochen worden.[27] Ein ähnlicher Befund ergibt sich für die jüngeren Anbauverbände. Allen voran ist hier das Label Bioland zu nennen, das in den 1970er Jahren entstand und mit Demeter und anderen Verbänden die Arbeitsgemeinschaft Ökologischer Landbau gründete. Hier hat die Stiftung Ökologischer Landbau in Bad Dürkheim seit den späten 1970er Jahren den Großteil der wissenschaftlichen Aufarbeitung übernommen und ist dabei selbst als Interessenvermittler des Öko-Landbaus hervorgetreten.[28]

Geschichtswissenschaftlich hat Maren Möhring bereits eine Einordnung von Bio-Labels in den 1980er Jahren gegenüber dem Bild eines postmodernen Konsumentenbürgers geleistet.[29] Labels, sowohl im alternativen Handel als auch im ökologischen Landbau, waren jedoch kein reines Bottom-up-Phänomen. Diese Sichtweise würde ausblenden, dass institutionalisierte Akteure wie das Umweltbundesamt (UBA) schon früh einen erheblichen Einfluss ausübten. Ein wesentlicher Teil der historischen Aufarbeitung dieser Leistungen wurde von Persönlichkeiten des UBA selbst zu Jubiläen geleistet.[30]

Verhandlungstisch? Zum Wandel von Aktionen und Struktur der Ökologiebewegung, in: Rucht, Dieter (Hg.): Protest in der Bundesrepublik. Strukturen und Entwicklungen, Frankfurt a.M. 2001, S. 173–210.

27   Vgl. die Diagnose eines Schlüsselthemas bei Uekötter, Frank: Am Ende der Gewissheiten. Die ökologische Frage im 21. Jahrhundert, Frankfurt a.M./New York 2011, hier S. 116; vgl. gegenwartsbezogen Freyer, Bernhard/Klimek, Milena/Fiala, Valentin: Ethik im Ökologischen Landbau – Grundlagen und Diskurse. In: Freyer, Bernhard (Hg.): Ökologischer Landbau. Grundlagen, Wissensstand und Herausforderungen, Bern 2016, S. 44–79.

28   Grundlegend Stiftung Ökologischer Landbau (Hg.): Der ökologische Landbau: eine Realität, Selbstdarstellung und Richtigstellung, Karlsruhe 1979; Frieder, Thomas/Schneider, Manuel/Kraus, Jobst (Hg.): Kommunen entdecken die Landwirtschaft. Perspektiven und Beispiele einer zukunftsfähigen Agrarpolitik in Dorf und Stadt, Heidelberg 1995; Vogt, Gunter: Entstehung und Entwicklung des ökologischen Landbaus. Bad Dürkheim 2000; Siebeneicher, Georg: Geschichte der frühen Biolandbaupublizistik. In: Ders./Schaumann, Wolfgang/Lünzer, Immo: Geschichte des ökologischen Landbaus. Bad Dürkheim 2002, S. 61–81.

29   Vgl. Möhring, Ethnic food; vgl. gegenwartsorientiert auch D'Haese, Marigret: Die Bedeutung von Umweltzeichen. In: Haan, Gerhard de (Hg.): Umweltbewusstsein und Massenmedien. Perspektiven ökologischer Kommunikation, Berlin 1995, S. 157–165; Schulz, Werner/Kreeb, Martin: Unsichtbares sichtbar machen. Die Bedeutung der Umweltzeichen in der Nachhaltigkeitsdiskussion, in: Scherhorn, Gerhard/Weber, Christoph (Hg.): Nachhaltiger Konsum. Auf dem Weg zur gesellschaftlichen Verantwortung, München 2002, S. 159–170; Boström, Magnus/Klintman, Mikael: Eco-Standards, Product Labelling and Green Consumerism. Basingstoke 2011.

30   Vgl. beispielhaft Müller, Edda: 25 Jahre Umweltbundesamt – Spuren in der Umweltpolitik. Erster Teil, in: Altner, Günter et al. (Hg.): Jahrbuch Ökologie 1999. München 1998, S. 207–224; dies.: 25 Jahre Umweltbundesamt – Spuren in der Umweltpolitik. Zweiter Teil, in: Altner, Günter et al. (Hg.): Jahrbuch Ökologie 2000. München 1999, S. 199–221; Umweltbundesamt (Hg.): 1974 – 2014. 40 Jahre Umweltbundesamt, Berlin 2015.

Abschließend erwähnt seien Konsumentenorganisationen wie Erzeuger-Verbraucher-Gemeinschaften (EVG) oder Food Coops: Diese waren oft eine Mischung aus Konsumentengruppen und Händlern, blieben aber hinsichtlich ihrer Zahl und ihres Organisationsgrades noch hinter bspw. den Weltläden zurück. Bedeutsam waren diese vielmehr als ökologische Avantgarde, die ursprünglich mit dem Ziel einer De-Kommodifizierung der Nahrungsmittelversorgung den Nachfragetrend zur Regionalisierung beim Vertrieb von Bio-Lebensmitteln mitbegründete.[31]

Für die weitere Entwicklung des politischen Konsums sind auch die Grünen als Partei sowie deren Bundestagsfraktionen bedeutsam, die Sven Reichardt als sichtbare Institutionalisierung der Alternativbewegung beschreibt und die kontinuierlich bis heute den Ruf hoher Expertise in der Umweltpolitik verteidigen.[32] Der Bezug zur Konsumentengesellschaft kam demnach erst über die vermeintliche globale ökologische Katastrophe zustande, während die von außen wahrgenommenen wirtschaftspolitischen Standpunkte in den 1980er Jahren noch von konkurrierenden Ideen, besonders von verschiedenen Strömungen des Ökosozialismus, geprägt waren. Diese Phänomene zwischen gesellschafts- und wirtschaftspolitischen (Anti-)Utopien sind für das erste Jahrzehnt der Parteigeschichte von Silke Mende bereits aufgearbeitet worden.[33] Für die geschichtswissenschaftliche Aufarbeitung der Partei scheint im Wesentlichen eine teleologische Erzählung mit dem Fluchtpunkt Rot-Grün ab 1998 vorzuherrschen, die durch die detaillierte Erzählung von Ludger Volmer als Vertreter des Linken Forums noch deutlicher zutage getreten ist.[34]

1.3 Grundbegriffe

Die Einordnung von Konsum als Alltagspraxis bietet zahllose Interpretationsmöglichkeiten für die Sozialwissenschaften. Insbesondere in soziologischen Studien findet sich häufig eine Nutzung verschiedener Begriffe als Synonyme: Ethischer, moralischer sowie politischer Konsum scheinen allesamt für die vage Annahme von anderen als marktrationalen Erwägungen bei Konsumentscheidungen zu stehen. Was in diesem Buch begrifflich als politischer Konsum verstanden wird, unterscheidet sich von den politikwissen-

---

31   Vgl. immer noch am treffendsten Jösch, Jutta: Konsumgenossenschaften und food-cooperatives: Ein Vergleich der Entstehungsbedingungen von Verbraucherselbstorganisationen, Berlin 1983.

32   Vgl. Reichardt, Authentizität und Gemeinschaft, hier S. 244.

33   Vgl. Mende, Silke: »Nicht rechts, nicht links, sondern vorn«. Eine Geschichte der Gründungsgrünen, München 2011; dies.: Eine Partei nach dem Boom. Die Grünen als Spiegel und Motor ideengeschichtlicher Wandlungsprozesse seit den 1970er Jahren, in: Reitmayer, Morten/Schlemmer, Thomas (Hg.): Die Anfänge der Gegenwart. Umbrüche in Westeuropa nach dem Boom, München 2014, S. 23–36; zwischen alternativem Milieu und den Grünen auch dies.: Das »Momo«-Syndrom. Zeitvorstellungen im alternativen Milieu und in den »neuen« Protestbewegungen, in: Esposito, Fernando (Hg.): Zeitenwandel. Transformationen geschichtlicher Zeitlichkeit nach dem Boom, Göttingen 2017, S. 153–191.

34   Vgl. Volmer, Ludger: Die Grünen. Von der Protestbewegung zur etablierten Partei – Eine Bilanz, München 2009; als Überblick zur Regierungszeit im Bund auch Wolfrum, Edgar: Rot-Grün an der Macht. Deutschland 1998–2005, München 2013.

schaftlichen und soziologischen Definitionsvorschlägen und muss daher näher erklärt werden.[35]

Die Frage nach der Verknüpfung von Konsum und Politik ist nicht neu in den Sozialwissenschaften. In der jüngeren soziologischen Forschung entstand daraus eine eigene Deutung zum Begriff »citizen consumer«. In den vergangenen Jahren ist der »citizen consumer« vermehrt in der Form eines kritischen Verbrauchers gesehen worden, der sowohl individuelle Verantwortung trägt als auch staatlich-politische Verantwortlichkeit einfordert.[36] Meist werden zu diesem erweiterten Verbraucherbild öffentlichkeitswirksame und daher breit rezipierte Praktiken wie Boykotte und »buycotts«, also den gezielten kurzfristigen Einkauf von Alternativprodukten, gezählt, während die emphatische Unterstützung bestimmter Argumentationslinien, bisweilen bestimmter Marken, meist eher mit »nachhaltigen« Praktiken und Ideen von »corporate citizenship« in Verbindung gebracht wird.[37]

Dieses Buch knüpft an das Verständnis von politischem Konsumerismus an, der als »political consumerism« besonders in der englischsprachigen Sozialwissenschaft seit dem frühen 21. Jahrhundert präsent ist.[38] Der Begriff geht von einer Verantwortungsübernahme von Konsumenten aus: Demnach können Konsumenten reflektierte Entscheidungen zwischen Produzenten und zwischen Produkten treffen, um bestimmte institutionelle oder marktwirtschaftliche Praktiken zu verändern.[39] Allgemeiner beschreibt Konsumerismus eine »zivilgesellschaftliche Antwort auf die wahrgenommene Unfähigkeit oder Unwilligkeit von Regierungen, kritische Probleme zu bearbeiten, die mit Produktion und Konsum verknüpft sind«[40]. Das Auseinandersetzen der Akteure mit der Frage nach politischer Verantwortung wird näher beleuchtet.

---

35 Vgl. einführend Stolle, Dietlind: Kaufen, um die Welt zu retten: Wie Verbraucherinnen und Verbraucher globale Probleme lösen wollen, in: Kenning, Peter/Lamla, Jörn (Hg.): Entgrenzungen des Konsums. Dokumentation der Jahreskonferenz des Netzwerks Verbraucherforschung, Wiesbaden 2018, S. 3–14.

36 Diesen Vergleich zieht Barber, Benjamin: Consumed! Wie der Markt Kinder verführt, Erwachsene infantilisiert und die Bürger verschlingt, München 2007, S. 136f.

37 Vgl. zu Protestpraktiken Baringhorst, Sigrid/Kneip, Veronika/Niesyto, Johanna: Wandel und Kontinuität von Protestkulturen seit den 1960er Jahren: Eine Analyse ausgewählter Anti-Corporate Campaigns, in: Dies./März, Annegret (Hg.): Politik mit dem Einkaufswagen. Unternehmen und Konsumenten als Bürger in der globalen Mediengesellschaft, Bielefeld 2007, S. 109–153. Zum Konnex Nachhaltigkeit und Staatsbürger vgl. Micheletti, Michele/Stolle, Dietlind: Sustainable Citizenship and the New Politics of Consumption. In: The ANNALS of the American Academy of Political and Social Science, Heft 644/2012, S. 88–120; sowie auch kritischer Simon, Bryant: Not going to Starbucks: Boycotts and the out-scouring of politics in the branded world, in: Journal of Consumer Culture, Heft 2/2011, S. 145–167.

38 Vgl. Micheletti, Michele: Political Virtue and Shopping. Individuals, Consumerism, and Collective Action, New York 2003; Stolle, Dietlind/Hooghe, Marc/Micheletti, Michele: Politics in the Supermarket. Political Consumerism as a Form of Political Participation, in: International Political Science Review, Heft 3/2005, S. 245–269.

39 Vgl. Micheletti, Political Virtue, hier S. 2.

40 Hysing, Erik: Government Engagement with Political Consumerism. In: Boström, Magnus/Micheletti, Michele/Oostermer, Peter: The Oxford Handbook of Political Consumerism. Oxford 2019, S. 833–852, hier S. 833.

In dem Zusammenhang steht auch der Begriff Lebensstilpolitik (»lifestyle politics«[41]): Tägliche Entscheidungen von Verbrauchern bekämen dabei eine politische Bedeutung, die zwangsläufig einen Grenzbereich zwischen Privatem und politischer Teilhabe umfasse. Neben politischen Motiven konnten auch Geschmacks- oder Modefragen Einfluss auf die Kaufentscheidung beim politischen Konsum nehmen. Fraglich ist daher, ob und inwieweit die Akteursgruppen mit dieser Annahme arbeiteten.

Ebenfalls hervorzuheben ist hier der Entwurf einer Verbraucherdemokratie von Jörn Lamla, der aus seiner Perspektive mit Recht auf die gesellschaftspolitische Gestaltungskraft der Konsumenten hinweist.[42] Allerdings steht nicht der Konsument mit seinen Intentionen im Vordergrund, sondern die Gruppen, die erst die Strukturen des alternativen und ökologischen Konsums aufgebaut haben. Dementsprechend mag es auf den ersten Blick paradox wirken, eine Erzählung des Konsums weitgehend ohne den Konsumenten als handelndes Subjekt zu konstruieren. Jedoch hat der hier verwendete Begriff von Konsum einen starken Schwerpunkt auf den Voraussetzungen für die eigentliche Praxis Konsumieren.

»Politischer Konsum« wird daher im Folgenden gegenüber den rein praxisorientierten Ansätzen der gegenwartsnahen Sozialwissenschaften als analytischer Begriff vorausgesetzt, der die hinter dem Konsumobjekt stehenden Erwartungen und Zielsetzungen stärker berücksichtigt als die Praxis des Konsumierens. Auch setzt der Begriff die Möglichkeit von nicht-marktrationalen Motivationen für die Konsumpraxis in der individualisierten Konsumentengesellschaft bereits voraus.

Gleichwohl ist zu berücksichtigen, dass gerade in der Anfangszeit dieses politischen Konsums der Anteil der Händler an den Käufern hoch war: Im Besonderen ist dies im entwicklungspolitischen Bereich zu beobachten, dessen Waren – zunächst Kunsthandwerk, dann vor allem Genusswaren wie Schokolade, Kaffee und Tee – erst eigens importiert werden mussten, um das Konsumbedürfnis derjenigen zu befriedigen, die dann selbst als Importeure und Händler auftraten und ihre Arbeit später erst professionalisierten.

Als politisch gilt dieses Verständnis auch ohne bewusste entwicklungs- oder umweltpolitische Intention des Konsumenten. Schließlich konzentriert sich die Analyse auf solche historischen Akteursgruppen, die Konsumprodukte in eigene Deutungszusammenhänge integrierten oder Konsumprodukte erst im Rahmen dieser Deutungen anboten. Die Akteursgruppen handelten also, indem sie Produkte mit politischen Botschaften verknüpften und insbesondere den Balanceakt zwischen diesen Botschaften, dem damit verknüpften Konsumentenbild und dem notwendigen Maß an Marktengagement aushandelten. Der Begriff bezeichnet Eigenschaften und Motivationen, die der gewünschte Konsument aufweisen sollte. Auch hat der Begriff »Bild« den Vorteil, die Distanz gegenüber dem tatsächlichen Konsumentenverhalten auszudrücken.

Die Rezeption aufseiten der Konsumenten steht hier nicht im Vordergrund bzw. nur insoweit sie die inhaltliche Arbeit der Akteure beeinflusste.[43] Dieses Verfahren einer his-

---

41   Stolle et al., Politics in the Supermarket, S. 254.

42   Vgl. Lamla, Verbraucherdemokratie.

43   Dagegen stünde die These einer verbrauchergetriebenen Politisierung bzw. Moralisierung seit den 1970er Jahren, vgl. Torp, Wachstum; daher spielt auch die Frage nach der Konsumkritik in Gruppen

torischen Rekonstruktion von Erwartungen hat gegenüber der verbreiteten Bottom-up-Perspektive bei der sozialwissenschaftlichen Analyse politischen Konsums zudem einige forschungspraktische Vorteile. Zum ersten lässt sich das hier genutzte Verständnis von politischem Konsum mit den öffentlich getätigten Statements der Akteursgruppen als Debattenbeiträge abbilden. Dagegen wäre eine Rekonstruktion von Konsumentenwünschen bei den hier fraglichen Nischenprodukten nur schwer zu leisten, da es schlicht wenige Verbraucher von alternativen und ökologischen Konsumgütern bis in die zweite Hälfte der 1980er Jahre in Westdeutschland gab. Darüber hinaus, zweitens, fußt die Fokussierung auf Anbauverbände, Importeure, Händler und Labels auf einer Rekonstruktion des politikgeschichtlichen Kontextes, der zwar bei mehreren Themen kompliziert war, aber ex post rekonstruiert werden kann. Drittens lässt sich im umgekehrten Fall kaum feststellen, wie sich Intentionen verbraucherseitig erst zusammensetzten.

Bei der Annahme einer eigenen entwicklungs- und einer umweltpolitischen Debatte ist darüber hinaus zu beachten, dass diese sich im zeitlichen Verlauf nicht starr verhielten. Vielmehr ist eine wachsende Überlappung ab den späten 1980er Jahren zu beobachten. Dieses Phänomen ist historisch nicht überraschend, da einige Händler bereits früh Synergiepotentiale wahrnahmen: Die Kundschaft von Welt- und von Bioläden war in Teilen entweder teilweise identisch, war dem alternativen Milieu zuzuordnen oder war zumindest für sozial-ökologische, also mehrdimensionale, Fragestellungen aufgeschlossen. Das Angebot alternativ gehandelter Produkte in Bioläden, und in geringem Ausmaß umgekehrt von Bio-Produkten in Weltläden, zeigt deren ideelle Verwandtschaft an.

Um aus der Verknüpfung von politischen Botschaften mit Produkten erst einen wahrnehmbaren Beitrag zum politischen Agenda-Setting zu schaffen, war ein gewisses Maß an Markterfolg in Form von Umsatz notwendig. Eine Konsumgeschichte ohne Konsumenten kann schlechterdings nicht existieren. Allerdings ist der Umsatz nur ein notwendiger Faktor, seine Höhe dabei meist lediglich organisatorisch für die Akteursgruppen und ihre Eigenfinanzierung relevant. Der Erfolg von politischem Konsum, soweit er in dieser Untersuchung relevant ist, bemisst sich historisch stattdessen vor allem an der Aufmerksamkeit, die Akteure mit ihren Ideen in der politischen Öffentlichkeit erregen konnten.

Aus diesem Blickwinkel erschließt sich auch, warum Analysekategorien *ethischen* und *moralischen* Konsums für sich genommen häufig erhellende Beiträge zur Konsumgeschichte darstellen, im Kontext dieser Untersuchung jedoch vor allem zur analytischen Abgrenzung genutzt werden. Zu einer möglichen Irritation der Begriffe trägt vor allem die bereits in den frühen 1990er Jahren sowohl als Quellen- als auch als Analysebegriff verwendete Nutzung von Ethik im Zusammenhang mit Konsum bei.[44] Das Begriffspaar

---

der Neuen Linken für die Fragestellung keine Rolle, vgl. zu dieser Thematik Sedlmaier, Alexander: Konsum und Gewalt. Radikaler Protest in der Bundesrepublik, Berlin 2018, hier S. 24f.

44   Vgl. einführend Möckel, Benjamin: »Ökonomische Eigenlogiken« und »alternative Sachzwänge«. Ökonomisierungsdiskurse im ethischen Konsum seit den 1960er Jahren, in: Graf, Rüdiger (Hg.): Ökonomisierung. Debatten und Praktiken in der Zeitgeschichte, Göttingen 2019, S. 360–382; zur diskursiven Figur eines ethischen Konsumenten auch Reckwitz, Andreas: Die Gesellschaft der Singularitäten. Zum Strukturwandel der Moderne, Berlin 2017, hier S. 130f.

»ethischer Konsum« ist zudem in sich problematisch, da er den praxisbezogenen Konsumbegriff mit einem Teilbereich der Philosophie verbindet, der sich mit verschiedenen Moralen beschäftigt. Für gewöhnlich wird in der gegenwartsbezogenen Forschung der »ethische« Konsum jedoch ausschließlich auf komplementäre Moralvorstellungen bezogen, die meist Idealvorstellungen von Nachhaltigkeit beschreiben. Der analytisch präzisere Begriff, der zudem deckungsgleiche Phänomene beschreibt, ist der *moralische* Konsum.[45] Dieser ist tendenziell weiter zu interpretieren als der politische. Gerade bei entwicklungspolitischen Detailfragen wie dem fairen Handel sind politische Forderungen und ihnen zugrundeliegende Moralvorstellungen eng verknüpft. So dürfte als Impulsgeber für die Entstehung der Aktion Dritte Welt Handel auch die seit den späten 1950er Jahren jährlich durchgeführte Fastenaktion des bischöflichen Hilfswerks Misereor gelten, die zunächst weitgehend unpolitisch an eine theologisch-moralische Verantwortung der Katholiken in den Industrieländern appellierte.

Jedoch sind politische und moralische Bedenken bei Konsumfragen nicht deckungsgleich. Beispielhaft dafür wiederum wären Appelle zum Veganismus, der sich auch aus rein moralischen Gesichtspunkten unpolitisch rechtfertigen ließe.[46] Darüber hinaus scheinen moralische Bedenken in der Praxis häufig als Marketingelement Verwendung zu finden: Während nur ein geringer Teil der Konsumenten den alltäglichen Einkauf unter konkret politischen Gesichtspunkten durchführt, sind Moralen relativ beständige, gesellschaftlich weitverbreitete Eigenschaften, die sich häufiger im individuellen Konsumverhalten widerspiegeln.

Zudem gibt es seit den 1990er Jahren zunehmend Wünsche nach einem nachhaltigen Konsumstil. Wörtlich verstanden wäre die alltagssprachlich gängige Phrase »nachhaltiger Konsum« ein Widerspruch in sich, da ein wörtlich genommen erhaltender Verbrauch möglicherweise bei Kulturgütern angenommen werden kann, während die hier maßgeblichen alltäglichen Gegenstände und davon insbesondere der Food-Bereich logisch in dieser Form nicht eingeordnet werden können. Der »nachhaltige Konsum« wird nachfolgend daher als Quellenbegriff aufgefasst, der in der Praxis einen Zielzustand beschrieb, der durch einen spezifischen Lebensstil erreicht werden kann, in dessen Zentrum wiederum Konsum steht. Nachhaltigkeit bietet begrifflich zahlreiche Interpretationsmöglichkeiten an.[47] Für gewöhnlich werden in den vergangenen 30 Jahren neben der naturräumlich-bewahrenden Dimension, die begrifflich seit dem 18. Jahrhundert in der Forstwirtschaft zurückverfolgt werden kann, auch eine ökonomische und eine soziale Dimension im Namen von nachhaltiger Entwicklung betrachtet.[48] Nachhaltige Entwicklung stellt hier keine eigene Argumentationslinie dar, sondern eine gesellschaftspolitische Norm, deren Inhalt zunächst durch einen politikgeschichtlichen Aushandlungspro-

45   Vgl. zum Überblick Knoch, Habbo/Möckel, Benjamin: Moral History. Überlegungen zu einer Geschichte des Moralischen im »langen« 20. Jahrhundert, in: Zeithistorische Forschungen/Studies in Contemporary History, Heft 1/2017, S. 93–111.

46   Vgl. bereits Altner, Günter: Naturvergessenheit. Grundlagen einer umfassenden Bioethik, Darmstadt 1991, hier S. 237–241.

47   Vgl. zum Überblick Scherhorn, Gerhard/Weber, Christoph (Hg.): Nachhaltiger Konsum. Auf dem Weg zur gesellschaftlichen Verantwortung, München 2002.

48   Vgl. Carlowitz, Hannss Carl von: Sylvicultura Oeconomica oder haußwirthliche Nachricht und Naturmäßige Anweisung zur Wilden Baum-Zucht, Leipzig 2013 [1713].

zess geprägt war und darauf aufbauend von verschiedenen Akteursgruppen an die Sozialfigur ökologisch-sozialer Konsumentenbürger herangetragen wurde. Die Setzung von nachhaltiger Entwicklung als Leitbegriff in den 1990er Jahren hatte darüber hinaus auch demokratietheoretische Implikationen, da sie durch ihre eindeutige Wertzuschreibung eine Verwissenschaftlichung normativ wünschbarer Agenden nahelegt und damit potentiell in einer Spannung mit partizipativen Verfahren steht.[49]

In diesem Buch stellt sich die Frage, wie Teilhabe beim politischen Konsum aussehen sollte und wie sie tatsächlich aussah. Während die Vorstellungen im Einzelnen also erarbeitet werden, lassen sich an dieser Stelle bereits einige Vorannahmen treffen.

Wolfgang Streeck hat sich bereits vor einigen Jahren zum Verhältnis von Politik und Konsum in der individualisierten Konsumentengesellschaft in dieser Hinsicht geäußert. Laut ihm führte das Ende des Fordismus zu Beginn der 1970er Jahre dazu,

> »dass die Restrukturierung des Konsums zur Wiederherstellung der Dynamik kapitalistischer Akkumulation nach der Krise der 1970er Jahre Einstellungen und Erwartungen auf Seiten der Bürger-als-Kunden ermöglichte (...), die den verbliebenen öffentlichen Raum unaufhaltsam zu durchdringen begannen. Im Vergleich zu dem neuen Konsumregime wirkten Staaten und die Güter, für die sie noch verantwortlich zeichneten, zunehmend schäbig und langweilig«[50].

Aufbauend auf dieser Beobachtung ließe sich argumentieren, dass politischer Konsum traditionelle politische Teilhabe unattraktiver mache. So vermutet Streeck, »dass die Mittelschichten, die über genügend Kaufkraft verfügen, um ihre Wünsche durch kommerzielle statt durch politische Mittel zu befriedigen, das Interesse an den Komplexitäten kollektiver Präferenzbildung und Entscheidungsfindung verlieren.«[51]

An diese Gedanken anknüpfend, wird ein großes Augenmerk auf politische Teilhabe gelegt. Zunächst ist es ratsam, gerade bei Konsumfragen nicht andere empirische Phänomene aus den Augen zu verlieren. Zumindest gegenwartsnah lässt sich feststellen, dass die Partizipation mittels alter und neuer Praktiken, also: mittels Stimm- und Kassenzettel, offenbar positiv miteinander korrelieren.[52] Dieses Verhalten ist nicht überraschend, weil die Akteure eine überwiegend intellektuelle Kundschaft angesprochen haben, die politisch überdurchschnittlich gut informiert war und ist. Die Annahme, dass sich verschiedene Partizipationsformen ergänzen können und sich nicht ausschließen, erleichtert besonders die Analyse des späten Untersuchungszeitraums, der mit den Grü-

---

49   Vgl. beispielhaft Schäffler, Harald: Von der ökokratischen Steuerung zum partizipativen Diskurs. In: Ders. (Hg.): Nachhaltige Entwicklung. Transdisziplinäre Aspekte eines neuen Entwicklungskonzepts, Berlin 1996, S. 73–82.

50   Streeck, Wolfgang: Bürger als Kunden. Überlegungen zur neuen Politik des Konsums, in: Bude, Heinz/Staab, Philipp (Hg.): Kapitalismus und Ungleichheit. Die neuen Verwerfungen, Frankfurt a.M. 2016, S. 261–284, hier S. 275.

51   Streeck, Bürger als Kunden, S. 279.

52   Vgl. Baumann, Shyon/Engman, Athena/Johnston, Josée: Political consumption, conventional politics, and high cultural capital. In: International Journal of Consumer Studies, Heft 39/2015, S. 413–421, hier S. 416.

nen in der Regierungsverantwortung im Bund von einer wirkmächtigen Akteursgruppe mitgeprägt wurde.[53]

Maßgeblich ist die Annahme, dass die Teilhabe beim politischen Konsum über den Einkauf hinausgeht. Die Akteursgruppen suchten nach eigenen Wegen zur politischen Teilhabe. Mit dieser Annahme knüpft die vorliegende Untersuchung an Frank Trentmanns Gedanken zu Moral und Konsum an. Am Beispiel des fairen Handels beschreibt er,

> »dass [nicht] die individuellen Wahlmöglichkeiten [der Konsumenten, SW] die direkte Ursache für den Erfolg des fairen Handels waren. Der Zusammenhang war eher indirekt. In den Werbekampagnen (...) diente die Figur des ethischen Konsumenten dazu, öffentliche Dienstleister, Einzelhändler und Lebensmittelproduzenten für den fairen Handel zu gewinnen.«[54]

Auf dieser Grundlage wird, unabhängig vom analytisch unscharfen Begriff »ethischer Konsument«, nachfolgend aufgebaut. Konsumentenbilder waren demnach eine wichtige Grundlage für die politische Teilhabe der Akteursgruppen. Diese musste sich nicht mit tatsächlichem Einkaufsverhalten decken.

Zudem war die Frage nach Partizipationschancen auch innerhalb von Akteursgruppen konfliktbeladen. Besonders gilt dies für Gruppen mit wachsender Professionalisierung. Gerhard Gräber charakterisierte beispielsweise in überspitzter Weise die Übernahme von Ämtern seitens grüner Politiker für diese Amtsträger eine Entlassung »aus der basisdemokratischen Inquisition«[55]. Damit beschreibt er auch eine Tendenz, die sich bei vielen Akteuren für die Zeit ab den späten 1980er Jahren feststellen lässt. Wachsende Expertise und die höhere Bereitschaft zum selbstbewussten öffentlichen Auftritt gingen häufig einher mit geringeren Teilhabemöglichkeiten für Laien, denen diese Expertise fehlte.

Die Chancen und Einschränkungen bei der Partizipation im politischen Konsum sind eng mit der Frage nach Gleichheit verknüpft. Die Analyse anhand des Gegensatzes Gleichheit–Ungleichheit benötigt einige Vorbemerkungen: Der Begriff Ungleichheit ist populärwissenschaftlich meist mit Negativassoziationen belegt. Auch bei der Betrachtung der Konsumentenpraktiken fällt Ungleichheit auf den ersten Blick vor allem als inhaltliches Argument auf, da besonders alternativ gehandelte Produkte mit dem Ziel der Bekämpfung globaler Ungleichheiten verkauft wurden und werden, die meist wie-

53 Die Dominanz versteht sich in Bezug auf die Akteurskonstellationen in diesem Buch, nicht auf die Ergebnisse der Regierungsarbeit. Zur Ausbremsung des grünen Reformwillens ab 1998 vgl. Wolfrum, Rot-Grün an der Macht, S. 218f.

54 Trentmann, Frank: Herrschaft der Dinge. Die Geschichte des Konsums vom 15. Jahrhundert bis heute, München 2017, hier S. 759.

55 Gräber, Gerhard: Alternative Expertokratie statt mehr Demokratie? Über den demokratischen Wert grüner Regierungsbeteiligungen, in: Ders./Thaa, Winfried/Salomon, Dieter (Hg.): Grüne an der Macht. Widerstände und Chancen grün-alternativer Regierungsbeteiligungen, Köln 1994, S. 63–74, hier S. 71.

derum auf den Gegensatz zwischen globalem Norden und Süden reduziert werden.[56] Ungleichheit spiegelt sich in den Quellentexten vor allem als Resultat außenwirtschafts-politischer Ungleichgewichte wider, die seit den späten 1960er Jahren in der Dritte-Welt-Bewegung kritisch aufgearbeitet worden waren.[57]

Auf analytischer Ebene bieten sich zwei Zugänge zur Ungleichheit im politischen Konsum an: einerseits die Beziehungsgleichheit, wie sie der französische Historiker Pierre Rosanvallon geschildert hat, und andererseits die Rolle der Akteursgruppen bei der Herausbildung und Reproduktion von sozialer Abgrenzung.[58]

Bei der Klärung des Übergangs zwischen Konsum- und Konsumentengesellschaft ist bereits deutlich geworden, dass die Phänomene, die hier im Vordergrund stehen, nicht von einer breiten gesellschaftlichen Basis getragen wurden. Vielmehr waren die Formen der Teilhabe, die die Akteursgruppen selbst praktizierten und von den Konsumenten er-warteten, intellektuell anspruchsvolle Aufgaben. Deshalb sind die demokratietheoreti-schen Konsequenzen zu beachten, die sich aus politischem Konsum ergeben. In Anbe-tracht der oft emotional geprägten Thematik stellt sich, überspitzt formuliert, die Frage nach einem Zuviel an Demokratie im Sinne von politischen Teilhabemöglichkeiten.[59]

Pierre Rosanvallon stellt die Idee der Beziehungsgleichheit als Norm der Demokratie zur französischen bzw. amerikanischen Revolutionszeit auf.[60] Wähler nahmen in die-sem Sinn erstmals in Äquivalenz an Wahlen teil, bei denen sie als Individuen und nicht als Vertreter von Ständen agieren.[61] Dieses, angesichts der nicht diskutierten damaligen Exklusionsmechanismen sehr grobe, Gleichheitsverständnis nutzte Rosanvallon bereits zuvor, um neue soziale Bewegungen heute als »Überwachungsmacht« im Rahmen einer »Gegen-Demokratie« zu lesen.[62] Gegen-Demokratie als Begriff für das Verständnis neuer Partizipationsformen bezeichnet ausdrücklich keine antidemokratischen Ak-teure, sondern Ergänzungen zur parlamentarischen Repräsentation des Bürgers in der Form neuer Partizipationsformen. Rosanvallon selbst ordnet das Gros der neuen sozialen Bewegungen als neue Aktivisten ein, die, wie beispielsweise die kirchlichen Träger des frühen alternativen Handels der 1970er Jahre, auf dringliche, aber innerhalb

---

56   Vgl. Franc, Andrea: Von der Makroökonomie zum Kleinbauern. Die Wandlung der Idee eines gerechten Nord-Süd-Handels in der Schweizerischen Dritte-Welt-Bewegung (1964–1984), Berlin 2020, hier S. 42–46.

57   Vgl. gegenwartsorientiert auch Overwien, Bernd: Partizipation und Nachhaltigkeit. Innovationen für die politische Bildung, in: Harles, Lothar/Lange, Dirk (Hg.): Zeitalter der Partizipation. Paradig-menwechsel in Politik und politischer Bildung? Schwalbach (Taunus) 2015, S. 158–167; Rist, Gilbert: The history of development. From western origins to global faith, London 2019.

58   Vgl. Rosanvallon, Pierre: Die Gesellschaft der Gleichen. Hamburg 2013; Carfagna, Lindsey/Dubois, Emilie/Fitzmaurice, Connor/Ouimette, Monique/Schor, Juliet/Willis, Margaret: An emerging eco-habitus: The reconfiguration of high cultural capital practices among ethical consumers, in: Journal of Consumer Culture, Heft 2/2014, S. 158–178.

59   Vgl. Zakaria, Fareed: Das Ende der Freiheit? Wieviel Demokratie verträgt der Mensch? München 2007.

60   Vgl. Rosanvallon, Gesellschaft der Gleichen, S. 18f. Gleichwohl verstehe ich das entwickelte Kon-zept lediglich als Idealbeschreibung.

61   Vgl. Rosanvallon, Gesellschaft der Gleichen, S. 47–55.

62   Vgl. Rosanvallon, Pierre: Die Gegen-Demokratie. Politik im Zeitalter des Misstrauens, Hamburg 2017 [2006], hier S. 60–64.

der Konsumentengesellschaft unsichtbare politische Problemstellungen aufmerksam machten.[63]

Ingolfur Blühdorn stellt die Frage nach Ungleichheit in Verbindung mit neuen Partizipationschancen vor allem im Kontext des Dilemmas verschiedener zeitlicher Logiken, die andere Teilhabeformen provozieren. Während der Parlamentarismus zumindest aus Eigeninteresse der Mandatsträger eine Tendenz zur kurzfristigen Handlung hat, erfordert »nachhaltige« Politik im Wortsinn eine Strategie, die angesichts des übermäßigen Verbrauchs der Konsumenten in den Industriestaaten ohne kurzfristige Einschränkungen von Verbrauchern nur schwer bis gar nicht auskäme.[64] Insofern seien demokratische Strukturen möglicherweise ungeeignet, um Umweltprobleme in den Griff zu bekommen.

Diese Diagnose verbindet Blühdorn mit Postdemokratie. Diese Idee geht von formell intakten westlichen Demokratien aus. Es beschreibt die Tendenz von Verwissenschaftlichung, Ökonomisierung und Verrechtlichung von politischen Fragen, die damit der politischen Teilhabe entzogen würden.[65] Historisch trennt Blühdorn dabei die

»partizipatorische Revolution der siebziger und frühen achtziger Jahre, in der die zunehmend selbstbewussten Bürger den kantischen Auszug aus ihrer selbst verschuldeten Unmündigkeit vollzogen, sich zunehmend als autonome Subjekte verstanden (...); dann die sich in den neunziger Jahren deutlich abzeichnende neue Phase, in der politische Verantwortung zunehmend an Institutionen und professionelle Dienstleister delegiert wird (NGOs, Lobbygruppen, pressure groups)«[66].

Ungleichheit ergebe sich unter anderem dadurch, dass die große Mehrzahl sozialer Bewegungen von bereits gut repräsentierten sozialen Gruppen genutzt werde.[67] Akteursgruppen konnten sich demnach einen privilegierten Zugang zum politischen Agenda-Setting erarbeiten. Dieser Zugang wurde bzw. wird in den meisten Fällen mithilfe einer bestimmten Moral begründet. Die Unterstützung eines solchen Zugangs bleibt dann Konsumenten eröffnet, die erstens überhaupt davon Kenntnis haben und die zweitens die dafür notwendigen, besonders finanzielle, Ressourcen aufbringen können.

Damit ist auch der zweite Analysestrang zur Ungleichheit angesprochen. In Anlehnung an Carfagna et al. ist das praktische Konsumentenverhalten im politischen

---

63   Vgl. Rosanvallon, Gegen-Demokratie, S. 60–64.

64   Vgl. Blühdorn, Ingolfur: Nachhaltigkeit und postdemokratische Wende. Zum Wechselspiel von Demokratiekrise und Umweltkrise, in: Vorgänge, Heft 2/2010, S. 44–54. Zur kritischen Rezeption der Nachhaltigkeitsstrategie und ihrer technischen Machbarkeit vgl. allgemein Spehr, Christoph: Die Ökofalle. Nachhaltigkeit und Krise, Wien 1996, v.a. S. 39–51.

65   Vgl. grundlegend Badou, Alain/Rancière, Jacques: Politik der Wahrheit. Wien 2014 [1996].

66   Blühdorn, Simulative Demokratie, S. 144.

67   Blühdorn, Ingolfur: Das postdemokratische Doppeldilemma. Politische Repräsentation in der simulativen Demokratie, in: Thaa, Winfried/Linden, Markus (Hg.): Krise und Reform politischer Repräsentation. Baden-Baden 2011, S. 45–74, hier S. 51f. Kritisch bei der Interpretation neuer Partizipationsformen sind auch Linden, Markus: Beziehungsgleichheit als Anspruch und Problem politischer Partizipation. In: Zeitschrift für Politikwissenschaft, Heft 26/2016, S. 173–195; sowie Zakaria, Das Ende der Freiheit. Letzterer geht vor allem auf die Beziehung zwischen Partizipation und Freiheit ein, die als Konzepte eher negativ korrelieren.

Konsum in den 1990er Jahren zunehmend als Ausdruck der Neukonfiguration eines Geschmacks zu betrachten.[68] Über die Erkenntnisse von Carfagna et al. hinaus dürfte zudem ein sensibilisiertes soziales Umfeld notwendig sein, das für die Botschaften empfänglich ist, die ein Konsument dem eigenen Einkauf zuschreibt. Frank Trentmann etwa verweist bei Lebensstilpolitik auf den fairen Handel: Dass dieser eine steigende Aufmerksamkeit erlangt, verdanke »er ebenso seinem politischen Versprechen wie der Attraktivität der eigentlichen Produkte«[69]. Angesichts der zahlreichen gegenwartsnahen Debatten zu neuen Formen von Ungleichheit in der Konsumentengesellschaft stellt sich perspektivisch die Frage, welcher historische Beitrag zu dieser Entwicklung bei den Akteursgruppen politischen Konsums zu suchen ist.[70] Inwiefern diese eine Exklusionsdimension in ihren Partizipationserwartungen in Kauf nahmen oder gar wünschten, ist bislang nicht untersucht worden. In dieser Untersuchung ist daher zu klären, inwiefern die Akteursgruppen Formen von Gruppenzugehörigkeit bereits in ihre Konsumentenbilder miteinbezogen.

1.4 Quellen

Die Akteursgruppen hatten sehr unterschiedliche Wurzeln. Die Eingrenzung eines Quellenkorpus gestaltet sich anspruchsvoll, da zwar in den vergangenen Jahrzehnten zahlreiche private Sammlungen und Aktenbestände aufgebaut worden sind, diese jedoch unterschiedlich, falls überhaupt, erschlossen sind. Während bei staatlichen Akteuren innere Meinungsbildungsprozesse mithilfe der Bestände im Bundesarchiv Koblenz vergleichsweise einfach rekonstruiert werden können, lassen sich Akteure etwa aus dem alternativen Milieu am ehesten anhand der oft selbst herausgegebenen, teils händisch bearbeiteten Periodika nachvollziehen.

Auch auf ökologischer, noch mehr aber auf entwicklungspolitischer Seite gab es Diskussionsforen, wobei deren Erscheinungsformen stark vom jeweiligen politikgeschichtlichen Kontext geprägt waren. Für den Austausch von Zielvorstellungen beim alternativen Handel standen Zeitschriften wie die »Blätter des Informationszentrums Dritte Welt« (iz3w), »Lateinamerika Nachrichten«, »Informationsstelle Lateinamerika« (Ila) sowie später mit einem stärker solidarisch-antikapitalistischen Schwerpunkt »Contraste« im Vordergrund, die seit den frühen 1970er Jahren für einen neuen, vom Leitbegriff Solidarität geprägten Entwicklungspolitik-Ansatz plädierten. Die Zeitschriften griffen häufig die karitativ-theologischen Überlegungen auf, die von den kirchlich getragenen Akteursgruppen bereits zu Beginn der 1970er Jahre ausformuliert worden waren und zum Gegenstand antiimperialistischer Kritik wurden.

Aus forschungspraktischer Sicht haben diese Multiplikatoren zudem den Vorteil, dass sie noch in zahlreichen gut gepflegten Sammlungen vollständig erhalten sind.

---

68   Vgl. Carfagna et al., An emerging Eco-habitus, hier S. 160f.

69   Trentmann, Welt der Dinge, S. 763.

70   Vgl. einführend Brooks, David: Bobos in Paradise. The new upper class and how they got there, New York 2000.

Verwiesen sei hier auf das Recherchenetzwerk »Archiv3«[71] sowie auf die Sammlung des Archivs für alternatives Schrifttum (Afas) Duisburg. Darüber hinaus ist die Untersuchung im Rahmen eines Forschungsprojektes an der Universität Trier entstanden, dem selbst eine entwicklungspolitisch geprägte Sammlung als Vorlass gestiftet wurde.[72]

Das große zeitgenössische Interesse an Umweltpolitik führte auch dazu, dass umweltpolitischer Konsum im Vergleich zum entwicklungspolitischen Gegenstück stärker in linksliberalen Leitmedien wie dem Spiegel beachtet wurde. Bewegungseigene Multiplikatoren waren angesichts der breiteren gesellschaftlichen Vorkenntnis der debattierten Probleme seltener: Neben der »Contraste« ist bei den alternativen Akteuren die mittlerweile im Mainstream etablierte »Tageszeitung« (Taz) zu nennen, die jedoch in den 1980er Jahren, abgesehen von einer Reihe zum Thema Alltagsökologie, zunächst wenige Verknüpfungen zu Verbraucherfragen setzte. Besonders die von Horst Stern gegründete Monatsschrift »Natur« war erfolgreich, indem sie eine professionelle Aufmachung mit kommerziellen Werbeanzeigen mit der Vorstellung alternativer Projekte wie Erzeuger-Verbraucher-Gemeinschaften verband. Aufseiten der Anbauverbände dienten Zeitschriften der Stiftung Ökologie und Landbau als koordinierende Plattform für die Vereinheitlichung der Zielhorizonte zwischen den Akteursgruppen des ökologischen Landbaus. Im Verlauf der 1980er Jahre stießen zudem Periodika mit dem Schwerpunkt Nachhaltigkeit und Regionalisierung hinzu. Als Beispiel dient der »Rabe Ralf«, der bis in die Gegenwart einen Schwerpunkt auf die Region Berlin-Brandenburg legt, aber bundesweit Beachtung gefunden hat.

Eingangs erwähnt wurden bereits die teilweise händisch zusammengesetzten Dossiers und Broschüren, die für einzelne Aktionen, aber auch für längere Kampagnen erstellt wurden. Kurze Dossiers wie »Informationsdienste« und »Rundbriefe« wurden von zahlreichen Akteursgruppen mit unterschiedlichen Reichweiten erstellt. Da solche Periodika in kopierter Form, wie Sven Reichardt bereits feststellte, für die schnelle Weitergabe von spezifischen Informationen an Leser konzipiert waren, ist deren Reichweite nur schwer messbar.[73] Während einige kirchliche Akteure wie das bischöfliche Hilfswerk Misereor, das den größten Teil der Akten zur GEPA beherbergt, über eigene Archive verfügt, ist zur Rekonstruktion der Innenperspektive einzelner Solidaritätsakteure teilweise Glück notwendig. Je länger die aktive Zeit der Solidaritäts- und der Umweltbewegung um 1980 zurückliegt, desto dringlicher stellt sich für Sammlungsbesitzer die Frage nach einer möglichen Übergabe des eigenen Aktenmaterials für die wissenschaftliche Aufarbeitung des eigenen Lebenswerks. Beispiele dafür sind die Übernahmen der Bestände des Informationsbüros Nicaragua aus Wuppertal in das Institut für Sozialgeschichte Amsterdam sowie des BBU in das Afas Duisburg.

Kurze Dossiers sind davon unabhängig historisch-analytisch hilfreich. Durch sie lassen sich insbesondere kurzfristige Reaktionen auf Kontextänderungen und emotionale Bezüge zu einzelnen Aktionen leichter nachvollziehen als durch Grundsatzbroschüren. Sie wurden meist von solchen Gruppen publiziert, die eine ideologische Nähe zum

---

71 Archiv3 ist ein Verbund von Archiven – de facto von Sammlungen – mit Ursprung in der Solidaritätsbewegung (https://archiv3.org, 25.09.2023).

72 Nachfolgend als Sammlung Wertingen bezeichnet.

73 Vgl. Reichardt, Authentizität und Gemeinschaft, hier S. 241–243.

alternativen Milieu aufwiesen. Beispielhaft dafür sind die Umweltverbände: Während der bereits im technischen Umweltschutz etablierte Bund für Umwelt- und Naturschutz Deutschland (BUND) verschiedene Landesausgaben von »Natur & Umwelt« mit einem zentral koordinierten Hauptteil herausgab, bearbeiteten verschiedene Arbeitskreise im BBU in dessen Anfangsjahren ihre Themen mithilfe von verschiedenen Zeitschriften wie »Informationsdienst Chemie & Umwelt« oder die »Consum Critik«, aus der die Periodika der Verbraucher Initiative hervorgingen.

Die gesamte Fülle an zeitgenössischen Ratgebern zu umweltpolitischen Skandalen schließlich ist kaum zu überblicken. Hier in Betracht gezogen können werden lediglich solche, die ein näheres Bild vom Teilhabeverständnis der jeweils beteiligten Gruppen vermitteln. Das Hauptaugenmerk liegt auf Argumentationen, die in Zeitschriften veröffentlicht wurden und auf die sowohl andere Akteure antworten als auch Konsumenten selbst reagieren konnten. Allgemein ließ die Zahl und die Intensität von schriftlich geführten Debatten im Verlauf der 1990er Jahre nach. Auch wurden Informationen über Waren zunehmend über das Internet bereitgestellt. Zudem war – wie noch zu zeigen sein wird – für den Erfolg von lebensstil-politischem Konsum in den 1990er Jahren besonders die hohe Nachfrage nach Labels charakteristisch, die vertrauenswürdig erschienen. Diese wiederum benötigten weniger argumentative Grundlagen, sondern vor allem eine Reputation.

1.5   Aufbau der Untersuchung

Zur Differenzierung der Arbeitsschritte nutzt dieses Buch zwei Gliederungsebenen. Hinzu kommen eine dritte und vierte Ebene, die angesichts der teilweise stark unterschiedlichen Akteursgruppen das Verständnis mithilfe von Unterkapiteln vereinfachen sollen.

Die erste Gliederungsebene ist eine zeitliche. Sie ist dem Nach-dem-Boom-Ansatz folgend problemorientiert und stellt die Kontextbindung der Akteursgruppen in den Vordergrund. So wird in Kapitel 2 die frühe Arbeit der Akteursgruppen in der entstehenden Konsumentengesellschaft umrissen. Der Beginn der Episode liegt in der Mitte der 1970er Jahre und lässt sich als eine Sinneinheit bis in die zweite Hälfte der 1980er Jahre analysieren. Der Beginn des Betrachtungszeitraums zur Mitte der 1970er Jahre ergibt sich aus einem Zusammenspiel beider Faktoren.

Politikgeschichtlich ist hier die Etablierung der Umweltpolitik zu nennen. Dafür ist das Umweltprogramm der sozialliberalen Bundesregierung von 1971 sinnbildlich. Darüber hinaus stand der politische Problemdruck nicht zufällig in zeitlicher Nähe zum Boom der ökologischen Forschung. Einen tatsächlichen Bezug zum Konsum bewirkten diese Grundlagen jedoch erst in der zweiten Hälfte der 1970er Jahre. Gesellschaftsgeschichtlich erklärt sich der Beginn des Betrachtungszeitraums mit der regen Aktivität innerhalb der Umwelt-, Dritte-Welt- und der Solidaritätsbewegung. Solidaritätsgruppen reagierten auf die Revolution der sozialistischen Sandinisten in Nicaragua 1979 ausgesprochen hoffnungsvoll und ideenfreudig. Bereits zuvor ging aus Jugendgruppen beider Kirchen die zunächst christlich-karitativ motivierte Gruppe Aktion Dritte Welt Handel hervor, die ab 1971 Aufmerksamkeit auf entwicklungspolitische Fragestellungen lenken wollte.

Das dritte Kapitel ist den Jahren zwischen 1987 und 1992 gewidmet. Dabei lieferten politikgeschichtliche Kontextveränderungen und akteurseigene Initiativen wechselseitig verstärkende Impulse für eine Neuausrichtung des politischen Konsums. In dieser Phase formulierten mehrere Akteursgruppen neue Erwartungen, die mit der Erschließung neuer Vermarktungswege verknüpft waren. Diese neuen Erwartungen waren nicht nur von neuen inhaltlichen Ideen geprägt, sondern auch von Kontextänderungen. Ab dem Ende der 1980er Jahre wurde ein internationaler politikgeschichtlicher Prozess sichtbar, der bereits zu Beginn der 1970er Jahre eingesetzt hatte und der mit dem Brundtland-Report 1987, der Konferenz von Rio de Janeiro 1992 und national bzw. kommunal mit der Agenda 21 durch die Erklärung politischer Steuerungsansprüche geprägt war. Im gleichen Zeitraum änderte sich der entwicklungspolitische Kontext grundlegend. Die Erosion des Realsozialismus, allen voran die Abwahl der Sandinos in Nicaragua sowie das nahende Ende der südafrikanischen Apartheid als rassistisches Feindbild waren Entwicklungen, die vielen links-alternativen Akteursgruppen die Grundlagen für die Nutzung antiimperialistisch-solidarischer Argumente entzogen.

Kapitel 4 behandelt schließlich die Zeit von 1992 bis 2001. Die Begrenzung des Betrachtungszeitraums hat vor allem einen inhaltlichen Grund: Mit der Ergänzung des Bundeslandwirtschaftsministeriums um den Aufgabenbereich Verbraucherschutz und mit der Einführung des staatlichen Bio-Labels, beide 2001, war auch ein Ergebnis erfolgreicher Arbeit der Akteursgruppen politischen Konsums sichtbar. So bewirkten Handelsausweitungen, nachhaltige Entwicklung als Leitbegriff und der weitgehende Wegfall alternativer außenwirtschaftspolitischer Modelle eine Senkung der Hürden, die an die Teilnahme am politischen Konsum gestellt wurden. Gleichzeitig jedoch wurde die Teilhabe innerhalb zunehmend professionell auftretenden Akteursgruppen schwieriger, während diese ihre eigene Expertise politisch nutzen konnten.

Die Kapitel werden in einer zweiten Gliederungsebene unterteilt, um die einzelnen Analyseschritte zu trennen. Zunächst wird die Periodisierung jeweils erläutert anhand des entsprechenden Kontextes. Der Kontext ist größtenteils politikgeschichtlich begründet. Darauf folgt eine Darstellung der Ziele und Partizipationsansprüche der Akteursgruppen. Zentral für das Verständnis sind hier also nicht die Handlungen bzw. getätigten Umsätze, sondern die politischen Grundlagen der Gruppen. Gleichwohl ist eine marktkonforme Partizipation ohne Umsätze nicht möglich, sodass der Handel hier als notwendige Bedingung ebenfalls Berücksichtigung findet. Jedes Kapitel schließt mit einer Betrachtung der Eigenschaften, aus denen sich die Konsumentenbilder der Akteure zusammensetzten.

Die dritte und vierte Gliederungsebene schließlich dienen zur Einordnung der Akteursgruppen und ihrer Argumente: Dazu wird eine grundlegende Unterscheidung zwischen entwicklungs- und umweltpolitisch orientierten Akteursgruppen eingeführt. Diese Einordnung erfolgt also anhand des Schwerpunktengagements im jeweiligen Politikressort, auch wenn spätestens mit der Einführung des Leitbegriffs nachhaltige Entwicklung im Laufe der 1990er Jahre Argumentationsweisen eng miteinander verknüpft wurden.

Der Schluss der Untersuchung hat zwei Funktionen. Zum einen dient er, als Zusammenfassung, zur Einordnung der Untersuchungsergebnisse. Zum anderen aber besteht hier die Gelegenheit zur Positionierung dieses Buches gegenüber Debatten der jüngsten Vergangenheit.

2 Umwelt und Entwicklung ab den 1970ern

Um das Wirken der Akteure beim politischen Konsum verstehen zu können, muss zunächst ihr politisch-historischer Kontext berücksichtigt werden. Unter welchen Umständen konnte überhaupt der politische Konsum entstehen, wie er hier verstanden wird? Warum begann dessen Geschichte erst in den 1970er Jahren? Entscheidend zum Verständnis des politischen Kontextes sind die Entstehung von Entwicklungs- und von Umweltpolitik. Erst mit der jeweiligen Etablierung konnten die Akteure politischen Konsums im entwicklungspolitischen und ökologischen Bereich Ansprüche zur Teilhabe stellen. Im Vergleich war die Entwicklungspolitik jedoch rund zehn Jahre früher ein bundespolitisches Thema als eine gestaltende Umweltpolitik. Dieser Umstand erklärt auch, dass der alternative Handel einige Jahre vor den Ökolabels, mit Ausnahme von Demeter seit 1928, entstand.

Angesichts dieser Schwierigkeiten leistet dieses Kapitel zunächst eine entwicklungs- und umweltpolitische Kontextualisierung. Darauf aufbauend werden alternative und ökologische Akteure beim politischen Konsum vorgestellt. Aufgrund ihrer Heterogenität werden sie hinsichtlich ihrer Herkunft aufgegliedert. Diese Untergliederung bedeutet jedoch nicht, dass Ansprüche an und Bilder von Konsumenten keine Ähnlichkeiten aufwiesen. Auf die Eigenschaften der Konsumentenbilder wird daher abschließend eigens und übergreifend eingegangen.

2.1 Kontext: Entwicklungspolitik und Umweltpolitik

Die Politikbereiche Umwelt und Entwicklung haben eine höchst unterschiedliche Vorgeschichte, bevor sie im Laufe der letzten 30 Jahre des 20. Jahrhunderts immer häufiger zusammen gedacht wurden. Auch der Problemdruck, der angesichts von unmittelbar sichtbaren Umweltschäden der Umweltpolitik eine schnell wachsende Aufmerksamkeit in der westdeutschen Öffentlichkeit zukommen ließ, bot für die Akteure politischen Konsums eine völlig andere Grundlage zur Teilhabe als die scheinbar abstrakte Entwicklungspolitik. Schließlich waren strukturelle Fragen zur Unterentwicklung des globalen Südens mit ihrer Vielzahl an wirtschaftswissenschaftlichen und marxistischen Deutungsangeboten auf den ersten Blick nur schwer zu durchdringen. Entsprechend

dieser unterschiedlichen Voraussetzungen sind auch die Kontextualisierungen akzen-
tuiert: Während alternative Entwicklungspolitik vor allem aus einer politisch-theore-
tischen Sichtweise verständlich wird, lässt sich die Debatte zu alternativ-ökologischen
Wegen der Umweltpolitik leichter anhand von großen Akteursgruppen nachvollziehen.
Wie diese Grundlagen aussahen, wird im Folgenden näher beschrieben.

2.1.1   Kritik an der frühen Entwicklungspolitik

Eine Eigenheit des alternativen bzw. später des fairen Handels ist die Unabhängigkeit
von staatlichen Labels oder Regulierungen. Alternativ gehandelte Ware war stets eng mit
kirchlichen oder privaten Aktionen verknüpft. Hauptgrund dafür ist der Entstehungs-
kontext des alternativen Handels. Geprägt war er von der Kritik an westlichen Ansätzen
zur Entwicklungspolitik infolge der Dekolonisierungen in den 1950er Jahren.[1] Besondere
Aufmerksamkeit erhielten die Thesen des argentinischen Entwicklungsökonomen Raul
Prebisch, der zudem als erster Generalsekretär der United Nations Conference on Trade
and Development (UNCTAD) als legitimer Vertreter der Interessen des globalen Südens
angesehen war.

Eckpunkte der Kritik an staatlicher Entwicklungspolitik waren die Kernaussagen der
lateinamerikanischen Dependenztheorie sowie die bereits 1949 formulierten Annahmen
zur fortlaufenden Verschlechterung den Handelsbedingungen für den globalen Süden,
die als Prebisch-Singer-Theorie bekannt sind.[2] Demnach waren die ehemaligen Kolonialgebiete aufgrund ihrer strukturellen Ausbeutung als Rohstofflieferanten für die Kolo-
nialherren nach deren Entlassung in die Unabhängigkeit noch nicht wettbewerbsfähig
im internationalen Handel.

Auf dieser Ausgangslage aufbauend, übernahmen gerade kirchliche Akteure wie das
Bischöfliche Hilfswerk Misereor die Prebisch-Singer-These und die UNCTAD-Forderungen. Die These, die von Raul Prebisch und Hans Singer 1950 erarbeitet wurde, war
keine zusammenhängende theoretische Arbeit. Der Begriff steht vielmehr abstrakt für
das Phänomen der sich verschlechternden Handelsbedingungen (Terms of Trade) für
den globalen Süden: Während Entwicklungsländer aufgrund der kolonialen Struktur
der eigenen Wirtschaft dazu gezwungen seien, Rohstoffe zu exportieren, seien sie im
Gegenzug auf den Import von verarbeiteten Waren aus Industriestaaten angewiesen.
Da aber bei steigendem Wohlstand im globalen Norden die Nachfrage nach höherwerti-
gen, i.d.R. verarbeiteten Waren gegenüber den Rohstoffen überproportional zunehme,
verschlechterten sich die Außenhandelsbedingungen für ehemalige Kolonialgebiete
zwangsläufig.

Darüber hinaus seien Zollbarrieren und Handelsabkommen von hoher Bedeutung.
Die Staaten des globalen Nordens seien hier in einem weiteren Vorteil, da deren Produktion sich zunehmend spezialisiere und sie untereinander weniger auf dem Weltmarkt

---

1   In dieser Arbeit wird »Entwicklung« stets im Sinne der Debatten über entwicklungspolitische Lö-
     sungsansätze im späten 20. Jahrhundert genutzt, zur Begriffsgeschichte vgl. Hein, Wolfgang: Un-
     terentwicklung. Krise der Peripherie, Opladen 1998, zum Begriff S. 143–155.

2   Vgl. grundlegend Economic Commission for Latin America: The Economic Development of Latin
     America and its Principal Problems. New York 1950.

konkurrieren müssten. Dagegen seien zunehmende Produktion und Exportbemühungen von Rohstoffen aufseiten des globalen Südens letztlich schädlich, da das Angebot des gleichen Rohstoffes überproportional zur Nachfrage zunehme.

In der Konsequenz, so die These, habe Entwicklungspolitik die Aufgabe, auf eine Verbesserung der Terms of Trade hinzuarbeiten. Die UNCTAD beschloss daher 1964 in ihrer ersten Agenda im Wesentlichen die Förderung des Handels zwischen Norden und Süden. Dabei sollte es dem Süden erleichtert werden, verarbeitete Produkte herzustellen und mit möglichst geringen Zollschranken zu exportieren sowie regionale Gruppierungen zu bilden, um dem Preisverfall von Rohstoffen entgegenzuwirken. Auch sollten sich Staaten des Nordens verpflichten, die Unterstützung für eigene Exporte von einfachen Gütern wie etwa landwirtschaftlichen Produktionen zurückzufahren.[3] Diese Forderungen zur Entwicklungspolitik sind zunächst nicht antikapitalistisch, sie können eher treffend als »Mix aus globalem Keynesianismus und Dependenztheorie«[4] charakterisiert werden, da sie nachfragesteuernd auf die strukturellen Ungerechtigkeiten zwischen globalem Norden und Süden eingingen. Dennoch wurden sie von den westlichen Staaten zurückhaltend aufgenommen. Der UNCTAD wurden de facto kaum Entscheidungsbefugnisse eingeräumt und das Zollsystem wurde weiterhin vom westlich geprägten General Agreement on Tariffs and Trade (GATT) dominiert.

Der Wert der UNCTAD-Forderungen für die Entstehungsgeschichte des alternativen Handels speist sich also nicht durch ihre (kaum vorhandenen) außenhandelspolitischen Konsequenzen, sondern durch ihre Rezeption seitens kirchlicher Akteure in Westeuropa.[5] Im Fall des Bischöflichen Hilfswerks Misereor und der kirchlichen Jugendorganisationen Bund der Deutschen Katholischen Jugend (BDKJ) und Arbeitsgemeinschaft der Evangelischen Jugend (AEJ) fielen sie auf fruchtbaren Boden hinsichtlich der Vorstellungen zur Entwicklungsarbeit:[6] So dürfe der Notleidende »nicht zum Almosenempfänger herabgewürdigt werden, sondern muss zur Selbsthilfe ermutigt werden. Er ist kein Krüppel, der sich nicht selbst helfen kann, sondern besitzt alle Begabungen und Fähigkeiten zur Eigeninitiative«[7], die mit kirchlich getragenen Projekten gefördert werden solle. Grundlage der kirchlichen Entwicklungsarbeit waren zwei Gedanken: Nächstenliebe und Gerechtigkeit.[8] Letztere wurde ab den späten 1960er Jahren stark von den UNCTAD-Forderungen und in geringerem Ausmaß von dependenztheoretischen Grundlagen geprägt, auf die noch einzugehen ist. Kurzum war die kirchliche Entwicklungsar-

---

3   Vgl. Taylor, Ian/Smith, Karen: United Nations Conference on Trade and Development (UNCTAD). Abingdon 2007, hier S. 10–13; grundlegend dazu Prebisch, Raul: Towards a New Trade Policy for Development. New York 1964.

4   Taylor/Smith, UNCTAD, S. 13 (eigene Übersetzung).

5   Vgl. dazu die Untersuchung der Erklärung von Bern bei Franc, Von der Makroökonomie zum Kleinbauern, hier S. 55–60.

6   Vgl. auch die Beschreibung der Jugendverbände als Avantgarde des entwicklungspolitischen Konsums bei Hein, Bastian: Die Westdeutschen und die Dritte Welt. Entwicklungspolitik und Entwicklungsdienste zwischen Reform und Revolte 1959–1974, München 2006, hier S. 143–145.

7   Merz, Friedhelm/Mock, Erwin: Entwicklungshilfe. Versuch einer Gesamtdarstellung, in: Misereor inform, Heft 1/1969, S. 7–10, hier S. 9f.

8   Vgl. Senft, Josef: Entwicklungshilfe oder Entwicklungspolitik. Ein interessenpolitisches Spannungsfeld – dargestellt am Kirchlichen Hilfswerk Misereor, Münster 1978, hier S. 60–63.

beit mitnichten unpolitisch und legte die Grundlage für den alternativen Handel.[9] Zudem ist die Wirkmächtigkeit der päpstlichen Enzyklika »Populorum Progressio«[10] im Jahr 1967 zu beachten, deren Bild einer Kirche, die solidarisch mit den Armen sein sollte, anschlussfähig gegenüber den wirtschaftspolitischen Forderungen der UNCTAD war.[11] Wichtig war aus Sicht beider Kirchen dabei die Begegnung auf Augenhöhe: Hilfe zur Selbsthilfe sollte nicht als Starthilfe zur Entwicklung verstanden werden, sondern selbst bereits ein Prozess sein, an dessen Erarbeitung die Hilfebedürftigen bereits beteiligt sein sollten.[12]

Dependenztheoretische Annahmen waren zur gleichen Zeit insbesondere bei marxistisch orientierten Gruppen der Dritte-Welt-Bewegung beliebt.[13] Sie waren insoweit mit der Prebisch-Singer-These verwandt, als diese von den Dependenztheoretikern als Bestätigung der eigenen Annahmen interpretiert werden konnten. Die Verschlechterung der Terms of Trade sei demnach kein unglücklicher Umstand, dem durch eine gerechtere Zollpolitik Abhilfe verschafft werden könne, sondern das zwangsläufige Ergebnis der kapitalistischen Ausbeutung des globalen Südens.

Im Zentrum der strukturalistischen Dependenztheorie steht der Gedanke einer einseitigen Abhängigkeit der Peripherie gegenüber der Metropole bzw. dem Zentrum, wobei die Peripherie von den Akteuren im Zentrum stets ausgebeutet werde.[14] Im entwicklungspolitischen Kontext bedeutet dies die Unterdrückung der ehemaligen Kolonien im globalen Süden durch die Industriestaaten, die in dieser Metapher als Metropolen fungieren. Ursprünglich bezog sie sich in erster Linie auf die lateinamerikanischen Staaten, deren Eliten um 1960 eine feudalistische Ordnung vorgeworfen wurde: So sei laut Dependenztheorie die fortwährende Unterdrückung nach dem weitgehenden Ende des

---

9   Im Gegenteil war die Debatte hierüber bereits zu Beginn des Jahrzehnts in beiden Kirchen, besonders aber in der evangelischen, hochumstritten, da eine Einmischung der Bundespolitik im Sinne der Hallstein-Doktrin befürchtet wurde, vgl. Senft, Entwicklungshilfe oder Entwicklungspolitik, hier S. 151–156.

10   Paul VI.: Populorum Progressio. Über die Entwicklung der Völker, Vatikan 1967 (https://www.v atican.va/content/paul-vi/de/encyclicals/documents/hf_p-vi_enc_26031967_populorum.html, 25.09.2023).

11   Vgl. zur Bedeutung der Enzyklika für die Entstehung des alternativen Handels Quaas, Fair Trade, hier S. 71.

12   Vgl. Katholischer Arbeitskreis Entwicklung und Frieden: Erklärung zur Denkschrift der EKD »Der Entwicklungsdienst der Kirche«, 26. April 1973, in: Zwiefelhofer, Hans (Hg.): Entwicklung heißt: Befreiung und Gerechtigkeit, Stellungnahmen aus der Katholischen Kirche in der Bundesrepublik Deutschland zur Dritten Welt und zur Entwicklungspolitik 1970–1983, München/Mainz 1983, S. 29–35, hier S. 32.

13   Grundlegend für den deutschen Sprachraum vgl. Senghaas, Dieter: Vorwort. Elemente einer Theorie des peripheren Kapitalismus, in: Ders. (Hg.): Peripherer Kapitalismus. Analysen über Abhängigkeit und Unterentwicklung, Frankfurt a.M. 1981, S. 7–36.

14   Davon zu unterscheiden wäre darüber hinaus der neoimperialistische Ansatz, der die westlichen Industriestaaten konkret für Unterentwicklung verantwortlich machte und insbesondere während des Vietnam-Kriegs zunehmende Beachtung seitens der westdeutschen Linken erhielt, jedoch gegenüber dem strukturalistischen Denkansatz seltener blieb, vgl. einführend Stockmann, Reinhard/Menzel, Ulrich/Nuscheler, Franz: Entwicklungspolitik. Theorien – Probleme – Strategien, München 2010, hier S. 97–105.

Kolonialzeitalters auf die Kooperation der lokalen Zentren mit den nördlichen Metropolen zurückzuführen, sodass die Industriestaaten indirekt weiterhin die selbständige Entwicklung des Südens verhindern könnten.[15]

Da dieser Zugriff aus der Sicht der strukturalistischen Dependenztheoretiker nicht durch eine spezifische Gruppe Akteure gelenkt gewesen sei, sondern durch die Aktivität von multinational tätigen Konzernen systembedingt sei, erschien eine reformerische Lösungsorientierung wie etwa bei den UNCTAD-Forderungen als inakzeptabel. Stattdessen sei die Unabhängigkeit vom kapitalistischen Weltmarkt zu bevorzugen. Wie diese Unabhängigkeit aussehen könne, war Gegenstand weiterführender Diskussionen. Möglich erschienen im Verlauf der 1960er und -70er Jahre sowohl ein Sozialismus nach kubanischem Vorbild als auch eine völlige Abschottung eines Staates vom Außenhandel sowie die Nutzung einzelner nationalistischer Interpretamente.[16]

Gleichwohl stellte die konkrete Ausgestaltung eines alternativen Entwicklungsmodells keinen inhaltlichen Schwerpunkt der westdeutschen Solidaritäts- und Dritte-Welt-Bewegungen dar. Im Gegenteil hinterlässt die einschlägige zeitgenössische Literatur den Eindruck, dass die geschichtswissenschaftlich mittlerweile breit rezipierte Nicaragua-Solidarität der 1980er Jahre eine Ausnahmeerscheinung darstellte. »Anders als in der der Algerien- und Vietnam-Bewegung und anders als in der Afrika-Solidarität (...) bedeutete die Machtübernahme der Befreiungsbewegung in Nicaragua nicht das Ende der breiten Solidarität in der Bundesrepublik«[17], so das Urteil von Balsen und Rössel, die zugleich feststellen mussten, dass »in der Solidaritätsbewegung nur wenige realistische Einschätzungen über den engen wirtschafts- und gesellschaftspolitischen Spielraum der Sandinisten«[18] existierten und eine Enttäuschung in der westdeutschen Solidaritätsbewegung unvermeidlich gewesen sei. Die fortlaufende kritische Unterstützung für Nicaragua im Verlauf der 1980er Jahre ist daher eine Ausnahmeerscheinung, die es näher zu untersuchen gilt.

In den meisten Fällen beschränkten sich die Veröffentlichungen der westdeutschen Solidaritäts- und Dritte-Welt-Bewegungen auf die Kritik an den bestehenden Verhältnissen. Vor dem Hintergrund des Zentrum-Peripherie-Denkens setzte sich rasch eine Kritik an Wachstum nach westlichem Vorbild allgemein durch.[19] Beispielhaft dafür war die Arbeit gegen Praktiken westlicher Chemie- und Nahrungsmittelkonzerne: Die Ablehnung der »grünen Revolution«[20], also die Nutzung von Gentechnik zur landwirtschaftlichen Ertragsteigerung im globalen Süden, sowie die Unterstützung für die schweizeri-

15   Vgl. auch das Bild der »Brückenköpfe« bei Senghaas, Vorwort, S. 20.

16   Zur Dissoziation vom Weltmarkt als Grundbedingung für Entwicklung Senghaas, Vorwort, S. 32.

17   Balsen, Werner/Rössel, Karl: Hoch die internationale Solidarität. Zur Geschichte der Dritte-Welt-Bewegung in der Bundesrepublik, Köln 1986, S. 413.

18   Balsen/Rössel, Hoch die internationale Solidarität, S. 415.

19   Vgl. Franc, Von der Makroökonomie zum Kleinbauern, hier S. 124–126.

20   Als »grüne Revolution« wurde die Einführung gentechnisch modifizierter Getreidesorten im globalen Süden beschrieben, vgl. einführend Eisenburger, Peter: Grüne Revolution: Ruin der Kleinbauern, in: Blätter des iz3w, Heft 67/1978, S. 16–20.

sche »Nestlé tötet Babys«[21]-Kampagne, die den Vertrieb von Milchpulver im globalen Süden kritisierte, waren wiederkehrende Motive der 1970er bis frühen 1980er Jahre. Diese Form der Wachstumskritik ist hinsichtlich des Zielhorizontes von der ökologischen zu differenzieren, da sie stets auf der Diagnose der Unterentwicklung aufbaute.

Die Prebisch-Singer-These sowie die Dependenztheorie waren die beiden attraktivsten Anleihen für die Akteure entwicklungspolitisch motivierter Konsumformen. Offen ist abschließend die Frage, warum die Ansätze staatlicher Entwicklungspolitik keine größere Beachtung fanden. Diese Frage erübrigt sich zum Teil beim Blick auf den politikgeschichtlichen Kontext. Das Bundesministerium für wirtschaftliche Zusammenarbeit (BMZ) nahm seine Arbeit 1962 auf und hatte zunächst mit fehlenden Kompetenzen zu kämpfen.[22] Dazu gehörte auch der Missbrauch der Entwicklungspolitik zur Durchsetzung der Hallstein-Doktrin: So ließen sich Länder des globalen Südens mithilfe der westdeutschen Unterstützungszahlungen dahingehend unter Druck setzen, keine Beziehungen zur Deutschen Demokratischen Republik aufzubauen. Die Rezeption der kritischen Ideen zur Entwicklungspolitik lief nicht parallel zur Entwicklung der staatlichen, sondern ist eher als Reaktion auf die westdeutsche Entwicklungspolitik zu betrachten.

2.1.2 Anfänge der Umweltpolitik

Die Umweltpolitik kann auf einen steilen Aufstieg zurückblicken, den sie der gesamtgesellschaftlichen Rezeption zu verdanken hat: Die zunehmende Bedeutung des Themas in den letzten 50 Jahren wird meist als Erfolgsgeschichte mit inhaltlichen blinden Flecken dargestellt.[23] Die Entstehung von Umweltpolitik als eigenständige politische Debatte führt Frank Uekötter zurück auf Aushandlungsprozesse, die auf verschiedenen Handlungsfeldern im Sinne der Arbeit Pierre Bourdieus mit jeweils bestimmten Spielregeln stattfinden.[24] Konkret politikgeschichtlich schildert Kai Hünemörder die Umweltpolitik im ersten Kabinett Brandt als Ergebnis eines wachsenden Problemdrucks in den 1960er Jahren.[25] Dieser mündete einerseits in der Übernahme von Begrifflichkeiten wie »Umweltschutz« aus dem US-Amerikanischen und andererseits in der Einführung von Zielsetzungen wie dem Verursacherprinzip, das die Verbraucher des Allmendguts Umwelt

21   Vgl. zur Wahrnehmung in Deutschland Witzel, Walter: Anklage gegen Nestlé: Baby-Killer, in: Blätter des iz3w, Heft 40/1974, S. 36–38; Cremer, Georg/Wenzler, Hildegard: Die Nestlé-AG ist entlarvt. In. Blätter des iz3w, Heft 55/1976, S. 54–61.

22   Vgl. Hein, Die Westdeutschen und die Dritte Welt, hier S. 36–38.

23   Vgl. Uekötter, Frank: Deutschland in Grün. Eine zwiespältige Erfolgsgeschichte, Bonn 2015; zur Tendenz der Teleologie in der Umweltgeschichtsschreibung vgl. auch ders., Ende der Gewissheiten, S. 21.

24   Vgl. Uekötter, Deutschland in Grün, S. 18f.

25   Vgl. Hünemörder, Kai: Die Frühgeschichte der globalen Umweltkrise und die Formierung der deutschen Umweltpolitik (1960–1973). Wiesbaden 2004.

anstelle der Nachsorge von schon entstandenen Schäden zur Verantwortung ziehen sollte.[26]

Westdeutsche Umweltpolitik verfügte über zwei grundlegende Stoßrichtungen:
Regulierung der emittierenden Industrien und die Förderung von freiwilligen Verpflichtungen. Das Umweltprogramm der sozialliberalen Bundesregierung von 1971
betonte neben dem Verursacherprinzip auch den Aufbau von Umweltbewusstsein als
gesellschaftspolitisches Ziel. Dieses sei definiert durch eine Erkenntnis: »Uns allen
droht aus eigenem Versagen eine Umweltkrise, wenn nicht jeder einzelne in Zukunft
bereit ist, umweltbewusst zu handeln, Opfer zu bringen und Einschränkungen auf
sich zu nehmen«[27]. Demzufolge sei es Zielsetzung von staatlicher Umweltpolitik, die
Verantwortung des einzelnen Bürgers herauszustellen und ein individuelles Verantwortungsbewusstsein zu schaffen. Dieses Bewusstsein – so die damalige Annahme – ließe
sich in ein entsprechendes Verhalten beim Konsum überführen. Es sei daher die Aufgabe
der Bundesregierung, »durch ihre Öffentlichkeitsarbeit und den Verbraucherschutz das
umweltfreundliche Verhalten [zu] stärken, unter anderem durch Umweltgütezeichen,
Wettbewerbe, Schulbücher (...) und Förderung von Verbänden und Einrichtungen mit
Aufgaben der Verbraucheraufklärung.«[28]

Gleichwohl wird entgegen dem Narrativ der Erfolgsgeschichte Umweltpolitik die
Einführung des Verursacherprinzips in der geschichtswissenschaftlichen Aufarbeitung eher als rhetorische Leistung charakterisiert, während auch die Rolle der neuen
sozialen Bewegungen bei der Etablierung von Umweltpolitik bereits häufig diskutiert
worden ist. Es handelt sich insgesamt nicht um eine von Bewegungsgruppen initiierte
Debatte, jedoch stießen sie Türen zu neuen Partizipationsformen weit auf.[29] Dabei war
die amerikanische Umweltbewegung führend. Ein häufig rezipierter Meilenstein zur
Herstellung von Öffentlichkeit war dort der »Stumme Frühling«, der von Rachel Carson
bereits 1962 angesichts der möglichen Folgen eines weiterhin massenhaften Einsatzes
von künstlichen Insektiziden in der US-Landwirtschaft vorausgesagt worden war.[30]

Kritik an technischem Fortschritt geht historisch zu weit zurück, um sie als Beschreibung für neue Teilhabeformen im letzten Drittel des 20. Jahrhunderts nutzen zu können.
Konservative Ansätze nutzten die Kritik an industriellen Produktionsmethoden vor allem im Rahmen kulturpessimistischer, konsumverweigernder Stellungnahmen.[31] Bis in

---

26   Vgl. dazu Johnson, Erik/Greenberg, Pierce: The US Environmental Movement of the 1960s and
      1970s. Building Frameworks of Sustainability, in: Caradonna, Jeremy (Hg.): Routledge Handbook
      of the History of Sustainability, Abingdon 2018, S. 137–150.

27   Deutscher Bundestag: Umweltprogramm der Bundesregierung. Drucksache VI/2710, 1971, hier
      S. 21.

28   Ebd.

29   Vgl. Hünemörder, S. 192; vgl. auch Voss, Gerhard: Die veröffentlichte Umweltpolitik. Ein sozio-
      ökologisches Lehrstück, Köln 1990, hier S. 18f.; vgl. Uekötter, Frank: Ökologische Verflechtungen.
      Umrisse einer grünen Zeitgeschichte, in: Bösch, Frank (Hg.): Geteilte Geschichte. Ost- und West-
      deutschland 1970–2000, Göttingen 2015, S. 117–152, hier S. 124. Zum Verursacherprinzip erstmals
      vgl. Deutscher Bundestag, Umweltprogramm der Bundesregierung, S. 9. Vgl. zur Rolle der NSB
      Milder, Greening Democracy.

30   Vgl. Carson, Rachel: Silent Spring. Boston 1962.

31   Vgl. einführend Fried, Ferdinand: Das Ende des Kapitalismus. Leipzig 1932.

die 1960er Jahre beschränkten sich ökologische Bedenken gegenüber technischem Fortschritt zudem meist auf institutionalisierte Akteure, die Naturschutz mit Heimat anstelle eines ganzheitlichen Anspruchs assoziierten. Der bekannten Studie von Rachel Carson infolge des landwirtschaftlichen massenhaften Einsatzes des Insektizids Dichlordiphenyltrichlorethan folgte auch in Westdeutschland eine wachsende Forschung zur Schädlichkeit chemischer bzw. technischer Produktivitätssteigerungen in der Landwirtschaft und zu möglichen Alternativen. Hinzu kam die im Laufe der 1970er Jahre erstarkende Anti-Atomkraft-Bewegung, die zwar keineswegs per se technikfeindlich war, aber doch durchweg gegenüber Gefahrenpotentialen sensibilisiert wurde.

Bücher wie der »Stumme Frühling«, aber auch die »Grenzen des Wachstums«[32] 1972 erzeugten zudem eine enorme Autorität. Diese Autorität fußte auf vermeintlich wissenschaftlich gesicherter Datenerhebung. Dass die Daten des Club of Rome zwar korrekt dargestellt und wiederholbar, aber kaum sachlich richtig waren, spielt bis in die Gegenwart keine Rolle. Der Effekt auf die Öffentlichkeit war ein vor allem emotionaler. Westliche Gesellschaften waren nun mit Katastrophenszenarien konfrontiert. Daraus erwuchs ein Gefühl persönlicher Betroffenheit, das die Umweltpolitik weit näher als die meisten anderen politischen Themen an den Alltag und damit auch an den Alltagskonsum heranführte, auch deutlich stärker als entwicklungspolitische Problemstellungen.

Sinnbildlich für die Rezeptionsgeschichte der 1970er Jahre steht die Studie »Die Grenzen des Wachstums«.[33] Während die Studie selbst keine expliziten Erwartungen an Verbraucher stellt, plädiert sie für freiwillige Bevölkerungs- und Wirtschaftswachstumsbeschränkungen.[34] Mit Wachstum und Entwicklung konnte sie allerdings zwei wichtige Begriffe prägen. Beide Begriffe wurden bereits zuvor im Zusammenhang der konventionellen, d.h. aufholenden, Entwicklungspolitik genutzt, erfuhren aber in der Verbindung zu den Grenzen der naturräumlichen Belastbarkeit neue Arten von Kritiken. Insbesondere die Variante »qualitatives Wachstum« als effizienzorientierte Wachstumsform in den industrialisierten Ländern wurde unterschiedlich rezipiert, mithin auch als nichtmaterielles Wachstum der Lebensqualität.[35] Großen Anklang fand in dieser Hinsicht Ernst Friedrich Schumachers Gesellschaftskritik »Small is Beautiful«, die Fragen nach dem richtigen Maß von Technik und Wachstum im globalen Norden gegenüber dem globalen Süden diskutierte.[36] Nicht zuletzt war die Aushandlung von

---

32   Vgl. Meadows, Dennis/Meadows, Donella/Randers, Jorgen/Behrens, William: Die Grenzen des Wachstums. Bericht des Club of Rome zur Lage der Menschheit, Reinbek 1973.

33   Vgl. zur Gefahrenwahrnehmung Kupper, Patrick: »Weltuntergangs-Vision aus dem Computer«. Zur Geschichte der Studie »Die Grenzen des Wachstums« von 1972, in: Uekötter, Frank/Hohensee, Jens (Hg.): Wird Kassandra heiser? Die Geschichte falscher Ökoalarme, Stuttgart 2004, S. 98–111.

34   Vgl. Meadows, Grenzen, S. 143–154.

35   Vgl. etwa befürwortend den Rat von Sachverständigen für Umweltfragen: Umweltgutachten 1974. Stuttgart/Mainz 1974, hier S. 11; differenzierend dagegen Eppler, Erhard: Die Qualität des Lebens. In: IG Metall (Hg.): Aufgabe Zukunft. Qualität des Lebens (Bd. 1, Qualität des Lebens), Frankfurt a.M. 1973, S. 86–101.

36   Vgl. Schumacher, Ernst Friedrich: Small is Beautiful. Die Rückkehr zum menschlichen Maß, Karlsruhe 1993 [1975].

Technisierung in der westdeutschen Gesellschaft auch mit der Frage nach immer stärker bearbeiteten Lebensmitteln verknüpft.[37]

Die ökologische Wachstumskritik der 1970er Jahre ging von einem Fortschritt aus, der per se nicht aufgehalten, sondern gesellschafts- und wirtschaftspolitisch neu ausgehandelt werden sollte und beim Lebensstil des Einzelnen ansetzte. Diese doppelte Zielsetzung, die den individuellen Lebensstil in einen gesellschafts- und einen wirtschaftspolitischen Zusammenhang setzte, wurde politisch insbesondere von den Gründungsgrünen kontrovers diskutiert.[38] Die wahrgenommene Notwendigkeit eines Lebensstilwandels war also von Beginn an nicht an konkreten Solidarpartnern, wie etwa lateinamerikanischen Befreiungsbewegungen, ausgerichtet, sondern suchte politische Strategien mehrdimensionaler Problemlagen, die sich aus den Fragen nach Wachstum und Entwicklung ergaben.

Innerhalb der westdeutschen Gesellschaft verstanden es insbesondere die Vertreter der Umweltbewegung, die Wahrnehmung von industriegesellschaftlichen Gefahrenpotentialen mit politischen Teilhabeansprüchen zu verbinden. Die Äußerungen der Gründungsgrünen zu ihren Erwartungen an Konsumenten sind hier exemplarisch. Eine Eigenheit liegt in ihrer Eigenwahrnehmung als heterogene Sammelbewegung, die gerade bei Konsumfragen die Spannung zwischen ökologischen und sozialen Problemstellungen ostentativ zur Schau trug. In den Parteiprogrammen sowie in den partei- bzw. bewegungsnahen Periodika finden sich wirtschaftspolitische Lösungsansätze in zahlreichen ideologischen Schattierungen, die zwischen ökosozialistischen als auch theologisch fundierten, ökologisch-konservativ-revolutionären Argumentationen schwanken konnten.[39] Gemein hatten alle Strömungen die Annahme, dass die bisherige Konsumgesellschaft an ein krisenhaftes Ende geraten sei und das Bewusstsein darüber zu einem grundlegenden, individuellen Verhaltenswandel führen müsse.

Frank Uekötter stellt für eine grüne Rezeptionsgeschichte vor allem die wahrgenommene Entgrenzung von Gefahren ins Zentrum, die weniger auf die Umweltverschmutzung als mehr auf die atomare Bedrohung zurückging und starke Impulse aus der US-amerikanischen Friedensbewegung aufnahm.[40] Darüber hinaus wurde die Konstruktion von Spielräumen für Konsumenten in Westdeutschland in diesem Zusammenhang durch die weitestgehend national erfolgte Themensetzung in der Umweltpolitik begünstigt. Der ökologische Konsum hatte für die Grünen also differenzierte räumliche Dimensionen: Einerseits war die Problemwahrnehmung in mehrfacher Weise entgrenzt, während jedoch Lösungsansätze andererseits fast ausschließlich auf nationaler Ebene diskutiert wurden.[41]

---

37 Vgl. dazu Fritzen, Florentine: Gesünder leben. Die Lebensreformbewegung im 20. Jahrhundert, Stuttgart 2006, hier S. 262.

38 Vgl. zum Personalpool der Gründungsgrünen auch Mende, Partei nach dem Boom, S. 28.

39 Zur ökosozialistischen Denkrichtung vgl. grundlegend Fetscher, Iring: Ökodiktatur – oder Alternativzivilisation? In: Kunz, Norbert (Hg.): Ökologie und Sozialismus. Perspektiven einer umweltfreundlichen Politik, Köln 1986, S. 158–176.

40 Vgl. Uekötter, Deutschland, S. 107.

41 Vgl. Hünemörder, Frühgeschichte.

Die »Grundlagen und Ziele grüner Wirtschaftspolitik«[42] des Bundesprogramms beziehen sich besonders auf eine Differenzierung des Wachstumsbegriffs. Rundherum abzulehnen sei zwar quantitatives Wachstum im bisherigen volkswirtschaftlichen Sinn, aber qualitatives im Sinne steigender Energieeffizienz und soziales Wachstum als sinkende soziale Ungleichheit führten entsprechend zu ökologischen und sozialen Zielhorizonten.[43] Die apodiktisch-unbestimmte Krisenwahrnehmung anhand einer irreparablen Zerstörung der Umwelt und anhand der Ausbeutung der Menschen durch Menschen ist charakteristisch für das Bundesprogramm und spiegelt das apokalyptische Krisengefühl vieler Gründungsgrüner wider.[44] Insbesondere »die Kraft apokalyptischer Bilder«[45] dürfte ein nicht zu unterschätzender Faktor gewesen sein, der die Kritik am Einsatz von Umweltgiften vor allem in der Nahrungsmittelproduktion vorantrieb. Die Notwendigkeit eines neuen, kollektiv-gesellschaftlichen Stils schien deshalb alternativlos.[46]

Gemein hatten die veröffentlichten Standpunkte der Gründungsgrünen, die sich mit der Konsumgesellschaft beschäftigten, die Einsicht in notwendige Änderungen, wie sie Erhard Eppler als »Ende oder Wende«[47] treffend verbildlichte. Die Vorstellung einer Notwendigkeit impliziert auch, dass die Verantwortung der Konsumenten für einen Lebensstilwandel nicht als Chance zur Teilhabe am politischen Konsum, sondern eher als langfristige Pflicht zu begreifen ist.

Die wahrgenommene Gefährdung der Umwelt und des Menschen schließlich machte zur Mitte der 1970er Jahre auch erste Ansätze ökologischen Verbraucherschutzes bekannt. Am stärksten vertreten war hier der Bundesverband Bürgerinitiativen Umwelt, was auch am Eigenverständnis des Verbands als Brücke zwischen Umweltverbänden und dem grün-alternativen Milieu gelegen haben dürfte.[48] Beim ökologisch orientierten Konsum wurde ab den späten 1970er Jahren zunehmend die Angst vor Schadstoffen in Lebensmitteln zu einem grundlegenden Problem, das zu einer ökologischen Politik- und Technikkritik führte. Aus dem Bedürfnis nach spezifisch umweltpolitischer Sicherheit bei der Kaufentscheidung entstanden neue Gruppen: Der BBU gab ab 1982 gemeinsam mit der Gruppe Consum Critik die gleichnamige Zeitschrift heraus, deren Verständnis von Verbraucherberatung, wie sie etwa die Stiftung Warentest bereits seit langem geleistet hatte, deutlich hinausging. Auch die partizipativen Ansprüche der Verbraucher

---

42   Die Grünen: Das Bundesprogramm. O.O. o.J. [Karlsruhe 1980], S. 7.

43   Vgl. ebd.

44   Vgl. bspw. Lüdke, Hans Werner: Grünes Bewusstsein. In: Die Grünen, Heft 4/1979, S. 1f.; Heidt, Wilfried: Grundsatzresolution. In: Anders leben, Heft 3/1980, S. 32; sowie auch N.N.: Erklärung der Grünen zum Tod von Erich Fromm. In: Anders leben, Heft 5/1980, S. 20; grundlegend dazu Gebauer, Annekatrin: Apokalyptik und Eschatologie. Zum Politikverständnis der Grünen in ihrer Gründungsphase, in: Archiv für Sozialgeschichte, Heft 43/2003, S. 405–420.

45   Lüdke, Bewusstsein, S. 2.

46   Vgl. besonders Heidt, Grundsatzresolution.

47   Eppler, Erhard: Wende oder Ende. Von der Machbarkeit des Notwendigen, Stuttgart 1975; zum kritisch-wohlwollenden Verhältnis der Gründungsgrünen zu Erhard Eppler vgl. N.N.: Eppler geht. Der Grüne in der SPD verzichtet auf den Landesvorsitz, in: Die Grünen, Heft 29/1980, S. 1.

48   Vgl. Engels, Jens Ivo: Umweltschutz in der Bundesrepublik – von der Unwahrscheinlichkeit einer Alternativbewegung, in: Reichardt, Sven/Siegfried, Detlef (Hg.): Das Alternative Milieu. Antibürgerlicher Lebensstil und linke Politik in der Bundesrepublik Deutschland und Europa 1968–1983, Göttingen 2010, S. 405–422, hier S. 413.

Initiative waren anders veranlagt als es bei staatlich mitfinanzierten Verbänden wie der Arbeitsgemeinschaft der Verbraucherverbände (AgV) oder den Verbraucherzentralen der Fall war, von der sich Consum Critik abgrenzte.[49]

Dieses neue Partizipationsverständnis war eng verbunden mit dem alternativen Milieu. Als »Alltagsökologie« hatte bereits die Taz in ihrer Anfangszeit das richtige Verhalten gegenüber einem schwer durchschaubaren Warenangebot in der Konsumentengesellschaft beschrieben.[50] Dagegen war die AgV bis in die 1980er Jahre von einem Bild des klassischen »Citizen Consumer« geleitet, der durch den individuellen Einkauf keine eigene politische Agenda setzen konnte.

2.2 Akteure und politische Zielvorstellungen

Vor dem Hintergrund der unterschiedlichen Kontexte von Entwicklungs- und Umweltpolitik in der Bundesrepublik stellen sich mehrere Fragen. Zunächst: Welche Gruppen beschäftigten sich mit politischem Konsum? Darauf aufbauend ist zu fragen, welche Ziele sie verfolgten. Auch konnten sich bei ähnlichen Praktiken unterschiedliche Teilhabeansprüche entwickeln. Auf entwicklungspolitischer Seite wird deshalb in diesem Kapitel unterschieden zwischen dem kirchlich-alternativen Handel und dem solidarischen Handel. Die Selbstverständnisse waren dabei teils stark unterschiedlich, obwohl die Strukturen und Praktiken ähnlich waren.

Die Verknüpfungen von Ökologie und Konsum waren in den 1970er Jahren bereits stark ausgeprägt. Im zweiten Teil des Unterkapitels werden daher die Akteursgruppen nach ihrer Herkunft in drei Abschnitten behandelt. Während das Umweltzeichen des Umweltbundesamts und der neue Bio-Handel in der entstehenden Konsumentengesellschaft aufkamen, stellt die Anthroposophie hier eine Ausnahme dar. Die Grundlagen der Anthroposophie waren vom Esoteriker Rudolf Steiner in der Zwischenkriegszeit erarbeitet worden und mussten nun den Kontextänderungen angepasst werden.

2.2.1 Alternativer Handel

Der alternative Handel ist ein westeuropäisches Phänomen, dessen deutsche Vertreter sich in den frühen 1970er Jahren stark an den niederländischen Projekten orientierten. Er ist bis in die Gegenwart von kirchlichen Trägerinstitutionen geprägt. Christliche Caritas und Solidarität dienten als zwei unterschiedliche Bezugspunkte, die ein weites argumentatives Spektrum abdecken konnten. Daher wird im Folgenden auch auf den Begriff »fairer Handel« als Analysebegriff verzichtet: Als Quellenbegriff setzte er sich um 1990 durch und träfe mit seinem ökonomischen Schwerpunkt nicht die zunächst theologisch fundierte, entwicklungspolitische Bewusstseinsarbeit. Treffender sind hier die Quellenbegriffe »Dritte-Welt-Handel« sowie »alternativer Handel«, der konkret

---

49 Niesbach, Petra: Verbraucherorganisation – Bestandsaufnahme und Kritik. In: Consum Critik, Heft 2/1984, S. 2f.

50 Die Serie existierte mit der eigenen Ökologie-Seite der Zeitung von 1980 bis 1982.

zunächst von kirchlichen Gemeindegruppen organisiert wurde und erst allmählich eigenständige zentrale Strukturen entwickelte.

Der wirtschaftswissenschaftliche Schwerpunkt gemäß dem Motto »trade, not aid«[51] war die Grundlage für den nun entstehenden alternativen Handel. Dieser Schwerpunkt konnte sich allerdings nicht durchsetzen, sondern wurde rasch von den Motiven und Zielen der westdeutschen bzw. -europäischen Solidaritätsgruppen überlagert.

2.2.1.1 Der kirchliche alternative Handel

Der entwicklungspolitische Kontext führte in den späten 1960er Jahren bei verschiedenen kirchlichen Jugendverbänden zum Wunsch nach sichtbarem Protest. Beispielhaft dafür waren die sogenannten Hunger- oder Friedensmärsche. Diese Protestzüge wurden in Westdeutschland erstmals von der AEJ 1969/70 initiiert.[52] Das Mobilisierungspotential wurde bei den Hilfswerken und den Jugendverbänden bereits in den späten 1960er Jahren erkannt. Mit der erreichten politischen Aufmerksamkeit beim Friedensmarsch 1970 konnten die Jugendverbände bereits einen bemerkenswerten Erfolg verzeichnen.[53] Misereor lotete schon 1968 die Möglichkeiten aus, mithilfe von »Basaren« bereits unterstützten Projekten, die »nicht über ausreichende Absatzmöglichkeiten verfügen, in Deutschland einen neuen Markt zu erschließen«[54]. Darauf aufbauend erarbeiteten AEJ und BDKJ eine Problemskizze, um über Warenverkäufe aus dem globalen Süden eine breite gesellschaftspolitische Bewusstseinsbildung zu erreichen. Durchgeführt werden sollten diese Verkäufe von Gemeinden und interessierten Aktionsgruppen. Für diese Verkäufe richteten die Verbände noch im Oktober 1970 eigens einen Leitungskreis ein, dessen Gründung in der zeitgenössischen Literatur mit der Gründung der »Aktion Dritte Welt Handel« gleichgesetzt wird.[55]

Inhaltlich lag der Schwerpunkt der Arbeit in der A3WH also auf entwicklungspolitischer Bewusstseinsbildung und nicht beim Verkauf selbst. Im Gegensatz zum ökologischen Landbau waren die Konsumgüter deshalb austauschbar und dienten hauptsächlich als Vehikel für den Wunsch nach einer veränderten Entwicklungspolitik.

In den ersten Jahren ihrer Arbeit war die A3WH von den Importleistungen der Stiftung »Steun voor Onderontwikkelde Streken« (S.O.S.) aus den Niederlanden abhängig, was die Umsetzung eigener Ideen erschwerte. Die S.O.S. selbst beschränkte sich weitestgehend auf den Import von Kunstgegenständen und erhoffte sich vor allem in Kooperation mit Misereor und Brot für die Welt einen erleichterten Zugang zum deutschen Markt, da gerade innerhalb der christlichen Jugendverbände im Verlauf der 1960er Jahre,

---

51   Das Motto war bereits in der frühen UNCTAD 1964 sinnstiftend, vgl. Franc, Von der Makroökonomie zum Kleinbauern, S. 7.

52   Vgl. Schmied, »Aktion Dritte Welt Handel«, S. 58–60.

53   Vgl. AEJ/BDKJ/Action 365/Terre des Hommes: Politische Forderungen des Friedensmarsches ›70 an die Bundesregierung. 1970, Archiv Misereor Aachen, FH 20; zur Vorgeschichte der A3WH und der Debatte zum Friedensmarsch im Bundestag vgl. Schmied, Die »Aktion Dritte Welt Handel«, S. 58–63.

54   Misereor: Brief der Misereor-Geschäftsstelle an Leo Dolfen vom 13.12.1968. 1968, Archiv Misereor Aachen, FH 31.

55   Vgl. Schmied, »Aktion Dritte Welt Handel«, S. 71.

wie Ruben Quaas zusammenfasst, »ein erhebliches Mobilisierungspotenzial«[56] für entwicklungspolitisches Engagement wahrnehmbar wurde.[57] Das Interesse der S.O.S. lag für den deutschsprachigen Raum also nicht zuletzt auf der Steigerung der eigenen Umsätze.

Hilfe zur Selbsthilfe als Ziel

Nach ihrer Gründung durch die kirchlichen Jugendverbände erarbeitete die A3WH 1970 rasch einen eigenen Zielhorizont, der sich von einer quantifizierbaren außenhandelspolitischen Hilfestellung abgrenzte. Die A3WH erwartete ein neues Bewusstsein vom Konsumenten im globalen Norden. Charakteristisch für die A3WH ist zudem die Mischung aus dependenztheoretischer Begründung und aufholender Entwicklung als Ziel.

Als grundlegendes Strategiepapier für die A3WH erschien 1970 die Broschüre »Entwicklung der Unterentwicklung«.[58] Mit der Wahl des Begriffs »Unterentwicklung« war die Hilfe zur aufholenden Entwicklung gegenüber dem globalen Norden als Ziel gesetzt. Die Pflicht des Nordens war es, diese Entwicklung zu ermöglichen. Die A3WH sei demnach »nur ein Modell, aber sie kann über den Effekt der Bewusstseinsbildung Kräfte auslösen, die um vieles größer und wirksamer sind als das Modell selbst«[59].

Trotz dieser zentralen Forderung einer aufholenden Entwicklung ging die A3WH stärker auf dependenztheoretische Interpretationen der Unterentwicklung als Begründung für den Istzustand ein. Sie betont die strukturellen Ungleichheiten, die infolge des Kolonialismus entstanden und kritisiert insbesondere Waffenlieferungen in instabile ehemalige Kolonialgebiete.[60] Da hier aber eben nur ein Modellprojekt vorliege, könne eine Systemfrage von der A3WH gar nicht gestellt werden. Sehr wohl wurden jedoch für die aufholende Entwicklung strukturelle Veränderungen gefordert, die den Produzierenden ein gerechtes Mitspracherecht ermöglichen solle. So sei

> »durchaus damit zu rechnen, dass durch die Solidarisierung der Massen ein revolutionäres Bewusstsein entsteht. Dieses muss sich nicht unbedingt in Barrikadenkämpfen entladen. Die Bedrohung der Profitinteressen kann so eklatant werden, dass sie zu einer veränderten »Moral« bei den Reichen und zu einer freiwilligen Umstrukturierung durch Machtabbau führt.«[61]

---

56   Quaas, Fair Trade, S. 81.

57   Vgl. Quaas, Fair Trade, S. 86–89; vgl. auch als eine der ersten veröffentlichten Projektbeschreibungen N.N.: Aktionen zum Problem der Welthandelsbeziehungen. In: Dritte Welt Information des epd, Heft 7/1971, S. 1f.

58   Vgl. Nickoleit, Gerd: Entwicklung der Unterentwicklung. 1974 (4. Auflage), International Institute of Social History Amsterdam, Bro 864/3 fol.; dieser Zielhorizont war im Gründungsprozess intern früh stabil, vgl. auch Arickal, George/Wirtz, Hermann: Zur Diskussion um den Entwurf zum Konzept der A3WH. 1972, Archiv Misereor Aachen, FH 8; detailliert auch Schmied, Die »Aktion Dritte Welt Handel«, S. 64–71.

59   Nickoleit, Entwicklung der Unterentwicklung, S. 16.

60   Vgl. Nickoleit, Entwicklung, S. 9; vgl. zur Aufarbeitung auch Schmied, »Aktion Dritte Welt Handel«, S. 158–161.

61   Nickoleit, Entwicklung, S. 15.

Zielvorgaben für die Arbeit mit Konsumenten ergaben sich daher aus zwei Perspektiven. Der Verkauf beschränkte sich anfangs noch auf Kunstgegenstände. Er sollte das Bewusstsein der Käufer für »die Ursachen der Unterentwicklung (...) und die Benachteiligung der Entwicklungsländer im Welthandel«[62] erreichen. Dementsprechend wurden die Verkaufsgruppen in den Kirchengemeinden als Multiplikatoren gesehen. In diesem Teil des Zielhorizontes liegt jedoch eine Fehlstelle: Die A3WH formulierte nicht, was die Käufer nach bzw. im Laufe des Bewusstwerdungsprozesses ändern könnten. Wie genau Konsumenten im globalen Norden zu einer veränderten Moral – und wie diese aussehen sollte – geführt werden sollten, blieb also offen. Vermutet werden kann ein Wunsch nach einem Vertrauensverhältnis. Demnach würde dem Vertrauen der Käufer in die Warenbeschreibung das Vertrauen der Verkäufer entsprechen, die dem Käufer die Aufgabe einer aktiven und dauerhaften Änderung ihres Konsumverhaltens übertragen.

Der Ansatz der Bewusstseinsbildung folgt im Kern der Prebisch-Singer-These, wonach sich die Handelsbedingungen für die Exporteure einfacher Güter im globalen Süden bei zunehmend hochwertiger Produktion in Industriestaaten verschlechtern. Diesem Umstand sollte gemäß den Zielvorstellungen der UNCTAD Abhilfe geschaffen werden, indem auf die Notwendigkeit eines vereinfachten Marktzugangs im globalen Norden aufmerksam gemacht würde.[63]

Den Herstellern sollte darüber hinaus ein Zusammenschluss in Genossenschaften empfohlen werden zum Ziel einer »Verbesserung der Produktionsbedingungen«[64], aber der Modellcharakter der Aktion wies nicht über einen verbesserten Zugang zum Weltmarkt für die Produzenten hinaus.[65] Das war inhaltlich auch nicht ohne weiteres möglich, da sich die A3WH nicht auf bestimmte Partner, Produkte oder Ähnliches bezog. Die Dritte Welt wurde über die Leidtragenden (neo-)kolonialistischer Unterdrückung hinaus nicht näher definiert. Zudem relativiert sich die wirtschaftspolitische Zielsetzung der Aktion beim Blick auf die kirchlich geprägten Trägergruppen. In einer frühen Broschüre wird zur theologisch fundierten Herleitung des eigenen Handlungsanspruchs die Verantwortung der Industrienationen gegenüber den ärmeren im Rahmen der christlichen Weltgemeinschaft herausgestellt: »Die Menschen in der Dritten Welt (...) möchten, dass ihre menschliche Würde geachtet wird; sie wollen als Partner ernstgenommen werden. Sie sind angewiesen auf unsere solidarische Hilfe, vor allem auf die Hilfe der Christen«[66].

---

62   Nickoleit, Entwicklung, S. 16.

63   Vgl. auch die Darstellung zur Gründung der SOS-Gruppe als Anknüpfungspunkt zur zweiten UNCTAD-Konferenz (1968) bei Quaas, Fair Trade, S. 84.

64   Ebd.; vgl. zur detaillierten kritischen Interpretation Schmied, »Aktion Dritte Welt Handel«, S. 166–173. Die Bildungs- und Multiplikatorenkonzepte waren ebenfalls mit der niederländischen SOS abgesprochen, vgl. N.N.: Stiftung SOS eröffnete Erweiterungsbau »Hilfe durch Handel«. Prof. Jan Tinbergen bei SOS in Kerkrade, in: Misereor aktuell, Heft 26/1972, S. 8f.

65   Ein Beispiel dafür wären schon die entwicklungspolitischen Forderungen vor dem Start der A3WH, die im Rahmen des Hungermarsches 1970 an die Bundesregierung gestellt wurden und sich im Kern auf mehr finanzielle Hilfen und weniger Zollhürden für den Export in die BRD bezogen, vgl. N.N.: Politische Forderungen des Friedensmarsches ›70 an die Bundesregierung, gezeichnet von AG der Evangelischen Jugend Deutschlands, BDKJ, Action 365, Terre des Hommes. Undatiert [1970?], Archiv Misereor Aachen, FH 20. Vgl. zur Kritik daran auch Möckel, Plastikwelt, S. 339f.

66   A3WH: Aktion Dritte-Welt-Handel. September 1970, Universität Trier, Sammlung Wertingen, 1.the.001, S. 3. Vgl. auch den ähnlichen Befund bei Quaas, Fairer Handel, S. 95.

An dieser Stelle nimmt Solidarität eine Schlüsselstellung ein. Sie bestimmt das Verhältnis zwischen den Partnern, also: zwischen Produzenten und Verbrauchern. Die Bauern des globalen Südens waren zunächst auf die Hilfe des alternativen Handels angewiesen, die eine christlich-moralische Pflicht darstellte. Die Gleichheit innerhalb der Christengemeinschaft war der Kern einer Solidarität, die stets nach gleichberechtigten Rollenbildern verlangt. Diese Form von Solidarität unterschied sich aber von einer rein karitativen Spende zunächst nur durch den politischen Zielhorizont der durchführenden Gruppe.

Uninformierten Käufern einen solchen Zusammenhang klarzumachen, stellte sich als schwierige Aufgabe heraus. Angesichts der dafür notwendigen Grundlagen beim Käufer der Produkte kam von Anfang an den Verkäufern eine Scharnierfunktion zu. Sie sollten die Käufer für entwicklungspolitische Fragestellungen sensibilisieren.[67] Die Solidarität innerhalb der Christengemeinschaft nicht als einfache Spende zu erläutern, blieb dennoch schwierig.

Frühe Aktionen und Konsolidierung

Mit den Zielsetzungen der frühen A3WH wurden Erwartungen formuliert, die von anderen Akteuren alternativen Handels in der Folgezeit breit rezipiert wurden. Noch vor den später dominanten Kaffeekampagnen bietet sich hier zunächst die Kampagne »Aluschok« 1974/75 an, um die Möglichkeiten und Schwierigkeiten politischer Partizipation im alternativen Handel zu veranschaulichen.[68] Die A3WH hatte dafür ein Konzept der niederländischen Gruppe »Friesland – Dritte Welt« übernommen, die mit der Aluminiumverpackung von Schokolade auf die Rohstoffexportabhängigkeit der ehemaligen niederländischen Kolonie Surinam vom Aluminium-Rohstoff Bauxit hinwies.[69] Die westdeutschen Verkäufergruppen sollten nun entsprechend der Zielsetzung der A3WH beim Verkauf der Schokolade die Käufer über die Problematik der Exportabhängigkeiten informieren. Die A3WH wies hier auf die europäischen Zollbeschränkungen hin, die einen höheren Weiterverarbeitungsgrad von Exporten aus Entwicklungsländern systematisch unterbänden.[70]

Während der Produktverkauf erfolgreich verlief mit über 100.000 verkauften Tafeln Schokolade zum Ende des Jahres 1974, lassen sich zwei Probleme ausmachen.[71] Erstens war die eigentliche politische Informationsarbeit aus Sicht der Verkaufsgruppen überambitioniert, wie internes Feedback schilderte: »Echte Diskussionen kamen außer mit einigen Jugendlichen kaum zustande. Die Atmosphäre war dafür nicht geeignet. Die

---

67   Die Informationsthemen waren »Zoll- und handelspolitische Hindernisse einer gerechten Entwicklung«, »Das Problem Arbeit/Arbeitslosigkeit in einem Entwicklungsland« sowie »Das Problem der Marginalität«, Zit. alle aus A3WH, Aktion Dritte-Welt-Handel, S. 5.

68   Vgl. einführend A3WH: Aluschok. Süß für uns, bitter für andere, undatiert [1974], iz3w Freiburg, Fair Trade 1973–1983.

69   Vgl. Hausmann, Paulus: Entwicklungshilfe mit Aluminium und Schokolade. Die niederländische Aktion »Aluschok« verkauft 150.000 Tafeln, in: Dritte Welt Information des epd, Heft 27/1972, S. 1–3, hier S. 1. Vgl. auch ausführlich Schmied, »Aktion Dritte Welt Handel«, S. 231–233.

70   Vgl. A3WH, Aluschok, S. 2f.

71   Vgl. zum relativen Erfolg Stelck, Edda: Aluschok – eine Aktion unter vielen. Möglichkeiten und Grenzen, in: Unsere Dritte Welt, Heft 3/1974, S. 2f., hier S. 2.

Käufer hatten keine Zeit.«[72] Zu den Mängeln der Informationsarbeit gehörten auch sachlich falsche Behauptungen zu Zollschranken der EG auf verarbeitetes Bauxit.[73] Zweitens ist die Aluschok-Aktion ein gehaltvolles Beispiel, um auf konzeptuelle Änderungen in der Entstehungsgeschichte des alternativen Handels hinzuweisen. Da die wichtigste Eigenschaft bei späteren Aktionen der freiwillige Mehrpreis war, war die Schokolade kein alternativ gehandeltes Produkt im engeren Sinn, weil der Erlös zur Finanzierung der Kosten für die Aktion diente.[74] Ein Mehrerlös für Arbeiter in Surinam war kein Teil der Aktion.

Die politische Teilhabe sollte im Rahmen dieser Aktion neben dem Kauf der Schokolade durch eine Postkartenunterzeichnung sichtbar gemacht werden. Die Karten sollten von der A3WH geschlossen an das Bundesministerium für Wirtschaft, nicht das BMZ, übergeben werden, was aber auch aufgrund von sachlichen Mängeln in der Informationsarbeit nicht geschah.[75] Inwiefern diese gemischten Ergebnisse innerhalb der A3WH zu einem längerfristigen Lernprozess beitrugen, lässt sich nicht rekonstruieren. Während sich die Verkaufsgruppen eine intensivere Vorbereitung bei neuen Aktionen wünschten, teilt Ernst Schmied in seiner zeitgenössischen Analyse die Einschätzung des damaligen Geschäftsführers des Deutschen Forums für Entwicklungspolitik, wonach den Aktionen kein Erfolg beschieden sein würde, »[s]olange die Kirchen nicht mit Konsumenten und Handel, die ebenfalls für Zollabbau eintreten, kooperieren«[76].

Noch vor der Aluschok-Aktion hatte die A3WH 1973 ihre Unterstützung für das Projekt »Federación de Cooperativas Agrícolas de Productores de Café de Guatemala« (FEDECOCAGUA) begonnen, das genossenschaftlich produzierten Kaffee von guatemaltekischen Bauern verkaufen sollte und vom katholischen Hilfswerk Misereor initiiert worden war. Zwar wurde die Gemeinschaft der Kooperativen 1969 erst dank der vorherigen Hilfe Misereors in Guatemala gegründet, dem frühen Selbstbild Misereors entsprechend war das katholische Hilfswerk aber in der eigenen Projektbeschreibung darum bemüht, die FEDECOCAGUA-Vertreter möglichst als Partner auf Augenhöhe zu beschreiben.[77]

Obwohl die Erläuterung des Projektes im Wesentlichen auf die Werbung möglicher Projektpartner abzielt und zahlreiche konkrete Finanzierungsziele nennt, wird auf den persönlichen Werdegang des Geschäftsführers verwiesen, der als ehemaliger Mitarbeiter des staatlichen Kaffeeexporteurs »Anacafé« die Möglichkeiten habe, »alle gesetzlichen Handhaben zu benutzen, um die Kleinbauern aus der Gewalt der Zwischenhänd-

---

72   Arickal, George: Zusammenfassung einiger Erfahrungen der »Alu-schok-Verkäufer«. Undatiert [1975?], Archiv Misereor Aachen, FH 12.

73   Vgl. Schmied, »Aktion Dritte Welt Handel«, S. 243.

74   Der Informationstext der Schokoladentafeln war gleichwohl m.E. einer der ersten, der »faire Handelsbeziehungen« begrifflich als Zielformulierung nutzte, vgl. N.N.: Alu Schok Vollmilchschokolade. Undatiert [1974?], Universität Trier, Sammlung Wertingen, 1.kak.001.

75   Vgl. Schmied, »Aktion Dritte Welt Handel«, S. 246.

76   Klaus Lefringhausen im Schreiben an Ernst Schmied, zit. in Schmied, »Aktion Dritte Welt Handel«, S. 245.

77   Vgl. zur Einführung GEPA: FEDECOCAGUA: Eine Erfolgsgeschichte des Fairen Handels (https://www.gepa.de/fileadmin/user_upload/Info/Hintergrundinfo/fedecocagua_gestern_heute_morgen.pdf, 25.09.2023); vgl. hier und im Folgenden Misereor: Ein Misereor-Projekt sucht Partner: FEDECOCAGUA. Eine Chance für indianische Kaffeebauern, Aachen 1975, hier S. 9.

ler und der Willkür der Großproduzenten zu befreien«[78]. Daher wird auf die Partizipation der lokalen Bevölkerung verwiesen, die eigeninitiativ auf das Projekt aufmerksam geworden sei, da es ein wichtiges Werkzeug im Kampf gegen die Großhändler darstelle. Misereor bezog die Projektbeschreibung stark auf das Engagement gegen eine als Ungerechtigkeit empfundene ungleiche Verhandlungsposition zwischen den Kleinbauern und Anacafé.[79] Ob Verkaufsgruppen außerhalb der finanziellen Unterstützung einen Beitrag leisten konnten, wurde nicht erörtert.

Aus diesen Erfahrungen lässt sich eine grundlegende Herausforderung beim frühen alternativen Konsum ablesen: Es war nicht klar, wie sich die Aktionsgruppen zwischen den Rollen als Verkäufer und Multiplikatoren positionieren sollten. Die fehlende kritische Reflexion der Rollenzuteilung ist in erster Linie darauf zurückzuführen, dass sowohl der A3WH-Führungskreis um Gerd Nickoleit und Harry Neyer als auch die Verkäufergruppen sich selbst nicht als Händler bzw. Verkäufer definierten, sondern ihr Handeln als entwicklungspolitische Arbeit betrachteten. Gerade Aktions- und Verkaufsgruppen in Weltläden oder bei kirchlichen Veranstaltungen waren schließlich ehrenamtlich Handelnde.

Darüber hinaus hatten die frühen Aktionen der A3WH auch Folgen für die Organisierung des alternativen Handels. Schließlich hatten sowohl der Indio-Kaffee als auch die Aluschok-Aktion gezeigt, dass besonders Nahrungsmittel sich gut für die Aktionen eigneten. Der niederländische Importeur S.O.S. bestand aber weitestgehend darauf, mit Kunstgegenständen zu arbeiten. Dem zugrunde lag die Frage nach dem Verhältnis zwischen Bildungsarbeit und Verkaufsumsätzen.[80] Um mehr Freiheiten bei der Produktauswahl und damit auch bei inhaltlichen Schwerpunkten zu erlangen, einigte sich der A3WH-Führungskreis schon 1974 auf die Gründung einer eigenen Importorganisation. Im Mai 1975 erfolgte nach einer Mitgliederversammlung die Gründung der »Gesellschaft zur Förderung der Partnerschaft mit der Dritten Welt« (GFP, später GEPA).[81] Nachdem 1974 die GEPA als eigenständige Importorganisation gegründet worden war, übernahm die A3WH als Verein zunächst weiter die Bildungsarbeit.[82]

Auch dauerte es einige Jahre, bis die Aktionsgruppen ihre Verkäufe verstetigten. Dass bis in die Gegenwart »Weltläden« existieren, ist keineswegs selbstverständlich. Diese Verkaufsform etablierte sich im Laufe der 1970er Jahre aus rund zehn Gruppen, die 1974/75 zunächst lose Kontakte hielten.[83] Die Gründung der Arbeitsgemeinschaft

---

78   Ebd.

79   Vgl. zur Entwicklung der Kaffeeverkaufspreise die Aufarbeitung bei Schmied, »Aktion Dritte Welt Handel«, S. 217–223.

80   Vgl. die zentrale Kritik von Kerschgens, Dorothea: Aktion Dritte Welt Handel. Vielleicht ein Lehrstück über Abhängigkeit, in: Unsere Dritte Welt, Heft 12/1977, S. 6–8. Der Text wurde im gleichen Jahr zuerst in epd Entwicklungspolitik, dann auch in den Blättern des iz3w abgedruckt; vgl. zum grundlegenden Konflikt auch Möckel, Plastikwelt, insbesondere S. 339.

81   Vgl. Schmied, »Aktion Dritte Welt Handel«, S. 108–115.

82   Vgl. die Betonung der Bildungsarbeit bei Neyer, Harry: Aktion Dritte Welt Handel (A3WH) und Gesellschaft für Handel mit der Dritten Welt mbH. 07.10.1974, Archiv Misereor Aachen, FH 32, hier S. 2.

83   Vgl. Arbeitsgemeinschaft Dritte Welt Läden: Der Dritte Welt Laden. Hamburg 1980, hier S. 68f.

der Dritte-Welt-Läden (AG3WL) im April 1975 bedeutete keine Integration der Weltläden innerhalb eines Verbandes, der über eine Koordinationsfähigkeit wie etwa die GEPA verfügt hätte, sondern wurde von sieben von insgesamt etwa 25 Weltläden in Westdeutschland vorangetrieben.[84] Die zögerliche Teilhabe von Weltladengruppen am Dachverband dürfte sich bis in die Gegenwart weniger mit politischen oder praktischen Differenzen erklären, sondern mit dem obligatorischen Mitgliedsbeitrag von zunächst 500 Mark, später von 0,5 Prozent des Ladenumsatzes. Den Beitrag konnten sich viele Gruppen nicht leisten, da sie bis in die Gegenwart ehrenamtlich und praktisch zum Einkaufspreis verkauften.[85]

Die AG3WL ist daher in seinen ersten Jahren vor allem als Koordinationsplattform eingeschränkter Reichweite zu lesen und nicht als eigenständiger Akteur. Das änderte sich langsam ab 1980, da nun der AG3WL-Rundbrief regelmäßig als zunächst händisch zusammengestellte Zeitschrift erschien. Im Rundbrief ergriffen besonders die GEPA-kritischen Weltladengruppen das Wort und begleiteten kritisch deren Bemühungen um eine Kompromissfindung zwischen Marktanpassung und entwicklungspolitischen Ansprüchen der eigenen Gruppen.

Lebensstilfragen beim alternativen Handel

Obwohl der alternative Handel sich mit dem Bezug von Waren ausschließlich aus Entwicklungsländern beschäftigte, nutzten seine Akteure auch weitergehende Argumente. Da seit den Debatten über die »Grenzen des Wachstums« ein Konnex zwischen demographischen Entwicklungen einerseits und Entwicklungs- und Umweltpolitiken andererseits etabliert war, lag die Berücksichtigung ökologischer Problemstellungen bei der Beschäftigung mit entwicklungspolitischen Fragestellungen nahe.

Ein bedeutsames Beispiel dafür ist die Kampagne »Jute statt Plastik« der A3WH/GEPA gemeinsam mit der AG3WL ab 1978:[86] Sie nutzten hier ihr bereits aufgebautes Netzwerk und ergänzten es um den Vertrieb von Jutebeuteln aus Bangladesch, die sie sowohl mit entwicklungspolitischen als auch mit umweltpolitischen und Lebensstil-Argumenten bewarben. Anschluss fand die Kampagne auch mithilfe des Netzwerks »Jute Works«, das schon 1973 vor Ort gegründet worden war und das bereits mit dem britischen Hilfswerk Oxfam zusammengearbeitet hatte.[87] Für den thematischen Querschnitt diente die Frage nach einem anderen, gesellschaftspolitisch reflektierten Lebensstil als Klammer, die mehrere politische Einzelfragen verband. Diese Klammerfunktion von Le-

---

84   Vgl. Schmied, Die »Aktion Dritte Welt Handel«, S. 269–271.

85   Vgl. Schmied, Die »Aktion Dritte Welt Handel«, S. 272.

86   Grundlegend dazu Aktion Jute statt Plastik: Jute statt Plastik. Basisinformationen, Wuppertal 1978; die Aktion selbst war, wie schon zuvor der Kaffeeverkauf nach niederländischem Vorbild, keine eigene Erfindung, sondern ging auf die Frauenselbsthilfeorganisation »Jute-Works« zurück, vgl. Aktion Jute statt Plastik, Basisinformationen, S. 12f.; die Praxis wurde in diesem Fall aus der Schweiz übernommen. Dort begann die »OS3/Alternativhandel« praktisch zeitgleich mit einer zweiten Verkaufswelle, vgl. Michel, Len: Aktion Jute statt Plastic. In: Dritt-Wält-Lade: Rundbrief der Vereinigung der Dritte-Welt-Läden, Heft 10/1980, S. 13f.

87   Vgl. Coote, Belinda: Der Unfaire Handel. Die Dritte Welt in der Handelsfalle und mögliche Auswege, Stuttgart 1994 [1992], hier S. 192–194.

bensstilfragen wurde in der Folge sehr erfolgreich, weshalb es sich lohnt, die Kampagne näher zu betrachten.[88]

BDKJ-Referent und GEPA-Vorstandsmitglied George Arickal betonte in der öffentlichen Vorstellung der Kampagne Jute statt Plastik zunächst ihren Charakter als »eine Kampagne zur entwicklungspolitischen Bewusstseinsbildung«[89]. Die Zieldefinition folgt dabei auf den ersten Blick den schon beschriebenen Zielen des alternativen Handels: Es gehe nicht um die Menge verkaufter Taschen, sondern um die möglichst breit angelegte Informationskampagne, die jede Verkaufsgruppe mittragen solle.[90] Gleichzeitig lag das tatsächliche Augenmerk der Gruppen sehr wohl auf dem Verkauf, da die verkauften Taschen eine direkte, finanzielle Hilfe sein sollten für die Näherinnen vor Ort.

Darüber hinaus jedoch wurde die Idee ostentativ erweitert um die Überentwicklung, sodass die Aktion die Möglichkeit biete, »die Folgen der Fehlentwicklungen in Entwicklungs- *und* Industriestaaten ins Bewusstsein zu rücken und konkrete Handlungsvorschläge in die Diskussion zu bringen«[91]. Die Idee der Überentwicklung als Teil der Dependenztheorie, die einen hohen Lebensstandard in den Industrieländern direkt kausal zulasten der restlichen Welt unterstellt, dient hier der Verbindung von Lebensstil- und Entwicklungsfragen. Dementsprechend erklärt sich auch der Titel »Jute statt Plastik«: Da in den Industrieländern synthetische Stoffe, also unter anderem Plastik, unter immer höheren Energieverbrauchen genutzt würden anstelle von naturbelassenen Produkten, brächen den Entwicklungsländern wichtige Exportmärkte weg.[92] Die Frage des Energieverbrauchs wurde zudem im Flugblatt zur Aktion deutlich stärker in den Vordergrund gestellt.[93] Die »Schonung von Umwelt und Energie«, das Umschwenken »zu einem neuen Lebensstil« sowie das Umdenken »zu einem anderen Wachstum«[94] erinnern stark an die wirtschaftspolitischen Grundlagen der Gründungsgrünen bzw. der westdeutschen Umweltbewegung.[95]

Im Gegensatz zu bspw. den ökosozialistischen Positionen der Grünen übernahmen GEPA und AG3WL allerdings auch in der Jute-Kampagne keine grundlegend antikapita-

---

88   Sicherlich gibt es für diese Gewichtung Gegenargumente: In einem weiteren Rahmen, etwa beim Thema Textilien, ist die Lebensstil-Frage vorhanden, aber tritt gegenüber den Argumenten des alternativen Handels klar in den Hintergrund, vgl. Wirtz, Hermann: Kleider machen Leute, Leute machen Kleider. Baumwolle, Textilien und Bekleidung in der Weltwirtschaft, Düsseldorf 1981, hier S. 208–217.

89   Arickal, George: Die Aktion Jute statt Plastik. In: Unsere Dritte Welt, Heft 1/1978, S. 12f., hier S. 12; vgl. auch Jorzick, Peter: Jute statt Plastik – eine entwicklungspolitische Informationsaktion. In: Entwicklungspolitische Korrespondenz, Heft 1/1978, S. 16f.; zu Arickals Biographie vgl. ders.: Meine Heimat ist grenzenlos. Begegnungen und Erfahrungen in Indien, Deutschland und der ganzen Welt, Oberursel 2009.

90   Vgl. Arickal, Jute statt Plastik, S. 13.

91   Arickal, Jute statt Plastik, S. 12 (kursiv im Original).

92   Vgl. Arickal, Jute statt Plastik, S. 12f.

93   Vgl. hier und im Folgenden N.N.: Jute statt Plastik. Wenn Sie weiterlesen, wissen Sie mehr über diese Aktion, undatiert [1980?], Universität Trier, Sammlung Wertingen, 1.bag.034; intensiver auch besprochen in Aktion Jute statt Plastik, Basisinformationen, S. 17–20.

94   Alle Zitate N.N., Jute statt Plastik.

95   Vgl. auch Volmer, Die Grünen, S. 232.

listische Position, sondern argumentierten gemischt. Infrage gestellt wurde in der Kampagne die Art und Weise des Wirtschaftswachstums, wobei zwei inhaltliche Annahmen besonders herausstechen. Zum einen werde in Bezug auf den notwendigen neuen Lebensstil »ein Wachstum des Konsumgüterumsatzes aufgezwungen, ohne die Lebensqualität noch irgendwie zu verbessern«[96]. Damit impliziert das Flugblatt einen bisher weitgehend passiven Konsumenten, dem das Umsatzwachstum aufgenötigt werde. Zum anderen wird ein unbestimmtes »Wir« angenommen, das sich auf diejenigen Konsumenten beziehen dürfte, die sich mit der Kampagne näher vertraut gemacht haben. Der vage Zielhorizont entspricht dem sozialliberalen Umweltprogramm, das zu diesem Zeitpunkt bereits fast zehn Jahre alt war.

In diesem Zusammenhang sind auch die abschließenden Fragen zu lesen, die sich auf die Juteverdrängung durch Plastik beziehen: »Wie können wir diese Fehlentwicklung blockieren? Wie können wir das zukünftige Wachstum auf vernünftige Bahnen umlenken?«[97] Mit diesen Fragen werden die partizipatorischen Erwartungen an die Käufer formuliert: Weniger stand die konkrete, entwicklungspolitische Hilfestellung beim Kauf der Jutebeutel im Vordergrund, sondern die Möglichkeiten, die sich aus einem individuell reflektierten Lebensstilwandel innerhalb des globalen Nordens politisch ergeben sollten.

Die Sicht der GEPA und AG3WL war zudem verknüpft mit angrenzenden politischen Problemen. Lebensstilpolitische Elemente mit ihrer Klammerfunktion scheinen bei den Akteuren, die von der Kampagne öffentlich Kenntnis nahmen, unwidersprochen gewesen zu sein. Das kann auch daran liegen, dass hier – anders als bei den Kaffeedebatten, die für gewöhnlich jeweils Unternehmen als politischen Gegner benannten – lediglich die chemische Industrie und ihre Wachstumsvorstellungen als vage umrissene Gegner existierten. Zu Beginn der 1980er Jahre lassen sich zwei neue thematische Überschneidungen feststellen: die Ausweitung der Grundlagen der Kampagne auf die Anti-Apartheid-Proteste gegen Südafrika und auf die Frage nach dem ökologischen Fußabdruck der Jutebeutel selbst. Die Jutebeutel erwiesen sich nun als erfolgreiches und flexibles Mittel für politischen Konsum, was auch an ihrem Charakter als praktisches Alltagsaccessoire gelegen haben dürfte, der sich mit dem politischen Anspruch verknüpfte.[98]

Darauf konnten die Gruppen aufbauen, indem Jutebeutel einen neuen Aufdruck erhielten. GEPA und AG3WL selbst nutzten diese Möglichkeit in einem Fall offensiv, als ab 1982 auch Jutebeutel mit dem Aufdruck »Südafrikas Zukunft ist schwarz« vertrieben wurden. Apartheid wurde hier aus dem konkreten südafrikanischen Fall heraus abstrahiert und es wurde eine strukturelle Ungleichheit im Welthandel zugunsten der weißen Gesellschaften angenommen.[99]

Ein Beispiel für negative öffentliche Wahrnehmung waren dagegen 1984 Gerüchte, wonach die Jutebeutel mit Chemikalien belastet seien. Zuvor hatte das hessische Umweltministerium Juteproben eines indischen Herstellers untersucht, die nie mit den

---

96   N.N., Jute statt Plastik.

97   Ebd.

98   Vgl. Keiper, Martin: Jute statt Plastik – ein neuer Anlauf. In: Alternativ handeln, Heft 10/1983, S. 5f.

99   Vgl. N.N.: Was hat eine Jutetasche aus Bangladesh mit Apartheid zu tun? In: Alternativ handeln, Heft 9/1982, S. 21f.

»Jute-statt-Plastik«-Beuteln in Berührung gekommen waren. Allerdings implizierte die Medienrezeption im Spiegel, wonach in Juteprodukten allgemein »pro Quadratmeter Jute Rückstände eines ganzen Arsenals von Wirkstoffen aus der chemischen Giftküche«[100] enthalten seien, recht offensichtlich eine direkte Verbindung. Der Spiegel implizierte sogar eine Gefährdung, ähnlich wie beim Chemieunfall im italienischen Seveso: »Einige der in Darmstadt analysierten Substanzen sind verwandt mit dem Seveso-Gift Dioxin, enthalten wahrscheinlich sogar, als Verunreinigung, Spuren davon«[101].

Beim Unfall in einer Chemikalienfabrik in Seveso 1976 wurden giftige Gase in die Umwelt freigesetzt und es starben innerhalb kürzester Zeit mehrere Tausend Tiere im kontaminierten Umland, weshalb Seveso innerhalb der Umweltbewegung als Chiffre galt für die reelle Gefahr, die Rachel Carson schon 1962 beschrieben hatte. Da auch der Spiegel im Bericht nicht explizit darauf einging, welche Art von Juteproben diese Testergebnisse erreichten, bemühten sich die Kampagnenvertreter um Schadensbegrenzung, indem sie ihre Jutetaschen ebenfalls auf Umweltgifte testen ließen und die unbedenklichen Ergebnisse veröffentlichten.[102]

Offensichtlich ist bei diesen Rezeptionen bzw. Reaktionen, dass sowohl GEPA als auch AG3WL ihren Zielhorizont weiter fassten als lediglich eine rein entwicklungspolitische Meinungsbildung. Käufer sollten der Ware und den Verkaufsgruppen vertrauen können, weshalb die vermeintliche Chemikalienbelastung eine große Schwierigkeit darstellte. Gerade die GEPA brauchte das Vertrauen des Konsumenten für die eigenen Versprechen, deren Einhaltung kaum im Einzelnen nachprüfbar war. Das Vertrauen von Käufern war jedoch notwendig, damit die GEPA als politische Interessenvertretung auftreten konnte. Die Erwartungen an die politische Partizipation waren darüber hinaus wie auch beim Kaffeeverkauf von den Verkaufsgruppen abhängig: Die realistischen Ansprüche an die eigenen Verkaufsgruppen bezogen sich weitestgehend auf einen Multiplikatoreneffekt, der die Käufer zu einem Lebensstilwandel motivieren sollte. Auch verwies die GEPA auf den finanziellen Erfolg der Jute-Kampagne, die nach ihrer und nach der Einschätzung der Schweizer Schwestergesellschaft OS3 sogar noch Wachstumspotenziale besessen habe.[103]

Zieldebatten um 1980

Da die Aktionsgruppen während ihrer Gründungszeit in einem kirchlich geprägten Kontext Erfahrungen sammelten, die erst später in einem breiteren Kreis der Dritte-Welt-Bewegung kritisch diskutiert wurden, verlief diese Gründungszeit bis in die zweite Hälfte der 1970er Jahre noch weitgehend ohne Zielkonflikte. Innerhalb weniger Jahre bildete sich jedoch eine neue Konstellation zwischen verschiedenen Akteursgruppen heraus. Die Gründung der GEPA und die Arbeit der Solidaritätsbewegungen in Westdeutschland

100 N.N.: Gift im Sack. In: Der Spiegel, Heft 8/1984, S. 108.
101 Ebd.
102 Vgl. Nickoleit, Gerd: Jutetaschen können bedenkenlos verspeist werden. In: Alternativ handeln, Heft 13/1984, S. 3–5; Rohr, Harald: Stellungnahme Jute statt Plastik. In: AG3WL-Rundbrief, Heft 12/1984, S. 29f.
103 Vgl. Ott, Hans: Jute statt Plastik – bis der Markt gesättigt ist. In: Alternativ handeln, Heft 7/1981, S. 31f.

wurden im Verlauf der 1970er Jahre zur Grundlage für die Entstehung einer umkämpften Debatte.[104]

Nach der Gründung der GFP/GEPA sowie auch der AG3WL 1975 hatten deren Ansätze zunächst Bestand.[105] Sie waren allerdings zunehmender Kritik ausgesetzt als öffentlich sichtbarer Teil der A3WH-Arbeit. Diese Kritik kam besonders vonseiten der Dritte-Welt-Bewegung. In den Blättern des iz3w wurde neben einem kritischen Grundsatzartikel der Aktivistin Dorothea Kerschgens gegenüber der A3WH-Führung 1977 schon zuvor deren entwicklungspolitische Zielsetzung kritisiert.[106] Kern der Kritik war laut Kerschgens der politische Anspruch, der sich mit dem Projekt verbinde. Ein Vertreter einer Freiburger Aktionsgruppe bemängelt, dass der Erfolg des »bescheidenen Eckplatzes« für FEDECO-CAGUA, also die Interessenartikulation der Kleinbauern, »keine Beseitigung der Armut der Indio-Bauern [bedeutet], sondern eine Festschreibung dieser Armut auf etwas höherem Niveau«[107]. Des Weiteren weist der Artikel darauf hin, dass durch die Förderung von Kaffeexporten zu faireren Bedingungen als bislang der monokulturelle Anbau von Kaffee zwangsläufig gefestigt wird und auch in der Langfrist offenbar keine Planung zum Übergang zu anderen Produkten bestehe.[108]

Die Kritik des iz3w äußert sich hier und in einem weiteren Artikel des gleichen Heftes umfassend am Ansatz der A3WH und richtete sich nicht spezifisch an die Rolle des Konsumenten darin.[109] Ein Hauptpunkt der Kritik an der praktischen Arbeit war der Vorwurf eines »Verbalradikalismus«[110], wonach den zutreffenden Problemdiagnosen keine entsprechende Praxis folge. Forderungen, die sich daraus vonseiten der Basisgruppen in den Blättern des iz3w ergaben, standen dem A3WH-Ansatz entsprechend kritisch gegenüber. Zentral war die Idee selektiver Kooperation.[111] Diese hätte den Einfluss des Konsumenten weitgehend verneint. Stattdessen sollten Entwicklungsländer ihre Volkswirtschaft im Wesentlichen von Handelsbeziehungen zu Industrieländern abschotten und nur bei vorteilhaften oder notwendigen Ex- oder Importen darauf zurückgreifen. Der A3WH wäre nach dieser Idee bei einem deutlich verkleinerten Handel in der Kurzfrist die Aufgabe zugefallen, »mit ihnen [Läden und Basisgruppen, SW] gemeinsam ihre Politik gegenüber den einseitig auf Umsatzsteigerungen ausgerichteten Positionen der GEPA durchzusetzen«[112]. Die dann deutlich verstärkte, notwendige Bildungsarbeit könnte

---

104   Vgl. hier auch Quaas, Fair Trade, S. 146, der die Mitte der 1970er Jahre als Zeit der »Stabilisierung und Ausdifferenzierung« in seiner Denkfigur des Feldes des fairen Handels charakterisiert.

105   Vgl. AG3WL, Der Dritte Welt Laden, S. 68–71. Hier und nachfolgend habe ich mich für die orthographisch korrekte Schreibweise »Dritte-Welt-Laden« entschieden.

106   Vgl. hier und im Folgenden Merk, Bernhard: A3WH: Kritik eines »entwicklungspolitischen Modells«. In: Blätter des iz3w, Heft 59/1977, S. 22–28.

107   Merk, A3WH, S. 24.

108   Vgl. Merk, A3WH, S. 25.

109   Vgl. auch Müller, Wolfgang: Handel zwischen Barmherzigkeit und Profit. In: Blätter des iz3w, Heft 59/1977, S. 9–21.

110   Vgl. Merk, A3WH, S. 27.

111   Vgl. besonders Müller, Barmherzigkeit, S. 18f.

112   Vgl. Müller, Barmherzigkeit, S. 19.

dann auch Aufmerksamkeit in andere Politikfelder wie Menschenrechte und politische Gefangene lenken und statt Verkäufen auch Unterschriftenaktionen starten.[113]

Die Artikel des iz3w verdeutlichen zwei Streitpunkte: Erstens war die Deutungshoheit über die richtige Zielsetzung beim Dritte-Welt-Handel gerade wegen der nun sehr zentralen Position der GEPA bereits in der zweiten Hälfte der 1970er Jahre umkämpft.[114] Eine Dichotomie zwischen »Basis« und »Führung« lässt sich dabei in der Tat feststellen, sollte aber analytisch eher als Spannung zwischen institutionalisierten Gruppen und Bewegungsgruppen festgehalten werden und auch die Aktionsgruppen beachten, die die A3WH bzw. GEPA verteidigten.[115] Zweitens waren in praktisch allen Vorstellungen partizipative Elemente enthalten. Die Inhalte der entwicklungspolitischen Zielsetzungen wurden also in Teilen als schädlich verworfen, die Notwendigkeit von Teilhabe jedoch nie infrage gestellt.

Die GEPA selbst erhielt den Import aus Guatemala weiterhin, bis in die Gegenwart, aufrecht. Sie reagierte eher mit Zugeständnissen. Der Verkaufsname des Kaffees etwa wurde geändert, sie bewarb ihn ab 1981 statt als »Indio«-Kaffee nun mit der Kooperationsbezeichnung FEDECOCAGUA.[116] Dieser Schritt hatte marketingtechnische Gründe nach fast einem Jahrzehnt der gleichbleibenden Vermarktung, fand allerdings auch im Zusammenhang mit der Arbeit gegen latent rassistische Klischees statt. Der »Indio« verkörpere mit seiner Exotik eine Opferrolle, aus der die partnerschaftliche Arbeit ja gerade herausführen solle.[117] Ein weiteres Zugeständnis gegenüber Kritikern lag in der öffentlichen Reflexion, die eine Anpassung an kapitalistische Spielregeln nur so weit wie nötig in Aussicht stellte und auf dem Nachvollziehen der guatemaltekischen Partnerinteressen beharrte.[118]

Die Institutionalisierung der GEPA wurde spätestens mit dem Ende der A3WH als eigenständigem Verein sichtbar. Die Auflösung der A3WH und die faktische Übernahme des Labels »A3WH« durch die GEPA ab 1978 könnte in diesem Zusammenhang leicht als Geschichte eines Scheiterns gelesen werden, in der die Bewegungsvertreter den kommerziellen Interessen den Vorrang vor politischen Idealen geben mussten. Diese Sichtweise wäre aber zu kurz gegriffen. So waren die Gründe für die Auflösung des eingetragenen Vereins A3WH stark von organisatorischen Streitigkeiten zwischen den kirch-

---

113 Vgl. Merk, A3WH, S. 28.

114 Vgl. auch Quaas, Fairer Handel, S. 163–169; auch Raschke, Fairer Handel, S. 57–59.

115 Vgl. Neumann, Norbert: Leserbrief. In: Blätter des iz3w, Heft 60/1977, S. 53; vgl. auch weitere Leserbriefe in Heft 62/1977, S. 61f.

116 Vgl. N.N.: Indio-Kaffee ist tot – es lebe Fedecocagua-Kaffee aus Guatemala. In: Alternativ handeln, Heft 8/1981, S. 27.

117 Vgl. ebd. Zur Diskussion vgl. ebenfalls Burkhardt, Christine: Rassismus im GEPA-Regal? In: Alternativ handeln, Heft 7/1981, S. 28.

118 Vgl. N.N.: Gedanken über Fedecocagua nach einem Besuch ihrer Vertreter bei der GEPA. In: Alternativ handeln, Heft 3/1979, S. 11f.

lichen Jugendgruppen und den Regionalvertretern geprägt.[119] Ausschlaggebend für die Erwartungen an den Konsumenten ist der Kurs, den die GEPA in der Folge übernahm.

Nach dem Ende der A3WH-Zeitschrift »Unsere Dritte Welt« gab die GEPA ohne Unterbrechung die »Alternativ handeln« als Nachfolgerin heraus. Im Leitartikel der ersten Ausgabe betonte Gerd Nickoleit zunächst, festhaltend an einer möglichen Synthese von Handel und Bewusstseinsbildung, das Weiterleben der Aktion Dritte Welt Handel als »Motor für ganz konkrete und langfristige Veränderungen zugunsten der Unterprivilegierten und der Dritten Welt«[120]. Die hier anklingende Kompromissbereitschaft wurde auch verdeutlicht in Eigendiagnosen, die auf die »alternative« Dimension der GEPA eingingen.[121] Eigendiagnose bedeutete eine kritische Auseinandersetzung zum Verhältnis der eigenen Aktion zum Attribut »alternativ«, das »in«[122] sei.

Über die Chance zu politischen Strukturveränderungen entschieden demnach die Kunden und die Verkaufsgruppen. Der Verkauf durch nichtprofessionelle Verkäufer war hier eine wichtigere Eigenschaft als der Bildungsauftrag und die Verkäufer waren die eigentlichen Akteure, die im Dritte-Welt-Handel politisch partizipierten: Für »diese freiwilligen unbezahlten Kräfte ist die Mitarbeit, das Engagement ein Teil ihres Suchens nach einem alternativen Leben, ein Schrei nach mehr Gerechtigkeit«[123], während in Bezug auf die eigentlichen Waren und die Kunden eher entschuldigend auf die notwendige Rücksichtnahme auf Marktmechanismen, besonders aber auf die Schwierigkeiten eines ehrenamtlichen Ladenbetriebs hingewiesen wurde.[124] Käufer wären in diesem Sinne vorausgesetzt, damit die eigentliche partizipative Handlung als Ladenmitarbeiter stattfinden kann. Analytisch sollte hier allerdings auch beachtet werden, dass sich die Zeitschrift »Alternativ handeln« an eine Leserschaft richtete, die teilweise am Konflikt innerhalb des A3WH-Vereins beteiligt gewesen war. Vermutlich sollte dieser Ansatz also einen Kompromiss zwischen Bildungs- und Verkaufsschwerpunkt anbieten.

Diese konstruktiv-kritischen Standortbestimmungen in den ersten Ausgaben sind zu einem erheblichen Teil als Deeskalationsmaßnahme zu verstehen. Dass Alternativsein in Mode sei, unterstellt einerseits bereits zeitgenössisch eine gewisse Distanz zu Sprachformeln des alternativen Milieus. Andererseits zeigt der Zielhorizont mit dem Wunsch nach aufholender Entwicklung durch Beseitigung benachteiligender Wettbewerbsstrukturen eine Umorientierung. Anders als zur Gründungszeit der A3WH war ein revolutionärer Wandel kein Teil der eigenen Zielsetzungen mehr. Die wirtschaftspolitische Ausrichtung hatte sich geändert: Der alternative Handel blieb zwar klar antikolo-

---

119   Das Statement der Vertreter von AEJ und BDKJ und das der Regionalgruppenvertreter wurde jeweils beim iz3w veröffentlicht: Vgl. Doll, Wolfgang: Erklärung der Vertreter von AEJ und BDKJ aus dem Entwicklungspolitischen Arbeitskreis in der Mitgliederversammlung der Aktion Dritte Welt Handel e.V. In: Blätter des iz3w, Heft 74/1978, S. 57.

120   Nickoleit, Gerd: Aktion Dritte Welt Handel lebt! Es geht um die Dritte Welt – und nicht um uns, in: Alternativ handeln, Heft 1/1978, S. 3.

121   Vgl. N.N.: Wie alternativ ist die GEPA? In: Alternativ handeln, Heft 2/1979, S. 4–11; sowie Pioch, Ernst-Erwin: Hurra, wir sind alternativ! In: Alternativ handeln, Heft 2/1979, S. 12f.

122   Pioch, Hurra, S. 12.

123   Pioch, Hurra, S. 13; vgl. auch N.N.: Die GEPA ist kein Supermarkt. In: Alternativ handeln, Heft 5/1980, S. 17.

124   Vgl. N.N., Wie alternativ, S. 8.

nialistisch positioniert, jedoch wurden nun dependenztheoretische Grundlagen kaum noch geäußert.

Dieser Befund sollte jedoch wiederum eingeordnet werden. Seit Beginn der A3WH-Arbeit wurden den theoretisch fundierten Problemdiagnosen stets mit Praktiken begegnet, die nicht zur vermeintlichen Problemlösung passten. Abgesehen von seiner Polemik trifft der Vorwurf des »Verbalradikalismus« also einen Kern. Seit dem Beginn des alternativen Handels standen dependenztheoretische Anleihen zur Gegenwartsdiagnose sehr praktischen Lösungsansätzen gegenüber. Erinnert sei an eine der wenigen konkret formulierten Forderungen beim Beispiel Aluschok, die den Abbau von Importzöllen in die EG betraf, um dem Grundproblem ungerechter Weltmarktstrukturen zu begegnen.

Um 1980/81 kamen auch Spannungen um den Verkauf von FEDECOCAGUA-Kaffee auf.[125] Hauptgrund war die sandinistische Revolution in Nicaragua, die explizit den Kauf von Kaffee in den Vordergrund stellte und politisierte. War im Verlauf der 1970er Jahre beim Verkauf ausschließlich die Rede von der Hilfe für die Bauern der Genossenschaft in Guatemala, rückte nun bei Gruppen aus dem Umfeld der Solidaritätsbewegung die Unterstützung politischer Akteure in den Vordergrund. Kritik richtete sich hier pauschal an Importorganisationen wegen der indirekten Finanzierung der De-facto-Militärdiktatur in Guatemala durch die dortige 50-prozentige Exportsteuer.[126] Diese Kritik wurde vorher zumindest nicht so formuliert und wurde hier explizit durch den Vergleich mit der unterstützenswerten Sandino-Regierung erhoben.

Die Praxisorientierung beim alternativen Handel äußerte sich nicht zuletzt beim Wunsch zur stärkeren Vernetzung mit Akteuren, die ähnliche Ideen verfolgten. Bereits 1984 wurden die Möglichkeiten zur Verknüpfung mit ökologischen Formen des politischen Konsums erörtert. Demnach solle »dem Moloch Welthandel mit seinem Zentralismus und seinem Großkapital eine konkrete alternative Struktur«[127] entgegengesetzt werden. Politischer Konsum war für die Alternativstruktur grundlegend. Offensichtlich sei

> »die Notwendigkeit nach [sic!] besserer Vernetzung zwischen entwicklungspolitischen und ökologisch engagierten Gruppen. Ein integriertes Problembewusstsein, das gleichzeitig die Schonung der Umwelt, die Erhaltung des Friedens und eine gerechte Entwicklung sowohl für uns als auch die Länder der sogenannten Dritten Welt im Auge hat, braucht auch – wenn es um unseren Konsum geht – eine integrative Form des alternativen Handels. Getreide und Umweltschutzpapier aus der BRD im Dritte Welt Laden und Jutetaschen und Nicaragua-Kaffee im Bioladen sind da erste konkrete kleine Schritte.«[128]

---

125 Vgl. allgemein N.N.: Was ist los mit Fedecocagua? In: Alternativ handeln, Heft 5/1980, S. 7–10.

126 Vgl. Weltladengruppe Mannheim: Leserbrief. In: Alternativ handeln, Heft 6/1981, S. 19; vgl. auch ausführlich Bunzenthal, Roland: Warum Guatemalas Indio-Kaffee nicht nur befreiend wirkt. In: Forum entwicklungspolitischer Aktionsgruppen, Heft 42/1981, S. 5f.

127 Merzenich, Bernd: Die Sache mit dem Splitter und dem Balken. In: Alternativ handeln, Heft 14/1984, S. 16–18, hier S. 18.

128 Ebd.

Als integriertes Problembewusstsein ist im Wesentlichen der Wunsch gemeint, verantwortungsbewusstes Verständnis für die Zusammenhänge zwischen entwicklungspolitischen und ökologischen Fragestellungen zu entwickeln. Diese Vorstellung liegt bereits nahe an nachhaltiger Entwicklung, auf die noch einzugehen ist.

2.2.1.2 Solidarischer Handel

»Die Gewinne denen, die den Kaffee anbauen!« und »Gegen die Macht der Kaffeekonzerne!«[129] sind Parolen, die die Erinnerung an den Kaffeeverkauf zur Unterstützung der sozialistischen Revolution in Nicaragua ab 1979 prägen. Sie stehen für zwei Kernelemente der Aktionen im Verlauf der 1980er Jahre: Solidarität mit nicaraguanischen Kleinbauern und antiimperialistischen Kampf. Daher ist die gesonderte Betrachtung der Debatte um Kaffee aus Nicaragua an dieser Stelle hilfreich. Der analytische Wert ergibt sich aus drei Faktoren, die es hervorzuheben gilt: Erstens entstand kurz nach 1979 ein Konflikt, der mit dem Kampf um die Deutungshoheit des alternativen Handels überlappte und in dessen Zentrum die Deutungshoheit über die *richtige* Weise politisch-solidarischen Einkaufens zur Disposition stand.[130] Der Konflikt entwickelte sich zwischen der GEPA und ihren kirchlichen Trägern und linken Solidaritätsgruppen. Zweitens zeigte die strategische Ausrichtung der A3WH/GEPA ein hohes Maß an Anpassungsfähigkeit, die hier sichtbar wurde und die in den 1990er Jahren erneut zum Tragen kam. Drittens schließlich gilt es, die Kontextbindung der Nicaragua-Debatte herauszustellen. Gegenüber einer teleologischen Erzählung eines Scheiterns, die mit der Abwahl der Sandinisten endete, ist es sinnvoller, die Argumentationsweisen hervorzuheben, die besonders bis zur Mitte der 1980er Jahre dominante Erzählungen wurden und teilweise bis zum Ende des 20. Jahrhunderts und bis heute Einfluss auf das Konsumentenbild im alternativen bzw. fairen Handel ausübten.

Die Auseinandersetzungen um die richtige Nicaragua-Solidarität fand in weiten Teilen öffentlich statt. Dementsprechend können die Argumentationslinien am leichtesten mithilfe von Forenzeitschriften nachgezeichnet werden. Das iz3w sowie die Lateinamerika Nachrichten nahmen hier führende Rollen ein. Gerade in den Jahren um 1980 diente außerdem das Forum entwicklungspolitischer Aktionsgruppen als Diskussionsplattform, die trotz ihrer geringen Auflage die Kontroversen vorantrieb. Darüber hinaus brachten verschiedene Gruppen eigene Zeitschriften in meist kleiner Auflage heraus, die innerhalb der entwicklungspolitischen Akteursgruppen eine breite Rezeption entfalteten. Dazu gehörten die Zeitschriften von GEPA und AG3WL, aber auch weitere Veröffentlichungen des BUKO.

Die Wahrnehmung der Revolution und der neuen Regierung entfachte in verschiedenen Solidaritätsgruppen in Westdeutschland eine Euphorie, die das mittelamerikanische Land zu einem Wunschort stilisierte, um Solidarität konkret erfahrbar zu machen.[131] Diese Wahrnehmung hatte großen Einfluss auf die Erwartungen, die sich mit dem Engagement eines Kaffeekäufers verbanden. Durch den Kauf des Sandino-

---

129 Informationsbüro Nicaragua: Gegen die Macht der Kaffeekonzerne. 1985, Flugblatt abgedruckt u.a. in: Informationsbüro Nicaragua Rundschreiben, Heft Dezember 1985, S. 32.

130 Vgl. auch Raschke, Fairer Handel, S. 84–88; vgl. Quaas, Fair Trade, S. 202.

131 Vgl. die Erwartungen bei Helm, Reisen, S. 47–55.

Kaffees kam die Verbundenheit mit dem nicaraguanischen Modell des Sozialismus zum Ausdruck und gleichzeitig konnte sich der Käufer zuschreiben, ein Zeichen gegen die großen Kaffeeröstereien und damit gegen einen kapitalistischen Weltmarkt insgesamt zu setzen. Der antiimperialistische Impuls wurde sicherlich auch begünstigt durch die geographische Nähe der Vereinigten Staaten und deren Unterstützung der nicaraguanischen Contra-Rebellen.

Solidarischer Konsum von Kaffee wurde von verschiedenen Lateinamerika-Solidaritätsgruppen wie dem Antiimperialistischen Solidaritätskomitee für Afrika, Asien und Lateinamerika, dem Informationszentrum Nicaragua und der Informationsstelle El Salvador um 1980 als Thema entdeckt. Zunächst ging es dabei um die Kaffeeimporte aus El Salvador und Guatemala, die noch nicht mit einem utopisch-sozialistischen Sehnsuchtsort in Verbindung gebracht wurden, sondern deren politische Kontexte antikapitalistische und -imperialistische Beweggründe in den Vordergrund der eigenen Aufrufe rückten.[132]

Nicaragua nahm nach der Machtübernahme der Sandinisten 1979 während der gesamten 1980er Jahre einen zentralen Platz in der westdeutschen Solidaritätsbewegung ein. Während allgemein die »kritische Solidarität«, also die Unterstützung bei gleichzeitiger Anerkennung von Missständen, eine bedeutende Rolle spielte, hatte sie keinen entscheidenden Einfluss auf die Partizipationspraktiken, die sich auf den Nicaragua-Kaffee stützten.[133] Westdeutsche Bewegungszeitschriften berichteten über den Bürgerkrieg und das Ende des Somoza-Regimes schon vor 1979 und bedachten die sandinistische Regierung nachfolgend meist mit Solidaritätserklärungen, die wiederum aber die Verfehlungen der Sandinisten ostentativ kritisch reflektierten.[134]

Die Fixierung auf Nicaragua in der Retrospektive hängt mit der späteren dramatischen Entwicklung in Nicaragua und der Rezeption in der Solidaritätsbewegung zusammen.

Die erste Kaffeekampagne 1981

Grundlage für die weiteren Aktionen zum Thema Kaffee war die erste Kampagne, die von mehreren Gruppen als Solidaritätskomitee getragen wurde. Als sie in einer eigenen Broschüre zu einem Boykott der kommerziellen Kaffeekonzerne für Anfang Juni 1981 aufriefen, war Solidarität offensichtlich stärker auf einen antikapitalistischen Kampf als

---

132   Vgl. grundlegend N.N.: Boykottiert die Kaffeekonzerne. Solidarität mit den kämpfenden Völkern von El Salvador und Guatemala! Unterstützt den Aufbau eines freien Landes in Nicaragua! In: Lateinamerika Nachrichten, Heft 92/1981, S. 52f.; vgl. ausführlicher die Broschüre von Antiimperialistisches Solidaritätskomitee für Afrika, Asien und Lateinamerika: Boykottiert die Kaffeekonzerne. Solidarität mit den Völkern von El Salvador und Guatemala, Unterstützt den Aufbau des freien Nicaragua, Frankfurt a.M. 1981.

133   Vgl. widersprechend dazu Quaas, Fair Trade, S. 213f., aufbauend auf Balsen/Rössel, Internationale, S. 415–417; vgl. auch die ausführliche zeitgenössische Beschreibung der Probleme der ethnischen Randgruppen bei N.N.: Miskitos und Creoles zwischen Kolonialismus und Revolution. In: Lateinamerika Nachrichten, Heft 92/1981, S. 52f.

134   Vgl. ebd. sowie Rediske, Michael/Schneider, Robin: Nicaragua. Zwischen Kolonialismus und Revolution, in: Blätter des iz3w, Heft 98/1981, S. 28f.

auf eine Dritte-Welt-Hilfe bezogen.[135] Der Argumentation des Aufrufs zufolge waren der Export von Kaffee und der damit verbundene monokulturelle Anbau die Grundübel für die schlechten Versorgungslagen für Kleinbauern in El Salvador und in Guatemala, da diese Betriebsstruktur erst die Machtstellung einiger Großgrundbesitzer festigte. Vom Kauf von Kaffee aus diesen Ländern »profitierten der Staat (Steuer) und die großen Kaffeekonzerne in den kapitalistischen Industrieländern«[136]. Die Initiatoren der Kampagne problematisierten also nicht prinzipiell Exportabhängigkeiten oder gar Monokulturen, sondern konkret die Teilhabe der Käufer in Westdeutschland an den kapitalistisch-neokolonialistischen Ausbeutungsverhältnissen:

> »Aber auch wir als Verbraucher werden in dieses System eingebunden und stützen damit indirekt die zynische Ausbeutung in den Ländern der Dritten Welt. In Nicaragua hingegen wurden nach dem Sturz Somozas am 19.7.79 die Voraussetzungen dafür geschaffen, dass sich dieses Land aus diesen Verhältnissen (…) herausarbeiten kann.«[137]

Ein erster Schritt zur Bekämpfung des Systems war demzufolge der Kauf des GEPA-Kaffees aus Nicaragua. Der Boykottaufruf stellte dem Käufer des GEPA-Kaffees in Aussicht, über diese Form alternativer Entwicklungshilfe hinaus konkret zu partizipieren. Das »System« sei ein »gemeinsamer Feind«[138], der »uns durch Erziehung zum bewusstlosen Konsumenten immer mehr betäubt und dessen Profitorientierung auch hier unseren Lebensraum zerstört«[139]. Zwar wird darin nicht deutlich, welche Ansprüche sich hier an einen »Lebensraum« knüpften, allerdings wird der Rahmen deutlich, in dem der Kaffeetrinker zur Mitarbeit verpflichtet ist. Die Kampagnengruppe richtete ihre Ziele, anders als die GEPA beim Indio-Kaffee, nicht auf die Hilfe zur fairen Teilnahme am Weltmarkt möglichst ohne Zollschranken. Sie sah Nicaraguaner und Westdeutsche als gleichsam Unterdrückte, die daher auf Augenhöhe als Solidaritätspartner agieren konnten.

Die erste Kaffeekampagne war sehr erfolgreich und übertraf die Liefermöglichkeiten der GEPA. Dem alternativen Handel war vonseiten der Nicaraguaner nur eine kleine Liefermenge für das Jahr zugesagt worden, was zu neuen Problemen führte: Problematisch war hier die Quotenregulierung der nicaraguanischen Exportstelle Encafé, die der GEPA weniger als 2.000 Säcke Kaffee zuteilte. Das hatte zur Folge, dass vermutlich auch ohne Kaffeekampagne diese Menge hätte abgesetzt werden können.[140]

Im Anschluss an diese erste Kaffeekampagne veröffentlichte die Bremer Weltladengruppe »Tupac Amaru« 1981 ein ausführliches Statement, nachdem sie wegen der Lieferknappheit der GEPA ihren Kaffee teilweise von konventionellen Röstereien bezogen hatte und ihr daraufhin von der GEPA unsolidarisches Verhalten vorgeworfen worden

---

135   Vgl. Antiimperialistisches Solidaritätskomitee, Boykottiert die Kaffeekonzerne, S. 3.
136   Ebd.
137   Ebd.
138   Ebd.
139   Ebd.
140   Vgl. Dritte-Welt-Laden Darmstadt: Nica-Kaffee. In: AG3WL-Rundbrief, Heft 2/1982, S. 7f., hier S. 7.

war.[141] Die Gruppe »Tupac Amaru« eignet sich sehr gut als Beispiel für eine Ladengruppe der Solidaritätsbewegung, da sie im Verlauf der 1980er Jahre mehrfach ausführliche Statements abgab und sich selbst durch ihren Standort in Bremen auch als Gegenspielerin von Röstereien wie Jacobs, Eduscho und HAG darstellen konnte.[142] Die Gruppe sah den bisherigen Ansatz des alternativen Handels nicht als zukunftsfähig. So hätten die Umsatzsteigerungen

> »anscheinend vielen das trügerische Gefühl vermittelt, ›viel für die dritte Welt getan zu haben‹. Wem das allerdings genügt – oder doch das wichtigste ist – (...) sollte sich dann aber auch konsequenterweise den Anspruch abschminken, ›vor allem eine pädagogische Aufgabe‹ zu erfüllen und entwicklungspolitische Bildungsarbeit zu leisten, die auch in der BRD Entwicklungen zu einer menschlicheren Gesellschaft vorantreibt«[143].

Tupac Amaru war sich der tatsächlich geringen Bedeutung des Verkaufs demnach bewusst und stand der Bildungsarbeit von A3WH/GEPA kritisch gegenüber. Dennoch setzte sie eine wachsende Bestellmenge in den Vordergrund ihrer Bemühungen. Abgesehen vom Wunsch nach Solidarität mit den Sandinisten mangelte es offenkundig an konkreten Zielvorstellungen. Bemerkenswert ist beispielsweise, dass wichtige handelspolitische Probleme wie das internationale Kaffeeabkommen (ICA) in den Ausführungen auf beiden Seiten allenfalls randständig erwähnt wurden.[144] Somit wurden naheliegende Argumente nicht näher in Betracht gezogen. Da die Zielsetzung von Tupac Amaru der Verkauf von möglichst viel Nica-Kaffee war, bestellte die GEPA für das Folgejahr in der Tat auch mehr Kaffee, was auch als Anreiz für Mehrproduktion und damit eventuell für sogar fallende Preise hätte interpretiert werden können. Auch wegen der praktisch nicht ins Gewicht fallenden Liefermengen existierten solche marktwirtschaftlichen Gedankenspiele aber nicht, obwohl der Verkauf doch auch einen Beitrag zum Wiederaufbau des Landes leisten sollte. Zum Vergleich: Die GEPA-Mengen wuchsen im Verlauf der 1980er Jahre auf ca. 5.000 Säcke Kaffee pro Jahr an, während im gleichen Zeitraum bis zu 200.000 Säcke Kaffee pro Jahr aus Nicaragua in die Bundesrepublik exportiert wurden.[145]

Die enorme Zunahme sowohl der Verwendung des Begriffs Solidarität in den öffentlichen Aufrufen als auch die Umstrittenheit der richtigen Solidarität im Zusammenhang mit politischem Konsum machen den Fall Nicaragua außergewöhnlich. Die in der ersten und auch in den folgenden Kaffeekampagnen dominanten Vorstellungen zeugten im Vergleich mit den Zielhorizonten der kirchlich getragenen Akteure von einer ähnlichen Handelspraxis, während die Interpretationen der Praktiken weit auseinander-

141   Vgl. Tupac Amaru: Nicaragua-Kaffee, die Gepa und wir. In: AG3WL-Rundbrief, Heft 6/1982, 27–32; vgl. zu den quotenbedingten Lieferschwierigkeiten auch Dritte-Welt-Laden Darmstadt: Nica-Kaffee. In: AG3WL-Rundbrief, Heft 2/1981, S. 7f.

142   Vgl. zur Selbstdarstellung Tupac Amaru (Hg.): Hoch die (K)Tassen. Braune Bohnen mit bitterem Geschmack, Bremen 1981.

143   Tupac Amaru, Nicaragua-Kaffee, hier S. 30.

144   Vgl. zur Geschichte des ICA in den späten 1970er Jahren Fridell, Coffee, S. 142f.

145   Vgl. Deutscher Kaffee-Verband: Kaffee-Bericht 1990. Hamburg o.J. [1991], hier S. 11; Leonhard, Ralf: Kaffepolitik: Verknappung der Solidaritätsware, in: Tageszeitung vom 25.09.1987, S. 8.

liegen konnten. Deshalb erscheinen Verkaufsgruppen wie Tupac Amaru als Kontrastbild zum Importeur GEPA, obwohl die Handlungserwartungen an die Konsumenten, nämlich Kauf des staatlichen Kaffees und entwicklungspolitische Bildung, doch im Kern übereinstimmten.

Argumente wurden in der Folgezeit ohne klar definierte Konfliktlinie ausgetauscht, die ausschließlich zwischen GEPA als Importeur und alternativen Verkaufsgruppen verlaufen wäre. So war Kritik zwischen und innerhalb von Solidaritätsgruppen aus dem alternativen Milieu nicht unüblich. Sie können, wie Sven Reichardt betont, als Symptom für den Wunsch nach Authentizität in vielen alternativen Gruppen gedeutet werden.[146] Dass Tupac Amaru aus Bremen gemeinsam mit anderen norddeutschen Weltladengruppen während der Boykottaktion gegen ausbeuterische Kaffeekonzerne kommerziell gehandelten Nicaragua-Kaffee aufkaufte, beschrieb die Gruppe selbst als »Kompromiss an der Grenze zum faulen«[147]. Der Handel des Kaffees, sowohl beim Aufkauf von der Rösterei als auch beim eigentlichen Verkauf im Laden, war jedoch eher ein Mittel zur Aufklärung und zur Spendensammlung als dessen eigentlicher Zweck.

Die Kaffeekampagne 1981 war je nach Blickwinkel sehr erfolgreich. Die zugeteilte Importware der GEPA wurde rasch verkauft, was wiederum zu Kritik aufgrund fehlender vorheriger Planungen führte. Außerdem war es schlicht schwierig nachzuprüfen, ob die Mehrerlöse durch den freiwilligen Aufpreis in Höhe von etwa 80.000 US-Dollar tatsächlich für Bildungs- und Infrastrukturmaßnahmen verwendet wurden, wie es vonseiten der nicaraguanischen Bauernorganisation versichert wurde.[148] Gerade die quantifizierbaren Erfolge erklären also nicht, warum die Kampagne Aufsehen erregte.

Erfolgreich war die Kampagne vor allen Dingen, weil ihre Vertreter für sich in Anspruch nahmen, für einen unorthodox-sozialistischen Weg der Entwicklung zu stehen. Solidarität wurde in den folgenden Jahren zu einem Schlüsselbegriff für politischen Konsum und erst nach 1990 abgelöst.[149] Die GEPA/A3WH wurde damit vor eine Herausforderung gestellt: Die Auseinandersetzung mit dem Solidaritätsbegriff war schwierig zu bewerkstelligen, ohne das eigene Handlungsmodell moralisch zu beschädigen. Die analytische Besonderheit der Nicaragua-Debatte besteht genau darin. Für einige Jahre gelang es verschiedenen Solidaritätsgruppen, die ressourcenstärkeren Akteursgruppen in der entwicklungspolitischen Dimension des politischen Konsums zur Auseinandersetzung mit einer Agenda zu zwingen, die erst durch ihre dahinterstehende Moral so dominant werden konnte. Der Druck war durch die alternativen Bezugswege erhöht, die das GEPA-Modell in der Praxis zum Vorbild nahmen und abwandelten.

Kleine Gruppen, die sich im Rahmen der AG3WL engagierten, suchten aktiv den Anschluss an die Solidaritätsbewegung. So publizierte ein Vertreter des Weltladens

---

146   Vgl. Reichardt, Authentizität, S. 66–71.

147   Tupac Amaru, Nicaragua-Kaffee, S. 28.

148   Vgl. Quaas, Fair Trade, S. 199.

149   Vgl. meine Ausführungen in: Politischer Konsum und Solidarität. Konturen und Kontexte eines Schlüsselbegriffs im späten 20. Jahrhundert, in: Archiv für Sozialgeschichte, Bd. 60/2020, S. 237–259; vgl. auch grundlegend Kneuer, Marianne/Masala, Carlo: Politische Solidarität. Vermessung eines weiten und unerschlossenen Feldes, in: dies. (Hg.): Solidarität. Politikwissenschaftliche Zugänge zu einem vielschichtigen Begriff (Zeitschrift für Politikwissenschaft, Sonderband 14), Baden-Baden 2015, S. 7–25.

in Bayreuth einen ausführlichen Bericht zum Treffen der Solidaritätsgruppen 1983 im AG3WL-Rundbrief, in dem er entsprechende Anregungen gab.[150] Die Reisen nach Nicaragua seien essenziell für einen Informationstransfer von Nicaragua nach Westdeutschland. Um die Solidarität möglichst anschlussfähig auch für Friedensaktivisten auszudrücken, betont der Artikel die semantische Abschwächung der »Brigaden« zu »Arbeitsbrigaden«[151]. Zudem ruft er Weltladengruppen auf, örtliche Solidaritätsgruppen »[b]ei der Suche nach Rat und Meinungen zu Themen, Aktionen der A3WH«[152] möglichst breit einzubeziehen. Der Autor vermeidet einen persönlichen Aufruf zur Entsendung von Brigadisten aus Weltladengruppen, aber die Sympathie für die Entsendung geht aus dem Statement deutlich hervor.

Eine Quantifizierung von »Solidaritätsgruppen« bei den Weltladengruppen lässt sich nicht herstellen. Da jedoch die meisten Weltläden nicht in der AG3WL engagiert waren, 1980 etwa 30 von 145 Läden, und selten öffentlich Stellung zur Solidaritätsfrage bezogen, dürfte es sich hier um eine kleine zweistellige Zahl von Gruppen handeln, die mit weit weniger Ressourcen als die Öffentlichkeitsarbeit der kirchlichen Trägerorganisationen auskommen mussten.[153] Dennoch gelang es diesen Gruppen für kurze Zeit eine Vorstellung von alternativem Handel zu etablieren, die sich zwischen 1984 und 1987 auf den ersten Blick ex post eher mit »solidarischem« als mit »alternativem« Handel assoziieren ließe.[154] Vor allem im historischen Längsschnitt also fällt die Nicaragua-Debatte in der Mitte der 1980er Jahre auf, die entscheidend von ihrer politik- und militärgeschichtlichen Kontextualisierung lebte und daher nicht als organisch gewachsener Höhepunkt des alternativen Handels interpretiert werden kann.[155]

Aufbau alternativer Strukturen

Die erste Kaffeekampagne hatte grundlegende Probleme offengelegt. So war der Verkauf lediglich ein Weiterverkauf von GEPA-Kaffee. Eigene Teilhabeansprüche konnten dauerhaft also nicht ohne die GEPA auskommen. Darüber hinaus konnte die GEPA nicht dem Wunsch nachkommen, größere Mengen an nicaraguanischem Kaffee umzusetzen. Mit wachsender Aufmerksamkeit strebten deshalb weitere Gruppen einen eigenen Direktimport an. Sie organisierten sich vor allem in der Mittelamerika Kaffee Im- und Export GmbH (MITKA), die den Import für verschiedene Gruppen übernahm.

---

150   Vgl. hier und im Folgenden Ruks, Hans-Werner: Eindrücke vom Bundestreffen Nicaragua-Solidaritätsgruppen. In: AG3WL-Rundbrief, Heft 10/1983, S. 27f.

151   Ruks, Eindrücke, S. 28.

152   Ebd.

153   Zu den Zahlen vgl. die Auflistung in AG3WL, Der Dritte Welt Laden, S. 122–131.

154   Anders als bei Quaas‹ Geschichte des *fairen* Handels ist es für den Zweck dieser Arbeit wichtig, die Erwartungen an den Konsumenten auch anhand der Spannung zwischen fairem, alternativem und solidarischem Handel zu skizzieren, vgl. Quaas, Fair Trade, S. 235.

155   Vgl. hier auch die zentrale, koordinierende Rolle des Informationszentrums Nicaragua, das sich explizit bewegungsangehörig beschrieb, vgl. den Rückblick bei N.N.: 10 Jahre Solidaritätsbewegung. In: Informationsbüro Nicaragua Rundschreiben, Heft Juli 1989, S. 10–14; sowie N.N.: 20 Jahre Informationsbüro Nicaragua. Positionen, in: Informationsbüro Nicaragua Rundschreiben, Heft 1/1998, S. 39–45.

In Westberlin gründete sich etwa die Berliner (je nach Eigenschreibweise auch: Bärliner) Kaffeegenossenschaft, die sich von der bisherigen Praxis absetzen wollte.[156] Vor allem ging es dieser Gruppe um den genossenschaftlichen Ansatz. Er war maßgeblich für den eigenen partizipatorischen Anspruch, der sich explizit nicht als »Konkurrenz für bestehende Projekte«[157] definierte, womit der Ansatz der GEPA gemeint sein dürfte. Die Zahlung der gesamten Beträge vorab, also die Inkaufnahme eines ungewöhnlich großen unternehmerischen Risikos, in einem Abonnement-System zum Import ausschließlich von nicaraguanischem Kaffee wurde als politisches Statement definiert. Mit der offensiven Bewerbung des risikoreichen Abos verfolgte die Kaffeegenossenschaft das Ziel, »[e]ine aggressive Kampagne zu führen, die die Verantwortlichen für diese Ausbeutung [durch Rothfos, Tchibo u.a., SW] durch den Kaffeehandel fortwährend zu einer Reaktion zwingt«[158].

Dieses Modell setzte die Kritik an der entwicklungspolitischen Bildungsarbeit der GEPA konsequent um, indem hier nur noch ökonomische Ziele definiert wurden. Die Möglichkeit zur politischen Partizipation war bei diesem Modell zum ersten Mal völlig auf den Kauf konzentriert, wobei der Kaffee selbst keine entscheidende Rolle spielte. Der Kauf von Abonnements wurde zu einem politischen Akt, der möglichst viele Devisen für Nicaragua bereitstellen sollte, aber auch eine zweite Stoßrichtung hatte: Er sei ein »erster Schritt zur Abkopplung von den Konzernen«[159], der aber in der Praxis mit garantierten zehn Prozent Preisaufschlag einen ähnlichen Effekt hatte wie schon der GEPA-Preismechanismus.[160]

Auf den ersten Blick mutet die Zielsetzung der Solidaritätsgruppen beim Verkauf des Nicaragua-Kaffees offensichtlich überambitioniert an. Die Abonnements hatten gegenüber dem kommerziellen Handel nie ernstzunehmendes Gewicht für den nicaraguanischen Außenhandel. Die Zuschreibungen an das Abonnementmodell können auch als Abgrenzung gegen die GEPA erklärt werden, auch wenn die inhaltliche Stoßrichtung gegen die deutschen Kaffeekonzerne geäußert wurde und nicht gegen den bisherigen alternativen Handel. Schließlich stand die GEPA für einen Zielhorizont, der keine überzeugende Systemkritik bot. Das Abonnementmodell ist demnach ein Beispiel für Identitätsbildung durch politischen Konsum: Nicht das eigentlich Erreichte, sondern die Ansprüche waren entscheidend für die politische Auseinandersetzung.

Diese Entwicklung ist auch ein Beispiel für die Wirkmacht von Teilhabeansprüchen. Was sich schon bei der Debatte um den Fedecocagua-Kaffee andeutete, zeigte sich bis zur Mitte der 1980er Jahre beim Nica-Kaffee deutlich: Ideen politischer Teilhabe und ihre Effekte bei der Umsetzung, mithin Anspruch und Wirklichkeit, konnten bei Fragen politischen Konsums offensichtlich weit auseinanderklaffen, ohne dass die historischen Akteure darin Grund zur Reflexion des eigenen Anspruchs gesehen hätten.

---

156   Vgl. hier und im Folgenden N.N.: Kaffee – Genossenschaft in Gründung. In: Wandelsblatt, Heft 3/1984, S. 6; vgl. auch die Berichterstattung in Constraste, etwa Stattwerke: Direktimport. In: Constraste, Heft 7/1985, S. 5.

157   N.N., Gründung, S. 6.

158   Ebd.

159   Stattwerke, Direktimport, S. 5.

160   Vgl. ebd.

Zugrunde lagen dem Konflikt um Solidarität zwei Fragen. Erstens ging es um die Zusammenarbeit mit konventionellen Akteuren, die an transnationalen Wertschöpfungsketten beteiligt waren. Konkret umfasste dieser Streitpunkt neben den deutschen Kaffeekonzernen auch die mögliche Erschließung neuer Zielgruppen entweder innerhalb des alternativen Milieus oder darüber hinaus an neuen Orten wie Supermärkten. Zweitens und darauf aufbauend war die Semantik von Solidarität umkämpft. Während allen voran die Westberliner Gruppen und die Berliner Kaffeegenossenschaft Solidarität als antiimperialistischen und antikapitalistischen Kampfbegriff nutzten, der weniger die nicaraguanischen Bauern, sondern vielmehr den sandinistischen Staat als Partner in diesem Kampf annahm, versuchte die GEPA diese Argumentation abzuschwächen. Insofern war der Konflikt auch nicht durch eine starre inhaltliche Trennlinie gekennzeichnet und er war auch kein Hindernis für Kooperation.

Dass die zweite Kaffeekampagne im Oktober 1985 keine orthodox-antikapitalistische Zielsetzung hatte, zeigt sich schon im Vorabkonzept, das von der Bremer Gruppe Tupac Amaru erstellt wurde.[161] Tupac Amaru richtete sich ausdrücklich an ein möglichst breites Bündnis, das »getragen wird von den vielen Dritte-Welt-Läden, von kirchlichen und gewerkschaftlichen Gruppen, von der [AG3WL], der GEPA, den Mittelamerikakomitees und verbunden in regionalen Bündnissen mit Antikriegs-, Ökologie- und antiimperialistischen Gruppen«[162]. Die inhaltliche Ausrichtung des Vorschlages war im Wesentlichen an der ersten Kampagne 1981 orientiert, wobei jedoch stärker die eigenen Erwartungen reflektiert wurden: Der eigenen Ratlosigkeit beim Aufzeigen möglicher Strukturveränderungen standen die Erfolgsaussichten einer neuen Kampagne gegenüber, die von den »politischen Forderungen« abhing, »die wir in der Öffentlichkeit stellen müssen«[163]. Welche konkreten politischen Forderungen mit dem Boykott verbunden sein konnten, wurde jedoch im eigentlichen Aufruf nicht dargelegt.[164]

Einige Solidaritätsgruppen gingen deutlich über diese vage Zielsetzung hinaus. Aufschlussreich ist ein von der MITKA-Gruppe Ökotopia herausgegebenes Begleitheft zur Kampagne, das einerseits nähere Zielangaben macht, andererseits aber nicht als pars pro toto gesehen werden sollte, da es stark auf das eigene Abonnement-Modell fixiert ist.[165] Darin tragen die Verfasser zunächst die eigene Problemverortung vor, die der ersten Kampagne 1981 ähnelt und den Kaffeekonzernen in Deutschland den Kampf ansagt, der dem Kampf der Solidarpartner in Nicaragua glich. Dementsprechend schildern sie auch über mehrere Seiten den antiimperialistischen Kampf der Solidaritätsbrigaden,

---

161 Vgl. Tupac Amaru/Nicaragua-/El Salvador-Komitee Bremen: Boykottiert die Kaffeekonzerne. Vorschlag einer Boykottwoche gegen die Kaffeekonzerne Mitte September 1985, in: AG3WL-Rundbrief, Heft 17/1985, S. 43–45.

162 Tupac Amaru et al., Vorschlag, S. 43.

163 Tupac Amaru et al., Vorschlag, S. 45.

164 Vgl. Informationsbüro Nicaragua: Bundesweite Aktionswoche vom 14.-21. Oktober 1985. Gegen die Macht der Kaffeekonzerne, in: Lateinamerika Nachrichten, Heft 140/1985, S. 79. Das Datum wurde relativ kurzfristig später um eine Woche verschoben.

165 Vgl. hier und im Folgenden Ökotopia (Hg.): Sandino Dröhnung. Die Broschüre zum Kaffee oder Warum es schon immer etwas teurer war, einen besonderen Geschmack zu haben, Berlin o.J. [1985]; vgl. vorab auch N.N.: Bremer Protokoll. In: Die Gewinne denen, die den Kaffee anbauen. Rundbrief für die Kaffeekampagne, Heft 1/1985, S. 5–7.

der nicht aus dem mittelamerikanischen Kontext heraus isoliert betrachtet werden könne.[166]

Neu eingeführt wird dabei die Betonung des Kampfes, der nur in Teilen gewaltlos erfolgen soll. Die Autoren kamen zur Einschätzung, »dass die Befreiungsbewegung in El Salvador nur auf dem Hintergrund ihrer militärischen Stärke als Verhandlungspartner anerkannt ist und das [sic!] ein friedlicher Weg in El Salvador keine Aussicht auf Erfolg hätte«[167]. Da Nicaragua dem gleichen imperialistischen Aggressor entgegenstehe, ist hier der alternative Kaffeeverkauf in eine Kampfmetapher eingebunden. Neben der Unterstützung Nicaraguas sei es wirtschaftlich wichtig, »die Verantwortlichen hier zu treffen«[168]. Der Schwerpunkt der Solidaritätsarbeit sollte demnach in Deutschland liegen. Die entscheidenden Fragen waren: »Wer ist hier bei uns in welcher Weise für die zunehmende militärische und ökonomische Einkreisung Nicaraguas verantwortlich oder daran beteiligt? Wie lassen sich diese hier bei uns behindern, belästigen, schädigen?«[169]

Wer die Verantwortlichen sind und wie sie zu treffen seien, wird nur skizzenhaft zum Ende des Heftes umrissen. Während das Kaffee-Abonnement als finanzielle Hilfe dienen sollte und auch als »Spende«[170] und nicht als Solidaritätsbeitrag oder Ähnliches bezeichnet wird, ging Ökotopia zu diesem Zeitpunkt offenbar von einer großen politischen Mobilisierungsfähigkeit aus. Neben einem Druckaufbau auf die SPD und auf ihr nahestehende Akteure wie die Friedrich-Ebert-Stiftung oder den DGB sollten auch Gewerkschaftsvertreter aus El Salvador oder Guatemala mit Betriebsräten bei Jacobs ins Gespräch gebracht werden, um über die Ungleichheiten zu berichten, die durch Bremer Kaffeeröster geschaffen worden seien.[171]

Umgang der GEPA mit Solidarität

Mit dem Blick auf den Konflikt um die Deutungshoheit bietet sich an dieser Stelle abschließend die Einordnung der Kommentare der GEPA angesichts der Herausforderungen von den Solidaritätsgruppen an. Sie verfolgte im Verlauf der 1980er Jahre zunehmend eine eigene Strategie. Der solidarische Konsum und sein, an der Aufmerksamkeit in den Bewegungszeitschriften gemessener, Erfolg stellte die bisher dominanten Vorstellungen vor A3WH/GEPA vor eine Herausforderung. Um die Bedeutung Nicaraguas für die westdeutsche Solidaritätsbewegung dürften sich sowohl die Aktionsgruppen als auch die kirchlichen Entscheidungsträger bewusst gewesen sein.[172]

GEPA-Geschäftsführer Gerd Nickoleit veröffentlichte in »Alternativ handeln« die Ergebnisse einer Reise nach Nicaragua 1980, auf denen dann auch ein Jahr später der Kaf-

---

166   Vgl. Ökotopia, Broschüre, S. 55–58.
167   Ökotopia, Broschüre, S. 58.
168   Ebd.
169   Ökotopia, Broschüre, S. 57.
170   Ökotopia, Broschüre, S. 62.
171   Vgl. Ökotopia, Broschüre, S. 68.
172   Quaas stellt hierzu die plausible These auf, dass die GEPA durch ihren Sitz in Wuppertal einen engen Kontakt mit dem dort ansässigen Informationsbüro Nicaragua hatte, vgl. Quaas, Fair Trade, S. 197; vgl. zur Eröffnung des Büros N.N.: Informationsbüro in der BRD eröffnet. In: Blätter des iz3w, Heft 67/1978, S. 13f.

feeimport aufbaute.[173] Darin betont Nickoleit an mehreren Stellen die Notwendigkeit zum solidarischen Handeln, das sich aber offensichtlich entlang des schon bekannten Ideenhorizontes entwickelte. Solidarität war also zunächst eng mit dem Motiv Nächstenliebe verbunden. Das Land sei »auf die Solidarität derer angewiesen (...), denen die eigenständige Entwicklung der Bevölkerung am Herzen liegt.«[174] Die zweite Stütze sei dann die Bewusstseinsarbeit für die Notwendigkeit eigenständiger Entwicklung.[175] Der Anspruch der »Hilfe zur Selbsthilfe« wird auch dadurch untermauert, dass Nickoleit den hohen Anteil an Kleinbauern betont, die den Kaffee produzierten.

Anders als es angenommen werden könnte, erscheint das Nebeneinander von guatemaltekischen und nicaraguanischen Kaffees im Sortiment der GEPA aus Nickoleits Perspektive deshalb nicht als Widerspruch. Die Konsumenten des Kaffees waren auch nicht in erster Linie die Endverbraucher, sondern die Abnehmergruppen, deren partizipatorische Leistung – der Verkauf der Ware – im Zentrum der Hilfe stand. Diese Sichtweise erklärt auch, warum die Kaffee-Kampagne 1981 nicht uneingeschränkt positiv aufgenommen wurde:[176] Solidarität bezog sich für die GEPA auf die Projekte, letztlich auf einzelne Kleinbauern vor Ort. Die Unterstützung für die Sandino-Regierung reichte so weit, wie die Regierung die Entwicklungschancen für diese Bauernfamilien verbessern konnte.

Mit der wachsenden Aufmerksamkeit für die Solidaritätsgruppen änderte sich diese Sichtweise. Die GEPA war sich zur Mitte der 1980er Jahre der Bedeutung des Nica-Kaffees bewusst und arbeitete dementsprechend, etwa in Kooperation mit dem Informationsbüro Nicaragua in Wuppertal, an einer eigenen Beurteilung Nicaraguas.[177] In einer gemeinsamen Broschüre 1984 loben sie die sandinistische Regierung weitgehend kritiklos und heben insbesondere ihre erfolgreiche Alphabetisierungskampagne hervor. Auch die US-finanzierten Contras werden als größte Bedrohung der Revolution benannt, gegen die es den Wiederaufbau des Landes zu schützen gelte. Jedoch: Solidarität wird im Beschreibungstext der GEPA nicht genutzt. Dominant bleiben trotz der Annäherung an die Akteure der Solidaritätsbewegungen die bisherigen Sprachregelungen, darunter vor allem »Hilfe« und »Gerechtigkeit«. Auch die mehrfach von der GEPA aufgelegte »Dokumentation Kaffee« bestätigt die Annahme einer Reflexion, die zur Integration solidaritätsbewegungsnaher Trends in den eigenen Zielhorizont nützlich gewesen sein dürfte.[178] Die GEPA ergänzte die Dossier-artige Sammlung von Eigen- und Fremdtexten zwischen 1981 und 1984 um Abschnitte zur Ökologie der Kaffeeimporte, vor allem aber um eine Abbildung der Diskussion um die erste Kaffeekampagne.[179]

---

173 Vgl. hier und im Folgenden Nickoleit, Gerd: Nicaragua. Bericht von einer Reise, in: Alternativ handeln, Heft 4/1980, S. 7–9; vgl. auch Quaas, Fair Trade, S. 202.

174 Nickoleit, Nicaragua, S. 8.

175 Vgl. ebd.

176 Vgl. Haller, Daniel: »Boykottiert die Kaffeekonzerne«: Die Avantgarde macht eine Aktion, um die Logistik kümmert sie sich nicht! In: Alternativ handeln, Heft 8/1981, S. 14f./18f.

177 Vgl. hier und im Folgenden N.N.: »Kaffee aus Nicaragua«. 1984, Universität Trier Sammlung Wertingen, 1.nic.001.

178 Vgl. GEPA: Dokumentation Kaffee. 1981, Afas Duisburg, 90.II.198151; demgegenüber die Ausgabe 1984, Afas Duisburg, 13.SCH.1.19841.

179 Vgl. GEPA, Dokumentation 1984, S. 34f.

Solidarität war zu keinem Zeitpunkt der einzige Begriff, mit dem die kirchlichen Träger des alternativen Handels sich beschäftigten.[180] Dass die GEPA Solidarität als wichtigen Begriff für den alternativen Kaffeehandel erkannte, machte sie also mitnichten Teil der Solidaritätsbewegung. Vielmehr spielte schon früh der Anspruch auf themenübergreifende, professionelle Arbeit unabhängig vom strategischen Überbau eine entscheidende Rolle. Die GEPA reflektierte weiterhin ihre Position gegenüber den Solidaritätsgruppen und grenzte sich nicht durch Statements von diesen ab, »ihr [der GEPA] geht es allerdings darum, dass die ›Solidarität mit Nicaragua‹ auch durch die Art des glaubwürdigen Handel(n)s umgesetzt wird«[181]. Die richtige Solidarität war demnach nicht theoriefixiert, sondern benötigte vor allem anderen eine praktische Möglichkeit zur Umsetzung. Als Importeur konnte sich die GEPA auf den Standpunkt zurückziehen, eine praxisorientierte, möglichst konkret erarbeitete Alternative unterstützen zu wollen. Dementsprechend äußerten sich auch ihre Vertreter in Bezug auf die neuaufkommenden Bezugswege.

Auch gab die GEPA 1985 eine eigene Kaffeezeitung heraus, die nicht in Konkurrenz zur weitaus umfangreicheren Veröffentlichung von Ökotopia zur zweiten Kaffeekampagne stand, sondern die ablehnende Haltung zum Bürgerkrieg in Nicaragua näher charakterisierte und auch Solidarität definierte: Solidarität bedeute, »dass wir den Menschen in Nicaragua helfen, und dass wir uns bemühen, für Prozesse wirtschaftlicher und sozialer Reformen in diesem sehr armen Land einen Beitrag zu leisten – moralisch und materiell«[182]. Gleichzeitig solle Solidarität nicht zur »›Schön-Wetter-Solidarität‹«[183] werden, womit sich die Verfasserin auf die kritische Solidarität beruft, die auch in Forenzeitschriften wie Lateinamerika Nachrichten üblich war.[184] Demnach dürften Fehlentwicklungen im sandinistischen Nicaragua nicht übersehen werden und das eigene Engagement müsse stets kritisch reflektiert werden.

Die Unterstützung Nicaraguas erforderte aus Sicht der GEPA eine kritische Solidarität, das Ziel dabei seien keine systemändernden Utopien, sondern vor allem die Hilfe für die Bauern vor Ort. Solidarität wurde begrifflich sehr ähnlich aufgefasst wie zuvor bei den Solidaritätsgruppen, jedoch lag der Unterschied, auf dem die GEPA sicherlich auch wegen der kirchlich geprägten Trägerschaft beharrte, in der Beantwortung der Frage, mit wem Solidarität geübt werden solle.[185] Einer praxisnahen, eher inkrementellen Hilfestellung für die Kleinbauern stand die kritische, aber dennoch ostentative Unterstützung einer sozialistischen Regierung bei den Solidaritätsgruppen entgegen.

180   Vgl. Weispfennig, Politischer Konsum und Solidarität, S. 243f.

181   N.N.: Kaffee aus Nicaragua. Über die Schwierigkeiten solidarischen Handel(n)s, in: Alternativ handeln, Heft 14/1984, S. 18–22, hier S. 18.

182   Lug, Andrea: Das Erbe der Diktatur. In: GEPA (Hg.): Kaffeezeitung. Ein Beitrag zur Meinungsbildung im Rahmen der Aktion Dritte Welt Handel (A3WH)/GEPA, Wuppertal o.J. [1985], S. 1–4, hier S. 4.

183   Ebd.

184   Vgl. N.N.: Kritische Solidarität: Parteilichkeit ohne Scheuklappen, in: Lateinamerika Nachrichten, Heft 148/1986, S. 60–65.

185   Vgl. Wirtz, Hermann: Von Mensch zu Mensch? Direktkontakte mit Partnerschaftsprojekten in der Dritten Welt, in: Alternativ handeln, Heft 15/1985, S. 14f.

Eine weitere Strategie der GEPA war der Anstoß neuer Impulse im alternativen Handel. Während die eigentliche Erweiterung der Handelspraktiken zu einer ökologisch-ökonomischen Doppelzielsetzung erst zum Ende des Jahrzehnts erfolgte, bewarb die GEPA 1986 bereits den »Café Organico« aus dem mexikanischen Oaxaca.[186] Berichte wie dieser oder wie der bereits 1984 geäußerte Wunsch einer Verbindung von Solidaritäts- und Ökologiebewegungen beim politischen Konsum steckten bereits den weiteren Rahmen der Teilhabemöglichkeiten ab, wie sie durch die GEPA konstruiert wurden. Im Wesentlichen lässt sich dabei die Vermeidung von Begriffen wie Solidarität oder Politik feststellen zugunsten einer allgemeinen, nicht explizit christlich motivierten, Hilfe für einzelne Bauern vor Ort. Mit der Inklusion neuer Verkaufsargumente setzte die GEPA bereits vor dem Verkauf von genossenschaftlichem Bio-Kaffee und vor der Mitentwicklung des TransFair-Labels neue Impulse.

Diese Verschiebung könnte auf den ersten Blick als erster Schritt zur Entpolitisierung gelesen werden, da die GEPA schließlich in den folgenden Jahren ihre Produkte erfolgreich in Supermärkten platzieren konnte. Nicht zuletzt wird dieser Eindruck durch die Wahrnehmung der unterschiedlichen Labels gestützt, die beim GEPA- bzw. beim Solidaritätskaffee jeweils genutzt wurden und auch dementsprechend wahrgenommen wurden.[187] Die Annahme von Entpolitisierung wäre jedoch ein Trugschluss, der von einer stark verkürzten Wahrnehmung der Geschichte des alternativen Handels ausginge. Die Auseinandersetzung um die richtige Solidarität war spezifisch auf die Einflüsse der mittelamerikanischen Solidaritätsbewegung zurückzuführen, die wohl nicht zuletzt durch die US-amerikanische Iran-Contra-Affäre eine breitere öffentliche Aufmerksamkeit erreichen konnte.

Die Deutungshoheit der linken Solidaritätsgruppen zwischen ca. 1984 und 1986 ist als eigene Episode zu fassen, die Solidarität als Schlüsselbegriff für das Verständnis politischen Konsums geprägt hat. Sie war aber stark kontextabhängig, sodass Solidarität als Leitbegriff rasch wieder in den Hintergrund rückte. Auch ohne Solidarität als zentralen Begriff verfolgten die Akteure des alternativen Handels politische Ziele.

2.2.1.3 Exkurs: Südafrika-Boykott als Vergleichsfall

Mit dem Slogan »Boykottiert die Kaffeekonzerne« und dem folgenden Boykott nahmen Solidaritätsbewegungen ein Partizipationsmittel auf, das sich bei anderen Aktionen bereits etabliert hatte. In neuen sozialen Bewegungen gab es bereits ab den frühen 1970er Jahren Boykottmaßnahmen gegen ganz unterschiedliche Gegner, wobei die Aktionen der Anti-Apartheid-Gruppen gegen südafrikanische Produkte besonders langandauernd waren. Am öffentlichkeitswirksamsten war der Boykott gegen Früchte aus Südafrika.[188] Das lag nicht zuletzt an der eindeutigen moralischen Verwerflichkeit

---

186   Vgl. hier und im Folgenden N.N.: Café Organico. Zum biologisch angebauten Kaffee von indianischen Kleinbauern, in: Alternativ handeln, Heft 18/1986, S. 8f.

187   Vgl. Kipp, Thomas: Kaffee aus Nicaragua. Gleiche Sorte – andere politische Verpackung, in: Ila, Heft 92/1986, S. 10f.; vgl. auch die allgemeine Label-Übersicht bei N.N.: Entwicklungsförderung dank Konsumenteninformation. In: AG3WL-Rundbrief, Heft 2/1986, S. 29–32.

188   Ein anderes Beispiel wären Boykottaufrufe gegen den Lebensmittelhersteller Nestlé, die bereits 1977 in den USA begannen, sich vor allem in der Schweiz etablierten und sich vor allem gegen den profitorientierten Handel mit Babynahrung im globalen Süden richtete.

des Apartheidsregimes. Obwohl Boykotte nicht zum hier genutzten Verständnis von politischem Konsum gehören, lohnt sich an dieser Stelle ein Exkurs: Nicht nur die entwicklungspolitische Ausrichtung, auch die handelnden Gruppen waren miteinander verknüpft.[189] Auch die Zielgruppen im Vorfeld kirchlicher Organisationen waren ähnlich.[190] Auffällige Unterschiede zum alternativen Handel können daher auch als Kontrast zum besseren Erkennen von Eigenschaften des politischen Konsums dienen.

Zeitgenössisch erlangten die Boykotte gegen das Apartheidregime eine breite Aufmerksamkeit in der Öffentlichkeit aufgrund der kontinuierlichen Arbeit der Evangelischen Frauenarbeit in Deutschland (EFD) ab 1977, die hierzu eine eigene Zeitschrift bis zum Ende der Boykottarbeit 1992 herausgab. Der Erfolg der Boykottaktionen lässt sich nicht nur an öffentlichen Protesten in den späten 1980er Jahren ablesen. Die gesteigerte Aufmerksamkeit führte auch dazu, dass selbst das deutsche Büro der südafrikanischen Früchteindustrie sich dazu genötigt sah, ab 1989 den Rundbrief »Früchte aus Südafrika« herauszugeben. Dabei ging es weniger auf die Bewerbung der Früchte selbst und stärker auf die Ablehnung der Boykottaktionen ein.[191]

Die Boykottierung südafrikanischer Früchte war darüber hinaus keine Erfindung der EFD-Frauen. Sie hatte eine Vorgängerin in der »Outspan«-Aktion der ebenfalls gut organisierten Anti-Apartheid-Bewegung (AAB) 1974.[192] Ähnlich anderen Fällen stellte diese Aktion die Übernahme eines ausländischen Beispiels dar, hier der niederländischen Organisation »Boycott Outspan Aktie«, die sich unter anderem gegen die südafrikanischen Orangen mit dem Label Outspan richtete.[193] Dieser Umstand ist bemerkenswert, da die westdeutsche AAB ihren eigenen Horizont der Partizipationsmöglichkeiten auf die nationale Ebene beschränkte. In der jüngeren Forschung ist bereits festgestellt worden, dass es der AAB um eine »Kritik an der politischen, wirtschaftlichen, militärischen und kulturellen Zusammenarbeit zwischen der Bundesrepublik Deutschland und dem Rassistenregime in Südafrika«[194] ging. Mit anderen Worten: Die Ziele der AAB-Aktion waren die Störung bzw. Unterbindung der Bewerbung von südafrikanischen Waren, wobei der Profit eines Verkaufs, so die AAB-Sichtweise, zur weiteren Zementierung des Apartheidregimes beigetragen hätte.

Auch verfolgte die AAB damit eine simple Form politischer Bewusstseinsbildung in Westdeutschland. Indem sie einen direkten Link zwischen dem Kauf einer Outspan-Orange und der Unterstützung der Apartheid erstellte, erschien der Kauf als rassistische Handlung, die entsprechend zu stigmatisieren sei. Die Boykott-Aktion selbst bestand 1974 beispielsweise in der Störung von Verkaufsaktionen, bei denen die »Outspan-Girls« – junge, weiße Südafrikanerinnen – eigentlich als Werbeträgerinnen auftreten sollten.

---

189   Vgl. den von der GEPA mitherausgegebenen Band von Stelck, Edda: Politik mit dem Einkaufskorb. Die Boykott-Aktion der evangelischen Frauen gegen Apartheid, Wuppertal 1980.

190   Vgl. dazu die eigene Einführung, die beim alternativen Handel beginnt: Stelck, Politik mit dem Einkaufskorb, hier S. 10.

191   Vgl. N.N.: 74 Prozent sind gegen Früchteboykott. Schwarze und Farbige: Mehr Früchte kaufen, in: Früchte aus Südafrika, Heft 2/1989, S. 1f.

192   Vgl. hier und im Folgenden Bacia, Jürgen/Leidig, Dorothée: »Kauft keine Früchte aus Südafrika!« Geschichte der Anti-Apartheid-Bewegung, Frankfurt a.M. 2008, hier S. 48–55.

193   Vgl. Bacia/Leidig, Geschichte, S. 47.

194   Bacia/Leidig, Geschichte, S. 11f.

Während die jungen Frauen persönlich ausdrücklich nicht attackiert werden sollten, war die möglichst effektive Störung der Werbeaktion bei gleichzeitiger Verteilung eigener Informationsmaterialien das Hauptziel.[195]

Die durchführenden Aktionsgruppen hatten Eigenschaften, die auf den ersten Blick mit den A3WH-Gruppen vergleichbar sind. Schließlich traten auch sie als pädagogische Vermittler auf, die durch die Aktion eigene Partizipationsansprüche verwirklichten. Unabhängig von den Aktionsgruppen persönlich waren Boykotte als Aktionsform beim entwicklungspolitischen Handel sichtbarer als Verkäufe von bspw. Kaffee. Das lag im Wesentlichen an den Orten: Die AAB-Gruppen nutzten den Supermarkt als Ort politischer Teilhabe mehr als zehn Jahre bevor die GEPA begann, eine Ausweitung des Handels über Nischen hinaus zu eruieren. Von Anfang an richtete sich die AAB an eine möglichst breite Öffentlichkeit, wobei das eindeutige Ziel der Aktion, einen Beitrag zum Sturz des Apartheidsregimes zu leisten, sicherlich auch simpel zu vermitteln war im Vergleich zur abstrakt gehaltenen entwicklungspolitischen Bewusstseinsbildung beim Verkauf von Dritte-Welt-Handelsware. Der Sturz der Apartheid dürfte nicht zuletzt ein einender Minimalkonsens für alle beteiligten Akteure gewesen sein, während ein solcher Konsens im alternativen Handel fehlte.

Die EFD-Frauen nahmen sich ab 1977 dieser Protestform an und übten sie dauerhaft aus, was sich am in den kommenden 15 Jahren regelmäßig herausgegebenen Boykott-Rundbrief zeigte. Ein Grund dafür dürfte das Selbstverständnis der EFD als institutionalisierter Akteur sein, der sich gegen die EKD-Führung und ihre zunächst boykottkritische Haltung zu behaupten hatte. Ein sicherlich identitätsstiftender Moment war dabei die Ablehnung von Fördergeldern durch den Rat der EKD, an den sich bis 1979 ein erfolgreicher Spendenaufruf anschloss.[196] Darüber hinaus arbeiteten nahezu ausschließlich Frauen an der Boykott-Kampagne, was für das Selbstverständnis der Gruppe von entscheidender Bedeutung war. Immerhin betonte Edda Stelck in ihrer Dokumentation zum Beginn der Kampagne, dass der Gründungsimpuls eine umstrittene gesetzliche Maßnahme gegen die »Black Women's Federation« in Südafrika kurz vor der Mitgliederversammlung der EFD im Oktober 1977 war.[197] Die vorherige, zumindest thematisch sehr ähnlich veranlagte Aktion der AAB spielte demnach keine Rolle. Die inhaltliche Ausrichtung der nun folgenden, fünfzehnjährigen Boykottkampagne der EFD-Frauen war angesichts ihres festen Gegnerbilds stabil.[198] Die argumentative Stoßrichtung allerdings wurde situativ angepasst und lässt sich in drei Muster einteilen.

---

195 Vgl. Bacia/Leidig, S. 48–55.

196 Vgl. Stelck, Politik mit dem Einkaufskorb, S. 23 sowie S. 100–104. In letztgenannter Passage werden die Erklärungen des EKD-Rates in Teilen zitiert und kritisch kommentiert, wobei es im Wesentlichen um die Frage der Ungerechtigkeit geht: vgl. dazu auch Tripp, Sebastian: »Frauen gegen Apartheid«. Die Evangelische Frauenarbeit in Deutschland zwischen kirchlichem Verband und Neuer Sozialer Bewegung, in: Damberg, Wilhelm/Jähnichen, Traugott (Hg.): Neue Soziale Bewegungen als Herausforderung sozialkirchlichen Handelns, Stuttgart 2015, S. 273–278.

197 Vgl. zum Instrument des »Bann« im Apartheidsregime Südafrikas Stelck, Politik mit dem Einkaufskorb, S. 15–17.

198 Vgl. zum Überblick Tripp, Sebastian: Fromm und politisch. Christliche Anti-Apartheid-Gruppen und die Transformation des westdeutschen Protestantismus 1970 – 1990, Göttingen 2015, hier S. 128–135.

So wurde die für das Selbstverständnis der EFD so maßgebliche Frauen-Solidarität in der Folgezeit zwar als Argument auch gegenüber Außenstehenden genutzt, um sich über den Boykott mit den südafrikanischen schwarzen Frauen zu solidarisieren, sie rückte jedoch vermehrt in den Hintergrund.[199] Wichtiger erschien während der Straßenaktionen vielmehr eine politische Bewusstseinsbildung für Hausfrauen zu sein, die gerade für die Aktionsgruppen selbst essenziell erschien.[200] Mithin erscheinen die EFD-Frauen in den ersten Jahren der Boykottkampagne als ein historischer Beleg für Erica Carters Forschungsthese der Frauen als Prototyp des konsumierenden Bürgers, der ein Geschlecht hat.[201] Demnach konnte die Hausfrau als Konsumentenbürgerin effektiv in den öffentlichen Raum vordringen.

Die beiden anderen Argumentationsmuster bestanden je nach Rezipienten und konkreter Aktion aus einer Mischung von theologischen und wirtschaftspolitischen Begründungen. In einer verbreiteten, mehrfach aufgelegten Broschüre zum Früchteboykott wird eine besondere Verantwortung der Westdeutschen an der Apartheid über die volkswirtschaftliche Abhängigkeit Südafrikas vom Handelspartner Bundesrepublik als ausschlaggebender Punkt vorgestellt, wegen dem eine Beschäftigung mit Südafrika zwingend notwendig sei.[202] Apartheid als rassistisches System wiederum sei bereits aus christlicher Verantwortung abzulehnen, die im Kern befreiungstheologisch fundiert war. Da die Bibel bezeuge, »dass Gott auf Seiten der Armen und Unterdrückten steht, dass er sein Volk aus der Sklaverei in die Befreiung geführt hat und führen will«[203], sei es die Aufgabe eines Christen, Ungerechtigkeit zu bekämpfen. Dafür wiederum besäßen Westdeutsche ein besonders mächtiges, ökonomisches Werkzeug.[204]

Die Erwartung an die Wirkmacht, die ein gut organisierter Boykott gegen das Apartheidregime entfalten sollte, war hoch und blieb es bei EFD wie bei AAB.[205] Dementsprechend gestaltete sich auch die Erwartung an die Konsumenten: Diese sollten von dem Werkzeug Boykott Gebrauch machen und als Multiplikatoren tätig werden, indem sie westdeutschen Unternehmen mit Geschäftsbeziehungen nach Südafrika zur Solidarität mit dem Boykott aufriefen bzw. einen Boykott androhten. Gerade in den ersten drei Jahren der Kampagne nutzten die EFD-Frauen Solidarität vor allen Dingen als einen Begriff, der die Solidarisierung mit der Boykottkampagne meinte.[206]

---

199 Vgl. zur Wahrnehmung Ballot, Julia: Zur besonderen Lage der Frau in Südafrika. In: Blätter des iz3w, Heft 76/1979, S. 18–22.

200 Vgl. hier und im Folgenden Habermann, Hanna: Im Zeichen der gelben Schürze. In: Boykott-Rundbrief, Heft 11/1981, S. 4f.; vgl. dazu auch Tripp, Fromm und politisch, S. 133.

201 Vgl. Carter, Erica: How German Is She? Postwar West German Reconstruction and the Consuming Woman, Ann Arbor 1997, hier S. 7.

202 Vgl. EFD: Kauft keine Früchte aus Südafrika! Baut nicht mit an der Mauer der Apartheid, Frankfurt a.M. 1980, hier S. 10.

203 EFD, Kauft keine Früchte, S. 12.

204 Vgl. ebd.

205 Zu den Erwartungen beispielhaft Drohsin, Andrea: Südafrika – Boykott als Mittel des Widerstands. In: Graswurzelrevolution, Heft 102/1986, S. 18–21.

206 Vgl. Zumach, Hildegard: Brief der Evangelischen Frauenarbeit in Deutschland an die Geschäftsleitung von Firmen, die südafrikanische Nahrungsmittel importieren oder damit handeln sowie an die Geschäftsleitung einiger Großkaufhäuser und Ladenketten (siehe Anschriftenliste). In: Boykott-Rundbrief, Heft 1/1978, S. 6f.; N.N.: Solidarität. In: Boykott-Rundbrief, Heft 7/1980, S. 30–33.

Eine andere Boykottform, die innerhalb der Alternativmedien große Aufmerksamkeit erlangte, bezog sich auf Krügerrand-Münzen und auf westdeutsche Banken.[207] Wie in der Forschung dazu korrekt bemerkt, sollte durch diese Protestform verglichen mit dem Früchteboykott »in größerem Maße Einfluss auf die politischen und ökonomischen Verbindungen«[208] genommen werden. Insbesondere die Dresdner Bank stach hier hervor.[209] Als »kritische Aktionäre« besuchten Aktivisten die Jahreshauptversammlungen der Bank und missbrauchten dort als Kleinanleger ihr Rederecht für Boykottaufrufe. Ab 1983 veranstaltete die AAB zudem einen jährlichen Bankenaktionstag. Die Bankenkampagne hatte insgesamt einen weiteren Zielhorizont als die vorherigen Aktionen. Nun waren nicht lediglich Unternehmen angesprochen, die Geschäftsbeziehungen zu Südafrika unterhielten, sondern auch die außenhandelspolitische Verantwortung der BRD. Schließlich finanzierten westdeutsche Banken maßgeblich das Überleben des Apartheidsregimes mithilfe von Krediten und Umschuldungen.

Die Hürden zur Partizipation für den einzelnen Konsumenten lagen hier höher als beim Boykott von Früchten: Kunden von Banken, die Geschäftsbeziehungen mit Südafrika unterhielten, sollten ihr Girokonto kündigen unter Angabe der Apartheid-Proteste als Grund. Dennoch war auch hier der gemeinsame politische Minimalkonsens hilfreich. Der Sturz des rassistischen Regimes in Südafrika als Ziel überdeckte mögliche Diskussionen zum Ausmaß der strukturellen Unterdrückung im Welthandel. Der alternative Handel dagegen war stets von ebendieser Frage geprägt.

Hilfreich für die historische Einordnung des EFD-Projektes ist darüber hinaus die Wahrnehmung von Banken, mithin die thematische Engführung der Boykottkampagne am Thema Apartheid ohne grundsätzliche Kapitalismuskritik. Die EFD-Frauen wie auch die AAB nutzten die Bankenkampagne zuallererst, um große Akteure wie die Deutsche Bank und die Dresdner Bank hinsichtlich ihrer Südafrika-Geschäfte unter Druck zu setzen.[210] In den Forenzeitschriften des alternativen Milieus, insbesondere in Contraste und Graswurzelrevolution, stand die Bankenkampagne gegen Apartheid dagegen perspektivisch neben anderen Projekten wie der Ökobank, die als moralisch einwandfreie Genossenschaftsbank beworben wurde und größtenteils Ziele der Ökologie- und der Friedensbewegung miteinander verband.[211] Die thematische Engführung der EFD und auch der AAB am Apartheidproblem sollte also nicht darüber hinwegtäuschen, dass die Bankenkampagne auch erfolgreich war, weil sie in einen Kontext eingebunden

---

207 Ideen dazu existierten schon früh, vgl. Kayser, Dorothee: Bankkredite für die Apartheid. In: EPK – Entwicklungspolitische Korrespondenz, Heft 4–5/1979, S. 34–36; N.N.: Kein Geld für Gold aus Südafrika! In: Boykott-Rundbrief, Heft 9/1981, S. 16–20.

208 Tripp, Fromm und politisch, S. 142.

209 Vgl. AAB/EFD: Aktionäre und Kunden der Dresdner Bank fordern: Keine Kredite für Apartheid! Kein Geld für Gold aus Südafrika! 1984, Afas Duisburg, AAB.147; vgl. auch Weispfennig, Politischer Konsum und Solidarität, S. 242f.

210 Vgl. zum Überblick Tripp, Fromm und politisch, S. 139f.

211 Vgl. etwa Firgau, Martin: Wohin mit der Knete? In: Graswurzelrevolution, Heft 122/1987, S. 30; zuvor bereits grundsätzlich N.N.: Kritik der reinen Bank. In: Contraste, Heft 7/1985, S. 13; Wörle, Michael: Ökobank: Geld abziehen und Gegenmacht ausüben? In: Graswurzelrevolution, Heft 102/1986, S. 25–27.

war. In Alternativmedien wurde der Beitrag kommerzieller Banken zur Aufrechterhaltung struktureller Ungleichheiten mit ihren ökologischen und entwicklungspolitischen Konsequenzen ab Mitte der 1980er Jahre häufiger als zuvor aufgegriffen und mit der Alternative Ökobank verknüpft.

Diese Schwerpunktsetzung lässt darüber hinaus auch Rückschlüsse auf sozioökonomische Attribute des Konsumenten zu. Diesem konnten zwar Sympathien für Unternehmungen des alternativen Milieus zugeschrieben werden. Die Krügerrand- und Bankenaktionen zeigen aber auch, dass der Konsument bürgerlich war. Dass er über nennenswertes Investitionsvermögen verfügen konnte, war aus Sicht der EFD, aber abstrakt auch aus Sicht aller entwicklungspolitischen Akteure für den politischen Konsum grundsätzlich zu begrüßen.

Mit dem Früchte- und dem Bankenboykott schufen AAB und EFD zwei erfolgreiche Werkzeuge, die den Konsumenten praktisch sehr unterschiedlich forderten. Während der Nichtkauf von Früchten aus Südafrika lediglich die Informationen über die südafrikanische Herkunft verlangte, war der Boykott einer Bank deutlich schwieriger, da der Besitz eines Girokontos nicht ohne Weiteres zum sichtbaren, politischen Konsum taugt und die Kündigung auch gegenüber der Bank erst politisiert werden musste. Offen bleibt auch die Frage, ob die Kündigung eines Girokontos überhaupt als Handlung eines Konsumenten zu verstehen war. Der Bankenboykott erfasste durch die Beschäftigung mit Krügerrand-Goldmünzen zwar eine Dimension von Konsum, ging aber rasch darüber hinaus. Gerade die Entsendung von kritischen Aktionären auf die Jahreshauptversammlungen der Dresdner Bank sollte außenhandelspolitischen Druck ausüben, der gegenüber einem Hauptkreditgeber für die rassistische Regierung Südafrikas unmittelbarer wirken konnte als die bewusstseinsbildende Arbeit bei den Orangen-Aktionen.

Im Vergleich mit dem alternativen Handel fällt zuerst die Fokussierung der EFD-Kampagne auf. Das politische Ziel der Kampagne war von Beginn an formuliert und für dieses Ziel waren unterschiedliche Protestformen denkbar. Der alternative Handel agierte beinahe umgekehrt. Es fehlte eine klare Benennung politischer Ziele, während die Aktionsform, also der alternative Handel, im Vordergrund stand. Dieses Phänomen ist allgemein feststellbar: Boykotte sind zielspezifisch, politischer Konsum ist dagegen in dieser Hinsicht offen. Außerdem wird am Beispiel der Outspan-Orangen die Bedeutung des Ortes noch deutlicher. Verglichen mit den Protesten an Werbeständen für Outspan-Orangen war das Konzept der Weltläden nahezu unsichtbar für Unbeteiligte. Dagegen war der alternative Handel stark theoriebelastet und fand bis in die späten 1980er Jahre keinen Zugang zu neuen Verkaufsorten.

2.2.2 Ökologie und Konsum

Wie bereits in der Einleitung angemerkt, war ökologisches Engagement im politischen Konsum anfangs kaum mit den entwicklungspolitischen Akteuren vergleichbar. Insbesondere der Bio-Handel baute auf einer historischen Kontinuität auf. Anthroposophische Gruppen schufen bereits in den späten 1920er Jahren das Label Demeter, das trotz des Verlustes der agrarisch geprägten deutschen Ostgebiete nach dem Zweiten Weltkrieg durchgängig bestand. Auf den Erkenntnissen der anthroposophisch arbeitenden Höfe bauten in der Nachkriegszeit neue Gruppen auf, aus denen etwa der organisch-biologische Anbau mit dem Label Bioland hervorging. Zu Beginn wird jedoch auf das Umweltzeichen »Blauer Engel« eingegangen. Auch hier fällt ein direkter Vergleich zu anderen Akteuren schwer: Da die Zielsetzungen größtenteils vom Umweltbundesamt erarbeitet wurden, standen hier weitaus größere finanzielle Ressourcen zur Verfügung. Auch wurde schnell eine weit größere Öffentlichkeit erreicht.

Bei aller Heterogenität handelten all diese Gruppen in der entstehenden Konsumentengesellschaft. Gemeinsam hatten sie das Ziel, dass Konsum mit ökologischen Zielen verknüpft werden sollte. Welche Vorstellungen hatten diese Gruppen von politischem Konsum und wie sahen ihre Teilhabeverständnisse aus? Diese Fragen soll das folgende Unterkapitel beantworten.

2.2.2.1 Die Etablierung des »Blauen Engels«

Im Vergleich mit den privaten Initiativen zur Etablierung des alternativen und des Bio-Handels hat die Geschichte der Öko-Labels im Non-Food-Bereich einen völlig anderen Schwerpunkt. Das Umweltzeichen »Der Blaue Engel« wird seit 1978 von einer unabhängigen Jury verliehen. Es kann allerdings ohne Weiteres auch als quasi-staatliches Label bezeichnet werden. Dabei trägt das UBA hauptsächlich die Verantwortung für die inhaltliche Ausrichtung der Vergabekriterien, während die Verleihung, die Überwachung und die Kommunikation mit Produktions- und Industrieverbänden vom Reichsausschuss für Lieferbedingungen (RAL) durchgeführt werden.

Wie zu Beginn dieser Untersuchung skizziert, benötigt politischer Konsum Akteure, die sich um einen politischen Zielhorizont und um Partizipationsmöglichkeiten sowie -erwartungen an Konsumenten bemühen. Im Fall des späteren Blauen Engels gab es einen Aushandlungsprozess um Kompetenzen. Während die Einführung eines Gütesiegels zwar Teil des sozialliberalen Umweltprogramms von 1971 war, war für die Planung zur Umsetzung zunächst das Umweltreferat des Bundesministeriums des Innern (BMI) zuständig. Die Umsetzung des Umweltzeichens erwies sich zudem als schwierig, da die Eingliederung in die bereits gewachsenen Strukturen zur Verbraucherinformation kaum mit der gewünschten umweltpolitischen Signalwirkung des Umweltzeichens möglich war. Dieser Umstand zeigt sich besonders anhand der Kontaktaufnahme zum RAL als Organ an der Schnittstelle von Industrieverbänden und Verwaltung. Bemerkenswert ist hier der frühe Vorschlag des RAL, anstelle eines eigenständigen Gütesiegels die Integration von umweltschonenden Kriterien in die bereits bestehenden Gütesiegel der jeweiligen Industriebranchen zu implementieren. Der Beginn der Planung war keineswegs von einer ökologischen Idee des späteren Umweltzeichens getrieben, sondern orientierte sich innerhalb des BMI und RAL an der im 20. Jahrhundert etablierten Struktur der Vergabe von Gütesiegeln durch Verbände.[212]

Auch gab es vorab die Idee zur Kooperation mit der Stiftung Warentest. Davon nahm das BMI nicht etwa aus ökologisch-inhaltlichen Gesichtspunkten Abstand. Vielmehr erschien nach einem Bericht des Wirtschaftsministeriums die Beurteilung des

---

212   Vgl. BMI: Ergebnisvermerk über die Ressortbesprechung im Bundesministerium des Innern am 15. Mai 1972 (Projekt UI4 – 500 080 1). 1972, Bundesarchiv Koblenz, B 106/71650, hier S. 5; vgl. auch den Vorschlag des BML: Leitmotiv zur Öffentlichkeitsarbeit für den Umweltschutz und Umweltzeichen (U 5280) vom 29.93.1972. 1972, Bundesarchiv Koblenz, B 106/71650.

einzelnen Qualitätsmerkmals Umweltfreundlichkeit als ein »Weniger«[213] gegenüber dem vermeintlich differenzierteren Urteil zum Preis-Leistungs-Verhältnis, das vom Warentest erarbeitet wurde. »Ein Qualitätskennzeichen ist lediglich ein Hinweis, dass die damit ausgezeichneten Waren oder Dienstleistungen bestimmte Mindestanforderungen erfüllen«[214], was letztlich Intransparenz der Angebote provoziere. »Nur wenn der Verbraucher die im Testergebnis enthaltenen Einzelinformationen einmal nicht mehr benötigte und sie ihm nicht mehr zugemutet werden könnten«[215], sei demnach ein Qualitätskennzeichen seitens der Stiftung Warentest sinnhaft. Darüber hinaus standen rechtliche Unsicherheiten im Raum, da Gütesiegel für gewöhnlich von Verbänden organisiert wurden, während ein staatlich vergebenes Siegel die gebotene Neutralität des Staats verletzen könnte.[216]

Diese Bedenken waren der Hauptgrund für die spätere Konstruktion zwischen UBA, RAL und Jury Umweltzeichen, auf die noch einzugehen sein wird. Nicht zuletzt erklärt dieser Hintergrund die spätere Bezeichnung des Blauen Engels als »Umweltzeichen«: Die Bezeichnung vermied den direkten Vergleich zu Siegeln, die privatwirtschaftlich organisiert wurden.

Diese Bedenken ließen sich bis zur Vergabe des Blauen Engels auch nicht völlig beiseite räumen. Das Bundeswirtschaftsministerium kritisierte noch im Mai 1978 die nachfragesteuernde Wirkung, die das Umweltthema zum Schaden der Wirtschaft entfalten könnte.[217] Auch aus verbraucherpolitischer Sicht sei demnach gerade nicht wünschenswert, dass noch ein weiteres Zeichen eingeführt werde, das zudem potentiell anderen Gütesiegeln aufgrund der spezifischen Fragestellung des Blauen Engels widersprechen könnte.

Aufnahme der Idee durch das UBA

Die Planung des Blauen Engels war also zunächst von grundsätzlichem Zweifel an der Wirksamkeit, aber auch an der Rechtmäßigkeit der vorgeschlagenen Auszeichnung geprägt. Die inhaltliche Debatte um die ökologischen Eigenschaften eines Produktes nahm erst mit der konkreten Planungsphase in der zweiten Hälfte der 1970er Jahre zu. Den größten Anteil daran hatte die Schwerpunktsetzung durch das 1974 gegründete Umweltbundesamt. Diese Entwicklung und die öffentlichkeitswirksame Positionierung des UBA waren ebenfalls in dieser Form nicht vom BMI intendiert. Um die späteren, politisch teilweise kontroversen, Positionierungen des UBA nachvollziehen zu können, ist daher zunächst eine knappe Charakterisierung der frühen Positionen des UBA nötig.

---

213   BMWi: Bericht betr. Vergabe eines Qualitätskennzeichens durch die Stiftung Warentest (Der Bundesminister für Wirtschaft, II B 4 – 30 08 21/290). 1971, Bundesarchiv Koblenz, B 106/71650, hier S. 8. Nota bene: Es handelt sich hier nicht um ein Gutachten bzgl. dem konkreten Umweltzeichen, sondern um eine frühe Einschätzung, die im Rahmen eines Entwurfs zum Textilkennzeichnungsgesetz 1968 in Auftrag gegeben worden war.

214   Ebd.

215   Ebd.

216   Vgl. BMJ: Brief an BMWi vom 20.09.1971 (7000 – 14 – 36 649/71). 1971, Bundesarchiv Koblenz, B 106/71650.

217   Vgl. BMWi: Brief an BMI vom 29.05.1878 (III D 5 – 02 28 00/8). 1978, Bundesarchiv Koblenz, B 106/71652.

Damit ist vor allem die Eigeninitiative der Behörde gemeint. Sie war bis 1986 dem BMI zugeordnet, was zumindest retrospektiv ein Element der eigenen politisch-ideellen Identität gewesen zu sein scheint. Im Jubiläumsband zum 40-jährigen Bestehen wird dieser Umstand entsprechend geschildert: »Der Lebensstil und kritische Zeitgeist der 1970er Jahre prägte das Amt und seine Mitarbeiterschaft stark. Keine Hierarchien, keine Kleiderordnung, keine Titel an den Bürotüren (...). Das war ein starker Kontrast zum BMI«[218]. Die Identitätsfrage wiederum ist wichtig, weil sie eine Erklärung für das Verständnis des eigenen Arbeitsauftrages anbietet. Sowohl in den laufenden Berichten als auch in der Rückschau bewerteten die Mitarbeiter des UBA die eigenmächtige Ausrichtung ihrer Arbeit als wesentliches Herausstellungsmerkmal der Behörde.[219]

Dass sich das UBA überhaupt zu Fragen des politischen Konsums äußerte und aktiv engagierte, war so nicht vorgesehen. Ursprünglich war der Zweck der Behörde im Innenministerium hauptsächlich die technische Beratung in Umweltfragen. Im umweltpolitischen Maßnahmenkatalog der Bundesregierung 1971 war die Maßnahmenfrage eng mit dem Verursacherprinzip, wonach die Verursacher von Umweltverschmutzungen für eigene Schäden haftbar gemacht werden sollten, sowie mit der Frage nach der Finanzierbarkeit verbunden.[220] Weitere Stoßrichtungen waren die Vernetzung und Umweltbildung. Sie enthielt sowohl den Auftrag zur Förderung von Bürgerinitiativen mit Umweltbezug als auch zur Sensibilisierung für Umweltfragen.[221] Sensibilisierung bezog sich jedoch auf die Aufklärung zu politischen Maßnahmen, während das UBA diesen Auftrag ostentativ erweiterte.

Die Darstellung in der Öffentlichkeit durch eigene Expertise, vor allem aber durch den Blauen Engel machte das UBA in diesem Zusammenhang zu einem stärkeren Akteur, als die fehlenden Kompetenzen es vermuten ließen, nachdem der Spiegel »nur vergleichsweise kümmerliche Aufgaben«[222] bei der Gründung vermutet hatte.[223] Ebenso nahm das UBA ihren Auftrag zur Aufklärung ernst. Es sprach mit der eigenen Öffentlichkeitsarbeit mehrere Facetten an: So sollte der Käufer von Produkten mit dem Umweltzeichen dem Urteil der Experten vertrauen, während der Bürger einen weitsichtigen Blick für Umweltfragen beim Konsum entwickeln sollte. Die Öffentlichkeitsarbeit des UBA forderte also sowohl Vertrauen als auch Verantwortung beim Konsumenten ein.

In diesem Zusammenhang ist schließlich auch die Eigenverortung der UBA-Mitarbeiter innerhalb des BMI zu differenzieren. Tatsächlich lässt sich auch anhand der Veröffentlichungen des UBA ein Stil diagnostizieren, der Sympathien gegenüber dem alternativen Milieu aufzeigt. Erinnert sei etwa an die Auflistungen von ökologischen Pioniergruppen, die das UBA 1980 unter dem Titel »Tu was« als Referenz zum alternativen

218   Interview mit Gertrud Schickedanz, zit. in UBA, 40 Jahre, S. 40. Ein weiterer Anknüpfungspunkt für die ungewöhnliche Identitätsstiftung innerhalb des UBA dürfte die geographische Lage sein: Mit Westberlin wurde ein Standpunkt gewählt, der erstens weit vom BMI in Bonn entfernt war und zweitens eigentlich aufgrund des Sonderstatus keine Bundesbehörde hätte arbeiten dürfen.

219   Vgl. Umweltbundesamt: Jahresbericht 1983. Berlin 1984, hier S. 5; vgl. Müller, Erster Teil, S. 216.

220   Vgl. hier und im Folgenden Deutscher Bundestag, Umweltprogramm der Bundesregierung.

221   Vgl. Deutscher Bundestag, Umweltprogramm der Bundesregierung, besonders S. 21f.

222   N.N.: »Bisschen zu heiß«. In: Der Spiegel, Heft 32/1974, S. 19–21, hier S. 21.

223   Im Gegensatz dazu die Charakterisierung als schwacher Akteur bei Hünemörder, Frühgeschichte, S. 180.

»Tunix«-Kongress von 1978 herausgab.[224] Gleichzeitig ist die im Vergleich zu den meisten Akteuren enorm große Ausstattung des UBA mit Ressourcen nicht zu vernachlässigen. Wie Planungen für Aktionen und Publikationen zeigen, konnten für die Ratgeber der Reihe »Was Sie schon immer über … wissen wollten«[225] deutlich sechsstellige Auflagenhöhen geplant werden. Auch war das UBA als Behörde des BMI entsprechend vernetzt.[226] Gegenüber dem Konsumenten kamen diese Ressourcen durch den Blauen Engel zum Ausdruck.

Umsetzung und Kritik

Eine grundlegende Schwierigkeit der Bundesregierung zum Thema Umweltzeichen war die Wahrung der Neutralität, die bei einem staatlich vergebenen Gütesiegel potentiell gefährdet worden wäre. Indem das UBA eigens eine unabhängig arbeitende Jury Umweltzeichen berief, ließ sich dieser Konflikt zumindest juristisch vermeiden. Des Weiteren betonten UBA und die Jury die Verbraucherorientierung des Umweltzeichens. So seien lediglich solche Produktgruppen bei der Verleihung des Labels zu berücksichtigen, »die sich zur Motivation der Verbraucher eignen«[227], während Roh- und Zwischenprodukte ausgeklammert werden sollten. Auch sollte es jedem Bürger zustehen, ein Produkt zur Verleihung des Blauen Engels vorzuschlagen.

Nachdem der Blaue Engel 1977 als wohl erstes quasi-staatliches Umweltlabel ins Leben gerufen worden war, wurde er 1978 zum ersten Mal in sechs Kategorien vergeben: Spraydosen, Hygienepapier, Rasenmäher, Reifen, Mehrwegflaschen und Altglascontainer konnten ausgezeichnet werden, wobei das Verfahren eine reine Labelvergabe für schon existierende Produkte war und weder das UBA noch die Vergabejury an der Produktentwicklung beteiligt waren.[228] Anders als bei Labels im Food-Bereich war die Vermarktung des Blauen Engels also nicht an eine spezifische Produktart gebunden, sondern sollte vor allem die Aufmerksamkeit der Konsumenten auf ganz verschiedene Produktkategorien erweitern.

Der Blaue Engel verfügte über einige, für ein Öko-Label bislang unbekannte Eigenschaften. Er konnte mit quasi-staatlicher Herkunft für Vertrauen werben, er verband die Konsumentenpraxis mit umweltpolitischer Teilhabe auf Individualebene und er wurde

---

224   Vgl. UBA (Hg.): »Tu was«. Ökologische Pioniergruppen in Deutschland, Berlin 1980; auch UBA (Hg.): Bürger im Umweltschutz. Nichtstaatliche Umweltschutzorganisationen und Bürgerinitiativen Umweltschutz in der Bundesrepublik Deutschland, Berlin 1978; zur Bedeutung von »Tunix« für das Selbstverständnis von Akteuren im alternativen Milieu vgl. Falasca, Neuorientierung der Neuen Linken.

225   Der erste Band der Reihe erschien 1979, vgl. UBA (Hg.): Was Sie schon immer über Umweltschutz wissen wollten. Stuttgart 1979; zuvor schon selbstverlegt UBA (Hg.): Was Sie schon immer über Umweltchemikalien wissen wollten. Berlin 1975.

226   Anekdotisch anschaulich dafür ist die Planung des autofreien Sonntags 1981, bei der Rücksicht genommen wurde auf den letzten Tag der Automobilmesse in Frankfurt. Vgl. BMI: Gespräch über geplante Maßnahmen der Umweltaufklärung. Ergebnisprotokoll, 25.01.1981, Bundesarchiv Koblenz, B 419/519.

227   BMI: Protokoll der 1. Sitzung der Jury Umweltzeichen am 05. Juni 1978 in Bonn (BMI) (UI2 – 500 080/4). 1978, Bundesarchiv Koblenz, B 106/71652, hier S. 1.

228   Vgl. UBA (Hg.): Blauer Engel – 40 Jahre. Gut für mich, Gut für die Umwelt, Dessau-Roßlau 2018, hier S. 7.

für einen Massenmarkt konzipiert. Zudem bezog er sich, anders als die Bio-Labels, nicht nur auf Güter des alltäglichen Bedarfs. Aufgrund der hohen öffentlichen Sichtbarkeit sahen sich die Vergabepraktiken der Umweltjury auch einer kritischen Rezeption gegenüber. Auf wirtschaftlicher Seite waren es vor allem Vertreter von Industrieverbänden, die sich gegen die Wettbewerbsverzerrung zugunsten umweltfreundlicherer Produkte sowohl juristisch als auch durch Absprachen mit anderen Wettbewerbern zu wehren versuchten. Unabhängig von einzelnen Argumenten insbesondere gegenüber der Auswahlkriterien der Umweltjury bezog sich die Kritik praktisch immer auf Wettbewerbsnachteile.[229]

Festgehalten werden muss auch das große Ausmaß, in dem sich die Industrievertreter der Wirkmacht des Blauen Engels bewusst waren und den Eindruck der Umweltschädlichkeit der eigenen Produkte vermeiden wollte. Beispielhaft dafür sind die Reaktionen, die von Verbänden und Einzelunternehmen angesichts der ersten ausgezeichneten Produktgruppen an das BMI herangetragen wurden. Im Wesentlichen wurden hier drei inhaltliche Punkte angebracht: grundsätzliche Kritik an den epistemologischen Annahmen des UBA, Kritik am Eingriff in den Wettbewerb sowie Kritik an der inhaltlichen Bewertung der Jury Umweltzeichen. Diese Kritikpunkte wurden auch, je nach Produktgruppe, kombiniert vorgetragen, während verbraucherpolitische Fragen nur eine untergeordnete Rolle spielten.

So zogen der Mischkonzern Hoechst sowie die Kali-Chemie Fluor AG (heute: Solvay GmbH) die wissenschaftliche Grundlage in Zweifel, mit der auf die Schädigung der Erdatmosphäre durch Fluorchlorkohlenwasserstoffe hingewiesen wurde.[230] Hintergrund war die vermeintlich unschädliche und sichere Benutzung von FCKW-haltigen Spraydosen, die aber den ökologischen Thesen widersprach, wie sie vom UBA und der Jury Umweltzeichen vertreten wurden. Eine stärker produktspezifische Beschwerde legte der Wirtschaftsverband der deutschen Kautschukindustrie gegen die Auszeichnung von runderneuerten Autoreifen ein, da sich bei diesen – anders als es die Begründung der Jury vermuten ließ – das Übersehen von Schäden am gebrauchten Reifeninneren nicht ausschließen lasse. Diese Sicherheitsproblematik rechtfertige daher keine Bevorteilung von runderneuerten Reifen, die im Gegenzug eine ungerechtfertigte Benachteiligung für Neuhersteller darstelle.[231]

Ferner äußerte sich auch der Bundesverband der Deutschen Industrie (BDI) skeptisch gegenüber der Weise der Verbraucherbeeinflussung, wie sie in diesem ökologischen Zusammenhang vorgenommen wurde. Nach der großen Aufmerksamkeit, die der Blaue Engel zum Ende der 1970er in kurzer Zeit erreichen konnte, meldete der BDI 1979 rechtliche Bedenken an der Arbeit des UBA an. Im konkreten Fall ging es um eine Broschüre mit dem Inhalt einer Kaufberatung für emissionsarme, mithin daher umwelt-

---

229   Vgl. Müller, Zweiter Teil, S. 207–209.

230   Vgl. Hoechst Aktiengesellschaft: Brief an Ministerialdirektor Menke-Glückert vom 19.07.1978 (DI.Ho/P. ATA AN). 1978, Bundesarchiv Koblenz, B 106/71652.

231   Vgl. Hauptgeschäftsführer des WdK: Brief ans UBA vom 27.07.1978 (Mo/ra). 1978, Bundesarchiv Koblenz, B 106/71652.

schonende, Rasenmäher. Das offensichtliche Ziel einer Einflussnahme auf Käufer sei nicht vom Gründungsauftrag des UBA gedeckt.[232]

Abgesehen von den Tatsachenbehauptungen, die das UBA zu den Emissionen anstellte, war jedoch die Praxis von Konsumempfehlungen auf ökologischer Basis durch das UBA bereits seit dessen Gründung gängig. Das UBA war sich zu diesem Zeitpunkt bereits der ablehnenden Haltung des BDI bewusst, was etwa bei der Mitträgerschaft des RAL durch den BDI zum Problem wurde. Sowohl BDI als auch die Arbeitsgemeinschaft der Verbraucherverbände verzögerten nach Ansicht des UBA 1979 Gespräche mit dem RAL zur weiteren Auszeichnung von Produkten mit dem Blauen Engel.[233]

Auffallend ist bei allen geäußerten Bedenken gegen die Verleihung des Umweltzeichens, dass die kritischen Verbände und Unternehmen kaum an der ökologischen Dimension der Fragestellung des Umweltzeichens interessiert waren, im Fall von FCKW-Emissionen die Dimension sogar leugneten. Auch war Ökologie ein mächtiger Faktor für die Erwartung der zukünftigen Nachfrage. Kritiker dürften sich des schon am Anfang der 1970er Jahre ökologiefreundlichen Meinungsbildes in Westdeutschland bewusst gewesen sein. So betonte der Verband der chemischen Industrie (VCI) gegenüber der Jury Umweltzeichen 1980, dass keine verbandsinternen Absprachen über einen etwaigen Verzicht zur Werbung mit Umweltargumenten vorlägen und die Bedenken gegenüber dem Label lediglich wettbewerbsrechtlicher Natur seien.[234] Umweltschutz sei begrifflich nicht einheitlich fassbar und wissenschaftlich hochumstritten und ermögliche so die Irreführung von Verbrauchern. Daher müsse der VCI seinen Mitgliedern von der Werbung mit Umweltschutzargumenten abraten. Zudem habe der Verband »seine positive Einstellung zu den Erfordernissen des Umweltschutzes im Übrigen auch dadurch zum Ausdruck gebracht, dass er selbst ein Umweltzeichen geschaffen hat«[235], das jedoch zu keinem Zeitpunkt ähnliche Aufmerksamkeit wie der Blaue Engel erhielt.

Auch anhand der Beachtung durch Industrieverbände zeigt sich der besondere Wert des Blauen Engels. Zwar war die Jury Umweltzeichen unabhängig in ihren Entscheidungen, jedoch dürfte die Bildungsarbeit des UBA mit zahlreichen Publikationen entscheidend zum Erfolg des Labels beigetragen haben. Kritiker des Umweltzeichens kritisierten nicht ökologische Inhalte, sondern die Verschiebungen, die der Blaue Engel in den jeweiligen Märkten auslösen hätte können. Sie waren sich also dem großen Potential politischen Konsums bewusst.

Dieses Bild festigt sich beim Blick auf Unternehmen, die sich um das Umweltzeichen bemühten. Beispielhaft dafür ist die Kategorie Hygienepapier (bspw. Einmalhandtücher). Strittig war der Recyclinganteil im Papier, der überwiegen sollte und daher vom RAL auf 51 Prozent gesetzt wurde. Dies führte zu mehrfachen Beschwerden der Firma Apura, die eigens für die Nutzung des Blauen Engels ein Handtuch mit der üblichen

232 Vgl. BDI: Brief an BMI vom 18.09.1979 (III/2-40-00/1 Mt/Br, III/3-300/57). 1979, Bundesarchiv Koblenz, B 295/6710.

233 Vgl. die Erklärung gegenüber dem BMI durch Lersner, Heinrich von: Brief an den Bundesminister des Innern vom 24.04.1979 (I 2.1 – 90 081 – 1/0). 1979, Bundesarchiv Koblenz, B 106/71654.

234 Vgl. VCI: Brief an Kurt Oeser (Vorsitz Umweltjury) vom 14.06.1980 (dr.ln/My). 1980, Bundesarchiv Koblenz, B 106/71656.

235 Ebd.

Qualität, aber mit 100 Prozent Altpapieranteil entwickelte.[236] Der in der RAL-Norm fest-
gelegte Wert war deutlich zu niedrig, um mit dem Label tatsächlich einen signifikanten
Unterschied zu anderen Produkten zu erkennen zu geben. Problematisch daran war aus
Sicht von Apura die Zeichennahme des direkten Konkurrenten Kleenex, der nun ent-
sprechend mit Umweltargumenten warb.[237] Apura sah sich daher »brüskiert und um die
Früchte einer aufwendigen Entwicklungsarbeit gebracht«[238].

Die Abwicklung und Zeichenvergabe durch den RAL war also herstellerseitig eine kritische Frage, die Kommunikation erforderte. Seitens des UBA und des BMI wurde besonders die fehlende eigene technische Prüfung zu Nutzbarkeit und Gebrauchssicher-
heit von Produkten kritisiert. Grund dafür dürften die beschriebenen Angriffsflächen
sein, die sich inhaltlich ergaben: Die Jury Umweltzeichen hatte offensichtlich den eigenen Schwerpunkt auf die ökologischen Argumente gesetzt, nachdem das UBA die entsprechenden inhaltlichen Vorarbeiten übernommen hatte.

Deshalb strebte das UBA zu Beginn der 1980er Jahre einen Wechsel an: Statt des
RAL sollte das Deutsche Institut für Normung (DIN) die technisch-praktischen Aspekte der Produktprüfung übernehmen, bevor das Umweltzeichen vergeben wird.[239] Neben
breiteren Kenntnissen über Normen und Standards erhoffte sich das UBA vom Wechsel nicht zuletzt Standortvorteile durch persönliche Absprachen, da das DIN ebenfalls in
Westberlin ansässig war. Letztlich fand der Wechsel nicht statt: Aufgrund fehlender Vor-
bereitungszeit konnte UBA-Präsident Heinrich von Lersner das DIN-Präsidium nicht
vom Anliegen des Umweltzeichens überzeugen.[240] Hintergrund war die kurzfristige An-
meldung des Themas auf Initiative des Präsidiumsvertreters der chemischen Industrie.
Nachdem das UBA durch »den Gegenzug des Chemieverbandes (...) mit dem Plan (...) voll
aufgelaufen«[241] war, wie Lersner es selbst im Vermerk zur Sitzung formulierte, blieb lediglich die weitere Zusammenarbeit mit RAL und eine perspektivische Vernetzung mit
DIN- und Warentest-Vertretern.

Die Episode lässt sich retrospektiv der fehlenden Erfahrung des UBA beim Verhand-
lungsgeschick zuordnen. Das UBA hatte den Wechsel ohne vorherige Einbeziehung von
Wirtschaftsvertretern geplant, worauf Lersner im Nachhinein seitens des BMI auch hingewiesen wurde.[242] So sei zu wünschen, dass auch das UBA zukünftig »Konstruktionen
mit noch mehr Reibungsfeldern als bisher nicht favorisier[e]«[243]. Allerdings ist fraglich,

236 Vgl. APURA: Brief an Günter Hartkopf, BMI, vom 30.10.1979 (L/M). 1979, Bundesarchiv Koblenz, B
     295/17525.
237 Vgl. Lersner, Heinrich von: Brief an den Bundesminister des Innern vom 26.11.1979 (I 1.1 – 90
     081–1/3). 1979, Bundesarchiv Koblenz, B 295/17525.
238 APURA, Brief an Günter Hartkopf.
239 Vgl. Oeser, Kurt: Ziele und Anforderungsprofil der Umweltzeichenvergabe – Organisationsver-
     gleich RAL – DIN (Anlage 1 zum Ergebnisprotokoll der Jury Umweltzeichen am 13.05.1981). 1981,
     Bundesarchiv Koblenz, B 106/71658.
240 Vgl. Lersner, Heinrich von: Vermerk betr. Umweltzeichen. Übertragung der Organisation der An-
     hörungsbesprechungen und evtl. der Zeichenvergabe an das DIN (14.10.1981). 1981, Bundesarchiv
     Koblenz, B 106/71662.
241 Ebd.
242 Vgl. Hartkopf, Günter: Brief an Heinrich von Lersner vom 22.10.1981 (U I 2 – 500 080–2/2). 1981,
     Bundesarchiv Koblenz, B 106/71662.
243 Ebd.

inwieweit ein Wechsel zum DIN den Argumenten des Umweltzeichens tatsächlich größere Autorität verliehen hätte.

Das Durchsetzungsvermögen des UBA gegenüber BMI und Industrievertretern trotz der mangelhaften Erfahrung und Vernetzung ist dennoch bemerkenswert: Nicht zuletzt ist hier auf die Eigenwahrnehmung als »alternative Behörde« zu verweisen, die von Westberlin aus schon räumlich in Distanz zum BMI stand. Zudem ist die enorm große und bisweilen umkämpfte Aufmerksamkeit, die das Umweltzeichen im Vergleich zu den um 1980 noch randständigen Bio-Labels auf sich zog, auf den ersten Blick erstaunlich. Das zu diesem Zeitpunkt bereits ausgeprägte gesellschaftliche Umweltbewusstsein kann nicht als alleinige Erklärung für die große Resonanz dienen. Hierbei gilt es, den Entstehungszusammenhang zu beachten. Der Blaue Engel war das Ergebnis mehrjähriger institutioneller Ausarbeitungen. Dieser Prozess wurde spätestens mit der Einbindung des RAL auch von privatwirtschaftlichen Verbänden verfolgt und als Herausforderung erkannt. Der ökologische Landbau war im Vergleich dazu randständig.

Ein entscheidender Unterschied liegt auch in der Flexibilität des Blauen Engels. Dieser war prinzipiell für zahlreiche Produktkategorien denkbar, insoweit auf dem Produkt selbst das Label angebracht werden konnte. Zudem wurden solche Produkte ausgezeichnet, die in der Relation zu anderen umweltfreundlicher waren: Beispielsweise lassen sich Fahrräder nicht in dieses Bewertungsschema aufnehmen, da diese beim Gebrauch ohnehin emissionsfrei sind. Schließlich war der Blaue Engel innerhalb weniger Jahre auch deshalb erfolgreich, weil er flexibel einsetzbar war und einem breiten Publikum vorgetragen wurde. Das Label diente daher als Anreiz für Hersteller von Konsumprodukten, um den bestehenden Nachfragewünschen von Verbrauchern nach ökologischeren Alternativen möglichst ohne Verlust von Nutzbarkeit entgegenzukommen. Inwieweit Hersteller damit einen Beitrag zu ökologisch-politischen Konsumformen leisteten, war zunächst irrelevant oder zumindest nachrangig.

Ökologische Kritik

Fraglich ist daher auch, wie sich Umweltgruppen mit eigenem Anspruch politischer Teilhabe zur Einführung und zum Erfolg des Umweltzeichens positionierten. Auffällig ist zunächst, dass der Blaue Engel offenkundig kein Teil der Umweltbewegung war. In den Verbandszeitschriften um 1980 finden sich nur wenige Positionierungen. Dieser Umstand fiel auch der Jury Umweltzeichen zum eigenen Bedauern auf, obwohl der BBU und mit dem Deutschen Naturschutzring (DNR) sogar ein Dachverband in der Jury vertreten waren.[244] Zum Ansatz des Umweltzeichens, auf dem konventionellen Markt und für beliebige Produktarten zu agieren, äußerten sich lediglich fallweise Akteure aus dem BBU und der zugehörigen Verbraucher Initiative. Der Blaue Engel war dem ökologischen Milieu wesensfremd, was auch an seinem technischen Non-Food-Charakter und an seinem fehlenden politischen Steuerungsanspruch gelegen haben dürfte. Beispielhaft ist die Wahrnehmung der Umweltverbände, wonach der Blaue Engel ein »Alibi [sei], das an die Stelle wirksamer staatlicher Eingriffe wie z.B. Verwendungsbeschränkungen und

---

244   Vgl. Müller, Edda: Ergebnisprotokoll zur Sitzung der Jury Umweltzeichen am 27.05.1982 (I 1.1 – 90 081 – 1/14). 1982, Bundesarchiv Koblenz, B 106/71660.

gesetzliche Auflagen«[245] trete. Der Blaue Engel hatte demnach lediglich einen pädagogischen Anspruch.

Das wohl offensichtlichste Beispiel für die kritisch-distanzierte Begleitung bei BBU und Verbraucher Initiative war die Vergabe des Labels an Autos mit Drei-Wege-Katalysator, insbesondere bei einem Modell der Marke Mitsubishi im Jahr 1986. Die Prüfung einer Vergabewürdigkeit hatte die Jury Umweltzeichen unter Beteiligung des BBU bereits Ende 1981 erlassen und die Vergabe durch das RAL begann 1984. Die Brisanz des Themas dürfte auch von Beginn an klar gewesen sein, da der BBU-Vertreter bereits in der ersten Jury-Beratung 1981 »keine besondere Publizität«[246], also keine eigene Pressemeldung zum Thema, wünschte.

Nach der Veröffentlichung des Umweltzeichens für schadstoffarme Autos Ende 1984 durch den RAL blieb jedoch ein Andrang auf das Label aus. Deutsche Hersteller verzichteten auf die Verwendung. So beantragte Audi das Label bereits vor Veröffentlichung der RAL-Norm für sieben Modelle, woraufhin das UBA eine eigene öffentlichkeitswirksame Präsentation am Umwelttag, den 4. Juni, plante. Im Mai 1985 zog das Unternehmen jedoch den Antrag sowie die Absprache zur öffentlichen Präsentation zurück.[247] Inwieweit dieser Vorgang auf eine Absprache zwischen den deutschen Herstellern im Verband der Automobilindustrie (VDA) zurückgeführt werden kann, ist jedoch nicht zu rekonstruieren.[248] Ein späterer Aufruf des Jury-Vorsitzenden Kurt Oeser an den VDA und die großen deutschen Hersteller verwies zudem vergeblich darauf, sich nicht der Kritik aussetzen zu wollen, »die Möglichkeiten eines bereits eingeführten Zeichens zur Kennzeichnung umweltfreundlicher Produkte nicht in Anspruch nehmen zu wollen, um den Marktanteil abgasgereinigter Personenkraftwagen zu steigern«[249]. Lediglich Mitsubishi beantragte 1985 den Blauen Engel und nutzte den staatlichen Hintergrund des Labels zur Werbung mit einem neutralen Prüfzeichen.

Am Vorgang lässt sich bereits erkennen, dass die deutsche Automobilindustrie außerhalb der Zielgruppe für den Blauen Engel lag. Die Bewerbung von Autos mit ökologischen Argumenten war offensichtlich noch nicht zielführend, auch da die umweltpolitische Konfliktlinie beim Konsumgegenstand Auto zu deutlich zwischen umweltschädlichen Privat-PKW und vermeintlich sauberen Alternativen, ÖPNV und Fahrrad, trennte.

Dementsprechend reagierten bewegungsnahe Akteure mit Ablehnung auf die Vergabe des Zeichens. Der Vorwurf, der kontextuell sicherlich an die Erfahrungen der Waldsterbensdebatte zu Beginn des Jahrzehnts gebunden war, richtete sich gegen zwei Probleme. Zum einen sei die Auszeichnung von Autos prinzipiell problematisch, da damit

---

245 N.N.: Sitzungsunterlage zu TOP 2: Öffentlichkeitsarbeit (I 1.1 – 90 081 – 1/14 bzw. –1/23). 1982, Bundesarchiv Koblenz, B 106/71660.

246 Müller, Edda: Ergebnisprotokoll zur Sitzung der Jury Umweltzeichen am 09.12.1981. 1981, Bundesarchiv Koblenz, B 106/71659.

247 Vgl. Audi NSU Union AG: Brief an Heinrich von Lersner vom 02.08.1984. 1984, Bundesarchiv Koblenz, B 295/98350; Lersner, Heinrich von: Brief an den Bundesminister des Innern vom 30.05.1985. 1985, Bundesarchiv Koblenz, B 295/98350.

248 Auf dem Brief Lersners an das BMI sind handschriftlich nach telefonischer Absprache mit Audi lediglich »interne Gründe« vermerkt.

249 Oeser, Kurt: Brief an die Vorstände der deutschen Automobilindustrie vom 17.01.1986. 1986, Bundesarchiv Koblenz, B 295/98350.

ein bewusster Wettbewerbsvorteil geschaffen würde gegenüber den eigentlich umweltpolitisch zu bevorzugenden öffentlichen Verkehrsmitteln. Zum anderen biete die Label-
nutzung durch den Autokonzern einen Missbrauch an, da je nach Verwendung sugge-
riert werden könne, das gesamte Auto sei in die Bewertung der Umweltjury eingeflos-
sen und nicht nur der verbaute Abgaskatalysator.[250] Rainer Grießhammer, Vorsitzender
des Freiburger Öko-Instituts, kam daher zu dem Schluss, »dass umwelt- und gesund-
heitsbewusstes Handeln des Verbrauchers sich nicht im individuell richtigen Verhalten
erschöpfen kann«[251]. Demnach müssten nicht nur das Konsumentenverhalten, sondern
auch die Verhältnisse verändert werden, unter denen Endverbraucher agierten.

Das Labelprogramm des UBA war also kein Teil der Ökologiebewegung, was sich
auch an den Erwähnungen in den ökologischen Plattformen zeigt: Während der Blaue
Engel etwa im breit ausgerichteten Periodikum »Natur« Horst Sterns regelmäßig präsent war und Teil von Debatten über Labels war, wurde er etwa im »Bauernblatt« oder
»Anders leben« sowie in der Taz nur vereinzelt diskutiert. Meist stand hier der Vorwurf
einer Laschheit des UBA im Umgang mit der Industrie als Kollektivakteur im Vordergrund.[252] Akteure innerhalb des UBA nutzten ihre Expertise zudem für andere Öffentlichkeitsarbeit gegen Umweltgifte ohne die Einbeziehung des Umweltzeichens. Das be-
kannteste Beispiel dürfte die Arbeit von Fritz Vahrenholt sein, der zwischen 1976 und 1981
Fachgebietsleiter im UBA war und karzinogene Chemikalien untersuchte. Im Gedächtnis vieler Akteure blieb dabei die Arbeit »Seveso ist überall«, die den Chemieunfall in der
Nähe des italienischen Ortes Seveso als Chiffre für zahlreiche Gefahren industrieller Fer-
tigungsweisen verstand.[253]

2.2.2.2 Anthroposophie

Im Bereich der Bio-Labels waren es die privaten ökologischen Anbauverbände, die schon
aus Eigeninteressen die Verantwortung des Konsumenten herausarbeiteten. Dabei ist
grundsätzlich zu unterscheiden zwischen Demeter mit einem anthroposophischen Hintergrund und den Akteuren, die bereits in den späten 1970er Jahren eine Anknüpfung an
wissenschaftlich fundierte ökologische Agenden suchten. Daher ist im Folgenden auch
eine begriffliche Differenzierung notwendig. Es bietet sich an, hier auf die Terminolo-
gie der Stiftung Ökologie und Landwirtschaft (SÖL) zurückzugreifen, die für die gegenwartsnahen, alltagssprachlich mit »bio« attribuierten Konsumgüter seit ihrer Gründung

---

250 Vgl. Grießhammer, Rainer: Der Absturz des Umweltengels. In: Informationsdienst Chemie & Um-
     welt, Heft 8/1986, S. 12–15; sowie Billen, Gerd: Umweltzeichen. Der fragwürdige Engel, in: Consum
     Critik, Heft 1/1987, S. 5.

251 Grießhammer, Rainer: Umweltengel, Umweltteufel. Mit Verhaltenstipps nach Tschernobyl, Frei-
     burg 1986, hier S. 9.

252 Vgl. etwa N.N.: Alles frisch. Grüne Woche in Berlin, in: Tageszeitung vom 25.01.1982, S. 11; bspw.
     zum Thema Farben und Chemikalien N.N.: Blauer Engel keine Bio-Garantie. In: Anders leben, Heft
     5/1985, S. 141f.; Grießhammer, Der Absturz des Umweltengels.

253 Vgl. Koch, Egmont/Vahrenholt, Fritz: Seveso ist überall. Die tödlichen Risiken der Chemie, Frank-
     furt a.M. 1980. Besonders hervorzuheben ist das Fazit unter der Überschrift »Wie viele Sevesos
     brauchen wir eigentlich noch?«, das eine »wachsende Kritik der Bevölkerung (...) an der Großtech-
     nik« annimmt, S. 255.

1971 von der Herkunft des Produktes aus »ökologischem Landbau« spricht. Die Demeter-Produkte dagegen werden seit den späten 1920er Jahren bis heute als biologisch-dynamisch beworben. Damit einher ging und geht auch das Versprechen eines eigenen Stils gegenüber anderen ökologisch angebauten Produkten. Beispielhaft ist hier der Unterschied zur organisch-biologischen Anbauweise, die aus der biologisch-dynamischen Methode in den 1950er Jahren entstanden ist und seit den frühen 1971 im Bioland-Verband in Deutschland organisiert ist.

Rudolf Steiners Ideen und Demeter

Beim alternativen Handel ist bereits die Staatsferne als Eigenschaft der Labels festgestellt worden. Im ökologischen Bereich gilt dies schon angesichts des Blauen Engels nicht pauschal. Jedoch hat auch der ökologische Landbau rein nichtstaatliche Wurzeln. Die wohl größte Rolle kommt ursprünglich den Vertretern der Anthroposophie zu. Es würde den Rahmen dieses Buches sprengen, die Rezeptionen der Anthroposophie bzw. des Spätwerks Rudolf Steiners im letzten Drittel des 20. Jahrhunderts vollumfänglich zu diskutieren. Schließlich würde dies unter anderem auch die Waldorfpädagogik einschließen, die sich seit den 1970ern über das alternative Milieu hinaus wachsender Beliebtheit erfreute.

Die Rezeption anthroposophischer Annahmen im Handel und bei Konsumenten ging über die angesprochenen ausgewählten Vertriebswege und esoterisch vorgebildeten Käufergruppen zudem stets weit hinaus. In den Blickpunkt der geschichtswissenschaftlichen Aufarbeitung ist besonders die Arbeit biologisch-dynamisch arbeitender Betriebe zur Zeit des Nationalsozialismus genommen worden.[254] Nach dem Krieg waren die Grundannahmen des biologisch-dynamischen Anbaus zunehmend erfolgreich: Wie noch zu zeigen sein wird, etablierte sich der biologisch-organische Anbau mit einem eigenen Label und einem naturwissenschaftlich fundierten Netzwerk bereits in den 1970er Jahren mithilfe biologisch-dynamischer Annahmen.

Wissenstheoretisch prägte Steiner einen eigenen Begriff von Geisteswissenschaft, der ein Teil der anthroposophischen Lehre sei. Maßgeblich darin ist die individuelle Erfahrung von übersinnlich empfundener Erkenntnis. Demnach sei wissenschaftliche Erkenntnis wahr, aber nicht zwingend gesund für den Menschen, der auf seinem Erkenntnisweg auch das eigene Gemüt beteiligen solle.[255] Daher sei Erkenntnis nur mithilfe übersinnlicher Annahmen möglich. Dieser Begriff von Wissenschaft ist im philosophischen Wortsinn esoterisch ausgerichtet und wurde von Anthroposophen meist unkritisch übernommen. Der Demeter-Bund wandte die Lehre Steiners seit den 1970er Jahren in den eigenen Mitteilungen und Blättern auf ausgewählte Annahmen der Umweltbewegung an.

Insofern ist es nicht überraschend, dass Demeter sich in seiner Öffentlichkeitsarbeit nie als politisch wirkender Akteur verstand. Dieses Verständnis steht in der Tradition der

---

254 Vgl. zusammenfassend Zander, Helmut: Anthroposophie in Deutschland. Theosophische Weltanschauung und gesellschaftliche Praxis 1884–1945 (2 Bde.), Göttingen 2007, hier S. 1600–1604.

255 Vgl. Steiner, Rudolf: Anthroposophie als persönlicher Lebensweg. Stuttgart 2019 [Den Haag 1923], hier S. 17–23; vgl. zur Einordnung Grom, Bernhard: Der anthroposophische Erkenntnisweg Rudolf Steiners. In: EZW-Texte, Heft 190/2007, S. 15–30.

politischen Enthaltsamkeit der Anthroposophen, die historisch nur durch Ausarbeitungen Rudolf Steiners zu seiner Sicht der sozialen Gliederung in der unmittelbaren Nachkriegszeit unterbrochen wurde.[256] Das Selbstverständnis von Demeter wurde mit der Verwissenschaftlichung und Politisierung des ökologischen Landbaus in den 1970er Jahren zunehmend hinterfragt und vom Verband selbst häufig reflektiert. So sei der Demeter-Bund »keine Interessenorganisation der Hersteller, sondern ein neutrales Gremium, das sich der Dreiheit von Erzeugern, Händlern und Konsumenten verantwortlich weiß und demgemäß treuhänderisch arbeitet«[257].

Landwirtschaftspolitische Forderungen ergaben sich daraus nicht unmittelbar als Teil des eigenen Selbstverständnisses. Der Verband selbst nahm für sich nur eine neutrale Position innerhalb einer Debatte von biologisch-dynamisch arbeitenden Akteuren ein, die von der Frage geprägt war, ob bzw. wie stark biologisch-dynamischer Anbau von den Ideen Steiners emanzipiert überhaupt stattfinden kann.[258]

Abgrenzung zu anderen Ansätzen

Dies galt zunächst, bis in die späten 1970er Jahre, auch für eine Abgrenzung von Produkten, die als »bio« beworben wurden. Die Ablehnung anderer Bio-Produkte bezog sich allerdings nicht auf die materielle Produktqualität, sondern auf die fehlende anthroposophische Komponente, die das Produkt zu einem Nicht-Konkurrenten machte. Aufgrund dieser Argumentation zeigte Demeter schon früh Konfliktlinien auf, die im weiteren Naturkosthandel erst im Laufe der 1980er Jahre eine Rolle bei der Debatte um irreführendes Bio-Marketing spielten: Die Kontrolle über die eigenen Vertriebswege sowie die eigenen Qualitätsstandards standen wie die meisten Argumentationen zum ökologischen Landbau in der Tradition des biologisch-dynamischen Forschungsrings, der schon 1932 »Demeter« als Label patentiert hatte.[259] Dabei sah sich der Demeter-Bund selbst lediglich als Treuhandverwalter, der den Verbrauchern die Garantie biologisch-dynamischer Qualität geben sollte.

Das grundlegende Argument zur Abgrenzung gegenüber dem ökologischen Landbau war stets die Überlegenheit der eigenen Methode, da deren Umsetzung sich nachweislich in der Qualität der eigenen Produkte niederschlüge, was wiederum Kritik an der nicht rein naturwissenschaftlich zu erläuternden Methodologie des biologisch-dynamischen Forschungsrings provozierte. Diese Kritiken an Demeter insinuierten stets den Vorwurf der Unwissenschaftlichkeit, was zudem eine weitere Kontinuitätslinie zum

---

256   Vgl. zur sog. Dreigliederungsidee Lindenberg, Christoph: Rudolf Steiner. Eine Biographie, Band II, 1915–1925, Stuttgart 1997, hier S. 653–665.

257   Endlich, Bruno: Biologische Verdrehungen. In: Demeter-Mitteilungen, Heft 59/1975, S. 8–10, hier S. 9.

258   Vgl. Uekötter, Frank: Die Wahrheit ist auf dem Feld. Eine Wissensgeschichte der deutschen Landwirtschaft, Göttingen 2010, hier S. 415.

259   Vgl. Zander, Anthroposophie in Deutschland, S. 1600; vgl. zeitgenössisch exemplarisch N.N.: DEMETER-Qualitätsstreben in der Diskussion. In: Demeter-Mitteilungen, Heft 13/1972, S. 4; N.N.: DEMETER-Markt erfordert Marktbewusstsein. In: Demeter-Mitteilungen, Heft 14/1972, S. 3; Lust, Volkmar: DEMETER-Qualitäts-Obstbau – ein Beitrag zum Umweltschutz und zur Obstgesundheit. In: Demeter-Blätter, Heft 22/1977, S. 7–10; Breda, Erhard: Zur Sicherung der DEMETER-Qualität. In: Demeter-Blätter, Heft 30/1981, S. 12f.

Beginn der Demeter-Arbeit darstellt, als diese Kritik von Vertretern der konventionellen Landwirtschaftsforschung geübt worden war.[260] Wie Gunter Vogt im Überblickswerk zur Geschichte des ökologischen Landbaus ausführt, war jedoch der später aufkommende organisch-biologische Anbau keine reine Reaktion auf die vermeintlichen Schwächen der biologisch-dynamischen Methoden.[261]

Demeter nahm die zum Ende der 1970er Jahre bereits etablierte Verwissenschaftlichung des ökologischen Landbaus zur Kenntnis und reagierte darauf nicht mit Ablehnung. Einen direkten Vergleich mit der aus Demeter-Sicht materialistischen, rein naturwissenschaftlichen Aufarbeitung alternativer Methoden vor allem im Bereich der Düngung lehnte der Verband aber mit dem Verweis auf den Erfolg der eigenen Traditionslinie weiterhin ab. Zur Erläuterung des Unterschiedes zum lediglich »biologischen« Denken diente der Begriff »biologisch-dynamisch«: So sei der möglichst umfassende Verzicht auf zugekaufte Stoffe für einen bäuerlichen Betrieb zwar eine biologisch sinnvolle Maßnahme, jedoch sei die »dynamische«, im Wortsinn kraftvolle, Zielsetzung im Auge zu behalten, wonach unter Zugabe von Demeter-Präparaten die Anfälligkeit des Bodens gegenüber Krankheiten und Schädlingen möglichst völlig beseitigt werden solle.[262]

In den eigenen Ausführungen ergab sich daraus auf den ersten Blick kein eigens formulierter politischer Anspruch. Indes wurden die zeitgenössischen Diagnosen zum kritischen Zustand der Erde dazu genutzt, um den biologisch-dynamischen Ansatz in die Tradition des eigenen richtigen Weges zu stellen.[263] Eine »Degeneration der Nahrungsmittel war für Einsichtige schon vor mehr als 50 Jahren aus dem Gang der Dinge abzulesen«[264], womit für Demeter ohne weitere Differenzierung die chemisch-technische Modernisierung der Landwirtschaft im Gegensatz zur anthroposophischen Lehre seit 1924 gemeint war. In dieser Situation sei die Umkehr in einen vorindustriellen Zustand des 18. Jahrhunderts bereits unmöglich. Gleichwohl biete die biologisch-dynamische Methode die Möglichkeit eines ideellen Neubeginns gegenüber der wachstumskritischen Zeitdiagnose, die der Verband unter anderem von Herbert Gruhl übernahm.[265] Wie dieser konkret auszusehen hätte, wurde nicht grundlegend erläutert. Vielmehr reichte an diesen Stellen der Verweis auf die landwirtschaftliche Konzeption Rudolf Steiners. Während in der Tat lange landwirtschaftspolitische Parallelen existieren, ist jedoch darauf

260 Vgl. ebd.; vgl. auch N.N.: An die Verbraucher von DEMETER-Erzeugnissen. In: Demeter-Mitteilungen, Heft 64/1976, S. 3f.; Wistinghausen, Almar von: 50 Jahre Biologisch-Dynamische Wirtschaftsweise. In: Demeter-Blätter, Heft 15/1974, S. 7–9; zum Beginn der Arbeit vgl. Uekötter, Wissensgeschichte, S. 234–238.

261 Vgl. Vogt, Gunter: Entstehung und Entwicklung des ökologischen Landbaus (Ökologische Konzepte, Bd. 99), Bad Dürkheim 1999, hier S. 207.

262 Vgl. Wistinghausen, Almar von: Was heißt »biologisch-dynamisch«? In: Demeter-Blätter, Heft 29/1981, S. 15–17.

263 Vgl. Endlich, Bruno: Mensch und Umweltgefahren. In: Demeter-Mitteilungen, Heft 11/1971, S. 9f.; Ders.: Innere und äußere Vergiftung. In: Demeter-Mitteilungen, Heft 9/1971, S. 10–12; N.N.: Zielsetzung der biologisch-dynamischen Arbeit. In: Demeter-Mitteilungen, Heft 25/1973, S. 3–5.

264 N.N.: Gesichtspunkte zur Demeter-Arbeit. Biologisch-Dynamischer Landbau: Therapie für den Naturorganismus, in: Demeter-Mitteilungen, Heft 71–72/1976, S. 7f., hier S. 8.

265 Vgl. Renzenbrink, Udo: Der Mensch in der Verantwortung für den lebendigen Erdorganismus. In: Demeter-Blätter, Heft 33/1983, S. 3–6.

hinzuweisen, dass der landwirtschaftliche Kurs Steiners eher das Ergebnis eines anthroposophisch geprägten, vagen Unbehagens an der fortschreitenden Modernisierung der Landwirtschaftspolitik in der Weimarer Republik darstellte und keine Gedanken an die naturräumlichen Grenzen volkswirtschaftlichen Wachstums widerspiegelte, wie sie seit Anfang der 1970er Jahre populär wurden.[266]

Darüber hinaus sollte die neue Landwirtschaft zur Mitte der 1970er Jahre nicht nur die Qualität der Lebensmittel erhöhen. Demeter sah das eigene Konzept als Möglichkeit an, grundlegende Umweltprobleme lösen zu können. Beispielhaft war dafür die Ausarbeitung einer Gruppe von anthroposophischen Ökologen 1977: So sei die moderne intensive Landwirtschaft unter anderem ein Energieverbraucher durch die Herstellung chemischer Dünger, was den Verbrauch als ebenso kritisch wie die möglichen Resistenzen von Schädlingen gegenüber Pestiziden erscheinen lasse.[267] Des Weiteren übernahm Demeter Gedankengänge zum Suffizienzprinzip. Ein Teil davon war die Einschränkung des westlichen Lebensstandards, wozu auch eine Einschränkung von Arbeitszeiten gehöre. So bezog sich Einschränkung auch auf den Landbau selbst. Konkret forderten die Autoren mit Blick auf begrenzte natürliche Ressourcen bei der Herstellung von Phosphatdüngern möglichst große Sparsamkeit.

Diese Vorstellungen waren unter der Annahme der Unfehlbarkeit von Steiners Thesen nicht debattierbar, also aus der eigenen Sicht keine politischen Vorstellungen. Der Verband war daher der Meinung,

> »dass diese Punkte Einsichten unserer Zeit sind, über die im Grundsätzlichen aber nicht mehr viel zu debattieren ist. (...) Die landwirtschaftliche Forschung müsste sich also konsequenterweise entschließen, die erwähnten Probleme anzugehen. Wir hoffen, dass es inzwischen als objektive Tatsache anerkannt wird, dass die konsequenteste Lösung der gegenwärtigen landwirtschaftlichen Weltfragen von Rudolf Steiner vorgeschlagen, ideell entwickelt und von der Biologisch-Dynamischen Wirtschaftsweise erfolgreich aufgegriffen wurde«[268].

Im Zentrum standen bei diesen Gedanken stets die Betriebe als organische Einheit. Insbesondere der Fokus auf den Betrieb als Einheit lag nahe an Überzeugungen der Umweltbewegung zur gleichen Zeit und bezog bei Demeter die Rolle des Konsumenten mit ein.

Über den landwirtschaftspolitischen Aspekt hinaus nahm Demeter keine Politisierung etwa von einzelnen Endprodukten vor. Beispielhaft dafür ist der im entwicklungspolitischen Bereich so wichtige Kaffee. Wie noch zu zeigen sein wird, kam die Diskussion um Bio-Kaffee aus Mittelamerika im alternativen Handel erst in der zweiten Hälfte der 1980er Jahre auf, während die biologisch-dynamische Methode bereits seit 1963 auf einer mexikanischen Plantage erprobt wurde, die schon 1928 von einem Teilnehmer von

---

266 Ich danke Michael Olbrich-Majer herzlich für diesen Hinweis.

267 Vgl. Breda, Erhard/Heinze, Hans/Schaumann, Wolfgang: Biologisch-dynamischer Landbau und Situation der Weltwirtschaft. In: Demeter-Blätter, Heft 21/1977, S. 3–5.

268 Breda/Heinze/Schaumann, Situation der Weltwirtschaft, S. 5.

Rudolf Steiners landwirtschaftlichem Seminar erworben worden war.[269] Da gerade bei den klimatischen Bedingungen des Kaffeeanbaus der Verzicht auf moderne Methoden etwa der Unkrautbekämpfung erhebliche Mehrarbeit bedeutete, war der Zweck des Anbaus auf Qualität im anthroposophischen Sinn – also Boden, Pflanze, Betrieb, Produkt und Konsument einschließend – bezogen. Anzeichen für eine Sensibilisierung für entwicklungspolitische Fragestellungen lassen sich dagegen nicht feststellen. Diese wären möglich gewesen beispielsweise bei einer kritischen Problematisierung der deutschen Plantagenbesitzer, die mexikanischen Plantagenarbeitern mit der biologisch-dynamischen eine kulturell fremde Arbeitsmethode aufzeigten.

Die argumentative Verschränkung von Qualität und eigenen Unfehlbarkeiten bei der Beschreibung von Demeter bewirkte auch ein hohes Maß an Resilienz gegenüber Kritiken, die nicht anthroposophisch argumentierten. Beispielhaft dafür war ein Bericht der Stiftung Warentest 1976, der unter anderem Demeter- und allgemein Bio-Produkten keine gehobene Qualität attestierte.[270] Dem Selbstverständnis Demeters widersprach scheinbar auch das Ergebnis, wonach der Konsument der Produkte »oft Abstriche in sensorischer Hinsicht machen [muss]. Vor allem im Erscheinungsbild und im Geschmack gab es häufig schlechte Noten«[271], allerdings dürfte dieses Ergebnis aus Demeter-Sicht keinen Widerspruch zur Eigensicht dargestellt haben. Schließlich sollte der bewusste Konsument die Qualität nicht über den unmittelbaren sensorischen Eindruck definieren, sondern einen geübten Geschmack sowie tiefergehende anthroposophische Kenntnisse anwenden.

Die Kritik von Demeter am Testergebnis bezog sich stärker auf zwei Punkte. Zum einen hatte Warentest die biologisch-dynamische Methode weitgehend unkritisch neben andere Bio-Anbauweisen gestellt und zum anderen war, so die Gegendarstellung von Demeter, das Urteil einer nur geringfügig geringeren Belastung etwa mit Nitrat aus Düngern nicht gerechtfertigt angesichts der absoluten Zahlen. Dass der Warentest in der Tat mit keiner einheitlichen Schwelle von Signifikanz arbeitete, zeigt sich an der ungenauen Beschreibung chemischer Rückstände. Bemerkenswerterweise verzichtete Demeter dagegen in diesem Kontext völlig auf typische anthroposophische Interpretamente. Dies dürfte zum Teil mit dem Beharren von Warentest auf den objektivierbaren, also messbaren Produkteigenschaften zusammenhängen. Allerdings lässt sich die Reaktion auch auf ein abstraktes Deutungsmuster der Anthroposophie zurückführen, die Frank Uekötter als zwei parallel verlaufende Philosophien des biologisch-dynamischen Anbaus beschreibt:[272] Die esoterische, tendenziell nicht nachprüfbare anthroposophische Anbau-

---

269 Vgl. Koepf, Herbert: Kaffee in DEMETER-Qualität. In: Demeter-Blätter, Heft 8/1970, S. 8f.; vgl. zu den anthroposophischen Besitzern der Plantage Merckens, Georg: Verlebendigung des Bodens – dargestellt am Beispiel des mexikanischen DEMETER-Kaffee-Anbaus. In: Demeter-Blätter, Heft 40/1986, S. 3–5.

270 Vgl. N.N.: Nicht besser als Normalkost. In: Test, Heft 2/1976, S. 21–25; auch Schuphan, Werner/ Redaktion: Tendenziös? In: Test, Heft 6/1976, S. 7; vgl. dagegen N.N.: Gegendarstellung zu Warentest-Artikel. In: Demeter-Mitteilungen, Heft 63/1976, S. 3–5; N.N.: Funk und Presse über den »test«-Bericht. In: Demeter-Mitteilungen, Heft 65/1976, S. 3.

271 N.N., Nicht besser als Normalkost, S. 23.

272 Vgl. Uekötter, Wissensgeschichte, S. 239.

philosophie trat bei Kritik in den Hintergrund zugunsten der materialistisch-naturwissenschaftlichen Expertise, die auch Nicht-Eingeweihten zugänglich sein sollte.

Angesichts von globalen Problemdiagnosen und angesichts der Reaktion auf Kritik von außen lässt sich festhalten: Demeter bzw. der biologisch-dynamische Forschungsring setzten sich mit Fragen auseinander, die zum politischen Konsum um 1980 gehörten. Auch wenn der Glaube an die Anthroposophie explizit nicht zur Debatte gestellt werden sollte, gab Demeter einen Zielhorizont vor.

2.2.2.3 Neuer Bio-Handel

Eine Herausforderung für die Forschung zum gesellschaftspolitisch aufgeladenen Begriff Ökologie ist der Einfluss praktischer Erfahrungen, die nicht von politischen Entscheidungsträgern oder von institutionalisierten Gruppen gemacht wurden, sondern von einzelnen Landwirten. Die von Frank Uekötter beobachtete Hektik, mit der auf Bundes- und auf europäischer Ebene ab den späten 1980er Jahren neue Richtlinien für den Einsatz von Kunstdüngern einerseits und für den Schutz der Bezeichnung »Bio« andererseits ausgearbeitet wurden, ist historisch allerdings eher als ordnender bzw. verwaltender Eingriff zu sehen.[273] Risiken und Chancen neuer Wege im ökologischen Landbau wurden bereits in der Nachkriegszeit erforscht und in den 1970er Jahren zunehmend praktisch erprobt. So lagen bereits seit 1959 Entwürfe für eine Labelling-Vermarktung vor.[274]

Der organisch-biologische Anbau

Beispielhaft für die neuen Wege im ökologischen Landbau ist der organisch-biologischen Anbau. Inhaltlich und historisch ist er eng mit dem biologisch-dynamischen verwandt. Seit den späten 1940er Jahren hatte es in der Schweiz Versuche zur Bedeutung mikroorganischer Kreisläufe in Ackerböden auf der Basis der Annahmen Rudolf Steiners gegeben.

Über die biologisch-landbauwissenschaftlichen Differenzen hinaus sind für das Verständnis des wachsenden Handels mit Bio-Produkten zwei Unterschiede wichtig. Zunächst waren die zeremonienartigen Methoden des biologisch-dynamischen Anbaus quasi bedeutungslos. Zwar waren auch organisch-biologische Annahmen teilweise naturwissenschaftlich nicht nachvollziehbar, die Grundlagen wissenschaftlichen Arbeitens spielten bei der Distanz zum biologisch-dynamischen Ansatz zu Beginn aber auch eine untergeordnete Rolle. Die Trennlinie bestand vielmehr in der Ablehnung okkultartiger Rituale wie dem Vergraben von Düngerpräparaten, um nicht näher benennbare außerirdische Energien zu integrieren, deren Bedeutung nur dem esoterischen Teilnehmerkreis klar werde.[275] Anhand der frühen Veröffentlichungen des 1971 in der Fördergemeinschaft organisch-biologischer Anbau gegründeten Bioland-Vorgängers »Bio-Gemüse« lässt sich zudem die christliche Prägung ablesen, die für die frühen

---

273   Vgl. Uekötter, Wissensgeschichte, S. 422–427.
274   Vgl. Vogt, Entstehung und Entwicklung, S. 202.
275   Vgl. Steiner, Rudolf: Geisteswissenschaftliche Grundlagen zum Gedeihen der Landwirtschaft. Landwirtschaftlicher Kurs, Dorn 1999 [Koberwitz 1924], hier S. 93f.

organisch-biologisch arbeitenden Bauern einen hohen identitätsstiftenden Stellenwert einnahm.[276]

Ein zweiter Unterschied zwischen den Hauptmethoden des ökologischen Anbaus lässt sich ebenfalls aus der esoterischen Tendenz der Anthroposophie ableiten, die zu einer Abneigung gegenüber konkreten politischen Fragestellungen führte. Der organisch-biologische Anbau bot deutlich mehr unmittelbare Anknüpfungspunkte zu landwirtschaftspolitischen Fragestellungen. Dabei formulierte der Anbauverband Bioland für sich keine Erwartungen an die Konsumenten, sondern diente zum methodischen Austausch zwischen einzelnen Betrieben über Anbau und Vertrieb. Jedoch diente die organisch-biologische Methode sowohl Umweltverbänden als auch der SÖL als Vorzeigebeispiel für die Chancen des ökologischen Landbaus, auf die noch einzugehen ist.

Die 1977 gegründete Bioland-GmbH beschäftigte sich mit dem Konsum meist als Glied der Vertriebskette.[277] Für diesen Zeitpunkt typischerweise lag der Schwerpunkt der Bioland-Arbeit bei der Erleichterung des Direktverkaufs und -versands. Der Förderverein reagierte ebenfalls auf den Warentestbericht von 1976, der dem Konsumenten fehlende qualitative Überlegenheit von Bio-Produkten gegenüber dem konventionellen Anbau bescheinigte. Während Demeter mit umfassender Kritik am Test die anthroposophischen Wahrheiten verteidigte, veröffentlichte der spätere Bioland-Träger eine grundlegende Selbstkritik der eigenen Ansprüche.[278] Demzufolge ging der Warentest zwar hauptsächlich auf die Rückstände chemischer Düngung ein und nur beiläufig auf die Frage überlegenen Geschmacks, jedoch bezog sich die Schlussfolgerung der Fördergemeinschaft auf die Eigenverantwortung, die mit der Befürwortung des ökologischen Landbaus einhergehe. Zunächst sei entscheidend, ein effektives System der Selbstkontrolle bei der Arbeit von Bio-Bauern unabhängig von der Mitgliedschaft in einem Förderverband zu etablieren. Es gehe dabei um »die Glaubwürdigkeit durch einen gemeinsamen Standard, auf den uns die Öffentlichkeit verpflichten darf«[279]. Die Rückstände organischer Dünger, die von Warentest gefunden worden waren, wurden derweil nicht angezweifelt, sondern sollten als Ansporn zur Verbesserung der eigenen Arbeit dienen.

Daraus ergab sich ein eigenständiger Partizipationsanspruch, der Bioland von den Anthroposophen abgrenzte. Bio-Ernährung dürfe angesichts ihres kaum vorhandenen Marktanteils eben nicht als elitär-distinktive Alternative wahrgenommen werden, die eine bessere Ernährung für Privilegierte ermögliche. Die Zweifel am ökologischen Landbau, die durch den Warentest gesät wurden, seien schädlich, gerade weil die Bio-Bauern die Verantwortung trügen, für die Methoden des Ökolandbaus zu werben, um dessen Problemlösungen für »Wirtschaft, de[n] Energiehaushalt, [die] Medizin, Ethik und Päd-

---

276 Vgl. beispielhaft Zenck, Michael: Nächstenliebe am Beispiel der Flüsse – oder: Darf der Mensch alles machen? In: Bio Gemüse Rundbrief, Heft April 1976, S. 1f.; Zenck, Michael: Umkehr in die Zukunft. In: Bio Gemüse Rundbrief, Heft Juni 1976, S. 1f.; Schneider, Günther: Zum Geleit. In: Bio Gemüse Rundbrief, Heft 4/1979, S. 1.

277 Vgl. N.N.: Bioland GmbH. In: Bio Gemüse Rundbrief, Heft 1/1978, S. 13f.

278 Vgl. Scharpf, Martin: Eine große Auseinandersetzung verlangt unsere Antwort. In: Bio Gemüse Rundbrief, Heft März 1977, S. 3–6.

279 Scharpf, Auseinandersetzung, S. 5.

agogik«[280] nutzbar zu machen. Dafür seien gleichwohl gesamtgesellschaftliche Mehrheiten notwendig, weshalb gegenüber neuen Konsumenten mehr Vertrauen durch verlässliche Standards aufgebaut werden müsse. Insofern trügen die ökologisch arbeitenden Landwirte eine besonders große gesellschaftspolitische Verantwortung.

Die Verknüpfung des Wunschs nach gesellschaftspolitischer Glaubwürdigkeit mit dem Streben nach Standardisierung beim Anbau erklärt auch die in den 1980er Jahren zunehmenden Vernetzungsbemühungen, die zur Gründung der Arbeitsgemeinschaft Ökologischer Landbau (AGÖL) führten. Aus einem eigenen Interesse heraus erschien der organisch-biologische Anbau darüber hinaus gerade für kleine und mittlere Betriebe um 1980 als attraktive Alternative für das wirtschaftliche Überleben. So berichtete die Alternative zum Deutschen Bauernverband, die Arbeitsgemeinschaft bäuerlicher Landwirte (AbL), mehrfach über die organisch-biologische Methode als zukunftsfähige Alternative gegenüber dem Wettbewerb auf einem zunehmend von Großbetrieben dominierten Markt.[281]

Bis zur Mitte der 1980er Jahre, also über die Gründung von Bioland als Warenzeichen 1979 hinaus, blieb diese Rollenverteilung bestehen. Bemerkenswert an dieser Sichtweise ist die Fokussierung auf den gesellschaftspolitischen Effekt, den sich Bioland von einer Standardisierung und Vertrauensbildung versprach. So konnte dieser Effekt für Bioland auch ohne vorangehende politische Rahmengesetze erzielt werden, was für ein hohes Bewusstsein für die individuelle Entscheidungsfreiheit beim Konsumenten spricht. Konkrete politische Agenden, die über die Benennung von politischen Themen hinausgehen, erarbeitete der Verband nicht. Der Wunsch einer gesellschaftlichen Mehrheit, die einem neuen Politikstil vorangehen soll, entsprach vielmehr der Skizzierung der Konsumentengesellschaft, wie sie auch die Gründungsgrünen vornahmen. Jedoch sollte dieser Politikstil nicht mit Konsumregulierung durchgesetzt werden, sondern mit der Einsicht des Konsumenten in die Überlegenheit der Produkte ökologischen Landbaus. Auch stellte die Verwissenschaftlichung agrarpolitischer Fragestellungen einen wesentlichen Baustein der eigenen Argumentationen dar. Einen ähnlichen Anspruch vertrat der 1982 gegründete Anbauverband Naturland als bald drittgrößter Bio-Verband, der jedoch erst später öffentlich in Erscheinung trat.

Lobbying und Vernetzung

Mit neuen Arbeitsschwerpunkten war es den Akteuren des ökologischen Anbaus zudem möglich, zunehmend Einfluss auf landwirtschaftspolitische Debatten in Westdeutschland sowie in der EG auszuüben. Dabei unterschieden sich die partizipatorischen Ansprüche erheblich von Verkaufs- und Konsumentengruppen. Auch zwischen den Anbauverbänden gab es Unterschiede. Während Demeter die anthroposophische Lehre als Lösungsansatz für einen mehrdimensionalen politischen Problemkomplex anbot, waren

---

280 Ebd.
281 Vgl. beispielhaft Oberhaus, Ulrike/Ostendorf, Friedrich: Biologische Landwirtschaft – was ist das? In: Bauernblatt, Heft 12/1979, S. 5f.; Kuhlendahl, Siegfried: Biologisch-organischer Landbau. Wirtschaftsform mit Zukunft, in: Bauernblatt, Heft 27/1982, S. 6f.; Clever, Martin: Ökologischer Landbau – ein Weg aus der Krise? In: Bauernblatt, Heft 29/1982, S. 8f.

Bioland und SÖL stärker auf die fachliche Profilierung des ökologischen gegenüber dem konventionellen Landbau bemüht.

Anders als beim alternativen Handel, der durchgängig von der mehrdimensionalen Arbeit der GEPA geprägt war, gab es im ökologischen Handel zunächst keinen Akteur, der zwischen Produktion, Handel und Konsumenten vermittelt hätte. Mitglieder der beiden großen ökologischen Anbauverbände Demeter und Bioland waren zudem bis zur Mitte der 1980er Jahre von einfachen Absatzwegen wie Direktverkauf oder Wochenmärkten abhängig. Eine nennenswerte Öffentlichkeit wurde erst mit gezielter Vernetzungsarbeit erreicht, die zudem vom umweltpolitischen Kontext und dessen Katastrophennarrativ profitierte. Die größte Bedeutung kam dabei der SÖL zu: Sie wurde 1975 gegründet unter prägendem Einfluss der Suffizienzargumente Ernst Friedrich Schumachers und entwickelte sich innerhalb weniger Jahre zu einem bedeutenden Akteur für die politischen Gestaltungsansprüche des ökologischen Landbaus.[282]

An dieser Stelle ist weniger die für die SÖL charakteristische wissenschaftliche Verteidigung neuer landwirtschaftlicher Ideen im Sinne ihrer Inhalte entscheidend, sondern ihre Funktionen innerhalb der Debatten zum ökologischen Konsum: Vor allem die Vernetzung zwischen den großen Anbauverbänden sowohl national als auch international mit der 1972 gegründeten International Federation of Organic Agriculture Movements (IFOAM) wurde von der SÖL vorangetrieben. Auch setzte sich die SÖL mehrfach mit der Bedeutung des Konsumenten für den ökologischen Landbau auseinander. Zunächst entscheidend für das Selbstverständnis der Stiftung war jedoch die Auseinandersetzung um das Verhältnis zwischen westdeutscher Landwirtschaftspolitik und ökologischem Anbau.

Die erste große Auseinandersetzung, in der die SÖL die Rolle als wissenschaftliche Verteidigerin des ökologischen Landbaus gegenüber der westdeutschen Agrarpolitik erfüllte, ging von einer Übersichtsdarstellung des Bundesministeriums für Ernährung, Landwirtschaft und Forsten (BML) 1978 aus.[283] Zwar war die kritische Auseinandersetzung mit ökologischen Anbauformen nichts Neues, jedoch erschienen die BML-Ausführungen für ökologische Akteure als Provokation: Während das Vorwort des Bandes die Notwendigkeit zur Objektivierung der Debatte um den Sinn und die Nachprüfbarkeit ökologischen Landbaus forderte, wurden die ökologisch-landwirtschaftskritischen Annahmen in den einzelnen Ausführungen teils polemisch abgelehnt. Beispielhaft dafür ist die für beide großen Anbauverbände entscheidende Frage der Verwendung von künstlich hergestellten Düngerpräparaten:

---

282   Vgl. Schumacher, Small is Beautiful; zur Selbstdarstellung der SÖL vgl. Lünzer, Immo: Die Stiftung Ökologie & Landbau und ihr Beitrag zur Entwicklung der ökologischen Agrarkultur, in: Ders./ Schaumann, Wolfgang/Siebeneicher, Georg: Geschichte des ökologischen Landbaus. Bad Dürkheim 2002, S. 83–114.

283   Vgl. Bundesministerium für Ernährung, Landwirtschaft und Forsten/Auswertungs- und Informationsdienst für Ernährung, Landwirtschaft und Forsten (AID) (Hg.): Alternativen im Landbau. Statusbericht aus dem Forschungsbereich des Bundesministeriums für Ernährung, Landwirtschaft und Forsten, Münster 1978; dem gegenüber Stiftung Ökologischer Landbau (Hg.): Der ökologische Landbau: eine Realität, Selbstdarstellung und Richtigstellung, Karlsruhe 1979.

»Geradezu grotesk sind die Vorwürfe der Vergiftung von Nahrungsmittel durch ›Kunst-dünger‹ wie im Jargon der verschiedenen Bewegungen die Mineraldünger genannt werden. Diese Vorwürfe tragen den Charakter der Verleumdung und bedürfen keiner weiteren Diskussion, weil sie jeglicher Grundlage entbehren und mit diesen Vorwürfen offensichtlich andere Ziele verfolgt werden.«[284]

Die SÖL antwortete auf den BML-Band mit zwei Argumentationssträngen: Auf die naturwissenschaftlichen Erläuterungen zur Verteidigung des konventionellen Landbaus folgten detaillierte Antwortaufsätze, die sich zum großen Teil mit Methodenkritik beschäftigen und etwa eine böswillige Interpretation der Ausführungen Rudolf Steiners seitens des BML konstatieren.[285]

Daraus leitet sich der zweite Argumentationsstrang ab, der die politischen Zielsetzungen der SÖL behandelt. So wies die Stiftung besonders auf die Signalwirkungen hin, die solche Statements wie seitens des BML gegenüber der fachfremden Bevölkerung hätten, sodass dieser »gar nichts übrig bleibt als emotionale Abwehr gegenüber solchen Verhaltensweisen« und man sich nicht wundern müsse, »wenn die Studenten revoltieren«.[286] Dass Landwirtschaftspolitik an dieser Stelle rhetorisch als Teil des Zielhorizonts der Studentenproteste einige Jahre zuvor gesetzt wird, kann historisch vor allem mithilfe des alternativen Milieus erklärt werden, dem die akademisch gebildeten und ökologisch orientierten Mitglieder der SÖL zuzuordnen sein dürften.[287] Auch verfolgte die SÖL die von Sven Reichardt diagnostizierte Tendenz zur Institutionalisierung, allerdings nicht im Sinne einer Zentralisierung der Ökologiebewegung wie es die Grünen parteipolitisch und es die Tageszeitung publizistisch schafften. Vielmehr bestand die Leistung der SÖL in der Vernetzung und Koordination der Anbauverbände.

Bemühungen zur Vernetzung im ökologischen Landbau gab es international bereits früh und manifestierten sich in der Gründung der IFOAM 1972. Die SÖL übernahm nach ihrer Gründung vor allem Aufgaben in der Öffentlichkeitsarbeit in Westdeutschland und gab ab 1978 unter dem Titel »IFOAM« eine eigene Zeitschrift heraus, die sich an Bio-Landwirte richtete und wirtschaftliche Chancen durch die Umstellung auf Ökolandbau und die damit einhergehenden Verbrauchererwartungen näher charakterisierte. Allerdings trat die IFOAM kaum als selbst agierender Akteur auf: Ihr Wert für die Debatte zum ökologischen Handel speist sich aus der symbolischen Wirkung, die ein internationaler Austausch zum ökologischen Landbau hatte. Während die Gemeinsame Agrarpolitik (GAP) der EG längst etabliert war, waren die ökologischen Anbauverbände ausschließlich national organisiert und die Verständnisse von »Bio« unterschieden sich regional erheblich voneinander.

---

284   Dambroth, M.: Alternativen der pflanzlichen Produktion und ihre Auswirkungen auf Bodenproduktivität sowie Ertrag und Qualität des Erntegutes. In: BML/AID (Hg.), Alternativen im Landbau, S. 6–33, hier S. 24.

285   Vgl. Schaumann, Wolfgang: Zum Beitrag: Alternativen der pflanzlichen Produktion und ihre Auswirkungen auf Bodenproduktivität sowie Ertrag und Qualität des Erntegutes, in: SÖL (Hg.), Der ökologische Landbau, S. 46–57, hier S. 47f.

286   Schaumann, Zum Beitrag, S. 49.

287   Vgl. Reichardt, Authentizität und Gemeinschaft, S. 35.

Der Wert der Stiftung für den politischen Zielhorizont des ökologischen Landbaus lag also in der Koordinationsarbeit und hier besonders in der Publizistik. Als vernetzender Akteur für ökologisch arbeitende Produzenten hatte die SÖL selbst keine Erwartungen an die Partizipation von Konsumenten etwa durch Bildungsmaßnahmen. Stattdessen veröffentlichte die Stiftung zu Beginn der 1980er Jahre erstmals Ausführungen zum Bio-Konsum, die eine steigende Nachfrage bei den Verbrauchern auch außerhalb des alternativen Milieus erwarten ließen.[288] Typisch war dafür die Annahme, dass der informierte Konsument selbständig umweltpolitische Probleme erkennen würde und sich Bio-Produkte als Konkurrenz zum konventionellen Landbau schon durch ihre nachweislich höhere Qualität durchsetzen könnten. Die Überschätzung der Nachfrage nach Bio-Produkten und der Verbraucherbereitschaft zur Mehrzahlung wurde in der Folgezeit charakteristisch für den ökologischen Landbau. Umweltpolitisches Bewusstsein einer zunehmend breiten Verbraucheröffentlichkeit wurde vorausgesetzt.

Eingriffe in das Marktgeschehen forderte die SÖL dagegen in ihrer Funktion als Koordinatorin der großen ökologischen Anbauverbände in Zusammenarbeit mit Verbraucherverbänden: Forderungen nach einem gesetzlichen Schutz von Bezeichnungen wie »Bio«, wie sie in der zweiten Hälfte des Jahrzehnts von den Grünen aufgenommen und auf EG-Ebene später erfolgreich umgesetzt wurden, stellte die SÖL im Interesse der großen Anbauverbände. So hatten die deutschen Anbauverbände sich mithilfe der Stiftung bereits seit 1982 auf möglichst einheitliche Kriterien der Bewerbung von Produkten aus ökologischem Landbau verständigt, die Verbrauchern ohne Vorbildung, jedoch mit umweltpolitischem Verantwortungsbewusstsein, die Unterscheidung zwischen ökologischen und konventionellen Produkten eindeutig ermöglichen sollten.[289]

Abschließend sei betont, was beim ökologischen Landbau eben nicht stattfand, obwohl es erwartbar gewesen wäre: Eine etwaige Moralisierung des Nahrungsmittelkonsums ist gerade angesichts der häufigen Betonung von hohen Qualitätsunterschieden und geringen Preisunterschieden nicht gegeben. Dieser Befund schließt das zunehmende gesellschaftliche Umweltbewusstsein nicht aus, das sich bereits in den 1970er Jahren bemerkbar gemacht hatte. Die Annahme eine Öko-Welle, die bereits seit den frühen 1980er Jahren von Verbrauchern ausgehend an Fahrt zugenommen hätte, lässt sich jedoch aus dem Blickwinkel der Gruppen des ökologischen Landbaus nicht aufrechterhalten.

Kooperativen im Öko-Handel

Neue Praktiken, die durch die Umsetzung ökologischer Lebensstilwünsche entstanden, lassen sich am eindrücklichsten am Beispiel des Handels mit biologisch-organischen Le-

---

288 Vgl. Siefert, Erich: Nachfrage nach biologischen Produkten steigt! In: IFOAM, Heft 39/1981, S. 20; Geier, Bernward: Bio-Produkte nur für die Reichen? In: IFOAM, Heft 41/1982, S. 2–6; Vogtmann, H./ Grosch, Peter/Bergmann, Th./Fricke, K.: Was erwartet der Verbraucher von Nahrungsmitteln aus biologischem Anbau. In: IFOAM, Heft 49/1984, S. 4–6.

289 Vgl. König, Hartmut: Forderungen aus Sicht des Verbrauchers zur Klarstellung des Begriffs »biologisch«. In: IFOAM, Heft 55/1985, S. 24f.; SÖL: Rahmenrichtlinien für die Erzeugung von landwirtschaftlichen Produkten aus ökologischem Landbau in der Bundesrepublik Deutschland. In: IFOAM, Heft 59/1986, S. 5–10.

bensmitteln aufzeigen.[290] Während der Naturkosthandel und Labels wie Demeter weit ins frühe 20. Jahrhundert zurückreichen, nahmen verschiedene Akteure um 1980 grundlegende Ideen davon auf und erweiterten sie um explizit konsumgesellschaftskritische Aspekte und Erwartungen. Während die meisten Aktionsgruppen ihre Praktiken nach wenigen Jahren aus vor allem wirtschaftlichen Gründen aufgeben mussten, wurden zentrale Ideen in den 1990er Jahren dennoch erfolgreich.

Beispiele dafür sind Erzeuger-Verbraucher-Gemeinschaften und Food Coops, die jeweils höchstens einige Dutzend Mitglieder besaßen. Es kann dabei nicht um ein Gesamtbild beteiligter Gruppen gehen: Ihre große Zahl und Dezentralität, seltene Eigenpublikationen sowie nicht zuletzt die hohe Fluktuation von Gruppen und Einzelmitgliedern erschweren hier die Arbeit. Zielführender ist eine Darstellung der Ideen in den überregionalen Foren. In bewegungsnahen Zeitschriften wie Contraste und Graswurzelrevolution wurden meist die Partizipationsansprüche diskutiert, die hier im Vordergrund stehen. Ergänzend wurden Akteure und Praktiken in Horst Sterns Natur, in der Zeitschrift Mahlzeit der Ökologischen Verbraucherberatung sowie im alternativen Bauernblatt vorgestellt und sind hier hilfreich. Zuerst hilft eine Differenzierung zwischen EVG und Food Coop zum näheren Verständnis der ursprünglichen Ideen, um sie analytisch einzuordnen.[291]

Erzeuger-Verbraucher-Gemeinschaften zeichneten sich dem Namen nach durch Möglichkeiten für Bauern und für Konsumenten gleichermaßen aus. Die Gruppen selbst sahen ihre Arbeit eng verknüpft mit dem Ziel der Regionalisierung der Nahrungsmittelversorgung.[292] Dahinter standen mehrere Gedanken. Zunächst ging es ihnen aus Verbraucherperspektive um den unmittelbaren Zugriff auf Bio-Ware vom Bauernhof, um einer missbräuchlichen Verwendung von Bio-Bezeichnungen vorzubeugen, indem der Handel ersetzt wurde. Die Kasseler EVG »Schmanddibben« etwa äußerte als unerlässliches Anliegen die Beseitigung von Unsicherheit: »Viel Schindluder wurde in den vergangenen Jahren bundesweit bei der Vermarktung von ›biologisch‹ [betrieben, SW], sprich umetikettiert. (...) Wir wollen nicht Opfer betrügerischer Großhändler werden.«[293] Darüber hinaus findet sich häufig der Verweis auf die Notwendigkeit landwirtschaftspolitischer Bildung und auf die Förderung von kleinen und mittelgroßen Betrieben bei der Umstellung auf eine ökologische Anbauweise.[294]

Die angestrebte Vernetzung zwischen EVGs und Biobauern stellte auch eine landwirtschaftspolitische Positionierung dar, die bei der Beteiligung an der regelmäßigen

---

290   Zum Begriff »neuer Lebensstil« vgl. grundlegend Bartelt, Michael/Gripp, Helga/Kaiser, Kurt/Wenke, Karl Ernst/Westmüller, Horst/Zilleßen, Horst: Grundsätzliche Überlegungen zu den Motiven, den Zielen und den Möglichkeiten eines Neuen Lebensstils. In: Wenke, Karl Ernst/Zilleßen, Horst (Hg.): Neuer Lebensstil. Verzichten oder verändern? Auf der Suche nach Alternativen für eine menschlichere Gesellschaft, Opladen 1978, S. 15–72.

291   Die Unterschiede wurden auch historisch gezogen, vgl. N.N.: Verbraucher organisieren sich. In: Graswurzelrevolution, Heft 97/1985, S. 23f.

292   Beispielhaft Baumhöfer, Alf: Vermarktung von Naturkost. In: Wandelsblatt, Heft 2/1984, S. 13.

293   EVG Schmanddibben: Die Vermarktung selbst in die Hand nehmen! In: Bauernblatt, Heft 44/1984, S. 13.

294   Vgl. ebd; Baumhöfer, Vermarktung; N.N., Verbraucher organisieren sich; Fischer, Helmut: Neue Märkte für Biogemüse. In: Contraste, Heft 19/1985, S. 7.

Ausrichtung der »giftgrünen Woche« als Konkurrenzveranstaltung der konventionellen Messe »Grüne Woche« in Berlin sichtbar wurde.[295] Der Wunsch nach einer wachsenden Vernetzung zeigte sich auch im Versuch des »Grünen Netzes«, das 1984 in Niedersachsen zur Koordination zwischen Betrieben und Genossenschaften gegründet wurde und auf die möglichst große Selbstverantwortung ihrer Mitglieder verwies.[296] Das initiative Interesse ging in den Beziehungen zwischen EVGs und Bauernhöfen aber meist von ersteren aus, was vor allem an den fehlenden bzw. teuren Bezugswegen für Bionahrung lag.[297]

Food Coops dagegen waren stärker auf Konsumenten fokussiert. Das Ziel war es, Biokost möglichst einfach zugänglich zu machen. Regionalisierung als Zielelement fehlte dagegen. In der zweiten Hälfte der 1980er Jahre begann in mehreren Forenzeitschriften, allen voran Contraste, eine Debatte über die Frage, welche Botschaft sich weiter mit selbstorganisierter Verteilung von Bio-Ware verbinden sollte. Im Kern wurden 1985/86, spätestens aber mit den verringerten Bezugsmöglichkeiten für gesundheitlich unbedenkliches Gemüse nach der Tschernobyl-Katastrophe im April 1986, die Unterschiede zwischen den kommerziellen Bioläden und den Food Coops betont, während die EVGs eine untergeordnete Rolle spielten. Ohne die weiteren Ergebnisse dieser Untersuchung vorwegzunehmen: Diese Debatte hatte in der Folgezeit Bestand, während die Unterscheidung zwischen EVG und Coop bis in die Gegenwart auf immer weniger Interesse stieß.

Der Kern der Debatte drehte sich um die Frage, inwiefern Food Coops das kommerzielle Geschäft von Naturkostläden bedrohten. Sie richtete sich nicht gegen Food Coops als sozialwirtschaftliches Experiment, sondern spezifische Erscheinungsformen, die lediglich die aufgebauten Vertriebsstrukturen der Naturkost zum eigenen Preisvorteil umgestalteten.[298] Diesen Kooperativen wurde mit den Spitznamen Lehrer-, Hausfrauen- oder Pfarrer-Coops unterstellt, dass die in ihnen organisierten Konsumenten eigentlich zur Zielgruppe von Bioläden gehörten und die experimentelle Food Coop-Idee ausschließlich zum Geldsparen nutzten.[299] Die Wahrnehmung, wonach Bioläden und Food Coops in einer grundsätzlichen Spannung gestanden hätten, kam wohl auch durch die Beschlüsse mehrerer Großhändler 1987 zustande, die den Preisvorteil der Food Coops mindern sollten.[300] Es finden sich jedoch in den für die Naturkostläden üblichen Zeitschriften »Mahlzeit« sowie »Schrot & Korn« keine Belege für eine intensive Verfolgung eines etwaigen Konfliktes. Aber die allgemein angespannte Lage beim Bio-Vertrieb wur-

295   Vgl. Fischer, Neue Märkte.

296   Vgl. Thimm, Conrad: Vermarktung wohin? In: Wandelsblatt, Heft 13/1984, S. 13.

297   Vgl. zum ersten Schritt der Konsumenten aus Sicht der Bauern Bichler, Sepp: Ein Jahr Direktvermarktung – Chancen zum Überleben oder neuer Konkurrenzkampf? In: Bauernblatt, Heft 29/1982, S. 3; aus EVG-Sicht Baumhöfer, Alf: Vom Sinn und Scheitern einer Erzeuger-Verbraucher-Genossenschaft. In: Contraste, Heft 9/1985, S. 8f., hier S. 8.

298   Grundlegend zum Konflikt Paret, Hans Ulrich: Partner oder Konkurrenz? In: Contraste, Heft 34–35/1987, S. 14.

299   Vgl. Albrecht, Thomas: Die unbekannten Wesen. In: Contraste, Heft 34–35/1987, S. 13.

300   Vgl. Albrecht, Thomas: Kooperation oder freie Marktwirtschaft? In: Contraste, Heft 34–35/1987, S. 12.

de als »Teufelskreis«[301] beschrieben. So liege der hohe Preis etwa für Frischwaren wie Milch auch in der Verantwortung der Konsumenten:

> »Der Verbraucher wiederum sieht den Preis – pro Liter Demeter-Milch oft 1 DM mehr als für ›normale‹ Milch – und kauft dann lieber im Supermarkt den Liter für 99 Pf. ein. Damit schließt sich dann der Teufelskreis – weil es so wenig Bio-Milch gibt, ist Verarbeitung und Transport so teuer, dadurch wird wenig Milch nachgefragt, weshalb nicht mehr produziert wird.«[302]

Auch die 1987 in Contraste fiktiv erschaffene, als »advocatus diaboli« formulierte Sichtweise der Bioläden dürfte übertrieben sein, aber traf einen Kern. Food Coops waren nicht die Organisationsform, die Bio-Akteure von ihren Konsumenten erwarteten. Demnach seien Coopler die »Schmarotzer der Naturkostbewegung«[303], was sich aber lediglich auf das Geldargument beschränkte: Lehrer und Hausfrauen, mithin also Bildungsbürger, die sich den Einkauf im professionellen Bioladen leisten konnten, hätten aus reinen Profitgründen die Direktvermarktung über eine Food Coop vorgezogen.

Zu betonen ist daher auch, was die Kooperativen nicht leisten konnten. Anders als ihre Nähe zum alternativen Milieu es erwarten lassen könnte, konnten sie keine Alternative zur Kommodifizierung von Nahrungsmitteln leisten. Auch dienten sie nicht zur ökologischen Bildung für Außenstehende, sondern blieben qua Definition geschlossene Gruppen, die keine breite Öffentlichkeit erreichen konnten. Diese Fehlstellen dürften auch ein Grund für die hämischen Kommentare gewesen sein.

2.3 Konsumentenbilder

Die Eigenwahrnehmungen und Zielsetzungen der Akteure beim ökologischen und beim alternativen Handel stellten unterschiedliche Ansprüche an die politische Teilhabe von Konsumenten. Dennoch lassen sich bereits einige Eigenschaften erkennen, die zum Ende des 20. Jahrhunderts in die spätere Sozialfigur sozial-ökologischer Konsumentenbürger einflossen. Die Konsumentenbilder stellten einen zentralen Teil des Eigen- und des Partizipationsverständnisses der Akteure dar. Als Konsumentenbilder werden hier sowohl Motivationen als auch Eigenschaften eines gewünschten Konsumenten erfasst. Sie werden in diesem Unterkapitel näher betrachtet.

Der gewünschte Konsument war zuvorderst bereits in den 1970er Jahren kein gedachter Teil des alternativen Milieus. Er verfügte bereits über finanzielle und kulturelle

---

301 N.N.: Der Weg der Naturkost, Dritter Teil. Brot, Gemüse, Milch, in: Schrot & Korn, Heft 1/1986, S. 20–23, hier S. 23.

302 Ebd.

303 Paret, Hans-Ulrich: Die Sichtweise der Bioläden. In: Contraste, Heft 34–35/1987, S. 13. Paret zufolge hatte sich kein Bioladen gefunden, der für Contraste eine Stellungnahme abgegeben hätte; realistischer dürfte die Schilderung in Natur sein, wonach ein Bioladner die coops nicht als Konkurrenz sehe, aber sehr wohl die fehlende Kundschaft bemerke, die nur im Winter bei ihm einkaufe, wenn die Bezugswege für coops schwer zu oranisieren seien, vgl. Lieckfeld, Claus-Peter: Bios Garage. In: Natur, Heft 2/1985, S. 73.

Ressourcen, die bei der Formulierung der Erwartungen vorausgesetzt werden konnten. Alternative Sichtweisen dazu wurden lediglich von solchen Gruppen formuliert, die dependenztheoretische Gedanken als essenziellen Teil des politischen Konsums konstruierten. Im Wesentlichen waren dies die entwicklungspolitischen Solidaritätsgruppen. Alle anderen Akteure, die sich beim alternativen und beim ökologischen Konsum äußerten, gingen von bereits vorhandenen Ressourcen aus, um ein Bild vom gewünschten Konsumenten zu zeichnen. Das gilt besonders in der ökologischen Dimension für Demeter, die eine selbständige Pflege der Sinne schon als Voraussetzung für das Verständnis des eigenen Ansatzes ansahen.

Daran schließt ein weiterer übergreifender Befund an: Dass die Vorstellung eines politisch denkenden aktiven gegenüber dem passiven Konsumenten als strikte Dichotomie ist nicht nur zu undifferenziert ist, sondern darüber hinaus nicht zielführend sein kann, zeigt sich schon am Facettenreichtum von Konsumentenbildern. Auf diesen – und nicht auf den Verbraucherpraktiken – bauten sich die politischen Zielhorizonte und die spätere Sozialfigur des sozial-ökologischen Konsumentenbürgers auf. Eine »von unten«[304] kommende Moralisierung der Märkte lässt sich dagegen nicht feststellen.

Dementsprechend gestalteten sich die Eigenschaften des gewünschten Konsumenten. Bei den meisten Eigenschaften fällt auf, dass staatliche Steuerungsansprüche, wenn überhaupt, lediglich untergeordnet ausgeführt werden. Während der Verzicht auf parteipolitisches Lobbying bei den entwicklungspolitisch Engagierten, besonders bei der Debatte um Nicaragua-Kaffee mit den antikapitalistischen Grundlagen der Solidaritätsgruppen erklärt werden kann, dürften die fehlenden Ansprüche auf staatliche Regelung beim ökologischen Konsum eher die Eigenverantwortung des Konsumenten stärken.[305]

Die Übernahme von Verantwortung als Konsument war auch eine Frage der Wissensressourcen. Wissen stellte die größte Partizipationshürde für den Endverbraucher dar. Die wesentliche Problematik bestand also in ungleich verteilten Wissensressourcen, worüber sich auch praktisch alle Akteure bewusst waren und deshalb ihre Arbeit mit politischer Bildung verknüpften.

Differenziert zu betrachten ist schließlich die Rolle des Warenpreises. So formulierten sowohl Solidaritätskaffeegruppen als auch Bioläden vermutlich halb-ironische Hinweise, dass ein besonderer Geschmack eben »etwas teurer«[306] sei. Unabhängig von der Interpretation solcher Hinweise war den Akteuren also offenbar zumindest das Potential sozialer Abgrenzung bewusst, das politischer Konsum mit sich brachte. Auch die Qualität eines Produktes konnte abseits von politischen Überlegungen eine triviale Rolle spielen. So wurde der Indio-Kaffee im Laufe der 1970er Jahre entsprechend beworben, ohne dass darin ein Widerspruch zur Hilfskampagne gesehen wurde. Demnach wurde der Kaffee »spezialveredelt nach einem patentierten Verfahren. (...) Er ist magenschonend

---

304   Stehr, Moralisierung der Märkte, S. 262.

305   Vgl. dazu Trentmann, Frank: Unstoppable: The Resilience and Renewal of Consumption after the Boom, in: Doering-Manteuffel, Anselm/Raphael, Lutz/Schlemmer, Thomas (Hg.): Vorgeschichte der Gegenwart. Dimensionen des Strukturbruchs nach dem Boom, Göttingen 2016, S. 293–307, hier S. 307.

306   Die Phrase geht zurück auf die Werbung der Zigarettenmarke »Atica«, vgl. N.N.: Geschichte ohne h. In: Der Spiegel, Heft 20/1966 (https://www.spiegel.de/politik/geschichte-ohne-h-a-ob211668-0 002-0001-0000-000046407170, 25.09.2023).

und säurearm und also auch für empfindliche Kaffeetrinker bekömmlich«[307]. Zwar hat
die A3WH keine eigenen Zielgruppen definiert, jedoch war die Idee eines reizstoffarmen
Kaffees ein deutlicher Schritt zur Convenience-Gestaltung des Produkts. Diese Idee hatte dagegen noch keinen sichtbaren Bezug zu später übernommenen Argumenten ökologischen Landbaus und dürfte eher die Nützlichkeit des Produkts im westdeutschen
Haushalt angesprochen haben.

Die Eigenschaften, die auf den Konsumenten von alternativ gehandelten bzw. ökologischen Produkten projiziert wurden, lassen sich in drei Stoßrichtungen einteilen:
Nächstenliebe, Verantwortung und Gruppenzugehörigkeit. Diese Vorstellungen konnten sich durchaus überlappen, da sie schließlich vor dem Hintergrund der Ziele und
Produkte der jeweiligen Akteursgruppen formuliert wurden.

2.3.1 Nächstenliebe und Vertrauen

Obwohl sie bei den einzelnen Aktionen kaum ins Feld geführt wurde, war christliche
Nächstenliebe von Beginn an eine grundsätzliche Motivation aller Beteiligten am alternativen Handel. Gleichzeitig ist die Entstehungszeit des alternativen Handels das herausragende Beispiel für die Rolle von Vertrauen als Eigenschaft des gewünschten Konsumenten. Wie am Beispiel Blauer Engel zu erkennen ist, ist Vertrauen als Eigenschaft
zudem nicht an den alternativen Handel gebunden. Nächstenliebe dagegen ist eine Motivation des Konsumenten, die ausschließlich im alternativen Handel auftrat.

Bereits vor der Gründung der A3WH war die Verbindung zwischen entwicklungspolitischer Bewusstseinsbildung und christlicher Liebe formuliert worden. So resümierte
ein Vertreter Misereors nach den ersten Fastenaktionen schon 1962, Hilfsaktionen seien

> »Erfüllung des christlichen Liebesgebotes, dessen ›Objekt‹, der ›Nächste‹, in diesem
> Fall in Übersee lebt. (...) Caritas ist kein hoheitsvolles Herabneigen des Besitzenden
> zum Nichtbesitzenden, sondern die Begegnung dessen, der seinen Besitz als christ-
> liche und soziale Aufgabe weiß, mit dem, der als Gottes Geschöpf in gleicher Weise
> einen Anspruch auf menschenwürdiges Leben hat wie der Besitzende«[308].

Auf dieser Grundlage baute das Konsumentenbild der A3WH bei ihren Aktionen auf.
Erwartungen an den Konsumenten wurden seitens der A3WH schon ab dem Start der
»Indio-Kaffee«-Kampagne formuliert. In einer Broschüre, die sich 1974 an mögliche
Verkaufsgruppen wandte, werden dem Konsumenten mit Caritas und mit dem Sinn
für Qualität zwei Eigenschaften zugeschrieben.[309] Die A3WH-Verantwortlichen Erwin
Mock und Harry Neier beschreiben darin zunächst die Situation des guatemaltekischen
Kaffeebauern Juan R. und die verbesserte Lebensqualität für ihn und seine Familie dank
FEDECOCAGUA: »Zufriedenheit zeigt sich auf ihren Gesichtern. Sie [die Kleinbauern,

---

307 Ebd.

308 Kiefer, Walter: Drei Jahre Fastenaktion der deutschen Katholiken. 1962, Archiv Misereor Aachen,
     Sammlung »Publikationen verschiedener Aktionen und Organisationen der Entwicklungszusam-
     menarbeit«.

309 Vgl. A3WH: Kennen Sie die Geschichte vom Indio-Kaffee aus Guatemala? Hier ist sie: Reiner Indio-
     Guatemala-Kaffee, März 1974, Universität Trier, Sammlung Wertingen, 1.gua.001.

SW] haben begriffen, dass sie ihr Schicksal nur gemeinsam meistern können«[310] heißt es mit Verweis auf die Möglichkeit erfolgversprechenderer Verhandlungsführung gegenüber der staatlichen Anacafé durch das Auftreten als Genossenschaftsvereinigung. Dieser verbesserten Machtposition vor Ort entspräche einerseits die Beschreibung des einflussreichen Geschäftsführers bei Misereor. Andererseits jedoch »helfen [die Käufer] Juan R. und den 3.000 Indios in Guatemala, weil wir ihnen den Kaffee für einen ehrlichen Preis abgekauft haben. (...) Und weil wir den Kaffee ohne kostensteigernden Zwischenhandel importieren, haben auch Sie einen ehrlichen Preis.«[311] Die A3WH tritt hier als eigene Partei bzw. als Hilfsorganisation auf. In diesem Sinne steht der Konsument auch nicht dem Kleinbauern als Solidarpartner gegenüber, sondern als Spender.

Als solcher war es für die A3WH wichtig, das Vertrauen des Konsumenten zu haben. Schließlich war es nicht ohne Weiteres möglich, den Lebensweg des Kaffeebauern persönlich nachzuvollziehen. Vertrauen spielte hier eine noch größere Rolle als etwa bei ökologischen Labels oder bei etablierten Gütesiegeln, da sich der Kaufgrund in keinster Weise an der Ware feststellen ließ.

Anders als bei der Aluschok-Aktion, bei der die Partizipationsidee einzig auf die Postkarten an das Bundeswirtschaftsministerium ausgerichtet war, lässt sich der Verkauf von Indio-Kaffee bereits in das Handlungsmuster von fairem Handel einordnen, der ebenfalls stark auf Vertrauen basierte. Konkret »wird [der Verkaufserfolg] entscheiden, ob wir [die A3WH, SW] auch weiterhin Indiokaffee für Sie [den Käufer, SW] importieren können«.[312] Die Partizipationschancen des Konsumenten umfassen hier also keine direkten Statements an die westdeutsche Bundespolitik, sondern erschöpfen sich in der Unterstützung der Aktion und damit Misereors als Projektträger. Diese Partizipationsform hatte kein plebiszitäres Element wie etwa eine Postkartenaktion, auch weil in der Broschüre ausschließlich von Hilfe im Sinne christlicher Mildtätigkeit gesprochen wird. Politische Veränderungen werden ausschließlich in Guatemala in Aussicht gestellt, wo »sich Fedecocagua bereits einen bescheidenen Eckplatz am Tisch des nationalen Kaffeekartells gesichert«[313] habe.

Beim Jute-statt-Plastik-Projekt lässt sich zudem eine Verknüpfung des Nächstenliebe-Motivs mit einer individuell zurechenbaren Verantwortung, auf die noch einzugehen ist, feststellen. Durch individuelle Lebensstilentscheidungen, die durch Konsum ausgedrückt werden, ließen sich neue Wachstumsperspektiven für die Hersteller der Taschen schaffen, ohne auf politische Entscheidungsprozesse angewiesen zu sein. Diese Perspektiven wurden nicht weiter erläutert, jedoch orientierten sie sich am Begriff des qualitativen Wachstums. Dazu passt schließlich die Problematisierung des Fortschrittsbegriffs.[314] Das Konzept der A3WH sah »Überentwicklung und Unterentwicklung [als] zwei Seiten einer Medaille«[315].

---

310 Ebd.
311 Ebd.
312 A3WH, Indio-Kaffee.
313 Ebd.
314 Vgl. ebd.
315 Arickal, George/Wirtz, Hermann: Zur Diskussion um den Entwurf zum Konzept der A3WH. 1972, Archiv Misereor Aachen, FH 8.

Obwohl die kirchlichen Trägerorganisationen des alternativen und später des fairen Handels grosso modo die gleichen blieben, war Nächstenliebe als Motivation des Konsumenten eine Eigenschaft, die lediglich in der Anfangszeit des alternativen Handels geäußert wurde. Spätestens mit der Debatte um das richtige Verständnis von Solidarität war diese Eigenschaft nicht mehr sichtbar. Die Unterstützung von Projekten erforderte vom Konsumenten zudem Vertrauen. Den Berichten des Projektträgers Glauben zu schenken, war die wesentliche politische Partizipationsleistung des Konsumenten. Das Vertrauen auf Labels erwies sich besonders im entwicklungspolitischen Kontext, wie noch zu zeigen sein wird, als wichtige Eigenschaft des gewünschten Konsumenten.

Abschließend sei noch auf eine andere Form des Vertrauens hingewiesen, die in der Anfangszeit des ökologischen Konsums bereits bedacht wurde und später noch wichtiger wurde. Das Vertrauen des Konsumenten in das Expertenwissen war von Anfang an wichtig für solche Akteure, die eine breite Öffentlichkeit erreichen wollten. Beispielhaft dafür ist das UBA und dessen Sicht auf den Blauen Engel. Der Blaue Engel wurde zwar bei der jeweiligen Verleihung ausführlich begründet, jedoch war davon auf den Produkten nichts zu sehen. Das Label selbst nannte lediglich ein Schlagwort, das dem Käufer mitteilte, wofür der Blaue Engel verliehen wurde. Der politische Konsument musste also beim täglichen Einkauf darauf vertrauen können, dass die Vorauswahl des UBA und die Entscheidung der Jury Umweltzeichen gerechtfertigt war.

2.3.2 Verantwortung des Konsumenten

Die größte Eigenschaft, die dem Konsumenten von Öko-Produkten zugeschrieben wurde, war die Übernahme von Verantwortung. Wichtig war dafür die individuelle Zurechenbarkeit, d.h. die bürgerliche Pflicht des einzelnen Verbrauchers. Dieses Verantwortungsbewusstsein spiegelte sich nicht notwendigerweise im Verbraucherverhalten wider. Verwiesen seien hier auf die Vorwürfe, die gegenüber Food Coops gemacht wurden: Demzufolge war es ein Problem der Ökologiebewegung, dass Konsumenten beim Bio-Konsum auf ihren eigenen Vorteil bedacht seien. Dieses Problem bestand durchgehend. Das Umweltzeichen Blauer Engel ist exemplarisch für den Umgang damit.

Das UBA konstruierte den Konsumenten des Blauen Engels als umweltpolitisch informiert und verantwortungsbewusst. Gerade deshalb, so die Idealvorstellung, vertraute der Konsument dem Label Blauer Engel. Gleichzeitig war die individuelle Beteiligung an der Konsumentengesellschaft zu keinem Zeitpunkt infrage gestellt. Die Empfehlungen des UBA in zahlreichen kleinen Einzelbroschüren sowie mit dem Blauen Engel waren grundsätzlich konsumbejahend.

Zur Disposition stand der richtige Konsum, der vor allem möglichst schadstoff- und müllvermeidend sein sollte. Im Vordergrund stand also die umweltpolitische Aufklärungsarbeit, die sich in der Praxis vor allem zum Konsumstil äußern sollte. Die Schwelle zur Teilhabe am politischen Konsum war von Beginn an niedrig: Da das UBA und die Jury des Blauen Engels durchgängig ihre eigene Expertise betonten, war es für den Konsumenten keine notwendige Bedingung, sich mehr als üblich über die Hintergründe der eigenen Produktwahl zu informieren. Auf diesen Punkt wirkte sicherlich auch der Anschein eines unparteiischen Urteils ein, den ein quasi-staatliches Label wie der Blaue Engel gab.

Dementsprechend wurde das Label auch beworben. In der Broschüre »Das Zeichen der Zeit« von 1983 etwa spiegelt sich die Erwartung an den Konsumenten wider, indem die Verfasser einen Konsumstil – und nicht einzelne Produkte – vorstellen.[316] Der Blaue Engel füge sich demnach an mehreren Stellen in umweltpolitische Willensbildung ein, indem er zunächst dem Vorsorgeprinzip genüge tue, das Konsumenten ein umweltschonendes Verhalten näher bringen solle.[317] Das Prinzip baute ebenso wie das Kooperations- und Verursacherprinzip auf dem umweltpolitischen Programm der Bundesregierung seit 1971 auf. Der Schwerpunkt der Broschüre liegt allerdings auf einer Bandbreite von Verhaltenstipps, um den eigenen Konsumstil zu überdenken und damit stärker auf dem Prinzip Verantwortung als auf Vertrauen. Neben allgemeinen Hinweisen zur Vermeidung von Müll und der Reparatur langlebiger Konsumgüter findet sich dabei auch die direkte Aufforderung, »Verbände und Initiativen, die sich für umweltschonende Lösungen beim Einkauf und im Haushalt einsetzen«[318], zu unterstützen. Die Verantwortung für eine verantwortungsvolle Umweltpolitik liegt damit in erster Linie beim Bürger, dem das Fazit entspricht: »Durch unser aktives Verhalten schützen wir uns nicht nur selber, sondern die anderen mit. Wir sparen Geld, und wir tragen dazu bei, dass unsere Umwelt im Lot bleibt«[319]. Die Übernahme von Verantwortung durch den Konsumenten spielt hier eine maßgebliche Rolle, die theoretisch nicht ohne Weiteres eindeutig zugeordnet werden kann.

Eine naheliegende Einordnung dieser Verantwortungsübernahme durch den Konsumenten wäre eine Verbindung zur Neoliberalismusthese, wonach eigentlich politische Problemlösungsprozesse den Marktteilnehmern überlassen würden und politische Teilhabe ungleicher werden müsse, weil sie eben eine Teilnahme am Markt erfordert und damit ökonomische sowie kulturelle Ressourcen voraussetze.[320] Dieses Interpretationsangebot hat den Vorteil, dass es den Bildungsanspruch des UBA mit dem niedrigschwelligen Angebot des Blauen Engels verknüpft. Die umfassenden Publikationen des UBA mit Tipps zum einwandfreien Verbraucherverhalten standen nur scheinbar im Widerspruch zur simplen Argumentation beim Blauen Engel: Tatsächlich dürften sie unterschiedliche Konsumenten angesprochen haben. Während die umfassende Information sich an solche Konsumenten richtete, die beim Einkauf bewusst als Bürger handelten, wurde der Blaue Engel rasch der Nachfrage nach einem vagen Umweltbewusstsein angepasst.

Als wichtiger Bestandteil von Verantwortung etablierte sich auf entwicklungspolitischer Seite zwischenzeitlich die Solidaritätsarbeit als Pflicht des alternativen Konsumenten. Die westdeutschen Solidaritätsbewegungen bis 1980 hatten zunächst kaum Vorstellungen davon, wie sich ein westdeutscher Konsument verhalten sollte, um den eigenen Zielhorizont zu unterstützen. Daher waren die Aufrufe zu solidarischen Käufen – allen voran für Nicaragua-Kaffee – eine ungewöhnliche Erscheinung. Diese baute in erster Linie auf dem kirchlichen alternativen Handel auf und profitierte von den Schnittpunkten zwischen kirchlich geprägter Struktur und alternativen Ideen. Zudem

---

316   Vgl. hier und im Folgenden UBA: Das Zeichen der Zeit. Einkaufen mit Durchblick, Berlin o.J. [1983].
317   Vgl. UBA, Zeichen der Zeit, S. 6.
318   UBA, Zeichen der Zeit, S. 22.
319   UBA, Zeichen der Zeit, S. 24.
320   Vgl. zur scheinbaren Selbständigkeit neoliberaler Verbraucher Trentmann, Unstoppable, S. 307.

wurde das Weltladenkonzept in Teilen von der Solidaritätsbewegung übernommen. So konnten Weltläden solche Schnittstellen darstellen, an denen sich Alternative und Kirchengemeinden begegneten. Daraus entwickelten sich Debatten darüber, was ein Konsument erreichen könne.

Beispielhaft dafür war die Kritik der Bremer Weltladengruppe Tupac Amaru an der GEPA. Im Kern ging es im Kontext der ersten Kaffeekampagne 1981 darum, dass die GEPA »kein Konzept für Bildungsarbeit«[321] habe. Der darin mitschwingende Vorwurf, der gleichwohl zum Ende des Textes durch das Angebot zur Mitarbeit an einem solchen Konzept entschärft wird, lautet also sinngemäß: Während Solidaritätsgruppen wie Tupac Amaru den Kaffee-Konsum als reines Mittel zur politischen Teilhabe sehen, nutze die GEPA partizipative Elemente zur Werbung von politisch interessierten Kunden. Tupac Amaru stellte also die normative Frage, ob Konsum ein Teil entwicklungspolitischer Partizipation sein sollte und das sei nur möglich, wenn Konsum mit konkreter politischer Verantwortung einherging.

Für die Käufer des Nica-Kaffees änderte sich durch das gesteigerte Interesse von Ladengruppen an der Solidaritätsbewegung zunächst scheinbar wenig – ganz abhängig davon, inwieweit einzelne Verkaufsgruppen ihre politische Informationsarbeit auf die Solidaritätsbewegung mit der Sandino-Regierung ausrichteten. Für die Erwartungen an den Konsumenten bedeutet die Ausrichtung im Einzelnen jedoch einen großen Unterschied: Der Kauf des politisch aufgeladenen Kaffees bei Gruppen, die eine Entsendung von Brigaden nach Nicaragua befürworteten, suggerierte eine weitergehende Unterstützung als beim Kauf von Kirchengruppen, obwohl der Gewinn aus dem Kaffeeverkauf weiterhin an Encafé floss und sich in der Höhe nicht nennenswert vom vermeintlich kirchlich geprägten Kaffee unterschied. Damit nahmen vermeintlich die partizipativen Spielräume beim Verkauf des Kaffees für die Verkäufergruppen zu, was sich dann auch in der Distanzierung vom entwicklungspolitischen Modell der GEPA äußerte.

Die Solidaritätsgruppen erlangten zunehmend Deutungshoheit darüber, wie Solidarität in einer alltäglichen Frage, nämlich beim Umgang mit Produkten aus dem globalen Süden, definiert werden sollte. Inhaltlich ging dieses Engagement einher mit der Vernachlässigung konventioneller entwicklungspolitischer Fragestellungen zugunsten der Betonung antikapitalistischer und -imperialistischer Standpunkte. Dass die Handlungsmuster im Wesentlichen dem Konzept des kirchlichen alternativen Handels folgten, war von der politischen Botschaft vollkommen abgekoppelt. Darüber hinaus versuchten die Solidaritätsgruppen mit Abonnements, Praktiken des alternativen Handels vom Verkäufer-Kunden-Prinzip zu lösen: Der Konsument wurde dabei zum Genossenschafter, der eine ökonomische Verantwortung auf sich nahm. Die Bürger-Dimension des Konsumenten trat ebenfalls in den Hintergrund zugunsten einer imaginierten internationalen Solidargemeinschaft.

Auch macht schon die Titelbezeichnung der Broschüre »Sandino-Dröhnung«, die die zweite Kaffeekampagne 1985 mit der rhetorischen Frage »Warum es schon immer etwas teurer war, einen besonderen Geschmack zu haben« begleitete, deutlich, dass die

---

321 Tupac Amaru, Nicaragua-Kaffee, S. 30; vgl. auch Lehmann, Eckhard: Nachlese. In: Forum entwicklungspolitischer Aktionsgruppen, Heft 43–44/1981, S. 5.

Broschüre die Solidarisierung mit kämpfenden Befreiungsbewegungen in Mittelamerika mit einem alternativen Lebensstil verband, der wiederum trotz der politischen Botschaften Selbstironie zuließ. Mit anderen Worten: Das Selbstverständnis der Solidaritätsgruppen hatte zu diesem Zeitpunkt kaum noch etwas gemein mit dem christlich-karitativen, mit großer Ernsthaftigkeit vor allem von Misereor vorgetragenen Ansatz, der im frühen Dritte-Welt-Handel üblich war. In geringem Ausmaß sollte der Konsument Mitverantwortung für den Erfolg des sandinistischen Staats übernehmen. Das Abo-Kaffee-Konzept war auch in seiner Praxis in der Tat nur schwer mit dem Dritte-Welt-Handel vereinbar, da die Abo-Zahlungen ausschließlich als Spende für die nicaraguanische Regierung vorgesehen waren und der weitere politische Druck weniger über eine persönliche Bewusstseinsbildung, sondern stärker durch die Erregung von Aufmerksamkeit bei ressourcenstarken Akteuren wie Gewerkschaften, aber auch kommerziellen Kaffeeröstereien erfolgen sollte.[322]

In diesem Kontext waren die Möglichkeiten politischer Teilhabe in zwei Dimensionen geteilt. Für den einzelnen Käufer des Kaffees bzw. des Abonnements, erstens, ergänzte die finanzielle Hilfe für das sandinistische Nicaragua noch ein emanzipatorisches Element, das die Formel »Wir brauchen keine Konzerne!«[323] ausdrückte. In Verbindung mit der hippen Aufmachung der Broschüre erscheint der Kauf des Kaffees eine Frage der Politik und des Stils zugleich zu sein.

Darüber hinaus lag, zweitens, der größere Teil der Partizipationsleistung bei den Solidaritätsgruppen als Konsumenten selbst, die einen quantitativ wahrnehmbaren Erfolg der Kaffeekampagne als Argumentationshilfe für den Druckaufbau auf westdeutsche Unternehmen hätten nutzen können. Gleichwohl war die Erwartung – anders als etwa bei der Aluschok-Aktion der A3WH – eines Politikwechsels nicht an das BMWi oder das BMZ gerichtet, sondern an zivilgesellschaftliche Akteure, die wie die FES oder der DGB der SPD nahestanden oder im Fall der Jacobs-Betriebsräte den konstruierten Gegenspieler direkt hätte ansprechen sollen. Unabhängig davon folgten während der Aktionswoche 1985 Praktiken auf diese Erwartungen, die ihrerseits mit Aktionsständen, Vorträgen oder Theaterstücken quasi mit denen des sonst üblichen Handels übereinstimmten.[324] Insofern trugen die Solidaritätsgruppen ihre Partizipationserwartungen mithilfe einer deutlich stärker auf Systemopposition ausgerichteten Semantik von Solidarität vor als es im alternativen Handel üblich war. Diese Semantik sollte vom Konsumenten unterstützt werden.

2.3.3 Gruppenzugehörigkeit

Gegenüber den anderen Eigenschaften für ein Konsumentenbild erscheint Gruppenzugehörigkeit reichlich abstrakt: Inwieweit lässt sich diese als Eigenschaft lesen, die wichtig für politischen Konsum sei? Während Vertrauen und Verantwortung unmittelbar politisch interpretiert werden können und die christliche Nächstenliebe mindestens sozi-

---

322   Vgl. dazu prägnant N.N.: Kaffee – Krönung der Ausbeutung. In: Informationsbüro Nicaragua Rundschreiben, Heft Dezember 1985, S. 33–35, hier S. 34f.

323   Ökotopia, Broschüre, S. 67.

324   Vgl. N.N.: Nachlese. In: Lateinamerika Nachrichten, Heft 143/1985, S. 65–67, hier S. 66.

alpolitische Annahmen mit sich bringt, ist die Zugehörigkeit zu einer Gruppe zunächst nur auf den Konsumenten bezogen. So gingen die Akteursgruppen häufig von einem Vorwissen aus, das Konsumenten für bestimmte Produkte bereits mitbrächten. Dazu gehörte auch ein bereits gebildeter Geschmack. Dieser Befund schließt an die von Pierre Bourdieu erarbeiteten »feinen Unterschiede« an: Bourdieu beobachtet etwa am Beispiel der Ernährungsgewohnheiten der gesellschaftlich beherrschten Klasse eine Negativfolie, die der Massenkonsum von kalorienreichem, stark verarbeitetem Essen darstelle. Diese Negativfolie stelle die Basis für verschiedene Versuche einer Abgrenzung dar.[325] Anschließend stellt sich die Frage, wie eine solche Abgrenzung im Rahmen politischer Partizipation genutzt wurde.

Die »feinen Unterschiede« erinnern vor dem Hintergrund der alternativen Kaffee-importeure an den »besonderen Geschmack« des Nicaragua-Kaffees. Hier deutet sich aufgrund der Verweise auf die Erfahrungen von ehemaligen Solidaritätsbrigadisten und auf den »besonderen« Geschmack, der eben teurer sei, eine Symptomatik an, die Joseph Heath und Andrew Potter als Gegenkultur bezeichnen. Demnach sei das imaginierte Abschütteln von Herrschaftsstrukturen auch mit dem Transfer von Wissen und Praktiken aus Kulturen des globalen Südens – hier: Nicaragua – verbunden. In der Konsequenz können sich die Anhänger der Gegenkultur – hier: die Solidaritätsgruppen – mit hohem symbolischem Kapital abgrenzen.[326]

Gleichwohl ist das Abgrenzungsmittel des besonderen Geschmacks in der Kampagnenbroschüre vermutlich zunächst ironisch auf den Geschmack und die Qualität des nicaraguanischen Kaffees zurückzuführen. Nach Quaas wurde das »klaglose Ertragen des Nicaragua-Kaffees (...) offensichtlich als zusätzliche Prüfung dafür angesehen, wie ernst es einem mit der Solidarität war«[327]. Dementsprechend war der ostentative Konsum des offenbar für den europäischen Massengeschmack kaum genießbaren Kaffees ein Ausweis der eigenen Gruppenzugehörigkeit.

Am wohl offensichtlichsten mit einem distinkten Geschmack assoziiert war der biologisch-dynamische Landbau. Trotz des Ausbaus des ökologischen Landbaus blieb der Demeter-Bund den anthroposophischen Annahmen Rudolf Steiners eng verbunden, ohne dabei selbst politische Forderungen zu stellen. Darüber hinaus wurde Demeter zu einem zentralen Akteur für ökologischen Handel, indem der Verband es verstand, Konsumenten direkt anzusprechen. Ohne Gedanken an bewusstseinsbildende Maßnahmen war das Konsumentenbild bei Demeter durchgängig von der Erwartung an hohe Vorbildung geprägt. Der Konsument war für das Gelingen der biologisch-dynamischen Methode mitverantwortlich und wurde daher in häufig in Grundlagentexte einbezogen oder direkt angesprochen. Zu erklären ist diese Grundhaltung mit Traditionslinien. Die sozialwissenschaftliche Aufarbeitung der Anthroposophie hat die Einbeziehung des Konsumenten in konzeptionelle Debatten zur Landwirtschaft mehrfach als Bruch mit der

---

325   Vgl. Bourdieu, Pierre: Die feinen Unterschiede. Kritik der gesellschaftlichen Urteilskraft, Frankfurt a.M. 1984, hier S. 300f. An dieser Stelle wird bewusst auf den Begriff »Distinktion« verzichtet, der nach Bourdieus Verständnis mehrere Dimensionen erfasst und daher eine weitaus detailliertere Aufarbeitung von Praktiken der Akteursgruppen erfordern würde.

326   Vgl. Heath/Potter, Konsumrebellen, S. 308.

327   Quaas, Fair Trade, S. 258.

bisherigen Schwerpunktsetzung der Landwirtschaftspolitik in der Weimarer Republik diagnostiziert.[328] Schon 1929 berichtete Demeter über einen Breslauer Konsumentenring, der neben der Verteilung von Demeter-Waren besonders den Austausch über die Rolle des Konsumenten im anthroposophischen Weltbild zum Ziel hatte.[329]

Eine solche anthroposophische Konsumentenorganisation spielte sich in einem völlig anderen ideologischen Rahmen als die Lebensmittelkooperativen ab den 1970er Jahren ab. Bei der Feststellung historischer Parallelen muss auch beachtet werden, dass Demeter nach dem Zweiten Weltkrieg sowohl den Verlust von Wissen als auch von Anbaufläche zu verkraften hatte, da die übergroße Zahl von biologisch-dynamisch arbeitenden Betrieben im ehemaligen Ostdeutschland existiert hatte.

Konkret erwartete Demeter vom Konsumenten eine selbständige »Pflege der Sinne«[330]. Das Bewusstwerden über das eigene Einkaufsverhalten war demnach ein pädagogischer Prozess, während der Konsument ohne diesen Prozess »ein zurückgebliebenes Kind«[331] sei. Der bereits bewusste Konsument sollte gelernt haben, einem ersten Eindruck von Größe und Form des Produktes zu misstrauen. Stattdessen sollte er zwei Punkten besondere Aufmerksamkeit schenken: der Qualität, die sich über andere Sinne und dabei vor allem geschmacklich von der Konkurrenz abhebt, sowie der eigenen Rolle im anthroposophisch perspektivierten Wirtschaftskreislauf. Beides ging der Lehre entsprechend miteinander einher. Demeter-Produkte sollten den Eindruck vermitteln, eine bereits verloren geglaubte Lebensmittelqualität erhalten zu haben, die durch die modernen Landwirtschaftstechniken massenhaft degeneriert sei.[332] Konsumenten sollten sich daher nicht auf die scheinbare Expertise des Reformhaushandels verlassen und keine Alternativen zu Demeter akzeptieren. Insofern sollte ein reflektiert denkender Konsument auf das Demeter-Angebot beharren, was der Verband auch explizit an die Verbraucher weitergab.[333]

Auch sollte der Konsument aktiv bei der Umsetzung der biologisch-dynamischen Methode mitwirken. Die schon erwähnte Bewusstwerdung über das eigene Einkaufsverhalten hing mit der Erwartung an das Verantwortungsbewusstsein zusammen. Demeter-Konsumenten sollten demnach bereits vor dem Kauf gedanklich mit dem Demeter-Bauern verbunden sein und mit dem Kauf die mühsame Arbeit anerkennen, welche die

---

328 Vgl. Zander, Helmut: Die Anthroposophie. Rudolf Steiners Ideen zwischen Esoterik, Weleda, Demeter und Waldorfpädagogik, Paderborn 2019, hier S. 138.

329 Vgl. Schneider, Rudolf: Bericht über die Tätigkeit des Breslauer Demeter-Konsumenten-Ringes. In: Demeter. Monatsschrift für biologisch-dynamische Wirtschaftsweise, Jg. 5/1930, S. 187–189. Ich danke Michael Olbrich-Majer herzlich für diese Anregung.

330 Jurriaanse, Thomas: Von der Verantwortung des Konsumenten. In: Demeter-Blätter, Heft 13/1973, S. 5f., hier S. 5.

331 Ebd.

332 Vgl. Hälsig, Elisabeth: Ist das biologisch oder biologisch-dynamisch angebaute Gemüse oder Obst wirklich eine Geldabschneiderei? In: Demeter-Mitteilungen, Heft 52/1976, S. 11f.; Förster, Bernhard: Milch vom DEMETER-Hof. In: Demeter-Blätter, Heft 26/1979, S. 15f.; Schwentek, Heinrich: Müssen es denn unbedingt DEMETER-Produkte sein? In: Demeter-Blätter, Heft 27/1980, S. 11f.

333 Vgl. am deutlichsten N.N.: An die DEMETER-Verbraucher. In: Demeter-Mitteilungen, Heft 22/1972, S. 2; N.N.: Unsere Verbraucher sind angesprochen. In: Demeter-Mitteilungen, Heft 15/1972, S. 3; N.N., An die Verbraucher von DEMETER-Erzeugnissen.

Herstellung von Demeter-Produkten darstellte. Die Solidarisierung mit Demeter-Bauern war hier eine leitende Erwartung an Konsumenten.[334] Das Bewusstsein für Gruppenzugehörigkeit bezog sich daher indirekt auch auf den naturräumlichen Zusammenhang. Zwar war die Regionalisierung kein ausdrücklicher Teil der Demeter-Anforderungen, weil der Vertriebsweg in den Landwirtschaftsvorträgen Steiners 1924 keine Rolle gespielt hatte, aber der Konsument sollte mit dem Kauf von Demeter auch einen Beitrag gegen die europaweiten Überproduktionen in der Landwirtschaft leisten, die der Zerstörung des Bodens noch Vorschub leisteten.

Es handelte sich bei diesen Ansprüchen an den Konsumenten nicht um ein Bild eines partizipierenden Bürgers. Auf den ersten Blick erscheint hier der Verweis auf die Kontinuitätslinien der Anthroposophie hilfreich, da die Ideen Rudolf Steiners grundsätzlich keine gesellschaftliche Breite erreichen sollten. Helmut Zander etwa hat die anthroposophische Erkenntnistheorie als Geistesaristokratie umschrieben, die keinen Anspruch auf oder Wunsch zur Demokratisierung äußere.[335] Anders als der Entwurf des zusammenhängenden Organismus Bauernhof, an dem der Konsument teilhaben konnte, war die Umsetzung anthroposophischer Lehre demnach grundsätzlich nicht zur Teilhabe für Nichtanthroposophen offen.

Im Kontext politischer Teilhabe bedeutet diese Diagnose, dass der Kauf von Demeter-Produkten zwar auch Unterstützung für die landwirtschaftspolitischen Lösungskonzepte der Anthroposophie darstellte, aber primär war der Kauf ein Teil des biologisch-dynamischen Kreislaufs und daher für sich schon erstrebenswert. Wie anthroposophische Lösungsansätze in einen politischen Prozess zu integrieren seien, blieb zudem in den Demeter-Beiträgen wie auch historisch bei Rudolf Steiner vage, der nach dem Ersten Weltkrieg Gedanken zur anthroposophischen Sicht auf einen sozialen Organismus äußerte und ansonsten keine politischen Agenden aufgesetzt hatte. Vielmehr ging der Demeter-Bund bereits vorher von einer Ungleichheit der Konsumenten aus, von denen lediglich Anthroposophen angesprochen wurden, während Laien eine untergeordnete Rolle spielten. Eine partizipative Dimension war darin nicht enthalten.

Der Befund, wonach die landwirtschaftspolitischen Ideen, die sich aus der Anthroposophie ableiteten, weitgehend auf die Person Rudolf Steiner zurückgehen und wonach die angesprochenen Konsumenten über ein hochspezialisiertes Kultur- sowie auch Sozialkapital verfügen sollten, steht in einer Spannung zu mehreren Forschungsthesen zum ökologischen Handel. So muss die – an sich berechtigte – Annahme einer engen Verknüpfung von Bioläden und Bio-Konsum zum alternativen Milieu differenziert werden.[336] Die Annahme der organischen Einheiten von Produzenten, Boden und Pflanze, an denen über die Produkte auch die Konsumenten teilhaben konnten, geht auf die biologisch-dynamische Anbauweise zurück.

Der Demeter-Bund hielt bis in die zweite Hälfte der 1980er Jahre an dem eigenen Konsumentenbild fest. Das gilt auch für andere anthroposophische Unternehmen, deren Geschichte in die Zwischenkriegszeit zurückreicht. Beispielhaft dafür ist die Firma Weleda, die 1921 von Rudolf Steiner gegründet wurde und mit anthroposophischen

---

334   Vgl. Juriaanse, Verantwortung; Schwentek, DEMETER-Produkte; N.N., Marktbewusstsein.

335   Vgl. Zander, Anthroposophie in Deutschland, S. 1315 und 1331.

336   Vgl. Reichardt, Authentizität, S. 470–485.

und homöopathischen Arzneimitteln handelt, seit dem Ende des 20. Jahrhunderts aber mehrere erfolgreiche Lebensstil- und Kosmetikprodukte entwickelt hat.[337] Aus soziologischer Sichtweise schreibt Anselm Geserer Weleda beispielhaft für die anthroposophischen Marken das Angebot von Identitätsstiftung und Sinn zu, deren mythisches Fundament die Lehre Steiners darstellt. Demnach müsse der Konsument den Zusammenhang zwischen Marke und dahinterstehender Lehre nicht kennen, um die identitätsstiftenden Eigenschaften der Marke mitzutragen.[338] Bis zur Handelsausweitung von Weleda war eine solche Interpretation ausgeschlossen: Der Konsum von Weleda war eng mit den starken identitätsstiftenden Grundannahmen verbunden.

Gruppenzugehörigkeit nahm auch bei den Lebensmittelkooperativen einen entscheidenden Platz ein. Bei beiden Organisationsformen – EVG und Food Coop – bestand eine für die Verbraucher enorm vorteilhafte Komponente im Ausschalten des Zwischenhandels und damit die Vergünstigung der Bioprodukte. Die Food Coop hatte bei gleichartigem Warensortiment eine andere Schwerpunktsetzung:[339] Als Einkaufskooperative legten viele Food Coops nicht den Schwerpunkt auf die Zusammenarbeit mit regionalen Bauernhöfen, sondern konzentrierten sich meist auf die soziale Zielsetzung ihrer Projekte. Demnach werde der Arbeit »in diesem Zusammenhang eine neue Bedeutung gegeben. Arbeit soll nicht mehr Muss, Entfremdung und Entlohnung bedeuten, sondern wird zu lustvollem, eigenverantwortlichem, kreativem und kollektivem Tun«[340]. Insofern hatten offenbar viele Teilnehmer einer Food Coop das Bedürfnis nach einer experimentellen, alternativen Verbindung von sozialen und wirtschaftlichen Motiven.

Diesen Bemühungen zugrunde lag auch der Wunsch nach einem ökologisch verträglichen Konsumstil. Sowohl EVG als auch Food Coops vertraten bei allen lokalen Besonderheiten ständig den Anspruch, Biolebensmittel möglichst erschwinglich kaufen zu können. Daher war die Teilnahme insbesondere in einer EVG zwangsläufig beschränkt: Bei einer stets wachsenden Mitgliederzahl würde ab einem gewissen Umsatzvolumen die Regionalität des Handels unglaubwürdig und damit auch ein wichtiger Teil des politischen Anspruchs der Gruppe hinfällig. Dass diese Zugangsbeschränkung zur Teilhabe notwendig war, mithin also »nur kleine Ringe öko«[341] sein könnten, war vielen EVG-Gruppen wohl bewusst. Bei Food Coops war diese Zugangsbeschränkung ebenfalls vorhanden, jedoch deutlich geringer ausgeprägt, da die regionale Warenherkunft nicht im Vordergrund der Arbeit stand.

Beiden Betriebsformen war jedoch gemein, dass die Mitgliedschaft in der Gruppe nicht massentauglich war. Die Teilhabe in den Kooperativen lebte aufgrund des be-

---

337 Vgl. Heisterkamp, Jens: Ein Türöffner für Anthroposophie. In: Ders. (Hg.): Kapital = Geist. Pioniere der Nachhaltigkeit, Anthroposophie in Unternehmen, Frankfurt a.M. 2009, S. 15–28; auch Geserer, Anselm: Sinnhafter Marken-Konsum. Wie Marken Sinn erzeugen am Beispiel von »Weleda«, in: Szabo, Sacha (Hg.): Brand Studies. Marken im Diskurs der Cultural Studies, Marburg 2009, S. 67–79.

338 Vgl. Geserer, Marken-Konsum, S. 72f.

339 Vgl. dazu N.N., Verbraucher organisieren sich, S. 24; aufbauend auf Jösch, Vergleich, S. 31; darüber hinaus gab es Ansätze zur stärkeren Differenzierung nach Binnenstrukturen in Food Coops, vgl. Albrecht, Die unbekannten Wesen.

340 N.N., Verbraucher organisieren sich, S. 24.

341 Lieckfeld, Bios Garage, S. 74.

grenzten Warenangebots zwangsläufig von ihrer Exklusivität. Auch finden sich in den Portraits einzelner Kooperativen bzw. Genossenschaften keine agrarpolitischen Steuerungsansprüche, was sicherlich ihrem experimentellen und ausdrücklich dezentralen Charakter geschuldet war. Als sozial-wirtschaftliches Experiment war diese Form des Konsums nicht massentauglich zu realisieren.

Der unerwünschte Nebeneffekt dieser Teilhabeform war eine deutlich zutage tretende Ungleichheit. Verdeutlichen lässt sich dieser Konflikt im Kern anhand der Fragen der Professionalisierung und Kommerzialisierung. So kritisierte etwa ein Vertreter der noch selteneren, aber im Vergleich weitaus autonomeren »Ökodörfer« schon früh die »Grenzen selbstverwalteter Betriebe«:

> »Erstens müssen ihre Produkte dort konkurrenzfähig sein, was zur Rationalisierung zwingt, oder, wenn das nicht gelingt (...), zur Selbstausbeutung führt. Zweitens müssen die Mitarbeiter die Waren und Dienstleistungen zu ihrem Lebensunterhalt auf dem kapitalistischen Markt kaufen, brauchen also ein regelmäßiges Einkommen.«[342]

Beide Kritikpunkte sind für das Verständnis der Lage vieler Kooperativen in der Mitte der 1980er Jahre hilfreich: So folgten einem oft euphorischen Start der Selbstverwaltung, die das Engagement vom Konsum in Richtung Prosumtion verschob, organisatorische Probleme wegen mangelnden Engagements, sodass häufig ehrenamtliche Helfer fehlten.[343]

Darüber hinaus macht der Ökodorf-Vertreter hier auf ein strukturelles Problem aufmerksam mit dem Verweis auf das notwendige regelmäßige Einkommen der Genossenschaftsmitglieder, mithin ihr Dasein und Eigenwahrnehmung als Verbraucher. Dementsprechend spielte besonders der günstige Preis der Waren eine wesentliche Rolle in der Außenwahrnehmung der Projekte.[344] Auch begünstigte die Eigenwahrnehmung als geschlossener Konsumentenkreis das Abgrenzungsvermögen der Beteiligten. Zu einer Ulmer EVG beschrieb die Zeitschrift Natur den Unterschied zwischen den Konsumenten im Supermarkt und denen der EVG als »erheblich. Er markiert die Trennlinie zwischen alter und neuer Konsumentenwelt: auf der einen Seite die Supermarktkäufer, denen man das Reich der Auswahlfreiheit verspricht, auf der anderen, der besseren Seite, die Bioköstler vom Ulmer Verein.«[345]

Das Potential zur Abgrenzung war dank der geringen Verfügbarkeit der Produkte, der begrenzten Zugänglichkeit und aufgrund ihrer Bio-Eigenschaften sehr hoch. Das dürfte auch ein Grund für die Erklärungen zur geschmacklichen Überlegenheit ökologisch angebauter Nahrungsmittel sein, die etwa die Stiftung Ökologischer Landbau ausgearbeitet hat.[346] Da die SÖL auch von einer zwangsläufigen Wettbewerbsunfähigkeit

---

342 Sommer, Jörg: Informationsdienst Ökodorf. Rückzug in die Idylle oder politische Aktion? In: Contraste, Heft 22–23/1986, S. 2.

343 Vgl. N.N., Verbraucher organisieren sich, S. 23.

344 Beispielhaft war dafür die Beschreibung einer Ulmer EVG bei Lieckfeld, Bios Garage, S. 71.

345 Ebd.

346 Vgl. Schaumann, Wolfgang/Grosch, Peter/Schmid, Peter/Vogtmann, Hartmut/Kameke, Ekkehard von: Eine Richtigstellung des Heftes 206, »Alternativen im Landbau«, Landwirtschaft – Angewandte Wissenschaft. Zum Vorwort von Prof. Dr. Frank, Präsident des Senats der Bundesforschungsan-

konventioneller Landwirtschaft und damit von einer zukünftigen Dominanz des ökologischen Landbaus ausging, waren soziale Ungleichheiten, wie sie hier durch die EVG-
Gruppen in kleinem Rahmen existierten, ein vorübergehendes, notwendiges Übel. Sowohl EVG- als auch Food Coop-Mitglieder sahen sich offenbar als Teilnehmer eines politischen, wirtschaftlich-sozialen Experiments und ihre Abgrenzung richtete sich gegen
den Lebensstil, der sich mit dem Kauf konventionell angebauter Ware verband.[347]

Die komplizierten Verhältnisse zwischen Kooperativen untereinander und zu Naturkostläden führten schließlich zur Frage, wie der Einkauf in einer Food Coop wünschenswert sei. Eine klare Abgrenzung »nach dem Motto ›nur politische Coops sind richtige
Coops‹«[348] erschien nicht zielführend und war sicherlich auch nicht durchführbar, da in
quasi jeder Gruppe ein starkes Binnengefälle zu beobachten war beim politischen und
beim körperlichen Engagement. Übrig blieb daher die Organisationsarbeit eines bundesweiten Arbeitskreises, der die vermeintlichen Lehrer-Coops zur konstruktiven Zusammenarbeit auch mit Bioläden bringen sollte.[349] Gleichwohl gab es keine Planungen,
wie eine solche zentral koordinierte Zusammenarbeit hätte ablaufen können oder welchen praktischen Inhalt sie hätte haben können außer politischer Bewusstseinsbildung.
Es ist daher plausibel, die Gruppen zur Mitte der 1980er Jahre zu differenzieren: zwischen den bewegungsnahen, agendaorientierten Gruppen und den Gruppen, die Gunilla
Buddes Beobachtung einer bürgerlichen Distanzierung vom Massenkonsum hier bereits
früh bestätigten.[350]

Besonders Erzeuger-Verbraucher-Gemeinschaften boten dem Konsumenten darüber hinaus das Versprechen eines alternativen Lebensstils, der durch seine Dezentralität gekennzeichnet war. Ein Gemüseeinkauf in einer EVG anstelle des Bioladens
oder gar des Supermarktes konnte einen feinen Unterschied ausmachen – unabhängig
davon, wie ökologisch einwandfrei das gekaufte Produkt eigentlich ist. Das Premium-
produkt »Bio«, wie es Heath und Potter für die Gegenwart diagnostizieren, stand dabei
noch nicht im Vordergrund.[351] Diese Gruppen sind beispielhaft für die Idee, wonach
die Erwartungen an eine politische Botschaft hinter einem Konsumstil eng mit der
Mitgliedschaft in einer Gruppe verbunden seien. Teilhabe war bei beiden Gruppen,
besonders aber in den EVG-Gruppen auf eine regionalisierte Landwirtschaft beschränkt
und diente der Ablehnung langer Lieferketten.[352]

Die vorgestellten Überlegungen zur Gruppenzugehörigkeit hatten in dieser Form
nur eine begrenzte Überlebensfähigkeit. Zu bedenken ist, dass mit einer Handelsauswei-

stalten des BML, in: Stiftung Ökologischer Landbau (Hg.): Der ökologische Landbau: eine Realität,
Selbstdarstellung und Richtigstellung, Karlsruhe 1979, S. 43–103, hier S. 89.

347 Vgl. Heath/Potter, Konsumrebellen, S. 154.

348 Albrecht, Thomas: Die Food-Coop-Perspektive. In: Contraste, Heft 34–35/1987, S. 15.

349 Vgl. ebd.

350 Vgl. Budde, Gunilla: Bürgertum und Konsum: Von der repräsentativen Bescheidenheit zu den »feinen Unterschieden«, in: Haupt, Heinz-Gerhard/Torp, Claudius (Hg.): Die Konsumgesellschaft in
Deutschland 1890 – 1990. Ein Handbuch, Frankfurt a.M. 2009, S. 131–153, hier S. 144.

351 Vgl. Heath/Potter, Konsumrebellen, S. 192.

352 Vgl. dazu die These einer Re-Ethnisierung ökologisch korrekter Ernährung bei Möhring, Ethnic
food, S. 320.

tung und einer größeren Anzahl von Konsumenten Gruppenzugehörigkeit grundlegend anders gedacht wurde. Darauf ist im Folgekapitel einzugehen.

3 Veränderungen 1987–1992

In diesem Kapitel werden mehrere Entwicklungen nachvollzogen, die sich innerhalb weniger Jahre zwischen den späten 1980er Jahren und 1992 ereigneten. Die Gedanken zum wünschenswerten Konsumenten politischer Waren, die in Kapitel 2 beschrieben worden sind, wurden in neuaufkommenden Debatten aufgenommen und weiterentwickelt. Ein markantes Merkmal ist der innerhalb von fünf Jahren stark verschobene politische Kontext, der sich auf zwei internationale politikgeschichtliche Entwicklungen zurückführen lässt.

Zunächst wird in diesem Kapitel daher auf die Kontextfaktoren eingegangen. Die Betonung von Kontext sollte aber nicht den Blick auf Akteure und ihre eigenen Initiativen versperren. Das gilt sowohl für inhaltliche Neuausrichtungen wie bei der GEPA als auch für die Arbeit der Bio-Akteure. In diesem Kapitel liegt der Schwerpunkt nicht mehr auf der Herkunft der Akteure, sondern auf der Weiterentwicklung ihrer Praktiken und Zielsetzungen.

Es würde deshalb einen falschen Eindruck von historischer Kontinuität vortäuschen, an den Gliederungsebenen des Vorkapitels starr festzuhalten. Konkret wäre es nicht sinnvoll, beim alternativen bzw. fairen Handel weiterhin eine eigene solidarisch-antiimperialistischen Schwerpunktsetzung zu beschreiben. Nach der Abwahl des sandinistischen Regimes 1990 entwickelten die bisherigen Solidaritätsgruppen ihre Arbeit weiter und passten sich hinsichtlich ihrer Praktiken weitestgehend an den entstehenden fairen Handel an.

3.1 Kontext: Änderung politischer Schwerpunktthemen

Für die Zeit um 1990 stellen sich für den politischen Konsum einige Fragen. Welche Kontextfaktoren beeinflussten die Akteure? Welchen Einfluss hatten diese Faktoren auf die Vorstellungen vom politischen Konsum? Politikgeschichtlich ist »nachhaltige Entwicklung« als Begriff zu beachten. Er wurde rasch zu einem Leitbegriff für entwicklungs- und umweltpolitische Zielsetzungen und hatte auch Einfluss auf die Vorstellungen von politischem Konsum. Wie anhand der westdeutschen Rezeption zu veranschaulichen ist, erreichte der Begriff um 1990 eine enorm große Aufmerksamkeit, als er in den Arbeitsergebnissen der Brundtland-Kommission 1987 und des Rio-Erdgipfels 1992 im Mittelpunkt stand.

Eine weitere internationale politikgeschichtliche Änderung um 1990 war der Untergang des Realsozialismus. Im Rahmen dieser Untersuchung geht es aber weniger um Osteuropa, sondern vor allem um Mittelamerika. Wie bereits in der Forschung beschrieben wurde, erschien das sandinistische Nicaragua für einen Teil der westdeutschen Solidaritätsbewegung als Sehnsuchtsort.[1] Die utopische Hoffnung auf einen Sozialismus ohne die inhumanen Elemente des sowjetischen Modells wurden mit dem Wahlsieg der US-gestützten Konservativen 1990 zerschlagen. Wie zu zeigen sein wird, hatte dieses Ereignis Konsequenzen für die westdeutschen Solidaritätsgruppen, auch weil andere Sozialismen keine solche Mobilisierungsfähigkeit erreichten und das Wegbrechen der argumentativen Elemente die Mobilisierungsfähigkeit dieser Gruppen dauerhaft beschädigte.

3.1.1 Nachhaltige Entwicklung

Die Etablierung von »nachhaltiger Entwicklung« als gesellschaftspolitische Zielvorstellung stellte um 1990 einen Kontextfaktor dar, der auf die Ziele und Konsumentenbilder der Akteure beim politischen Konsum einwirkte. Entscheidend dafür war die Klammerfunktion des Begriffs, der entwicklungs- und umweltpolitische Gedanken verbinden konnte. Daher ist im Folgenden auch in erster Linie von »nachhaltiger Entwicklung« und nicht von »Nachhaltigkeit« die Rede. Nachhaltigkeit ist, wie bereits vielfach in der Forschung aufgegriffen worden ist, ein Begriff mit einer bis in die Forstwirtschaft des 18. Jahrhunderts zurückgehenden Geschichte.[2] Dagegen steht nachhaltige Entwicklung für die zunehmende Verknüpfung von Nachhaltigkeitszielen mit je verschiedenen Schwerpunkten im späten 20. Jahrhundert. Es gilt daher zunächst, die Ziele und ihre Verknüpfung näher zu betrachten. Zudem ist zu beachten, dass sich diese Ziele durchaus widersprechen konnten und Akteure damit unterschiedlich umgingen. Zur nachhaltigen Entwicklung als Leitbegriff für den politischen Konsum gehört also auch die Frage, wie sich unterschiedliche Ansätze vereinbaren ließen.

Nachhaltige Entwicklung wird im Folgenden als Leitbegriff verstanden. Als solcher bot sie zahlreiche Anknüpfungspunkte für Praktiken des politischen Konsums. Anders gewendet: Der Erfolg nachhaltiger Entwicklung bis in die Gegenwart ist auch darauf zurückzuführen, dass der Leitbegriff keine Praktiken im Vorhinein ausschließt. Daher war es auch für die Labelverbände im fairen und im ökologischen Handel nicht notwendig, sich aktiv gegenüber dem aufkommenden Leitbegriff zu positionieren. Beispielhaft dafür sind Demeter und Bioland, deren praktische Arbeit als Beitrag zu nachhaltiger Entwicklung eingeordnet werden kann, die sich aber kaum selbst dazu äußerten. Um den

---

1   Vgl. Helm, Reisen, S. 35.

2   Vgl. zur Übersicht Grober, Ulrich: Eternal Forest, Sustainable Use: The Making of the Term »Nachhaltig« in Seventeenth- and Eighteenth-Century German Forestry, in: Caradonna, Jeremy (Hg.): Routledge Handbook of the History of Sustainability, Abingdon 2018, S. 96–105; sowie zur umfassenden Begriffsgeschichte ders.: Die Entdeckung der Nachhaltigkeit. Kulturgeschichte eines Begriffs, München 2010.

Kontextwandel, der mit der Etablierung des Leitbegriffs einherging, sichtbar zu machen, ist an dieser Stelle vielmehr ein Blick auf die entwicklungs- und umweltpolitischen Verbände hilfreich.

In der geschichtswissenschaftlichen Aufarbeitung der Umweltpolitik des späten 20. Jahrhunderts ist bereits eine Internationalisierung diagnostiziert worden, die beim sogenannten Erdgipfel von Rio de Janeiro 1992 am sichtbarsten wurde.[3] Inwieweit der Erdgipfel als Beispiel für »das Vertrauen in die Steuerungsfähigkeit politischer Institutionen und der internationalen Staatengemeinschaft«[4] gelten kann, ist zumindest fraglich: Die Rezeption des Gipfels und auch die Formulierung neuer Erwartungen wurde in Deutschland großteils von Umwelt-Nichtregierungsorganisationen (NGOs) übernommen. Sie nutzten die Aufmerksamkeit für den Erdgipfel im Vorfeld, um ihre Erwartungen an eine neu koordinierte Entwicklungs- und Umweltpolitik zu formulieren und auszutauschen. Ebenfalls wurde mit Greenpeace eine große, international stark vernetzte NGO in Deutschland stärker wahrnehmbar als zuvor. Zu bedenken ist auch die Umweltbewegung der ehemaligen DDR, aus der im vereinigten Deutschland insbesondere die Grüne Liga als meinungsstarke Akteursgruppe hervorging.[5]

Die Impulse, die durch den Erdgipfel 1992 verstärkt wurden, trafen bei den Akteuren des politischen Konsums in Deutschland auf einen fruchtbaren Boden. Schon bezugnehmend auf die Brundtland-Kommission, benannt nach der norwegischen Ministerpräsidentin Gro Harlem Brundtland, gab es Bemühungen zur Koordination. Der Abschlussbericht der Kommission betonte beim Begriff nachhaltige Entwicklung bzw. »sustainable development« die Pflicht der Menschen in der Gegenwart: »Humanity has the ability to make development sustainable to ensure that it meets the needs of the present without compromising the ability of future generations to meet their own needs.«[6] Daraus folgerte der Bericht auch eine Pflicht für die Konsumenten im globalen Norden. Nachhaltige Entwicklung erfordere, »dass wohlhabende Menschen einen Lebensstil annehmen, der für den Planeten ökologisch vertretbar ist«[7]. Für den politischen Konsum war also eine themenübergreifende Koordinierungsleistung notwendig.

Das erste sichtbare Beispiel dafür war in Westdeutschland die »Aachener Erklärung« 1987: ein kurzlebiges Bündnis von der AbL, dem BUKO, dem BUND und der aus dem BBU

---

3   Vgl. einführend aus verbraucherwissenschaftlicher Sicht Stehr, Moralisierung der Märkte, S. 158; aus umweltpolitischer Sicht Uekötter, Am Ende der Gewissheiten, S. 124; politisch Borowy, Iris: Sustainable Development and the United Nations. In: Caradonna, Jeremy (Hg.): Routledge Handbook of the History of Sustainability, Abingdon 2018, S. 151–163.

4   Mock, Mirjam: Verantwortliches Individuum? Die (Un-)Haltbarkeit der Erzählung von der Konsument*innenverantwortung, in: Blühdorn, Ingolfur: Nachhaltige Nicht-Nachhaltigkeit. Warum die ökologische Transformation der Gesellschaft nicht stattfindet, Bielefeld 2020, S. 227–253, hier S. 249.

5   Vgl. Bergstedt, Naturschutzfilz, S. 109–112; die Präsenz der Grünen Liga in ökologischen Konsumdebatten der 1990er dürfte neben ihren Vernetzungsbemühungen und den fehlenden Strukturen westdeutscher Verbände auch aufgrund ihrer vergleichsweise verbraucherorientierten Periodika Rundbrief (1989–1995), Alligator (ab 1996) sowie für die Region um Berlin Der Rabe Ralf (ab 1990) zustande gekommen sein.

6   World Commission on Environment and Development: Our Common Future. Oslo 1987, hier S. 16.

7   Ebd. [eigene Übersetzung].

hervorgegangenen Verbraucher Initiative.[8] Das Bündnis wandte sich gegen die Politik der Exportsubventionen der EG, die sowohl eine fortschreitende Zerstörung der heimischen Böden durch intensiven Dünger- und Pestizideinsatz als auch einen Preisverfall der subventionierten Produkte auf dem Weltmarkt zur Folge habe. Die Kritik schloss an die Prebisch-Singer-These an, wonach der globale Süden von den EG-Subventionen besonders negativ betroffen sei aufgrund der Abhängigkeit von Rohstoffexporten in den globalen Norden.

Bemerkenswert war die Aachener Erklärung aufgrund von zwei Punkten. Zum einen war sie das erste sichtbare Zeichen einer Annäherung in Westdeutschland zwischen alternativen Verbraucherschützern und ökologischen Bauern sowie dem BUKO in Bezug auf ein offenkundig zusammenhängendes politisches Problem.[9] Dabei sind zwar die Interessenschwerpunkte aller vier Akteursgruppen im Statement deutlich voneinander getrennt zu erkennen. Eine gemeinsame Veröffentlichung als ein Statement zu den ökologisch-ökonomischen Konsequenzen der EG-Politik zeigt aber bereits die Sensibilisierung für die Komplexität nachhaltiger Entwicklung an, die begrifflich erst kurz darauf in Mode kam.[10] Zum anderen war die »Forderung einer neuen, einer sozialen, ökologischen und solidarischen Agrarpolitik« ausschließlich an die EG gerichtet und nicht an Konsumenten. Verbraucher wurden vielmehr bereits als aktive Konsumenten vorausgesetzt: Die Forderung einer Förderung von EVGs wie auch die geforderte Regionalisierung der Lebensmittelindustrie nahmen den Argumentationsansatz der Lebensmittelkooperativen auf. Konsumenten hätten demnach vor allem unter der zunehmend dominanten Rolle des Lebensmittelhandels zu leiden, der die Konsumenten immer stärker vom Ursprung der Ware entfremde. Dieser Situation waren sich, so impliziert die Erklärung, die Konsumenten durchaus bewusst. Die Aachener Erklärung ist daher die erste westdeutsche themen- und akteursübergreifende Agenda zur nachhaltigen Entwicklung im politischen Konsum.

Im Kontext internationaler Umweltgeschichte mit ihren bis heute zahlreichen Klimagipfeln liegt beim Erdgipfel von Rio 1992 die Frage nahe, warum ausgerechnet diese Konferenz eine nähere Betrachtung verdient, welchen Einfluss sie also auf den politischen Konsum in Deutschland hatte. Wie bei vielen anderen internationalen Plattformen, lassen sich beim Rio-Format Besonderheiten feststellen. So war es etwa die erste Umweltkonferenz in diesem Ausmaß seit dem Ende des Realsozialismus, weshalb sich beispielsweise eine große Ernüchterung der ostdeutschen Grünen Liga schon in Anbetracht der Konferenzplanung einstellte.[11] Historisch sticht der Rio-Gipfel jedoch heraus

---

8   Vgl. AbL/BBU/BUKO/BUND: Aachener Erklärung vom 02.07.1987. Bauern und Verbraucher für eine neue Agrarpolitik, zit. u.a. in: AG3WL-Rundbrief, Heft 30/1988, S. 30f.; zur Vorgeschichte der Aachener Erklärung vgl. Diermann, Ulrich: Neue Bündnisse braucht das Land. Aachener Erklärung gegen die Agrarpolitik der BRD, in: IIa, Heft 109/1987, S. 16f.

9   Die Idee dazu ging nach eigener Darstellung offenbar vom BUKO aus, vgl. Diermann, Aachener Erklärung, S. 17.

10   Zur gegenseitigen Sensibilisierung vgl. ebd.

11   Vgl. Brückmann, Thomas: Wird Rio unseren Planeten retten? Grüne Liga verzichtet auf Teilnahme, in: Rundbrief Grüne Liga, Heft Mai-Juni 1992, S. 1–4.

aufgrund seiner besonderen Beziehung zum Begriff nachhaltige Entwicklung.[12] Der Begriff wurde seitdem mit verschiedenen Schwerpunkten interpretiert, meint jedoch aufbauend auf dem Brundtland-Bericht stets den möglichst ganzheitlichen Beitrag zu einem Lebensstil, der sowohl die ökologische als auch die soziale Umwelt nur soweit belastet, dass zukünftige Generationen nicht negativ beeinträchtigt werden.

Neben dem naturräumlich-ökologischen betont nachhaltige Entwicklung zudem das Recht des globalen Südens auf ökonomische Entwicklung, ohne sie eindeutig zu definieren. Wie die Balance zwischen der ökonomischen und der ökologischen Dimension aussehen könne, war eine ausschlaggebende Frage für den Verlauf des Erdgipfels. Hinzu kommt die soziale Komponente der nachhaltigen Entwicklung, wonach regionale Lebens- und Wirtschaftsweisen jeweils bewahrt werden sollten.

Während die Frage nach der Umwelt und zukünftigen Generationen große Interpretationsräume ließ, wirkte nachhaltige Entwicklung für den politischen Konsum wie ein Katalysator für Debatten hin zur Ausweitung des Handels. Dies lässt sich anhand von drei Punkten sichtbar machen.

Erstens verband die Erklärung von Rio Umwelt- und Entwicklungspolitik miteinander, was keine neue Idee war, aber hier ein breiteres Publikum erreichte als der Bericht der Brundtland-Kommission.[13] Konkret solle Umweltschutz »einen integralen Bestandteil des Entwicklungsprozesses darstellen und kann nicht von diesem isoliert betrachtet werden«[14]. Beim politischen Konsum war dieser Gedanke auch nicht neu, sondern traf in der Debatte zu den Erwartungen an den Konsumenten auf die Bemühungen von Akteuren wie der GEPA, die bereits seit den späten 1970er Jahren Nächstenliebe als Motivation zu alternativem Handel mit ökologischen Interpretamenten verknüpfte. Auch Verbraucherprotestkampagnen sprachen bereits zuvor von mehreren schädlichen Dimensionen, die multinational agierende Unternehmen aus westlichen Konsumentengesellschaften verursachten.

Zweitens förderte die Rio-Konferenz die Idee der unternehmerischen sozialen Verantwortung (corporate social responsibility, CSR), indem multinationale Produzenten ganz verschiedener Produkte nun einen Bezug zu jeweils selbst definierten Nachhaltigkeitsstrategien konstruieren konnten.[15] So dokumentierte etwa die Firma Henkel

---

12   Die englische Vokabel »sustainability« wird nachfolgend mit »Nachhaltigkeit« übersetzt, was sich bis heute und in der Breite durchsetzte. Alternative Übersetzungen wie »Zukunftsfähigkeit« von BUND und Misereor werden bei Bedarf im Einzelnen näher beleuchtet. Die besondere Beziehung der Konferenzergebnisse und dem Begriff zeigt bereits die Abschlusserklärung, die zwölfmal auf fünf Seiten auf »nachhaltige« Prozesse eingeht, vgl. United Nations General Assembly: Report of the United Nations Conference on Environment and Development. Annex I, Rio Declaration on Environment and Development (A/CONF.151/26(Vol.1)) (https://www.un.org/en/development/de sa/population/migration/generalassembly/docs/globalcompact/A_CONF.151_26_Vol.I_Declarati on.pdf, 25.09.2023).

13   Vgl. zur Rezeption auch Seitz, Klaus: Zur Fragwürdigkeit der internationalen Umweltpolitik. In: Forum entwicklungspolitischer Aktionsgruppen, Heft 84/1984, S. 3f.

14   UN, Rio Declaration, S. 2 (eigene Übersetzung).

15   Zentral dazu Schmidheiny, Stephan: Changing Course. A Global Business Perspective on Development and the Environment, Boston 1992.

ihr ökologisch-soziales Verantwortungsbewusstsein durch die Entwicklung von phosphatfreien Waschmitteln bereits seit den 1960er Jahren und Volkswagen erläuterte die Möglichkeiten zur Recyclingnutzung bei der Automobilproduktion.[16] Die Beteiligung von Konsumenten war jedoch zunächst nur eine Randerscheinung, die sich vor allem bei der Frage nach Müllvermeidung bemerkbar machte. Politische Rahmenbedingungen ergaben sich dagegen nicht durch CSR, vielmehr seien Unternehmen gemeinsam mit Konsumenten und Bauern die eigentlichen Entscheidungsträger von Umweltpolitiken.[17] Darüber hinaus waren die Erklärungen zur CSR infolge des Erdgipfels stark von Effizienz- und Vermeidungsgedanken geprägt – aus unternehmerischer Sicht also vor allem von Optimierungspotentialen, die es zudem öffentlichkeitswirksam zu vermarkten galt. Obwohl die technischen Maßnahmen, die von ausgewählten Unternehmen im Rahmen des Erdgipfels vorgestellt wurden, ökologische Komponenten berücksichtigten, lag der Fokus der CSR-Erklärungen auf ökonomischer Entwicklung.[18] Nachhaltige Entwicklung bedeutete in diesem Sinn, die eigenen Produktions- und Vertriebsketten lediglich so weit anzupassen, dass eine nachhaltigere Produktion vorläge als ohne die Maßnahmen. Betriebswirtschaftliches Wachstum wurde dabei nicht infrage gestellt, wie auch die Rio-Erklärung selbst kein Nullwachstum im Sinne der Idee qualitativen Wachstums der frühen 1970er in Aussicht stellte.

Drittens wurde in Rio 1992 mit der Agenda 21 ein Instrument ausgehandelt, das eigentlich zu partizipativen, lokal organisierten Projekten für eine verbesserte Umweltbildung anregen sollte.[19] Die Agenda 21 lässt sich als Handlungsanweisung lesen, gesellschaftspolitisch tätig zu werden: Erst auf der Basis des Verständnisses ökologisch-sozial-ökonomischer Problemzusammenhänge könnten Änderungen zugunsten von nachhaltigem Alltagsverhalten erreicht werden. Auch hier war also keine Abkehr von quantitativem Wachstumsdenken gemeint.[20] In diesem Kontext verstand die Agenda 21 Konsumpolitik als Bereich möglicher Maßnahmen, um die ökologischen Folgekosten nichtnachhaltiger Produktion zu verringern. Die Agenda 21 bleibt bei Gestaltungsmöglichkeiten für Konsumenten hinter dem Anspruch zurück, den später die in Deutschland verbreiteten Lokale-Agenda-Büros an die »Zivilgesellschaft als Motor«[21] des Agendaprozesses stellten.

So richteten sich die Handlungsvorschläge der Agenda 21 an mögliche politische Bildungsarbeit und gingen von einem weitgehend passiven Konsumenten aus, dem verständliche Anreize zu einem nachhaltigen Konsumverhalten gegeben werden sollten. Neben den Vorschlägen zur effizienteren Produktion und zur Müllvermeidung war es vor allem die Arbeit mit freiwilligen Gütelabels, in der ein enormes Potential gesehen

---

16   Vgl. Schmidheiny, Changing Course, S. 297–306.

17   Vgl. Schmidheiny, Changing Course, S. 7.

18   Vgl. dazu Rist, The history of development, S. 191–193.

19   Da die Umsetzung der Agenda 21 national bzw. lokal erfolgen sollte, ist in diesem Fall die Übersetzung der Bundesregierung hilfreicher als das Originaldokument, vgl. Bundesministerium für Umwelt, Naturschutz und Reaktorsicherheit (Hg.): Konferenz der Vereinten Nationen für Umwelt und Entwicklung im Juni 1992 in Rio de Janeiro. Dokumente, Agenda 21, Bonn 1992.

20   Vgl. im Widerspruch hierzu Overwien, Partizipation und Nachhaltigkeit.

21   Nolting, Katrin/Göll, Edgar: »Rio+20 vor Ort«. Bestandsaufnahme und Zukunftsperspektiven lokaler Nachhaltigkeitsprozesse in Deutschland, Abschlussbericht, Berlin 2013, hier S. 122.

wurde. Diese sollten »dem Verbraucher helfen, eine sachgemäße Auswahl zu treffen«[22].
»Sachgemäß« meinte hier umweltbewusst und informiert-abwägend über die ökologischen Folgekosten des Konsums. Die konsumpolitischen Ausführungen der Agenda 21 sind den Zielen sehr ähnlich, die das Umweltbundesamt kurz nach seiner Gründung 1974 für seine eigene Arbeit formuliert hatte.

Damit wurde die Partizipation des Konsumenten nicht im Vorhinein entpolitisiert. Die Agenda ging stattdessen vom verantwortungsbewussten Konsumenten aus, der sich in den Dienst einer gesellschaftspolitischen Anstrengung stellen sollte. Die Aufarbeitung der Agenda 21-Forderungen ging in Deutschland mit verstärkten Koordinierungsbemühungen entwicklungs- und umweltpolitischer NGOs einher, die etwa im noch 1992 gegründeten Forum Umwelt & Entwicklung Erwartungen an nachhaltigen Konsum formulierten.

Die drei essenziellen Werkzeuge, die in Rio erarbeitet wurden – nachhaltige Entwicklung, CSR, Agenda 21 – geben auch Auskunft darüber, was in Rio *nicht* beschlossen wurde. Konsumpolitische Regulierungen oder gar dependenztheoretische Ansätze hatten keine Chance. Die Ergebnisse von Rio wurden dementsprechend von Gruppen der Solidaritätsbewegung mit großer Skepsis aufgenommen. Aus Sicht der iz3w-Redaktion waren die vorab zu erwartenden Themen der Rio-Konferenz bereits zu kurz gegriffen, da die strukturellen wirtschaftlichen Abhängigkeiten, unter denen Rohstoffproduzenten im globalen Süden litten, nicht hinterfragt wurden. Dementsprechend überfalle

> »einen bei der Beantwortung der Frage, welchen Sinn und Zweck dieses Unternehmen denn gehabt habe, schnell eine gewisse Sprachlosigkeit. ›Außer Spesen nichts gewesen‹ – dieser Satz ist beinahe schon zu einem Synonym für die Beurteilung der Konferenzergebnisse geworden«[23].

Problematisch erschienen daher in der Nachbetrachtung die ausdifferenzierten Rollen, die in Rio von Drittweltstaaten eingenommen wurden und eben nicht links-alternative Forderungen verfolgten. Besonders ölexportierende Staaten sowie Schwellenländer zeigten kein gesteigertes Interesse an alternativen Entwicklungstheorien oder an der Verknüpfung von ökonomischen mit ökologischen Zielen, wie es der globale Norden vermeintlich vorgesehen hatte.[24] Selbst die Beschlüsse zur konventionellen Entwicklungspolitik, die einen freiwilligen Richtwert von 0,7 Prozent des jeweiligen Bruttosozialproduktes als entwicklungspolitisches Budget festhielten, erschienen nicht ambitioniert. Dementsprechend fiel die Reaktion enttäuscht aus. Nachhaltige Entwicklung galt nun als Modebegriff, der »auf jede denkbare Art und Weise ausgelegt werden kann« und »in diesem Zusammenhang wenig hilfreich«[25] sei, da er nach den Maßstäben von Rio sowohl für eine dauerhafte Produktionssteigerung als auch für natürliche Lebensgrundlagen Nachhaltigkeit einfordern könne.

---

22   BMU, Agenda 21, S. 21.
23   Knüfer, Michael: Nichts neues aus Rio. In: Robin Wood Magazin, Heft 34/1992, S. 28f., hier S. 28.
24   Vgl. ebd.
25   Knüfer, Nichts neues, S. 29.

Ein möglicher Kampf um die Deutungshoheit über den Begriff nachhaltige Entwicklung wurde von der Dritte-Welt-Bewegung entweder nicht oder bei weitem nicht so intensiv geführt, wie es gut zehn Jahre zuvor beim Begriff Solidarität geschehen war. Auch gingen die bewegungsnahen Medien nicht unmittelbar auf die Werkzeuge ein, die in Rio entwickelt worden waren, insbesondere Agenda 21 und CSR. Neben der umfassenden Ablehnung von unternehmerischer Eigenverantwortung dürften die wenigen Reaktionen auch mit dem abflachenden Engagement von neuen sozialen Bewegungen zu tun haben, das schon für die Mitte der 1980er Jahre erkannt worden ist.[26]

In jedem Fall eröffnete die fehlende kritische Auseinandersetzung Interpretationsspielräume, in die gewinnorientierte Anbieter in den Folgejahren mit Konzepten unternehmerischer Sozialverantwortung hineinstoßen konnten, um eigene Ideen von nachhaltigem Konsum als Marketingelement zu nutzen. Ein nachhaltiger Einkauf, wie er alternativ-bewegungsnah befürwortet wurde, kam in der Folgezeit ohne Zuhilfenahme gewinnorientierter Akteure nicht in größerem Ausmaß zustande.

Ökologisch orientierte Gruppen bezogen darüber hinaus auch Konsumfragen in ihre Überlegungen zum Rio-Gipfel ein. Das ist im Vergleich zu den entwicklungspolitischen Gruppen nicht überraschend, da sich die ökologische Konsumentenverantwortung leicht auf die Fragestellungen in Rio übertragen ließ. Meist geschah dies mit einem abstrakten Bezug auf einen »Lebensstil der Verschwendung«[27], dem die Konsumenten in Industriestaaten zuneigten. Das dahinterstehende Suffizienzargument war jedoch bei allen Umweltgruppen nur ein ergänzendes. Suffizienz im Sinne einer volkswirtschaftlichen Wachstumsbeschränkung konnte demnach nicht von Konsumenten hinreichend umgesetzt werden, sondern müsste zentral koordiniert werden. Durchgängig hofften Umweltgruppen daher auf ein möglichst deutliches Bekenntnis zum Nichtwachstum auf Seiten der Industriestaaten, während die richtige Entwicklung des globalen Südens problematischer war. Vor allem die Frage nach dem Ressourcenverbrauch bei einer aufholenden Entwicklung, ob also bislang strukturell benachteiligte Staaten ein Wachstum der eigenen industriellen Produktion anstreben durften, blieb strittig.

Die potentiellen Widersprüche zwischen ökologischen Bedenken im Norden und ökonomischen Interessen im Süden konnten angesichts des stets im Raum stehenden Vorwurfs der Bevormundung moralisch nicht gelöst werden. Beispielhaft dafür waren die Probleme, die der Kauf von Waren aus Tropenholz mit sich brachte: In der zweiten Hälfte der 1980er Jahre begannen unter anderem Robin Wood und Greenpeace, sich mit dem Import von Holz aus tropischen Wäldern im globalen Süden zu befassen, was etwa

---

26   Vgl. Rucht, Dieter: Das alternative Milieu in der Bundesrepublik. Ursprünge, Infrastruktur und Nachwirkungen, in: Reichardt, Sven/Siegfried, Detlef (Hg.): Das Alternative Milieu. Antibürgerlicher Lebensstil und linke Politik in der Bundesrepublik Deutschland und Europa 1968–1983, Göttingen 2010, S. 61–86, hier S. 77.

27   N.N.: Aktionsplan der Frauen zur Umweltkonferenz in Rio. In: Gen-ethischer Informationsdienst, Heft 74/1992, S. 13–15, hier S. 14; vergleichbar auch bei den ostdeutschen Grünen Laubach, Birgit/ Zgaga, Christel: Der Norden muss umdenken. In: Regenbogen, Heft 5/1992, S. 4; sowie auch Große-Bley, Melanie/Dudde, Matthias: Die Pluralität der Lebensstile. In: Robin Wood Magazin, Heft 41/1992, S. 31f.; das angesprochene Statement der Grünen Liga weist dagegen lediglich auf die ökologischen Schäden hin, die durch die Anreise von 20.000 Gästen nach Brasilien entstünden, vgl. Brückmann, Grüne Liga verzichtet, S. 4.

die Zeitschrift Contraste zu mehrfachen Boykottaufrufen veranlasste.[28] Die Argumentation ging stets von einer Zerstörung des tropischen Regenwaldes durch Straßenbau und dann durch Rodung aus, weswegen Möbel und andere Waren aus Tropenholz zugunsten von heimischen Hölzern zu boykottieren seien. Dies sollte Ausgleichszahlungen für einen Tropenwaldfonds zur Folge haben und benötigte die »Bereitschaft der HolzkäuferInnen, einen angemessenen Preis zu bezahlen«[29]. Auslandsdirektinvestitionen waren bei diesem Standpunkt aus ökologischen Gründen abzulehnen – unabhängig von der wirtschaftswissenschaftlichen Debatte über ihren ökonomischen Zweck im globalen Süden.

Nach der Riokonferenz resümierte der DNR, dass der Schutz der Wälder ein inhaltlich sehr wichtiger, aber erfolgloser Punkt gewesen sei. Wohl auch in seiner Rolle als Dachverband tat er dies aber diplomatisch, ohne dafür Verantwortliche zu benennen.[30] Allgemein war dieser Teil des Erdgipfels von einem Missverständnis geprägt. Schließlich war der deutsche, und damit der daraus erst abgeleitete anglo-amerikanische, Begriff von Nachhaltigkeit ein forstwissenschaftlicher mit einer eigenen Traditionslinie bis in das frühe 18. Jahrhundert. Es ist daher als Missverständnis zu bewerten, dass deutsche NGOs von Vertretern des globalen Südens Verständnis für den deutschen bzw. westlichen Erwartungshorizont einforderten, die Erwartungen und Hoffnungen des Südens nicht vorab reflektierten und damit wiederum den eigenen Horizont schon vorab als moralische Norm konstruierten.

Konkreter griff Greenpeace in diesem Kontext die Regierungsvertreter Malaysias an, die als Teil der »schlimmsten Umweltzerstörer [erstmals] einer internationalen Öffentlichkeit vorgeführt«[31] worden seien. Unter anderem Malaysia hatte auf der Konferenz auf ein uneingeschränktes Recht zum Export von Holz bestanden und damit konkrete Verpflichtungen in der Erklärung zur nachhaltigen Entwicklung der Wälder verhindert.[32] Die Problematik des Waldschutzes war für die NGOs kompliziert, weil Wälder, anders als Meere und das Klima, ausschließlich auf Staatsgebieten existieren. Die Positionen der holzexportierenden Drittweltstaaten bei den Verhandlungen in Rio führten

---

28   Vgl. Behrend, Benjamin: Hände weg vom Tropenwald. In: Robin Wood Magazin, Heft 13/1987, S. 16f.; in Contraste u.a. Paschen, Götz: Verzicht verhindert Verwüstung. In: Contraste, Heft 53/1989, S. 14; Küstermann, Andreas: Boykott allein genügt nicht! In: Contraste, Heft 67/1990, S. 8f.; ders.: Tropenholzboykott na klar – aber was sind die Folgen? In: Contraste, Heft 68/1990, S. 5.

29   Küstermann, Boykott allein genügt nicht, S. 8.

30   Vgl. Engelhardt, Wolfgang: Der Erdgipfel. UNCED-Nachbetrachtungen, in: Robin Wood Magazin, Heft 34/1992, S. 26f.; die Zurückhaltung dürfte auf das traditionelle Vermittlerverständnis des DNR zurückzuführen sein, vgl. auch Engels, Jens Ivo: Von der Heimat-Connection zur Fraktion der Ökopolemiker. Personale Netzwerke und politischer Verhaltensstil im westdeutschen Naturschutz, in: Karsten, Anne (Hg.): Nützliche Netzwerke und korrupte Seilschaften. Göttingen 2006, S. 18–45, hier S. 30–32.

31   Rosenthal, Rüdiger: Rio war ein Karneval verpasster Chancen. In: Robin Wood Magazin, Heft 34/1992, S. 29.

32   Vgl. United Nations General Assembly: Report of the United Nations Conference on Environment and Development. Annex III, Non-Legally Binding Authoritative Statement of Principles for a Global Consensus on the Management, Conservation and Sustainable Development of All Types of Forests (A/CONF.151/26(Vol.3)) (https://digitallibrary.un.org/record/144461/files/A_CONF-151_6-E.pdf?ln=en, 25.09.2023).

den ökologischen Akteuren eine Notwendigkeit zur Differenzierung vor Augen, die bereits die Dritte-Welt-Bewegung bei der Differenzierung von Solidarität hatte anwenden müssen.

Auch nachhaltige Entwicklung benötigte deshalb Partner, die in diesem Fall westliche ökologische Werte teilten. Dies war die Haupterkenntnis des Erdgipfels für die NGOs: Eine Agenda mit Schwerpunkt auf der ökologischen Komponente von nachhaltiger Entwicklung war kein vorrangiges Ziel der meisten Teilnehmer aus dem globalen Süden. Die kurz darauf in Mode kommenden Gütelabels für nachhaltig angebautes Holz dürften auch in dieser Erkenntnis ihren Ursprung haben.

Der Konsument der 1990er Jahre hatte später die Aufgabe, diese Agenda auf einem alternativen, aber ebenso politischen Weg durchzusetzen. Nachhaltige Entwicklung als Leitbegriff für mehrdimensional verantwortungsbewusstes Handeln wurde ab 1992 hinsichtlich ihrer Wünschbarkeit kaum noch hinterfragt. Wie schwierig die politische Verknüpfung von ökologischen und ökonomischen Erwartungen sein konnte, zeigt sich exemplarisch schließlich bei den Positionen der Grünen bzw. Bündnisgrünen um 1992. Das Recht auf Entwicklung für den globalen Süden durfte nicht mit der ökologischen Notwendigkeit zum Wachstumsverzicht der Weltwirtschaft insgesamt kollidieren. Dieses Dilemma ließ sich nur lösen, indem eine neue Form von Entwicklungspolitik Deutungshoheit erlangen würde, ohne den Eindruck zu erwecken, Drittweltstaaten die konventionelle, aufholende Entwicklung im Sinne der UNCTAD zu verweigern. Der Norden solle dabei nach dem Prinzip »Weniger nehmen ist besser als mehr geben«[33] handeln, während dem Süden zum Abbau einseitiger Abhängigkeiten eine eigenständige Entwicklung zugestanden werde, wobei das Ausmaß verbleibender Involvierung in den Welthandel bzw. autarker Entwicklung im Entwurf der Grünen zunächst vage blieb. Im Wesentlichen war das Konzept jedoch von der Idee einer außenhandelspolitischen Dissoziation nach dem Vorbild Dieter Senghaas' geprägt.[34]

Der Konsument war lediglich zur aktiven Teilhabe gefordert, um schädlichen Produktionen in anderen Ländern entgegenzutreten. Die Unterstützung für Umwelt-NGOs beim Boykottaufruf von Möbeln aus Tropenholz erscheint als Kompromiss, der zwischen scheinbar notwendigen ökologischen Maßnahmen und dem Vorwurf eines Biokolonialismus vermittelte, indem die Entscheidung über den weiteren Abbau von Tropenholz dem Konsumenten und die dahinterstehende Argumentation international tätigen NGOs überlassen würde.[35] Den naheliegenden Schluss, wonach nämlich beim Geschäft mit Tropenhölzern der Konsument in Deutschland eher als die Regierung eines Landes im globalen Süden Verantwortung übernehmen müsste, zogen die Grünen daraus gleichwohl nicht.

---

33   Die Grünen im Bundestag: Auf dem Weg zu einer ökologisch-solidarischen Weltwirtschaft. Konzept für eine grüne Außenwirtschaftspolitik, Bonn 1990, hier S. 3.

34   Vgl. dazu Anm. 16 in Kapitel 2.

35   Vgl. auch die wohlwollende Nachbetrachtung der ostdeutschen Bundestagsabgeordneten zur Rolle der NGOs in Rio Laubach, Birgit: Rund um Rio. Einige Bemerkungen zum Gipfel, in: Regenbogen, Heft 8/1992, S. 14f.

3.1.2 Das Ende der Sandino-Solidarität

Eine besondere Schwierigkeit bei der Beschreibung des alternativen Handels besteht in der Beurteilung der Wirkung, die von der Abwahl der sandinistischen Regierung in Nicaragua ausging. Da weder die GEPA noch die AG3WL die Abwahl eingehend diskutierten, liegt zunächst die Vermutung nahe, dass die Abwahl keinen wesentlichen Einfluss auf die sich wandelnden Zielvorstellungen hatte.

Angesichts der Deutungshoheit der Solidaritätsgruppen über die Bedeutung der richtigen Solidarität zur Mitte der 1980er Jahre beim Kaffeekauf wäre diese Annahme jedoch verfälschend verkürzt. Dies zeigt sich schon beim Gegenstand: Obwohl GEPA-Vertreter bereits früh über eine Erweiterung des Supermarktsortiments über Kaffee und Tee hinaus insbesondere im Non-Food-Bereich nachdachten, lag doch der eindeutige Schwerpunkt der Debatte auch in den Veröffentlichungen auf Kaffee. Darüber hinaus äußerten sich mehrere Akteure aus der Solidaritätsbewegung in den entsprechenden Medien, vor allem Lateinamerika Nachrichten, zur Kaffeeproblematik, was auch die weiteren Handlungen und Erwartungen der Importgruppen beeinflusste.

Das Ende der sozialistischen Regierung der Sandinos nahm das Wuppertaler Informationsbüro Nicaragua in einem Leitartikel der iz3w-Blätter als »Ende einer Utopie«[36] wahr. Dass der Schock über die Wahlniederlage so tief sitze, habe mit der Siegessicherheit der Sandinos zu tun gehabt, die bei den Solidaritätsgruppen in Deutschland zur »Ignoranz der verheerenden wirtschaftlichen und sozialen Situation der Mehrheit der Nicaraguaner«[37] geführt habe.[38] Zudem wird Hoffnung geäußert, die auf dem Wahlergebnis mit rund 42 Prozent der Stimmen für die Sandinisten aufbaut. Diese Menge an Stimmen sei eine »Basis, die offensichtlich über einen hohen Grad an politischem Bewusstsein verfügt und mit der eine revolutionäre Zukunft denkbar ist.«[39] Die Einschätzung des Wahlergebnisses ist symptomatisch für die Solidaritätsmedien: Die enorme, negative Überraschung resultierte nicht sofort in der Einstellung der weiteren Solidaritätsarbeit. Das bisher Erreichte wurde deshalb auch nicht hinterfragt und sollte nun auch weiter als Instrument der Solidaritätsarbeit dienen.[40]

Problematisch daran war, dass das Hauptargument für den Solidaritätskaffee plötzlich wegfiel. Bislang hatte Solidarität beim Kaffeekauf in erster Linie die Unterstützung von Encafé bzw. dem sandinistischen Staat auf der nicaraguanischen Seite, der antikapitalistische Kampf gegen die großen Kaffeeröstereien auf der deutschen Seite bedeutet. Dies musste sich nun ändern, allerdings nicht schlagartig.

Schon vor der Wahl im Februar 1990 mehrten sich zum zehnten Jahrestag der sandinistischen Revolution 1989 die Stimmen einer kritischen Würdigung, die dem Ideal

36   Flaig, Stefan: Das Ende einer Utopie. In: Blätter des iz3w, Heft 164/1990, S. 3.

37   Ebd.

38   Vgl. ebd.; es gab gleichwohl auch orthodox anmutende Analysen, wonach etwa das Wahldatum »als schwarzer Tag nicht nur in die nicaraguanische, sondern auch in die Geschichte ganz Lateinamerikas eingehen« werde: Wirth, Gernot/Eisenbürger, Gert: Die Stunde des Imperialismus? In: Ila extra, 1990, S. 3f., hier S. 3.

39   Ebd.

40   Vgl. etwa Mercker, Ulrich: Jetzt erst recht! Die Solibewegung und die Wahlen in Nicaragua, in: Ila extra, 1990, S. 1f.

der kritischen Solidarität folgten.[41] Ähnlich wurde der Wahlkampf in den Lateinamerika Nachrichten begleitet: So sei Optimismus zweckmäßig, da »auch die FSLN[42] nicht
leugnen kann, dass es in den letzten zehn Jahren gewaltige Rückschritte bzw. Stagnation
gegeben hat«[43]. Letztlich war die Wahl aus dieser Perspektive aber keine wirtschaftspolitische, sondern vor allem eine weltanschauliche: Gerade der US-Einmarsch in Panama
kurz zuvor im Dezember 1989 diente als Nachweis für die Berechtigung antiimperialistischer Sorgen, die in Nicaragua vom rechten, US-gestützten Oppositionsbündnis verkörpert wurden. Demnach wiederholten die »USA (...) in Panama die Nazi-Barbarei in
Polen 1939«[44].

Nach der Wahl ergab sich ein anderes Bild.[45] Solidaritätsprojekte sollten zwar nur
dann weitergeführt werden, wenn die konservative Regierungspartei keinen propagan-
distischen Profit daraus schlagen könne, jedoch galten die sandinistische Partei FSLN
und die Regionen, in denen sie erfolgreich war, nun als besonders unterstützenswert.[46]
Dennoch wird in den ersten Stellungnahmen die utopische Rolle deutlich, die das Bild
von Nicaraguabei den Solidaritätsgruppen innehatte. Der Staat Nicaragua könne demnach »als Hoffnungsträger für eine gerechtere Welt nicht mehr als Ganzes unterstützt
werden«[47].

Es war deshalb schwierig, eine neue Motivation zu finden, um politischen Konsum mit nicaraguanischem Kaffee weiter zu betreiben. Partnerschaften mit einzelnen
Gewerkschaftsgruppen bzw. selbstverwaltenden Betrieben waren zunächst eine vage
Idee, ebenso wie der Verkauf von Bio-Kaffee, wie ihn die GEPA seit einigen Jahren
bereits anbot. »[Auch nach den Wahlen bleibt] der Pestizidverbrauch (...) ein politisches
Thema«[48], dessen sich die Solidaritätsgruppen gleichwohl unter der Sandino-Regierung nicht angenommen hatten. Zudem war der Einkauf in der Praxis schwierig. Mit
dem Regierungswechsel wurde auch die staatliche Exportorganisation Encafé zum
politischen Gegner, dem nur noch der Weltmarktpreis zu zahlen war. Zuschläge für die
Partnergruppen hätten über eigene Konten überwiesen werden müssen, um der neuen
Regierung möglichst keinen Zugriff auf die Solidaritätsgelder zu ermöglichen.

Zwischen 1990 und 1992 war es also umstritten, welchen Kurs die Solidaritätsgruppen beim Kaffeeverkauf verfolgen sollten ohne klar definierte politische Konfliktlinien,
anhand derer sich Solidarität hätte ableiten können. Der Beitrag des Konsumenten

---

41   Beispielhaft dafür war die Debatte über Städtepartnerschaften, die in der Ila geführt wurde, vgl.
      Banneyer, Hildegard/Schaaf, Helmut/Wendler, Helmut: »Substanzlose Provokation«. Entgegnung
      auf den Beitrag »Sie lebe hoch...« in ila 123, in: Ila, Heft 123/1989, S. 36f.; demgegenüber Autoren-
      kollektiv »Coco-Piranhas«: Sie lebe hoch, hoch, hoch... Anmerkungen zur Nicaragua-Solidarität, in:
      Ila, Heft 123/1989, S. 34f.; kritisch-solidarisch auch die GEPA bei N.N.: Das ›neue Nicaragua‹ – »Kaf-
      fee aus Nicaragua«... In: Alternativ handeln, Heft 24/1990, S. 8–11.
42   Abk.: Frente Sandinista de Liberación Nacional, sandinistische Regierungspartei in Nicaragua.
43   Pickert, Bernd: Wahlen. In: Lateinamerika Nachrichten, Heft 189/1990, S. 47–52, hier S. 47.
44   Tageszeitung El Nuevo Diario vom 24.12.1989, zit. in: Pickert, Wahlen, S. 51.
45   Vgl. Weispfennig, Politischer Konsum und Solidarität, S. 251.
46   Vgl. Pickert, Bernd: Die Solidaritätsbewegung – der erste Frust ist überwunden. In: Lateinamerika
      Nachrichten, Heft 191/1990, S. 32–35, hier S. 35.
47   MITKA: Abwarten und weiter Nica-Kaffee trinken... In: Lateinamerika Nachrichten, Heft 191/1990,
      S. 36f., hier S. 37.
48   Ebd.

durch den Kauf erschien ihnen in der Konsequenz verstärkt als »Spendengelder«[49] oder als Hilfe, die Projektarbeiten unterstützen solle. Dass dieser Beitrag trotz der nun fehlenden finanziellen Unterstützung einer Sandino-Regierung nicht entpolitisiert erschien, dürfte in der Wahrnehmung der MITKA-Gruppen auch auf den eigenen Anspruch zur weiteren Unterstützung der FSLN-nahen Organisationen zurückzuführen sein.[50] Solidarität verschwand dabei begrifflich nicht aus den weiteren Debatten. In seiner bisherigen Semantik als unmittelbar politisch-kämpferisches Ideal beim Beitrag des Konsumenten wurde der Begriff im Verlauf der 1990er Jahre aber nur noch selten genutzt.

Nach 1990 zeigte sich auch bei anderen Produkten die grundlegende Unsicherheit, inwiefern der Handel ohne Strukturwandel sinnhaft sein kann. Vertreter von BanaFair, dem größten Nicaragua-Bananenprojekt, suchten hier mehrfach einen Kompromiss, der sich zwischen der Sandino-Solidarität und dem zeitgleich entstehenden fairen Handel bewegen sollte.[51]

Ein großer Unterschied bestand jedoch in der Kontextualisierung: Kaffee erschien den Solidaritätsgruppen als Identifikationsobjekt für das sandinistische Nicaragua. Kaffee aus Nicaragua war im Verlauf der 1980er Jahre zu einem Sinnbild für antiimperialistischen Kampf geworden. Dementsprechend war die Wahlniederlage 1990 deutlich intensiver rezipiert als das Scheitern des internationalen Kaffeeabkommens ICA ein Jahr zuvor. Die emotionale Bindung an andere Produkte wie etwa Bananen war offenkundig geringer ausgeprägt. Die Debatte ab Beginn der 1990er Jahre wurde von der Frage bestimmt, wie auf EG-Ebene politisch Einfluss genommen werden könnte, um soziale und nun auch ökologische Folgeschäden zu vermeiden. Dazu gehörte die Frage, wie Bauern aus Asien, Karibik- und Pazifikregionen (AKP) ausreichend gegen den Einfluss nordamerikanischer Konzerne geschützt werden könnten, ohne dass der Preisdruck zulasten des ökologischen Zustands des Bodens gehe.[52]

3.2 Verfestigung von Zielvorstellungen

Im Zusammenspiel mit den Kontextfaktoren lässt sich für die Jahre um 1990 auch eine zunehmende Verfestigung bei den Ideen und Praktiken des politischen Konsums feststellen, die in diesem Kapitel beschrieben werden. Hinzu kommt eine enorme Nachfrageausweitung. In beiden Bereichen, dem alternativ-fairen und dem ökologischen, wurden deshalb zunehmend solche Gruppen wichtig, die koordinierend tätig waren. Deshalb wird in diesem Kapitel stärker als in Kapitel 2.2 auf Vertriebsformen und Lobbying-Bemühungen eingegangen. Hervorzuheben ist zudem mit den ökologischen Verbraucherschutzgruppen eine neue Form von Akteuren. Zunächst steht daher die Frage im

---

49 Bärliner Kaffeegenossenschaft: Sandino-Dröhnung – zum Letzten? In: Lateinamerika Nachrichten, Heft 205–206/1991, S. 45–48, hier S. 46.

50 Zur freundlichen Sicht auf Gewerkschaften und Genossenschaften vgl. Diehl-Kita, Annette/Schaaf, Helmut/Heß, Klaus: Nicaragua bleibt spannend. In: Ila, Heft 144/1991, S. 44–46.

51 Vgl. Pfeifer, Rudi: Droht das Aus für kleine Produzenten? In: Contraste, Heft 72/1990, S. 5; ders.: Fairer Handel mit Bananen? In: Contraste, Heft 94/1992, S. 13–15.

52 Vgl. ebd.

Raum, welche Akteursgruppen sich in welcher Weise um die Weiterentwicklung von politischem Konsum bemühten.

Auch ist in beiden untersuchten Bereichen des politischen Konsums um 1990 eine einsetzende Professionalisierung festzustellen. Damit waren auch Veränderungen in den Erwartungen zur politischen Teilhabe verbunden. Diese war nun seltener an Vorbildung und Mitarbeit geknüpft, sondern stärker mit dem Einkauf von Konsumenten.

3.2.1 Von alternativ zu fair

Es gibt keine klar definierbare Grenze zwischen alternativem und fairem Handel. Als Analysebegriffe werden sie genutzt, um einen Wandel zu beschreiben, der sich aus verschiedenen einzelnen Phänomenen zusammensetzte. Ausschlaggebend ist dabei zunächst der Kontextwandel mit dem Ende der Sandino-Solidarität: Eine strikte Trennung zwischen kirchlichen und solidarischen Akteursgruppen hat ab 1990 nur noch wenig Sinn. Dennoch werden die Akteure der Solidaritätsbewegung in diesem Unterkapitel weiter beachtet. Ihre Reaktionen sind hilfreich, um die Bemühungen zur Weiterentwicklung des alternativen Handels vonseiten der kirchlich getragenen Akteure einzuordnen. Diese Bemühungen lassen sich in drei Stoßrichtungen einteilen, die hier näher betrachtet werden und denen eine zunehmende Professionalisierung der Vertriebswege zugrundelag. Die Auseinandersetzung mit ökologischen Zielsetzungen und die Ausweitung des Handels über die bisherigen Orte hinaus in konventionellen Supermärkten waren zwei grundlegende Entwicklungen. Hinzu stieß die Gründung von TransFair als selbständiger Labelorganisation, die den fairen Handel fortan prägte.

Diese Aspekte gingen zwangsläufig mit einem veränderten Zielhorizont für politische Teilhabe einher, da die größtenteils ehrenamtliche Arbeit im bisherigen alternativen Handel hier an Grenzen stieß. Daher beschäftigt sich ein Teilkapitel abschließend näher mit den Weltläden.

Angesichts der scheinbar offensichtlichen Abfolge von Episoden sollte vorab festgestellt werden: Es ist für die GEPA nicht zu rekonstruieren, ob es einen kausalen Zusammenhang zwischen dem Verlust der Deutungshoheit über Solidarität mit Nicaragua 1985/86 und der Ausweitung der eigenen Vertriebswege ab 1986/87 gab. In jedem Fall begünstigten die Negativerfahrungen bei FEDECOCAGUA und Encafé die Gedanken zur Umorientierung hin zu neuen Partnern.[53] Daher ist es notwendig, beim Blick auf die Ideen und Rezeptionen zur Handelsausweitung den Zusammenhang zur bisherigen Karriere des alternativen Handels nicht zu verlieren. Ruben Quaas stellt die Änderungen zum Ende der 1980er Jahre in einen Zusammenhang mit der Erosion des alternativen Milieus und dessen begrenzter Reichweite, während die akteursspezifische Untersuchung von Uwe Kleiner die Etablierung der Labelorganisation TransFair als zentrale Neuerung 1991/92 betont.[54] Demgegenüber stellt sich hier die Frage nach veränderten Teilhabekonzepten und Konsequenzen für das Konsumentbild. Die Rhetorik der Solidarität wich rasch einer betont reflektierten Nutzung von Gerechtigkeit und Fairness.

---

53   Vgl. Quaas, Fair, S. 247–251.
54   Vgl. Quaas, Fair Trade, S. 269f.; Kleiner, Inlandswirkungen, S. 21.

Gerechtigkeit wurde zum Schlüsselbegriff bei der Übernahme von Argumenten ökologischer Verantwortung, mit denen die GEPA eigene Bio-Produkte auch über Bioläden vertrieb. Darüber hinaus stand die reflektiert vorgenommene Ausweitung der Verkäufe in Supermärkten in einer Spannung zu den bisherigen Teilhabevorstellungen der Verkaufsgruppen. Durch die Verfügbarkeit von fair gehandelten Waren an anderen Orten musste sich der Kauf nicht mehr mit entwicklungspolitischer Bewusstseinsarbeit verknüpfen.

Außerdem gab es Kritik an der Handelsausweitung seitens der Solidaritätsbewegung. Vertreter der bewegungsnahen Importgruppe El Puente etwa stellten bereits 1988 Solidarität und Kommerzialisierung als gegenläufige Ideen vor.[55] Demnach sei die bessere Lösung für die Sanierung der verschuldeten El Puente nicht in der diskutierten Aufweichung der sozialen Kriterien oder der Handelsausweitung, sondern in einer verstärkten Solidarität der Weltläden mit El Puente zu suchen.[56] Anders als bei der GEPA wurde in diesem Fall also kommuniziert, eine mögliche Ausweitung der eigenen Vertriebswege lediglich vor dem Hintergrund finanzieller Notwendigkeiten in Erwägung zu ziehen. Kommerzialisierung im Sinne einer Handelsausweitung auf Supermärkte erschien als Malus, den es zu vermeiden gelte. Ein weiterer Unterschied zwischen den Importorganisationen dürfte das Verhältnis zu den Weltläden als eigene Akteure sein, die der Vorstand von El Puente problematisierte, während die GEPA lediglich die die mit dem höheren Umsatz einhergehenden Chancen an mehreren verfügbaren Standorten betonte.

Die wesentlichen Elemente des Wandels vom alternativen zum fairen Handel waren also ökologische Überlegungen, die Handelsausweitung der GEPA sowie die Gründung des Labels TransFair. Nachfolgend werden diese Elemente näher beleuchtet.

3.2.1.1   GEPA: Öko-alternativer Handel und Biokolonialismus

In Kapitel 2 ist hervorgehoben worden, dass die GEPA schon 1984 Gemeinsamkeiten zwischen Käufern von alternativen und Bio-Produkten sah, mit der sich Unterschiede zwischen alternativem und ökologischem Handel einebnen ließen.[57] Als 1986 mit dem »Café Organico« ein erster, nach den Angaben der Bauern ökologisch einwandfrei angebauter Kaffee von einer mexikanischen Kooperative importiert wurde, war die GEPA um die Darstellung einer natürlichen Verbindung ökologischer und entwicklungspolitischer Probleme bemüht, noch ohne nachhaltige Entwicklung begrifflich zu nutzen.

Diese Bemühung äußerte sich unter anderem in der Differenzierung eines möglichen Biokolonialismus, das heißt eines möglichen Vorwurfs, wonach den mexikanischen Kooperativenbauern die europäische Ökologie aufgezwungen werde anstelle eigener Bedürfnisse.[58] Demnach seien die

---

55   Vgl. N.N.: Solidarität statt Kommerzialisierung! In: AG3WL-Rundbrief, Heft 31/1988, S.15f.; vgl. auch die Selbstdarstellung bei N.N.: El Puente. In: AG3WL-Rundbrief, Heft 27/1987, S. 21f.

56   In der Erklärung und in der Folgezeit fanden sich im AG3WL-Rundbrief keine konkreten Angaben, wie die angedachten »kritische und aktive Solidarität« (N.N., Solidarität statt Kommerzialisierung, S. 16) der Weltläden hätte aussehen können.

57   Vgl. Merzenich, Die Sache, S. 18.

58   Vgl. hier und im Folgenden N.N., Cafe Organico. Die »indianischen Kleinbauern« sind bis heute organisiert in der Unión de Comunidades Indígenas de la Región del Istmo (UCIRI).

»indianischen Kleinbauern (…) keine ›edlen Wilden‹ nach dem romantischen Bild von europäischen ›Aussteigern‹. Ihnen [gehe] es auch nicht darum, hierzulande entwickelte Richtlinien von alternativer biologischer Landwirtschaft nach ›Schema F‹ zu verwirklichen«[59].

Daher seien »die Selbsthilfebemühungen der indianischen Kleinbauern zu unterstützen und zugleich eine umweltgerechte Produktion zu fördern«[60].

Die Gratwanderung zwischen der Artikulation von ökologischen Bedenken und kolonialistisch wirkenden Belehrungen gegenüber wirtschaftlich unterentwickelten Partnern war nicht neu. Die GEPA setzte mit dem Verkauf von Waren mit gleichberechtigten sozialen und ökologischen Botschaften aber eine neue Form von Sichtbarkeit ein. Während zuvor die Einebnung der Unterschiede zwischen Dritte-Welt- und Ökologie-Bewegungen gefordert worden war, betonte die GEPA nun mit dem ökologisch-fairen Kaffee Interpretamente aus beiden Bewegungen und reflektierte die Schwierigkeiten bei deren Verbindung.

Diese Schwierigkeiten lassen sich als ethischer Pluralismus beschreiben, wie er bereits in der Nachhaltigkeitsforschung diagnostiziert worden ist:[61] Ethischer Pluralismus beschäftigt sich mit der Möglichkeit mehrerer konkurrierender, moralisch einwandfreier Ansichten auf einen Sachverhalt trotz bestmöglicher Reflexion. Das Problem Biokolonialismus war aus ethischer Sicht nicht zu lösen.

Das Produkt selbst spielte in der Argumentation eine untergeordnete Rolle. Ausschlaggebend war vielmehr das Problem der Bezugsgröße: Die ökologische Fragestellung bezog sich auf westdeutsche bzw. westeuropäische Bio-Standards, während die sozial-ökonomische Dimension sich wie gewohnt auf die Verbesserung der Lebensbedingungen von Bauern, hier in Mexiko, bezog. Praktisch zeigten sich diese unterschiedlichen Bezugsgrößen als Problem vor allem bei der Frage nach dem Anbaustandard. Während die GEPA selbst für den Aufpreis bürgte, den sie den Bio-Bauern zugutekommen ließ, gestaltete sich das Bio-Labelling schwieriger, da vor Ort in der Regel keine Organisation wie die IFOAM vorhanden war, die die Einhaltung insbesondere der Pestizidfreiheit beim Anbau hätte überblicken können.[62]

Die Erfindung einer solchen Kampagne bedeutete eine Neuausrichtung der Erwartungen an den Konsumenten, die in der Folge sehr populär wurde. Den Beginn machten Projekte zum Anbau von Tee und Kaffee. Der Konsum von öko-alternativen Produkten war nun, so die Erwartung, in der Lage, strukturelle Problemkomplexe zu erfassen, die zwei politische Themen umfassten und die zudem zueinander in Spannung standen. Das heißt auch: Die Zugangshürden für Konsumenten änderten sich. Während die Handelsausweitung in Supermärkte, wie unten näher ausgeführt wird, einen möglichst niedrigschwelligen Zugang für ein breites Publikum sicherstellte, war das umfassende

---

59   Ebd.

60   Ebd.

61   Vgl. Schüßler, Rudolf: Nachhaltigkeit und Ethik. In: Kahl, Wolfgang (Hg.): Nachhaltigkeit als Verbundbegriff. Tübingen 2008, S. 60–79, hier S. 69.

62   Vgl. Kreidl, Günter: Neuheit für Teefreunde: Jetzt auch Tee aus kontrolliert-biologischem Anbau, in: Mahlzeit, Heft 3/1987, S. 1.

Verständnis der Bedeutungen des Produktes mit neuem notwendigem Vorwissen verknüpft, das zudem nicht wie im Weltladen vor Ort grundlegend zur Verfügung gestellt werden konnte.[63]

Die Suche nach neuen Zielgruppen ging von der GEPA selbst aus und die ideologisch naheliegende Ökologiebewegung dürfte nicht zuletzt hochattraktiv gewesen sein aufgrund der wachsenden Nachfrage nach Bio-Produkten in Westdeutschland. Darüber hinaus hatte die GEPA bereits in den späten 1970er Jahren positive Erfahrungen mit der Jute-statt-Plastik-Aktion gesammelt. Da die öko-alternativen Produkte zur gleichen Zeit wie die Supermarktausweitung eingeführt wurden, spielt die Frage des Ortes zumindest zu Beginn noch eine wichtige Rolle. Mit den neuen Waren bot sich für die GEPA nicht nur ein Verkauf in Bioläden an, sondern vor allem erschien es möglich, ökologische Botschaften in den Weltladen-Verkauf zu integrieren. Die Bioladen-Zeitschriften Mahlzeit und Schrot & Korn etwa berichteten über GEPA- bzw. alternativen Kaffee durchweg kritisch-wohlwollend.[64]

Grundsätzlich schlossen sich entwicklungspolitische und ökologische Argumente keineswegs aus, jedoch sorgte die Erwartung der GEPA an das Reflexionsvermögen von Konsumenten offensichtlich für Diskussionsbedarf. So mahnte Frans van der Hoff, der kurz darauf selbst Mitbegründer des niederländischen Labels Max Havelaar wurde, in der GEPA-Zeitschrift Alternativ handeln die Schwierigkeit bei der Verbindung von Solidarität und ökologischem Lebensstil an.[65] Demnach sei die Gefahr sehr groß, dass die Kampagne und die Teilhabe an ihr zu einem Symbolhandeln im Sinne eines Luxuskonsums verkommen, während Solidarität stets konkrete Partner benötige. Es blieben

»zu viele Entwicklungsprojekte in dieser Moralität stecken. Viele behandeln die Armen wie zu genesende Patienten. Die internationale Caritas ist sicher gut gemeint, sie ist aber oft ein Ausdruck der bürgerlichen Einstellung, die neue Alternativen internationaler Solidarität nicht wünscht.«[66]

Van der Hoff bemüht sich hier, Caritas und ökologische Verantwortung miteinander zu verknüpfen, indem er anstelle der rein mildtätigen Hilfe einen eigenen Begriff von Solidarität nutzt. Ebenso bemühte sich van der Hoff darum, öko-alternativen Konsum nicht als Teil eines Konsumentenbürgertums vorzustellen, das den politischen Nutzen lediglich als moralisches Feigenblatt nutze. Vielmehr sei Solidarität nur in einem gelebten sozialen Prozess erreichbar, der eine enge Partnerschaft voraussetzt. Anders als die Nicaragua-Solidarität richtet sich Solidarität bei van der Hoff nicht gegen einen ausdrücklichen Gegner, nicht einmal ausdrücklich gegen strukturelle Ungleichheiten der Welthan-

---

63 Vgl. zur Bedeutung des Vorwissens Stehr, Moralisierung, S. 236f.

64 Einführende, wohlwollende Artikel finden sich bei Debald, Jürgen: Nicarauga-Kaffee: »Statt Jacobs-Krönung ... Sandino-Dröhnung!« In: Mahlzeit, Heft 2/1986, S. 1f.; Kreidl, Neuheit für Teefreunde; Herrnkind, Renée: Bio-Kaffee. In: Schrot & Korn, Heft 7/1991, S. 16–20; N.N.: Café Organico aus Mexiko. In: Schrot & Korn, Heft 4/1993, S. 23f.

65 Vgl. Hoff, Frans van der: Symbolischer Handel ist keine Partnerschaft! Erwartungen an die GEPA als Handelspartner, in: Alternativ handeln, Heft 19/1987, S. 23f.

66 Hoff, Symbolischer Handel, S. 24.

delsbeziehungen. Die »wirkliche neue Welt mit anderen Produktionsbedingungen und -verhältnissen«[67] benötige keine Revolution, sondern Solidarität im Sinne langfristiger Partnerschaft.

Er impliziert damit auch eine mögliche Ungleichheit, die vom öko-alternativen Handel ausgeht. Die größere thematische Komplexität gegenüber dem bisherigen alternativen Handel brachte eine höhere Hürde für die reflektierte Teilhabe an der Kampagne mit sich, aber auch eine größere Anschlussfähigkeit, da die thematische Breite mehr Kunden ansprach. Bei der GEPA selbst verfestigte sich der ökologisch-soziale Kurs weitgehend unabhängig vom Ende der Sandino-Solidarität 1990. Nach der Teilnahme an IFOAM-Konferenzen veröffentlichte die GEPA, weiterentwickelt aus den Konferenzbeiträgen, ein eigenes Konzept zum Thema »[f]airer Handel und ökologischer Anbau«[68]. Darin wird erneut der Biokolonialismus als mögliche Komplikation des eigenen Ansatzes betont: Die Bauern der Dritten Welt wüssten trotz ihres aktuellen Chemieeinsatzes »noch über ökologische Landwirtschaft Bescheid, aber sie brauchen unsere moralische und ökonomische Unterstützung, um wieder damit zu beginnen oder fortzufahren«[69].

In diesem Argument lag die vermeintliche Lösung für das Dilemma des ethischen Pluralismus: Der ökologische Landbau wurde damit nicht mehr als westliche Nachfrage, sondern als Interesse des Kleinbauern im globalen Süden dargestellt. Daraus folgte die These, wonach alternativer bzw. fairer Handel und ökologischer Anbau einander bedingten. Da die Anbauweise der meisten Bauern im globalen Süden ohnehin traditionell ökologisch sei, müssten die westlichen Warenabnehmer Bereitschaft zur Förderung zeigen, mithin ihre Nachfrage anders gestalten.[70] Damit war auch eine entsprechende Erwartung an den Konsumenten verknüpft. Dieser sollte ökologische und ökonomische Verantwortung übernehmen, um erst eine Entwicklung nach dem eigenen Wunsch der Bauern vor Ort zu ermöglichen.

Es ist daher folgerichtig, dass die GEPA im Rahmen ihrer Handelsausweitung einen Bedarf an nationaler und internationaler Vernetzung hatte, der sich nicht mehr nur mit der Hauszeitschrift Alternativ handeln und mit den Forenzeitschriften der Dritte-Welt-Bewegung abdecken ließ. Vielmehr war nun ökologische Expertise, in diesem Fall durch eine Kooperation mit Naturland in Mexiko, notwendig.[71] Außerdem fällt deutlich auf, dass die Hauptmotivationen des alternativen Handels, Nächstenliebe und Solidarität, in den Hintergrund rückten. Solidarität verschwand nicht völlig aus den Publikationen der GEPA, der Begriff wurde jedoch nur noch selten genutzt.

---

67   Hoff, Symbolischer Handel, S. 23.

68   GEPA (Hg.): Fairer Handel und ökologischer Anbau. O.O. o.J. [Schwelm 1992].

69   Bernd, Annette/Fuchs, Hildegard: Soziale Kriterien im Handel mit Produkten aus ökologischem Anbau. In: GEPA (Hg.): Fairer Handel und ökologischer Anbau. O.O. o.J., S. 18–26, hier S. 22.

70   Vgl. Bernd, Annette/Rau, Albert/Hanft, Michael: Umweltschutz in der Dritten Welt durch verändertes Konsumverhalten in der Ersten Welt? In: Forum für interdisziplinäre Forschung, Heft 2/1990, S. 74–80, hier S. 75.

71   Vgl. dazu auch die Kooperation mit dem Label Naturland und die Diagnose fehlender Ökolabel-Strukturen in Dritte-Welt-Ländern bei Bernd/Rau/Hanft, Umweltschutz, hier S. 76.

Handelsausweitung

Die Handelsausweitung des alternativen Handels hin zum fairen Handel ist bereits als Bruch diagnostiziert worden, der Kommerzialisierung bzw. die Neoliberalisierung des alternativen Handels beschreibe.[72] Kommerzialisierung bewirkt oft die Assoziation eines Ausverkaufs, der immaterielle Werte miteinschließt. Das hängt im Kontext der Erforschung neuer sozialer Bewegungen sicherlich auch mit einer voreiligen Verknüpfung von Entpolitisierung und Kommerzialisierung zusammen, wie sie etwa Sven Reichardt vornimmt.[73] Für diese Untersuchung ist es sinnvoll, zwischen zwei Bedeutungen von Kommerzialisierung zu unterscheiden. Zum einen sind damit die Professionalisierung und Ausweitung politischen Konsums auf die Erfordernisse und Bedürfnisse konventioneller Vertriebswege wie Supermärkte gemeint, die einen größeren Umsatz und letztlich einen höheren Gewinn versprechen. Zum anderen diente gerade historischen Akteuren Kommerzialisierung als Chiffre sowohl für den Verrat an Werten der jeweiligen Bewegung als auch für die Gefahr einer Übernahme von Symbolen durch äußere, gewinnorientierte Akteure.

Professionalisierung und Handelsausweitung wurden innerhalb der GEPA bereits in der ersten Hälfte der 1980er diskutiert. Angesichts der Entstehungsgeschichte des alternativen Handels verwundert es zudem nicht, dass erneut eine niederländische Aktion die Vorlage zur Umsetzung gab. Die Aktion »Sauberer Kaffee«[74] wurde 1987/88 in Deutschland mit dem Verkauf von alternativ gehandelten Produkten, zunächst Kaffee, in einem Supermarkt umgesetzt.[75] Ausgewählt wurde dafür ein Lebensmittelgeschäft in Tübingen.[76] Die Gruppe »Aktion Arme Welt« (AAW) koordinierte den Modellversuch, den sie selbst als Bruch mit den bisherigen Praktiken im alternativen Handel empfand, der aber notwendig sei.[77] Die Motivation zur Handelsausweitung war eng verknüpft mit einer Kritik an den bewegungsnahen Sichtweisen:

> »Wer den ›Sauberen Kaffee‹ breiten Bevölkerungsschichten vorenthält, boykottiert die Bemühungen von Kleinbauern, ihren Kaffee direkt zu vermarkten und sichert die Marktstellung von Großgrundbesitzern, Zwischenhändlern und Kaffeekonzernen. (…) Wir wollen sie deshalb unterstützen und ihnen nicht auch noch unsere Wohlstandsprobleme aufbürden.«[78]

---

72 Vgl. Fridell, Coffee, S. 23f.

73 Vgl. Reichardt, Authentizität, S. 871f.; darüber hinaus bleibt Kommerzialisierung in diesem Kontext oft auch schlicht vage, bspw. bei Rucht, Dieter/Blattert, Barbara/Rink, Dieter: Soziale Bewegungen auf dem Weg zur Institutionalisierung? Zum Strukturwandel »alternativer« Gruppen in beiden Teilen Deutschlands, Frankfurt a.M./New York 1997, hier S. 23.

74 Einführend AG3WL (Hg.): Zuivere Koffie. Materialien zur Diskussion über die Aktion Sauberer Kaffee, Darmstadt o.J. [1988].

75 Vgl. Weispfennig, Politischer Konsum und Solidarität, S. 249.

76 Vgl. grundlegend Aktion Arme Welt: Verkauf von Kleinbauernkaffee im Lebensmitteleinzelhandel. 1990, Archiv iz3w, Ernährung Kaffee; Muller, Claude: Für die Kommerzialisierung von ›Sauberem Kaffee‹. In: Blätter des iz3w, Heft 160/1989, S. 51; zur Planung auch AG3WL, Zuivere Koffie, S. 1f.

77 Die Tübinger Projektgruppe Aktion Arme Welt war ein Arbeitskreis der Katholischen Hochschulgemeinde, vgl. AAW, Lebensmitteleinzelhandel, S. 4.

78 Ebd.

Indem sie den alternativen Kaffee in Weltläden vor einer breiten Öffentlichkeit versteckt hielten, machten die Gegner der Handelsausweitung, so das Argument, einen größeren Umsatz und damit ein besseres Leben für die Kleinbauern im globalen Süden unmöglich. Als »Wohlstandsproblem« galt daher die kapitalismuskritische Sicht, die mit der Ablehnung von Supermarktverkäufen einherging.

Die Striktheit dieser Position mag überraschen vor dem Hintergrund der bisherigen Debatten, bei denen die Umsatzzahlen am ehesten für den antiimperialistisch-solidarisch beworbenen Nicaragua-Kaffee eine Rolle spielten. Der Nica-Kaffee war auch nicht aus dem GEPA-Sortiment ausgelistet worden, sondern wurde parallel zum Testverkauf in Tübingen weiterhin beworben. Die apodiktische AAW-Darstellung lässt sich erklären als Reaktion auf eine Debatte zur Professionalisierung des bislang alternativen Handels, die sich danach im Vorfeld der Gesellschafterversammlung der GEPA 1989 als Streitpunkt erwies.[79] Neben den Plänen zur Handelsausweitung und den Beteiligungen an internationalen Netzwerken ging es hier vor allem um Strukturreformen zuungunsten der Bewegungsvertreter.[80] Die GEPA-Führung sah auch intern die Notwendigkeit zu größerer Professionalität, was Gestaltungsraum für Ehrenämtler zwangsläufig beschnitt. Kommerzialisierung und Professionalisierung gingen demnach miteinander einher. Eine professionelle Handelsausweitung erschien aus Sicht der Befürworter zudem notwendig, da der Kaffeepreis zum Ende der 1980er Jahre stark fiel. Diese Entwicklung war unter anderem bedingt durch das Scheitern der internationalen Kaffeehandelsvereinbarung ICA.[81] Die preislichen Sicherheiten, die der faire Handel bot, konnten nun einer größeren Zahl von Kaffeebauern gewährt werden.

Die wachsende Nachfrage von qualitativ höherwertigem Kaffee in den Abnehmerstaaten war zudem 1989 eine für die großen Produzenten eher unerwartete Entwicklung, von der im Kleinen auch die GEPA mit ihrer neuen Strategie profitierte. Alternativer bzw. fairer Kaffee war unabhängig vom tatsächlichen Geschmack seit den 1970er Jahren mit Qualität assoziiert. Auch bei der Befragung der Kaffeekäufer im Tübinger Supermarkt während des Pilotprojektes zeigte sich die Bereitschaft zum Kauf von fair gehandeltem Kaffee deutlich mit der Voraussetzung einer gehobenen Qualität bzw. eines guten Geschmacks verbunden.[82]

Das Projekt in Tübingen stand also für Professionalisierung und für Sicherheit der Projektpartner durch die Handelsausweitung einerseits, für den Eindruck von Qualität andererseits. Inhaltlich stand mit der Kommerzialisierung in der Wahrnehmung vieler Verkaufsgruppen aber das Scheitern des bisherigen entwicklungspolitischen Ansatzes zur Diskussion. Symptomatisch dafür war der veröffentlichte Brief einer Heidelberger Weltladengruppe an die GEPA, die den »fairen Handel« als Supermarktkonzept im Sinne des niederländischen Pilotprojekts »Sauberer Kaffee« ablehnt: So erschien ihnen als

---

79   Vgl. den GEPA-kritischen Bericht von Lampe, Thorsten: »Die Gesellschafter wurden sich einig...« – oder was geschah auf der letzten GEPA-GV? In: AG3WL-Rundbrief, Heft 36/1989, S. 40–44.

80   Vgl. Lampe, GEPA-GV, S. 40.

81   Vgl. Quaas, Fair Trade, S. 277–281.

82   Zum ICA 1989 vgl. Daviron, Benoit/Ponte, Stefano: The coffee paradox. Global markets, commodity trade and the elusive promise of development, London/New York 2005; vgl. Zentrum für Umweltpsychologie Tübingen: Verkauf von Kleinbauernkaffee im Lebensmitteleinzelhandel. Zwischenbericht II, zit. in AAW, Lebensmitteleinzelhandel, S. 42f.

»[ein Widerspruch in sich], [d]urch gerechten Konsum eine bessere Welt schaffen zu wollen«[83], mithin empfand die Ladengruppe also die fehlende konsumkritische Perspektive im Konzept des fairen Handels als Bruch mit den bisherigen Zielen.

Die Debatte 1988/89 markierte in der Tat aus historischer Sicht einen Bruch in der Beziehung der GEPA zur Dritte-Welt-, vor allem aber zur Solidaritätsbewegung.[84] Dafür spricht auch die Klausel des Gesellschaftervertrages für GEPA-Partner zur »Treuepflicht«, die eine öffentliche Auseinandersetzung um den Kurs der GEPA unterbinden sollte und damit die bislang bewegungstypische Form der Reflexion und transparenten Argumentation nicht mehr weiterführte.[85]

Darüber hinaus zeigte sich der Bruch in der Rhetorik. Bereits vor der Gestaltung des Gesellschaftervertrags deutete sich an, dass kirchliche Vertreter und Solidaritätsbewegte kaum zu überbrückende ideologische Differenzen hatten, die sich erst im Fall der Nicaragua-Solidarität und dann am Konflikt um die Handelsausweitung manifestierten. So führte ein bewegungsnaher AG3WL-Vertreter 1988 aus, dass dringend ein Ersatz für die GEPA gefunden werden müsse. Demnach dränge insbesondere der katholische Teil der Gesellschafter

> »die GEPA immer mehr auf einen Kurs, der von der Solidaritätsbewegung (...) nicht mehr toleriert werden kann. (...) Oft hat man das Gefühl, dass Informationsarbeit mit Werbung verwechselt wird, dass brisante entwicklungspolitische Aussagen den Bach runtergehen. Zu allerletzt muss noch gesagt werden, dass in vielen entscheidenden (Finanz)fragen die großen (...) Gesellschafter sämtliche Argumente der Basisvertreter hinwegwischen und so die Mitbestimmung als Makulatur entlarven. Die GEPA ist auf dem Weg zum ›alternativen‹ Konsumwarenverramscher.«[86]

Nicaragua-Solidarität und finanzielle Fragen, einschließlich der Handelsausweitung, waren demnach auch inhaltlich entscheidend. Ebenso schwer wog der Vorwurf, mit der GEPA nicht ergebnisoffen diskutieren zu können.[87]

Kompliziert war die Situation nach 1990 also für solche Gruppen, die sich explizit als Nicaragua-Solidaritätsgruppen verstanden und dem Verkauf im Supermarkt aus antikapitalistischen Gründen kritisch gegenüberstehen mussten. Bei ihnen änderte sich vor allem die Sicht auf die Teilhabe, die sich nach der Abwahl der Sandinisten noch mit dem Kaffee verband. Während die bisherige Vertriebsstruktur über Abos erhalten blieb, konnten weder die Abonnenten noch Endverbraucher die bisherige solidarische Zielsetzung nun noch erfüllen. Die MITKA näherte sich damit den Kriterien der GEPA an, was in der Folgezeit insbesondere in der Debatte um die Labelorganisation TransFair noch

83   Weltladen Heidelberg: Brief an GEPA-GV vom 01.12.1988, betr. Stellungnahme zum Nahrungs-
     mittelprospekt/neues Konzept der GEPA (fairer Handel und Professionalisierung). Zit. in: AG3WL-
     Rundbrief, Heft 33/1988, S. 54.
84   Vgl. Fridell, Coffee, S. 54f.
85   Vgl. zur Treuepflicht besonders Geiger, Peter: Nicht mit dir und nicht ohne dich!? In: AG3WL-Rund-
     brief, Heft 37/1989, S. 13f., hier S. 14.
86   Seeberg, Andreas: A3WH = GEPA? In: AG3WL-Rundbrief, Heft 25/1987, S. 18.
87   Vgl. Lampe, GEPA-GV, S. 42.

deutlicher wurde.[88] Damit wiederum fiel auch die Erwartung an die Käufer fort, durch den Kauf eine solidarische Haltung mit einer verbündeten Partei gegen die »Macht der Kaffeekonzerne« nachzuweisen.

Auch war die Tendenz zur Dichotomie zwischen scheinbar kommerzieller GEPA und solidarischer Bewegung als rhetorisches Mittel sicherlich auch dem emotional geführten Kampf um die Deutungshoheit über das Erbe des alternativen Handels geschuldet. Nüchtern betrachtet bestand in der Praxis zum Ende der 1980er Jahre und darüber hinaus schlicht keine Dichotomie. Das eingängigste Gegenbeispiel gegen die Annahme zweier Blöcke dürfte die Organisation des erfolgreichen Projektes »La Paz del Tuma« ab 1987 zur Förderung von Infrastruktur in der nicaraguanischen Kaffeeproduktion sein, das sowohl von der GEPA als auch von MITKA und dem Informationsbüro in Wuppertal, also zwei Bewegungsvertretern, organisiert wurde.[89]

3.2.1.2 Gründung von TransFair

Die Gründung des später so erfolgreichen TransFair-Labels erfolgte erneut nach einem erfolgreichen niederländischen Vorbild, in diesem Fall dem Max-Havelaar-Label. Zu beachten ist zunächst das Geschäftsmodell: Es handelte sich bei TransFair (bis in die Gegenwart) um einen Akteur, der lediglich ein Label nach einem bestimmten Standard vergab und keine eigenen Importe durchführte oder gar Anbaupartner hatte. Der Gründungsprozess TransFairs als AG Kleinbauernkaffee war von Beginn an praxiorientiert gehalten, was auch an der breiten Trägerschaft gelegen haben mag: Zwar war die GEPA hier nur beratend tätig und wurde dann die erste Labelnehmerin TransFairs, jedoch standen die gleichen kirchlichen Trägerorganisationen dahinter und wurden unter anderem ergänzt um die Friedrich-Ebert-Stiftung, die AG3WL und die mittelamerikanische Genossenschaftenorganisation »Frente Solidario«.[90]

Ein anderer Grund für die Pragmatik dürfte der von Anfang an geäußerte internationale Anspruch sein, der sich auch in der Vernetzung bei der »European Fair Trade Association« (EFTA) ausdrückte. Hier hatte TransFair als reine Labelorganisation den Vorteil, nicht auf die gewachsene Infrastruktur beim alternativen Handel und in der Solidaritätsbewegung angewiesen zu sein. Während dies einerseits kontroverse, aber aufmerksamkeitsbringende Debatten mit sich brachte, konnte TransFair andererseits auf dem Gebiet der ehemaligen DDR auch ohne Weltladen-Infrastruktur rasch präsent sein. Schließlich war das Label prinzipiell jedem Anbieter offen, also auch den vermeintlich kapitalistisch-imperialistischen Röstereien, gegen die sich die Solidaritätsbewegten zu Beginn der 1980er Jahre gewandt hatten.

---

88 Vgl. besonders die strengere, aber prinzipiell gleichartige Kriterienauslegung im Vergleich mit TransFair 1992, Anders, Uli/Kowalczyk, Charlie: »Wir sind radikaler als TransFair«. In: Forum entwicklungspolitischer Aktionsgruppen, Heft 168/1992, S. 13–15.

89 Einführend dazu N.N.: Integriertes Projekt »La Paz del Tuma« (Region VI). In: Informationsbüro Nicaragua Rundschreiben, Heft 1/1987, S. 39–41.

90 Eine vollständige Liste der exkl. GEPA 22 Mitgliedsorganisationen kurz nach der Gründung findet sich bei TransFair (Hg.): Kaffee. Materialien für Bildungsarbeit und Aktionen, Aachen/Stuttgart 1992, S. 5.

Mit der Arbeit von TransFair wurde auch das Ergebnis der Handelsausweitung des alternativen Handels im Supermarkt deutlicher als zuvor sichtbar.[91] Die von TransFair in ihrer Selbstdarstellung formulierten vier Kriterien zur Vergabe ihres Labels waren dann auch charakteristisch für die Unterscheidung zwischen fairem Handel und den bisherigen alternativen Zielen. Konkret sollte der Aufschlag möglichst direkt und transparent beim Produzenten ankommen, ein Mindestpreis sollte garantiert sein, Vorauszahlungen sollten geleistet werden und die Verlässlichkeit der Kontakte im Sinne einer Mindestlaufzeit sollte gewährleistet sein.[92] Mit anderen Worten: Die Geschichte hinter dem alternativen Handel spielte für die Labelvergabe keine unmittelbare Rolle mehr. Insbesondere der Mindestpreis erscheint dabei als politischer Anspruch nach dem Scheitern des Kaffeeabkommens 1989. Gerade ohne das ICA seien Kleinbauern auf die Konsumenten angewiesen, was etwa von Seiten Misereors als praktische Solidarität charakterisiert wurde.[93]

Darüber hinaus hielt sich TransFair selbst mit der Aufforderung zur politischen Teilhabe gegenüber dem Konsumenten zurück. So seien die 1980er Jahre in Westdeutschland »das Jahrzehnt der Ökowelle [gewesen]. Derzeit wächst die Bereitschaft, ethische Argumente im Handel anzuhören, denn Produkte unterscheiden sich in Qualität und Nutzen (primäre Argumente) zunehmend weniger voneinander«[94]. Daher müsse eine »neutrale Instanz«[95], hier also TransFair, für die Durchsetzung der Versprechen des fairen Handels und gegen den möglichen Missbrauch arbeiten. Das hier gezeichnete Bild der Konsumenten war kein unpolitisches, wirkte aber gerade über den harten Kontrast zur Nicaragua-Solidarität hinaus auch deshalb scheinbar entpolitisiert, weil das Fair-Attribut der Ware an dieser Stelle zum »ethischen«[96] Werbeelement aufstieg. Für die Qualität dieser moralischen Komponente bürgte nun TransFair eher im Sinne eines Verbraucherschützers als im Sinne eines Anbieters politischer Bildung. Der politische Gestaltungsanspruch verschwand damit nicht, sondern beschränkte sich auf Verbandsebene.

Reaktionen des alternativen Handels

Im Kern blieb anderen Gruppen des alternativen Handels auf diese Entwicklungen nur eine Reaktion mit zwei möglichen Stoßrichtungen, indem sie sich entweder ostentativ gegen Kommerzialisierung wandten oder indem sie ein pragmatisches Verhältnis entwickelten. Wohl auch wegen der identitätsstiftenden Komponente des revolutionären Charmes der Sandino-Unterstützung waren viele Gruppen der bisherigen Solidaritätsbewegung gegenüber TransFair bzw. der AG Kleinbauernkaffee skeptisch. Das Statement, das seitens mehrerer MITKA-Gruppen leicht abgeändert in verschiedenen Medien veröffentlicht wurde, ging daher besonders auf die Intentionen der Labelorganisation

---

91 Vgl. zur Eigensicht Kleiner, Inlandswirkungen, S. 21f.

92 Vgl. Kunz, Martin: TransFair. In: Inkota-Brief, Heft 4/1992, S. 53f., hier S. 53.

93 Vgl. N.N.: Faire Preise für Kaffee. »Transfair« appelliert an die Solidarität der Verbraucher, in: Misereor aktuell, Heft 6/1992, S. 16; die theologische Grundierung fehlte auch bei der selbstdarstellenden Broschüre, vgl. TransFair, Kaffee.

94 Kunz, TransFair, S. 54.

95 Ebd.

96 Ethisch wird hier als Quellenbegriff genutzt – analytisch wäre »moralisch« passender.

ein.[97] Darin äußerten die Gruppen im Wesentlichen zwei Kritikpunkte. Zunächst sei die Kategorie Kleinbauer nicht genau erfasst und bedürfe Regelungen etwa für unklare Besitzverhältnisse, vor allem aber sei es wichtig, welche Ziele die Projektpartner vor Ort verfolgen. So wollte die Berliner Ökotopia in Nicaragua »politische Organisationen unterstützen, die in der gerade installierten neoliberalen Wirtschaftsordnung emanzipatorische Prozesse fördern«[98]. Bei der Auswahl gehe es um »eine eindeutige politische Parteinahme auf Seiten der Unterprivilegierten«[99]. Damit gemeint waren etwa die Landarbeitergewerkschaft in Nicaragua.[100] Diese Problemdimension klammerte TransFair aus.

Mit dem zweiten Punkt der Kritik warfen die MITKA-Gruppen TransFair vor, die Kommerzialisierung des alternativen Handels als Selbstzweck zu betreiben. Weil der Erwerb des Labels jedem offenstehe, der die Kriterien dafür hinreichend erfülle, werde mit der »angestrebten Solidarität mit ProduzentInnen gebrochen«[101]. Da die MITKA-Gruppen »Beihilfe zu strukturellen politischen Veränderungen«[102] leisten wollten, sei etwas falsch gelaufen, wenn einer der großen Kaffeekonzerne für faire Handelsbedingungen stehen wolle. Eine Zusammenarbeit mit den großen Kaffeeröstereien schloss die MITKA daher 1992 aus.[103]

Problematisch war daran der Mangel an Alternativen. Nach 1990 erschien, wie bei der Berliner Kaffeegesellschaft, der Glaube an eine geschlossene Anhängerschaft zunehmend illusorisch.[104] Nach der Abwahl der Sandino-Regierung in Nicaragua war offenbar das Interesse an weiteren Abo-Kaffee-Aktionen drastisch gesunken, als Umfragepostkarten unter den eigenen Abonnenten von weniger als drei Prozent der rund 1.500 Abonnenten beantwortet wurden. Diese Trägheit nach dem Ende des sozialistischen Nicaraguas führte zur Frage, »inwieweit der Verkauf von Nicaragua-Kaffee, der für unsere Gruppen zum wesentlichen Teil auch politisches Projekt sein sollte, nicht schon zu einem alternativen Handelsprojekt geworden war.«[105] Politischen Konsum konnte es zumindest im Fall Nicaragua-Kaffee aus dieser Position nur im kämpferisch-solidarischen Sinn geben. Dass dafür eine realpolitische Perspektive, sprich ein klar umrissener Solidarpartner, nun abhandengekommen war, blieb eine grundlegende Schwierigkeit, die dem Begriff Solidarität im weiteren Verlauf der Debatten einen nostalgischen Wert verlieh. So formulierte die MITKA-Gruppe El Rojito in Bezug auf kommerzialisierten Kleinbauernkaffee, dass man sie

---

97   Vgl. Ökotopia: Fairer Kleinbauernkaffee – eine Stellungnahme. In: Lateinamerika Nachrichten, Heft 217–218/1992, S. 99–101; El Rojito: MITKA blickt skeptisch zu TransFair. In: Forum entwicklungspolitischer Aktionsgruppen, Heft 167/1992, S. 32f.; MITKA: TransFair, MITKA und die politische Triebkraft des alternativen (Kaffee-)Handels. In: El Puente informiert, Heft Winter 1992, S. 11f.

98   Ökotopia, Stellungnahme, S. 100.

99   Ebd.

100   Vgl. N.N., Triebkraft, S. 12; zur Idee näher Heß, Klaus-Dieter/Weiland, Thomas: Kaffee aus der »Arbeitsaktiengesellschaft«. Arbeiterselbstverwaltung – ein Ausweg aus dem neoliberalen Desaster? In: Ila, Heft 161/1992, S. 10–12.

101   Ökotopia, Stellungnahme, S. 100.

102   Ebd.

103   Vgl. auch Anders/Kowalczyk, »Wir sind radikaler als TransFair«, S. 14.

104   Vgl. Diehl-Kita/Schaaf/Heß, Nicaragua bleibt spannend; vgl. Weispfennig, Politischer Konsum und Solidarität, S. 250.

105   Ebd.

»als Traditionalisten ansehen [mag], wenn wir [El Rojito, SW] an unseren Vorstellungen vom Kaffeehandel festhalten. Aber die Erfahrung, die wir als Gruppe der Solidaritätsbewegung seit 1987 (...) gewonnen haben, lässt uns keine andere Konsequenz.«[106]

Die Statements geben Raum für Spekulationen: Hätte die TransFair-Einführung auch erfolgreich sein können, wenn die Solidaritätsgruppen nicht durch das Ende der Sandinos in eine Krise geraten wären? Schließlich kostete es die MITKA-Gruppen nun große Mühe, einen Solidarpartner zu konstruieren, dem nicht lediglich Spenden zufließen würden. Auch diente die Ablehnung von Kommerzialisierung ex negativo der eigenen Positionsfindung, wie es zuvor der Kampf gegen imperialistische Kaffeekonzerne tat. Der Vorwurf an TransFair richtete sich gegen die Beliebigkeit, die mit den Labelvergaben einherging. Politische Teilhabe seitens der Konsumenten spielte nur am Rande eine Rolle, auch weil die MITKA-Gruppen in erster Linie ihr eigenes Teilhabeverständnis gegenüber der geschickt positionierten Schiedsrichterrolle der Fair-Trade-Labels verteidigen mussten.[107]

Wesentlich komplizierter war die Positionierung für solche Akteure, die am Projekt TransFair beteiligt waren, allen voran AG3WL, die gleichzeitig innerhalb der Dritte-Welt-Bewegung eine hohe Aufmerksamkeit erreichten. Der Vorwurf etwa im Forum entwicklungspolitischer Aktionsgruppen lautete, dass die Mitarbeit dieser Gruppen TransFair politisch erheblich aufwerte, während die Labelorganisation und der Effekt der Labels löblich, aber eben ohne politischen Anspruch dastünden.[108] AG3WL-Gruppen selbst veröffentlichten zu der Problematik Kaffee-Briefe als Beilage zum Rundbrief. Auch wenn sie darin den Anspruch der Weltläden auf Multiplikatorenarbeit aufrechterhielten, positionierten sie sich pragmatisch. So forderten die Läden »zur Unterstützung der Arbeit einen festen Anteil an den erwarteten Lizenzgebühren«[109] von TransFair, was auch eine indirekte Unterstützung der Weltläden durch kommerzielle Kaffeeröster bedeuten konnte, sofern diese sich um das Label bemühten. Auch die Bremer Gruppe Tupac Amaru, die bislang klar dem Spektrum der Solidaritätsgruppen zuzuordnen gewesen war, beteiligte sich an der Veröffentlichung.[110]

Bei der historischen Beurteilung der Gründung von TransFair liegt es nur allzu nahe, die Ursprünge des alternativen Handels mit seinen theologischen und solidarischen Fundamenten als stärker politisch geprägt anzusehen als die Konsumentenerwartungen

---

106   El Rojito: Selbstdarstellung. In: BUKO Agrar-Dossier, Heft 2/1992, S. 32.

107   Zum Lobbyanspruch bspw. der EFTA vgl. Kleiner, Inlandswirkungen, S. 30.

108   Vgl. Kowalczyk, Charly: Mit der Macht der Kaffeekonzerne für »faire« Preise. In: Forum entwicklungspolitischer Aktionsgruppen, Heft 168/1992, S. 16.

109   N.N.: Gütesiegel nicht nur für Kaffee, sondern auch für andere Produkte. In: Kaffee-Brief, Heft 1/1992, S. 1f., hier S. 2.

110   Mit dem Blick auf dieses Beispiel ist das Urteil Sven Reichardts und Detlef Siegfrieds, wonach das alternative Milieu sich nicht den Mechanismen der Konsumgesellschaft habe entziehen können, differenzierungswürdig, vgl. Reichardt, Sven/Siegfried, Detlef: Das Alternative Milieu. Konturen einer Lebensform, in: Dies. (Hg.): Das Alternative Milieu. Antibürgerlicher Lebensstil und linke Politik in der Bundesrepublik Deutschland und Europa 1968–1983, Göttingen 2010, S. 9–24, hier S. 20.

ab der Gründung von TransFair 1992.[111] Bei einer rein akteursbezogenen Betrachtung, etwa der Solidaritätsgruppen gegenüber TransFair, dürfte diese Annahme unumstritten sein. Jedoch sollte dabei immer der Kontext beachtet werden: Das Ende von Nicaragua als utopischem Ort in der Vorstellung von Solidargruppen entzog dieser Form von Nischenhandel aus Sicht vieler Akteure viel von ihrem exotisch-alternativen, mithin revolutionären, Charme.[112] Die Vertriebswege und die konkreten Handlungsmöglichkeiten für Endverbraucher änderten sich schließlich nicht.

Es wäre zudem verfälschend, aus der Kommerzialisierung fairen Handels eine Entpolitisierung des politischen Konsums im Gesamten abzuleiten, auch wenn das Verschwinden der Solidarität zu diesem Gedanken einladen könnte. Die nun beginnende, später massenhafte Labelverleihung an fair gehandelte Produkte war vielmehr Teil eines Prozesses, der eine größere Zahl an Konsumenten als zuvor ansprach. Das TransFair-Label machte durch seine vergleichsweise hohe Bekanntheit Produkte des fairen Handels auch für wenig informierte Verbraucher sichtbar. Damit wurden auch notwendige Bildungsvoraussetzungen entweder beseitigt oder zumindest zu niedrigeren Hürden für den politischen Konsum als zuvor.

Aus dieser Perspektive ist der Ansatz von Gavin Fridell zu verstehen, der die Etablierung der Labelorganisationen als Wendepunkt in der Geschichte des fairen Handels versteht und davon ausgeht, dass dieser eine neoliberale Wendung genommen habe.[113] Damit ist gemeint, dass TransFair keine Anstalten zur entwicklungspolitischen Einflussnahme machte und die Konsumenten auch nicht dazu aufrief. Daraus kann geschlossen werden, dass aufholende Entwicklung über den Markt abgewickelt werden sollte, indem die Kleinbauernkooperativen sich möglichst gewinnbringend positionierten. Das geschah durch den Verkauf von Moral, der eine individuelle Positionierung ermöglichte.

3.2.1.3 Weltläden und die Handelsausweitung

Die AG3WL war nicht nur gefordert als Trägerin von TransFair. Mit den Elementen ihrer Handelsausweitung, intern durch Professionalisierung und räumlich auf Supermärkte, setzte auch die GEPA die Weltläden unter Druck. Sorgen um direkte Konkurrenz zwischen Weltladen und Supermarkt gab es selten, was auch an der Annahme von Unterschieden in der Vorbildung der jeweiligen Käufergruppen gelegen haben mag. Zum Ende der 1980er Jahre war es aber für die AG3WL schwierig, ein eigenes politisches Profil auszubauen. Zu diesem gehörte insbesondere die Positionierung gegenüber der Handelsausweitung und gegenüber der Frage, inwieweit die Professionalisierung der GEPA die eigenen Teilhabemöglichkeiten schmälerte.

---

111   Zur These einer Idealisierung der frühen Handelsversuche vgl. Anderson, Matthew: Fair Trade: partners in development? A reassessment of trading partnerships within the Fair Trade model, in: Granville, Brigitte/Dine, Janet: The Processes and Practices of Fair Trade. Trust, ethics, and governance, Abingdon 2013, S. 79–95, hier S. 82.

112   Zum symbolischen Wert des solidarisch-kämpferischen Nica-Kaffee-Kaufs liegen keine Forschungen vor, er dürfte jedoch hoch zu veranschlagen sein. Vgl. dazu auch die Annahmen zum Dasein als 68er als Form symbolischen Kapitals bei Behre, Silja: Bewegte Erinnerung. Deutungskämpfe um »1968« in deutsch-französischer Perspektive, Tübingen 2016, hier S. 158.

113   Vgl. Fridell, Coffee, besonders S. 23f. und 54f.

Vor 1990 war ein Hauptkritikpunkt seitens der bewegungsnahen Weltläden zunächst das Vermeidungsverhalten der GEPA gegenüber einem klaren Bekenntnis zur Sandino-Solidarität. Der beinahe gleichzeitig begonnene Supermarktverkauf ließ zudem den Verdacht aufkommen, dass entwicklungspolitische Bildung seitens der GEPA als Werbung missbraucht werde.[114] Beispielhaft für diese Ernüchterung ist die Reaktion der AG3WL auf die Entscheidung der GEPA im Jahr 1989, keinen Zucker mehr aus Nicaragua zu beziehen zugunsten eines neuen Projektpartners in den Philippinen.[115]

Vertreter des AG3WL-Vorstands beschwerten sich daher um eine bewusste Bevorzugung größeren Handelsvolumens gegenüber politischer Solidarität.[116] Die Fragen »Welche Politik strebt die GEPA zum ›Projekt Nicaragua‹ an?« und »Wer in der GEPA strebt welche Politik an?«[117] deuten an, dass »Politik« hier nicht Solidarität zum Gegenstand hatte. Konkret äußerte die AG3WL den Verdacht, dass die GEPA die Hintergründe ihrer Entscheidungen absichtlich nicht transparent gestalte. So ein Vorgehen mache jedoch die Teilhabe am politischen Konsum für die Weltladengruppen unmöglich. Schließlich gehöre

> »es selbstredend nicht zu den Aufgaben eines alternativen Handels, für die Unterstützung von revolutionären Prozessen zu WERBEN [sic!]. Aber die mit den Produkten verknüpften, nötigen Informationen zu liefern, um eine Beurteilung nicht von vornherein zu verhindern, würde ihn erst von einem kommerziellen Handel unterscheiden. Kann es doch einem alternativen Handel letztlich nur darum gehen, die kapitalistischen Weltwirtschaftsstrukturen transparent zu machen und gleichzeitig zur Sicherung von Arbeit und Lebensunterhalt in (einzelnen) Projekten beizutragen.«[118]

Für die pädagogische Arbeit der Weltladengruppen sei demnach Transparenz entscheidend. Bemerkenswert ist zudem die Verortung der eigenen Arbeit, die ohne grundlegende Kapitalismuskritik auskam.

Anders als bei den Solidaritätsgruppen war die AG3WL als Ganzes kaum durch das Ende der Sandino-Regierung in Nicaragua betroffen.[119] Das ist nicht zuletzt mit den Mitgliedern in der AG3WL zu erklären: Zwar existiert bis heute keine systematische Aufarbeitung der Weltladenstruktur in Deutschland, jedoch dürfte in Anbetracht der Nähe zahlreicher Ladengruppen zu Kirchengemeinden und ihrer entsprechenden Käuferschaft die Dominanz der links-solidarischen Gruppen geringer ausgefallen sein, als es angesichts des emotional diskutierten Themas Nicaragua-Solidarität zum Ende der 1980er Jahre den Anschein gemacht hatte.

---

114   Vgl. Seeberg, A3WH = GEPA.
115   Vgl. N.N.: Nica-Zucker geht – Mascobado von den Philippinen kommt. In: GEPA Informationsdienst, Heft 1/1989, S. 4.
116   Vgl. Augenstein, Johannes: Brief an die Geschäftsführung der GEPA. Zit. in: AG3WL-Rundbrief, Heft 35/1989, S. 54–58.
117   Augenstein, Brief, S. 58.
118   Ebd.
119   Vgl. Lampe, GEPA-GV; nach 1990 dagegen Reichert, Tobias: Das Ende der A3WH – eine Illusion? Kritik einer womöglich verfrühten Autopsie, in: Forum entwicklungspolitischer Aktionsgruppen, Heft 159/1992, S. 27f.

Das Thema war bereits 1992 mit einer gewissen Nostalgie behaftet, als ein AG3WL-Vorstandsmitglied die zukünftig schwierige Aufgabe politischer Positionierung beschreibt und feststellt, dass es »so einfach wie bei Nica-Kaffee wohl nie mehr werden [wird]«[120]. El Puente etwa suchte den Ausweg aus den eigenen Absatzproblemen im Verhältnis zu den Weltläden: Ralf Piorr, Mitglied des Projektpartnerausschusses bei El Puente, beschrieb die Situation der Weltläden im Zusammenhang mit einer angeblichen Entpolitisierung, wobei die Läden »– teilweise – weiter [bestehen], ihre Produkte [absetzen], aber vollständig in die ›etwas bewusstere‹ Verkaufsszene integriert [sind]. Haben einen verändernden Charakter für diese Gesellschaft verloren und werden eben geduldet, solange sie brav und bürgerlich sind«[121]. Die Weltladengruppen arbeiteten nach diesem Vorwurf im Wesentlichen zum Selbstzweck.[122] Die Konsequenz sei die Anpassung an eine lebensstilpolitisch geprägte Nachfrage, wobei gerade das uneigentliche Benennen der »»etwas bewussteren«« Verkaufsszene den Kernpunkt der Kritik darstellt. Er unterstellt einen bereits durchlaufenen Wandel beim Partizipationsanspruch der Ladengruppen, wobei der Anspruch offenbar gesunken ist. Zwar wird an dieser Stelle nicht deutlich, wie sich eine bewusstere Verkaufsszene definierte, jedoch dürfte hier die Verbindung von entwicklungspolitischen und ökologisch-gesundheitlichen Gesichtspunkten mit modischen Aspekten, also Lebensstilpolitik, verstanden sein.

Der Wunsch der GEPA nach steigenden Umsätzen stieß aber schon vor 1990 nicht auf grundlegende Ablehnung der Weltläden. In der AG3WL erregte die niederländische Aktion »Sauberer Kaffee« zum Supermarktverkauf 1987 bereits Aufmerksamkeit, bevor sie überhaupt in Deutschland übernommen wurde.[123] In einem Positionspapier veröffentlichte sie dazu Thesen, die differenziert waren. Demnach war die AG3WL »nicht der Meinung, dass große profitorientierte Strukturen für die Vermarktung genossenschaftlichen Kaffees«[124] tauglich seien, sondern dass »[s]aubere Strukturen für sauberen Kaffee« notwendige Voraussetzung seien. Mit dem Ruf nach sauberen Strukturen versuchte die Arbeitsgemeinschaft, die niederländische »Sauberer Kaffee«-Aktion mit Dezentralität und Genossenschaft als Prinzipien zu konfrontieren. So sei genossenschaftlich produzierter Kaffee am besten durch genossenschaftlich organisierte Verkäufer zu vertreiben. Unter dem Dach einer bundesweit tätigen Importfirma könnten dann dezentrale Regionalplattformen unter anderem »die Verknüpfung von Absatz und Bewusstseinsbildung leisten«[125]. Die Kritik am Supermarktverkauf war insgesamt konstruktiv. Die Kritik an der Vertriebsstruktur beinhaltete keine pauschale Ablehnung von Handelsausweitung.

Die grundsätzliche Kompromissbereitschaft erklärt auch Berichte wie etwa nach der AG3WL-Jahresversammlung 1991 in den Blättern des iz3w, bei der die weitgehende

120   Reichert, Ende der A3WH, S. 28.

121   Piorr, Ralf: Nicht nur ein Rechenschaftsbericht über die Arbeit bei El Puente. In: AG3WL-Rundbrief, Heft 31/1988, S. 17f., hier S. 17.

122   Vgl. ebd.

123   Vgl. grundlegend AG3WL, Zuivere Koffie, S. 5–7; N.N.: Betrifft: Aktion Sauberer Kaffee, in: AG3WL-Rundbrief, Extrablatt 2/1988, S. 2f.; konkreter dann N.N.: In den Niederlanden: Zuivere Koffie in Beweging, In der BRD: tut sich auch was, in: AG3WL-Rundbrief, Heft 34/1989, S. 70–72.

124   N.N., Betrifft: Aktion, S. 3.

125   Ebd.

Kooperationsbereitschaft mit dem Supermarkt-Ansatz und die schwindende Betonung des Bildungsanspruches als verräterisch beschrieben wurden.[126] Die Kommerzialisierung des alternativen bzw. fairen Handels wurde weitestgehend von der GEPA mit dem niederländischen Konzept vorangetrieben und darauf reagierten Weltladengruppen mit differenzierter Kritik, ohne aber die eigenen Praktiken zu ändern.

Während die alternativen Kaffeeimporteure, allen voran MITKA-Gruppen, die TransFair-Gründung zur allgemeinen Kritik an der Kommerzialisierung des alternativen Handels und am Erlahmen der Solidaritätsbewegung nutzten, waren die meisten Weltladengruppen zum pragmatischen Umgang mit dem neuen Kontext bereit. Gerade weil die AG3WL zudem auch Trägerin von TransFair war, dürfte für die Weltläden die reine Labelling-Arbeit nicht als Konkurrenz aufgefasst worden sein. Die Kommerzialisierung und die Weiterarbeit von Weltladengruppen in der politischen Bildung schlossen sich demnach nicht aus, wie auch die spätere Bezeichnung der Weltläden als »Fachgeschäfte des fairen Handels«[127] noch zeigte.[128] Die eigene Expertise und nicht mehr das Produkt war nun sinnstiftend für den Weltladen.

Aus der Sicht der Kritiker war dieser Weg gefährlich. Der nunmehr faire Handel fußte, anders als der alternative Handel, nicht mehr hauptsächlich auf der ehrenamtlich betriebenen Arbeit im Weltladen. Fairer Handel, so ein Vorwurf vom iz3w, könne sich deshalb leicht als »schädliche Illusion«[129] entpuppen. Er führe dazu, dass der

> »Begriff Partnerschaft ideologisiert und damit Gleichheit und Gegenseitigkeit vorgetäuscht, die nicht vorhanden ist. Im Gegenteil verfestigen sich typische einseitige Abhängigkeiten und vergrößern sich sogar. Kommerzialisierung eines solchen Dritte Welt Handels sind [sic!] nicht Reformen zum Wohl der Partner, sondern bedeuten Verstärkung externer Abhängigkeiten für diejenigen, die bislang dem Weltmarkt noch nicht direkt ausgesetzt waren.«[130]

Professionalisierung und Ausweitung des Angebots machten demnach den fairen Handel zu verwundbar gegenüber Nachfrageschwankungen, die letztlich zulasten des Kleinbauern im globalen Süden gingen.[131] Diese Sicht führte dazu, dass die Kommerzialisierung des alternativen zum fairen Handel zum Bruch mit den Idealen des alternativen Handels werde, deren Wurzeln die Weltläden seien. Die Handelsausweitung allgemein sei also unglaubwürdig.

Den ökologisch-alternativen Handel schließlich übernahmen die Weltläden im Allgemeinen unkritisch mit Ausnahmen bei Solidaritätsgruppen. Eine grundsätzliche Kri-

---

126 Vgl. N.N.: Dritte Welt im Supermarkt. In: Blätter des iz3w, Heft 178/1991-1992, S. 56; darüber hinaus versuchte das iz3w jedoch zu einem ausgewogenen Urteil zu kommen, vgl. Köstlin, Konstanze/ Müller, Roland: Im Spannungsfeld zwischen Politik und Profit. In: Blätter des iz3w, Heft 167/1990, S. 46–50.

127 So das eigens gewählte Motto, vgl. N.N.: Leitbild des Weltladen-Dachverbandes. In: Weltläden aktuell, Heft 73/1999, S. 28.

128 Vgl. auch Raschke, Fairer Handel, S. 116f.

129 Sommerfeld, Michael/Stahl, Rainer: Von der Politik zum Kommerz. Zum entwicklungsbezogenen Handel, in: Blätter des iz3w, Heft 159/1989, S. 31–33, hier S. 32.

130 Sommerfeld/Stahl, Politik zum Kommerz, S. 33.

131 Vgl. Weispfennig, Politischer Konsum und Solidarität, S. 250f.

tik kam von der Bremer Tupac-Amaru-Weltladengruppe, die sich in Bezug auf öko-alternativ gehandelten Tee aus Sri Lanka gegen deren Verkauf aussprach.[132] Demnach habe die GEPA eine neue Argumentationsweise eingeführt und die Betonung sozialer Strukturprobleme aus den Augen verloren: Vor dem Hintergrund des Bürgerkriegs in Sri Lanka sei es zwar allgemein

> »sinnvoll, biologischen Anbau – mit all seinen positiven Aspekten auch für die Produzent/-innen zu fordern. (…) Zum ›anderen‹ Tee-Handel der GEPA findet man/frau in Bezug auf die Teearbeiterinnen jetzt nur noch (…) wenige und zugleich widersprüchliche Aussagen (…).«[133]

Dass laut Tupac Amaru angesichts der Menschenrechtsverletzungen in Sri Lanka eher ein Warenboykott nach dem Vorbild des Apartheidsboykotts infrage hätte kommen sollen als das neue Projekt, weist auf die Schwierigkeit zur Konstruktion einer öko-alternativen Zielsetzung hin:[134] Zum Zeitpunkt der Kampagne im Jahr 1987 stand der größte Teil der Dritte-Welt-Bewegten eher Solidaritäts- als Ökologie-Argumentationen nahe. Plakativ verkürzt war Umweltverschmutzung seitens der Sandinos ein verschmerzbarer Kollateralschaden. Die Rezeption in den Bewegungen war entsprechend unterschiedlich.

Die konstruktive Haltung zu Handelsausweitung und öko-fairen Produkten erforderte von der AG3WL ein hohes Maß an Selbstreflektion. Der Vorstand äußerte 1991 die »Grunderfahrung, dass der alternative Handel – im Gegensatz zu den Ideen der 70er Jahre – Abkopplung vom Weltmarkt auszuprobieren – im Großen und Ganzen gescheitert ist.«[135] So zeigte sich die AG3WL gegenüber dem Wandel zum fairen Handel offen, musste aber die Enttäuschung einiger bewegungsnaher Akteure hinnehmen. Weder die Handelsausweitung der GEPA noch die Gründung von TransFair führten zu einem Bruch in der mittlerweile etablierten Praxis. Entscheidend war aus Sicht der Weltläden Transparenz: Mit entsprechenden Informationen könnten die Gruppen ihren entwicklungspolitischen Bildungsauftrag erfüllen. Es war also möglich, am politischen Konsum teilzuhaben und gleichzeitig auf grundlegende Kapitalismuskritik zu verzichten.

3.2.2 Wachsendes Interesse an Ökologie

Die vorangegangenen Ausführungen haben bereits gezeigt, dass umwelt- und entwicklungspolitische Probleme um 1990 noch stärker zusammen gedacht wurden als zuvor. In weit größerem Umfang als der faire Handel entwickelte sich der ökologische Handel. Dieses Unterkapitel beschäftigt sich daher mit der Frage, wie die Akteursgruppen ihr eigenes Wachstum gestalteten.

---

132   Vgl. hier und im Folgenden Tupac Amaru: Sri Lanka Tee – nein danke?! In: AG3WL-Rundbrief, Heft 20/1988, S. 41f.

133   Tupac Amaru, Sri Lanka Tee, S. 42.

134   Vgl. ebd.

135   Thorsten Lampe, zit. in Boesenberg, Eva/Lampe, Thorsten/Fuhrmann, Gisela/Kowalczyk, Charly: »Der Umgang mit der GEPA radikalisiert selbst die friedlichsten und kompromissbereitesten Leute«. In: Forum entwicklungspolitischer Aktionsgruppen, Heft 150/1991, S. 8–11.

Dazu gehören erstens die praktischen Veränderungen: Der Vertrieb von Bio-Waren wurde ab der zweiten Hälfte der 1980er Jahre professionalisiert, wobei verschiedene Akteure durchaus verschiedene Wege zum Konsumenten bevorzugten. Zweitens hatte das Wachstum des Öko-Handels Konsequenzen für die Teilhabevorstellungen. Auch hier lässt sich von einer Professionalisierung sprechen. Drittens schließlich wurden in den späten 1980er Jahre ökologische Verbraucherschutzgruppen zu eigenständigen Akteuren, die eigene Zielvorstellungen hatten und Konsumenten unmittelbar ansprachen. Auch lassen sich Kontinuitäten feststellen, wie der Blaue Engel zeigt. Dieser diente als Vorbild für Öko-Labels auf europäischer Ebene.

3.2.2.1 Umweltzeichen als Erfolgsidee

Schon im Rahmen der ersten Vergabe des Blauen Engels 1978 hat sich eine bemerkenswerte Durchsetzungsfähigkeit der verantwortlichen Akteure gezeigt. Zudem ist der Erfolg des Zeichens auf die unumstrittene umweltpolitische Kompetenz von UBA und Jury Umweltzeichen zurückzuführen, da auch Vertretern der Chemie- und Automobilindustrie der Wert von umweltpolitischen Versprechen bewusst war. Dieser Wert speiste sich nicht zuletzt aus den verantwortungsethischen Grundlagen der internationalen Umweltpolitik, die eine Verantwortung zum Erhalt der naturräumlichen Grundlagen alternativlos machen. Dazu, so die Trägerinstitutionen des Blauen Engels, sollten auch Konsumenten einen Beitrag leisten. Obwohl die Neuzuordnung des UBA zum Bundesministerium für Umwelt, Naturschutz und Reaktorsicherheit (BMU) im Nachgang der Tschernobyl-Katastrophe 1986 die alleinigen Kompetenzen des UBA infrage stellte, blieben der Ansatz und die Vergabepraxis davon unberührt.[136]

Erfolg des Umweltzeichens

Diese Durchsetzungsfähigkeit führte auch dazu, dass im Verlauf der 1980er Jahre kaum neue Kritik am Zeichen selbst aufkam. Das UBA gab 1989 eine eigene Broschüre heraus, die sämtliche bisherigen Kritikpunkte am Umweltzeichen mitabdeckte.[137] Am schwerwiegendsten dürften dabei die Hauptargumente vonseiten der Umweltbewegung gewogen haben, wonach der Blaue Engel zu anfällig für eine politische Nutzung als Alibi für fehlende umweltpolitische Initiative sei. Dagegen habe die etablierte Industrie nun die Möglichkeit einer Imageverbesserung erhalten, ohne zu grundlegenden Änderungen im eigenen Verhalten gezwungen worden zu sein.[138]
Als Antwort auf diese Argumente verwies das UBA darauf, dass das Umweltzeichen keine dahingehenden Intentionen hätte. So ersetze es keine Verbraucher- oder Umweltinformationen und sei nicht als Ersetzung von gesetzlichen Konsumregulierungen gedacht.[139] Betont wurde, dass die Träger des Umweltzeichens nicht für das Konsumentenverhalten verantwortlich seien. Auch müsse der Konsument »in eigener Verantwortung

---

136   Vgl. die Darstellung des Erfolgs der UBA-Öffentlichkeitsarbeit, da die Umweltaufklärung kein Auftrag des BMU wurde bei Müller, Erster Teil, S. 216.

137   Vgl. UBA: 20 Argumente zum Umweltzeichen und was man von ihnen zu halten hat. Berlin 1989.

138   Vgl. Friege, Hannelore: Positionspapier zum Umweltzeichen. In: Informationsdienst Chemie & Umwelt, Heft 3/1991, S. 16–19, hier S. 16.

139   Vgl. UBA, 20 Argumente, hier S. 9f.

entscheiden, wie er den persönlichen und gesellschaftlichen Nutzen eines Erzeugnisses beurteilt«[140]. Die positive Auswirkung auf das Image für Unternehmen sei zudem beabsichtigt, da die Absatzsteigerungen durch die Labelverwendung nach eigenen Angaben bis zu 40 Prozent betrügen.[141] Der Eigennutz für gewinnorientierte Unternehmer diente also explizit als Anreiz. Auch hier sei es der Verbraucher, der für die Erwartungen an ein Produkt verantwortlich sei und überzogene Qualitätsanforderungen vermeiden solle, insoweit sie zu Lasten der ökologischen Produkteigenschaften gehen wie beim Beispiel Toilettenpapier. Der Blaue Engel ist vor dem Hintergrund der Rio-Ergebnisse ein frühes Beispiel für CSR.

Die anfangs scheinbar wirkmächtigen Argumente gegen mögliche wettbewerbsrechtliche Verstöße und die Vorwürfe über Verletzung der Neutralitätspflicht kamen ein Jahrzehnt nach der Erstvergabe nur noch selten auf. Nicht zuletzt ist hier auf den Vorteil der institutionellen Verankerung beim Gründungsprozess und die rechtliche Absicherung durch die Schaffung der Jury Umweltzeichen zu verweisen. Beschwerden bezogen sich meist auf den relativen Wert von Umweltfreundlichkeit, der andere Produkte ohne Label vermeintlich schlechterstelle.[142] Der Blaue Engel ist bis in die Gegenwart ein Instrument geblieben, das diese Spannung aushalten musste: Dem Ziel der möglichst großen Glaubwürdigkeit gegenüber dem Konsumenten stand stets das Ziel einer möglichst niedrigschwelligen Teilhabe für Hersteller gegenüber.

Dementsprechend wurden die Anträge auf Erteilung des Labels auch aus ungewöhnlichen Richtungen gestellt. Beispielhaft dafür ist der zunächst abgelehnte Antrag des Bundesverbands Altoel [sic!] aus dem Jahr 1988, der Schmieröle als Produktlinie für den Blauen Engel vorschlug, sofern diese denn aus Altöl hergestellt seien.[143] Auch wurden vermehrt kleine mittelständische Firmen auf das Umweltzeichen aufmerksam, unter anderem in der Hoffnung auf verbesserte Absätze ihrer Produkte.[144] Dabei kamen neben Konsumprodukten für Endverbraucher auch vermehrt Anträge für Zwischenprodukte, bspw. Ölablassschrauben, ein. Offensichtlich hatte der Blaue Engel auf der Herstellerseite nach wenigen Jahren eine Bekanntheit erreicht, die weit über die Verbändeebene hinausging.

Diese Bekanntheit ist gleichwohl nicht mit qualifiziertem Wissen zu verwechseln. Für gewöhnlich findet sich in den Anträgen auf Verleihung in den späten 1980er Jahren ein vages Verständnis von Umweltfreundlichkeit als Norm. Dabei erschien der Blaue Engel den Herstellern nun zunehmend als Auszeichnung, die das Bemühen um Umweltfreundlichkeit zum Ausdruck bringe. Eine unmittelbare Sichtbarkeit des gelabelten Produkts für den Endverbraucher war dafür nicht notwendig. Spätestens mit dieser

---

140   UBA, 20 Argumente, hier S. 26.

141   Vgl. UBA, 20 Argumente, hier S. 11.

142   Vgl. die Beschwerde von ATW GmbH Produkte für Holzveredelung: Brief an Klaus Töpfer vom 11.04.1989. 1989, Bundesarchiv Koblenz, B 295/4281.

143   Vgl. Koehn, Hans (Bundesverband Altoel): Brief an BMU vom 27.07.1988. 1988, Bundesarchiv Koblenz, B 295/4280. Die Anfrage war gleichwohl nicht kontextlos, da die Auszeichnung von Schmierölen seitens der Jury diskutiert wurde und 1990 auch umgesetzt wurde.

144   Als beispielsweisen Ausschnitt vgl. Schwarzwälder Apparatebau: Brief an BMU vom 12.08.1988; Novitec GmbH: Brief an BMU vom 22.07.1988; Vitakraft-Werke: Brief an BMU vom 21.07.1988; Seina-Produkte: Brief an BMU vom 29.08.1988. Alle 1988, Bundesarchiv Koblenz, B 295/4280.

Entwicklung wurde das Umweltzeichen in seiner Bedeutung als Erkennungszeichen für Endverbraucher um eine Komponente ergänzt: Es diente nun auch als Nachweis für den Willen zur Kooperation zum entstehenden Leitbegriff nachhaltige Entwicklung.

Ein weiterer Grund für die erfolgreiche Entwicklung des Umweltzeichens im Verlauf der 1980er Jahre ist die Beschaffung von gelabelten Produkten seitens öffentlicher Akteure.[145] Auch hier war das UBA eine treibende Kraft. Es gab zu diesem Komplex ein Handbuch heraus und aktualisierte es je nach Jury-Entscheidungen.[146] Das Kernziel war eine Umweltberatung für die öffentliche Beschaffung. Demnach hätten staatliche Stellen eine Vorbildfunktion für den Umweltschutz und eine einheitliche Beschaffungspolitik sei ein »Förderinstrument«[147] für das umweltpolitische Ziel des vorbeugenden Umweltschutzes. Bei der Entscheidungsfindung der Beschaffungsstellen sei deshalb in erster Linie das Bewusstsein zu fördern, dass der vergaberechtliche Standard der Wirtschaftlichkeit nicht im Widerspruch zum Umweltschutz stehen müsse. Eine herausragende Rolle sollten dabei die Kommunen spielen: Vom flächendeckenden Einsatz von gelabelten Produkten erhoffte sich das UBA eine Multiplikatorenwirkung, die sowohl auf die Beschäftigten im öffentlichen Dienst als auch auf die Bürger abzielte.

Gerade die Mulitplikatorenwirkung dürfte zum dauerhaften Erfolg des Umweltzeichens beigetragen haben: Die Trägerinstitutionen betonten zwar stets die Unabhängigkeit der Jury Umweltzeichen, jedoch konnte das UBA die eigene Angliederung an das BMI bzw. BMU zur Umsatzsteigerung des Blauen Engels nutzen. In Anbetracht der Praktiken lässt sich entgegen der juristischen Organisationsform von einem Label sprechen, an dem der Bund entscheidend beteiligt war. Die Frage nach der Staatlichkeit des Blauen Engels war für die Reaktionen seitens skeptischer Verbände wie dem BDI wichtig. Darüber hinaus lässt die fortdauernde enge Verknüpfung zwischen Umweltzeichen und UBA als politischer Akteur darauf schließen, dass es sich hier nicht um ein rein nachfragegetriebenes Instrument handelte. Vielmehr verfügte das UBA mit ihm über ein Instrument, um die offensichtliche Lücke zwischen einem um 1990 weitverbreiteten ökologischen Bewusstsein und einem trägen Konsumenten- und Herstellerverhalten zu überbrücken.

Blauer Engel als Staatslabel?

Die enge staatliche Bindung des Labels zeigte sich auch bei den Beratungen zur Einführung eines EG-weiten Ökolabels im Rahmen des Aktionsprogramms der EG für Umweltschutz, bei denen Edda Müller als Expertin teilnahm, da sie bereits am Entstehungsprozess des Blauen Engels maßgeblich beteiligt gewesen war.[148] Aus den Berichten Müllers an das BMU wird besonders die Pionierarbeit deutlich, die das UBA mit dem Blau-

---

145 Vgl. Müller, Zweiter Teil, S. 207.

146 Vgl. zuerst Neitzel, Harald: Umweltfreundliche Beschaffung. Handbuch zur Berücksichtigung des Umweltschutzes in der öffentlichen Verwaltung und im Einkauf (hg. vom UBA), Wiesbaden 1986.

147 Neitzel, Umweltfreundliche Beschaffung, S. 16.

148 Vgl. Müller, Edda: Brief an BMU vom 21.05.1989. 1989, Bundesarchiv Koblenz, B 295/2239; vgl. auch die Bezeichnung von Edda Müller als »Mutter des Blauen Engels« in UBA, 1974–2014, S. 45; zum Aktionsprogramm vgl. EG: Entwurf einer Entschließung des Rates zur Fortschreibung und Durchführung einer Umweltpolitik und eines Aktionsprogramms der Europäischen Gemeinschaften für den Umweltschutz 1987–1992. In: ABl C 70 vom 18.03.1987.

en Engel im europäischen Vergleich geleistet hatte. Bei einer Studie zum vergleichenden Stand zu Umweltzeichen in der EG wurde zunächst das deutsche Umweltzeichen als einziges vollständig implementiertes festgestellt.[149] Dementsprechend präsentierte Müller bei den Beratungen den Blauen Engel zurecht als Modell, das auch auf EG-Ebene übertragen werden könne.

Aus Sicht anderer EG-Mitgliedsstaaten war die deutsche Vorbildfunktion problematisch. Beispielsweise stellte sich für die südeuropäischen Staaten eine Beteiligung als wenig zielführend dar. Im Kern ging es um die Anwendung eines einheitlichen Standards der technischen Entwicklung, der aber in der EG nicht gegeben sei.[150] Auch war Frankreich vor Beginn der Arbeiten am europäischen Label skeptisch gegenüber dem deutschen Umweltzeichen, da es eine Erschwerung des Handels für ausländische Anbieter bedeuten könnte.[151] Allerdings waren zum Ende des Jahrzehnts bereits rund ein Zehntel der Zeichennehmer ausländische Unternehmen, gerade weil das Vergabeverfahren lediglich den umweltpolitischen Aspekt ins Auge nahm und sonst keine Anforderungen zur Produktherkunft stellte.[152]

Mit anderen Worten fehlte es in anderen Staaten und auf EG-Ebene zum Ende der 1980er Jahre noch offensichtlich an Expertise, wie sich etwa an Edda Müllers Kritik an den Fehlstellen einer Studie zeigte, die zum Teil bereits im deutschen Erfahrungsraum erkannt und gefüllt worden seien.[153] Diese Hürde für ein europäisches Umweltzeichen wurde noch durch ein ähnlich verzögerndes Verhalten der Industrieverbände verstärkt, wie es für die Bundesrepublik zehn Jahre zuvor zu verzeichnen war. Laut Edda Müller forderte zwar selbst das Europäische Umweltbüro, als Dachverband vergleichbar mit dem DNR, »ein hohes Qualitätsniveau der Kennzeichnung, hielt es aber nicht für möglich, ein solches Zeichen an dem Anspruchsniveau des deutschen Umweltzeichens zu orientieren«[154]. Dementsprechend vermerkte der Konsumgüterausschuss des BDI in einer Sitzung im Dezember 1989 die Präferenz einer Eingliederung von Umweltrichtlinien in das EG-Normierungssystem (CEN/CENELEC[155]) ohne Schaffung eines eigenen Zeichens.[156]

---

149   Vgl. Hirsbak, Stig/Nielsen, Birgitte [sic!]/Lindhqvist, Thomas: ECO-Products. Proposal for an European Community Environmental Label, Prepared for the Commission of the European Communities (hg. vom Danish Technological Institute), o.O. 1990.

150   Vgl. Müller, Brief an BMU vom 21.05.1989.

151   Vgl. Auswärtiges Amt: EG-rechtliche Stellungnahme des Auswärtigen Amtes zum »Blauen Umweltengel«. 1989, Bundesarchiv Koblenz, B 295/4282.

152   Verwiesen sei beispielhaft auf die Ausführungen oben zum Blauen Engel für vergleichsweise schadstoffarme Autos, der von den deutschen Automobilindustrievertretern nicht übernommen wurde und im Gegenzug eine Werbekampagne von Mitsubishi begründete.

153   Vgl. Müller, Edda: Bericht an BMU vom 16.01.1990. 1990, Bundesarchiv Koblenz, B 295/19398.

154   Müller, Edda: Bericht an BMU vom 21.04.1989. 1989, Bundesarchiv Koblenz, B 295/19397. Nicht eindeutig zuzuordnen ist an dieser Stelle die handschriftliche Ergänzung »da müssen die dazulernen!«.

155   Frz.: Comité Européen de Normalisation/Comité Européen de Normalisation Électrotechnique

156   Vgl. BDI-Konsumgüterausschuss: Sitzungsprotokoll vom 14.12.1989. 1989, Bundesarchiv Koblenz, B 295/19398.

Im Ergebnis änderte sich durch die Einführung des europäischen Ökolabels wenig für die Arbeit des UBA zum deutschen Umweltzeichen.[157] In der Ratsverordnung zur Schaffung eines europäischen Umweltzeichens wurde bereits 1992 festgehalten, dass jeder Mitgliedsstaat selbständig Institutionen zu bestimmen habe, die die Vergabe des Labels durchführen. Da dies in Deutschland das UBA und der RAL waren, änderte sich hinsichtlich der beteiligten Akteure zunächst nichts. In der Folgezeit ging es vor allem um Fragen der Aufteilung, um Redundanzen bei der Labelvergabe zu vermeiden. Inhaltlich erhoffte sich das UBA neben dem Hauptziel eines steigenden ökologischen Wettbewerbsdrucks einen verstärkten Wissenstransfer in andere Länder, der schließlich zu weitergehenden verbindlichen Regelungen führen könne.[158]

Die Verhandlungen, in denen der Blaue Engel als europaweites Vorbild verstanden wurde, sind zur Einordnung des politischen Konsums in (West-)Deutschland um 1990 hilfreich. So verfügte das UBA zu diesem Zeitpunkt offensichtlich bereits über Autorität und im In- und Ausland anerkannte Expertise. Darüber hinaus weist der Blaue Engel in diesem Zusammenhang auf den nationalstaatlichen Schwerpunkt des politischen Konsums hin. Bei allen Versuchen zur Schaffung gleicher Ausgangsbedingungen für ein Label: Die Erwartungen an einen gewünschten Konsumenten blieben zunächst vom nationalen Kontext geprägt. Das in den 1990er Jahren entstehende Bild von einem sozial-ökologischen Konsumentenbürger war kein europäisches, sondern zunächst das eines konsumierenden Staatsbürgers, der sich seiner staatsbürgerlichen Aufgabe bewusst war. Die Voraussetzungen zwischen den EG-Staaten hinsichtlich der Hersteller, ökologischen Verbänden und auch der Nachfrage waren sehr unterschiedlich. Sinnbildlich dafür sind die Zeitpunkte von Label-Einführungen: Die europäische Öko-Blume wurde 14 Jahre nach dem Blauen Engel ins Leben gerufen und dies mit tendenziell weniger klaren inhaltlichen Vorgaben. Dies entspricht grosso modo der zehnjährigen Verzögerung zwischen der Einführung des staatlichen Bio-Labels in Deutschland 2000/01 und dem europäischen Bio-Label im Jahr 2010.

Während die entstehende Konsumentenbürgergesellschaft als westliches bzw. atlantisches Phänomen eingeordnet worden ist, waren die Labels beim politischen Konsum zunächst offenkundig für die Teilhabe als Staatsbürger geeignet. Selbst innerhalb der EG klafften die Vorstellungen zum politischen Konsum weit auseinander.

3.2.2.2 Ausbau des Bio-Handels

Aller fundierten inhaltlichen Kritik zum Trotz lässt sich der Blaue Engel mindestens hinsichtlich seiner Bekanntheit als Erfolgsgeschichte bezeichnen. Eine gesetzliche Regelung für Bio-Labels lag deshalb nahe. In diesem Teilkapitel werden daher die Akteure betrachtet, die sich um 1990 mit Bio-Lebensmitteln beschäftigten. Im Vordergrund steht die Frage, wie ihre politischen Gestaltungsansprüche aussahen.

---

157 Das Symbol ist seit 1992 unverändert. Es handelt sich hierbei um die bis heute verwendete »Pusteblume«, vgl. Rat der Europäischen Gemeinschaften: VERORDNUNG (EWG) Nr.880/92 DES RATES vom 23. März 1992 betreffend ein gemeinschaftliches System zur Vergabe eines Umweltzeichens, hier S. 7.

158 Vgl. dazu Landmann, Ute: Das Europäische Umweltzeichen. Wege zum produktbezogenen Umweltschutz in Europa (UBA-Texte, Heft 62/96), Berlin 1996, hier S. 22–26.

Einen ersten Vorstoß auf Bundesebene zur gesetzlichen Kennzeichnung von Bio-Produkten unternahm die Bundestagsfraktion der Grünen 1987. Die ersten beiden Bundestagsfraktionen der Grünen wurden daher zu einem eigenständigen Akteur bei der Betrachtung von politischem Konsum. Darüber hinaus suchten die Bio-Interessenverbände wie der IFOAM zunehmend Zugang zu politischen Entscheidungsebenen. Die einzelnen Labels dagegen waren mit steigender Nachfrage um 1990 mit dem eigenen Wachstum beschäftigt, weshalb hier die Frage nach einer Entpolitisierung diskutiert werden muss.

Initiative der Grünen

Eine knappe Darstellung grüner Positionen zum Ende der 1980er Jahre ist angesichts des sich zuspitzenden Flügelstreits innerhalb der Partei schwierig. Mit Bezug zu Möglichkeiten der Ausgestaltung politischen Konsums ist eine Binnenperspektivierung aber auch nur bedingt notwendig: Insbesondere die Bundestagsfraktion bemühte sich in der Frage gesetzlicher Regulierung von »Bio«-Produkten um Aufmerksamkeit. Diese Bemühungen blieben unberührt von der innerparteilichen Debatte um die Wünschbarkeit ökologischer Gestaltungsmöglichkeiten von Konsum.[159]

Der grüne Entwurf zum »Biokennzeichnungsgesetz für Lebensmittel«[160] von 1987 betonte die bereits vorhandene Bereitschaft von Verbrauchern, durch einen verantwortungsbewussten Konsumstil »einen aktiven Beitrag zur Förderung einer umweltgerechten Landwirtschaft und zum Erhalt der ökologischen Vielfalt zu leisten«[161], wobei die Täuschung der Verbraucher durch irreführende Werbung zu verbieten sei, auch um Wettbewerbsverzerrungen zuungunsten von Biobauern zu verhindern. Anders als noch im Programm der Gründungsgrünen von 1980 wurde hier zumindest eine bereits vorgebildete Avantgarde von Konsumenten angenommen, sodass von staatlicher Seite nun lediglich eine Rahmenrichtlinie zum Schutz und zur Förderung der schon vorhandenen zivilgesellschaftlichen Initiativen notwendig erschien.

Bio-Händler nahmen den Gesetzesentwurf zustimmend auf: Da auch der rein gewinnorientierte Handel »an ›bio‹ mitverdienen«[162] wolle, erschien der Zeitpunkt für eine solche Regelung mit Blick auf die scheinbar übermächtige Lobby der Lebensmittelindustrie während der steigenden Nachfrage nach ökologischen Lebensmitteln ideal. Das Vorhaben hatte gleichwohl keine realistische Chance im Bundestag, da zur gleichen Zeit bereits auf EG-Ebene über einheitliche europäische Richtlinien verhandelt wurde, die

---

159   Vgl. grundlegende Positionen etwa bei BAG ChristInnen: Wer Ökologie sagt, muss auch Antikapitalismus sagen. In: Grüner Basis-Dienst, Heft 5/1990, S. 12–14; Habs, Georg: Vom Mengenwachstum zur differenzierten Produktionsbegrenzung. In: Grüner Basis-Dienst, Heft 7/1990, S. 28–32.

160   Deutscher Bundestag: Entwurf eines Gesetzes zur Regelung der Anwendung der Begriffe »bio«, »biologisch«, »öko« und »ökologisch« zur Kennzeichnung von Lebensmitteln im Handel. Drucksache 11/1039, 1987, hier S. 1.

161   Ebd.

162   N.N.: Grüne wollen Gesetz zur Kennzeichnung von »Bio«. In: Schrot & Korn, Heft 12/1987, S. 4; vgl. auch N.N.: Gegen Pseudo-Bio-Fraß. In: Tageszeitung vom 27.10.1987, S. 5; N.N.: Kennzeichnung von Bio-Lebensmitteln. In: Naturland-Informationen, Heft 6/1988, S. 16; N.N.: Mehr Transparenz durch die Kennzeichnung von Bio-Lebensmitteln. In: IFOAM, Heft 65/1988, S. 22f.

mit nationalem Recht einerseits und mit den Kompetenzen des Blauen Engels als Non-Food-Label andererseits inhaltlich nicht kollidieren sollten.

Dem Entwurf ist abseits parteistrategischer Gedanken vor allem Bedeutung zuzuschreiben, weil er eine breite Sichtweise einnahm. Während bei der Frage der Produktkennzeichnung meist das Produkt selbst und die Vertriebskette zum Konsumenten entscheidend schien, differenzierten die Grünen zwischen den Themen Pflanzen- und Tierzucht und den jeweils akzeptablen Zusatzstoffen als Dünger bzw. Futterzusatz. In diesem Zusammenhang argumentierten die Grünen mit den möglichen gesundheitlichen Schäden durch künstliche Ersatzstoffe, die durch den enormen Kostendruck auf die Hersteller in Kauf genommen würden. So würden bei einem beliebigen Lebensmittelskandal die Schuldigen »moralisch in die Ecke gestellt, es folgen Appelle an das Verantwortungsbewusstsein der Erzeuger, Verarbeiter und Händler. Und dann bleibt bis zur Aufdeckung der nächsten Panscherei alles beim Alten«[163]. Davor war der Konsument unabhängig von der bereits bestehenden Öko-Avantgarde zu schützen.

Der Supermarkt als Mittler zwischen Erzeuger und Konsument war demzufolge zwar ein von »Plastikfraß«[164] geprägter Ort, war bei den Grünen jedoch nicht nur als Abstraktum vorhanden. Vielmehr erschienen die Fusionen mit der einhergehenden steigenden Marktmacht bei einigen wenigen Handelsketten im Laufe der 1980er Jahre als Ausdruck einer weitgehenden Neoliberalisierung ohne Rücksicht auf mögliche Kartellbildungen, zudem auch als wesentlicher Grund für den immer größeren Preisdruck, der zu immer stärkeren Einsparungen in der Produktion führen müsse.[165] Der Ort des Konsums war bei den Grünen also grundsätzlich politisch und war deshalb unabhängig von einer Bio-Kennzeichnungsregelung zu problematisieren.

Mit dieser Rezeption bereits vorhandener Lösungsansätze ging die grüne Bundestagsfraktion deutlich konkreter vor, als es die prominenten ökosozialistischen Ansätze noch kurz zuvor hätten vermuten lassen. Noch im Programm zur Bundestagswahl 1987 erschien das Konsumentenverhalten als politisches Steuerungsinstrument als zu unzuverlässig: »Zu undurchschaubar sind die Folgen des eigenen Handelns, zu gering die Möglichkeiten der Veränderung, zu sehr aber auch die Hinwendung zum ›privaten Glück‹ im Zusammenhang mit entfremdeter Arbeit«[166]. Demgegenüber erschienen die Grünen nach 1990 deutlich offener gegenüber Vorstößen zivilgesellschaftlicher Gruppen, was sich auch in der Forderung nach mehr Mitspracherechten für Umwelt-NGOs auf internationaler Ebener niederschlug.[167] Fraglich war bei diesem Ansatz die Umsetzung. Ab der Wendezeit rückten bei den Grünen Ökosteuer-Konzepte erneut in den Vordergrund, die »echte Preise«[168] im Sinne der ökologischen und sozialen Folge- bzw. Allmendekosten insbesondere beim Kauf von Haushaltsgeräten widerspiegeln sollten.

---

163 Die Grünen im Bundestag/Arbeitskreis Wirtschaft und Umwelt: Ökologisch Handeln. Wochenmarkt statt Aldi, Bonn 1991, hier S. 6.

164 Die Grünen im Bundestag, Ökologisch Handeln, S. 14f.

165 Vgl. ebd.

166 Die Grünen: Bundestagswahlprogramm 1987. Farbe bekennen, Bonn o.J. [1987], hier S. 34.

167 Vgl. Die Grünen: Das Programm zur 1. gesamtdeutschen Wahl 1990. Bonn o.J. [1990], hier S. 42.

168 Die Grünen im Bundestag: Konsumwende, was sonst? Bonn 1990, hier S. 4; vgl. auch den Hinweis auf die Entwürfe zur Besteuerung von Energie, deponiertem Müll und Emissionen in den Bundestagsdrucksachen 11/3655, 11/5531 sowie 10/4586.

Zentral blieb in der Vorstellung der Grünen die gesamtgesellschaftliche Dimension der gewünschten Konsumwende. Der Konsument war dafür eine notwendige Bedingung, da ohne ihn die ökologisch-sozialen Versprechen trotz aller Bemühungen um Regulierungen nicht einzulösen waren. Ungelöst blieb die Frage, wie der Übergang von einer kleinen Konsumentenavantgarde, die reflektiert konsumiert, hin zu einem gesellschaftlich breit verankerten Verantwortungsbewusstsein zu bewerkstelligen war. Meist war hier lediglich von der Förderung verschiedener Bereiche ökologischen Landbaus die Rede, die steigende Nachfrage provozieren sollte.

Dimensionen potentieller und schon existierender Ungleichheit infolge dieser Methoden politischen Konsums wurden nicht problematisiert. So erschien auch die Forderung nach mehr Mitspracherechten für Umwelt-NGOs bei den Grünen als Beitrag zur Demokratisierung internationaler Instanzen, was inhärent eine demokratische Legitimierung von NGOs voraussetzt.

Einführung der EG-Öko-Verordnung

Nachdem bereits um 1980 Richtlinien zum ökologischen Landbau zwischen den Anbauverbänden und seitens der Stiftung Ökologischer Landbau moderiert worden waren, weckte das Wachstum des Bio-Marktes zum Ende der 1980er Jahre eine größere öffentliche Aufmerksamkeit, die weit über die Ökologiebewegung hinausging. Wie bereits dargelegt, hatte die Rolle des Konsumenten mit Ausnahme des anthroposophischen Demeter-Verbands bei den Anbauverbänden zunächst keine größere Bedeutung. Dies änderte sich mit der gesteigerten Aufmerksamkeit, indem nun bei der Debatte um den ökologischen Landbau der Konsument von verschiedenen Akteuren als schützenswerter Marktteilnehmer angenommen wurde.

Im Juni 1991 verabschiedete der EWG-Rat die sogenannte EG-Öko-Verordnung, die dieses Thema auf europäischer Ebene behandelte und Richtlinien für die Zulässigkeit von »Bio«-Bezeichnungen festlegte.[169] Darunter sollten Produkte zu über 90 Prozent aus Zutaten vom ökologischen Landbau bestehen, um zulässig mit »Bio« werben zu können. Für die Bio-Anbauverbände war der Schutz vor Pseudo-Bio-Produkten dringlich, also einer Verbrauchertäuschung mit vermeintlich ökologischen Produkten. Allerdings gab es bis zum Ende des 20. Jahrhunderts kein gemeinsames Label im Food-Bereich. Sprachliche Botschaften ließen weiterhin großen Raum für irreführende Werbung, die Fachbegriffe vortäuschte. So hatten Bezeichnungen wie der »kontrolliert biologische Anbau« den Nachteil, dass sie leicht abgeändert werden konnten wie etwa mit der Bezeichnung »kontrollierter Anbau«.[170]

Dieses Problem war zwar nicht neu, aber in diesem Ausmaß unbekannt. Nachdem auf der Basis der Arbeit des biologisch-dynamischen Forschungsrings das Label Demeter bereits in der Zwischenkriegszeit als Warenzeichen angemeldet worden war und die

---

169   Vgl. Rat der Europäischen Gemeinschaft: COUNCIL REGULATION (EEC) No 2092/91 of 24 June 1991 on organic production of agricultural products and indications referring thereto on agricultural products and foodstuffs.

170   Vgl. Baringdorf, Friedrich-Wilhelm Graefe zu/Höfken, Ulrike: Der integrierte Landbau aus politischer Sicht. In: Ökologie und Landbau, Heft 81/1992, S. 37f.

jüngeren Verbände wie Bioland und Naturland auf den biologisch-dynamisch durchge-
führten Arbeiten aufbauten, war das Aufkommen privater Initiativen zur Koordination
von Labels zunächst nicht nötig gewesen. Der Markt war lange Zeit sehr übersichtlich. So
war die Ausweitung des Blauen Engels auf ökologische Lebensmittel für das UBA in den
1970er Jahren angesichts der kleinen Marktnische noch uninteressant gewesen, zumal
die europäische GAP hier die Kompetenzen fraglich erscheinen ließ.

Die deutschen Anbauverbände standen der europäischen Öko-Verordnung zumindest positiv gegenüber als erster Schritt zum Schutz von Bio-Bezeichnungen.[171] Hauptkritikpunkt war neben technischen Fragen wie der Kennzeichnung von Betrieben in der
Umstellung auf Ökolandbau vor allem der mangelnde Bezug auf die Ideen des ökologischen Landbaus, insbesondere fehlte demnach das Verständnis des Landbaus als Kreis-
lauf. Insofern war die Verordnung in erster Linie ein Hilfsmittel, das Herstellern und
Händlern die Vermarktung erleichterte, nachdem sich die Anbauverbände nicht auf ein
gemeinsames Label hatten einigen können. Dass die ökologischen Anbauverbände innerhalb weniger Jahre trotz des geringen Marktanteils von deutlich unter einem Prozent
politische Aufmerksamkeit auf europäischer Ebene erhielten, dürfte auch auf die rasche
Professionalisierung der Vernetzungsarbeit zurückzuführen sein, für die im deutschsprachigen Raum die SÖL verantwortlich war.

Dominanz der Labels

Die großen Biolabels, darunter Demeter, Bioland und Naturland, schlossen sich 1987 zur
Arbeitsgemeinschaft Ökologischer Landbau zusammen. Die Arbeit der AGÖL-Labels um
1990 war von einem bislang ungekannten Wachstum geprägt, das es nun zu koordinie-
ren galt. Allein die drei großen Verbände, die hier betrachtet werden, kamen bis zum
Jahr 1992 auf die Zahl von über 3.600 Produktionsstätten mit einer Gesamtfläche von fast
95.000 Hektar.[172] Damit hatte sich die Zahl der teilnehmenden Betriebe seit 1987 mehr
als verdoppelt. Die Gründe dafür sind neben den Kontextbedingungen und den Interes-
senverbänden auch bei den Labels selbst zu suchen.

Ab 1986 nahm die Fördergemeinschaft für organisch-biologischen Landbau Reformen vor, die den Verkauf von Bioland-Produkten an breitere Konsumentenschichten als
zuvor erleichtern sollte.[173] Der wichtigste Punkt der Bundesgeschäftsstelle war von nun
an »Öffentlichkeitsarbeit und Verbraucheraufklärung«[174], womit sich nach Demeter nun
auch der zweite große ökologische Anbauverband dem Konsumenten zuwandte. Mani-
pulierbarkeit sollte entgegengewirkt werden: Neben der kritischen Auseinandersetzung
um den richtigen Vertriebsweg für Bioland-Ware dominierte gegen Ende der 1980er Jahre der Wunsch nach dem Schutz vor Pseudo-Bio-Waren den Zielhorizont der eigenen

---

171   Vgl. Willer, Helga: EG-einheitliche Bestimmungen für den ökologischen Landbau. In: Ökologie und
       Landbau, Heft 79/1991, S. 5f.; Albert, Sven: Kennzeichnungsproblematik alternativ erzeugter Pro-
       dukte. In: Ökologie und Landbau, Heft 81/1992, S. 30f.
172   Vgl. Haccius, Manon: Der ökologische Landbau im April 1992. In: AGÖL (Hg.): Beratungsordner
       Ökologischer Landbau und Großverbraucher. Darmstadt 1992, S. 11f., hier S. 11.
173   Vgl. Grosch, Peter: Neuorganisation der Fördergemeinschaft. In: Bioland, Heft 2/1986, S. 37.
174   Ebd.

Öffentlichkeitsarbeit. Die Verbandsarbeit verknüpfte politische mit eigenen ökonomischen Interessen. In der Erwartung einer weiter stetig ansteigenden Nachfrage nach Bio-Produkten forderte Bioland einen EG-weiten Schutz der typischen Bezeichnungen gegenüber unlauterer Werbung. Welche landwirtschaftspolitischen Maßnahmen zum Ausbau des ökologischen Landbaus notwendig seien, war nur in Einzelfragen zwischen Bioland und den anderen Verbänden umstritten. Die Verbände verfolgten zu diesem Zeitpunkt das Ziel einer möglichst einheitlichen gesetzlichen Regelung darüber, ab wann Waren als »biologisch« beworben werden dürfen.

Die Gründung der AGÖL 1987 war das sichtbarste Zeichen für das Bemühen um die Koordination zur Verteidigung der eigenen Marktposition, wobei Bioland rasch als größter ökologischer Landbauverband in Deutschland eine meinungsbildende Position einnahm. Inhaltliche Auseinandersetzungen wie etwa um die noch zu tolerierende Rückstandsmenge von Kunstdüngern nahmen hier meist eine Randstellung gegenüber der Pseudo-Bio-Vermarktung als Hauptgegner ein. Grundsätzlich sei es laut Bioland sogar nach der Katastrophe von Tschernobyl sinnvoll, biologisch-organisch einzukaufen, um neben der radioaktiven Belastung nicht noch mehr Gifte zu sich zu nehmen.[175]

Kernbestand der Bioland-Argumentation war neben der Technikkritik auch das Vertrauen auf die eigene Qualität, die von den Konsumenten zunehmend nachgefragt werde.[176] So könne Bioland der »von Verbrauchern geforderten Transparenz der Warenströme als eine der wenigen Ausnahmen gerecht werden«[177]. An dieser Stelle sollte die angestrebte Verbraucheraufklärung einsetzen, die vor allem den Preisunterschied zum konventionellen Anbau überzeugend erläutern sollte. Andere Faktoren wie etwa ein Konsumentenbeitrag zur Schonung der Böden oder die Solidarität mit dem Landwirt spielten um 1990 für Bioland kaum eine Rolle.

Dementsprechend bedeutete die Einführung der EG-Öko-Verordnung auch eine Herausforderung für Bioland: Schließlich wurde damit das Hauptargument der eigenen, garantierten Qualität für Verbraucher zumindest brüchig. Auf dem vorher weitgehend unregulierten Markt des ökologischen Landbaus stellte die Einführung vergleichbarer Standards eine neue Situation dar.[178] Beim Kauf von Bio-Produkten war es für Konsumenten nun möglich, lediglich auf die Werbung von »Bio« anstelle von Verbänden zu achten, die ihre Standards mit umweltpolitischen Standpunkten verknüpften. Herstellerseitig bestand für alle Anbauverbände, insbesondere aber für Bioland, trotz der Befürwortung des Labels die Gefahr des inhaltlichen Profilverlusts. Da die EG-Richtlinie auch bisherige politikkritische Argumentationen durch die vermeintliche Neutralität der Richtlinie entwertete, wurden für die 1990er Jahre marketingstrategische Überlegungen dominant, um die eigene Position zu stärken.

---

175   Vgl. Weller, Manfred: Wie schaut künftig die Vermarktung von Bioprodukten nach dem Tschernobyl-Unglück aus? In: Bioland, Heft 3/1986, S. 12.
176   Vgl. Meier-Ploeger, Angelika: Verbrauchererwartungen im Wandel: Qualität statt Quantität? Bioland, Heft 2/1989, S. 17–21; Huber, Beate: Die Qualität von Bio-Produkten. In: Bioland, Heft 2/1989, S. 23f.
177   Huber, Qualität von Bio-Produkten, S. 24.
178   Vgl. grundlegend Hamm, Ulrich: Hat »Bioland« noch Chancen? In: Bioland, Heft 4/1992, S. 6f.

Beispielhaft für die zunehmende Bedeutung geschickter Marketingstrategien ist die Entwicklung des Anbauverbands Naturland. Dieser war bereits 1982 gegründet worden, trat in der öffentlichen Wahrnehmung jedoch erst um 1990 in Erscheinung und wurde rasch zum drittgrößten Anbauverband hinter Bioland und Demeter mit über 500 Betrieben 1992.[179] Einen wesentlichen Anteil daran dürfte das ökologisch-ökonomische Profil gehabt haben, um das sich der Verband noch vor der Rio-Konferenz bemühte. Dazu gehörten auch verantwortungsethische Argumente. So äußerte sich Naturland zum durchschnittlichen Textil- und zum Fleischkonsum jeweils nach einem ähnlichen Schema: In beiden Fällen wurden Fragmente entwicklungspolitischer Argumentationen genutzt, um neben den Gefahren für den Konsumenten auch auf die ökologische Verantwortung für komplexe Probleme in anderen Erdteilen hinzuweisen.[180] Demnach sei die westlich-kulturelle Perspektive von Fleisch als Distinktionsmerkmal für bürgerlichen Wohlstand auch dafür verantwortlich, dass die wohlhabenden Gesellschaftsschichten in Entwicklungsländern auf Futtermittelimporte drängten und damit die internationalen Abhängigkeiten noch verstärkten.

Entideologisierung bei Demeter

Auch wenn Demeter sich an der AGÖL beteiligte, lohnt sich ein letzter gesonderter Blick auf den ältesten deutschen Anbauverband. Nachdem die anthroposophischen Einrichtungen für lange Zeit an der elitären Exegese Rudolf Steiners festgehalten hatten, zeigten sich zur Mitte der 1980er Jahre neue Tendenzen. Neben den Gründungen von anthroposophisch beeinflussten Unternehmen – allen voran: Alnatura – öffneten sich auch die traditionellen anthroposophischen Gesellschaften um 1990 den schon zuvor interessierten Bio-Konsumenten und neuen Vertriebswegen. Der Demeter-Bund erweiterte im Zuge dieses Prozesses auch die eigenen Argumentationen: Spätestens durch die Mitgliedschaft von Demeter in der AGÖL ab 1987 fiel die grundsätzliche Absetzung von den anderen Biolabels weg. Damit konnte auch der elitäre Konsumentenkreis als Vorabannahme nicht mehr aufrechterhalten werden.

Im Zuge dieser Öffnung legte der Demeter-Bund Wert auf die wissenschaftliche Aufarbeitung des Bio-Marktsegments. Agrarökonom Ulrich Hamm legte 1988 in den Demeter-Blättern die Einschätzung dar, wonach sowohl die gesellschaftspolitische Verantwortung als auch die Sorge vor gesundheitlichen Schäden bei den zukünftigen Konsumenten zu einer steigenden Nachfrage nach Bio-Produkten führen würden.[181] Zudem sei neben der Sorge vor der Schädlichkeit von Kunstdüngern und dem Verantwortungsgefühl zum Umweltschutz aber auch ein spezifischer Lebensstil ein Kaufgrund, der »Ausdruck individueller Lebenseinstellungen und Bewusstseinshaltung«[182] sei. Zusammengefasst begann der Demeter-Verband in den späten 1980er Jahren, sich mit Lebensstilpolitik als Motivation des Konsumenten auseinanderzusetzen.

---

179   Vgl. Haccius, der ökologische Landbau, S. 11.
180   Vgl. N.N.: Chemie in der Kleidung. In: Naturland, Heft 5/1991, S. 15f.; Lucius, Irene: Umweltschäden durch überhöhten Fleischkonsum. In: Naturland Magazin, Heft 11/1991, S. 3–6.
181   Vgl. Hamm, Ulrich: Nachfrageentwicklung bei »Bioprodukten«. In: Demeter-Blätter, Heft 43/1988, S. 7f.
182   Ebd.

Diese Wendung drückte sich auch in der Eigenpositionierung von Marketing aus, die in einem Spannungsverhältnis zu anthroposophischen Annahmen stand, da die Optimierung von Marketing vor allem als Bemühung um neue Käuferschichten zu interpretieren ist. Konkret sollten Verbraucher über die Hintergründe der biologisch-dynamischen Arbeit aufgeklärt werden, damit diese sich den Preisunterschied vor allem zu Pseudo-Bio-Produkten selbständig erklären können. Beispielhaft dafür war die Kampagne zur Bewerbung von Demeter-Brot 1990:

> »Attraktive Informationsträger (...) sollen u.a. die Motive darstellen, aus denen heraus Erzeuger, Verarbeiter und Händler mittelbar und unmittelbar Hand in Hand arbeiten an der Pflege der Erde zum Wohl des Konsumenten. Es ist von großer Bedeutung, dass der Gedanke eine immer stärkere Verbreitung findet: Demeter – das ist keine Firma, die nach wirtschaftlichen Gewinnen strebt. Demeter-Qualität ist das Ergebnis verantwortungsbewusster Zusammenarbeit.«[183]

An dieser Zielsetzung fällt vor allem auf, dass Konsumenten auch ohne anthroposophische Bildung feststellen sollten, dass die Demeter-Produkte in ihrem eigenen Interesse lägen. Demeter sei demnach deshalb ein verlässlicher Partner, weil betriebswirtschaftliche Gewinne keine Rolle spielten.

Mithin stellte dieses Verständnis von Marketing eine teilweise Anpassung der Thesen Rudolf Steiners an die Bemühungen dar, die von neuen ökologischen Labels wie Naturland vorangetrieben wurden. Der Demeter-Bund lenkte seine Aufmerksamkeit bei Fragen des Vertriebs zunehmend weg von einer elitär-esoterischen Zielgruppe hin zum Konsumentenbürger der 1990er Jahre, der Konsum mit Lebensstilpolitik verband.

Erklären lässt sich diese Entwicklung weg von der von Helmut Zander diagnostizierten Geistesaristokratie vor allem mit Kontextfaktoren.[184] Zu nennen sind hier die neuaufkommenden Bio-Labels, die trotz des anthroposophischen Alleinstellungsmerkmals bei Demeter eine Konkurrenz darstellten, die seit der Etablierung des Bioland-Labels 1979 enorm gestiegen war. Darüber hinaus hatte Demeter bereits seit den 1970er Jahren umweltpolitische sowie agrarwissenschaftliche Debatten anerkannt. Die Bemühungen um ein massentaugliches Marketing stellten weder eine plötzliche noch eine umfassende Abkehr von der Anthroposophie dar.

Die Handelsausweitung konnte in diesem Fall Chancen zu neuen Teilhabeformen eröffnen. Zum einen galt dies für die Angebote an nicht vorgebildete Konsumenten. Zum anderen auch für den Demeter-Bund selbst, der durch eine etwaige inhaltliche Fixierung auf eine orthodoxe Steiner-Exegese stärker an das bisherige Eigenverständnis gebunden gewesen wäre, das mit einer Handelsausweitung nur schwer zu vereinbaren gewesen wäre.

Umgekehrt war die Lehre Rudolf Steiners in der Argumentation zur Qualität der eigenen Produkte weiterhin vorhanden. Anders als noch in den späten 1970er Jahren, als etwa Thesen zum Einfluss der Mondzyklen und Sternbilder auf das Pflanzenwachstum

---

183   Urbschat, Uwe: Marketingaktion DEMETER-Brot und -Backwaren 1990. In: Demeter-Blätter, Heft 47/1990, S. 15.
184   Vgl. erneut Zander, Anthroposophie in Deutschland, S. 1315 und 1331.

noch dem elitären Rezipientenkreis erläutert worden waren, bezogen sich die Demeter-Blätter um 1990 auf anschlussfähigere Themen. Insbesondere die Ablehnung von Kunststoffdüngern wurde hier mit der besonderen Qualität der Demeter-Dünger-Präparate verknüpft, gleichwohl ohne nähere Erläuterung der angenommen Wirkweise, die wiederum auf kosmischen Energien beruhe und nicht naturwissenschaftlich nachgewiesen werden kann.[185]

Zudem fanden sich in den Argumentationen zum Wert des biologisch-dynamischen Methodenapparats für die umweltpolitischen Problemstellungen zu Beginn der 1990er Jahre immer wieder Interpretamente der Thesen Steiners.[186] Meist handelte es sich hier um abstrakte Einsichten: Die Erde als lebendiger Organismus stehe im Zusammenhang des größeren Organismus Sonnensystem, während die Gesundheit der Menschen von der Erde abhänge. Daher sei die Einsichtigkeit der Anthroposophie und hier des biologisch-dynamischen Modells »das Heilmittel zur Gesundung von Erde und Mensch; sie bedürfen des Einsatzes (...) von einsichtigen und initiativen Menschen, welche den degenerativen und lebenszerstörenden Kräften mit Maßnahmen umfassender Lebenspflege begegnen«[187]. Auch seien Konsumenten sich häufig nicht über die Konsequenzen ihrer Käufe bewusst. Deshalb blieb zu Beginn der 1990er Jahre noch umstritten, ob Demeter im Supermarkt angeboten werden sollte, der keine intensive Beratung und als öffentlich zugänglicher Ort keine geeignete Umgebung für esoterische Argumentationen bieten könne.[188] Dem Konsumenten wurde also weiterhin nicht ohne weitere Bildung ein anthroposophisches Verantwortungsbewusstsein zugetraut. Die Öffnung von Demeter verlief also schrittweise als Kompromiss zwischen anthroposophischer Lehre und praktischen Überlegungen.

Damit ist ein Kernpunkt zur Erklärung des bereits beginnenden und in den 1990er Jahren noch größeren Erfolgs von ökologischen Labels angesprochen. Obwohl der Demeter-Bund weltanschaulich an die Anthroposophie gebunden war und ist, konnte er flexibel auf Kommerzialisierungstendenzen reagieren und dementsprechend offen über neue Absatzwege diskutieren. Die dahinterstehende Lehre blieb bestehen, unabhängig von Handelsausweitungen, die einer strengen Auslegung der eigenen Lehre eigentlich widersprächen.

3.2.2.3 Wachsende Öko-Vermarktung

Der Erfolg der Bio-Labels führte dazu, dass in der zweiten Hälfte der 1980er Jahre auch der Weg des Bio-Produkts zum Konsumenten häufiger diskutiert wurde. Hierzu gab es

---

185   Vgl. zur wissenschaftlichen Kritik Sebastiani, André: Anthroposophie. Eine kurze Kritik, Aschaffenburg 2019, hier S. 151–156.

186   Vgl. beispielhaft Blume, Christhilde: Jahreszeitenleben auf der Nord- und Südhalbkugel. In: Demeter-Blätter, Heft 48/1990, S. 8–10; Klett, Manfred: Ein vereinigtes Europa – Zerstörer seiner Landwirtschaft oder Wegbereiter einer neuen Landbaukultur? In: Demeter-Blätter, Heft 51/1992, S. 3f.; Spielberger, Fritz: Heilung der Erde – Heilung des Menschen. In: Demeter-Blätter, Heft 53/1993, S. 3–6.

187   Spielberger, Heilung der Erde, S. 6.

188   Vgl. Urbschat, Uwe: Warum DEMETER-Produkte nicht in jedem Supermarkt? In: Demeter-Blätter, Heft 51/1992, S. 14f.

verschiedene Ansätze, die dem Konsumenten unterschiedliche Rollen zuschrieben. Bemerkenswert ist, dass Kooperativen wie die Food Coops und EVGs rasch ihre Rolle als Vermittlerin von günstigen Bio-Produkten verloren.

Nachfolgend werden die Verkaufswege vorgestellt. Darüber hinaus stellt sich die Frage, inwieweit diese Orte bzw. ihre Betreiber auch als Akteure zu betrachten sind. Mit dem Aufkommen von mehr und stärker gewinnorientierten Vertriebsketten kam schließlich eine Situation zustande, die vergleichbar ist mit der Handelsausweitung von alternativ bzw. fair gehandelten Waren.

Erfolg neuer Angebote

Die steigende Nachfrage nach vermeintlich ökologischen Waren verteilte sich nicht gleichmäßig. Sie bezog sich vor allem auf die Angebote von Bio-Labels. Um das zu verdeutlichen, sind zwei Beispiele hilfreich: Den erfolgreichen neuen Wegen zur Vermarktung von anthroposophischen Waren steht hier die Entwicklung der Reformhäuser gegenüber.

Die Vermarktung von Demeter-Produkten wurde noch in den 1980er Jahren weitgehend direkt oder von Reformhäusern übernommen, während eine Ausweitung in Supermärkte anfangs nicht zur Debatte stand. Im Verlauf zeigte sich anhand der Vertriebswege jedoch der Größenunterschied zwischen ökologischem und alternativ-entwicklungspolitischem Handel. Während letzterer noch keine eigenen professionellen Absatzorte aufbaute und die Ausweitung in Supermärkte als weitaus größter Streitpunkt galt, eröffnete die steigende Nachfrage nach ökologischem Konsum andere Möglichkeiten. Bereits 1984 gründete Anthroposoph Götz Rehn Alnatura und vertrieb unter dem gleichen Namen ein Bio-Label vor allem in der Drogeriemarktkette DM. Anders als etwa DM, das seit seiner Gründung 1973 Anleihen an anthroposophischen Annahmen lediglich in der Unternehmensführung umsetzt, war Alnatura von Beginn an auch an Steiners Lehre orientiert.[189]

Ihren Erfolg verdankte Alnatura dem Aufbau einer Biomarktkette in der zweiten Hälfte der 1980er Jahre. Alnatura diente in mehrfacher Hinsicht als Bindeglied. Abstrakt war ein selbst so bezeichneter Bio-Supermarkt ein sichtbares Zeichen für die gestiegene Nachfrage nach Bio-Produkten. Alnatura äußerte als marketingstrategisches Ziel, Ökologie mit Genuss zu verknüpfen und diese Verknüpfung sichtbar zu machen. Dafür stand beispielsweise die Werbebeilage »Kernpunkte«, die um 1990 erschien:[190] Die Schwerpunkte der Beilage waren stets Gesundheit und Bio-Rezepte einerseits und anthroposophische Grundlagen der Ökologie andererseits, wobei letztere in die Erläuterung der Arbeit aller großer Bio-Verbände integriert wurden, deren Produkte in

---

189   Vgl. Rehn, Götz: Wirtschaft neu denken – das Alnatura Modell. In: Diedrich, Ralf/Heilemann, Ullrich (Hg.): Ökonomisierung der Wissensgesellschaft. Wie viel Ökonomie braucht und wie viel Ökonomie verträgt die Wissensgesellschaft? Berlin 2011, S. 211–219; zur DM-Kette Zander, Anthroposophie, S. 74–77.

190   »Kernpunkte« war eine unregelmäßig erscheinende Beilage zur Zeitschrift »Natürlich« zwischen 1988 und 1992; »Natürlich« wiederum war der Ableger der gleichnamigen Schweizer Zeitschrift und ging 1998 in die von Horst Stern gegründete »Natur« auf.

den Alnatura-Märkten angeboten wurden.[191] Die Offenheit gegenüber den großen Bio-Verbänden drückte sich schon in ihrem Angebot aus, obwohl sie aus Sicht von Alnatura auch als Konkurrenz für das hauseigene Bio-Label angesehen hätten werden können.

Alnatura präsentierte sich als Bindeglied zwischen den Bio-Verbänden und der steigenden Nachfrage nach Bio-Produkten vor dem Hintergrund ökologischer Konsumentenverantwortung. Dem niedrigschwelligen Zugang zu anthroposophischen Produkten stand bei Alnatura und in Reformhäusern, besonders aber bei DM die Konkurrenz durch konventionelle Anbieter gegenüber. Mit der offeneren und kritischeren Steiner-Reflexion ging also auch der Verlust der Exklusivität einher.

Die zugrundeliegenden anthroposophischen Annahmen in der Vermarktung wie auch in der Gestaltung der Märkte war nur sichtbar bei entsprechender Vorbildung, während die Läden selbst häufig an verkehrsgünstigen Orten und häufig in der Nähe von Shopping-Zentren platziert wurden. Mit diesem Konzept war die Teilhabe an ökologischem Konsum deutlich offener als in den zum Zeitpunkt der späten 1980er Jahre noch verbreiteten Bioläden, die ihren alternativ-politischen Anspruch auch bei der Gestaltung des Ladens zeigten. Alnatura war in seiner frühen Phase das erfolgreichste Beispiel für die Professionalisierung der Vermarktung von Bio-Waren.

Das Gegenbeispiel dazu ist die Entwicklung der Reformhäuser, deren Neuform-Verband zwar schon in den frühen 1970er Jahren den Bio-Trend in Nordamerika wahrgenommen hatte, aber die Integration in den Kommerzialisierungsprozess des Bio-Marktes verpasste. Die Reformhändler bewarben insbesondere die eigene Marktposition zwischen Bio-Märkten und Apotheken. Als Kehrseite verteidigte Neuform diese Position gegen die neuen Angebote auf dem Öko-Markt: Alnatura etwa werbe mit dem freiwilligen Verzicht auf chemische Dünger in den angebotenen Produkten, gleichzeitig würden Produkte mit Alnatura-Eigenlabel in den Regalen der DM-Märkte mit chemischen Reinigungsmitteln »mit wohlbekannten Pflanzengiften sich ein vergnügliches Stelldichein«[192] geben.

Äußerungen wie diese waren charakteristisch für die Zeit um 1990. Gleichwohl sind die teilweise zynischen Kommentare auch auf das zeitweise veränderte Zeitschriftenformat zurückzuführen, das keine ausführlichen Analysen mehr bot.[193] Zeitgleich fuhr der Neuform-Verband die Rückbindungen zur Lebensreform und die Äußerungen zur politischen Ökologie zurück. Auch die Zielgruppe der Konsumenten wurde nicht erweitert. Im Gegenteil wurde die Neuform-Ware auch von den Öko-Labels abgegrenzt mit dem Argument eines besseren Preis-Leistungs-Verhältnisses.[194] Ökologisch-politischer Konsum, wie er hier verstanden wird, blieb den Reformhäusern also zunächst fremd. Diese

---

191 Vgl. N.N.: Naturkost: Augen auf beim Kauf, in: Kernpunkte, Heft 1/1988, S. 1/4; N.N.: Muss Vollwertkost vegetarisch sein? In: Kernpunkte, Heft 5/1989, S. 1/4; N.N.: Ökologischer Landbau – warum? In: Kernpunkte, Heft 1/1990, S. 1/4.

192 N.N.: Glaubhaftigkeit: Logisch? In: Neuform-Echo aktuell, Heft 4/1987, S. 6.

193 Vgl. bereits N.N.: Produkte: Abgekupfert! In: Neuform-Echo aktuell, Heft 1/1986, S. 8; N.N.: Lebensmittel: Skandal um »Bio«, in: Neuform-Echo aktuell, Heft 8/1987, S. 5; Bielefeld, Jochen: Preisvergleich: Schiefe Optik, in: Neuform-Echo aktuell, Heft 10/1990, S. 3; ders.: ZDF: Schwere Vorwürfe gegen Demeter, in: Neuform-Echo aktuell, Heft 1/1992, S. 3; vorher noch differenzierter Matt, Rüdiger: Mit harten Bandagen. In: Neuform-Echo, Heft 5/1986, S. 1.

194 Vgl. Bielefeld, Preisvergleich.

Ablehnung beruhte allerdings auch auf Gegenseitigkeit, wie sich anhand der Feststellung der Zeitschrift Öko-Test zeigt, wonach Reformhäuser eine bürgerliche, eben nicht ökologische Zielgruppe ansprächen.[195]

Schwierige Lage der Kooperativen

Ähnlich der Kritik an einem Verkauf von alternativ-fair gehandelten Artikeln in Supermärkten gab es bei ökologisch einwandfreien Erzeugnissen in den späten 1980er Jahren Entwicklungen, die sich auf alternative Vertriebswege und deren Handlungsspielräume auswirkten. Einerseits nahm der Organisationsgrad von Anbauverbänden enorm zu und öffnete Spielräume für professionalisiertes Marketing. Andererseits profitierte die Bio-Kost im Super- oder professionellen Bio-Markt von einem gesamtgesellschaftlich breiten ökologischen Interesse. Insgesamt ging der ökologische Handel tendenziell weg von der Kooperativen-Idee und hin zu einem professionalisierten, möglichst breit zugänglichen Angebot, ohne partizipative Erwartungen an Käufer zu stellen. Die Kooperativen waren also aus zwei Gründen in einer schwierigen Lage: die Professionalisierung des Bio-Vertriebs und fehlendes Engagement vonseiten der Konsumenten.

In diesem Zusammenhang ist der Standpunkt der Bundesarbeitsgemeinschaft (BAG) der Food Coops zu lesen, wonach Kooperativen keine Konkurrenz und lediglich eine Ergänzung zu bestehenden Naturkostläden seien.[196] So könnten die Kooperativenmitglieder, die Zeit zur freiwilligen Arbeit zur Verfügung stellten, in Zukunft bei einem höheren Einkommen und weniger Freizeit zu Kunden von Naturkostläden werden, sodass sich die verschiedenen Organisationsformen die Kundschaft nicht gegenseitig wegnähmen.[197] Die Gründung der BAG Food Coops 1987/88 bedeutete auch, dass nun die Unterschiede zwischen EVG und Coop kaum noch diskutiert wurden.

Darüber hinaus waren es vor allem Preisaufschläge, die Regionalverteilerstellen gegenüber Kooperativen zum Ende der 1980er Jahre erhoben und die in den Coops kritisiert wurden. Die Diskussion dieser Frage führte auch zu einer Erläuterung seitens der nordrhein-westfälischen Verteilerstelle Kornkraft in Contraste, die neben dem erhöhten Verwaltungsaufwand für die Zusammenarbeit mit Food Coops vor allem den Mangel an politischer Arbeit bei den Kooperativen bemängelte. Die erhobenen Aufschläge sollten laut Kornkraft dazu dienen, eigenes Informationsmaterial zu erstellen und die Öffentlichkeitsarbeit umweltpolitischer Verbände zu unterstützen.[198]

Damit wurde jedoch auch der politische Gestaltungsanspruch von Kooperativenmitgliedern infrage gestellt. Sowohl in den Food Coops als auch in EVGs setzte um 1990 eine

---

195   Vgl. Arndt, Fritz: Reformhäuser: Wird Zeit, dass da Bewegung reinkommt, in: Öko-Test, Heft 6/1986, S. 13–16.

196   Vgl. N.N.: Programm der Bundesarbeitsgemeinschaft der Lebensmittelkooperativen. In: Rundbrief AG Bundesweiter Food-Coops, Heft 7/1988, S. 14–17, hier S. 17.

197   Gleichwohl wurden weiterhin sowohl die Stellung der Naturkostläden als auch der Kooperativen kritisch begleitet, vgl. Weinmann, Christoph: Nochmal aus Freiburg. Argumente, in: Rundbrief AG Bundesweiter Food-Coops, Heft 8/1989, S. 35–37; N.N.: Der Laden-Koop-Konflikt. In: Rundbrief AG Bundesweiter Food-Coops, Heft 2/1990, S. 13–19.

198   Vgl. Cropp, Hermann: Kornkraft. Verbraucher-Genossenschaft künftig ohne Verbraucher? In: Contraste, Heft 57/1989, S. 12.

öffentlich geführte Debatte über den eigenen politischen Partizipationsanspruch ein.[199] Die Lebensmittelkooperativen befanden sich in dieser Hinsicht in einer komplizierten Lage: Zwar lag das erklärte Ziel darin, Verbraucher möglichst unmittelbar am Vertrieb von Naturkost teilhaben zu lassen und dadurch der modernen Entfremdung zwischen Ware und Konsument entgegenzuwirken. Jedoch war ihnen seit der Gründung schon konzeptionell eine ungleiche Partizipationschance zueigen, da der Bezug von regionalen Biobauern in einem gemeinsamen Lager de facto nur bei einer begrenzten Gruppengröße funktionieren konnte. Der eigene Teilhabeanspruch war also auf lange Sicht nicht mit einer immer größeren Nachfrage nach Bio-Ware vereinbar.

Neben dem grundsätzlich geschlossenen Gruppenkonzept dürfte hier das klischeebehaftete Image problematisch gewesen sein. Gemeint sind damit die selten professionell geführten Lager, deren Erscheinungsbild sowie der Eindruck einer geschlossenen, alternativen Gruppe. Politische Bewusstseinsbildung als Partizipationsform wäre dagegen vor allem bei solchen Kooperativen möglich gewesen, die sich offener zeigten, da »die Genossenschaft und der Laden für eine möglichst breite Bevölkerungsschicht da sein«[200] sollten. Wie diese Offenheit aussehen könnte, blieb aber unklar.

Die steigende Nachfrage nach Bio-Waren berührt auch den Kern der Debatte um Lebensmittelkooperativen, die sich um die Spannung zwischen politischem Anspruch und wirtschaftlichen Chancen und Notwendigkeiten drehte. Die Kooperativen bauten ihre Vernetzungsbemühungen in der zweiten Hälfte der 1980er Jahre mit der Gründung der Bundesarbeitsgemeinschaft aus. Im weitgehend konsensorientierten Programm der BAG von 1988 war bei der Motivation zur Gründung die Rede von der Möglichkeit, die Verbraucher den Ursprung seiner Nahrung kennenlernen zu lassen, um der Entfremdung des Verbrauchers sowohl von Erzeugern als auch von Waren entgegenzuwirken.[201] Der Anspruch auf De-Kommodifizierung der Bio-Ware blieb also erhalten.

Demgegenüber wurden aber auch mögliche Reizthemen wie der Bezug teils konventionell angebauter Ware durch Food Coops nicht expressis verbis angesprochen. Lebensmittel sollten allgemein der Gießener Formel entsprechen, also »vorwiegend aus kontrolliert biologischem Anbau« kommen und Gebrauchsgüter je im Einzelfall »ökologisch vertretbar«[202] sein.[203] Die BAG nutzte darüber hinaus die Möglichkeit zur Abgrenzung gegenüber konventionellen Bioläden.[204] Dazu nutzten sie den Wunsch nach Regionalisierung der EVGs als Möglichkeit zur Bewusstseinsbildung. Dem Eigenverständnis nach seien Kooperativen ein Weg, um

»Produkte aus kontrolliert biologischem Anbau möglichst vielen Leuten zugänglich zu machen und dadurch größere Absatzmärkte für die Erzeuger dieser Produkte zu schaffen. Dieser Weg ist nur durch die kooperative Zusammenarbeit aller Mitglieder einer

199   Vgl. Baur, Max: Politisches Selbstverständnis gehört dazu. In: Contraste, Heft 73/1990, S. 7.

200   Ebd.

201   N.N.: Programm der Bundesarbeitsgemeinschaft, S. 14.

202   Ebd.

203   Die Gießener Formel beschäftigt sich mit der Definition von Vollwerternährung, vgl. Koerber, Karl/
        Männle, Thomas/Leitzmann, Claus: Vollwert-Ernährung. Konzeption einer zeitgemäßen und nach-
        haltigen Ernährung, Stuttgart 2012.

204   Vgl. N.N., Programm der Bundesarbeitsgemeinschaft, S. 17.

Kooperative gangbar (…). Somit ist der sozial/politische Aspekt einer Kooperative ein gleichgewichtiger Grundsatz neben dem ökologisch/ökonomischen Hintergrund.«[205]

Die Bemühung zur Abgrenzung von Bioläden beherrschte auch die Grundlagentexte im Rundbrief der BAG, wobei die scheinbar niedrigen Zugangsschwellen zur Teilnahme in einer Kooperative der Kern der eigenen Ansprüche wie auch der Probleme blieben.

Auch die teils privatwirtschaftlichen, teils staatlichen Bemühungen um eine Standardisierung insbesondere bei Labels wurde bei den Lebensmittelkooperativen wahrgenommen und als mögliche Gefahr für die Qualität im Sinne einer Verwässerung erkannt, der es entgegenzusteuern gelte.[206] Die Möglichkeit zum kostengünstigen und sicheren Bio-Einkauf wurde von den einzelnen Gruppen als Erleichterung für das individuelle Coop-Mitglied betont, um 1990 jedoch vor allem in einem kritischen Kontext: Die günstigen Preise in der Coop zögen, so ein Mitglied nach ihrem Austritt aus einer Food Coop, »Billigkonsumenten«[207] an, die den partizipativen Anspruch des jeweiligen Projektes verwässern könnten.

Die Lebensmittelkooperativen hatten Erwartungen an einen Konsumenten, die sich zu selten im tatsächlichen Verbraucherverhalten feststellen ließen. Für die Mehrzahl der Konsumenten war offenkundig der Preisvorteil das entscheidende Argument für ein Engagement in einer Kooperative. Darüber hinaus wurde der Preisvorteil bei stetig steigendem Angebot immer geringer. Dieses Grundproblem ließ sich auch in der Folgezeit nicht lösen, sodass Lebensmittelkooperativen nicht vom Ausbau des Bio-Handels profitieren konnten und, gemessen am relativen Anteil, zur Randerscheinung im ökologischen Handel wurden.

Der richtige Konsument

Die entgegengesetzte Entwicklung von Kooperativen und neuen Bio-Läden lädt zu einer Gegenüberstellung von Idealisten und Profis ein. Jedoch bedeutet sie keine Trennlinie zwischen politischen und unpolitischen Angeboten, zumal zahlreiche Naturkostläden aus Kooperativen hervorgegangen sind. Häufig stand der richtige politische Weg im Zentrum der Debatte, die den bewegungsnahen Kooperativen- und Ladengruppen zunehmend entglitt zugunsten der Akteure, die offen für eine Verknüpfung von Öko- und Lebensstilargumenten beim Verkauf waren. Dieses Problem führte auch zur Frage, ob jeder Käufer ein wünschenswerter Konsument sei. Medial lässt sich diese Entwicklung am leichtesten anhand der Naturkost-Redaktion der Contraste nachvollziehen, die als Indikator für die Rezeption innerhalb der selbstverwaltenden Ökologiebewegung dient.

Die Debatte um den ökologisch richtigen Weg zum richtigen Konsumenten ist mit der Handelsausweitung des alternativen bzw. fairen Handels trotz inhaltlich anderer Argumente vergleichbar. Hier gab es also ein Muster, das zumal schon früh wahrgenom-

---

205   N.N., Programm der Bundesarbeitsgemeinschaft, S. 14.

206   Vgl. grundlegend Röhrs, Birgit: EG-Binnenmarkt – EG-Ökosiegel – Konsequenz, Folgen, Gefahren. In: Rundbrief AG Bundesweiter Food-Coops, Heft 1/1990, S. 37–39.

207   Röhrs, Birgit: Verkommen die Koops zu Billigkonsumenten? In: Rundbrief AG Bundesweiter Food-Coops, Heft 4/1990, S. 8–10, hier S. 8.

men wurde.[208] Der Dritte-Welt-Handel habe mit einer Handelsausweitung das »genaue Gegenteil« seiner Intention erreicht: »Statt Bewusstseinsbildung, ›bewusstem anders tun und kaufen‹, wird gewissermaßen eine Konformitätsgarantie, eine Handlungsanweisung gegeben«[209]. Diese sei abzulehnen, da sie lediglich die Nachfrage derjenigen Konsumenten befriedigen würde, die eigentlich nicht wünschenswert waren.

Dementsprechend konsequent fiel der Rat in der bewegungsnah-ökologischen Contraste aus, wonach sich alle ökologischen Verkaufsgruppen unabhängig von ihrer Organisationsform als eigene Akteure behaupten sollten. Bestandteile davon wären sowohl die Effizienzsteigerung der eigenen Arbeit durch verbesserte Netzwerkarbeit als auch die Aktivierung der Konsumenten durch verbesserte Bildungsarbeit. Die Konsumenten sollten zur Kritik am Laden aufgefordert werden und über das Sortiment vorab mitbestimmen können.[210] Eine Kommerzialisierung mit dem Fokus auf ein steigendes Handelsvolumen zuungunsten von Bildungsarbeit konnte mit diesem Zielhorizont nicht in Einklang gebracht werden.

Der breite gesellschaftliche Trend zur Nachfrage nach Bio-Waren aufgrund ihrer vermeintlich hohen Qualität wurde auch bei den bewegungsnahen Akteuren wahrgenommen. Besorgniserregend war aus Sicht einiger Autoren in Contraste vor allem der »optisch perfekt durchgestylte Naturkostladen« als Trend mit »Parallelen zum Reformhaushandel«[211]. Dieser Trend führe zur Frage nach dem richtigen Konsumenten, der selbst Verantwortung zu übernehmen hatte und Verantwortung nicht bei Fachleuten abgeben dürfe. Beispielhaft angeführt wurde dabei ein ökologisches Beratungszentrum, das rein aus Verbrauchersicht arbeiten sollte.[212]

Mit dem Blick auf die steigende Nachfrage nach Bio-Waren außerhalb der Ökologiebewegung bildete die Naturkost-Redaktion der Contraste auch kontroverse Positionen ab. Anlässlich der Gründung des bundesweiten Naturkostverbandes und aufgrund des zunehmenden Einflusses der Lobbyarbeit von Umweltverbänden bei den ökologischen Verbraucherberatern, sei aus der Sicht der Ökologiebewegung die

> »Utopie einer ökologisch und sozial gerechten Gesellschaft (...) degeneriert zur bloßen Verteidigung von Marktanteilen und der Kreis zu Aldi, Tengelmann & Co. ist wieder geschlossen. Ist es nun auch der/dem letzten klar, die/der noch sozial engagiert in der Ökologiebewegung tätig ist, damit haben wir hier nichts mehr zu tun – hier werden wir als ideologische Altlast, die dem Zeitgeist nicht entspricht, entsorgt!«[213]

Die Referenz auf einen nicht näher spezifizierten Zeitgeist erinnert an die emotionalen Reaktionen auf den Schock, den die Wahl in Nicaragua 1990 bei der westdeutschen Solidaritätsbewegung auslöste. In beiden Fällen lag die Schwierigkeit um 1990 darin,

---

208   Vgl. etwa Scholer, Bernhard: Ökologisches Marketing. In: Contraste, Heft 37/1987, S. 6.

209   Ebd.

210   Vgl. ebd.

211   Helling, Barbara/Spring, Harald: Läden gehören Verbrauchern. In: Contraste, Heft 61/1989, S. 13f., hier S. 13.

212   Vgl. Helling/Spring, Läden, S. 14.

213   N.N.: Perspektiven der Naturkostbewegung. Oder: Sind die Bioläden noch zu retten? Oder: von der sozialen Bewegung zur Entsorgung ideologischer Altlasten, in: Contraste, Heft 52/1989, S. 3.

neue Partizipationserwartungen an die eigenen Verkaufsgruppen zu formulieren. Da der Zeitgeist nicht als handelnder Akteur, sondern eher als kurzfristig spürbarer Prozess erschien, war in diesem Fall insbesondere die Frage nach der immer weiter zunehmenden Vernetzung im Naturkostvertrieb über den Ende 1988 gegründeten Bundesverband Naturkost Naturwaren (BNN) umstritten. In Abgrenzung zu den vorher begrüßten Vernetzungsbemühungen noch zur Mitte der 1980er Jahre erschien der BNN nun wiederum als zu zentralistisch. Er dürfte auch sinnbildlich für die Überforderung kleiner Bioladner mit einem immer größer werdenden Bio-Sortiment stehen, das zunehmend professionell vermarktet wurde.[214]

Die BNN-Gründung zeigt ein Dilemma beim Bio-Handel auf: Dem Bemühen um eine Vernetzung lag der Wunsch einer verlässlichen und möglichst breit zugänglichen Versorgung mit Bio-Waren zugrunde. Diesem Wunsch stand aber die Sorge vor Kompromissen mit der nach eigenem Empfinden industriellen Landwirtschaftspolitik gegenüber, die zu einem Verrat an der technikkritischen Grundlage des ökologischen Landbaus führen konnte.[215]

Außerhalb dieser bewegungsnahen Sichtweise eröffnete die Wahrnehmung eines solchen Zeitgeists aber auch größere partizipative Räume für Konsumenten. Zwar existierten Food Coops und EVGs mit ihrer grundsätzlichen Kritik an der Entfremdung zwischen Konsumenten und Ware in den 1990er Jahren weiterhin, erhielten allerdings abnehmende Aufmerksamkeit. Unabhängig von der Kritik rückten in Contraste bereits vorher die Erwartungen an den moralisch richtig handelnden Konsumenten ins Zentrum des Interesses. Ob dieser das »Zünglein an der Waage«[216] für die Zukunft der Naturkost sei, läge vor allem an ihm selbst, da bei der Expansion von Naturkost keine staatliche Hilfe zu erwarten sei. Der BNN hatte aus dieser Sicht vor allem die Aufgabe, dem Naturkostsektor einen stabilen Rahmen zu verleihen und eine Deutungshoheit über die Qualität von Biokost festzulegen.[217]

Damit wurde der Kaufkraft des Konsumenten zum Ende der 1980er Jahre wie selten zuvor eine enorme Gestaltungskraft zugemessen. So dürfte die steigende Nachfrage zu Gedanken über die Frage angeregt haben, wie individualisierte ökologische Konsumstile zum Weg zu wünschenswerten politischen Änderungen beitragen konnten. Es setzte sich die Idee durch, dass mehr Bio-Konsum in der Praxis schließlich auch zu einer steigenden Vorbildung und daher zu einem reflektierteren Konsumentenverhalten als zuvor führen kann. In diesem Sinne titelte die Bauernstimme 1988, dass in der mittelfristigen

---

214   Vgl. ebd.; vgl. auch zum teilweise vorhandenen Wunsch nach Wiedervereinfachung des Naturkosthandels die Artikelserie in Contraste von Cropp, Hermann: Naturkost radikalökologisch umgestalten! In: Contraste, Heft 65/1990. S. 12; Ders.: »Revolutionierung aller Lebensbereiche«. In: Contraste, Heft 66/1990, S. 13; Ders.: Wo, bitte, geht's lang zur Umgestaltung? In: Contraste, Heft 68/1990, S. 5.

215   Vgl. grundlegend Bergstedt, Naturschutzfilz.

216   Wagener, Klaus: »Echt Bio«. Die Zukunft der Naturkost, in: Contraste, Heft 33/1987, S. 11.

217   Vgl. ebd.; sowie Flieger, Burghard: »Ökologisches Marketing«. Zukunftschance für den alternativen Naturkosthandel? In: Contraste, Heft 33/1987, S. 13; Ders.: Kooperatives Marketing für ökologische Produkte. In: Contraste, Heft 52/1989, S. 12; Wagner, Achim: Handel kommt von handeln. In: Contraste, Heft 55/1989, S. 3.

Perspektive bis zum Jahr 2000 ein signifikanter Einfluss der Konsumenten auf das Angebot möglich sei.[218] Unter dieser Annahme wiederum verlor die politische Arbeit der Läden und Kooperativen an Bedeutung. In diese Lücke stießen in erster Linie private Labels.[219]

Dieser Partizipationsansatz war gerade mit Blick auf seine Zugangsvoraussetzungen umstritten bei den Akteuren, die sowohl am Vertrieb als auch am Konsum beteiligt waren und dem Gedanken einer De-Kommodifizierung des ökologischen Konsums nahestanden. Vor dem Hintergrund der Ansprüche, die Food Coops an sich selbst stellten, waren in der Naturkostszene Preise das sensibelste Thema, bei dem es den Anschein von Ungleichheit so gut wie möglich zu vermeiden galt. Einerseits wurde dafür die politische Einordnung mithilfe von Technikkritik bemüht. Bei der Frage nach den Marketingperspektiven stellte Contraste etwa, Konsumenten direkt ansprechend, die rhetorische Frage, ob »teuer« im Fall von Naturkost überhaupt eine angemessene Kategorie sei: »Rechnet ihr auch immer noch nach, dass Naturkost viel zu teuer ist? Und das nach Seveso, Bhopal und Basel (Sandoz)? Drei Katastrophen durch Landbau-Chemikalien!«[220]

Andererseits war die Existenz der Hürde Geld bereits anerkannt. Die Kornkraft-Zeitschrift Mahlzeit widmete dem Thema »Armut und Naturkost«[221] schon 1987 einen Grundsatzartikel. Die zwei Kernargumente betreffen den Preis und die Gesundheit: Während Naturkost im wörtlichen Sinn preiswert sei, hätten die Massenwaren in Discountermärkten »politische Preise, die künstlich niedrig gehalten werden«[222] durch die Nichteinpreisung von ökologischen Folgeschäden bei intensiver Ackernutzung. Auch hätte der Einkauf im Lebensmitteldiscounter gesundheitliche Folgeschäden durch die hohe Energiedichte, die bei der gleichen Menge Nahrung eine größere Gefahr der Gewichtszunahme und anderer gesundheitlicher Probleme mit sich bringe. Rechne man zudem die Preisunterschiede »auf Mahlzeiten um, sind es nur noch Pfennigbeträge«[223].

Zu beachten ist hier die wahrscheinliche Rezipientengruppe: Mahlzeit war eine Zeitschrift, die an Bioläden geliefert wurde, mit ihrem Artikel vor Ort also auf die schon bestehenden sozioökonomischen Hürden beim Bio-Einkauf traf. Als Rezipienten für diesen Artikel konkret dürften ökonomisch marginalisierte Gruppen nicht infrage kommen. Das Statement dürfte eher als Bestätigung zu lesen sein für die Unbedenklichkeit der ökonomischen Hürden, um als aktive Konsumenten politisch teilzuhaben. Es ist auch als Indiz dafür zu deuten, dass eine soziale Abgrenzungsfunktion des Einkaufs im Bioladen bereits zum Ende der 1980er etabliert war.

---

218 Vgl. N.N.: Konsumenten im Jahr 2000: Einfluss auf Angebot ist möglich. In: Bauernstimme, Heft 92–93/1988, S. 7.

219 So war es in der Darstellung der Bauernstimme zweitrangig, mit welchen Symbolen ein Supermarktverkauf stigmatisiert sein könnte, sofern er denn für Biobauern die nötigen Absätze erzielen würde, vgl. Bade, Reinhard/Fink, Andrea: Bioland-Produkte im Supermarkt. In: Bauernstimme, Heft 86/1988, S. 11; AG Kassel/AG Schwaben: »Der Karren läuft zu sehr in Richtung Bio«. In: Bauernstimme, Heft 110/1990, S. 14.

220 Wagener, »Echt Bio«.

221 Debald, Jürgen: Naturkost für Arme?! Immer mehr Bioläden – immer mehr Arbeitslose, in: Mahlzeit, Heft 2/1987, S. 1/12, hier S. 1.

222 Ebd.

223 Debald, Naturkost für Arme, S. 12.

Auf Basis der steigenden Nachfrage setzte sich ab 1990 die Ansicht vermehrt durch, dass eine ökologische Avantgarde, die beim Konsum vor allem durch EVGs und Food Coops verkörpert wurde, keine Notwendigkeit darstellte. Vor allem deshalb konnten sich die Vertreter der Idee eines richtigen Vertriebswegs in der Folgezeit nicht durchsetzen, wie sie es auch beim alternativen Handel nicht taten.

3.2.2.4 Erfolg des ökologischen Verbraucherschutzes

Verbindungen zwischen Ökologie und Verbraucherschutz existieren nicht erst seit den späten 1980er Jahren. So war neben dem BBU auch die AgV schon in den 1970er Jahren mit Verknüpfungen von Konsum und Umweltverschmutzung beschäftigt. Als eigene Akteure arbeiteten ökologische Verbraucherschutzgruppen jedoch erst später zum politischen Konsum. Die ökologische Konsumentenberatung nahm im Verlauf der 1980er Jahre stetig zu, was ein Zeichen für den ökologischen Wissensdurst in Westdeutschland ist. Neben den politischen Steuerungsansprüchen, die den Schutz der Konsumenten in der selbstverschuldeten Umweltkrise, auch vor sich selbst, forderten, gab es auch solche ökologischen Verbraucherschützer, die von einer umfassenden Verantwortung des Konsumenten zur gesellschaftspolitischen Gestaltung ausgingen.

Ein maßgeblicher Vertreter des Bildes vom verantwortungsbewussten Konsumenten war die Verbraucher Initiative, die ein Teil des BBU war und ab 1985 als selbständige Gruppe ohne den BBU auftrat. Mit ihrem eigenen politischen Schwerpunkt sah sich die Verbraucher Initiative jedoch nicht als Konkurrentin der AgV, sondern grenzte sich bewusst von deren Arbeitsschwerpunkten ab.

Als zweiter Akteur wird in diesem Unterkapitel die Zeitschrift Öko-Test betrachtet. Diese beschäftigte sich nicht nur mit Konsumfragen, sondern auch mit konkreten umweltpolitischen Belangen. Bemerkenswert ist vorab, dass sich auch hierbei eine ökologische Erweiterung zum bisherigen Verbraucherschutz – nämlich: die Zeitschrift Test der Stiftung Warentest – etablierte. Auch hier erfolgte die Gründung jedoch unabhängig vom vermeintlichen Konkurrenten.

Ermöglichung von Konsumentenverantwortung

Nach ihrer Gründung als Projektgruppe innerhalb des BBU hatte die Verbraucher Initiative bereits ihren Partizipationsanspruch als kritische Begleitung der Konsumentengesellschaft in Abgrenzung zur AgV deutlich gemacht. Demnach sei die etablierte Verbraucherpolitik nicht in der Lage, Möglichkeiten zur politischen Teilhabe in entscheidenden Fragen zu schaffen:

> »Dort, wo es wie zum Beispiel im Umweltschutz wichtig wäre, in die Entscheidungen privater Investoren einzugreifen, schweigen die Verbrauchervertreter. Die Verbraucherpolitik hat sich an den Markt zurückweisen lassen und beschränkt sich darauf, die Eigenverantwortlichkeit der Konsumenten zu betonen.«[224]

An diesem grundsätzlichen Ziel, also das Ermöglichen von umweltpolitischer Teilhabe für Konsumenten, hielt sie unabhängig vom Ausscheiden des BBU als Mitherausgeber

---

224   Niesbach, Verbraucherorganisation, S. 3.

der eigenen Zeitschrift Consum Critic, die zudem 1988 zur Verbraucher Telegramm umgebaut wurde, fest.[225] Die Kontextänderungen um 1990 übten jedoch auch auf die Inhalte und die Argumentationen der Verbraucher Initiative Einfluss aus. In einem Manifest zur Mitgliederversammlung 1991 heißt es dazu:

> »Das Scheitern des Realsozialismus hat vor allem verunsicherte Menschen in den Ländern Osteuropas zurückgelassen – aber auch bei uns. Viele linke, grüne oder alternative Bewegungen und Projekte, zu denen sich auch die Verbraucher Initiative zählt, müssen neue politische Fundamente entwickeln.«[226]

Ein völlig neues politisches Fundament im Sinne einer Institution wurde bis zur Gründung des »Verbraucherzentrale Bundesverbands« 2001 zwar nicht entwickelt, jedoch führte die Reflexion der politischen Rahmenbedingungen dazu, dass die Verbraucher Initiative um 1990 ihr Verständnis politischer Verantwortung weiterentwickelte und dabei den eigenen Partizipationsanspruch ausgestaltete. Der Vorsitzende Gerd Billen betonte bereits 1988, dass hierzu verbraucherpolitisches Engagement nötig sei, das über individuelle Konsumberatung hinausgehe. Eine Beratung, die »die individuellen Möglichkeiten zum Umweltschutz zuhause in den Vordergrund stellt, aber nicht auf die Notwendigkeit einer politischen Entgiftungsstrategie hinweist, fördert eine Entpolitisierung.«[227] Um diese Entpolitisierung zu vermeiden, müsse die Verbraucher Initiative politisch beraten und Organisationsarbeit leisten:

> »Politische Ansätze (...) entwickeln alle Parteien, besonders Grüne und SPD. Auf sie sollten die Verbraucher hingewiesen werden. Umweltberatung muss das vorhandene Netz von Initiativen und ehrenamtlichen Umweltberatern unterstützen und fördern, statt vorrangig eigene professionelle Kapazitäten aufzubauen.«[228]

Darüber hinaus lässt sich eine Ausdifferenzierung der inhaltlichen Schwerpunkte feststellen. Nach der Gründung der AGÖL 1987 kam Kritik auf, wonach bei den Vernetzungsbemühungen der großen Anbauverbände das Thema Fleischverarbeitung nicht ausreichend berücksichtigt worden sei. Unter diesem Eindruck legte die Verbraucher Initiative, die selbst um Vernetzung bemüht war und sich an der Aachener Erklärung beteiligte, einen wesentlichen Schwerpunkt ihrer Berichterstattung auf Fleisch.

Auch war die Initiative an einem eigenen Label für Fleisch nach ökologischen Kriterien beteiligt. Das Kernargument für die Beteiligung an der Entwicklung des sogenannten Neuland-Labels ging von einem direkten Zusammenhang zwischen Qualität des Flei-

---

225   Vgl. Billen, Gerd: Die Organisation von Konsumenteninteressen. In: Hildebrandt, Eckart (Hg.): Ökologischer Konsum (Schriftenreihe des IÖW 25/89). Berlin 1990, S. 90–92.

226   Verbraucher Initiative: Die Verantwortung der Verbraucherinnen und Verbraucher. In: Verbraucher Telegramm, Heft 10/1991, S. 7–10, hier S. 8.

227   Billen, Gerd: Stärkung ehrenamtlicher Umweltberatung statt Professionalisierung – Umwelt und Ernährungsberatung bei der ›Verbraucher-Initiative‹. In: Zimmermann, Monika (Hg.): Umweltberatung in Theorie und Praxis. Basel 1988, S. 337–344, hier S. 341.

228   Billen, Stärkung, S. 343.

sches und der artgerechten Haltung des Tieres aus. Das hochwertige Fleisch solle auch deutlich teurer sein, um Umwelt- und Arbeitsschutz sicherstellen zu können.[229]

Der gesetzte Schwerpunkt kam der Initiative bei den Verbraucherverunsicherungen 1990 infolge von Fällen Boviner spongiformer Enzephalopathie (BSE) bei britischen Rindern zugute. Beim Problem BSE deutete sich bereits das partizipative Bild vom Konsumenten an, das in der Folgezeit auch aufrechterhalten wurde: Dieser wurde zwar auch beraten, jedoch nicht als Verbraucher vor der fleischverarbeitenden Industrie geschützt. Vielmehr rief die Verbraucher Initiative Rindfleischkäufer zum selbständigen Handeln auf, indem sie ihre Verkäufer explizit auf die Problematik ansprechen sollen und die Erfahrungen an die Verbraucher Initiative übermitteln, »damit wir gemeinsam den Unternehmen auf die Finger schauen können«[230].

Dass die Vermarktung des Neuland-Fleisches zunächst über Direktverkäufe abgewickelt werden sollte, ist wohl auf anfänglich fehlende Infrastrukturen zurückzuführen. Schließlich ging Bio-Konsum im alternativen Milieu nicht selten mit Veganismus bzw. Vegetarismus einher. Zudem war die Verbraucher Initiative dem Verkauf in Supermärkten nicht abgeneigt. Ein wesentlicher Baustein der Argumentation bestand in diesem Zeitraum in der Betonung der politischen Gestaltungsmacht, die von der Summe der Verbraucher ausgehen könne. Dieses Potential könne gerade dann mobilisiert werden, wenn Alternativen zur konventionellen Produktion möglichst niedrigschwellig im Supermarkt platziert würden.[231] Die Verbraucher Initiative konnte, da sie selbst abgesehen von der Mitgliedschaft und ihren Veröffentlichungen keine Waren verkaufte, in der Frage nach dem Ort sehr flexibel auftreten. So ermutigte etwa der Vorsitzende Gerd Billen im Rahmen der eigenen Ausführungen zur Aachener Erklärung, die eine ganzheitlich-verantwortungsbewusste Vertriebskette nach EVG-Vorbild forderte, eine grundsätzliche dahingehende Neuorientierung der Verbraucher, die sich nicht auf den geschlossenen Kreis von Kooperativenmitgliedern beschränken könne.[232]

Schutz vor Gefahren für Konsumenten

Wie sich bereits gezeigt hat, waren ökologische Alltagshinweise im alternativen Milieu um 1980 bereits bekannt. Die Mündigkeit der Verbraucher als Ziel von ökologischer Verbraucherberatung wurde im Lauf der 1980er Jahre ergänzt durch einen Verbraucherschutzaspekt, der ein eigenes politisches Agenda-Setting als Ziel neben die Verbraucherberatung setzte. Diese Entwicklung wurde vor allem von der Zeitschrift Öko-Test vorangetrieben. Sie begann als Projekt bereits mit Nullnummern Anfang 1985. Der Anspruch

---

229   Vgl. Billen, Gerd: Schweinefleisch: Neues Markenfleisch, in: Verbraucher Telegramm, Heft 5/1988, S. 1 f.; später ders.: Lebensmittel mit Qualität. In: Verbraucher Telegramm, Heft 3/1989, S. 1 f.

230   Billen, Gerd: Britisches Rindfleisch: Aktion »Vertrauen ist gut, Kontrolle ist besser«, in: Verbraucher Telegramm, Heft 6–7/1990, S. 10.

231   Vgl. grundsätzlich Verbraucher Initiative, Manifest, S. 8 f.; darüber hinaus Walia, Susanne: Öko-Ware im Supermarkt. In: Verbraucher Telegramm, Heft 1/1992, S. 11; N.N.: Mittelmäßig bis mangelhaft. Das Öko-Angebot in Supermärkten (Dossier), in: Verbraucher Telegramm, Heft 5/1992, S. 7–10.

232   Vgl. Billen, Gerd: Neue Bündnisse von VerbraucherInnen und Bauern. In: Consum Critik, Heft 2/1988, S. 22 f.

an sich selbst bezog sich nach eigenen Angaben auf den Leser und das Dasein als Ratgeber.

Das selbstgesetzte Ziel, wie die Redaktion es zu Beginn formulierte, war zunächst auf eine Verbraucherberatung bezogen, die mehrere Aspekte ökologischen Konsums bedienen sollte. Es handelte sich um Lebensstilpolitik: Die Redaktion wolle »die Leser des Öko-Test-Magazins über die Möglichkeiten einer gesünderen Lebensweise und eines verantwortungsvollen Verhaltens informieren«[233]. Zunächst sollte demnach die Zeitschrift mit konkreten Beispielen zu einem Konsumstil motivieren, der sowohl industriekritisch als auch ökologisch verantwortungsvoll gestaltet werden sollte, während er gleichzeitig den Wunsch nach gesünderer Ernährung erfüllte.

Die Zielsetzung der Redaktion ging mit ihrer Alltagsorientierung zulasten einer Differenzierung der ökologischen Beweggründe, zumal die Tests, die von der Zeitschrift in Auftrag gegeben wurden, sich im Wesentlichen mit Supermarktprodukten beschäftigten und Bio-Produkte dabei in zweifacher Weise als Alternative dargestellt wurden. Gesundheit und politische Wünschbarkeit als gleichrangige, wünschenswerte Merkmale im alltäglichen Konsum traten in der Öko-Test schon früh in den Vordergrund der eigenen Berichte. Diese Tendenz bedeutete keine unpolitische Berichterstattung. Die Arbeit richtete sich an interessierte Laien, die über wenige bis keine ökologische Vorkenntnisse verfügten. Andere Schwerpunkte der Redaktion lagen auf der Berichterstattung zu umweltpolitischen Problemfällen und auf der Forderung einer einheitlichen Regelung zum Sprachgebrauch bei der Bewerbung scheinbar ökologisch einwandfrei angebauter Produkte im Vorfeld der EG-Öko-Verordnung.

Mit der Beleuchtung umweltpolitischer Probleme, die meist als lokale Skandale dargestellt wurden, verband sich wiederum ein eigener Partizipationsanspruch. Beispielhaft dafür waren Berichte über Verschmutzungen einzelner Unternehmen und Industrien wie im norddeutschen Nordenham durch Blei des Industriekonzerns Preussag. Öko-Test wies hier darauf hin, dass die kommunalpolitische Untätigkeit mittelbar eine Gesundheitsgefährdung darstelle.[234] Die Zeitschrift begann also früh mit der Herstellung von Öffentlichkeit bei wahrgenommenen umweltpolitischen Skandalen, die keinen unmittelbaren Bezug zur Verbraucherberatung hatten, sondern auf fehlende umweltgesetzliche Grundlagen bzw. deren fehlende Einhaltung hinwiesen. Insbesondere die naheliegende Vermutung, dass ortsansässige Unternehmen von der lokalen Verwaltung hinsichtlich der kostenintensiven Einhaltung von Schadstoffgrenzwerten geschützt würden oder dass die Verwaltung bei der Vertuschung aktiv involviert sei, war in den Anfangsjahren ein fester Teil der Argumentationsketten. So habe im niederrheinischen Emmerich aufgrund des Ablassens von Klärschlamm in den Fluss »die Verwaltung bewusst Rheinwasser vergiftet«[235].

---

233 N.N.: Das Konzept des Öko-Test-Magazins. In: Öko-Test, Nullnummer 1985, S. 56f., hier S. 57.

234 Vgl. Tolmein, Oliver: Nordenham: die bleierne Vergangenheit, in: Öko-Test, Heft Juli 1985, S. 12–20; vgl. auch ders.: Die Staatsgewalt macht am Müllberg halt. In: Öko-Test, Heft Mai 1985, S. 45/47; Arndt, Fritz: Persilschein für Umweltgangster. In: Öko-Test, Heft 8/1988, S. 8–12; ders.: B wie Braubach, B wie Blei. In: Öko-Test, Heft 2/1990, S. 8–13.

235 Arndt, Persilschein für Umweltgangster, S. 12.

Bei keinem Fall dagegen folgerte die Redaktion daraus, dass Verbraucher sich etwa in Bürgerinitiativen organisieren oder gar verantwortliche Unternehmen boykottieren sollten. Wichtig war vielmehr eine Aufklärung über umweltpolitische Probleme. Nicht zuletzt dürfte ein Zweck dieser Arbeit die Steigerung des Problembewusstseins aufseiten der Leser gewesen sein. Bei fehlenden Regulierungen – oder bei fehlender Durchsetzung von Regeln – benötigten Konsumenten demnach Hilfestellung bei der Vermeidung von falschen Entscheidungen beim Einkauf. Diese Hilfestellung wollte Öko-Test selbst leisten. Zwar wurden auch alternative Vermarktungsformen wie etwa die Weltläden oder Food Coops mehrfach und durchgängig seit der Gründung der Zeitschrift wohlwollend vorgestellt, jedoch nicht deren typische Argumentationsmuster in die Warenberichte übernommen.

Der Einkauf von ökologisch einwandfreien Produkten war notwendige Bedingung, um die erhaltenswerten Alternativen zur chemieintensiven Produktion trotz fehlender gesetzlicher Regulierungen ausbauen zu können. Daher erklärt sich auch die häufige Betonung von Qualität und Preisunterschieden, die bei Öko-Test bereits offensiv als Kaufmotive angenommen wurden. Was Lebensstilpolitik für die Rolle des Konsumenten bedeuten konnte, zeigt sich deutlich am Beispiel der Konsequenzen für den Konsum nach der Katastrophe in Tschernobyl. Der Schutz vor radioaktiv belasteten Nahrungsmitteln erschien hier vonseiten der Verbraucher vor allem als persönliches Vermeidungsverhalten, wie beispielhaft die Reportage über einen Biobauern kurz nach dem Unglück 1986 verdeutlicht. Das Vermeidungsverhalten steht in diesem Fall unter umgekehrten Vorzeichen gegenüber dem Bio-Anbau:

> »Denn die Bio-Kunden dachten im Mai vor allem an ihre eigene Weste und ließen sich nicht mehr blicken. Selbst auf der Straße hätten manche verlegen zur Seite geblickt, klagt [Biobauer, SW] Schwalm. Was ihn wundert: ›Eine ganze Reihe Bio-Kunden denkt nur an die eigene Gesundheit, die wollen nur lange leben und nicht, dass der biologische Landbau erhalten bleibt.‹«[236]

Der gesundheitliche Aspekt der Lebensstilpolitik steht hier also im Widerspruch zur wünschenswerten Unterstützung des ökologischen Landbaus. In diesem Fall beinhaltete das Vermeiden von Gefahren also gerade die frische regionale Bio-Ware.

Dass beide Themen, umweltpolitische Fehlentwicklungen und ökologische Verbraucherberatung, eng verknüpft waren, zeigt sich auch an den regelmäßigen Forderungen zur gesetzlichen Regelung für die Kennzeichnung von Bio-Produkten. Entsprechend der eigenen Zielsetzung ging Öko-Test ab 1985 intensiv auf dieses Thema ein und brachte damit einen schon vorhandenen Trend zum Ausdruck: Die Zeitschrift berichtete über die mangelnde Verbraucherfreundlichkeit von gesetzlichen Bestimmungen in den 1980er Jahren bei Etikettierungsvorschriften, die etwa einer Vermarktung von ökologisch angebautem Wein zuwiderliefen.[237] Daher dienten, so der Vorwurf, die Etikettierungsvorschriften »vor allem dazu, die Verbraucher hinters Licht zu führen. Denn erlaubt ist vor

---

236   Arndt, Fritz: Nach dem Schreck bald neue Vollwert-Kunden? In: Öko-Test, Heft 7/1986, S. 24–27, hier S. 24.

237   Vgl. Arndt, Fritz: Bezirksregierung Trier kämpft gegen Öko-Winzer. In: Öko-Test, Heft November 1985, S. 45–47; ders.: Weine im Test: Prost Schwefel, in: Öko-Test, Heft April 1985, S. 24–32; vgl. zur

allem, was den Herstellern gefällt«[238] – im konkreten Fall fraglich war die mehrfach untersagte Verwendung des Wortes »Natur« auf den Etiketten von Moselweinflaschen. Im Mittelpunkt stand bei solchen Argumentationen also die Frage, was mit Wendungen wie »natürlich« oder »bio« beworben werden darf und wie eine gesetzliche Regelung dazu aussehen könnte.[239]

Problematisierte Akteure waren dabei Reformhäuser, die gegenüber dem Kunden einen ökologischen Anspruch zu haben schienen. Reformhäuser seien die größte Bremse beim Bemühen um die Verbreitung der Kundschaft von Naturkostläden, da Reformhäuser ein weniger alternatives Image pflegten und damit tendenziell bürgerliche Kunden weniger abschreckten, gleichzeitig aber ihren Umsatz vor allem mit Kosmetika und Nahrungsergänzungsmitteln erzielten.[240] Die Kritik zeigt bereits in Ansätzen, wie sich der Grundkonflikt um die Frage, wer ökologischen Konsum vorantreiben soll, in den folgenden Jahren entwickelte: Der Verkaufsort als solcher wurde in seiner politischen Bedeutung abgewertet und im Gegenzug die Bedeutung des konkreten Warenangebots aufgewertet.

Noch deutlicher war diese Tendenz bemerkbar bei Ausführungen zu Supermärkten, die in der zweiten Hälfte der 1980er Jahre die steigende Nachfrage nach »Öko«-Produkten registrierten und sie in ihr Angebot integrierten. Das Hauptproblem war laut Öko-Test die Täuschung der Verbraucher. Die Verbrauchertäuschung bezog sich nicht auf den Ort Supermarkt, der die Täuschung erst sichtbar machte: Auch hier lief die Argumentation der Öko-Test im Kern auf die Forderung gesetzlicher Regulierung hinaus. Die reine Negativdefinition von »Bio«, die sich dem Verbraucher gegenüber auf das Nichtvorhandensein von Rückständen aus Pestizidnutzung usw. zurückzog, galt es politisch zu regulieren.[241] Dass ökologischer Anbau je nach Anbauverband unterschiedlich definiert werden konnte und allgemein die Betriebsweise von Höfen, die neben Mischbetrieben und Fruchtfolgen auch soziale Aspekte mitbeachtete, konnte ein Käufer ohne tiefergehende Vorbildung demnach nicht ohne Weiteres erkennen. Es galt daher, dem Konsumenten Hinweise zum richtigen Kauf zu geben, ohne von ihm ökologische Bildung zu verlangen.

Diese Argumentationsform ist die Essenz der Öko-Test-Berichte. Beispielhaft zeigte sie sich schon früh bei den Kritiken zu Öko-Labeln, allen voran zum Blauen Engel. Es ist bereits deutlich geworden, dass das UBA mit dem Umweltengel 1977 ein Label erschaffen hatte, das behutsam Verantwortung zu einem ökologischen Konsum an die Konsumenten herantrug. Rund zehn Jahre später war die Wahrnehmung des Blauen Engels in der Öko-Test sehr kritisch. Zentral war der Vorwurf der Beliebigkeit: Da die Verleihung des Labels nichts über die absolute Umweltschädlichkeit sage, sondern lediglich eine geringere Belastung als bei vergleichbaren Konkurrenzprodukten auszeichne, habe

---

Werbung auch Schwall, Gabi: Es desinformiert die chemische Industrie. In: Öko-Test, Heft Dezember 1985, S. 43f.

238 Arndt, Bezirksregierung Trier, S. 46.

239 Vgl. Güzin, Kuzu: Nicht alles darf sich »bio« nennen. In: Öko-Test, Heft 10/1986, S. 8–10.

240 Vgl. Arndt, Reformhäuser.

241 Vgl. grundlegend Wahrlich, Heike: Heute im Angebot: Bio-Öko-Natur, in: Öko-Test, Heft Oktober 1985, S. 36–42; sowie Pollmer, Udo: Iss und würg. In: Öko-Test, Heft 7/1987, S. 8–13; Mabille, Yvonne: Power to the Biobauer. In: Öko-Test, Heft 5/1988, S. 8–14.

»die Industrie [den Blauen Engel] freilich geschickt und mit staatlichem Wohlwollen als Sympathiewerbung für sich genutzt. Schaut her, sagt sie stolz und zeigt auf den Blauen Umweltengel«.[242]

Öko-Test sah die Gefahr einer Vereinnahmung umweltpolitischer Ideen durch verschiedene Industriebranchen, die Interesse an grünem Marketing haben könnten.[243] Diese Annahme unterstellt dem Konsumenten bereits eine fehlende Vorbildung trotz ökologischen Interesses. Der Konsument erscheint hier als lenkbare Ressource, mit deren Hilfe sich die umweltpolitischen Botschaften, die sich eigentlich mit dem Blauen Engel verbunden hatten, kommerziell verwerten ließen.

Trotz Ausnahmen wie etwa einem Bericht über die Arbeit der EFD-Frauen beim Apartheid-Boykott erwartete Öko-Test meist einen Konsumenten, der grundlegende Beratung benötigte und dürfte damit eine möglichst breite westdeutsche Leserschaft angesprochen haben. Daher erklärt sich auch die frühe intensive Bearbeitung kommerzieller Labels, wobei über den Blauen Engel hinaus meist herstellereigene Labels das Ziel von Kritik wurden.[244] Als vertrauenswürdig galten die großen, in der AGÖL organisierten Anbauverbände sowie auf entwicklungspolitischer Seite die von der GEPA unterstützten Produkte.

3.2.2.5 Exkurs: Protest gegen McDonald's

Fehlende Verbraucheraufklärung war ein Problem, das verschiedene Akteure in unterschiedlichen Kontexten betraf. Beispielhaft dafür sind die Bedenken zur Esskultur. Parallel zur Nachfrage nach Bio-Produkten stieg in Westdeutschland schließlich auch der Umsatz der amerikanischen Fast-Food-Ketten. Der Protest dagegen dient an dieser Stelle als Exkurs zur Verdeutlichung des Umfelds, in dem ökologische Verbraucherschutzgruppen arbeiteten.

Viele Protestler gegen Fast Food monierten weniger den Verlust von Kultur, sondern vor allem die Unübersichtlichkeit bei der Ernährung und wiesen auf Gefahren hin, die mit dieser Unübersichtlichkeit einhergingen.[245] Beispielhaft dafür ist in Westdeutschland die Volksmund-Initiative, deren Kampagne sowohl in ökologischen Alternativmedien als auch in breit gefächerten Zeitschriften wie Natur rezipiert wurde. Dem voraus gingen schon andere Initiativen auf internationaler Ebene. Auf die Slow-Food-Bewegung, die praktisch zeitgleich in Italien entstand, wird im nächsten Kapitel noch näher einzugehen sein. Auch die Greenpeace-Gruppe in London ist hier zu nennen, deren Flugblatt »What's wrong with McDonald's« 1986 zunächst keine große Aufmerksamkeit erlangte, dann jedoch auch aufgrund der jahrelangen juristischen Auseinandersetzung

---

242   Wahrlich, Heide: Das Zeichen der Zeit. Der missbrauchte Engel, in: Öko-Test, Heft 4/1986, S. 14–21, hier S. 21.

243   Vgl. ebd.; auch dies.: Zwischen den Stühlen. In: Öko-Test, Heft 1/1987, S. 52f.

244   Zu den EFD-Frauen Arndt, Fritz: Etikettenschwindel im Supermarkt. In: Öko-Test, Heft 4/1987, S. 34f.; zu den Herstellerlabels grundlegend bereits Werner, Rita: Umweltsiegel Marke Eigenbau. In: Öko-Test, Heft 6/1986, S. 45.

245   Vgl. erneut zur These einer Re-Ethnisierung des Essens Möhring, Ethnic food, S. 320f.

mit dem Konzern über die aufgestellten Anschuldigungen im Nachhinein zu großer Bekanntheit gelangte.[246]

Einen Kernpunkt der Kritik markierte die Frage der für Hamburger notwendigen Fleischimporte.[247] Nachdem McDonald's und andere amerikanische Fast-Food-Ketten ab den 1970er Jahren zunehmend in europäische Länder expandiert hatten, betitelte etwa Natur ab 1985 mehrfach McDonald's als »Hackfleischimperium«[248], das für immer mehr Rinderweiden auf möglichst große und billige Flächen angewiesen sei und deshalb insbesondere in Schwellenländern Mittelamerikas enormen ökologischen und sozioökonomischen Schaden anrichte. Obwohl das Unternehmen in Deutschland sein Rindfleisch ausschließlich von deutschen Höfen bezog, blieb diese Kritik am multinational handelnden Konzern in der Folgezeit bestehen. Sie wurde seitens der Bio-Labels verbunden mit der Kritik an der westdeutschen Essgewohnheit, die zu sehr auf Fleisch fixiert sei, was sowohl ökologisch als auch gesundheitlich schädliche Konsequenzen habe.[249]

McDonald's eignete sich mit seinen bekannten Symbolen auch deshalb als vermeintliches Feindbild des ökologischen Konsumentenbilds, weil sich hier Produzenten und Konsumenten als gleichsame Opfer darstellen ließen. Insbesondere die zunächst von der evangelischen Kirche getragene Kampagne Volksmund betonte die sozialen und kulturellen Schäden, die der Einkauf bei McDonald's in Deutschland verursachte.[250] Neben diskutablen Punkten wie der Beeinflussung von Kindern durch den Werbeclown »Ronald McDonald« unterstellte Volksmund jedoch auch bspw. eine kausale Verbindung zwischen dem unausgewogenen Essverhalten vieler Jugendlicher, woran McDonald's einen maßgeblichen Anteil habe, und der Zunahme psychischer Störungen in dieser Altersgruppe.[251] Wohl vor allem wegen solcher Unterstellungen forderte McDonald's den evangelischen Ausschuss für entwicklungsbezogene Bildung und Publizistik (ABP) 1988

---

246 Abgedruckt bspw. als Greenpeace London: What's Wrong With McDonald's? Alles, was sie Euch nicht wissen lassen wollen… In: BUKO Agrar-Dossier, Heft 21/1998, S. 122–128; zur juristischen Aufarbeitung und der folgenden Aufmerksamkeit Vidal, John: McLibel. Burger Culture on Trial, New York 1998; in Deutschland war bereits zuvor der Verleger Klaus Reiner Röhl von McDonald's für die Unterstellung von Hygienemängeln in der Zeitschrift »Spontan« juristisch verfolgt worden, vgl. N.N.: Dorn im Auge. In: Der Spiegel, Heft 29/1982, S. 74.

247 Als einer der ersten größeren Berichte vgl. Wingert, Helga: Einen Urwald für Buletten. In: Natur, Heft 3/1982, S. 66–71; zuvor schon Himmelheber, Martin: »Hamburger« fressen und Kolibris ausrotten. In: Taz vom 22.05.1981, S. 12.

248 Grefe, Christiane/Herbst, Martin/Pater, Siegfried: Das Hackfleischimperium. In: Natur, Heft 10/1985, S. 30–37, hier S. 30; der Artikel baute auf einem Sachbuch mit den gleichen Argumenten auf, das nach eigenen Angaben mithilfe eines Informanten aus der McDonald's-Zentrale erstellt wurde, vgl. dies.: Das Brot des Siegers. Das Hackfleisch-Imperium, Bornheim-Merten 1985. Der Terminus »Imperium« wurde demnach 1982 von der Zeitschrift »Spontan« geprägt infolge der Klage und bezog sich auf die Science-Fiction-Serie »Star Wars« mit einem vermeintlich übermächtigen Imperium.

249 Vgl. Grefe et al., Brot des Siegers, S. 211–218.

250 Zum Überblick über die Aktionen außerhalb von Volksmund vgl. Diermann, Ulrich: Die internationale Hack-(fleisch)-ordnung. In: Forum entwicklungspolitischer Aktionsgruppen, Heft 101/1986, S. 8–10.

251 Vgl. Kreye, Rolf: Verhaltensgestört durch Fast Food? In: Volksmund Rundbrief, Heft 1/1988, S. 18f.; Weilandt, Oliver: McDonald's will das Herz der Kinder. Eltern setzen sich zur Wehr, in: Volksmund Rundbrief, Heft 4/1989, S. 20.

erfolgreich dazu auf, die Unterstützung für die Kampagne einzustellen, was wiederum in ökologischen Alternativmedien erneut das Narrativ des scheinbar übermächtigen »Imperiums« bediente.[252] Das Unternehmen argumentierte hier im Wesentlichen mit vom ABP unkorrekt dargestellten Sachfragen, was nicht den Kern der Debatte traf.

Der Kern der Kritik an McDonald's, und auch anderer Fast-Food-Ketten, hob auf deren Vermarktungsstrategie ab, bei der vor allem die konsequente Vereinheitlichung im Vordergrund stand. Daher wurden zwar etwa in Contraste zusammenfassend die Auskunft über »Herkunft der Rinder und ihrer Futtermittel und ein Hausverbot für den Werbeclown«[253] als Protestziele genannt. Jedoch reichte die Herstellung von Transparenz seitens der Unternehmen offenkundig nicht aus:

> »Obwohl McDonald's und andere mit Broschüren und Gegenflugblättern auf den Protest reagierten, erwarten Fast-Food-GegnerInnen, dass zukünftig immer größere Teile der Bevölkerung der wichtigsten Forderung folgen werden, und die lautet: Boykottiert die Fast-Food-Ketten!«[254]

Dieser Punkt erweist sich als wertvoll, da er die grundlegende Unvereinbarkeit von Fast Food und Ökologie aufzeigt. Unabhängig von der Aufklärungsarbeit und der Kompromissbereitschaft der Konzerne lag es demnach am Konsumenten, sich unter allen Umständen gegen sie zu wehren. Die Volksmund-Kampagne und mit ihr mehrere Alternativmedien sahen im Fast Food symbolisch noch vor dem Essen eine Bedrohung, die sich in Gestalt von McDonald's mit der Imperium-Metapher geradezu idealtypisch zeigte. Standardisierung und die intransparente, multinationale Franchise-Struktur des Unternehmens standen der Zielvorstellung einer dezentralen, regionalisierten Landwirtschaft in der Ökologieszene klar entgegen und damit auch der Möglichkeit zum individualisierten Statement des Konsumenten, das sich in den späten 1980er Jahren mit nachhaltiger Entwicklung verband.

Insofern waren es weniger die anbau- und marketingkritischen Bedenken, die auch von McDonald's aufklärend beantwortet werden konnten, die zu der Ablehnung führten. Gleichzeitig war den Protestierenden bewusst, dass für einen Boykott eine möglichst kollektive Handlungsweise und damit, mit Blick auf die beworbenen Kinder und Jugendlichen, vor allem Bewusstseinsarbeit notwendig war.[255]

Anders als beim Boykott etwa südafrikanischer Waren, bei denen wenige, eindeutig zu wertende Schlagworte zur Vermittlung genügten, war McDonald's gerade wegen seiner auf Kinder abgestimmten Marketingstrategie deutlich schwerer zu konfrontieren. Eine breite Partizipation an einem Boykott war angesichts eines vermeintlich fami-

---

252 Vgl. zur Übersicht die Diskussion zwischen Aktion Selbstbesteuerung und ABP als veröffentlichter Briefwechsel bei N.N.: Eine wichtige Debatte. In Sachen Volksmund Fast-Food Informationsbüro, in: asb-Rundbrief, Heft 1/1989, S. 5–11; auch N.N.: Volksmund gegen Fast-Food. In: Die Grünen, Heft 18/1988, S. 3; N.N.: Das Hackfleisch-Imperium schlägt zurück. Kirche kuscht vor McDonald's: Kein Geld mehr für Volksmund, in: Bauernstimme, Heft 94/1988, S. 20.

253 Paschen, Götz: Bürger gegen Burger. Das Hackfleischimperium stoppen! In: Contraste, Heft 50/1988, S. 12.

254 Ebd.

255 Zur Richtung der Kritik auch Heath/Potter, Konsumrebellen, S. 292.

lienfreundlichen Unternehmens nur schwer herzustellen und scheiterte neben der fehlenden Finanzierung wohl auch an der Komplexität des Sachverhalts. Die Teilnahme am
Boykott setzte neben der sachlichen Bildung im hohen Maße gesellschaftspolitisches Reflexionsvermögen voraus, um die mittelbaren Konsequenzen von Fast Food zu begreifen.

Diese Bemühungen weisen auch auf das politische Selbstverständnis der Fast-Food-
Kritiker hin: Der politische Gegner war nicht wegen isolierbarer Sachfragen gefährlich,
sondern wegen eines fortdauernden Prozesses mit »Konzentration, Monopolisierung
und wachsende[n] Abhängigkeiten, Uniformität, Reproduzierbarkeit und Monokultur«
als Folgen, die unter dem »Primat der Ökonomie«[256] stünden. Die multinationale,
gleichzeitig zentralisierte Organisation des McDonald's-Konzerns wurde zwar als Quel-
le von Intransparenz angesehen, jedoch ergaben sich für die Kritiker daraus keine
wirtschaftspolitischen Forderungen nach einer Eindämmung von amerikanischen Fast-
Food-Unternehmen. Darin ist allerdings kein Zeichen einer fehlenden Politisierung zu
sehen. Die Argumentationen sprechen eher dafür, dass dem Konsumenten ein enormes
Mitgestaltungspotential eingeräumt wurde, sofern er sich denn von der Rolle als Opfer
des Fast-Food-Marketings befreite. Die eigene Teilhabe der Volksmund-Initiative nahm
die Aktivierung dieser Potentiale in den Blick, während etwa gezielte Lobbyarbeit nicht
näher thematisiert wurde.

Problematisch schließlich war für die Argumentationen von Gruppen wie Volksmund mit ihrer Betonung auf das gemeinsame Opferdasein der Peripherien im globalen
Norden und Süden die prinzipielle Ablehnung von Fast Food, die mit einer schützens-
werten, spezifisch deutschen Esskultur argumentierte.[257] Abgesehen von konservativ-
kulturpessimistischen Deutungen etwa bei Alain de Benoist, die im alternativen Milieu
keine nennenswerte Rolle spielten, besaß diese Idee in Deutschland für gewöhnlich
keinen nationalchauvinistischen Deutungsrahmen. Jedoch zeigten sie Spannungen auf.
Ein Beispiel dafür war der Kommentar der Bauernstimme anlässlich der Übersetzung
eines unternehmenskritischen Berichts.[258] Demnach sei McDonald's in Westdeutschland mit dem Ziel angetreten, die deutsche Esskultur dem Konzernsystem anzupassen,
wobei Esskultur hier lediglich mit Bier und deutschem Fleisch verbunden zu sein
scheint. Das Angebot von Bier in deutschen Filialen diene demnach zur einfacheren
Gewöhnung an Fast Food.[259] Die Annahme einer schützens- bzw. wiederherstellenswer-
ten Esskultur fügt sich in den Trend der Ermutigung von Bauern zur Umstellung auf
ökologischen Landbau mit regionalisierten Absatzwegen, während die ursprüngliche,
auf Amerika bezogene ökologische Kritik an McDonald's in den Hintergrund geriet.[260]
Auf diesen Trend wird noch anhand des Beispiels Slow Food Deutschland einzugehen
sein.

---

256 Beide Zitate aus Grefe et al., Brot des Siegers, S. 151.

257 Ich danke Sina Fabian für diesen wertvollen Hinweis; vgl. zur Übersicht auch Möhring, Ethnic food,
     S. 320f.

258 Vgl. N.N.: Big Mäc – oder: Wie man eine Esskultur umkrempelt... In: Bauernstimme, Heft 88/1988,
     S. 16; das rezensierte Buch war Love, John: McDonald's. Anatomie eines Welterfolgs, München
     1990.

259 So die Informationen aus der Konzernzentrale nach Grefe et al., Brot des Siegers, S. 167.

260 Vgl. zum genannten Trend auch Uekötter, Ende der Gewissheiten, S. 173–178.

Charakteristisch für den Protest war die Mehrdimensionalität, auf die McDonald's nicht adäquat antworten konnte. Strikt äußerten sich etwa Akteure, die sich mit der Legitimität der Vermarktung von Unternehmen wie McDonald's beschäftigten, sobald diese eine ökologisch denkende Kundschaft anzusprechen versuchten. Beispielhaft dafür war der Kommentar der Verbraucher Initiative zum Angebot von Salat bei den Unternehmen Wendy's und McDonald's.[261] Der sich dem Leser aufdrängende Eindruck, wonach der Salat aus dem Fast-Food-Restaurant weniger wünschenswert sei als ein anderer von exakt gleicher Qualität, bezog sich demnach nicht auf das Essen selbst, sondern auf die dahinterstehenden Absichten. »Gesundheit wird zum Verkaufsargument«[262] diente als Vorwurf, der moralisch konnotiert war. Die Qualität des Produktes war bei der moralischen Beurteilung zunächst nicht von Bedeutung. Auch die Tatsache, dass der Verweis auf Gesundheit bei ökologischen Verbraucherschützern ohnehin gängig war, war hier bedeutungslos.

Deshalb beurteilte Natur 1991, sechs Jahre nach ihrem ersten Bericht über die Regenwaldvernichtung in Mittelamerika, McDonald's nach ökologischen und sozialen Kriterien, die nicht auf die Produkte selbst eingingen, sondern auf den »Öko-Trip«[263] des Unternehmens. Zur Debatte standen zwei Fragen. Erstens, inwieweit McDonald's dazu berechtigt sei, sich umweltbewusst zu äußern. Zweitens war umstritten, ob konstruktive Kritik an den Unternehmen überhaupt möglich ist. Die Zeitschrift kam zu dem Schluss, dass die bisherigen Konsumentenproteste gegen die Unternehmenspraktiken durchaus Effekte gezeigt hätten, sodass »sich feststellen [lässt], dass öffentlicher Druck nie ganz umsonst ist. Denn: Sie – die Großkonzerne – bewegen sich doch.«[264]

Das abwägende, konsens-orientierte Urteil von Natur über die Möglichkeiten der Einflussnahme von verantwortlich handelnden Konsumenten auf Produktion und Vertrieb beim Fast Food war für die Zeit um 1990 nicht selbstverständlich. Schließlich ging es beim Protest gegen Fast Food nicht um einzelne Sachfragen, bei denen Kompromisse erzielt werden konnten. Aus ökologischer Sicht war schon das Gespräch mit McDonald's mit einer Kontaktschuld verbunden. Ein Beispiel dafür war die Zusammenarbeit bzw. der ergebnisoffene Kontakt mit McDonald's, den ein selbstverwaltetes Recyclingprojekt in München mit dem Konzern hatte, um über optimierte Recyclingmöglichkeiten zu informieren. Im Urteil von Contraste schien sich das »Schaf«, das selbstverwaltete Projekt, auf den »Wolf«[265] McDonald's eingelassen zu haben: So sei die »Gretchenfrage an das unternehmerische Handeln von Alternativbetrieben (...) wieder einmal gestellt: Muss im eigenen Betrieb die Mark stimmen und soll die Politik auf der Straße bleiben?«[266] Bereits zuvor stellte der Autor jedoch mit Blick auf ökologisch denkende Konsumenten fest, dass

---

261   Vgl. Hedewig, Sabine: McDonald's auf der Gesundheitswelle. In: Consum Critik, Heft 3/1986, S. 9.

262   Ebd.

263   Koch, Liutgard: McDonald's auf dem Öko-Trip. In: Natur, Heft 7/1991, S. 52–58, hier S. 52; ökologische Kriterien waren hier die Regenwaldzerstörung, das Müllverursachen sowie die gesundheitlichen Folgen, soziale waren die Werbung an Kinder und die Arbeitnehmerregelungen; vgl. auch N.N.: Aufgetischt: Die Schnellrestaurants. Kaufen & Verändern, in: Natur, Heft 9/1991, S. 63–66.

264   Koch, Öko-Trip, S. 58.

265   Lahmann, Matthias: Aus McDonald's das Beste machen...? In: Contraste, Heft 65/1990, S. 1/3, hier S. 1.

266   Lahmann, Beste, S. 3.

»McDonald's weiter nach Millionen-Märkten [sucht] und [sich] am bis jetzt in der Öko-szene unbefleckten Namen BTA/REA[267] Kontaktspuren erkennen [lassen]«[268]. Als reine Müllverwertung hatte das Projekt zwar keinen direkten Bezug zur Konsumpraxis, jedoch war die Müllfrage ein maßgeblicher Punkt bei der Frage nach ökologischer Verantwortung, der den Kunden von McDonald's vorgeworfen wurde. Bereits die Arbeit mit dem Konzern war demnach Verrat an ökologischen Idealen.

Die richtige Ernährung war für den Konsumenten daher schwierig herzustellen: Sie erforderte mehrere Entscheidungen, um zwischen richtigem und falschem Bio-Essen unterscheiden zu können. Während die Qualität von Fast-Food-Salat meist im Hintergrund der Debatte stand, erschien die Entscheidung für den Kauf bei Fast-Food-Ketten für Ökologiebewegte schon im Vorhinein als unvereinbar mit den Ideen der Bewegung. Die Sichtweise, wonach es kein richtiges Bio-Essen im falschen Laden geben könne, öffnete die Möglichkeit, allen voran McDonald's als Symbol einer, im abwertenden Sinn, globalisierten Esskultur zu verallgemeinern. Dagegen boten sich ökologische ebenso wie fair gehandelte Waren als Vertrauensstifter an.[269] Bewusst vorgetragene Kritik an Fast Food wurde dadurch zu einem Teil der sozialen Abgrenzung, die ökologischer Konsum ab den späten 1980er Jahren zunehmend anbot. Das Marketing von Fast-Food-Firmen dagegen, so der Bericht »Brot des Siegers«, »soll den Verlust der Aura des Einzigartigen, meines Essens hier und jetzt, verbergen«[270].

Zu bedenken ist, dass damit zunächst ein Trend gesetzt wurde, der auch unpolitisch verfolgt werden konnte. Die Erwartungen, die an die Boykottteilnehmer gegen McDonald's gestellt wurden, waren umfangreich. Konsumentenentscheidungen gegen Fast Food dürften sich gesamtgesellschaftlich dagegen vor allem auf den Ruf des ungesunden Essens konzentrieren. Die Kritik an McDonald's mit ihren verschiedenen Stoßrichtungen ist also auch ein Beispiel für Lebensstilpolitik. So dürften Kampagnen wie die hier beschriebene einen wesentlichen Teil zum Verständnis von Bio-Produkten als Premiumsortiment beigetragen haben, obwohl McDonald's bis in die Gegenwart regelmäßig auf die hohe Qualität des eigenen Fleischs hinweist, was sich besonders in den 1990er Jahren bei der scheinbaren Bedrohung durch BSE-infiziertes Rindfleisch zeigte.[271]

3.3 Änderungen der Konsumentenbilder

Die Zielsetzungen und Praktiken nahezu aller Akteursgruppen beim alternativ-fairen und beim ökologischen Handel änderten sich um 1990. Es ist deshalb nicht überraschend, dass sich auch die Konsumentenbilder veränderten. Historisch bildeten die Bilder der Anfangsjahre aus Kapitel 2 die Grundlagen, mit denen die Akteure um 1990 arbeiteten. Beobachten lassen sich zunehmende Überlappungen. In der Konsequenz nahm im Verlauf der 1990er Jahre eine weitgehend einheitliche Sozialfigur Formen an,

---

267 Abkürzung: »Biotechnische Abfallverwertung/Recycling von Energie und Abfall«.

268 Lahmann, Beste, S. 3.

269 Vgl. Quaas, Fair Trade, S. 378.

270 Grefe et al., Brot des Siegers, S. 234.

271 Vgl. Heath/Potter, Konsumrebellen, S. 191.

die noch als ökologisch-sozialer Konsumentenbürger näher zu betrachten sein wird. In diesem Teilkapitel werden die Entwicklungen beschrieben, die die Entstehung der Sozialfigur ermöglichten.

Die zunehmende Anschlussfähigkeit ist zunächst durch das abnehmende Gewicht bestimmter Ideen zu erklären. Zuvorderst sind hier Erwartungen an einen solidarischen Konsumenten zu nennen. Nach dem Ende des sandinistischen Nicaraguas 1990 waren die Argumente für ein sinnvolles Fortführen von Abo-Kaffee-Kampagnen rar gesät, da schlechterdings der Solidaritätspartner fehlte. Solidarität im Kontext alternativen Handels wurde daher nach 1990 begrifflich nicht mehr im antiimperialistischen Sinn genutzt.

Auch die Handelsausweitung alternativ gehandelter und ökologisch gehandelter Waren hatte Auswirkungen auf Konsumentenbilder. Nächstenliebe als Motivation zur Teilnahme am politischen Konsum nahm noch weiter ab. TransFair als reine Labelorganisation stellte trotz ihrer kirchlichen Trägerinnen keine christlich-karitativen Anforderungen zur Vergabe des Labels, sondern beschränkte sich vollständig auf preisliche und vertragliche Sicherheiten als Vertrauensbasis. Darüber hinaus ist zu beachten, dass sich die Akteursgruppen mit der Überlegung eines Supermarktverkaufs einer gesellschaftlichen Breite öffneten, die weit über das bisherige alternative Milieu hinausging. So ließ sich etwa im Fall von Demeter zwar der Anbauprozess weiterhin nach den verbandsinternen Standards fortführen, aber die strengen Erwartungen an den Geschmack des Konsumenten ließen sich nicht aufrechterhalten. Der Verkauf an Laien stand hier im Widerspruch zum Gedanken der Geistesaristokratie.

Daher stellt sich die Frage, was an die Stelle der bisherigen Konsumentenbilder trat: Wie sollte die Teilhabe des Konsumenten vor dem Hintergrund von Kontextänderungen und Handelsausweitungen aussehen? Welche Konsequenz hatten die veränderten Zielsetzungen für die Rolle von Konsumenten? Diesen Fragen wird hier nachgegangen, indem die drei großen Entwicklungen näher ausgeführt werden, welche die Entstehung der Sozialfigur erleichterten. Die Hürden zum politischen Konsum, erstens, wurden geringer. Der Konsument konnte leichter teilhaben. Daran schließt, zweitens, das Vertrauen des Konsumenten gegenüber Labels an, die seine Interessen vertreten. Politischer Konsum erforderte weniger Rechercheleistung. Gleichzeitig sollte insbesondere der ökologische Konsument, drittens, sich der gesellschafts- und umweltpolitischen Verantwortung insgesamt bewusst sein.

3.3.1   Verflachung von Anforderungen

In beiden Bereichen politischen Konsums gab es um 1990 vergleichbare Entwicklungen: Professionalisierung, steigende Nachfrage und Handelsausweitung. Es ist deshalb nicht überraschend, dass die Konsumentenbilder einer gemeinsamen Richtung folgten. In allen Fällen wurde die Teilhabe am politischen Konsum für den Konsumenten leichter, die Anforderungen an ihn wurden flacher. Zum besseren Verständnis von Vereinfachung politischer Teilhabe eignet sich in besonderem Maße ein näherer Blick auf den Wandel vom alternativen zum fairen Handel.

Im Kern verschwanden zum Ende der 1980er Jahre vor allem die entwicklungspolitische Bewusstseinsbildung als Zielsetzung, aber auch die Nächstenliebe als Motivation zunehmend von der Bildfläche zugunsten eines vagen Begriffs von Gerechtigkeit, dem der Konsument Genüge tun könne. Diese Entwicklung hatte Konsequenzen für die Vorstellungen von politischer Teilhabe: Sie wurde breiter zugänglich und verlor an Tiefe. Vor allem die Ausweitung in einen neuen Raum, den Supermarkt, war dafür maßgeblich. Während Konsumenten vom Einkauf in einem Weltladen sowohl durch die Distanz zum nächsten Laden als auch durch die notwendigen Vorkenntnisse abgehalten werden konnten, fiel diese Problematik beim Supermarkt weitgehend weg. Als politischer Konsument konnte damit auf den ersten Blick jeder Supermarktkunde handeln, der für fair gehandelte Ware den Aufpreis zu zahlen bereit war. Mit dem Supermarktverkauf war der Eindruck von neuen, gleichen Voraussetzungen verbunden.

Dieser Eindruck konnte sich jedoch auch als trügerisch herausstellen. Unabhängig von der Frage, ob beim professionalisierten Verkauf ohne Bildungsanspruch oder Teilhabe in Aktionsgruppen noch von politischer Partizipation gesprochen werden kann, da schließlich die Partizipation auf den Kaufakt zusammenschrumpfte, verkürzte die Fixierung auf das Umsatzvolumen die politischen Gestaltungsansprüche, die bei der A3WH zehn Jahre zuvor noch als politisches Agenda-Setting erkennbar gewesen waren. Um 1990 verknüpfte die GEPA durchaus noch entwicklungspolitische Forderungen mit den importierten Waren, die aber vage formuliert wurden und sich meist dem Ziel Gerechtigkeit zuordnen ließen. Daher kann von einer Verflachung des politischen Anspruchs seitens der GEPA als vermittelndem Akteur gesprochen werden, die sich unabhängig entwickelte von der wachsenden politischen Verantwortung des Konsumenten, wie sie verbraucherwissenschaftlich festgestellt wird.[272]

Darüber hinaus öffnete dieser Prozess Raum für andere, entpolitisierte Erwartungen, die für einige Dritte-Welt-Bewegte als Kommerz im pejorativen Sinn erschienen. Insbesondere bestätigte sich verbraucherseitig, dass fairer Handel mit hoher Qualität und gutem Geschmack einhergehen solle, was im deutlichen Gegensatz zum solidarischen Kaffee-Handel stand, der von der betont uneingeschränkten Solidarität unabhängig von Qualität oder Geschmack des Kaffees lebte. Es boten sich also zwei Interpretationen an: eine von der GEPA vertretene, die die große Bedeutung der Unterstützung von professioneller Projektarbeit betonte und Lebensstilpolitik bejahte, und eine skeptische, die den Vorwurf der Entpolitisierung stark betonte.

Nach der ersten Interpretation hatte der Konsument die Möglichkeit, über den Konsum die Arbeit der GEPA mit Kleinbauernkooperativen zu unterstützen. Dabei hatten der geringe Bildungsanspruch und der neue Ort Supermarkt eine nivellierende Wirkung auf das Wissen als Hürde zur Partizipation am politischen Konsum. Der Erfolg der Projekte bescherte der GEPA bzw. den dahinterstehenden kirchlichen Institutionen darüber hinaus immaterielle Ressourcen, die für entwicklungspolitische Meinungsbildung eingesetzt werden konnten.[273] Skeptiker aus bewegungsnahen Akteursgruppen hingegen

---

272   Vgl. Lamla, Jörn: Die neuen kulturellen Grenzen des Konsums. Entscheidungsarchitekturen und ihre verbraucherwissenschaftliche Reflexion, in: Hohnsträter, Dirk/Krankenhagen, Stefan (Hg.): Konsumkultur. Eine Standortbestimmung, Berlin 2019, S. 45–58, hier S. 50.

273   Bereits zur Mitte der 1980er Jahre, also zur Zeit der Auseinandersetzung um die Nicaragua-Solidarität, begann Misereor mit der Präsentation des Projektpartnerkonzepts, das 1988/89 auch von der GEPA eingeführt wurde, vgl. Gohla, Hans-Peter/Schroif, Werner: »Projektpartnerschaft« – ein neuer Weg der Unterstützung. In: Misereor aktuell, Heft 4/1985, S. 6–8.

sprachen diesem Konzept die Werthaltigkeit seiner politischen Dimension ab. Offensichtlich bedeutete die Einführung des professionellen fairen Handels also einen Bruch auf mehreren Ebenen. Mit dem neuen Ansatz wurde ein breiter, Gleichheit versprechender Partizipationsansatz im Austausch gegen eine geringere Tiefe eingelöst, wobei letztere von professioneller Öffentlichkeitsarbeit aufgefangen werden sollte.

Eine interessante Sicht auf die Einführung des Kleinbauernkaffees im Supermarkt auf Mikroebene bietet in diesem Zusammenhang die Reaktion des in Tübingen ansässigen Weltladens »Aktionszentrum Arme Welt«[274] auf die ersten Verkaufsversuche in einem lokalen Supermarkt.[275] Sie ist beispielhaft für die zweite, skeptische Interpretation der Vereinfachung von Teilhabe. Die Gruppe lehnte den Modellversuch in Tübingen klar ab. Sie begründete ihre Haltung anstelle einer etwaigen Kapitalismuskritik mit der konkreten Skepsis gegenüber der Supermarktkette Gottlieb als Handelspartner. So bringe die Aussicht auf ein großes Handelsvolumen die GEPA in Abhängigkeit vom Supermarkt und zudem seien die Auswahlkriterien bei der GEPA »nicht Gottliebs Motiv für den Einkauf bei der GEPA. Verkauft wird, was sich absetzen lässt. Und absetzen lassen sich sowohl AHA-Kaffee von der GEPA, als auch Waren aus Südafrika, Trockenfrüchte aus Chile etc.«[276]

Dieses Statement benennt bereits die partizipatorische Dimension, die das Aktionszentrum hier bedroht sah. Beim Verkauf des Kleinbauernkaffees zwischen anderen Waren, die womöglich sogar in der Dritte-Welt-Bewegung stigmatisiert waren, drohte die moralische Komponente zwar nicht zu verschwinden, jedoch selbst Teil der Ware zu werden.[277] Zudem verlor der faire Kaffee in der Masse anderer Angebote einen Teil seines Profils, da die besondere Herkunft und damit auch die Transparenz nicht mehr hervorgehoben waren. Dies erklärt, warum auch die Tübinger Bioläden einem Statement zufolge »fast auf die Barrikaden«[278] gingen: Der Verlust von Eigenschaften, die bislang politische Waren beschrieben, dürfte für die eigenen Partizipationsansprüche der Gruppen problematischer gewesen sein als der Verkauf an einem gewinnorientierten Ort an sich. Die breite Zugänglichkeit zum Produkt im Supermarkt sorgte für mehr Gleichheit. Die Gleichheit der Konsumenten war jedoch auch aus Sicht des Aktionszentrums den politischen Zielen abträglich, wenn die eigenen Methoden darunter litten.

In diesem Zusammenhang sei auf die Einschätzung von Frank Trentmann verwiesen, der den fairen Handel als »Ausdruck der Widersprüche der Globalisierung« einschätzt:

> »Je länger die Lebensmittelproduktionskette wurde, desto weniger wussten die Verbraucher über die Menschen, die ihre Lebensmittel erzeugten. Gleichzeitig wuchs die Welt zusammen, die Notlage von Mitmenschen in fernen Weltregionen wurde greifbarer. (…) Fairtrade bietet eine relativ einfache Möglichkeit, die Anteilnahme in prak-

---

274   Nota bene: nicht zu verwechseln mit der Aktion Arme Welt, die an der Organisation des Verkaufs entscheidend beteiligt war.

275   Vgl. hier und im Folgenden Aktionszentrum Arme Welt Tübingen: Aktion sauberer Kaffee. In: AG3WL-Rundbrief, Heft 37/1989, S. 15–19.

276   Aktionszentrum Arme Welt Tübingen, Aktion, S. 18.

277   Vgl. dazu Möckel, Plastikwelt, S. 351f.

278   Aktionszentrum Arme Welt Tübingen, Aktion, S. 18.

tisches Handeln umzusetzen. Das ist zweifellos weniger anspruchsvoll, als beispielsweise ein Fünftel des eigenen Einkommens für die Hungerhilfe zu opfern oder sich als Freiwilliger zu engagieren«.[279]

Dieser geringe Anspruch an den Konsumenten wurde charakteristisch für das Konsumentenbild beim fairen Handel.

Die Vereinfachung von Teilhabe zeigt sich auch an anderen Beispielen. Die Entwicklung der Öko-Labels war eng verknüpft mit dem Wunsch nach Schutz vor irreführender Werbung. Unabhängig von den Eigeninteressen der Labels erschuf die EG-Öko-Verordnung erstmals einen gesetzlichen Rahmen für die Bezeichnung von Bio-Produkten. Der Konsument musste nun weniger Vorwissen haben, um ökologisch zu konsumieren. Mit Vorwissen ist hier umwelt- und landwirtschaftspolitische Vorbildung gemeint. Aus Sicht von Öko-Test etwa wurde der Konsument nicht unwissend, sondern hatte zunehmend ein individuelles Interesse, das lebensstilpolitische Gedanken umfasst. Die Zielgruppe für die Zeitschrift seien »ganz normale Leute, die nichts anderes wissen wollen als: Welche Wurst kann man noch essen? Wie wasche ich meine Wäsche umweltfreundlich?«[280] Der Konsument hatte demnach den Wunsch nach zuverlässigen Informationen, mit denen er eigenverantwortlich umgehen konnte.

Auch die schnellere Verfügbarkeit von Bio-Waren trug zur Vereinfachung bei. Der Erfolg von neuen Ansätzen wie bei den Alnatura-Märkten bewirkte, dass die Gruppenzugehörigkeit, an der von Demeter über Jahrzehnte als Konsumentenmerkmal festgehalten worden war, nun seltener eine Rolle spielte. Der Öko-Konsument verlor damit an Exklusivität, während der Zugang zum ökologischen Konsum an Gleichheit gewann. Gleichzeitig verlor ökologischer Konsum, hier beispielhaft biologisch-dynamische Kreisläufe, an inhaltlicher Tiefe. Wissen ging dabei nicht verloren, aber der Anspruch an den Konsumenten verflachte. Diese Entwicklung ist hier ebenso wie beim alternativen bzw. fairen Handel zu erkennen.

Plakativ lässt sich diese Entwicklung auch an den Schwierigkeiten der ökologischen Lebensmittelkooperativen ab den späten 1980er Jahren ablesen. Mit der steigenden Nachfrage nach Bio-Produkten wurde es schwieriger, günstige Erzeugnisse ab Hof kaufen zu können, womit die Mitglieder ein Privileg verloren. Gleichzeitig war Bio-Ware nun schneller an mehr Orten verfügbar. Diese Situation führte innerhalb von Food Coops zu einem frustrierten Konsumentenbild: Solchen Mitgliedern, die ihr Engagement in einer Food-Coop in erster Linie mit einem politischen Partizipationsanspruch begründeten, erschien die häufige Auseinandersetzung mit finanziellen Fragen als frustrierend, da sie nicht müde würden, »für ihre kooperativ denkfaulen und handlungsarmen Billigkonsumenten zu ackern und zu rackern. (...) Die glorreichen Verweser der Koop-Idee«[281] sahen sich fehlender Motivation aufseiten des Konsumenten ausgesetzt.

---

279   Trentmann, Welt der Dinge, S. 761.

280   N.N.: Zur Geschichte des Öko-Test-Magazins. In: Öko-Test, Nullnummer 1985, S. 53–55, hier S. 53.

281   Dreßen, Rolf: Gedanken zum Naturkosthandel. In: Rundbrief AG Bundesweiter Food-Coops, Heft 1/1990, S. 21–27, hier S. 22.

3.3.2 Vertrauen auf Labels

Die Entstehung von TransFair ist ein anschauliches Beispiel für die hohe Bedeutung von Labels: Die Wirkung der Labels basierte im Kern auf Vertrauen. Der Konsument sollte den Grund für den Preisunterschied zum konventionellen Produkt – besonders bei Kaffee – nachvollziehen können und auf die Praktiken des Labels vertrauen. Zwar organisierte TransFair auch Aufklärungsarbeit zu den sich ständig verschlechternden Handelsbedingungen für Rohstoffexporteure, jedoch rückte dieser Teil der Arbeit in den Hintergrund.

Die Platzierung und Bewerbung von Produkten mit Labels wurden zu einem eigenen Anreiz, um die Bedenken des Konsumenten zu überwinden. Dieser Anreiz war eng mit der Vereinfachung der Teilhabe verbunden. Dementsprechend äußerte sich auch ein niederländischer Vertreter mit dem Blick auf den Erfahrungsvorsprung, den das niederländische Siegel Max Havelaar hatte, wonach »viele Menschen sich solidarisch verhalten wollen, sich jedoch nicht anstrengen wollen. Und deshalb finde ich diesen Weg über den Supermarkt als Erleichterung.«[282]

Der TransFair-Ansatz war aufgrund der Schwerpunktänderung im fairen Handel hin zur Projekt- und Verbandsebene sehr effizient, da nun weniger entwicklungspolitische Grundlagenarbeit notwendig schien. Durch die Boni, die TransFair für Bio-Bauern im globalen Süden gewährte, war der Käufer an der ökonomischen und an der ökologischen Dimension zur nachhaltigen Entwicklung beteiligt. Besonders bei der Produktherkunft war das Vertrauen der Käufer deshalb ein entscheidender Punkt, da sich der ökologisch einwandfreie Anbau nicht ohne Weiteres nachprüfen ließ. TransFair hatte den Anspruch, diesem Vertrauen gerecht zu werden.

Auch ist zu beachten, dass es für Verbraucher ohne Hintergrundinformationen nicht ersichtlich war, von welchen Organisationen die AG Kleinbauernkaffee bzw. TransFair getragen wurde. Die breite Trägerschaft steht für eine Wahrnehmung des fairen Handels weit über kirchliche und alternative Milieus hinaus, entzog dem alternativ-fairen Handel aber auch Transparenz. Zudem war die Offenheit des Labels für gewinnorientierte Kaffeeunternehmen neu. Mit der zwischengeschalteten Labelorganisation wurde daher Vertrauen vonseiten des Konsumenten gegenüber dem richtigen Handeln der Labelnehmer zu einem unentbehrlichen Faktor.[283]

Einen ebenso hohen Wert für den Konsumenten hatte das Vertrauen in Bio-Labels, da deren Zeichen neben der ökologischen Bebauung auch eine gesundheitliche Unbedenklichkeit des Produkts zu bescheinigen schien. Hochproblematisch war daher für die Bio-Verbände die Nutzung von Pseudo-Bio-Werbungen konventioneller Anbieter. Es drohte eine Verwässerung des Bio-Begriffs, dem die EG-Öko-Verordnung zuvorkommen sollte. Weitestgehend wurde die Einführung von EG-einheitlichen Standards vor dem Konstrukt eines interessierten, aber passiven Konsumenten diskutiert, der sich

---

282   Solano, Carlos; Baginski, Katja; Kowalczyk, Charly: Bald gibt es hierzulande »Cafe justo« im Supermarkt. In: Forum entwicklungspolitischer Aktionsgruppen, Heft 158/1991-92, S. 24f., hier S. 25.

283   Vgl. Rosanvallon, Gegen-Demokratie, S. 61.

nicht selbständig informiere und daher auf vertrauenswürdige Information angewiesen sei.[284]

Zu beachten ist insgesamt die steigende Nachfrage nach vertrauenswürdigen Konsumgütern, wie sich am Erfolg der Zeitschrift Öko-Test ablesen lässt. Auch hier stand eine intrinsische Motivation von Konsumenten zur umweltpolitischen Bildung nicht im Vordergrund. Die Zielgruppe der Zeitschrift war ein lebensstilpolitischer Konsument, der sich nicht zuletzt um die eigene Gesundheit sorgte. Ökologische Eigenschaften eines Produkts waren in dieser Hinsicht ein Qualitätsmerkmal. Öko-Test arbeitete also in erster Linie mit dem Vertrauen des Konsumenten. Die abstrakte umweltpolitische Sorge um die Auswirkungen konventionellen Landbaus auf andere Biosysteme, wie sie seit der Rezeption von Rachel Carson im Zentrum der technikkritischen Umweltbewegung stand, rückte dagegen in den Hintergrund.

Der Ansatz von Öko-Test erwies sich schnell als sehr erfolgreich, was sich auch an der enorm wachsenden Bekanntheit der Zeitschrift ablesen lässt: Das eigene Öko-Test-Label auf Produkten hat in Drogerien gegenwartsnah den Wert des Warentest-Labels erreicht.[285] Die eigene Rolle als kritische, vertrauenswürdige Aufklärerin behielt die Zeitschrift kontinuierlich bei. Insofern war die Entwicklung der Öko-Test nach 1990 folgerichtig, als lokale umweltpolitische Skandale in den Hintergrund traten zugunsten von Berichten über Lobbying. Diese hatten vor allem Fragen internationaler Umweltpolitik im Blick: Sowohl die Verbraucherschutz- und Agrarrichtlinien der EG als auch der Erdgipfel von Rio und damit im Zusammenhang die Klima-Enquete-Kommission des Bundestags wurden grundlegend ohne spezifische Konsumbezüge kritisch beleuchtet.[286]

3.3.3 Verantwortungsbewusstsein

Dass vertrauenswürdige Labels mit der Handelsausweitung immer präsenter wurden, entließ aus Sicht vieler Akteure den Konsumenten nicht aus dem eigenverantwortlichen Handeln. Die Erwartung eines verantwortungsbewussten Konsumentenverhaltens wurde um 1990 deutlich stärker als sie es zu Beginn des politischen Konsums bereits war. Problematisch war die Vorbildung, die zur Teilhabe am politischen Konsum kaum noch notwendig war, wohl aber für ein insgesamt verantwortungsbewusstes Konsumentenverhalten. Beispielhaft dafür ist die Einführung von öko-alternativen Produkten beim entstehenden fairen Handel. Der faire Handel setzte durch seine Handelsausweitung geringere Hürden zum politischen Konsum, gleichzeitig aber wurde dem eigenen Konsumenten die Verantwortung zur Reflexion von zwei Themen aufgebürdet, die im fair gehandelten Bio-Produkt verknüpft waren. An dieser Stelle bildete sich eine Eigenschaft

284 Vgl. Beringer, J./Schlenczek, G.: Die Informationssituation für Verbraucher in Verkaufsstätten für Produkte des ökologischen Landbaus. In: Ökologie und Landbau, Heft 81/1992, S. 25–28.

285 Vgl. Pollmer, Udo: Öko-Test und Stiftung Warentest im Vergleich. In: Deutschlandfunk Kultur vom 20.10.2017 (https://www.deutschlandfunkkultur.de/analyse-des-bundesamts-fuer-verbrauc herschutz-oeko-test-und-100.html, 25.09.2023).

286 Vgl. bereits Arndt, Fritz: Produkthaftungsgesetz: Am untersten Niveau, in: Öko-Test, Heft 5/1988, S. 20–23; Greiner-Schuster, Edda: Löcher im Brüsseler Einheitskäse. In: Öko-Test, Heft 8/1992, S. 18–22; Keller, Martina: Klaus Lippold. Ich bin mit mir zufrieden, in: Öko-Test, Heft 7/1992, S. 18–22; dies.: Die fetten Jahre sind vorbei. In: Öko-Test, Heft 10/1992, S. 10–17.

des sozial-ökologischen Konsumentenbürgers, auf den im Folgekapitel näher einzugehen sein wird: Während der Zugang zum politischen Konsum offener wurde mit sinken-
den Anforderungen, wurde das Konsumentenbild von Verantwortungsbewusstsein zur
nachhaltigen Entwicklung geprägt.

Dies zeigt sich schon früh anhand von politischen Zielsetzungen. Die Grünen begannen zum Ende der 1980er Jahre, die Konsumwende seitens der Verbraucher, die sich
schon im Grundsatzprogramm von 1980 als Notwendigkeit abgezeichnet hatte, mit konkreten Beispielen zu füllen. Auch hier nahmen sie die Impulse der zivilgesellschaftlichen
Akteursgruppen auf und verbanden sie mit der Problematisierung großer Lebensmittel-
unternehmen. Im Wesentlichen sollten EVG- und Food-Coop-Konzepte sowie der Einkauf in möglichst kleinen Läden zu einem verbesserten Bewusstsein des Konsumenten
für die Konsequenzen seines Handelns führen, wobei neben den notwendigen gesetzlichen Regelungen

> »bewusstes Verhalten gefragt [ist]. Wenn die VerbraucherInnen ihren Einfluss auf Er-
> zeugung und Preise der Lebensmittel, auf Qualität und regionale Versorgung wieder-
> gewinnen wollen, dann müssen sie, gemeinsam mit Bauern und mittelständischen Be-
> trieben [...], den Großkonzernen und Agrarfabriken entgegenwirken.«[287]

Neben den möglichst direkten Vertriebswegen erschien auch die Unterstützung solidarischer Projekte wie der Südafrika-Boykotte und der Nicaragua-Gruppen als Möglichkeiten bewussten Verbraucherverhaltens.

Darüber hinaus bot der Leitbegriff nachhaltige Entwicklung einen neuen Blick auf
unternehmerische Verantwortung. Michele Micheletti und Dietlind Stolle haben in der
gegenwartsorientierten Forschung bereits auf die gegenseitige Ergänzung von Konsumenten und Unternehmen als Bürger mit einer Verantwortung für Nachhaltigkeit aufmerksam gemacht.[288] Das steigende und zunehmend heterogene Interesse am Blauen
Engel in Verbindung mit dem vagen Ziel der »Umweltfreundlichkeit« lässt hierauf beispielhaft angewandt einige Rückschlüsse zu. Erstens sind die für den politikgeschichtlichen Kontext so wesentlichen Zielerklärungen im Brundtland-Bericht und in der Agenda 21 die sichtbarsten Zeichen eines Prozesses, der bereits im Gang war. Dieser Prozess
war geprägt von der Übernahme von Verantwortung für ökologischen Konsum durch gewinnorientierte Unternehmen.

Zweitens galt die Eigendarstellung als umweltfreundliches Unternehmen offenkundig als Möglichkeit, den eigenen Absatz zu verbessern. Schon vor der Etablierung von
Corporate Social Responsibility als massenhaftes Phänomen in den 1990er Jahren war
diese Verknüpfung vorhanden. Das Umweltzeichen bot weiterhin im Kern das Vertrau-
en in die Arbeit von UBA und Jury Umweltzeichen an. Hier ist auf den verantwortungs-
bewusst-umweltfreundlichen Einkauf zu verweisen, den das UBA bereits in den frühen
1980er Jahren beworben hatte.

Vonseiten des ökologischen Verbraucherschutzes war die Übernahme individueller
Verantwortung ebenfalls erwünscht. Aufschlussreich hierzu sind die Erklärungen der

---

287   Die Grünen im Bundestag, Ökologisch Handeln, S. 23.
288   Vgl. Micheletti/Stolle, Sustainable Citizenship, hier S. 104.

Verbraucher Initiative. Agrarpolitische Grundsatzentscheidungen lagen demnach in den Händen des Konsumenten. Bemerkenswert ist die geringe Zahl an Einschränkungen, denen die demokratische Entscheidungsbefugnis des Konsumentenbürgers hier unterlag: Obwohl die Verbraucher Initiative ihre deutlich erkennbare Vorstellung ökologischen Verantwortungsbewusstseins verfolgte und mit der Aachener Erklärung zumindest eine vage Agenda unterstützte, wurden weder die Gruppe der Verkäufer noch die der Käufer eingeschränkt. Verzicht, ohne den der Zielzustand nachhaltiger Entwicklung nicht erreicht werden könnte, war in diesem Idealbild eine individualisierte und zwanglose Entscheidung des Konsumenten. Dessen Bild war geprägt vom Vertrauen in die eigene Vernunft. Anders als etwa die Verbraucherberatung der Öko-Test spielten Forderungen stärkerer Top-down-Regulierungen hier keine Rolle.

Die hohe Erwartung an die Fähigkeit zur Verantwortungsübernahme des Konsumenten dominierte dann auch die Sichtweise der Verbraucher Initiative sowohl im eigenen Manifest als auch auf dem Erdgipfel von Rio 1992.[289] Mit Blick auf das umweltpolitisch allgegenwärtige Allmendeproblem sei ein unreflektierter Konsumstil Ausdruck sowohl von scheinbarer Freiheit als auch von Zerstörung. Damit verbunden seien notwendige, auch ideelle Umorientierungen im Rahmen der Wendezeit: »Dass viele Menschen aus Osteuropa nach Öffnung der Grenzen zuerst Bananen bei Aldi und nicht Grünkernfrikadellen im Bioladen gekauft haben, hat viele Alternative geschmerzt«[290], weshalb ein notwendiger Bewusstseinswandel auf mehreren Ebenen erreicht werden müsse. Der Übertragung demokratischer Gestaltungsverantwortung auf die Verbraucher solle demnach eine Auseinandersetzung im alternativen Milieu über die politische Zielsetzung zugrunde liegen.

Konkret sollte daher der Ort Supermarkt nicht bekämpft werden, sondern idealerweise die veränderte Nachfrage des Konsumenten widerspiegeln, der »den Abschied vom Konsumismus«[291] auch im Supermarkt mithilfe verschiedener Module feiern könne. Das Manifest zählt dazu fairen Handel, Bio-Waren, Boykott südafrikanischer Früchte, Ablehnung von Gentechnik sowie auch die gezielte Förderung familien- und frauenfreundlicher Unternehmen – also größtenteils die schon seit 20 Jahren bekannten Praktiken politischen Konsums, die im Hinblick auf die Stoßrichtungen nachhaltiger Entwicklung um ein Bewusstsein um das soziale Engagement spezifischer Firmen ergänzt wurden. Die komplexe Problemlage im Vorfeld der Rio-Konferenz wurde um Forderungen an Konsumenten ergänzt, deren Macht sich durch die Vorlage von Öko-Bilanzen bei einzelnen Unternehmen bereits gezeigt hätte.[292]

Die Erwartungen an den Anspruch des Konsumenten entsprachen zu diesem Zeitpunkt, zu Beginn der 1990er Jahre, grosso modo den gegenwartsnahen verbraucherwissenschaftlichen Annahmen zum Interesse der Verbraucher am politischen Konsum.[293] Die Konsumentenverantwortung auf einem globalen Markt wurde mit der Hoffnung auf

---

289   Vgl. Verbraucher Initiative, Verantwortung der Verbraucherinnen und Verbraucher; N.N.: Das Ende des Konsumrauschs (Dossier). In: Verbraucher Telegramm, Heft 3/1992, S. 7–10.

290   Verbraucher Initiative, Verantwortung der Verbraucherinnen und Verbraucher, S. 8.

291   Verbraucher Initiative, Verantwortung der Verbraucherinnen und Verbraucher, S. 10.

292   N.N., Ende des Konsumrauschs, S. 9.

293   Vgl. Stolle, Kaufen, um die Welt zu retten.

nicht-bindende Zusagen transnational agierender Unternehmen verbunden, die sich einem möglichst koordinierten Druck der Konsumenten beugten. Damit wurde politische Verantwortung praktisch ausschließlich beim Konsumenten gedacht, was auch als Anpassungsprozess interpretiert werden kann mit Blick auf den Einfluss, den die Verbraucher Initiative dem Zusammenbruch des Realsozialismus auf die Partizipationschancen der Konsumenten zuschrieb.

Im Ergebnis konkretisierte sich die Vorstellung, wonach Unternehmen als Bürger umweltpolitisch partizipieren sollten, indem sie ökologisches Verantwortungsbewusstsein zeigten. Der Konsument wurde nicht passiv, da er schließlich sehr wohl reflektiert einkaufen sollte. Jedoch beschränkte sich Partizipation nun zunehmend auf die Auswahl der richtigen Produkte im Supermarktregal, wobei das richtige Produkt dasjenige eines unterstützenswerten Herstellers war.

4 Neuerungen bis 2001

Die Veränderungen der Jahre um 1990 führten, anders als es sich mit Blick auf die ausgelöste Dynamik vermuten ließe, in den letzten Jahren vor der Jahrtausendwende zu keinen grundlegenden Verschiebungen mehr. Die Episode zwischen 1992/93 und 2001 war hinsichtlich der Konsumentenbilder die Konstitutionszeit für die Sozialfigur sozial-ökologischer Konsumentenbürger. Dieser Sichtweise liegen verschiedene Entwicklungen zugrunde.

Zunächst konnte das Gros der bewegungsnahen Akteursgruppen sich der Öffnung zum Massenmarkt nicht entziehen und erarbeitete nur selten neue Vertriebskonzepte. Im Groben gilt hier, dass Gruppen umso leichter ihre Argumentationen bzw. Erwartungen an eine Handelsausweitung anpassen konnten, je weniger sie der Dritte-Welt- und Umweltbewegung zuzuordnen waren.

Darüber hinaus traten in diesem Zeitraum keine politikgeschichtlichen Brüche auf, wie sie etwa die Realisierung einer einheitlichen Ökosteuergesetzgebung 1994 hätte bewirken können. Daher erklärt sich auch der Zeitrahmen. Die in Deutschland so wahrgenommene BSE-Krise zur Jahrtausendwende führte zu einer Verschiebung von Gestaltungsspielräumen durch die Integration von Verbraucherschutz in das 2001 nunmehr von Renate Künast und den Bündnisgrünen geführte Bundeslandwirtschaftsministerium. Darüber hinaus setzt die immer schnellere Verbreitung digitaler Informationsangebote ab der Jahrtausendwende eine Zäsur. Diese Entwicklung ist zwar kein Ausschlusskriterium einer vor allem publikationsgestützten Untersuchung von Zielhorizonten und Konsumentenbildern, aber die immer umfangreichere, sofort zugriffbereite Fülle an Kaufberatung schwächt doch die in dieser Untersuchung angenommene Vermittlerrolle der Akteursgruppen in der Anfangszeit politischen Konsums ab.

Zum Verständnis der weiteren Entwicklung ist zunächst eine nähere Beschreibung notwendig, die sich mit der Umsetzung von nachhaltiger Entwicklung als entwicklungs- und umweltpolitischer Leitbegriff in Deutschland beschäftigt. Diese wird am Beispiel des Gutachtens des Wuppertal Instituts für Klima, Umwelt, Energie, »Zukunftsfähiges

Deutschland«[1] von 1996/97 veranschaulicht. Innerhalb kurzer Zeit war für nahezu alle Akteursgruppen das Bild des Konsumentenbürgers mit einem politisch mehrdimensionalen Engagement verbunden, das auf dem Säulenmodell der nachhaltigen Entwicklung fußen sollte. Dieses war also nahezu allgegenwärtig, ohne hinterfragbar zu sein.[2]

4.1   Nachhaltige Entwicklung in der BRD

Da nachhaltige Entwicklung in den letzten Jahren des 20. Jahrhunderts zu einem weitestgehend akzeptierten gesellschaftlichen Leitbegriff geworden ist, ist dieser Leitbegriff auch für das Kontextverständnis entscheidend. Zwar bezogen sich nicht alle Akteure beim politischen Konsum expressis verbis auf nachhaltige Entwicklung bei der Formulierung ihrer Teilhabevorstellungen. Jedoch konnten beim politischen Konsum keine Ziele mehr formuliert werden, die denen des Leitbegriffs nachhaltige Entwicklung widersprachen.

Nach der Rio-Konferenz 1992 war fraglich, wie die allgemeinen Formulierungen der Abschlusserklärungen praktisch umgesetzt werden könnten. Eine enorm große Resonanz in Deutschland erhielt zu dieser Frage das Wuppertal Institut, das 1996 die Studie »Zukunftsfähiges Deutschland« im Auftrag von BUND und Misereor veröffentlichte. Deshalb dient die Studie – und die Kritik an ihr – nachfolgend zur Veranschaulichung des Leitbegriffs im bundesdeutschen Kontext.

Da die Studie explizit mit einem nachfrageseitigen Schwerpunkt arbeitete, bot sie Anlass zu einer grundsätzlichen Auseinandersetzung mit der Frage, wie nachhaltige Entwicklung praktisch von Konsumenten erfüllt werden könne. Sowohl auf umwelt- als auch entwicklungspolitischer Seite wurde die Studie daher intensiv und kritisch diskutiert. Gerade nach der Veröffentlichung der Studie erschien die Förderung ökologischen Anbaus in Verbindung mit fairem Handel als wesentliche Stütze von nachhaltiger Entwicklung, die vom Konsumenten mitverantwortet werden sollte.

4.1.1   Zukunftsfähiges Deutschland

Die Intention zu einer kritischen Reflexion von nachhaltiger Entwicklung auf nationaler Ebene ging auf einen Impuls aus den Niederlanden zurück. Als direkte Antwort auf die Beschlüsse von Rio 1992 erarbeitete die Umweltgruppe »Milieu defensie«, der niederländische Ableger der Friends of the Earth und damit Schwesterorganisation des deutschen BUND, noch im gleichen Jahr das Papier »Sustainable Netherlands«, das die Wirkmacht von möglichen verbraucherseitigen Gewohnheitsänderungen hervorhob.[3] Disku-

---

1   Loske, Reinhard: Zukunftsfähiges Deutschland. Ein Beitrag zu einer global nachhaltigen Entwicklung, Studie des Wuppertal Instituts für Klima, Umwelt, Energie (hg. von BUND und Misereor), Zürich 1997.

2   Vgl. dazu den Gedanken einer Doxa bei Bourdieu, Pierre: Entwurf einer Theorie der Praxis. Frankfurt a.M. 1976, hier S. 331f.

3   Brakel, Manus van/Buitenkamp, Maria: Sustainable Netherlands – Aktionsplan für eine nachhaltige Entwicklung der Niederlande (hg. vom Institut für sozial-ökologische Forschung). Frankfurt a.M. 1993; auf für Deutschland interessante Kernpunkte verkürzt dies.: »Sustainable Netherlands«.

tiert wird darin der Verteilungsfrage einer »Ressource Umwelt«. Demnach ist nicht das Effizienzpotenzial beim Verbrauch des Allmendeguts Umwelt im ersten Schritt entscheidend, sondern maßgeblich sei zuerst die Akzeptanz der Notwendigkeit eines anderen Konsumstils. Dabei käme den Umweltverbänden und anderen zivilgesellschaftlichen Akteuren wie Verbraucherberatungen die Aufgabe zu, Konsumenten im globalen Norden eine starke Einschränkung des Eigenverbrauchs als Maßnahme im eigenen Interesse zu erläutern. Legislativ sahen die niederländischen Autoren vor allem Bedarf für eine verbindliche Regelung internationaler Warenströme. Ziel war die Verpflichtung der Industriestaaten zur Verbrauchsreduktion, vor allem aber eine Verringerung der Rohstoffexporte aus der Dritten Welt, die damit ihren Anteil an der Ressource Umwelt ausverkauften.

Für die niederländischen Konsumenten bedeutete dies zum einen schon aufgrund von knapperem Angebot höhere Preise und deshalb weniger Konsummöglichkeiten. Zum anderen sollten Konsumenten aber Kreativität im Umgang mit geringeren Ressourcen erlernen. Hilfreich dafür wären reparaturfreundliche Produkte, der weitgehende Verzicht auf Fleisch und auf konventionelle Landwirtschaftsprodukte allgemein, aber auch die freiwillige Einschränkung von Mobilität, da bei einer gerechten Ressourcenverteilung eine Fernreise mit einem Flugzeug nur alle 20 Jahre möglich sei. Dem europäischen Durchschnittskonsumenten bliebe ein »einigermaßen komfortabler Konsumstandard«[4], der allerdings nicht näher definiert wird.

An die Ergebnisse der niederländischen Gruppe schlossen die Wuppertaler Forscher an.[5] Gleichwohl kamen sie zu einem optimistischeren Ergebnis. Mitentscheidend dafür war die eigene Interpretation von »Sustainability«, den die Autoren nicht mit dem im Deutschen ursprünglichen Begriff Nachhaltigkeit, sondern mit Zukunftsfähigkeit übersetzten.[6] Grund dafür war die Sichtweise einer Intergenerationalität, die durch Nachhaltigkeit nur bedingt vermittelt werden könne, da letztgenannter Begriff auch eine Ersetzung natürlicher Ressourcen durch künstliche Substitute umfassen könnte. Gemeinsam mit dem Begriff Umweltraum, der eine mögliche Monetarisierung von Allmendegütern wie Natur-»Kapital« oder »-Ressourcen« ausschließt, legten die Wuppertaler Forscher hier ihren folgenden produktions- und konsumpolitischen Überlegungen eine entscheidende normative Komponente zugrunde: Die Erhaltung des Umweltraums in einem Maß, das der nachfolgenden Generation mindestens den gleichen Verbrauch natürlicher Ressourcen erlaubt, sei eine moralisch gebotene Grundvoraussetzung für umwelt- und entwicklungspolitische Überlegungen. Politische Verantwortungsethik ist freilich keine Erfindung des Wuppertal Instituts, jedoch hatte die ausdrückliche Formulierung in Verbindung mit der folgenden, breiten Rezeption der Studie über BUND und Misereor hinaus eine meinungsbildende Wirkung.

Perspektiven für einen veränderten Lebensstil im Norden, in: Kritische Ökologie, Heft 6/1993, S. 29–33.

4   Brakel/Buitenkamp, Perspektiven, S. 31.

5   Vgl. Loske, Zukunftsfähiges Deutschland, hier S. 70.

6   Vgl. Loske, Zukunftsfähiges Deutschland, S. 24–26. Im Folgenden wird »Zukunftsfähigkeit« als Interpretation von »nachhaltiger Entwicklung« verstanden, wobei letztere den gedanklichen Rahmen bildet, innerhalb dessen sich »Zukunftsfähigkeit« bewegt.

In der Studie widmet sich ein eigenes Kapitel den Leitbildern, die sich aus der Vorstellung von Zukunftsfähigkeit für das alltägliche Verbraucherverhalten ergeben. Grundlegend ist die Abwägung von ökonomischem gegenüber zeitlichem Wohlstand.[7] Im Zusammenhang damit unterstellt die Studie Konsumenten einen in vielen Fällen bereits durchlaufenen Wertewandel zu postmaterialistisch-individualisierten Konsumpräferenzen.[8] Dementsprechend liegt der Schwerpunkt des Konsumentenbilds nicht auf dem quantitativen Senken des Verbrauchs, sondern auf den Chancen, die sich mit einem als »grün«[9] bezeichneten Konsumstil ergäben.

Eine wichtige Aufgabe für die Umweltbildung sei die Vermittlung eines gänzlich neuen, ökologisch verantwortungsbewussten Konsumstils. Problematisch sei, dass die bewegungsnahen alternativ-ökologischen Konsumenten tendenziell insgesamt sogar mehr Ressourcen verbrauchten als etwa konservativ-ökologische. Dies läge insbesondere am bedenkenlosen Konsum von qualitativen Produkten, wobei Qualität sich durch die Abwesenheit vermeintlich schädigender Stoffe wie Kunstdüngern oder Gentechnik definiert. Die Studie skizziert die Attribute, die den Übergang vom ichbezogenen zum verantwortungsvollen Verhalten beim Konsumstil charakterisieren, anhand von lebensstilpolitischen Alltagsgewohnheiten. Regionalität des Konsums, Sparsamkeit, langlebige Nutzung von Geräten und Teilzeitnutzungs-Modelle seien Leitlinien, die den Konsumenten vermittelt werden sollten.[10] Das reflektierte Befolgen dieser Leitlinien sei der Kern eines zu vermittelnden bürgerschaftlichen Engagements.

Die Wuppertaler Forschergruppe baute mit ihren konsumentenseitigen Vorschlägen auf den Ergebnissen auf, die verschiedene Vertreter politischen Konsums mit ihren Erwartungen an einen verantwortungsbewusst handelnden Konsumenten bereits erarbeitet hatten. Das zeigt sich auch daran, dass neben infrastrukturellen und wohnbaulichen Aspekten auch der alltägliche Einkauf mit den Symbiosewirkungen eines regionalisierten Einkaufs und mit dem Kauf von Bio-Produkten der großen Bio-Anbauverbände verknüpft wird.[11] Darüber hinaus werden die seit den frühen 1990er Jahren dominanten entwicklungspolitischen Argumente wiedergegeben als Teil einer internationalen Gerechtigkeit, sodass Zukunftsfähigkeit im politischen Konsum hier auch eine internationale Perspektive besitzt.[12]

Auch sollten Konsumenten regional einkaufen, um unnötige Allmendekosten zu vermeiden. So sei eine

»Struktur regionaler Produktionsverflechtung, jahreszeitlicher Orientierung, geringer Eingriffstiefe in die Produkte und kurzer Transportwege (...) im Regelfall ökologisch verträglich. Demgegenüber ist das Herbeischaffen von Äpfeln aus Argentinien, die

---

7   Vgl. Loske, Zukunftsfähiges Deutschland, S. 206.
8   Vgl. grundlegend Inglehart, Ronald: The Silent Revolution. Changing Values and Political Styles Among Western Publics, Princeton 1977, hier S. 23.
9   Loske, Zukunftsfähiges Deutschland, S. 210.
10   Vgl. Loske, Zukunftsfähiges Deutschland, S. 217.
11   Vgl. Loske, Zukunftsfähiges Deutschland, S. 238–248.
12   Vgl. Loske, Zukunftsfähiges Deutschland, S. 270f.

Gen-Tomate oder der Konsum industriell erzeugter Fertiggerichte ökologisch und gesundheitlich sicherlich unverträglich.«[13]

Neben der Einpreisung von bspw. Transportkosten vonseiten des Staats bedürfe es laut Mitverfasser Reinhard Loske »bewusster Konsumentinnen und Konsumenten. Diese Bewusstseinsbildung, die gewiss im Gange ist, kann durch Deklarationspflichten bei Nahrungsmitteln und anderen Produkten verstärkt werden.«[14]

Dass das Wuppertal Institut in seinen Erwartungen an den Konsumenten und dessen Werten im Wesentlichen die schon erarbeiteten Ideen beim politischen Konsum pointiert mit Lebensstilpolitik verknüpfte, dürfte auch ein Grund für die nachfolgend große Beachtung gewesen sein: Der Bericht »Zukunftsfähiges Deutschland« reflektierte das zunehmende Überlappen der entwicklungs- und umweltpolitischen Dimensionen zum politischen Konsum akkurat und konstruierte daraus einen nachhaltig handelnden – hier: zukunftsfähigen – Konsumentenbürger.

4.1.2 Kritiken am Leitbegriff

Die Bedeutung sowohl der Rio-Beschlüsse als auch der Wuppertaler Studie spiegelte sich bei verschiedenen Akteuren und ihren Reaktionen auf die Arbeitsergebnisse wider. Markant für die Reaktionen auf die Leitlinien des zukunftsfähigen Deutschlands ist die unkritische Verteidigung der Studie auf Seiten der großen Umweltverbände, allen voran beim Auftraggeber BUND. Mitarbeiter des BUND reflektierten die Studie hinsichtlich ihres Konsumentenbezuges vor allem dahingehend, dass eine gesellschaftspolitische Veränderung zur Nachhaltigkeit »von unten«[15], also konsumentenseitig geleistet werden sollte, während wirtschaftspolitisch keine Hilfestellungen zu erwarten seien. Gleichzeitig benötige es die ökologischen Anbauverbände sowie die Umweltverbände, um den rational handelnden Konsumenten politisch zu aktivieren. Damit war sowohl das Aufgabengebiet von Anbau- und Umweltverbänden als auch der Konsumenten gesellschaftspolitisch umrissen.

Konkrete Kritikpunkte nannte dagegen die alternativ orientierte Arbeitsgemeinschaft bäuerliche Landwirtschaft, die die Schwerpunktsetzung der Studie aus bäuerlicher Sicht angriff. Die AbL baute ihre Kritik auf den Problemen auf, die sich mit der politischen Ernennung des ökologischen Landbaus als massentaugliche Produktionsweise ergäben. So sei die Förderung der Extensivierung von landwirtschaftlicher Nutzfläche aus öko-bäuerlicher Sicht keine Hilfe, da sie gemeinsam mit der steigenden Nachfrage nach Bio-Produkten eher Anreize für Konkurrenzverhalten schaffe, die bislang im Rahmen der AGÖL eigentlich vermieden worden waren. Dabei stellten sich betriebliche Konkurrenz und sinkende Verbraucherpreise nicht als alleinige Proble-

---

13 Loske, Reinhard: Orientierungspunkte für ein zukunftsfähiges Deutschland. In: Altner, Günter (Hg.): Jahrbuch Ökologie 1996. München 1996, S. 50–62, hier S. 60.

14 Ebd.

15 Krug, Andreas: Wie zukunftsfähig ist Deutschland? In: Bio-land, Heft 1/1996, S. 40f., hier S. 40.

matik heraus, sondern sie waren mit dem Problem der unzureichenden Vertriebswege verknüpft.[16] Demnach könnten die bisher im ökologischen Landbau favorisierten Vertriebswege, Hofverkauf und Lebensmittelkooperativen, weder die steigende Nachfrage nach Bio-Ware hinreichend bedienen, noch könnten sie professionelle Vermarktungswege ersetzen, die durch eine steigende Produktion notwendig wurden. Die AbL verschwieg an dieser Stelle allerdings, dass die Professionalisierung des Vertriebs schon seit der Mitte der 1980er Jahre im Gange war, wie anhand der neuen Einkaufsmöglichkeiten wie etwa Alnatura gezeigt worden ist. Gemeint sein dürfte hier vermutlich die noch immer enorm große Lücke zwischen bisher konventionellen und ökologischen Anbaumengen.

Vor diesem Hintergrund formulierte Bundesvorstandsmitglied Katrin Küster, auch Agrarsprecherin des BUND in Thüringen, in der Zeitschrift Bauernstimme grundlegende Kritik an den fehlenden politischen Steuerungsansprüchen in der Wuppertaler Studie.[17] Indem auf die konsumentenbürgerlichen Leitlinien als gesellschaftspolitischer Zielhorizont verwiesen wird, werde also der »Bock zum Gärtner«[18] gemacht. Nicht etwa die Produktion von umweltschädlichen Individualverkehrsmitteln werde beschränkt, sondern die Nachfrage solle geändert werden. Daneben fehle insbesondere eine Problematisierung der aktuellen Preispolitik und des EG-Subventionssystems in der Landwirtschaft, wobei die produktions- und vertriebspraktischen Probleme von Bauern zugunsten von Anekdoten alternativer Regionalisierungsmodelle ignoriert würden. Entgegen solcher Polemik gab es von Seiten der AbL jedoch auch kritische Würdigung für die Wuppertaler Studie, da sich nachhaltiger Lebensstil nach ihrer Erfahrung im Wesentlichen mit gelebter ökologisch-bäuerlicher Realität decke.[19]

Die Konstruktion eines neuartigen Konsumenten sei dagegen aus mehreren Gründen nicht notwendig. Erstens erschien sie schlicht nicht notwendig, wenn der ländlich-ökobäuerliche Lebensstil größere gesellschaftliche Aufmerksamkeit erhielte. Hier zeigt sich eine grundlegend unterschiedliche, kulturell geprägte Erwartungshaltung zwischen Anbauern und Bio-Verbrauchern: Dass gerade in großstädtisch-alternativen Milieus ein Bio-Konsumstil hip wurde, erschien aus ländlicher Sicht nicht ohne Weiteres verständlich. Die bäuerliche Sicht ging nicht vom Konsum aus, sondern von der Produktion und sah Konsum nur als geringen Teil eines ökologischen Lebensstils. Zweitens war aus Sicht der Bauern die Bedeutung legislativer Fehlentwicklungen weitaus gewichtiger als das Potential gesellschaftspolitischer Umorientierung. Die Studie war aus Sicht der AbL deutlich zu marktfixiert.

Die Rezeption der Wuppertaler Studie seitens der Kirchen erfolgte dagegen weitgehend geräuschlos. Misereor als Mitherausgeberin hatte weniger Erklärungsbedarf ge-

---

16   Vgl. Hertner, Uwe: Abschied von der Nische. Bundesweite Fachtagung der Marktchancen für Produkte aus dem ökologischen Landbau, in: Bauernstimme, Heft 144/1993, S. 16f.; Stodieck, Friedhelm: Welchen Weg geht der ökologische Landbau? In: Bauernstimme, Heft 153/1993, S. 12.

17   Vgl. Küster, Katrin: Lasst uns streiten wie es weitergehen soll! In: Bauernstimme, Heft 177/1996, S. 16f.

18   Ebd.

19   Vgl. N.N.: Zukunft mit bäuerlichen Werten. Bäuerliche Werte bestimmen die Studie Zukunftsfähiges Deutschland, deshalb ist die AbL in der Diskussion gefordert, in: Bauernstimme, Heft 12/1995, S. 6.

genüber der Studie selbst, sondern eher bezüglich der Eigenverortung: Prälat Norbert Herkenrath nahm nach Veröffentlichung der Studie Kritik auf, wonach Misereor mit dem Zielhorizont der Studie den eigenen inhaltlichen Auftrag unzulässig erweitere.[20] Schließlich sei nicht der gesellschaftspolitisch-ökologische Umbau in Deutschland, sondern die konkrete Hilfe im globalen Süden der Auftrag zur Gründung Misereors 1958 gewesen.

Die Kritik lehnte Herkenrath jedoch ab und verwies stattdessen auf einfache Kausalzusammenhänge aufholender Entwicklung. So könnte in Drittweltstaaten nur dann nachhaltig Wohlstand erwirtschaftet werden, wenn die Gesellschaften der Industriestaaten weniger natürliche Ressourcen in Anspruch nähmen. Jedoch nutzt Herkenrath hier zur entwicklungspolitischen Schwerpunktsetzung gerade das Verständnis von Natur als quantifizierbarer Ressource, das die Wuppertaler Studie ablehnte. Allerdings betont Herkenrath in seiner Stellungnahme ebenfalls, dass die Autoren nicht im Namen Misereors schrieben, sondern Misereor mit der Auftragsvergabe eine Debatte anstoßen wollte. Misereor betonte vielmehr selbst den Wissensvorsprung, den der globale Süden gegenüber dem Norden bei der Frage nach regionaler Verbundenheit und einem ressourcenschonenden Lebensstil habe, mithin vermied die katholische Hilfsorganisation also einen industriestaatlich geprägten Begriff von Ökologisierung.[21]

Im von Misereor herausgegebenen »Weltkursbuch« betonen die Autoren darüber hinaus die Bedeutung ökologischer und fair gehandelter Waren als Elemente nachhaltiger Entwicklung.[22] Anlässlich des Welternährungsgipfels 1996 plädieren sie für eine subsistenzorientierte Landwirtschaft im globalen Süden ähnlich wie zuvor die GEPA bei der Frage nach Bio-Produkten im fairen Handel. Im Umkehrschluss seien Techniken wie genmanipuliertes Saatgut abzulehnen. Anhand eines Beispiels zur Kantinenversorgung weist das Kursbuch zudem auf regionale Lebensmittelversorgung als Ideal hin. Angesichts der Probleme und der möglichen Lösungen sei deutlich, »dass mit unserer Ernährung weltweite Schicksale verbunden sind. Das momentane Konsumprinzip führt lokal und global zu mannigfaltigen Krisen. Es liegt an Verbraucherinnen und Verbrauchern, erste Zeichen zu setzen«[23].

Der epd auf evangelischer Seite ging zur Mitte der 1990er Jahre nicht mehr davon aus, dass politischer Konsum wirtschaftspolitische Regulierungen oder herstellerseitige Einschränkungen im Zielhorizont beinhalte.[24] Für die Verwirklichung von nachhaltiger Entwicklung dagegen genügte die Annahme des aufgeklärten, »grünen Konsumenten«[25]

---

20 Vgl. Herkenrath, Norbert: »Zukunftsfähiges Deutschland«. Misereor und sein ureigenster Auftrag, in: Misereor aktuell, Heft 2/1996, S. 19f.

21 Vgl. Brocke, Madeleine: »Zukunftsfähiges Deutschland«. In: Misereor aktuell, Heft 6/1995, S. 6–9.

22 Vgl. Ferenschild, Sabine/Hax-Schoppenhorst, Thomas: Weltkursbuch. Globale Auswirkungen eines »Zukunftsfähigen Deutschlands«, Hinweise und Tips für unser alltägliches Handeln, Basel 1998, hier S. 56–60.

23 Ferenschild/Hax-Schoppenhorst, Weltkursbuch, S. 60.

24 Vgl. Bosse-Brekenfeld, Peter: Zukunftsfähig. Naturverträglich und gerecht: Das global erträgliche Deutschland, in: epd Entwicklungspolitik, Heft 21/1995, S. 19–23; vgl. auch die wohlwollende Rezeption eines Forschungsprojekts hierzu bei N.N.: Verknüpfen von Öko- und Fair Trade-Initiativen. In: epd Entwicklungspolitik, Heft 12/1998, S. 51.

25 Bosse-Brekenfeld, Zukunftsfähig, S. 21.

einerseits und die Professionalisierung der Lobbyarbeit in den Kirchenverbänden andererseits. Nicht problematisiert wurde die geringere Gestaltungsmöglichkeit, die sich daraus für einzelne Gemeindegruppen ergab: Hatten die epd-Schriften der 1970er und frühen 1980er Jahre noch die ausschlaggebende Bedeutung von bewusstseinsbildenden Aktionen betont, stand nun die Diskussion und die Unterstützung bereits bestehender Projekte wie TransFair im Vordergrund. Dies dürfte auch als Folge der Partizipationschancen für professionalisierte Projekte und deren Vertreter zu interpretieren sein, die durch die Rio-Erklärung und die Agenda 21 zustande gekommen waren.

Insbesondere die wirtschaftspolitischen Grundannahmen von »Zukunftsfähiges Deutschland« wurden dagegen von Vertretern der Dritte-Welt-Bewegung scharf kritisiert. Dass die Kritik scharf ausfiel, dürfte auch mit der Wirkmacht der Wuppertaler Studie zusammenhängen, deren Hauptargumente im Mainstream als wünschenswert rezipiert wurden, auch wenn etwa der Spiegel die Zielgruppe der städtisch-grünen Konsumenten bereits zur Veröffentlichung als Luxuskonsumenten charakterisierte.[26] Maßgeblich für die Kritik waren zwei Argumentationen. Zum einen erschien aus Sicht des BUKO der nun besonders in der umweltpolitischen Debatte dominante Begriff Nachhaltigkeit aus mehreren Gründen ungeeignet:

> »Die Kritik am [Wuppertal Institut] führt uns [den BUKO, SW] nicht zur Forderung einer besseren, ›objektiveren‹ oder kapitalismus- und patriarchatskritischeren Studie, sondern berührt das im Nachhaltigkeitsdiskurs generell sichtbar werdende wissenschaftliche und politische Grundverständnis.«[27]

Hauptsächlich für diese Diagnose verantwortlich ist die nach Meinung des BUKO fehlende Fehleranalyse in der Studie, die eine Betrachtung struktureller Probleme der globalisierten Marktwirtschaft als Hauptreiber von ökologisch-ökonomischen Krisensymptomen vermeide. Komplementär dazu sei die verbraucherseitige Orientierung der Studie irreführend, da die statistische Erhebung des »letzten Verbrauchs« den Verbrauch natürlicher Ressourcen zur staatlichen und wirtschaftlichen Aufrechterhaltung des destruktiven volkswirtschaftlichen Systems verschleiere.[28] Die Kritik entspricht der umweltsoziologischen Annahme eines ökologischen Konsumparadoxes. Dieses bestehe darin,

---

26 Vgl. N.N.:»Der Luxus ist grün«. In: Der Spiegel, Heft 13/1995, S. 188–201; N.N.: Lust auf Langsamkeit. In: Der Spiegel, Heft 43/1995, S. 214–217.

27 BUKO:»Zukunftsfähiges Deutschland« – ein Technokratenmärchen. In: Forum entwicklungspolitischer Aktionsgruppen, Heft 197–198/1995, S. 4–9, hier S. 8.

28 Vgl. BUKO, Technokratenmärchen, S. 6; in der Studie selbst sind Güter des letztes Verbrauchs definiert als »Produkte und Dienstleistungen am Ende des Wirtschaftsprozesses, die dem privaten oder dem Staatsverbrauch zugeführt, exportiert, in Produktionsanlagen investiert oder dem Vorrat zugeführt/entnommen werden« (Loske, Zukunftsfähiges Deutschland, S. 145). Während einzelne Elemente spezifischer Bedarfsfelder hinsichtlich ihrer Zuordnung zwischen privatem und staatlichem Verbrauch diskutiert werden können, ist die Darstellung des BUKO hier zumindest polemisierend verkürzt. Die Studie differenziert bspw. beim privaten Kraftstoffverbrauch sehr wohl den Berufsweg, der als Vorleistung der Produktion angerechnet wird, vom Freizeitkonsum (vgl. Loske, Zukunftsfähiges Deutschland, S. 94).

»dass der massenhafte Anspruch auf einen hohen Konsumstandard die Haupttriebfeder des fortgesetzten Wachstums der industriellen Produktion (...) darstellt, dass aber der unmittelbare Beitrag der Konsumenten zur Umweltbelastung, und auch ihr möglicher Beitrag zur Umweltentlastung, gering ausfällt«[29].

Darüber hinaus sei der Problemlösungsansatz in der Studie bedenklich: Die naturräumliche Entwicklung in der Mittel- und Langfrist werde zu einem Gegenstand von unrealistischem Planungsoptimismus, dem trotz der Beteuerung der Studie ein ökonomisches Verständnis von Natur zugrunde liege. Darauf aufbauend werde deshalb eine weitgehend undemokratische Expertenherrschaft gefördert, indem nicht-legitimierten NGOs weitgehende Mitspracherechte über das politische Agenda-Setting hinaus in Aussicht gestellt würden.

Der Kritik des BUKO zufolge hatte der Konsument also trotz geringer Schuld die Verantwortung für einen ökologischen Konsumstil zu tragen, ohne aber im Gegenzug größere Partizipationschancen zu erhalten. Mit der Problematik fehlender Gleichheit beschäftigt sich auch die zweite Argumentation, die eine feministische Sichtweise auf den Leitbegriff der Wuppertaler Studie einnahm.[30] Im Kern wandten die Kritiker hier die patriarchalen Gesellschaftsstrukturen auf die Konstruktion der Studie an, wonach die Suffizienzpotentiale auf Konsumentenseite meist von Hausfrauen erfüllt werden sollten, während die Optimierungspotentiale für die Produktion meist technische Lösungen beinhalte, für die in der Regel männliche Ingenieure zuständig seien.

Auf die umfassende Kritik seitens des BUKO reagierten BUND und Misereor zwar mit einem veröffentlichten Gespräch mit einem BUKO-Vertreter, verweigerten sich aber der inhaltlichen Würdigung der BUKO-Kritik.[31] Streitpunkt war dabei die Frage nach der Verantwortung. Im Sinne des BUKO sollten es eben nicht die Konsumenten sein, die, von Seiten umwelt- und entwicklungspolitischer Akteursgruppen sensibilisiert, über den Nachfragehebel eine Veränderung der Produktion erreichen sollten, für den technische Lösungen zur Ökologisierung bereits bereitstünden. Ohne eine vorherige strukturelle Umgestaltung der Marktwirtschaft in Deutschland sei dies nicht zu leisten.[32]

Dieser Punkt der Diskussion ist aus historisch-analytischer Sicht eine Errungenschaft der Wuppertaler Studie: Sie ließ den seit den späten 1980er Jahren durch die Handelsausweitungen evident werdenden Bruch zwischen antikapitalistischen und gemäßigt-reformorientierten Akteursgruppen beim politischen Konsum offen zutage treten. Indem der BUKO als einflussreicher Koordinator für die links-alternativen Aktionsgruppen bei dieser Frage eine Grenzlinie setzte, schloss er sich selbst von der Entwicklung

---

29   Huber, Joseph: Allgemeine Umweltsoziologie. Wiesbaden 2011, hier S. 312.

30   Vgl. Frauen aus der »Danke für den Fisch«-Gruppe des BUKO: Zwischen Sparstrümpfen und Gigabytes: der Ökologen Lust, der Frauen Frust, in: Contraste, Heft 140/1996, S. 4f. Der Text war gleichwohl umstritten, vgl. Röder, Ingrid: Ein Kommentar zum Frauen-Thesenpapier. In: Contraste, Heft 140/1996, S. 5.

31   Vgl. Eder, Stephan/Hermle, Reinhard/Endrukaitis, Edgar/Berger, Ralf: Perspektive oder Illusion? In: Natur & Umwelt, Heft 1/1996, S. 23f.

32   Vgl. theoretisch ausführlicher Armborst, Stefan/Brand, Ulrich: »Gegen ein technokratisches und naivaufklärerisches Politikverständnis«. In: Blätter des iz3w, Heft 217/1996, S. 34–36.

eines alternativen Gegenentwurfs zur Besetzung der Begriffe nachhaltige Entwicklung bzw. Zukunftsfähigkeit aus. Die vom Wuppertal Institut geforderten ökologischen Leitplanken waren aus dieser Sicht nicht genug.

Der BUKO ist an dieser Stelle als wirkmächtige Vertretung linker Nachhaltigkeitskritik zu verstehen.[33] Daran wiederum gab es durchaus Kritik innerhalb des BUKO: Eine »Spaltung entlang der Frage, ob denn nun das Nachdenken über sinnvolle Formen ›ökologischer Regulierung des Kapitalismus‹ per se schon ›des Teufels‹ sei«[34], wäre demnach kontraproduktiv. Gerade die »realexistierende ›Öko-Aristokratie‹ metropolitanen Zuschnitts«[35], also ein lebensstilpolitischer Konsum, müsse als Dimension politischer Ungleichheit in den Blick genommen werden. Angriffspunkt dafür sei zuvorderst der nach wie vor und auch in der Wuppertaler Studie unangetastete Machbarkeitsglaube für technische Lösungen zuungunsten von strukturell-politischen Reformambitionen.

Auf ein Konsumentenbild gemünzt bedeutete diese Argumentation, dass der nachhaltig agierende Konsument im Sinne der Wuppertaler Studie kein politischer Konsument sein könne, da das Individuum zwar zu einer neuen Bescheidenheit aufgefordert werde, aber eben in dieser »Rolle als Konsument [verbleibt], seine Rolle als politisches Subjekt wird nicht erfasst«[36]. Diese Differenzierung wiederum spricht gegen die Forschungstendenz zur Gleichsetzung von nachhaltigem und politischem Konsum und lehnt die Idee von Lebensstilpolitik beim Konsum ab.

Abschließend sei noch eine grundlegende entwicklungspolitische Kehrseite des Leitbegriffs nachhaltige Entwicklung erwähnt: die Erwartungen an Partizipation im globalen Süden. Das iz3w schrieb hierzu:

> »Bei Partizipation handelt es sich um eine Veränderung gesellschaftlicher Entscheidungsfindungsprozesse, die sich nicht einfach verordnen lässt, insbesondere dann nicht, wenn es sich um fremde Gesellschaften handelt. Die Formen gesellschaftlicher Entscheidungsfindung sind vielfältig, historisch gewachsen und kulturell geprägt. (...) Mit dem Begriff ›Nachhaltigkeit‹ werden staatliche Zwangsmaßnahmen gegen extensiv wirtschaftende Wanderfeldbauern gerechtfertigt oder sinnvolle Förderungsansätze zur Armutsbekämpfung totgeschlagen, nur weil sie nicht ganz ohne Subventionen auskommen.«[37]

Demnach verkennten die wissenschaftlich nachprüfbaren Konzepte, zu denen auch »Zukunftsfähiges Deutschland« gehörte, die reellen entwicklungspolitischen Nöte. Die Er-

---

33   Vgl. Speck, Andreas: Sustainable Anarchism? In: Graswurzelrevolution, Heft 216/1997, S. 1/10f.; grundlegend dazu Eblinghaus, Helga/Strickler, Armin: Nachhaltigkeit und Macht. Zur Kritik von Sustainable Development, Frankfurt a.M. 1996.

34   Armborst, Stefan/Brand, Ulrich: Nachhaltig zukunftsfähig? Kritik der Wuppertaler Umwelt-Studie, in: Blätter des iz3w, Heft 211/1996, S. 38–40, hier S. 40.

35   Ebd.

36   Armborst, Stefan/Brand, Ulrich: Undemokratisch und dezentral in den nationalen Öko-Konsens? Die Debatte über die Wuppertal-Studie geht weiter, in: Lateinamerika Nachrichten, Heft 259/1996, S. 25–30, hier S. 27. Der Artikel ist gleichwohl unterschrieben als persönliche Einschätzung von Armborst und Brand unabhängig von ihrer Funktion im BUKO.

37   Rauch, Theo: Nun partizipiert mal schön. Modediskurse in den Niederungen entwicklungspolitischer Praxis, in: iz3w, Heft 213/1996, S. 20–22, hier S. 22.

wartung an den globalen Süden, nachhaltige Entwicklung im Austausch gegen Fördergelder kritiklos zu übernehmen, sei also schädlich. Diese Kritik schloss damit auch Überlegungen einer Verknüpfung von fairen und ökologischen Labels grundsätzlich aus.

4.2 Vorstellungen in den 1990er Jahren

Eine bedeutsame Folge der Etablierung von nachhaltiger Entwicklung als Leitbegriff war spätestens um 2000 das große Ausmaß der Reflexion zum Thema Verknüpfungen zwischen Öko- und Fair-Trade-Initiativen. Mit der Unterstützung durch das UBA koordinierte der Wuppertaler Verein Fair Trade beispielsweise ein Verknüpfungsprojekt, das Akteure im »ethischen Netzwerk«[38] einander näherbringen sollte, vor allem aber Aufmerksamkeit bei möglichen Handelspartnern erregen sollte. Zu diesem Zweck sprachen sich die Beteiligten für einen pragmatischen Umgang miteinander aus, der die logischen Spannungen zwischen fairem und ökologischem Handel in den Hintergrund rückte. Demnach sei es nicht an den deutschen Konsumenten, über diese Spannung zu urteilen:

> »Schließlich stellen wir selbst bei vermeintlich einheimischen Produkten (...) Umweltsünden fest (...) und um die vergleichenden Ökobilanzen für Transportverpackungen für Milch, Wasser und Bier wird immer noch heftig gerungen. Auch sollten wir uns ins Bewusstsein rufen, dass ein Großteil unseres Wohlstands darauf beruht, dass deutsche Produkte in alle Welt geliefert werden, und es unredlich wäre, ›An- und Abtransporte‹ mit zweierlei Maß zu bewerten.«[39]

Die Entwicklung der Akteursgruppen ist vor diesem Hintergrund zu lesen: Die Bemühungen um kommerzielle sowie um politische Partner führten zu gegenseitigen Ergänzungen. Zur besseren Übersicht behält dieses Teilkapitel die bisherige Aufteilung zwischen fairem und ökologischem Handel bei. Zunächst wird der faire Handel näher beleuchtet. Dabei geht es um die Frage, wie die zunehmende Professionalisierung von den Akteursgruppen bewältigt wurde und wie sich die Teilhabemöglichkeiten im fairen Handel entwickelten. Das zweite Unterkapitel beschäftigt sich mit den ökologischen Akteuren, wobei die Grünen eng mit der Einführung des staatlichen Bio-Labels 2001 verbunden sind. Hinzu kommt der Erfolg von Slow Food. Er ist ein Beispiel für die Wirkmacht nachhaltiger Entwicklung als Leitbild.

4.2.1 Partizipation im fairen Handel

In Kapitel 3 ist bereits deutlich geworden, wie grundlegend sich die Erwartungen beim alternativen Handel innerhalb weniger Jahre um 1990 änderten. Die kontrovers disku-

---

38   Wirtz, Hermann/Weißmann, Norbert: Eine Vision gewinnt Gestalt. In: Fair Trade (Hg.): Im Zeichen der Nachhaltigkeit. Verknüpfung von Öko- & Fair Trade-Initiativen, Wuppertal 2001, S. 6–14, hier S. 6. In diesem Zusammenhang weisen die Autoren selbst auf die wörtlich genommen falsche Gleichsetzung von »nachhaltig« und »ethisch« hin.

39   Wirtz/Weißmann, Eine Vision gewinnt Gestalt, S. 13.

tierte Rolle von TransFair dominierte auch die Entwicklung in den 1990er Jahren, allerdings mit einer Einschränkung: Der Verein TransFair trat von vereinzelten Selbstdarstellungen abgesehen kaum als eigenständiger Akteur auf, der ein Interesse an der Formulierung von Erwartungen gehabt hätte. Unterdessen diente die Labelorganisation mit ihren Qualitätskriterien als Projektions- und Vergleichsfläche für andere Akteure, deren Argumentationen in diesem Kapitel näher beleuchtet werden. Anders als zuvor beim alternativen Handel war der faire Handel nach der Zeit um 1990 also nicht durch einen inhaltlichen Gegensatz zwischen einer karitativen und einer antiimperialistischen Stoßrichtung geprägt. Mit der Akzeptanz des »fairen« Handels als Begriff und mit dem Ende sozialistischer Deutungen 1990 konzentrierten sich die Akteure auf die Frage, mit welchen inhaltlichen Zielsetzungen die Profilierung des fairen Handels zu gestalten sei.

Mit dem raschen Erfolg öffnete sich der faire Handel in Deutschland in den 1990er Jahren zudem für neue, international agierende nichtdeutsche Gruppen. Beispielhaft dafür waren die erfolgreichen Kampagnen in der Textilindustrie, die sehr ähnlich argumentierten und daher nicht gesondert betrachtet werden. Die niederländische Clean Clothes Campaign war dort bereits seit 1989 aktiv, um auf die Produktionsbedingungen großer Handelsketten in der Kleidungsbranche wie C&A hinzuweisen und öffentlichen Druck herzustellen. Zu Beginn der 1990er Jahre organisierten Brot für die Welt, Misereor und Terre des hommes zunächst in Deutschland die Kampagne gegen Kinderarbeit in der Teppichindustrie, aus der gemeinsam mit indischen NGOs 1994 das Label »Rugmark« hervorging.[40] Dieses wurde bereits kurz nach seiner Gründung von der Bundesregierung unterstützt, wobei die Öffentlichkeitswirksamkeit dem BMZ zufolge »durch geeignete Einzelpersönlichkeiten erfolgen [sollte], zu denen Mitglieder der Bundesregierung ebenso zählen könnten wie Mitglieder des Deutschen Bundestages«[41].

Gedanken zur politischen Teilhabe blieben für die Aktionsgruppen wichtig. Schließlich stand etwa für die Weltläden angesichts der Expansion des fairen Handels in den Supermarkt ihr eigenes Partizipationskonzept auf dem Spiel. Insbesondere nach der Gründung des Weltladen-Dachverbands 1998 rückte die Arbeit mit dem Konsumenten zuungunsten eigener Partizipationsansprüche in den Vordergrund. Die »Fachgeschäfte des fairen Handels«[42] standen als professionalisierte Akteure im Zeichen der ebenso professionalisierten Lobbyarbeit kirchlicher Träger, ohne dabei die alternative Gründungsgeschichte aus den Augen zu verlieren.

4.2.1.1 Träger des fairen Handels

Anstelle von TransFair erarbeiteten vor allem die GEPA und ihre kirchlichen Trägergruppen ein Profil des politischen fairen Handels. Hier trat auf katholischer Seite Misereor in den Vordergrund, das sich ab Mitte der 1990er ostentativ als Lobbyorganisation präsentierte. Auf evangelischer Seite wurde fairer Handel im Sinne TransFairs durchaus kon-

---

40   Vgl. N.N.: Rugmark-Foundation nahm Arbeit auf. In: Aktionsbrief Teppichknüpfer, Heft 9/1994, S. 1f.

41   Wighard Härdtl, StS, zit. in N.N.: Bundesregierung unterstützt Rugmark-Initiative. In: Aktionsbrief Teppichknüpfer, Heft 9/1994, S. 2.

42   Glaser, Norbert: Aufbruch aus der Nische? Profilierungskampagne der »Welt-Läden« soll Schwellenängste abbauen, in: epd Entwicklungspolitik, Heft 19/1994, S. 37–39, hier S. 38.

trovers von mehreren Akteuren im Evangelischen Pressedienst diskutiert. Zudem übernahmen mehrfach Referenten der GEPA die Aufklärungsarbeit für TransFair.

Gerade in den Medien der Dritte-Welt- und der Solidaritätsbewegung erschien der
Ansatz von TransFair, wonach kein kommerzieller Kaffeeröster prinzipiell vom Erwerb
des Labels ausgeschlossen werden sollte, als Verrat an der Solidarität. Ausgehend vom
Kaffee der Sandino-Solidaritätsbewegung, der nun zunehmend historisiert bzw. nost-
algisch verklärt wurde, erschien die Anpassung an den Weltmarkt zumal ohne neues
Kaffeeabkommen als inakzeptable Alternative. Hier traten vor allem der BUKO sowie als
alternatives Label El Puente als meinungsführende Gruppen auf.

Dominanz von GEPA und TransFair

Trotz der umfassenden Handelsausweitung, die von der GEPA seit 1987 angestoßen wurde, blieben die Zielsetzungen in der Folgezeit inhaltlich konstant.[43] Das Bildungsange-
bot war nun noch handelsbegleitend, während der Fokus stärker auf der Förderung von
Selbsthilfe für Kleinbauern im globalen Süden lag. Die GEPA sah sich demnach in erster Linie als Chancengeber, der strukturell benachteiligten Gruppen einen möglichst direkten Zugang zum deutschen Markt ermöglichen sollte. Auffallend ist jedoch die ex-
plizite Ablehnung von Mitleid als Handelsmotiv. Partner und deren Erzeugnisse sollten
»nicht als Objekte unseres Mitleids missbraucht« werden und bestimmte Produkte sollten nicht vermarktet werden, »die Ansehen und Würde der Produzent(inn)en herabwür-
digen«[44]. Die Kritik, wonach der Verkauf von exotisch wirkenden Kunstgegenständen
rassistischen Stereotypen Vorschub leisten könnte, war gewiss nicht neu. Jedoch wurde nun die Würdigung der Handelspartner mit der Ablehnung von Mitleid als Erwartung an die Konsumenten verknüpft. Historisch ist diese Betonung mit dem Ursprung
des alternativen Handels zu erklären. Christliche Nächstenliebe war nicht mit Mitleid
zu verwechseln. Da aber die Nächstenliebe als Handlungsmotiv für das eigene Konsumentenbild um 1990 wegfiel, war dem Eindruck von Mitleid als Motiv nur noch schwer
beizukommen.

Der Kauf eines GEPA-Produktes fiel zunehmend in den Bereich Lebensstilpolitik
zwischen politischer Partizipation und Ausdruck von Geschmack, wobei die genaue
Lokalisierung individuell vom Käufer abhing. Die Unklarheit über individuelle Käu-
fermotive verhinderte nicht, dass die GEPA ihren Erfolg einem wachsenden entwicklungspolitischen Bewusstsein zuschrieb. Dieser Erfolg ermöglichte es, das Wachstum
des Handelsvolumens im fairen Handel für entwicklungspolitische Lobbyarbeit einzu-
setzen. Daher verloren zwar die Produkte, für die die GEPA als Importeur stand, an
politischer Aussagekraft. Jedoch konnte sie als Interessenvertretung mit einer breiteren
öffentlichen Aufmerksamkeit und Zustimmung rechnen.

Die breite Zustimmung dürfte auch vom schwächeren Profil der Produkte, allen voran Kaffee, profitiert haben. Durch den Wegfall der Nicaragua-Solidarität lag die Unterstützung von fair gehandeltem Kaffee weit entfernt von möglichen Sozialismusvorwür-

---

43   Vgl. Gesellschafterversammlung der GEPA: Entwicklungspolitische Zielsetzung und Kriterien
      der gepa für entwicklungskonforme Produktion und Handel. In: GEPA Informationsdienst, Heft
      3–4/1994, S. 6f.
44   Alle Zitate ebd.

fen. Darüber hinaus wurden die außenhandelspolitischen Fragen in der GEPA-Zielsetzung nicht mehr näher benannt. Infolge dieser schwachen Profilierung kam die symbolische Unterstützung von GEPA und TransFair durch bundespolitische Entscheidungsträger im Laufe der 1990er in Mode: Fairer Kaffee wurde nun konsensfähig als Statement für gehobenen Geschmack und die Unterstützung nachhaltiger Entwicklung.[45] Die parteiübergreifende Unterstützung für den fairen Handel war das Ergebnis der Arbeit der GEPA, die damit den Kauf von gelabelten Produkten als bedeutsamen Akt gesellschaftspolitischen Engagements etablierte. Diese Entwicklung bedeutete auch eine Abkehr von den bisherigen Erwartungen an den Konsumenten. Diesem kamen nun kaum noch Aufgaben als Multiplikator oder Bewusstseinsbilder zu, sondern in erster Linie die Unterstützung der Lobbyarbeit auf Verbandsebene.

Ein weiteres Element in der Zielsetzung der GEPA war die weitergehende Integration von ökologischem Verantwortungsbewusstsein. Symbolträchtig war die Teilnahme von GEPA-Mitgründer Gerd Nickoleit als Vertreter der EFTA an der IFOAM-Konferenz 1995 in Frankfurt.[46] Nickoleit selbst bezog sich in seinen Ausführungen jedoch nicht auf die bisherigen Erfahrungen der GEPA. Die Jute-statt-Plastik-Aktion um 1980 etwa spielte gar keine Rolle und selbst das aktive UCIRI-Projekt wurde nur am Rande erwähnt. Bedeutender für den Zielhorizont der GEPA war die Vernetzung mit dem Bio-Markt, indem »fair« und »öko« als Geschwister im Rahmen nachhaltigen Konsums konstruiert wurden. So bestehe die soziale Nachhaltigkeit der GEPA-Arbeit in den Freiheiten, die den Bauern in der Dritten Welt durch die verbesserten Absatzwege zugutekämen. Sie hätten nun die Möglichkeit erhalten, ihren Boden nach ihrem eigenen, traditionellen und deshalb erwiesenermaßen nachhaltigen Rhythmus zu bearbeiten.

Nickoleit reflektierte an dieser Stelle keine möglichen Biokolonialismus-Vorwürfe. Schließlich wurde dem Bauern des globalen Südens mit dieser Argumentation ein Wissen um ökologisches Gleichgewicht nach europäischem Vorbild unterstellt. Es ging vielmehr um die Konstruktion eines nachhaltigen Konsumstils, der dem Konsumenten sinnhaft erscheinen sollte. »Solange es keine internationale soziale Marktwirtschaft gibt, (...) müssen wir [IFOAM und EFTA, SW] durch Eigeninitiative und im Verbund mit verantwortungsvollen Konsumenten selbst Regelungen einführen«[47], die vom fairen und ökologischen Handel gemeinsam als Pioniere wahrgenommen werden sollten. Dabei sei auch die Vertriebsfrage nicht mehr ideologisch zu beantworten, sondern hinsichtlich der Reichweiten, damit »nachhaltige Produkte eine Selbstverständlichkeit im konventionellen Handel werden«[48].

Auch nach der Gründung als professionelle Labelorganisation behielt zudem Trans-Fair eine breite Trägerschaft, die neben der kirchlichen Basis weiterhin auch die Unter-

---

45   Vgl. N.N.: Parlament trinkt Dritte-Welt-Kaffee. In: GEPA Informationsdienst, Heft 3–4/1993, S. 4; N.N.: Bundespräsident Rau wünscht sich mehr Fairen Handel. In: Welt & Handel, Heft 15/1999, S. 1; Schimmelpfennig, Barbara: Umweltminister unterstützt gepa. In: Welt & Handel, Heft 16/2000, S. 1.

46   Vgl. Grözinger, Claudia: IFOAM-Konferenz und BIOFACH: Ökologie und fairer Handel gehören zusammen! In: GEPA Informationsdienst, Heft 2–3/1995, S. 26–31; Nickoleit, Gerd: Fairer Handel und Ökologie. In: GEPA Informationsdienst, Heft 2–3/1995, S. 5–8.

47   Nickoleit, Fairer Handel und Ökologie, S. 8.

48   Ebd.

stützung sozialdemokratischer Gruppen wie der Friedrich-Ebert-Stiftung aufwies. Die breite gesellschaftspolitische Verankerung war ein weiterer Grund für den raschen Erfolg des Begriffs »fairer« Handel. Die frühen Jahre von TransFair wurden von kirchlicher Seite wohlwollend begleitet. Der Evangelische Pressedienst widmete sich mit einer Sonderausgabe 1994 und danach in weiteren Artikeln den Erwartungen an den fairen Handel und damit auch an den Käufer fairer Produkte. Diesem wurde aus der Sichtweise des epd kein genuin politisches Interesse mehr unterstellt, sondern der Wunsch, als Konsument das moralisch Richtige zu tun. Charakteristisch für diesen Wandel war die argumentative Verbindung der Geschichte der A3WH mit dem Auftrag der Verbesserung der Vertriebswege zwischen Bauern und dem deutschen Markt, der den Caritas-Grundgedanken der frühen 1970er Jahre zugunsten einer Forderung nach vermeintlich gerechter sozialer Marktwirtschaft hintanstellte.

Kirchlich getragene entwicklungspolitische Arbeit wurde vor allem vom katholischen Hilfswerk Misereor ostentativ vertreten als theologisch-karitativ fundierte, aber marktwirtschaftlich orientierte »Lobby für die Armen«. So veröffentliche Misereor vor dem Wahlkampf zur Bundestagswahl 1998 eine eigene Broschüre, die zur Vorbereitung zu Gesprächen mit Kandidaten genutzt werden sollte, um diese auf Kürzungen im BMZ-Etat gezielt anzusprechen.[49]

Noch 1994 konstatierte eine Vertreterin der AEJ eine Spaltung »der A3WH in zwei Lager: nennen wir sie ›Realos‹ und ›Fundis‹«[50]. Die Analogie zum Flügelkampf der Grünen zum Ende der 1980er Jahre trifft, bei allen historischen Problemen, einen emotionalen Punkt der politischen Selbsteinschätzung. Die Bildungsarbeit war zu Beginn der 1970er Jahre der Kern des politischen Anspruchs an die A3WH selbst und an die Konsumenten gewesen, deren Verlust mit dem Erfolg von TransFair drohte. Nun war fraglich, ob durch gezielte Lobbyarbeit der kirchlichen Jugendverbände die Bekanntheit des fairen Handels gewinnbringend in außenhandelspolitische Debatten einzubringen war.[51] Nichtsdestotrotz stellte die Labelorganisation nach außen sowohl die Herstellung neuer Öffentlichkeit als auch die Verankerung in der Geschichte des fairen Handels als gemeinsame Ziele ihrer Kommunikationsstrategie dar. So führte sie »medienwirksame Aktionen mit Prominenten wie (...) ›Mutter Beimer‹ aus der TV-Serie ›Lindenstraße‹«[52] durch und versicherte die eigene Verbundenheit mit den Ursprüngen des alternativen Handels.

TransFair selbst betonte darüber hinaus die eigene Affinität zum Bio-Konsum. Neben dem ausgezahlten Bonus bei ökologischem Anbau ging es dabei um die Verpflichtung der Partner zum nachhaltigen Wirtschaften.[53] Durch die TransFair-Richtlinien würden erst die Voraussetzungen für ökologischen Landbau geschaffen, da sie die Reduktion künstlicher Dünger nach Möglichkeit vorschreiben. Der Mehrerlös, der durch

49   Vgl. Misereor (Hg.): Lobby für die Armen, Hintergründe, Informationen und Argumente für Gespräche mit Bundestagsabgeordneten über den Stellenwert und die Finanzierung der deutschen Entwicklungszusammenarbeit, Aachen 1998.

50   Callenius, Carolin: Bildung und Lobbying. Den Boom des fairen Handels als Chance nutzen, in: epd Entwicklungspolitik, Heft 19/1994, S. 14–17, hier S. 15.

51   Vgl. Callenius, Bildung und Lobbying, S. 17.

52   Wilß-Hasenkamp, Cornelia: Fair im Aufwind. In: epd Entwicklungspolitik, Heft 19/1994, S. 18–24, hier S. 19.

53   Vgl. TransFair: Extra-Blatt. Sonderausgabe Ökologie & Fairer Handel, Heft Juli 2000.

den fairen Handel erzielt wird, erlaube den Bauern erst die Umstellung und dann die Finanzierung der Bio-Zertifizierung. Demnach sei fairer Handel erst die Grundlage, auf der dann umweltpolitische Maßnahmen umgesetzt werden könnten.

TransFair positionierte sich mit dieser Argumentation auf dem entstehenden Markt für nachhaltige Produkte, was auch so wahrgenommen wurde. In der Berliner Öko-Zeitschrift »Der Rabe Ralf« wurde der faire Handel unter der Überschrift »Politik mit dem Einkaufskorb« in gut 20 Artikeln zwischen 1995 und 1999 kritisch gewürdigt. Obwohl die Zeitschrift ihren Schwerpunkt auf der Verbraucherberatung für regionalisierten Einkauf hat, kam der logische Widerspruch zwischen fairem und regionalem Handel nur am Rande vor: Ob etwa der fair gehandelte Honig vom südamerikanischen Imker oder der deutsche Bio-Honig gekauft werden solle, war demnach eine individuelle Entscheidung, die nicht ohne weiteres gegeneinander aufgewogen werden könne und einer Diskussion bedürfe.[54]

Dass diese Diskussion weder von den Verbänden noch von den Konsumenten im weiteren Verlauf geführt wurde, ist jedoch nicht überraschend. Die widersprüchlichen Logiken zwischen fairem und regional-ökologischem Vertrieb fußten auf quantifizierbaren Werten, etwa dem Einkommen für den Imker oder der Länge der Lieferkette. Ein wesentlicher Effekt der Kommerzialisierung sowohl des fairen als auch des Bio-Handels war nachfrageseitig eine Stärkung der individuellen moralischen und eine gleichzeitige Schwächung der analytisch-kritischen Konsummotive. Vor allem weil TransFair bemüht war, dem fairen Handel eine ökologische Komponente einzuverleiben, boten faire und ökologische Produkte ab der Mitte der 1990er Jahre gegenüber dem Konsumenten eine große gemeinsame Schnittmenge ökologisch-sozialer Verantwortungsargumente. Ein kritischer Vergleich quantifizierbarer Faktoren fand in der Regel nicht statt.

Kritik der Solidaritätsgruppen

Die Entwicklung des fairen Handels wurde von Solidaritätsgruppen wie MITKA und in den Forenzeitschriften der Dritte-Welt-Bewegung weiterhin kritisch begleitet.[55] Insbesondere die Kritik an TransFair hatte mehrere Stoßrichtungen.[56] Nach dem Vorwurf der bewegungsnahen »Teekampagne« hatte die von TransFair geförderte ständige Handelsausweitung zur Folge, dass die »Produzenten der Dritten Welt zu Behinderten erklärt [werden], dann umsorgt, und durch die Therapie erst zu wirklich Behinderten«[57] würden. Der Hintergrund dieser Kritik war die Auffassung, wonach die Konsumentenmotivation zum Kauf von TransFair-zertifizierten Produkten ohne ein damit einhergehendes politisches Engagement auf eine Spende hinauslaufe. Dadurch werde aus falsch verstandenem antikolonialistischem Impuls das Gegenteil erreicht: Den Produzenten werde der Eindruck vermittelt, dass eine Konkurrenzfähigkeit gegenüber dem konventio-

---

54   Vgl. Schrom, Stefan: Politik mit dem Einkaufskorb (1). In: Der Rabe Ralf, Heft Mai 1995, S. 10.

55   Vgl. allgemein bereits Sommerfeld/Stahl, Politik zum Kommerz; vgl. auch Ökotopia/El Rojito: Sauber und doch nicht rein. In: Lateinamerika Nachrichten, Heft 210/1991, S. 24f.

56   Dieser Abschnitt baut auf meinen vorherigen Überlegungen auf, vgl. Weispfennig, Politischer Konsum und Solidarität, S. 254–256.

57   Zimmer, Jürgen/Faltin, Günter: Nicht mit Solidarität am Markt vorbei. In: Teekampagne Projektwerkstatt, Heft 1/1994, S. 3f.

nellen Markt gar nicht erst für möglich gehalten werden solle. Damit jedoch würde unterstellt, dass selbstverwaltete Genossenschaften ohne europäische Hilfe nicht überleben könnten. Ziel der Teekampagne war insofern die Unterstützung zur Selbstbehauptung gegenüber dem konventionellen Landbau.[58]

Die zweite Stoßrichtung der Kritik bezog sich auf die mangelnde Transparenz, die mit der Handelsausweitung einherging. Besonders die Kaffee-Solidaritätsgruppen der MITKA sahen im TransFair-Ansatz einen versteckten Ausverkauf des alternativen Handels, einen »sozialdemokratische[n] Wolf im humanistischen Schafspelz«[59]. Das Hauptproblem war also, polemisch ausgedrückt, die »sozialdemokratische« Unglaubwürdigkeit. Die MITKA-Gruppen stritten nicht die große Bedeutung von steigenden Verkaufszahlen für die einzelnen Projektpartner im globalen Süden ab. Kritisch gesehen wurde vielmehr der flache Zielhorizont des fairen Handels im Vergleich zur Anfangszeit des alternativen Handels. Bereits zur Gründung von TransFair hatte die MITKA kommentiert, die »Beihilfe zu strukturellen politischen Veränderungen«[60] könne aus normativen Überlegungen heraus nicht von den marktbeherrschenden Kaffeeröstereien unterstützt werden. Dass TransFair sein Label allerdings auch diesen Röstereien anbot und gleichzeitig Bildungsarbeit keine Rolle spielte, war offensichtlich für diese Gruppen ein Mangel an Transparenz.

Beide Stoßrichtungen der Kritik äußerten sich in der Folgezeit bei den wenigen alternativen Ansätzen zum Modell Handelsausweitung und Labelling. So setzte der Importeur El Puente den Schwerpunkt der eigenen Arbeit auf Teilhabe, die am besten durch einen genossenschaftlichen Ansatz erreicht werden könne.[61] Echter alternativer Handel sei

> »mehr als nur etwas mehr zu bezahlen. Er muss den kolonialen Strukturen dort wie hier ein Stück realer Alternative entgegensetzen, um auch politische Veränderungen zur Überwindung ungerechter Handelsstrukturen zu bewirken. (...) Es kann nicht angehen, Selbstbestimmung zu fordern und selber nach Weisung einzelner Kapitalgeber zu arbeiten. (...) El Puente hat sich deshalb in den vergangenen Jahren umstrukturiert und ein Beteiligungsmodell mit Belegschaft und Weltläden errichtet, das nun auch für die Handelspartner in Übersee geöffnet wird.«[62]

Anders als die dominanten Akteure des fairen Handels verband El Puente das entwicklungspolitische Engagement auch mit gesellschaftspolitischen Fragen. Konkret positionierte sich El Puente 1992 gegen die rassistischen Ausschreitungen, die in den Brandanschlag auf ein Asylbewerberheim in Rostock-Lichtenhagen mündeten, wogegen mehr Arbeit zur kulturellen Verständigung geführt werden müsse. Die entwicklungspolitische

---

58 Vgl. die Präsentation bei Schrom, Stefan: Politik mit dem Einkaufskorb (2). In: Der Rabe Ralf, Heft Juni 1995, S. 14.

59 El Rojito: Der sozialdemokratische Wolf im humanistischen Schafspelz. In: epd Entwicklungspolitik, Heft 15/1994, S. n. [sic!]

60 Vgl. MITKA: TransFair, MITKA und die politische Triebkraft des alternativen (Kaffee-)Handels. In: El Puente informiert, Heft Winter 1992, S. 11f.

61 Vgl. Weispfennig, Politischer Konsum und Solidarität, S. 255f.

62 Moritz, Martin: Sich nach den eigenen Kriterien organisieren. In: Contraste, Heft 136/1996, S. 8.

Bildungsarbeit gepaart mit dem Verkauf von Kunstgegenständen aus Ländern des globalen Südens sei ein Beitrag zur interkulturellen Verständigung und zum solidarischen Zusammenleben.[63] Das Beteiligungsmodell war im Kern über einen Projektausschuss realisiert, der Vertreter von Produktion vom Kleinbauern bis hin zum Verkauf durch Weltladengruppen zusammenbringen und über den Zielhorizont im gemeinsamen Austausch bestimmen sollte. Diesem Ansatz zufolge war die Partizipation der am Handel Beteiligten entscheidend für den Erfolg eines Projektes, nicht aber die Teilhabe des Endkonsumenten.

Ein solcher alternativer Ansatz war schwierig zu realisieren. Neben dem hohen Kommunikationsaufwand war es zudem der schwache Kaffeepreis nach dem Zusammenbruch des ICA, der kleinere Projekte belastete. Die importierte Ware war auf dem Weltmarkt meist deutlich günstiger als die Preise, die El Puente seinen Projektpartnern versprochen hatte, was ein Problem bei der Kreditfinanzierung darstellte. Der Warenwert konnte nur bedingt als Sicherheit für die Banken dienen. El Puente war ebenso wie andere Solidaritätsgruppen auf neue Bündnisse und Finanzierungsmodelle angewiesen: Die für die kleinen alternativen Importeure schwierige, aber für die Projektpartner überlebensnotwendige Vorfinanzierung war also das Hauptproblem. Ein innovativer Ansatz bei El Puente war die Zusammenarbeit mit der anthroposophischen Bank GLS[64] ab 1995.[65] Die anthroposophischen Grundlagen waren dabei nebensächlich. Essenziell war für El Puente, den eigenen Kredit mit freiwilligen Bürgschaften decken zu können und nicht mit dem eigenen Warenbestand, wie kommerziell arbeitende Banken es üblicherweise verlangten. Das Vorbild für diese Zusammenarbeit geht zurück ins alternative Milieu. Initiativen für Ökobanken gab es bereits seit den 1970er Jahren, um einen Kompromiss zwischen Selbsthilfeinitiativen und der Finanzierung von kommodifizierten Lieferketten zu erzielen.[66] Die Finanzierung blieb aber für alle alternativen Importeure außer der GEPA ein Problem.

Ab der zweiten Hälfte der 1990er hatten also die von Benjamin Möckel hervorgehobenen »Sachzwänge« in der Tat spürbaren Einfluss auf den weiteren politischen Zielhorizont.[67] Ein solidarischer Konsum ließ sich mangels Nachfrage und mangels stabiler Partner nicht mehr verwirklichen. Zur schwindenden Nachfrage trug mit großer Sicherheit die abflauende Nicaragua-Arbeit bei, da die neue Regierung und ihre Politik zunehmend zur Desillusionierung in der Solidaritätsbewegung führten. Markant ist gerade bei den MITKA-Gruppen der Rückzug auf den Kleinbauern als Sinnbild des Peripherie-Gedankens, wie ihn etwa Andrea Franc herausgearbeitet hat.[68] Strukturelle Benachteiligung durch die kapitalistischen Zentren erforderte zwar die Aufmerksamkeit des Konsumentenbürgers. Jedoch kam Solidarität hier nicht ohne den nostalgischen Verweis auf die Sandino-Solidarität aus.

---

63   Vgl. Poddig, Georg: Nicht schweigen... In: El Puente informiert, Heft Winter 1992, S. 4.

64   Abk.: Gemeinschaftsbank für Leihen und Schenken.

65   Vgl. N.N.: Man muss kein Schwein sein auf dieser Welt. In: El Puente informiert, Heft Winter 1995, S. 33.

66   Vgl. Reichardt, Authentizität und Gemeinschaft, S. 343f.

67   Vgl. Möckel, »Ökonomische Eigenlogiken«, S. 377.

68   Vgl. Franc, Von der Makroökonomie zum Kleinbauern, S. 198f.

4.2.1.2 Die Weltläden und der faire Handel

Die Veränderungen des fairen Handels hinsichtlich gesellschaftlicher Wahrnehmung, praktischer Handelsausweitung und den politischen Teilhabeerwartungen gegenüber den Konsumenten hatten Auswirkungen auf das Selbstverständnis der Weltläden. Auf die konstruktive Auseinandersetzung mit den Kontextänderungen um 1990 folgte ein kritischer Prozess der Standortbestimmung.

Ab 1998 schließlich organisierte sich ein Teil der Läden innerhalb eines Weltladen-Dachverbands als Ergebnis der selbst erkannten eigenen strukturellen Defizite in der AG3WL. Mit den Fragen nach Internationalisierung der eigenen Arbeit und dem eigenen Umgang mit Labels hatten diese Überlegungen auch enge Bezüge zu den weiteren Erwartungen an Konsumenten.

Politische Anpassung

Konkret erarbeiteten AG3WL-Vorstand und die Regionalsprecherkonferenz 1993 ein Konzept zum veränderten Selbstverständnis der A3WH, das im Wesentlichen auf einem niederländischen Papier der dortigen Weltladenorganisation aufbaute und das im Folgejahr auf wenig Widerspruch bei den Mitgliedsgruppen traf.[69] Hintergrund der neuen Profilierung der Weltläden war die abnehmende Aktivität der Weltläden im vereinten Deutschland: Lediglich rund 100 der etwa 700 Weltläden waren 1994 in der AG3WL engagiert. Die Weltläden hatten zudem mit zu geringem Nachwuchs zu kämpfen. Diese Probleme hatten, so eine Analyse im AG3WL-Rundbrief, mit der ideologisierten Außendarstellung einiger Ladengruppen zu tun.[70]

Um einem »Negativ-Image«[71] ebenso wie einer Vergreisung der A3WH-Idee im Allgemeinen entgegenzuwirken, zeigten sich in der Diskussion um die Profilierungskampagne kaum Gegenentwürfe, wie sie noch zum Ende der 1980er Jahre üblich gewesen waren. Das dürfte auch mit dem politischen Blickwinkel zu erklären sein. Die Etablierung des fairen Handels stellte schließlich die größte Zäsur für die bereits 20-jährige Geschichte der Weltläden dar. Eine neue politische Standortbestimmung erschien notwendig.

Zwar wird im AG3WL-Konzept von 1993 fast durchgängig der historisch gewachsene Begriff »alternativ« benutzt, um die eigenen Handelsideen zu beschreiben. Allerdings werden die politischen Ziele, die durch die entwicklungspolitische Bildungsarbeit vermittelt werden sollen, nun auf konkrete rechtliche Normen im Rahmen der EG-Gesetzgebung bezogen.[72] Eine Kritik an außenhandelspolitischen Strukturen gab es nicht mehr. Die AG3WL sah den gewinnorientierten Handel nicht als Konkurrenz beim Verkauf von fairen Produkten, sondern übernahm mit diesem Positionspapier weitestgehend die Position der GEPA. Zugrunde lag die Annahme, dass Kleinbauern im globalen

---

69 Vgl. Verslius, Stiena: Kriterien für den alternativen Handel. Ein erster Schritt auf dem Weg zu einer neuen gemeinsamen Definition in der Aktion Dritte Welt Handel (A3WH), Darmstadt/Vechta 1993.

70 Vgl. Schneider, Hans-Peter: Zustände, die nach Veränderung schreien! In: AG3WL-Rundbrief, Heft 54/1994, S. 27f.

71 Ebd.

72 Vgl. Verslius, Kriterien, S. 7f.

Süden die Chance hätten, sich mit einer hinreichenden Hilfestellung selbständig im internationalen Vertrieb etablieren zu können.

Außerdem suchte die AG3WL politische Ziele, ohne grundlegende Fragen zur Wirtschaftsordnung zu stellen. Der durch Handelsbarrieren erzwungene Export von Rohstoffen und einfachen Handwerksprodukten könne demnach durch das Engagement der Weltläden verbessert werden, indem diese sich trotz der EG-Zollschranken um einen Bezug von weiterverarbeiteten Produkten bemühten. Der faire Handel liefere einerseits »einen Beitrag für ProduzentInnen, sich einen Platz im internationalen Handel zu erwerben, andererseits vergrößern wir [die Weltläden, SW] gleichzeitig ihre Chancen, sich auf dem Inlandsmarkt zu behaupten«[73]. Der politische Zielhorizont der AG3WL wurde entideologisiert und nun stärker von europäischen außenhandelspolitischen Sachfragen geprägt. Diese Entwicklung zeigte sich auch zum Ende des Jahrzehnts in den Analysen zur Gründung der Welthandelsorganisation WTO. Diese sei eine Gelegenheit, mithilfe einer Sozialklausel ökologisch-ökonomische Standards zu setzen, die das Mikrosystem fairer Handel zum Vorbild haben könnte.[74]

Nennenswerten Widerstand gegen diese Neuorientierung gab es lediglich von Seiten der Ladengruppen, die sich nach wie vor als Teil der Solidaritätsbewegung verstanden. Der Weltladen Göttingen etwa äußerte sich kritisch unter der Verwendung eines statischen Kleinbauernbildes. So sei es auch bei progressiven Regierungen, die strukturelle Benachteiligung von Kleinbauern bekämpften, entscheidend, Bauern vor Ort eine Subsistenzwirtschaft zu ermöglichen.[75] Insofern sei gerade die Abkopplung vom Weltmarkt für die Aktionspartner wünschenswert und eine weitergehende Institutionalisierung der A3WH und der Weltläden sei daher entwicklungspolitisch widersinnig. Ohne eine emanzipierende Entwicklungsperspektive sei auch der Verkauf nach einem rein karitativen Konzept lediglich ein »Almosen«[76]. Dabei bestand der Unterschied zwischen dem gerechten, im Wortsinn fairen Preis und dem Almosen weniger in der praktischen Hilfestellung vor Ort als mehr in der fehlenden Politisierung des Konsumenten.

Obwohl die AG3WL also sowohl von Konsumenten abhängig war als auch selbst als Konsument gegenüber den Importorganisationen auftrat, waren etwaige neue Erwartungen an Konsumenten bei neuen Kampagnen kein Teil der eigenen Standortbestimmung. Der neue Kurs der AG3WL wurde von den erfolgreichen Vertretern des fairen Handels vorgegeben. Die weitgehende Entideologisierung der politischen Vorabdiagnosen schuf Möglichkeiten für eine Neuorientierung der eigenen praktischen Arbeit, die auf eine professionellere Marktteilnahme hinauslief, bei der sich die Weltläden weitgehend am Vorbild der niederländischen und britischen Organisationen orientierten.[77]

---

73   Verslius, Kriterien, S. 9.

74   Vgl. Lauber, Johannes: »Fairer Handel« weltweit? Ein Plädoyer für verbindliche Umwelt- und Sozialklauseln im Welthandel, in: Weltläden aktuell, Heft 66/1997, S. 10–15.

75   Vgl. Weltladen Göttingen: Ein Diskussionsbeitrag zum Thema alternative Handelsausweitung. In: Weltläden aktuell, Heft 57/1994, S. 12–14.

76   Bill, Hans-Christoph: Spenden ist sch...! In: Weltläden aktuell, Heft 72/1999, S. 5.

77   Vgl. Lipper, Hella: Profilierung der AG3WL? Eindrücke vom Weltladenkongress, in: Weltläden aktuell, Heft 55/1994, S. 8f.

Professionalisierung

Ein Teil der Problemdiagnosen innerhalb der AG3WL zu Beginn der 1990er Jahre war die Unverbindlichkeit, die mit der ehrenamtlichen Arbeit der meisten Weltladengruppen einherging. Das gesellschaftspolitische Engagement der Ladner könne widersinnig sein, sobald der Umsatz leide: Demzufolge sei das Hinzuziehen hauptamtlicher und ausgebildeter Mitarbeiter dort notwendig, wo ehrenamtlich Tätige Kosten verursachen würden.[78] Nicht mehr die politischen Grundlagen waren Voraussetzung für die erfolgreiche Aktionsarbeit, sondern die Übernahme von betriebswirtschaftlicher Verantwortung wurde zur Voraussetzung für einen möglichst effizienten Warenverkauf.

Mit dieser Verschiebung ging auch eine veränderte Sicht auf den Konsumenten einher. Dieser brauchte nun weit weniger Eigeninitiative als zuvor aufzubringen und galt als Kunde, dem der Einkauf im Weltladen insbesondere durch zwei Maßnahmen erleichtert werden sollte: die Spezialisierung der Weltläden als »Fachgeschäfte des fairen Handels« sowie ein besserer Wiedererkennungswert durch ein einheitliches Corporate Design der Weltläden, die 1998 im neugegründeten Dachverband Mitglieder waren. Die Weltläden sollten attraktiver werden für unpolitische sowie für lebensstilpolitische Konsumenten. So konstatierten Göttinger Weltladenmitarbeiter in ihrem Statement zur Handelsausweitung die Möglichkeiten, die mit einem Einkauf im Weltladen einhergingen, da »für die meisten Menschen hier der Einkauf im Weltladen eine Frage des Lebensstils [ist]. Sei es, um das KonsumentInnen-Gewissen zu erleichtern, oder um kleine Dinge mit einem Hauch von anderer Kultur zu erstehen.«[79] Es wurde also offen reflektiert, dass Weltläden Lebensstilpolitik anboten.

Neben den ökonomischen Sachzwängen gab es auch inhaltliche Zwänge, die die Arbeit der Weltladengruppen erschwerten. Vor allem war transparentes Wissen über die neuen Labels nötig, die seit der Handelsausweitung des fairen Handels präsent waren. El Puente als größte Alternative zur GEPA sah diese Hürde kritisch.[80] Demnach sei die Teilnahme an der Modeerscheinung öko-fairer Labels vor dem Hintergrund der EG-Öko-Verordnung nur dort politisch sinnvoll, wo die Labels tatsächlich bei der Herstellung von Vertrauen zu einem Produzenten notwendig seien. Dies sei aber auch nach der Handelsausweitung des fairen Handels in Weltläden weitgehend überflüssig, da die Weltladengruppen mit ihrer Expertise dieses Vertrauen glaubwürdig vermitteln könnten. Labels seien demnach unnötig. Diesem Argument wohnte auch Kritik an abnehmenden Partizipationsmöglichkeiten für Ladner inne. Weltladenmitarbeiter konnten beim Verkauf von Label-Produkten weniger Aufklärungsarbeit leisten, da das Label vermeintlich vertrauenswürdig war. Insofern waren nicht die Orte Weltladen und Supermärkte Konkurrenten, sondern vielmehr Weltladenmitarbeiter und Fair-Trade-Labels. Der Zugang zum Entwurf der Labels war jedoch für Laien ausgeschlossen.

---

78   Vgl. Jänicke, Ekkehard: Ein Diskussionspapier wirft Fragen auf. In: Weltläden aktuell, Heft 57/1994, S. 8–11, hier S. 10f.

79   Weltladen Göttingen, Diskussionsbeitrag, S. 13.

80   Vgl. Moritz, Martin: biofairsiegelt. In: Weltläden aktuell, Heft 56/1994, S. 10; vgl. zur allgemeinen Position von El Puente gegenüber den Weltläden ders.: El Puente. In: Weltläden aktuell, Heft 64/1996, S. 9–11.

Aus Sicht der GEPA-Gesellschaftervertretung waren solche Gedanken ökonomisch nicht angemessen. Eine Beteiligung von Laien beim fairen Handel war nicht mehr möglich. Weltladengruppen fehlten demnach die Fachkenntnisse, um die Bilanzen und die Entscheidungsstrukturen in der GEPA nachvollziehen zu können, die 1996 bereits eine dreistellige Zahl von Mitarbeitern hauptberuflich beschäftigte.[81] Mitbestimmungsmöglichkeiten seien bei dieser Betriebsgröße nicht in einem Kollektiv möglich.[82]

Weltladengruppen waren angesichts dieser Entwicklungen darum bemüht, mit öffentlichen Bildungsangeboten den Eindruck von Transparenz zu vermitteln. Konsumenten konnten seit den späten 1990er Jahren Bildungsangebote wahrnehmen, die in Form von professionell geplanten Seminaren und Vorträgen von Seiten der GEPA sowie des Weltladen-Dachverbands angeboten wurden. Beispielhaft dafür waren die Weltladen-Aktionstage zur Kampagne »Land Macht Satt« des europäischen Weltladennetzwerks, das die Verhandlungen und die globalisierungskritischen Proteste zur Tagung der Welthandelsorganisation in Seattle 1999 kritisch begleitete.[83] Die Ausrichter der Weltladentage richteten sich an eine breite Öffentlichkeit und erhielten weitgehend positive Presse, was auch das Ergebnis einer einheitlichen Planung und Herausgabe von Pressereadern und Unterrichtsmaterialien gewesen sein dürfte, die zudem weitgehend moralisch und entideologisiert argumentierten. Dementsprechend waren in der Rezeption der Weltladentage Topoi wie Fairness und Gerechtigkeit dominant, während die stärker politisch belastete Solidarität kaum noch Beachtung fand.

Im Zusammenhang mit der Professionalisierung bestand aus Sicht der bewegungsnahen Weltläden die Gefahr einer Entpolitisierung des gesamten fairen Handels.[84] So seien die Endverbraucher beim Einkauf von Label-Produkten von der entwicklungspolitischen Meinungsbildung ausgeschlossen. Auch bestehe die Gefahr fehlender Mitbestimmung: So sei es für die AG3WL mit weniger als drei Prozent gehaltener Kapitalanteile unmöglich, effektiv den Kurs der GEPA GmbH mitzubestimmen. Die GEPA sei zudem mehr als zehnmal größer als El Puente als größter solidarischer Importeur. Effektiv sei die GEPA also nicht nur Importeur, sondern im fairen Handel ein Monopolist, ohne den eine eigenständige entwicklungspolitische Arbeit der Weltläden ausgeschlossen sei. Aus dieser Lage könne wiederum nur eine Rückbesinnung auf die politische Bildungsarbeit der Ladengruppen heraushelfen. Diese sollte unabhängig vom Einkauf erfolgen.

Weitere erfolgreiche Öffentlichkeitsarbeit konnten der Weltladen-Dachverband, aber auch unabhängige Weltläden vor allem auf kommunaler Ebene erreichen. Die schon vorhandene Weltladenstruktur wurde zum Ende der 1990er Jahre im Rahmen

---

81   Vgl. Schneider, Heinz-Peter: GEPA – (k)ein Mitbestimmungsmodell!? Anmerkungen zur Kritik des Heidelberger Weltladens an der GEPA in »weltläden aktuell« Nr. 61, in: Weltläden aktuell, Heft 63/1996, S. 30f.

82   Vgl. dazu auch Möckel, »Ökonomische Eigenlogiken«, S. 361f.

83   Vgl. Weltladen-Dachverband: Land Macht Satt. Eine Kampagne der europäischen Weltläden, Nierstein 1999.

84   Vgl. Weltladen Heidelberg: Brief an GEPA vom 20.09.1995. Zit. in: Weltläden aktuell, Heft 61/1995, S. 13f.; auch Weltladengruppe Bonn: Stellungnahme zu GEPA-Geschäftspolitik: Kaffee im Universalpack, Kakao und Schokolade TransFair-gesiegelt in den Lebensmitteleinzelhandel, in: Weltläden aktuell, Heft 64/1996, S. 19f.; Baeumle, Peter: Ausstieg aus der GEPA? Zum LeserInnenbrief des Dritte-Welt-Ladens Heidelberg, in: Weltläden aktuell, Heft 64/1996, S. 20f.

der Kampagnen zur Agenda 21 zunehmend von öffentlichen Trägern als Kooperationspartner wahrgenommen. Fairer Kaffee für Stadtverwaltungen erhielt von Seiten der Weltläden weitgehend positive Resonanz.[85] Diese Kampagnen setzten kommunale Verwaltungen an die Stelle des Konsumenten. Daraus folgte ein für beide Seiten lohnender Tausch: Während die Weltläden planbare Umsätze generierten, konnten Städte und Kommunen nun den fairen Handel als identitätsstiftendes Element präsentieren und damit vermeintlich den ökonomischen Aspekt nachhaltiger Entwicklung erfüllen. Der Konsument wurde damit eines Teils seiner Aufgaben entledigt: Indem öffentliche Träger als entwicklungspolitische Konsumenten auftraten, war die Aufgabe des Agenda-Settings für den Endverbraucher erheblich abgeschwächt. GEPA, TransFair und die Weltläden konnten sich als weitgehend unhinterfragte Experten etablieren.

Die Gründung des Weltladen-Dachverbands 1998 war nicht zuletzt ein Zugeständnis an die veränderten Marktbedingungen. Zum einen wurde damit eine umständliche Doppelstruktur von Regionalsprecherkonferenz und AG-Vorstand beseitigt und zum anderen die Außendarstellung mit einheitlichem Corporate Design angepasst. Gerade bei der Außendarstellung offensichtlich wurde auch eine steigende Ungleichheit zwischen Weltladengruppen mit einer Mitgliedschaft im Weltladendachverband und den anderen, die in vielen Fällen den Mitgliedsbeitrag nicht aufbringen konnten oder wollten. In diesem Sinne ist die Gründung des Weltladendachverbands 1998 auch nicht als historischer Endpunkt einer Entwicklung zu lesen.[86] Die hier skizzierte Entwicklung fand auch über die Jahrtausendwende hinaus statt. Darüber hinaus fehlt schließlich bis zur Gegenwart häufig in solchen Weltladengruppen engagierter Nachwuchs, die historisch in oft kleinen Orten aus einer kirchlichen Aktionsgruppe hervorgegangen waren.

4.2.1.3 Exkurs: Ein alternativer Ansatz

Angesichts der diagnostizierten ökonomischen Sachzwänge liegt die Frage nahe, inwieweit nach 1990 überhaupt noch ein Alternativmodell zum Labelmodell bei TransFair möglich war. Engagement zur außenhandelspolitischen Meinungsbildung war hier eine Möglichkeit, die über die Auseinandersetzung mit dem Konsumenten hinausging. Das Beispiel BanaFair soll zur Veranschaulichung dienen, wie den erwähnten ökonomischen Sachzwängen durchaus anders begegnet werden konnte als beim Beispiel TransFair.

Dass mit der stetigen Erweiterung der inhaltlichen Argumente zur Begründung von ökologisch-sozialer Verantwortung die Verkürzung der entwicklungspolitischen kritischen Analyse einherging, zeigte sich im Laufe der 1990er Jahre am Beispiel fair gehandelter Bananen. Diese wurden vonseiten mehrerer Akteure angesichts der EG-Regelungen politisch aufgeladen, während TransFair erst ab 1998 ihr Label für Bananen öffnete. Der Schwerpunkt lag jedoch nicht wie bei der Bananenkampagne der späten 1980er Jahre auf einem Protest gegen die EG-Marktbeschränkungen, sondern auf dem leichter

85 Vgl. Sollbach, Markus: Schein und Sein. Die Lokale Agenda und ihr Kaffee, in: Weltläden aktuell, Heft 76/2000, S. 4f.; Albuschkat, Christoph/Nitschke, Ulrich: Weltläden als Einfallstor zur nachhaltigen Wirtschaft?! In: Weltläden aktuell, Heft 76/2000, S. 8–10.

86 Vgl. zu den im Kern gleichbleibenden Inhalten der Professionalisierungsbemühungen nach 1998 Frieauff, Markus: Vision 2003. Perspektiven für die Weltladen-Bewegung, in: Weltläden aktuell, Heft 73/1999, S. 5f.

verständlichen, ökologischen Aspekt. Das für Laien nur schwer verständliche handelspolitische Geflecht aus Zollschranken und Privilegien erschien dagegen unattraktiv für eine Werbekampagne.[87]

Nach seiner Gründung übernahm der hessische Importeur von Bananen aus Nicaragua, BanaFair, 1989 den Großteil der Öffentlichkeitsarbeit zur politischen Bedeutung der Nicaragua-Bananen. Bereits festgestellt wurde beim Vergleich zu den Kaffeegruppen die völlig andere Rezeption der Sandinisten-Abwahl 1990, auf die BanaFair mit einer Neuorientierung reagierte. Zwei Elemente traten nun in den Vordergrund: zum einen die Öffentlichkeitsarbeit gegenüber der gemeinsamen Marktordnung für Bananen (GMO) der EG ab 1993 sowie zum anderen die unmittelbare Verknüpfung von gerechten Preisen mit der Möglichkeit zur Einhaltung ökologischer Standards.

Beim Produkt Kaffee fielen die ideologischen Spannungen extremer aus aufgrund der meist engeren emotionalen Verbindung zur Sandino-Utopie und dem Zugang für kommerzielle Anbieter zu TransFair-Labels. BanaFair hatte mit den eigenen politischen Erwartungen zum fairen Handel weniger zu kämpfen. Der Zielhorizont von BanaFair als Importgruppe deckte sich weitgehend mit dem der GEPA.[88] Einziger großer Unterschied war der Blick auf die Vertragspartner. Zwar wandten sich beide Organisationen mit ihrem Förderungsmodell an Betriebe kleiner oder mittlerer Größe, jedoch lehnte BanaFair die Arbeit mit den Marktführern, Chiquita und Dole, expressis verbis ab. Fairer Handel mit »Bananen-Multis ist nicht vorstellbar. Das ist sicher eine ideologische Position, aber deswegen nicht falsch«[89].

Mit anderen Worten war BanaFair um einen Kompromiss bemüht, der sich für den Konsumenten nicht vom fairen Kaffee-Handel unterscheiden sollte, der aber Kooperationen mit Großkonzernen nach einem Labelling-Modell wie bei TransFair ausschließen sollte. Dies geschah vor einem produktspezifischen Kontext, der außenhandelspolitisch stark vorgeformt war. Die GMO 1993 wurde in entwicklungspolitischen Alternativmedien globalisierungskritisch rezipiert:[90] Nicht die GMO sei demnach das Hauptproblem, sondern die Importkontingentierung der EU, der sie unterlag. So benachteilige die GMO die Anbieter aus Mittel- und Südamerika gegenüber europäischen Anbauern, was zu noch mehr Kostendruck und damit sozialen und ökologischen Folgeschäden führe.

Darüber hinaus seien zwar die Anbieter aus den AKP-Staaten dank der Abkommen seit den späten 1970er Jahren in einer besseren Situation, könnten aber dennoch nicht ökologisch und sozial nachhaltig arbeiten. Das Institut Weltwirtschaft & Entwicklung schlug daher vor, die GMO nach sozial-ökologischen Kriterien umzugestalten und etwa den Einsatz ökologisch bedenklicher Dünger mit Sonderzöllen zu belegen sowie ein einheitliches europäisches Labelling-System einzuführen. Letzteres wurde gleichwohl

---

87   Vgl. N.N.: Jetzt auf dem Markt: Bananen mit dem TransFair-Siegel. In: Welt & Handel, Heft 7/1998, S. 3.

88   Vgl. Pfeifer, Rudi: Alltagshandeln ist politisches Handeln. In: BanaFair-Info, Heft 11/1998, S. 3–5.

89   Pfeifer, Alltagshandeln, S. 5.

90   Vgl. Scharlowski, Boris: Bananen ausgerechnet. Bilanz nach einem Jahr Bananenmarktordnung, in: Blätter des iz3w, Heft 202/1994, S. 8–11; ders./Pfeifer, Rudi: Banane apart. In: Lateinamerika Nachrichten, Heft 245/1994, S. 24–30; Morazan, Pedro: Reform des EU-Bananenregimes: Fair Trade statt Liberalisierung, in: Informationsbrief Weltwirtschaft & Entwicklung, Heft 2/1995, S. 4.

nicht weiterverfolgt, was vor allem mit dem schon etablierten privaten Labelling-System zu erklären ist, das in der Folgezeit auch auf Bananen ausgeweitet wurde.

BanaFair gründete 1995 zur Koordinierung der GMO-Kritik die »Bananenkampagne«, die auch von mehreren umwelt- und entwicklungspolitischen sowie kirchlichen Gruppen getragen wurde. Kern der Kampagne war gegenüber den Konsumenten zunächst jedoch nicht die Frage nach einem Labelling-System, sondern die Einbeziehung von Verbrauchern auf EU-Ebene durch eine Unterschriftenaktion.[91] Diese war an den EU-Landwirtschaftskommissar Franz Fischler gerichtet und forderte eine entwicklungspolitische Reform der GMO, die im Wesentlichen die Forderungen der entwicklungspolitischen NGOs beinhalten sollte. Da Kleinbauern »keine Lobby in Brüssel«[92] hätten, seien kritische Verbraucher gefragt, um die EU-Kommission von nachhaltigem – hier: im Sinne eines ökologisch verträglichen – und fairem Handel zu überzeugen, der durch Positivanreize hergestellt werden solle. Die Postkartenaktion selbst war vergleichsweise öffentlichkeitswirksam mit insgesamt 150.000 Beteiligungen aus mehreren EU-Ländern.[93]

Auch weil keine grundlegende Reform der GMO erfolgte, ist der Blick auf die Gründung und die Öffentlichkeitsarbeit der Bananenkampagne kritisch zu interpretieren. Der gewählte Partizipationsansatz zur Kampagne gegen den Zustand der GMO hatte nichts mehr mit dem solidarischen Ansatz der späten 1980er Jahre gemein. Er ist vielmehr das Ergebnis einer professionalisierten NGO-Arbeit. Das Ziel war nun, Druck auf die entwicklungs- und außenhandelspolitische Meinungsbildung auszuüben. Neben der Arbeit mit Postkarten von Verbrauchern bemühten sich die Vertreter der Kampagne um den Kontakt zu Bundestagsabgeordneten sowie um eine enge Vernetzung mit Misereor und der Heinrich-Böll-Stiftung. Der Kauf von BanaFair-Bananen als finanzielle Hilfestellung bzw. de-facto-Spende war nur noch in zweiter Linie interessant hinter der eigentlichen Lobbyarbeit. BanaFair folgte also dem Ansatz der kirchlichen Trägerorganisationen der GEPA, stellte die politische Meinungsbildung jedoch stärker in den Vordergrund.

Die zugrundeliegende strukturelle Problematik, deren deutlichstes Symptom die angebotsseitige Dominanz von Konzernen wie Chiquita und Dole trotz des erschwerten Zugangs zum europäischen Markt war, stand dagegen nicht im Vordergrund. Bis zur Jahrtausendwende bemühte sich BanaFair um weitere Öffentlichkeitsarbeit, ohne dass jedoch eine ökologisch-soziale Reform der GMO in Angriff genommen worden wäre. So veröffentlichten BanaFair und die Bananenkampagne unregelmäßig eigene Periodika, die sich anhand von Einzelbeispielen mit den Forderungen auseinandersetzten und BanaFair beteiligte sich am europäischen NGO-Netzwerk »EUROBAN«. Anders als zu Beginn der Arbeit mit dem Fokus auf die Sandino-Solidarität hatte die weitere Arbeit mit Bananen keinen festen räumlichen Bezug. Insbesondere die ökologischen Herstellungskosten, nicht aber die der Vertriebskette, fielen dabei ins Gewicht. Dabei übernah-

---

91   Vgl. Bananenkampagne: Eine faire Chance für fairen Handel. Die Kampagne zur Reform der EU-Bananenmarktordnung, in: Misereor aktuell, Heft 6/1995 (Beilage).

92   Ebd.

93   Vgl. Burkert, Bettina/Hirsch, Thomas: Bananen-Kampagne: 150.000 Postkarten für den EU-Agrarkommissar, in: BanaFair-Info, Heft 7/1996, S. 3f.

men BanaFair und die Bananenkampagne auch die Fehlstellen der Rio-Nachhaltigkeit. So zeigte BanaFair keine Reflexionen über mögliche Widersprüche zwischen entwicklungstheoretischen und ökologischen Zielen, die, wie sich spätestens bei den Rio-Verhandlungen über den Schutz von Wäldern gezeigt hatte, gerade von AKP-Staaten sehr wohl zur Kenntnis genommen worden waren.[94]

Der Vernachlässigung eines konkreten Nachhaltigkeits-Begriffs stand bei BanaFair die moralisch-politische Aufladung des Bananenkaufs gegenüber. Dabei übernahm die Gruppe die weitgehend unpolitische Emotionalisierung des Kaufs durch seine Verknüpfung mit dem Schicksal einzelner Fincas vom fairen Kaffeehandel und ergänzte sie mit einer unmittelbar politischen Forderung der GMO-Reform. Obwohl die Bananenkampagne keine Vorschläge zur rechtlich einwandfreien Umsetzung von ökologisch-sozialen Handelsbarrieren machte, ging bereits mit dem Hinweis auf eine konkrete politische Agenda der Eindruck einer Spende in der Öffentlichkeitsarbeit deutlich zurück, der sich insbesondere beim Kaffee durch die möglichst exakte Berechnung von Aufpreisen und Auszahlungen an Bauern auszeichnete.

Darüber hinaus setzte BanaFair in der Regel die Begriffe »fairer« und »alternativer« Handel synonym. Letzterer wurde meist genutzt zur Betonung der Traditionslinie der Nicaragua-Solidarität. Der faire Handel und kritische Verbraucher könnten diese Traditionslinie fortsetzen, indem etwa BanaFair-Produkte aus Costa Rica verkauft würden anstelle der mittlerweile wieder von nordamerikanischen Konzernen dominierten nicaraguanischen Produktion.[95]

Weltladenmitglieder, die einen Unterschied zwischen unpolitisch-fairen und politisch-alternativen Bananen betonten, wobei letztere mit dem BanaFair-Label ausschließlich in Weltläden erhältlich sein sollten, waren im Laufe der 1990er Jahre eine Ausnahme.[96] Weltläden als Orte politischen Konsums sollten aus Sicht von BanaFair dennoch weniger anfällig für Techniken wie Pseudo-Bio-Labels sein, wie sie etwa Chiquita ab 1996 vorgeworfen wurden.[97] Ambivalent blieb dabei das Verhältnis zwischen BanaFair und dem restlichen fairen Handel, insbesondere TransFair im Kontext ihrer Produktausweitung auf Bananen 1996. BanaFair vermied dabei eine direkte Konfrontation, obwohl die Frage einer Zusammenarbeit mit Großkonzernen eine grundlegende ideologische Gegnerschaft hätte erwarten lassen.

Im Vergleich zu den solidarischen Kaffeegruppen lässt sich dennoch ein grundlegender Unterschied im Umgang mit dem Ende der Nicaragua-Utopie erkennen. Der Verlust des Ortes bzw. des Partners führte bei Solidaritätsgruppen dazu, dass nach 1990 die

---

94   Die Fehlstellen bei der Verwendung eines eigenen Nachhaltigkeits-Begriffs war der Bananenkampagne gleichwohl bewusst und Gegenstand einer eigenen Seminarreihe 1997/98. Eine wahrnehmbare Änderung bei der Verwendung des Begriffs lässt sich jedoch in der Folgezeit nicht feststellen.

95   Vgl. N.N.: Alles Banane?! Alternativer Handel konkret, in: Die Kampagnen-Aktionszeitung, Heft 2/1995, o.S.

96   Vgl. beispielhaft Diehl, Marion: Forum Banane IV: Anmerkungen einer Teilnehmerin, in: BanaFair-Info, Heft 10/1997, S. 11.

97   Konkret ging es in diesem Fall um ein ambitioniertes Bio-Siegel ECO-OK in Zusammenarbeit mit Rainforest Alliance, das jedoch aufgrund der weitgehend fehlenden sozialen Dimension dennoch von BanaFair als reine Marketing-Maßnahme abgelehnt wurde, vgl. Scharlowski, Boris: Alles Öko – alles O.K.? In: BanaFair-Info, Heft 7/1996, S. 9.

Kleinbauern in den Vordergrund rückten. Solidarität war nun mit der Peripherie im Sinne der Dependenztheorie zu üben. Während aber die Kaffeegruppen mehrheitlich eine nostalgische Verklärung Nicaraguas verteidigten, wurde die GMO-Problematik zu einem Trigger für die Neuorientierung bei BanaFair hin zur professionellen Lobbyarbeit. Professionalisierung bedeutete für sich genommen weder einen Bedeutungsverlust des Konsumenten noch eine Entpolitisierung des Konsums. Schließlich sollte der Konsument die Anliegen und die finanzielle Ausstattung BanaFairs unterstützen.

Der Konsumentenbürger hatte geringere Chancen zur Einflussnahme auf die im Wesentlichen bereits im Vorhinein geplanten Kampagnen als noch zum Ende der 1980er Jahre. Mögliche Fehlstellen bei der Legitimierung einer Verschiebung der Gestaltungsmöglichkeiten bei Kampagnen vom Konsumenten hin zu besser organisierten Akteursgruppen wurden dabei nicht diskutiert. Darüber hinaus bemühte sich BanaFair um einen Ausbau der eigenen Aufklärungsarbeit, um der Wahrnehmung von Entpolitisierung des Konsums entgegenzuwirken. Die Professionalisierung, die im Bereich der entwicklungspolitischen Aktionsgruppen kontrovers diskutiert wurde, war nicht wegen der Partizipation, sondern wegen der steigenden Ungleichheit bei den Chancen zur Mitgestaltung vermeintlich problematisch.

4.2.2 Etablierung des Öko-Konsums

Nachdem das Interesse an ökologischen Produkten um 1990 in allen Produktbereichen zugenommen hatte, lassen sich für die letzten Jahre des 20. Jahrhunderts einige Trends feststellen. Erstens bewirkten die staatlichen und europäischen Richtlinien zur Definition von »Bio«-Produkten einen noch stärkeren Drang zur Institutionalisierung, die von den Akteuren verfolgt wurde. Zweitens waren die Grünen bzw. ab 1993 Bündnis 90/ Die Grünen seit der Mitte der 1980er Jahre zunehmend am politischen Konsum interessiert. Die Partei und ihre Fraktionen sind daher als eigenständiger Akteur, aber auch als Interessenvertretung für den ökologischen Handel zu sehen. Drittens schließlich lässt sich, ähnlich wie beim fairen Handel, eine steigende Tendenz zu professionellen Verkaufsstrukturen feststellen, die zu Lasten der bewegungsnahen Lebensmittelkooperativen ging.

In diesem Teilkapitel werden die ökologischen Akteure vor diesem Hintergrund untersucht. Ergänzend zur nachhaltigen Entwicklung als Kontext ist bei ökologischen Fragen die BSE-Krise 2000/01 ausschlaggebend. Dabei wurden gesundheitliche und landwirtschaftspolitische Aspekte lebensstilpolitisch gemeinsam gedacht.

4.2.2.1 Alte und neue staatliche Umweltzeichen

Die vermehrten Anfragen zur Nutzung des Umweltzeichens zum Ende der 1980er Jahre belegen seine steigende Bekanntheit. Einige Anfragen haben auch zum Ausdruck gebracht, welche Schwächen hinter der Vergabe des Blauen Engels auch nach einem Jahrzehnt verblieben: Die Abstraktheit des Begriffs Umweltfreundlichkeit ließ sich anhand der einzeln ausgezeichneten Produkte und der Vergaberichtlinien veranschaulichen. Allerdings fiel es den Trägerinnen und insbesondere dem UBA anfangs schwer, die Vergabe in eine politische Agenda zu fassen. Nicht zuletzt dürfte dies an den mangelnden Bemühungen zur Implementierung des Umweltprogramms von 1971 gelegen haben. Die

Fortschritte der international koordinierten Umweltpolitik und der Gipfel von Rio 1992 gaben Vorlagen, um diese Lücke zum Ende des 20. Jahrhunderts zu füllen.

Darüber hinaus ist in diesem Abschnitt das Engagement der Bündnisgrünen bei der Entwicklung des staatlichen Bio-Labels zu beachten. Vorangetrieben wurde es im Kontext des BSE-Skandals 2000/01 im Zug der Übernahme des Bundeslandwirtschaftsministeriums durch Bündnis 90/Die Grünen. Bemerkenswert ist daran die konstruktive Mitarbeit der etablierten ökologischen Anbauverbände.

Der Blaue Engel als Werkzeug nachhaltiger Entwicklung

Das Umweltbundesamt nahm die Ziele der Agenda 21 zum Anlass, die eigene Öffentlichkeitsarbeit zu überprüfen. Um deren Effekte zu messen, war zunächst eine fundierte Analyse zum Wissen und zum Verhalten von Konsumenten notwendig. Fachreferent Harald Neitzel legte dazu 1994 eine eigene Studie vor.[98] Grundsätzlich ging es dem UBA zu diesem Zeitpunkt nicht darum, neue Erwartungen zu setzen oder einen strikt politisch denkenden Konsumstil einzufordern. Wesentliche Vorabannahme war für Neitzel die Pluralität von Konsumstilen:

> »Unter Hinweis auf die vielen Einzelbeispiele (...) wird die häufig unterstellte Bedeutung eines »Wertewandels« im [Ü]brigen bezweifelt. Dies erfolgt umso mehr, als der »Pluralismus von Werthaltungen« oder auch eine »Gesellschaft der Lebensstile« nicht nur für die Gesamtgesellschaft gilt, sondern sich ein »Patchwork an Lebensstilen« mittlerweile auch bei den einzelnen Menschen selbst immer mehr durchsetzt, d.h. ein »begeisterter« Autofahrer wird zwar sein Verkehrsverhalten nicht umweltorientiert ändern, er kann jedoch für eine getrennte Müllsammlung und andere Handlungsbereiche gewonnen werden.«[99]

Dementsprechend lehnt der Autor eine Unterscheidung von Materialisten und Postmaterialisten als Konsumentenkategorien ab. Auch plädiert er für eine stets lebensstilpolitische Konsumentenarbeit. So könnte ein ökologisch angepasster Lebensstil, wie er in der Agenda 21 beschrieben wird, am ehesten durch die Wahrnehmung unmittelbarer Vorteile für den einzelnen Konsumenten verwirklicht werden, während der Aufruf zum Konsumverzicht nicht mehrheitsfähig erscheine.[100] Neben dem Umweltbewusstsein und der zur Verfügung stehenden Information macht die Studie schließlich die jeweilige Infrastruktur als einen Faktor aus, der über das Umweltverhalten entscheide. Beispielsweise konnte die AGÖL anfangs kein flächendeckendes professionelles Vertriebsnetz anbieten, was die ständige Verfügbarkeit von Bio-Produkten erschwerte.

Vor diesem Hintergrund erschien nachhaltige Entwicklung als Leitbegriff, der Konsumenten nicht unmittelbar einsichtig ist, sondern der auf Werkzeuge zur Umsetzung angewiesen sei. Das Umweltbundesamt positionierte den Blauen Engel in der Folgezeit

---

98   Vgl. Neitzel, Harald: Das Umweltverhalten der Verbraucher – Daten und Tendenzen. Empirische Grundlagen zur Konzipierung von »Sustainable Consumption Patterns«, Elemente einer »Ökobilanz Haushalte« (Texte, Bd. 75/94), Berlin 1994.

99   Neitzel, Umweltverhalten der Verbraucher, S. 2.

100   Vgl. Neitzel, Umweltverhalten der Verbraucher, S. 54f.

als Instrument zur nachhaltigen Entwicklung. In einer Broschüre zum Label aus dem Jahr 1997 heißt es dazu, dass individuelles Engagement gefragt sei:

>»Dieses bedeutet auch für Deutschland, dass sich alle Lebensbereiche künftig einem Wandel werden unterziehen müssen: Von der Produktion zum Konsum, von der Arbeitswelt bis zur Freizeitgestaltung, von der Ausbildung bis zum Ruhestand. Die Bundesregierung hat schon früh die Notwendigkeit zu einer solchen nachhaltigen Entwicklung auch im Konsumbereich erkannt. Mit der von ihr seit Jahren geförderten »Aktion Umweltzeichen« (...) werden bereits seit langem die Möglichkeiten der Verbraucher für ein umweltbewusstes, auf den Erhalt der Umwelt ausgerichtetes Konsumverhalten verbessert.«[101]

Das Umweltzeichen diente als Einstieg auf dem Weg zum wünschenswerten nachhaltigen Konsumstil. Es richtete sich also nach wie vor nicht an Vorgebildete, sondern wurde weiterhin für Konsumenten und Produzenten gleichermaßen als niedrigschwelliges Angebot konzipiert. Die Broschüre zum Blauen Engel verwies gesondert auf die Regionalisierung der Nahrungsmittelversorgung als Dimension des Konsumentenverhaltens: »Einige Mitbürger fragen nicht nur, sondern handeln. Sie bevorzugen Erzeugnisse von Bauern im Umland oder aus heimischen Fabriken, Gartenbauunternehmen u.a. Ein dynamischer Prozess, der allen nutzt«[102], was dem Konsumenten auch ein »gutes Gefühl«[103] verschaffe, da er das Richtige getan habe. Die Partizipation dieses lebensstilpolitischen Konsumenten stand unter der Überschrift »Global denken – lokal handeln«[104] der Agenda 21. Während zwar die Jury Umweltzeichen nicht die Regionalisierung als Vergabekriterium für den Blauen Engel übernahm, bemühte sich das UBA hier um eine Setzung von Anreizen.[105]

Auch nahm die Kommunikation des UBA mit den Trägerinnen des fairen Handels und des ökologischen Landbaus zu. Das UBA lud in diesem Zusammenhang nach seinem Umzug 1996 Vertreter des ökologischen und des fairen Handels zu einem Austausch von IFOAM, TransFair, GEPA und Umweltverbänden.[106] Demnach sei gerade die Verknüpfung von Handel und Ökologie unabdingbar, »wenn man nachhaltiger Entwicklung dienen will«[107]. Diese Zielsetzung deckte schließlich eine wichtige Eigenschaft des nachhaltigen Konsums ab. Er sollte bei einem Einkauf mehrere Ziele zugleich verfolgen. Die Berücksichtigung sozialer Probleme beim Kauf von Bio-Produkten und die Wertschät-

---

101 UBA Fachgebiet Umweltaufklärung: Im Zeichen der Zeit – umweltbewusster Konsum für eine nachhaltige Entwicklung. O.O. o.J. [Berlin 1997], hier S. 3.

102 UBA Fachgebiet Umweltaufklärung, Im Zeichen der Zeit, hier S. 8.

103 Ebd.

104 Ebd.

105 Vgl. etwa die Konzeption von Lokale-Agenda-Projekten als Subpolitik im Sinne Ulrich Becks bei Haan, Gerhard de/Kuckartz, Udo/Rheingans-Heintze, Anke: Bürgerbeteiligung in Lokale Agenda 21-Initiativen. Analysen zu Kommunikations- und Organisationsformen (hg. vom Umweltbundesamt), Opladen 2000, hier S. 15.

106 Vgl. Fusenig, Werner: Fair Trade als Beitrag zu nachhaltiger Entwicklung. In: Forum Umwelt & Entwicklung, Heft 4/1996, S. 11.

107 Ebd.

zung von Bio-Qualität im fairen Handel sollten durch vermehrte gemeinsame Aktionen unterstützt werden.

Nicht zuletzt war diese Entwicklung auch durch eine strukturelle Änderung bedingt. Als 1994 das Institut für Wasser-, Boden- und Lufthygiene (WaBoLu) in das UBA integriert wurde, gewann das UBA in kurzer Zeit neue fachliche Expertise hinzu. Das Wa-BoLu war mit seiner naturwissenschaftlichen Ausrichtung nicht spezifisch mit Fragen des Konsumentenverhaltens beschäftigt gewesen, während das UBA die hinzugewonnene Kompetenz nun für eine breitere politische Positionierung nutzen konnte. So war die Umweltbelastung durch Düngemittel traditionell ein Forschungsfeld des WaBoLu gewesen, aus deren Erkenntnissen sich aus Sicht des UBA die Notwendigkeit einer stärkeren staatlichen Förderung des ökologischen Landbaues ergab.[108]

Darüber hinaus setzte sich in den 1990er Jahren der Trend der späten 1980er Jahre fort, das Umweltzeichen nicht nur als sichtbares Zeichen für den Konsumenten zu gestalten, sondern hinsichtlich der Verwendungsbereiche stärker aufzugliedern.[109] Dies betraf vor allem das individuelle Verhalten bei der Gartenarbeit mit Pflanzenschutzmitteln, beim umweltschonenden Verhalten im Verkehr sowie bei Freizeitbeschäftigungen und im Urlaub. Dabei kombinierte das UBA in seiner Öffentlichkeitsarbeit den Blauen Engel mit Hinweisen, die sich nicht auf den Konsum bezogen. Als Pflanzenschutzmittel etwa galten im UBA-Ratgeber in erster Linie Extrakte aus nützlichen Pflanzen.[110] Ähnliches gilt für den Verkehr: Die mit Umweltzeichen ausgestatteten Mittel wie schadstoffarme Busse oder lärmarme Mopeds wurden hier erst nach dem Fahrrad vorgestellt.[111] Eine Urlaubsreise war gleichwohl kein Teil des Umweltzeichens: Als »ökologische Reise«[112] bezeichnete das UBA sowohl die Beachtung soziokultureller Eigenheiten bei Fernreisen als auch den Schutz des Naturraums, der auch bei Naherholungszielen zu beachten sei.

Die umweltfreundliche Beschaffung als Leitbild des öffentlichen Beschaffungswesens erwies sich bei Papier und Büromaterialien als erfolgreiche Strategie. Eine neue Herausforderung stellte hier der Abfall dar. Während das Recycling von Büropapier und die Nutzung von Recyclingpapier mit Umweltzeichen sich bereits als niedrigschwellige Maßnahmen durchgesetzt hatten, kam mit der Verbreitung von Computern in Büros eine bislang unbekannte Schwierigkeit auf. Da die Marktfreundlichkeit der eigenen Empfehlungen nach wie vor das ausschlaggebende Argument darstellte, sprachen sich UBA und Umweltzeichen nicht gegen eine massenhafte Einführung von Computern in Büros aus. Diese enthielten jedoch neben wertvollen Rohstoffen auch potentiell gefährliche Stoffe wie Brom als Flammschutzmittel. Beim Kauf sollten sowohl öffentliche Beschaffer

---

108   Vgl. UBA (Hg.): Stoffliche Belastung der Gewässer durch die Landwirtschaft und Maßnahmen zu ihrer Verringerung. Berlin 1994.

109   Stand 1990 gab es bereits 58 Vergaberichtlinien, vgl. RAL Deutsches Institut für Gütesicherung und Kennzeichnung (Hg.): Umweltzeichen. Produktanforderungen, Zeichenanwender und Produkte, Bonn 1990.

110   Vgl. Möcker, Volkhard/Tänzer, Dietmar: Umweltbewusst Leben. Handbuch für den umweltbewussten Haushalt (hg. vom Umweltbundesamt), Berlin 1995., hier S. 289–294.

111   Vgl. Möcker/Tänzer., Umweltbewusst Leben, S. 303–321.

112   Möcker/Tänzer, Umweltbewusst Leben, S. 362.

als auch private Verbraucher auf den Kooperationswillen des Herstellers bzw. Verkäufers achten, alte Computer zurückzunehmen.[113]

Die Grünen und das staatliche Biolabel

Die möglichen Verknüpfungen von Konsum und ökologischer Verantwortung wurden bereits von den Gründungsgrünen 1980 erkannt. Im Lauf der 1980er Jahre tat sich auf bundespolitischer Ebene besonders die Bundestagsfraktion bei diesem Thema hervor. Um zu verstehen, warum lediglich die Bündnisgrünen der 1990er Jahre als einziger parteipolitischer Akteur an dieser Stelle näher beleuchtet werden, sind daher zwei Fragen zu stellen: Wie wurden Bündnis 90/Die Grünen zu einem aktiven Gestalter ökologischer Konsumfragen und in welchem politischen Kontext geschah dies?

Nach der verlorenen Bundestagswahl 1990 und der Vertretung einzig des ostdeutschen Bündnis 90 im Bundestag überrascht es zunächst nicht, dass die Fusion der Grünen mit der ostdeutschen Schwesterpartei 1993 zu einer starken Betonung von Menschenrechten sowie der Ablehnung ökosozialistischer Wirtschaftspolitikmodelle führte. Als Konstante im Vergleich zum Grundsatzprogramm begannen die nun vereinten Bündnisgrünen ihre Gegenwartsdiagnose mit der Setzung des Glaubens an grenzenloses Wachstum von Produktion und von Konsum »als verhängnisvolle Gefahr«[114]. Neben der ökologischen Komponente bringe diese Gefahr auch durch den Wegfall des Realsozialismus deutlicher zutage tretende Gegensätze zwischen dem globalen Norden und Süden mit sich, denen die Grünen das Leitbild einer »ökologisch-solidarischen Weltwirtschaft« entgegenstellten. Im Wesentlichen waren damit die Elemente nachhaltiger Entwicklung gemeint. Mit dem eigenen Framing dieser Elemente ist auch eine kritische Sicht auf den Erdgipfel von Rio verknüpft, dessen Verlauf und Ergebnisse die Notwendigkeit ökologischer Akteure als Opposition deutlich gemacht hätten. Der Konsument sollte nach Ansicht der Bündnisgrünen einen Anteil an der Umsetzung eines wirtschaftspolitischen Umbaus in Deutschland haben, indem er diesen nicht nur durch ökologische Einkäufe, sondern direktdemokratisch mitbestimmen sollte. Der Wunsch nach partizipatorischen Reformen im Programm von 1993 im Kontext der Integration ostdeutscher Bürgerbewegungen in die gesamtdeutsche Partei war das Hauptmotiv für die Betonung der konsumentenseitigen Reformbedürfnisse.

Gerade die agrarpolitischen Reformwünsche nahmen zudem die konventionelle Landwirtschaft in die Verantwortung: Die Bündnisgrünen knüpften hier ab 1994 an ihre Wahlkampfforderung nach einer umfassenden Ökosteuer an, die den Verbrauchern finanzielle Anreize setzen sollte und zudem produzentenseitig Subventionen für eine Umstellung auf ökologischen Landbau finanzieren sollte.[115] Die Transformation von

---

113   Vgl. Möcker/Tänzer, Umweltbewusst Leben, S. 266.

114   Bündnis 90/Die Grünen: Assoziationsvertrag zwischen Bündnis 90 und Die Grünen. 1993, Archiv Grünes Gedächtnis Berlin (https://www.boell.de/sites/default/files/assets/boell.de/images/down load_de/publikationen/1993_001_Assoziationsvertrag.pdf, 25.09.2023).

115   Knapp zusammengefasst vgl. Förster, Heike: Ökosteuern als Instrument der Umweltpolitik? Darstellung und Kritik einiger Vorschläge, Köln 1990; im Wahlkampf vgl. Bündnis 90/Die Grünen im Bundestag: Ökologische Steuerreform: Steuern in die richtige Richtung, Bonn 1994.

konventionellem zu ökologischem Landbau erwies sich in den kommenden Jahren im Gegensatz zur Ökosteuer als mehrheitsfähige Agenda.

Darüber hinaus passten sich die Bündnisgrünen nach dem weitgehenden Ausscheiden des ökosozialistischen Flügels aus der Bundesspitze an Argumentationen zur Lebensstilpolitik an. Bereits 1994 stand dafür im Bundestagswahlkampf der »Grüne Katalog«:[116] Dieser umriss lebensstilpolitische Konsummöglichkeiten, die den Aspekt Genuss betonten, aber gesundheitlich unbedenklich sowie ökologisch verantwortungsvoll seien, was sich vor allem in der Herstellung und in der Dauerhaftigkeit der Produkte zeige. Ausgewählt wurden dabei vor allem Textil- und Haushaltswaren, die von der Zeitschrift Öko-Test empfohlen worden waren. Der Katalog markiere »einen politischen und ökonomischen Versuch. Mit Ihrer Bestellung erwerben Sie nicht nur hervorragende Produkte, Sie unterstützen auch unsere Bemühungen zur Förderung ökologischer Produkte«[117].

Die Verknüpfung von ökologischer Verantwortung mit Genuss entsprach dabei weniger den Ideen der Lebensmittelkooperativen, sondern bezog sich stärker auf den gesamten ökologischen Fußabdruck der Produkte als auf den regional-kulturellen Charakter. Genuss und Politik sollten lebensstilpolitisch miteinander einhergehen: Demnach sei der grüne Katalog nach eigener Aussage auch eine Alternative als moralisch einwandfreie Parteienfinanzierung im Gegensatz zu Großspenden.[118]

Diese Übernahme von Wünschen nach Lebensstilpolitik stand in einer logischen Spannung mit den konsumpolitischen Grundlagen, die im Bundesprogramm von 1980 erarbeitet worden waren. Größerer Protest blieb aber aus. Schließlich erschien das Bekenntnis zum Verzicht auf verzichtbaren Konsum nicht im grundsätzlichen Widerspruch zum Genuss zu stehen. Dass diese Kompromisslinie parteistrategisch funktionierte, zeigte sich spätestens bei der Betrachtung der Arbeit, die vom Landwirtschafts- und Verbraucherschutzministerium nach der Jahrtausendwende geleistet wurde.

Die Mischung aus Regulierungswünschen gegenüber konventioneller Landwirtschaft einerseits und der Anpassung an Wünsche nach Lebensstilpolitik andererseits waren die Kerngedanken der Bündnisgrünen zum politischen Konsum in den 1990er Jahren. Das lässt sich mit dem Umgang der Bündnisgrünen mit der wachsenden BSE-Krise veranschaulichen. Die Problematik einer Übertragung von Erregern über nicht ausreichend erhitzte, gemahlene Knochen von Schafen im Rinderfutter war seit dem Auftreten der BSE-Fälle in Großbritannien 1984 auch in Deutschland wahrgenommen worden und führte bei ökologischen Verbraucherschützern um 1990 zu Bedenken und dem Rat, vermehrt regionales und ökologisch hergestelltes Rindfleisch zu konsumieren.[119]

Nachdem die Krankheit in der ersten Hälfte der 1990er Jahre breite Aufmerksamkeit in Großbritannien erlangt hatte und dort zu großer Verbraucherverunsicherung geführt

---

116   Bündnis 90/Die Grünen: Der grüne Katalog. Bonn 1994.
117   Bündnis 90/Die Grünen, Der grüne Katalog, S. 1.
118   Vgl. ebd.
119   Vgl. etwa Ramm, Beate: Futter aus Tierbeseitigungsanlagen. In: Tageszeitung vom 17.11.1990 (Ausgabe Bremen), S. 31; Moeller, Eva: Rätselraten um die BSE. In: Öko-Test, Heft 10/1990, S. 54–56; Billen, Britisches Rindfleisch.

hatte, nahmen die Bündnisgrünen ab 1996 eine Rolle als Katalysator der Krisenwahrnehmung ein. Im März des Jahres gab die britische Regierung bekannt, eine Übertragung der BSE-Erreger auf den Menschen nicht ausschließen zu können, woraufhin die EU ein Einfuhrverbot von britischem Rindfleisch erließ. Die Bündnisgrünen nahmen diese Entwicklung über die Arbeit im Europäischen Parlament hinaus als Anlass, ein grundsätzlich höheres Bewusstsein für die Verantwortung von Staat und Konsumenten gleichermaßen einzufordern.[120] Grundlage dafür war die Einschätzung der BSE-Krise als »unerwünschte, aber vorhersehbare Folge der jahrelangen staatlichen Förderung in die Industrialisierung der Landwirtschaft«[121].

Wie bereits bei der Wahrnehmung der europäischen Umweltkatastrophen in den 1980er Jahren erschien die BSE-Krise für die Bündnisgrünen als Bestätigung für die eigenen politischen Forderungen. So seien Subventionen für konventionelle Höfe aus volkswirtschaftlicher Sicht nicht nachvollziehbar, sofern die Allmendekosten einbezogen werden würden, die durch die Reaktion auf solche Krisen erst notwendig würden. Zudem sei das entstehende Hauptproblem vielmehr eine Vertrauenskrise des Konsumenten. Schließlich sei ein einwandfreier Ausschluss einer BSE-Infektion bei Menschen nicht durch die Nichteinfuhr von britischem Rindfleisch garantiert, da der Nachweis nur durch das Sezieren des Gehirns jedes einzelnen geschlachteten Tieres erbracht werden könne und zudem potentiell gefährliche Tiermehle immer noch bspw. an Geflügel verfüttert würden. Eine staatliche Versicherung über die Unbedenklichkeit des Rindfleischs in einem beliebigen Supermarkt sei deshalb nicht glaubhaft.

Mit der Übernahme der Regierungsverantwortung auf Bundesebene 1998, spätestens aber mit der Zustimmung der Grünen zum Kriegseinsatz der Bundeswehr im Kosovo, ließe sich für eine parteiengeschichtliche Erzählung leicht ein Schnitt zwischen den Grünen als Bewegungs- und nun als Establishmentpartei setzen. Bei den Grünen in Regierungsverantwortung und ihrer Beziehung zum politischen Konsum lohnt sich allerdings ein weiterer Blick: Als zum Ende des Jahres 2000 BSE auch vereinzelt bei deutschen Rindern festgestellt wurde, offenbarte sich diese medial so wahrgenommene Krise als eine der größten Chancen der Grünen in ihrer Regierungszeit.[122]

Der bisherige Landwirtschaftsminister im Kabinett Schröder I, Karl-Heinz Funke (SPD), musste im Januar 2001 seinen Platz räumen als Konsequenz der verschleppten Kommunikation bezüglich BSE-infizierter Tiere. Politische Verantwortung übernahm zudem die Grüne Gesundheitsministerin Andrea Fischer.[123] Aus dieser Konstellation ergab sich die Chance einer Rochade: Die Grünen gaben das schwer zu managende Ge-

---

120 Vgl. hier und im Folgenden Baringdorf, Friedrich-Wilhelm Graefe zu/Höfken, Ulrike: BSE: Billigfüttern – NotSchlachten – Entschädigen. In: Euroinfo, Heft 4/1996, S. 14f.; Fraktion Bündnis 90/Die Grünen: BT-Drucksache 13/4388. Umfassende Verbraucherschutzmaßnahmen gegen die Rinderseuche BSE – Sofortprogramm für regionale Fleischerzeugung, Antrag vom 18.04.1996; Fraktion Bündnis 90/Die Grünen: BT-Drucksache 13/4741. Maßnahmen zum Schutz vor BSE-Gefahren und Creutzfeldt-Jakob-Erkrankungen, Kleine Anfrage vom 23.05.1996.

121 Baringhorst/Höfken, BSE, S. 14.

122 Vgl. zur medialen Wahrnehmung N.N.: Die Chronologie der BSE-Krise. In: Spiegel Online vom 28.11.2000 (https://www.spiegel.de/politik/ausland/rinderseuche-die-chronologie-der-bse-krise-a-105210.html, 25.09.2023).

123 Vgl. kritisch dazu Volmer, Die Grünen. S. 377.

sundheitsministerium ab und konnten stattdessen Renate Künast im Landwirtschafts-
ressort unterbringen. Damit war wiederum die Möglichkeit verbunden, mit der stärkeren Förderung des ökologischen Landbaus einen grünen Kernpunkt des Koalitionsvertrages umzusetzen.[124] Umso verheißungsvoller erschien diese Chance, da Verbraucherschutz stärker staatlich institutionalisiert wurde und nun im Ressort mitorganisiert
wurde.[125]

Renate Künast verstand es in der Folgezeit, die medial wahrgenommene BSE-Krise zu nutzen, um über die Formulierung des Koalitionsvertrages hinauszugehen, indem
sie die Formulierung »deutliche Ausdehnung des Ökologischen Landbaus«[126] des Ver-
trags nun, im Frühling 2001, als »Agrarwende« ankündigte und symbolisch etwa durch
die vorgezogene Pensionierung von solchen Mitarbeitern im Ministerium durchsetzte,
die eine freundschaftliche Verbindung zum konventionell arbeitenden Deutschen Bauernverband (DBV) hatten.[127]

Dementsprechend gestaltete sich auch die Kompetenzerweiterung des Landwirt-
schaftsministeriums um den Verbraucherschutz. Im gemeinsamen Beschlussantrag der
Bundesregierung seien Verbraucher demnach selbständige Akteure, die »eine wichtige
und hörbare Stimme in Wirtschaft, Gesellschaft und Politik erhalten [müssen]«[128]. Der
verantwortungsbewusste Konsument konnte sich jedoch nicht selbständig Gehör verschaffen, schließlich konnte er umweltpolitische Ziele ohne legislative Unterstützung
nicht erreichen.

Die Institutionalisierung ökologischen Handels wird durch die Einführung des Bio-
Prüfzeichens im Jahr 2001 versinnbildlicht.[129] Die bisher gewachsene Struktur der Biolabels war der Bundesregierung zufolge eine unbefriedigende Situation für den Verbraucher. Die Sicht auf den Konsumenten, der Labels als Dienstleistung ansieht, die den Su-
permarkteinkauf erleichtern, war die Schlussforderung. Renate Künast selbst sah das
Kaufverhalten der Verbraucher als Schlüssel zum Erfolg an, das Label als pars pro toto
für die Agrarwende.[130]

Gleichwohl war diese Entwicklung weitgehend konsensuell gestaltet worden im
Zusammenwirken mit den großen Anbauverbänden. Das Künast-Label baute auf den
von der AGÖL und der Centralen Marketing-Gesellschaft der deutschen Agrarwirtschaft

---

124   Vgl. SPD/Bündnis 90/Die Grünen: Aufbruch und Erneuerung – Deutschlands Weg ins 21. Jahrhun-
      dert. Bonn 1998, hier S. 22f.

125   Vgl. zur Reform des Verbraucherschutzes Steffens, Heiko: Verbraucherpolitik. Von der Arbeitsge-
      meinschaft der Verbraucherverbände zum Verbraucherzentrale Bundesverband (vzbv), Struktur-
      reform 1995–2001, Bonn 2018.

126   SPD/Bündnis 90/Die Grünen, Aufbruch und Erneuerung, S. 22.

127   Vgl. N.N.: Künast kündigt Agrarwende an. In: Spiegel Online vom 08.02.2001 (https://www.spiegel
      .de/politik/deutschland/bse-krise-kuenast-kuendigt-agrarwende-an-a-116480.html, 25.09.2023);
      Bornhöft, Petra: Von der Krise zur Agrarwende. In: Der Spiegel, Heft 3/2001, S. 20–24; Volmer, Die
      Grünen, S. 377f.

128   Fraktion SPD/Fraktion Bündnis 90/Die Grünen: BT-Drucksache 14/6067. Vorsorgende Verbraucher-
      politik gestalten und stärken, Antrag vom 16.05.2001, hier S. 2.

129   Vgl. Fraktion SPD/Fraktion Bündnis 90/Die Grünen: BT-Drucksache 14/6891. Entwurf eines Geset-
      zes zur Einführung und Verwendung eines Kennzeichens für Erzeugnisse des ökologischen Land-
      baus, Gesetzesentwurf vom 11.09.2001.

130   Vgl. Künast, Renate: Die ersten Schritte sind getan. In: Ökologie & Landbau, Heft 120/2001, S. 34f.

(CMA) erarbeiteten Vorschlägen auf, wobei deren Prüfzeichenorganisation auch die Nutzung des Künast-Labels in Deutschland überwachte. Das neue Label selbst garantierte lediglich die Einhaltung der bekannten EU-Öko-Standards. Neu gegenüber den Labels der großen Anbauverbände war die Zugänglichkeit auch für ausländische Produkte, solange deren Produzenten die Bio-Herkunft nachweisen konnten.[131] Die Anbauverbände reagierten darauf nicht mit einem etwaigen Boykott des staatlichen Labels, sondern nutzten das Künast-Label als Projektionsfläche zur Abgrenzung der eigenen, weitergehenden Profilierung gegenüber den gesetzlichen Mindeststandards.[132]

Das staatliche Bio-Label führte also nicht zu einer Entwertung der Arbeit der ökologischen Anbauverbände. Im Gegenteil brachte die Werbekampagne zum staatlichen Bio-Label ein größeres öffentliches Interesse an der Arbeit ökologischer Anbauverbände mit sich. Zudem eröffnete das Label mehr Handlungsoptionen für Konsumenten. Es war offen für Produkte von Drittanbietern und hatte, anders als Verbands-Labels, einheitliche Richtlinien. Auch war der Ort nun noch weniger relevant. Garantierte Bio-Qualität konnte dank der Offenheit des Labels weitaus häufiger im Supermarkt erworben werden. Bioläden mit einem stärkeren Fokus auf die strengeren Verbandskriterien, beispielhaft Alnatura-Märkte, sprachen dagegen tendenziell stärker die ökologisch vorgebildeten Kunden an. Das Künast-Label hatte auf den Zugang zum politischen Konsum also einen ähnlichen Effekt wie das TransFair-Label, hier aber mit weit größeren Umsätzen und mit weniger Konflikten.

4.2.2.2 Öko-Landbau und Regionalität

Der ökologische Landbau profitierte in den letzten Jahren des 20. Jahrhunderts vom Leitbegriff nachhaltige Entwicklung. Damit einher ging schließlich eine weiterhin wachsende Aufmerksamkeit für Bio-Lebensmittel sowie eine weitergehende Institutionalisierung seiner Verbände. Gerade die Einführung der europäischen Richtlinien für Bio-Produkte markierte für die deutschen Anbauverbände und für ihre koordinierenden Plattformen, AGÖL zur Vermarktung und SÖL zur wissenschaftlichen Aufarbeitung, einen großen Erfolg. Auf diesem Erfolg bauten die Bio-Akteure in den letzten Jahren des 20. Jahrhunderts auf.

Gerade die steigende Nachfrage nach Bio-Lebensmitteln hatte Auswirkungen auf die Verkaufs- und Verbraucherorganisation. Während Bio-Märkte zunehmend professionell arbeiteten, erhielten Lebensmittelkooperativen immer weniger Aufmerksamkeit. Mit Slow Food Deutschland wird in diesem Teilkapitel zudem ein Akteur herangezogen, der die Verknüpfung zwischen Bio-Konsum und Lebensstil abbildet. Zu betonen ist auch, was die Bio-Labels gerade nicht beschäftigte: Die Einführung des staatlichen Biolabels im Jahr 2001 ging nicht mit etwaiger Kritik an staatlicher Einmischung einher.

---

131 Vgl. zur Übersicht Kape, Burkhard: Wegweiser für den Kunden. In: Biopress, Heft 26/2001, S. 19; ders.: Öko-Prüfzeichen wartet auf Signal zum Durchstarten. In: DNR Deutschland-Rundbrief, Heft 4/2001, S. 6; Dosch, Thomas: Das neue Künast-Siegel – ein Zeichen der Zeit. In: Bioland, Heft 4/2001, S. 47; N.N.: Naturland und das neue Bio-Siegel. In: Naturland Magazin, Heft 4/2001, S. 16f.

132 Vgl. N.N.: Zustimmung von allen Seiten. In: Bauernstimme, Heft 238/2001, S. 12.

SÖL und AGÖL als Interessenvertreter

Die SÖL als Vernetzungsplattform verschob ihre Prioritäten nach den ersten EG-Öko-Richtlinien weg vom politischen Agenda-Setting auf europäischer Ebene und hin zur Marktforschung. Auch erfolgte die Aufarbeitung der Geschichte der Landbauverbände.[133] Für die Marktforschung baute die SÖL ihre hauseigene Zeitschrift zu einer akademisch anspruchsvollen Forenzeitschrift aus, die über die Herausforderungen beim Ausbau des ökologischen Landbaus berichtete.

Beispielsweise bildete sie die Debatte um das EG-Extensivierungsprogramm in den frühen 1990er Jahren ab. Dieses bot Bauern Kompensationsleistungen an, wenn sie durch Nichtverwendung von u.a. Pestiziden ihre Produktion verringerten. Problematisch für den Bio-Konsum war laut SÖL die Zögerlichkeit, mit der die konventionellen Bauernhöfe dem Programm begegneten. Dabei stellte sich heraus, dass besonders bei der Vertriebskette für Bio-Produkte fehlende Kapazitäten befürchtet wurden und diese Befürchtungen konventionelle Bauern vom Umstellen auf Bio-Anbau abhielten.[134] Eine Aufgabe der Bio-Interessenverbände war also auch die Imagepflege eines professionellen Bio-Sektors als ernsthafte Alternative.

Um die Jahrtausendwende mehrten sich in der stiftungseigenen Zeitschrift im Zuge der Ausarbeitung des bundesdeutschen Bio-Labels die Stimmen, die von Bio-Produkten eine besondere, auch geschmacklich spürbare, Qualität erwarteten. Zur Begründung bezogen sich Autoren nun auf die Zukunftsfähigkeit der deutschen Ernährungskultur, deren Kern ein Ausgleich zwischen steigender Qualität und steigenden Verbraucherpreisen sein müsse.[135] Der SÖL war also die steigende Bedeutung von Lebensstilpolitik bewusst, mit der offensiver als zuvor geworben werden sollte.

Mit der Marktforschung einher ging eine größere Beachtung von Konsumenten außerhalb der ökologisch vorgebildeten Käufergruppen.[136] Charakteristisch war hier stets die Frage, wie durchschnittliche Konsumenten außerhalb der Ökologiebewegung von ökologischen Lebensmitteln überzeugt werden könnten, wobei entsprechend dem Lebensstilpolitik-Ansatz neben unpolitisch-moralischen und den gesundheitlich-qualitativen Argumentationen auch Bequemlichkeit als Trend in Betracht gezogen wurde, den Bio-Produkte etwa in Form von tiefgekühltem Gemüse bedienen könnten. Im Kern ging es der SÖL um eine Verbesserung der Anbau- und der Vertriebsstrukturen sowie um

---

133 Vgl. Vogt, Entstehung und Entwicklung; Schaumann, Wolfgang/Siebeneicher, Georg/Lünzer, Immo: Geschichte des ökologischen Landbaus. Bad Dürkheim 2002.

134 Vgl. Hamm, Ulrich/Konrad, Michael: Probleme bei der Umstellung auf ökologischen Landbau im Rahmen des EG-Extensivierungsprogramms. In: Ökologie und Landbau, Heft 85/1993, S. 9–11; Thimm, Conrad: Neue Absatzwege und Elastizität des Marktes. In: Ökologie und Landbau, Heft 86/1993, S. 39–43; Hamm, Ulrich: Gemeinsam neue Wege in der Vermarktung beschreiten. In: Ökologie und Landbau, Heft 1/1995, S. 10–13.

135 Vgl. Geier, Bernward: Überleben unsere »Lebens«mittel? In: Ökologie und Landbau, Heft 1/2001, S. 38–40; Koerber, Karl: Zukunftsfähige Ernährungskultur. In: Ökologie und Landbau, Heft 4/2001, S. 6–9.

136 Vgl. beispielhaft Kessler, Thomas: Fluch oder Chance? In: Ökologie und Landbau, Heft 90/1994, S. 45–48; Meier-Ploeger, Angelika: Steigern Convenience-Produkte den Verzehr von ökologischen Lebensmitteln? In: Ökologie und Landbau, Heft 4/1996, S. 24–26; Hamm, Ulrich: »Kontrolliert« = »Ökologisch«? Verbraucherkenntnisse über landwirtschaftliche Produktionsverfahren, in: Ökologie und Landbau, Heft 2/1997, S. 33f.

ein verbessertes Marketing. Sie versuchte dabei einen Ausgleich zwischen ökologischen Zielsetzungen und dem hohen Kundeninteresse zu finden. So stießen Produkte wie eine Öko-Tiefkühl-Pizza gerade in Supermärkten und Discountern auf ein wachsendes Interesse, jedoch sei es im Sinne einer Ökologisierung

> »nicht ausreichend, wenn bei Ökoprodukten lediglich die Rohstoffe aus ökologischem Landbau stammen. Auch Verarbeitung, Verpackung, Handel und Konsum müssen unter ökologischen Gesichtspunkten betrachtet werden. Die Produktionsweise muss nicht nur gesundheitsverträglich, sondern auch umwelt- und sozialverträglich sein.«[137]

Die Vereinbarung des Bio-Handels mit den Zielen der nachhaltigen Entwicklung war demnach schwierig und bedurfte weiterer Koordinierung. Weniger die Produkte selbst, sondern der Vertrieb ließ sich nicht ohne Weiteres ökologisch einwandfrei gestalten.

Die AGÖL bemühte sich in diesem Kontext, zwischen dem hohen öffentlichen Interesse und der Vertrauenswürdigkeit der eigenen Labels zu vermitteln. Die AGÖL übernahm nach dem Erfolg auf europäischer Ebene mit der EG-Öko-Kennzeichnungsverordnung zunehmend öffentlichkeitswirksame Aufgaben für ihre Mitgliedsverbände. Auf politischer Ebene stand die Lobbyarbeit zur genauen inhaltlichen Ausgestaltung des staatlichen Bio-Labels im Vordergrund, das den Interessen der Anbauverbände folgen sollte. Bereits 1994 warnte die AGÖL vor einer Abschwächung der EG-Kriterien, wonach nicht rund 95 Prozent, sondern lediglich 70 Prozent der Zutaten aus ökologischem Landbau hätten stammen müssen, um ein Produkt mit dem Attribut »Bio« zu bewerben.[138] Der Kampf gegen Pseudo-Bio wurde seitens der AGÖL meist mit dem Verweis auf den weitgehend passiven Konsumenten begründet. So sei es gutwilligen Verbrauchern nicht zuzumuten, zumal seit dem Erlass der ersten Fassung der EG-Richtlinie, bei Bio-Produkten zwischen erst- und zweitklassigem »Bio« zu unterscheiden. Der Verband vertrat stets möglichst strenge Richtlinien für die Bezeichnung »Bio«.

Um die eigenen Interessen zu schützen, war die Kommunikation der AGÖL wesentlich offener gestaltet als noch in den 1980er Jahren. Überragendes Beispiel dafür ist die Zusammenarbeit mit der Centralen Marketing-Gesellschaft der deutschen Agrarwirtschaft, deren Gesellschafter unter anderem der DBV, also der Verband der konventionellen Landwirtschaft, war. Gemeinsam mit der CMA erarbeitete die AGÖL ab 1998 einen Vorschlag für ein bundeseinheitliches Öko-Label, das über die EG-Verordnungskriterien hinausgehen sollte und den AGÖL-Kriterien folgte.[139] Diese Zusammenarbeit war insoweit überraschend, als die AGÖL historisch eher der ökologischen AbL und deren Bauernblatt, als der Konkurrenz des DBV, nahegestanden hatte.

Indem das Bundesverbraucher- und Agrarministerium 2001 ein staatliches Bio-Label einführte, das zwar direkt auf dem AGÖL-CMA-Label aufbaute, aber deutlich stärke-

137 Meier-Ploeger, Convenience-Produkte, S. 26.

138 Vgl. N.N.: Bio-Verbände befürchten Mogelpackungen bei Bio-Produkten. In: Bauernstimme, Heft 162/1994, S. 16; vgl. auch N.N.: AGÖL verfolgt Ökoschwindel. In: Naturland Magazin, Heft 4/1995, S. 17.

139 Vgl. N.N.: Öko-Siegel – Steigt AGÖL ins CMA-Boot? In: Bauernstimme, Heft 2/1998, S. 7; N.N.: Öko-Siegel noch unbesiegelt. Ringen um Geld und Einfluss setzt den Bundes-Ökopunkt, in: Bauernstimme, Heft 4/1998, S. 6.

re Aufmerksamkeit erreichte, wurden auch die Schwächen der agrarpolitischen Lobbyarbeit der AGÖL offenbar: Die in Deutschland traditionell private Vergabe von Bio-Labels
vonseiten der Anbauverbände konnte über die AGÖL nicht vereinheitlicht werden. Auch
fehlten trotz des CMA-Engagements schlicht die Geldressourcen, um einem privaten Label gesellschaftlich breite Bekanntheit zu verschaffen. Letztlich hatte diese Lösung auch
eine qualitative Konsequenz: Das staatliche Bio-Label ging explizit lediglich von der Einhaltung der EG-Richtlinien aus, rückte also von den noch strengeren AGÖL-Richtlinien
ab.[140]

Dennoch stellt die Vorarbeit zum bundeseinheitlichen Bio-Label eine Neuerung dar.
Vergleichsweise sei hier an den Blauen Engel erinnert, der von einer Jury bestimmt wird.
Dabei lässt sich zwar aus den Eigendarstellungen des UBA durchaus eine damals vorhandene Verbindung zum alternativen Milieu konstruieren, jedoch war die Umsetzung des
Blauen Engels eine reine Top-Down-Maßnahme. Hier dagegen ist die Arbeit des AGÖL-
Vorstands zu betonen, der von den Vorsitzenden der drei großen Anbauverbände Demeter, Bioland und Naturland gestellt wurde. Dass sie ein staatliches Label tolerierten
und sogar miterarbeiteten, verwundert auf den ersten Blick: Schließlich wäre es auch
denkbar gewesen, die Bekanntheit der verbandseigenen Labels durch anderweitige Kooperationen zu steigern, wie es in jüngster Vergangenheit etwa Bioland durch die Zusammenarbeit mit dem Discounter Lidl erreicht hat.[141] Zugrunde lagen hier auch Interessen kleinerer Verbände, die mit Ausnahme von Naturland nicht den Bekanntheitsgrad
und das Kundenvertrauen von Demeter und Bioland erreichen konnten. Vor allem aber
dürfte das staatliche Label stets nur als werbewirksame Ergänzung für das verbandsei-
gene gedacht gewesen sein. Bei stetig wachsendem Nachfrageinteresse an Bio-Produkten und Pseudo-Bio-Angeboten war die Deutungshoheit über die Frage »Was ist Bio?«
für die AGÖL-Verbände überlebenswichtig. Daher war die Zusammenarbeit mit staatlichen Stellen folgerichtig.

Labels und nachhaltige Entwicklung

Die Anbauverbände selbst beschäftigten sich nach 1992 intensiv mit der schnell wachsenden Nachfrage nach ökologisch einwandfrei angebauten Lebensmitteln. Dabei galt
es, anders als noch um 1990, ein eigenes Verständnis von nachhaltiger Entwicklung in
die Bewerbung der eigenen Produkte zu integrieren. Der Konsument wurde hier als verantwortungsbewusst, aber dennoch ökonomisch rational handelnd gedacht. Nach dieser Vorstellung konnte der Konsument bei geringeren Preisunterschieden leichter zum
Kauf und damit zur Unterstützung des ökologischen Landbaus als agrar- und klimapo-
litischem Lösungsansatz gebracht werden.[142]

Mit Demeter war an dieser Entwicklung auch der Verband beteiligt, der bis in die
späten 1980er Jahre noch die stärksten Bedenken vor einer Handelsausweitung hegte.

---

140   Vgl. Fischer, Reinold: Das neue »Bio-Siegel«. In: Naturland Magazin, Heft 4/2001, S. 15.

141   Vgl. Rihm, Susanne: Bioland kooperiert mit Lidl. In: Bioland online (https://www.bioland.de/biol
       and-blog/bioland-kooperiert-mit-lidl, 25.09.2023).

142   Vgl. Volmer, Martin: Verbraucher als Privat-Detektive? EG-Kontrollnummer für Öko-Produkte, in:
       Naturland Magazin, Heft 1/1993, S. 18; Herrmann, Gerald: Das Naturland-Zeichen – ein Signal für
       Glaubwürdigkeit. In: Naturland Magazin, Heft 4/1993, S. 15.

Die Anpassung an die steigende Nachfrage und die damit einhergehende größere Beachtung für Demeter verursachte in den 1990er Jahren nur selten Probleme. Der Verband verstand es, gegenüber den Mitgliederhöfen weiterhin auf durchgängig anthroposophische Praktiken zu achten und gleichzeitig eine lebensstilpolitische Orientierung des Konsumenten anzusprechen.

Anthroposophie und nachhaltige Entwicklung, also eine umfassende Lehre und ein Leitbegriff, konnten größtenteils miteinander vereinbart werden. Eine der wenigen Kritiken beschäftigte sich mit Anthroposophie als Form patriarchaler Unternehmensführung, die eine selbständige Entwicklung im globalen Süden behindere. Bereits in den 1970er Jahren hatte Demeter, zeitgenössisch nicht ohne Stolz, über die »Finca Irlanda« als das erste biologisch-dynamische Kaffeeprojekt in Mexiko berichtet, das von Teilnehmern von Rudolf Steiners landwirtschaftlichem Kurs noch in den 1920er Jahren gegründet worden war.[143] Im Sommer 1995 erregte die Freie Arbeiterinnen- und Arbeiter-Union (FAU)[144] Aufmerksamkeit mit Aktionen über die schlechten Lebensbedingungen auf der Finca, Kinderarbeit und über die patriarchale Unternehmensführung und rief zu einer Boykottierung des Kaffees auf, der in Deutschland vom Ökovermarkter Lebensbaum vertrieben und mit einem eigenständigen, dem Anschein nach Pseudo-Fair-Trade-Logo versehen worden war.[145]

Das Projekt war offensichtlich ein gutes Ziel für die FAU-Kritik, um ihren internationalen Anspruch zu verdeutlichen. Die Kritik der FAU fand aber auch vor dem Hintergrund der Entwicklung politischen Konsums Resonanz. Bedeutsam war die Spannung zwischen ökologischen und sozialen Motiven für einen Mehrpreis. So legte etwa »Der Rabe Ralf« den Schwerpunkt auf eine Kritik von unpolitisch-gesundheitsförderndem Konsum.[146] Bei Bio-Waren aus der Dritten Welt sei aber ein entwicklungspolitischer Aspekt zwingend notwendig. Insbesondere müsse ein Selbsthilfeansatz erkennbar sein. Vielversprechend dabei sei bei anderen mexikanischen Projekten ein genossenschaftlicher Ansatz, in jedem Fall notwendig sei aber ein partizipatives Modell.

---

143   Vgl. Koepf, Kaffee in Demeter-Qualität.

144   Anarchosyndikalismus ist allgemein als selbstbestimmte Organisation von Arbeitern zu verstehen, die als Mittel der eigenen Arbeit auch die eigenmächtige Übernahme von betrieblichen Produktionsmitteln vorsieht. Historisch ist der Begriff in der zweiten Hälfte des 20. Jahrhunderts jedoch kaum noch vergleichbar mit den südeuropäischen Vorbildern des frühen 20. Jahrhunderts, vgl. Oostinga, Hansi: »Wir kriegen nur, wofür wir kämpfen!« Anarchosyndikalismus heute, in: Degen, Hans/Knoblauch, Jürgen (Hg.): Anarchismus 2.0. Bestandsaufnahmen. Perspektiven, Stuttgart 2009, S. 41–55, hier S. 49–51; Ziel der FAU war im Allgemeinen die Förderung von direkten Aktionen, »wie z.B. Besetzungen, Boykotts, Streiks etc. Hingegen lehnen sie [die Anarchosyndikalisten, SW] die parlamentarische Arbeit in jeglicher Form ab«, zit. aus Drücke, Bernd: Zwischen Schreibtisch und Straßenschlacht? Anarchismus und libertäre Presse in Ost- und Westdeutschland, Ulm 1998, hier S. 195.

145   Vgl. N.N.: Lebensbaum – mit Volldampf auf dem Rückzug. In: Direkte Aktion, Heft 118/1996, S. 5.

146   Vgl. Schrom, Stefan: Politik mit dem Einkaufskorb. Teil 5: Mißbrauch des »fairen Handels«/ Kommerzialisierung der Bio-Branche, in: Der Rabe Ralf, Heft November 1995, S. 14; ders.: Politik mit dem Einkaufskorb. Teil 8: Wie fair sind deutsche Kaffeebarone in Mexiko? In: Der Rabe Ralf, Heft März 1996, S. 20; ders.: Politik mit dem Einkaufskorb. Teil 13: Lebensbaum-Boykott nach fast 18 Monaten erfolgreich, in: Der Rabe Ralf, Heft April 1997, S. 13.

Entscheidend für die Kritik war weniger die vermeintlich fälschliche Nutzung eines Fair-Trade-Labels und die Schlechtbehandlung der Fincamitarbeiter, sondern die fehlende partizipative Perspektive für die Arbeiter vor Ort. Kern der Kritik ist aus anarcho-syndikalistischer Sicht hier die Leitung der Finca durch Unternehmer seit der Gründung durch den Anthroposophen Rudolf Peters 1928 anstelle einer Selbstverwaltung. Der Boykottaufruf gegenüber dem bio-dynamischen Lebensbaum-Kaffee, insbesondere aber öffentlichkeitswirksame Auftritte auf der BioFach 1996 und im ZDF führten zu einer entsprechenden Reaktion des Biovermarkters Lebensbaum.[147] Letztlich hatte die Kritik nur symbolhafte Konsequenzen: So beendete Lebensbaum die Zusammenarbeit mit der Finca, allerdings mit Ausnahme der biologisch-dynamisch Waren, und bemühte sich um TransFair-zertifizierte Ersatzlieferanten.

Trotz ihres anekdotischen Charakters als familiengeführte Finca lässt die Begebenheit historisch-analytische Rückschlüsse zu. So zeigte sich unabhängig von der Nachfrageanpassung Demeters bei der Beurteilung der Finca die Befolgung bzw. die Missachtung anthroposophischer Grundsätze als entscheidendes Kriterium. Die sozialen Aspekte der Arbeit vor Ort waren vor einem völlig anderen ideologischen Kontext organisiert als es Medien, die mehr mit der Geschichte des alternativen Handels vertraut waren als mit der Anthroposophie, erwartet hätten. Demeter ging in dieser Frage auch nicht von einem entwicklungspolitisch anspruchsvollen Konsumenten aus.

Festzuhalten bleibt die Robustheit der anthroposophischen Grundlagen. Dementsprechend fiel auch die Reaktion auf die Einführung des staatlichen Bio-Labels robust aus. Weit stärker als die anderen großen Labels konnte Demeter hier auf die eigene Markenbildung hinweisen, da analytisch tiefergehende Bezüge zur zugrundeliegenden Anthroposophie bei verschiedenen Debatten nutzbar waren.

Auch war für Demeter zur Jahrtausendwende Qualität ein relevanter Begriff. Bio-Qualität ging mit der kybernetisch-anthroposophischen Lehre über Ablehnung einer rein negativen Definition von Qualität hinaus.[148] Demnach sei die öffentliche Frage nach Schadstofffreiheit falsch gestellt, da sie eine individuelle Greifbarkeit im Vorhinein ausschließe. Letztere definiere sich nach dem Demeter-Lebensmittelleitbild für Konsumenten durch das sensorische Niveau sowie durch »einen positiven Beitrag zur seelisch-geistigen Entwicklung des Menschen«[149]. Daher sei die Anwendung anthroposophischer Praktiken sowohl in der Erzeugung als auch in der Lebensmittelverarbeitung entscheidend. Bei der Entwicklung neuer Techniken wiederum seien Produkte mit neuentwickelten Zutaten als Nahrungsergänzungsmittel abzulehnen, da sie vermutlich die »Eigenaktivität des Organismus«[150] schwächten.

Bioland stellte sich zur Mitte der 1990er Jahre als Akteur des ökologischen Umbaus in der Industriegesellschaft vor, der auf die Aufmerksamkeit für den ökologischen Anbau seit Rio und der Wuppertal-Studie aufbauen könne, die wiederum im Wesentlichen

---

147   Vgl. N.N., Lebensbaum; Bringmann, Rosemarie: Finca Irlanda – Erfolg der Boykott-Kampagne. In: Lateinamerika Nachrichten, Heft 271/1997, S. 21–23.

148   Vgl. Fuchs, Nikolai: Qualität am Markt. In: Lebendige Erde, Heft 1/2000, S. 6f.; Hermannstorfer, Udo: Wie weiter mit der Qualität? In: Lebendige Erde, Heft 1/2000, S. 18f.

149   Fuchs, Qualität am Markt, S. 7.

150   Ebd.

die organisch-biologische Sichtweise von Bioland bestätigten.[151] Jedoch sah sich der Anbauverband nicht in der Position, die nach wie vor notwendige gesellschaftspolitische Aufklärungsarbeit zu erreichen, um mit Bio-Waren tatsächlich einen substantiellen Anteil an den Verkäufen im konventionellen Handel erreichen zu können.

Dem Konsumenten, als anonymes Gegenüber, wurden zu diesem Zeitpunkt nicht die Fähigkeiten zugetraut, die für eine spürbare gesellschaftspolitische Änderung notwendig seien. Eine agrarpolitische Umorientierung ließe

> »sich nur dann umsetzen, wenn die Gesellschaft selbst zu einer Neuausrichtung kommt. Unsere jetzige rein materialistisch ausgerichtete wird ohne eine grundlegende Neuorientierung und ohne einen konsequenten Wertewandel nicht in der Lage sein, die Weichen in eine lebensfähige Zukunft zu stellen«[152].

Sichtbar wird dies etwa anhand der eigenen Berichterstattung zum Thema Convenience. Da bei den Themen Klimaschutz und nachhaltige Entwicklung meist Autoren vom BUND und dem Wuppertal Institut zur agrarpolitischen Positionierung unter Betonung von Verbrauchermacht hinzugezogen wurden, war die Frage des Vertriebs dementsprechend reflektiert:[153] Auch wenn Convenience-Produkte durchaus mit ökologischem Landbau vereinbar seien, sei es »weiterhin Ziel, Öko-Lebensmittel möglichst frisch, saisonal und aus der Region zu beziehen. Convenience-Produkte können dafür nur Ergänzung und kein Ersatz sein.«[154] Der persönliche Einkauf sei ein »Stück Kultur«[155], entspreche trotz dem Trend zur Bequemlichkeit weiterhin dem Wunsch ökologisch überzeugter Kunden.[156] Dieses Argument schloss wiederum an die soziale Komponente der nachhaltigen Entwicklung an. Convenience-Food konnte daher nicht als Mittel zum nachhaltigen Konsum dienen.

Die Versuche der Anbauverbände, sowohl die ökologische Avantgarde als auch laienhafte Lebensstilkonsumenten zu erreichen, spiegeln sich auch in den zunehmenden Vernetzungen über Messen wider. Bereits die Landwirtschaftsmesse »Grüne Woche« in Berlin, selbst eine Tradition seit den 1920er Jahren, hatte seit 1980 eine links-ökologische Alternative mit der »Giftgrünen Woche« in einem EVG-artigen »Ökodorf«. Dessen Akteure beschäftigten sich sowohl mit der Kritik an konventionellen Düngungsmethoden in der Produktion als auch mit konsumentengesellschaftstypischen Problemen wie der Neigung zu Einwegverpackungen und Haushaltsreinigern.[157] Seit 1990 gibt es zudem

151   Vgl. Leifert, Rudolf: Anbaumethode und politische Bewegung zugleich. In: Bioland, Heft 1/1996, S. 13f.

152   Ebd.

153   Vgl. Krug, Wie zukunftsfähig ist Deutschland; Burdick, Bernhard: Öko-Landbau contra Treibhauseffekt. In: Bioland, Heft 5/1997, S. 36f.

154   Hermanowski, Robert: Convenience – Fortschritt oder Sündenfall? In: Bioland, Heft 2/1998, S. 12f., hier S. 13.

155   Ebd.

156   Vgl. bspw. Hennig, Heike: Fleischverkauf im Hofladen. In: Bioland, Heft 2/1997, S. 36–38; Jetzke, Siegfried: Bio-Produkte im Internet. In: Bioland, Heft 1/1998, S. 32f.; Fischer, Claudia: Schnelles Öko-Menü. In: Naturland Magazin, Heft 4/1997, S. 9.

157   Vgl. Sonntag, Christoph: Giftgrün bewusster leben. In: Natur, Heft 5/1985, S. 100f.

die »BioFach« als Fachtagung explizit für ökologisch hergestellte Konsumgüter, die seit ihren ersten Jahren enorm erfolgreich geworden ist. Sie spiegelt vor allem die Professionalisierungsbemühungen bei Vertriebs- und Werbefragen wider. Dabei bestand das Ziel der meisten vernetzten Akteursgruppen weniger in einem Ausgleich zwischen Avantgarde- und Lebensstilkonsumenten, sondern eher in der Integration von ökologischer Verantwortung als Verkaufsargument.[158]

Lebensmittelkooperativen als Partizipationschance?

Während das Interesse an Bio-Lebensmitteln beim Einkauf in konventionellen Supermärkten zunahm, befanden sich die ökologischen Lebensmittelkooperativen zunehmend in einer prekären Situation. An ihrer nachlassenden medialen Präsenz lässt sich möglicherweise eine Schwachstelle bei ihrer Konstruktion eines umweltpolitischen Konsumenten erkennen, da die Kooperativen den politischen Beweggründen der Konsumenten ein unrealistisch starkes Gewicht einräumten, das sich nicht mit der Realität in Einklang bringen ließ.[159] Durch die erhöhte Nachfrage nach regionalen und ökologisch erzeugten Produkten wurde es für die Kooperativen zudem schwieriger, im Bio-Großhandel und auch bei Biohöfen zu günstigen Konditionen einzukaufen. Angesichts steigender Nachfrage wurde es für Bio-Zwischenhändler immer weniger lukrativ, mit den kleinen und meist amateurhaft auftretenden Kooperativen zusammenzuarbeiten.

Besonders offenkundig wird dieser Punkt bei der Betrachtung sowohl der Berichterstattung als auch der Eigenbeschreibung der Kooperativen im Verlauf der 1990er Jahre. Die noch zehn Jahre zuvor in Contraste als grundlegend eingestufte Unterscheidung zwischen Food Coop und EVG verschwand nun, wie auch die Medienpräsenz der Kooperativen deutlich nachließ. So sei, dem Food-Coop-Handbuch von 1997 zufolge, eine eindeutige Abgrenzung zwischen den Organisationsformen unmöglich und »erscheint uns [der BAG, SW] auch überflüssig und ist für die zukünftige Entwicklung nicht von Bedeutung«[160]. Stattdessen finden sich bis 2000/01 noch einige Aufrufe zur Neugründung von Kooperativen, die nun Merkmale von Coops und EVGs gemeinsam verwendeten. Hervorgehoben wurde dabei oft die Frage der Regionalität:[161] Zwar war der regionale Warenbezug weiterhin kein definierendes Merkmal der Food Coop, aber besonders der Wunsch nach einer Nicht-Entfremdung zur Produktion von Naturkost erschien städtischen Coop-Gruppen als erstrebenswertes Ziel.

---

158   Vgl. bspw. Buley, Maron: KbA für alle?! Trends und Tendenzen, in: Bio-Fach, Heft 6/1996, S. 24f.

159   An dieser Stelle wird bewusst eine Bezifferung vermieden, da Kooperativen bis heute nicht vollumfänglich zentral erfasst worden sind. Die BAG bemerkt dazu: »Wie viele Food-Coops es heute gibt, weiß niemand ganz genau. Ein Großhändler sprach von einem Kundenkreis von gut 1000 Food-Coops, meistens Einkaufsgemeinschaften. Das Öko-Test-Magazin schätzte in einem Artikel 1992 die Zahl auf 800. Bei der BAG – Food- Coops sind Juli 2022 71 Foodcoops registriert.«, zit. in: Food Coop BAG: Häufig wird gefragt... (https://www.foodcoops.de/, 25.09.2023).

160   BAG Lebensmittelkooperativen: Das Food-Coop Handbuch. Gemeinsam ökologisch handeln, Bochum 1998, hier S. 9.

161   Vgl. Helmke, Lutz: Food Coops – was sie sind und warum wir mehr von ihnen brauchen – ein Aufruf zur Neugründung. In: Der Rabe Ralf, Heft September 1995, S. 14f.; Schreiber, Oda: Regionalität im Test – Aktionen in der Food-Coop. In: Koop-Telegramm, Heft Juni 1997, S. 9; Hoffstiepel, Annette: Transparenz in der Bioszene. In: Alligator, Heft 11/2001, S. 8.

Fundamental für den politischen Zielhorizont blieb die Eigenwahrnehmung als Konsumenten.[162] Die soziale Funktion der Coops erfüllte, wie schon seit der Gründungszeit, die Inklusion einkommensschwacher Konsumenten in den ökologischen Handel, indem Arbeitszeit anstelle von Gewinn gesetzt wurde, mithin an der De-Kommodifizierung als Ideal festgehalten wurde.[163]

Entscheidend für die umwelt- und agrarpolitischen Ansprüche war zudem die Rezeption der Agenda 21 als Partizipationschance. Der BAG zufolge hätten die Umweltverbände seit 1992 die Tendenz gezeigt, als Experten in Debatten zu Lokalen Agenden aufzutreten und dabei eine basisdemokratische Legitimation zu vernachlässigen. Basisdemokratie stelle für die Coop-Mitglieder eine Chance dar. Demnach stünden Food Coops »mit in der Verantwortung, den Prozess der Lokalen Agenda 21 auf kommunaler Ebene zu beeinflussen und die Umsetzung mit ihren eigenen Forderungen zu gestalten«[164]. Zwar wird auf die Forderungen inhaltlich nicht näher eingegangen, allerdings dürften damit zwei Möglichkeiten gemeint sein. Zum einen gab es die Möglichkeit, regional tätige, aber noch nicht mit Bio-Label ausgezeichnete oder sich in der Umstellung befindliche Bauern zu unterstützen.[165] Zum anderen erschien jedoch schon das Engagement in einer Kooperative per se als Protest: »In einer Gesellschaft, in der der Normalbürger nur begrenzt Möglichkeiten hat, Einfluss auf das System zu nehmen, bieten Food Coops die Möglichkeit, wenigstens im privaten Bereich andere Wege zu gehen«[166].

Verglichen mit der Anfangszeit bis in die späten 1980er Jahre hatte sich damit das Selbstverständnis der Kooperativen grundlegend gewandelt: Nicht mehr die Gruppen selbst traten als politisch ambitionierte Akteure auf, sondern der Privatkonsument konnte das Werkzeug Food Coop nutzen, um in einem begrenzten Rahmen politisch aktiv zu werden. So sei auch der Konsum von regionalen Lebensmitteln sowohl ein Akt agrarpolitischer Partizipation als auch eine Lebensstilentscheidung, die den Lauf der Jahreszeiten wieder berücksichtige. Die Erkenntnis, »dass man nicht alles jederzeit haben muss«[167], sei politisch und führe wiederum zur Auseinandersetzung mit Luxuskonsum. Während Südfrüchte höchstens als Luxusgut geschätzt werden sollten, erschien auch eine selbstversichernde Abgrenzung zum konventionellen Handel und dessen Bio-Sortiment notwendig, da letzteres als überteuertes Merkmal sozialer Abgrenzung genutzt werde.[168]

---

162 Vgl. hier und im Folgenden BAG Lebensmittelkooperativen, Food-Coop Handbuch, S. 79–93.

163 Während die Kooperativen hinsichtlich ihrer Zahl gegenwartsnah schwinden, wurde der Vertrieb als Teil der ökologischen Produktion auch bei neueren Phänomenen wie der »solidarischen Landwirtschaft« übernommen, vgl. Boddenberg, Max: Solidarische Landwirtschaft als innovative Praxis – Potenziale für einen sozial-ökologischen Wandel. In: Jaeger-Erben, Melanie (Hg.): Soziale Innovationen für nachhaltigen Konsum. Wissenschaftliche Perspektiven, Strategien der Förderung und gelebte Praxis, Wiesbaden 2017, S. 125–148.

164 BAG Lebensmittelkooperativen, Food-Coop Handbuch, S. 90.

165 Vgl. Weinmann, Christoph: Lebensmittelkooperativen – Hintergründe, Grundsätze und Motivation. In: Koop-Telegramm, Heft Januar 1996, S. 5–8, hier S. 6f.

166 Ebd.

167 BAG Lebensmittelkooperativen, Food-Coop Handbuch, S. 92.

168 Vgl. Hoeft, Annette: Sind Öko-Lebensmittel Luxus? In: Koop-Telegramm, Heft März 1998, S. 4f.

Trotz der zwangsläufig exkludierenden Form der Kooperative war zumindest die BAG also bemüht, sich eine demokratische Funktion als Förderin von Gleichheit zu attestieren. Die Eigenwahrnehmung als Chance für Konsumenten, sich selbst in den Prozess der Agenda 21 einzubringen, führte allerdings nicht zu einem Aufschwung. Die praktischen Probleme, vor allem der schwierige Einkauf und die Mehrarbeit für Mitglieder, blieben bestehen.

Regionalität bei Slow Food

Mit dem Leitbegriff nachhaltige Entwicklung ging auch die Frage nach sozialer Nachhaltigkeit einher, angefangen mit der Schwierigkeit, soziale Nachhaltigkeit zu definieren. Eine Möglichkeit ist die Bewahrung der kulturellen, regionalen Eigenheiten der Nahrungsmittelversorgung für die nachfolgenden Generationen. Beispielhaft dafür ist die selbst so bezeichnete Slow-Food-Bewegung, deren Zweck nicht die Beschaffung von Lebensmitteln, sondern der persönliche Austausch mit dem Schwerpunkt Genuss war.

Aufmerksamkeit hat Slow Food mit dem eigenen Erfolg erregt, da es sich durchaus als Konsumentenbewegung bezeichnen lässt, die sehr schnell expandierte. Ein erster Verein ging in Italien 1986 aus der Initiative des Kommunisten Carlo Petrini hervor, der zuvor für die Tageszeitung »Il manifesto« Kolumnen verfasst hatte.[169] Der Schutz von regionaler Kultur gegenüber amerikanischem Imperialismus war ursprünglich wichtiger als der besondere Geschmack.[170] Die Legende, wonach Slow Food eine Protestbewegung gegen eine McDonald's-Filiale an der Spanischen Treppe in Rom 1986 darstellte, ist nur ein Teil der Gründungsgeschichte. Zudem erregte McDonald's mit der fraglichen Filiale Aufmerksamkeit weit über Slow Food hinaus.[171] Die internationalen Ableger, die nach wenigen Jahren in Westeuropa entstanden, betonten stets ihre Verbindung zur italienischen Mutter. Gegründet wurde der deutsche Slow-Food-Verein 1992 und gliederte sich bereits wenige Jahre später in lokale Gruppen, die sich als »Convivien« bezeichnen.[172]

Dementsprechend steht Region begrifflich bereits für geschmackliche Qualität:[173] Die Annahme eines ökologischen Anbaus gehörte hierzu ebenso wie die vermeintlichen Gefahren durch gentechnische Pflanzenoptimierung und durch Mineraldünger. Ebenfalls typisch ist die Rückbindung an entwicklungspolitische Probleme. So sei neben den mangelhaften sozialen und ökologischen Standards des konventionellen Landbaus in der Dritten Welt für den Genuss-Aspekt auch entscheidend, dass multinational tätige Lebensmittelkonzerne zunehmend die Strategie eines Einsatzes günstiger Ersatzstoffe

---

169   Vgl. Petrini, Carlo/Schaefer, Barbara: »Wir sind Kämpfer«. Interview mit »Slow Food«-Präsident Carlo Petrini, in: Spiegel Special, Heft 11/1997, S. 101.

170   Zur Entstehungsgeschichte vgl. Sept, Ariadne: Von Slow Food zu Cittaslow. Zur Übertragung einer innovativen Idee aus der Ernährung in die Stadtentwicklung, in: Hergesell, Jannis/Maibaum, Arne/ Minnetian, Clelia/Sept, Ariadne (Hg.): Innovationsphänomene. Modi und Effekte der Innovationsgesellschaft, Wiesbaden 2018, S. 61–79, hier S. 62–65.

171   Vgl. beispielhaft Suro, Mary Davis: Romans Protest McDonald's. In: The New York Times vom 05.05.1986, S. C 20.

172   Vgl. Rumpf, Stefan: Die Geschichte – Slowfood. In: Slowfood online (https://www.slowfood.de/wi rueberuns/slow_food_deutschland/die_geschichte, 25.09.2023).

173   Vgl. zum entwickelten Qualitätsbegriff Arcais, Andrea: Mit Qualität Genuss retten. Noch nie war Slow Food so aktuell wie heute, in: Schneckenpost, Heft 1/2001, S. 3.

anstelle von bisherigen Vollzutaten in Erwägung zogen.[174] Anschaulichstes Beispiel dafür dürfte das zunehmende Ersetzen von Kakaobutter durch Palmöl und Zusatzstoffe in Schokoladeaufstrichen sein. Durch diese Strategie werde im Süden naturräumlicher und sozialer Schaden zugefügt, während im Norden die Nahrungsmittelqualität leide.

Regionalisierte Bezugswege sollten aus Sicht von Slow Food auch aus staatsbürgerlichem Verantwortungsbewusstsein entstehen. Gleichberechtigt dazu erwartete der Verein, daraus keine kulturpessimistische Interpretation zu ziehen. Verhindern von Katastrophen durch Konsumverzicht, wie es die Gründungsgrünen oder Konservative wie Herbert Gruhl aus umwelt- und entwicklungspolitischem Pflichtgefühl befürwortet hatten, galt es zu vermeiden. Stattdessen wurde die Notwendigkeit regionalen Wirtschaftens mit einem kulturidentitären Aspekt verbunden.

Der Lebensstil, der durch Fast Food vermittelt werde, sei existenziell für alle Kulturen bedrohend, da die Agrar- und Esskultur »Grundlage aller Kultur«[175] darstelle. Begriffe wie Kulturidentität oder Authentizität vermied Slow Food dabei angesichts der möglichen Anknüpfungspunkte zur politischen Neuen Rechten. Dagegen übernahm Slow Food den Begriff »Terroir« aus dem Französischen. Dieser sollte das Verständnis von Kultur und Identität im Wandel ausdrücken. Der Genuss eines Weines etwa werde durch Beschaffenheit und Technik des Anbaugebiets bestimmt. Darüber hinaus spiegele das Terroir in einem weiteren Kontext

> »auch den Charakter der Gegend wieder (...): die Kultur und das Erbe einer bestimmten Gemeinde, ihre ständig im Wandel begriffene Anbauweisen. Sie sind alle miteinander verflochten und schaffen den kaum greifbaren, romantischen Aspekt einer Weinsorte. So würdigt und schätzt der Begriff Terroir die Traditionen und die Kunstfertigkeit des Weins und die Dynamik des Weinbaus.«[176]

Beispielhaft für das Terroir-Prinzip ist das Arche-Projekt, das Slow Food 1997 international anlegte. Die »Arche des Geschmacks« sollte bestimmten regionalen Produkten besondere öffentliche Aufmerksamkeit zukommen lassen. Ebenso wie etwa religiöse oder lokale Feste seien Produkte vom Aussterben bedroht, obwohl sie zur regionalen Kultur und deren Identität beitrügen.[177] Das ökologische Hauptkriterium bei der Aufnahme bestand in einem Beitrag des Produkts für die »nachhaltige Entwicklung der Region«[178].

Neben dem Beitrag zur ökologischen Diversität der jeweiligen Region weist dieser Punkt auch auf die Marktfreundlichkeit des Slow-Food-Vereins in Deutschland hin und

---

174 Vgl. Arcais, Andrea: Slow Food, Solidarität und Welthandel. In Schneckenpost, Heft 2/1996, S. 1.

175 Fleissner, Petra: »Im Zeichen der Schnecke«. Die Slow Food Bewegung, in: Umweltnachrichten, Heft 83/1999, S. 9–14, hier S. 10.

176 Lymburn, Janet: Das kulinarische terroir. In: Slow, Heft 4/2005, S. 60–63, hier S. 60. Ich danke Michael Zeheter herzlich für diesen Hinweis.

177 Vgl. Slow Food Deutschland: Das Manifest zur Kampagne: Die Arche des Geschmacks, in: Schneckenpost, Heft 4/2000, S. 19f. Die hier vorliegende Version des Manifests ist bereits die dritte nach einer ersten italienischsprachigen und einer noch vagen deutschen. Allerdings änderten die Versionen nichts an der Perspektivierung des Konsumenten, weshalb an dieser Stelle die Arbeit mit dieser überarbeiteten deutschsprachigen Version genügt.

178 Slow Food Deutschland, Manifest, S. 20.

damit auf einen grundlegenden Unterschied zur Fast-Food-Kritik der späten 1980er Jahre. So sollten die »Anbieter der Arche-Lebensmittel und -Speisen in ihren Bemühungen um eine systematische Markterschließung«[179] unterstützt werden, um regionale Warenkreisläufe zu fördern. Nachfrageseitig wurde mit der Öffentlichkeitsarbeit durch Veranstaltungen und Publikationen ein eigener Markt für Arche-Produkte angestrebt, der mit einem eigenen Label im Schnecken-Design beworben werden sollte.

Mehrfach beworben und über die Jahrtausendwende erfolgreich war dabei etwa der Handel mit Weinbergpfirsichen an der Untermosel.[180] Neben den daraus entstehenden Lebensmitteln, die regional identitätsstiftend sein sollten, versprachen sich Vertreter der Aktion von der Neuzüchtung der Pfirsichbäume auch Positivanreize für den Tourismus, der auf andere regionale Wirtschaftszweige wie Hotels und Gaststätten übergreifen könnte. An diesem Verständnis einer »Arche« gab es durchaus Kritik, jedoch eher biologisch-fachliche als eine grundsätzliche: So seien die Bedingungen und teilweise die Produkte, die gefördert werden sollten, bereits weitgehend aus einer menschengemachten Umwelt heraus entstanden, während das Projekt Wildtiere und -pflanzen weitestgehend ausklammere.[181] Der Tourismus als schädlicher Wirtschaftsfaktor für den Naturraum wurde in diesem Fall nicht problematisiert. Unerlässlich war die kulturelle Regionalentwicklung im Sinne des Terroir-Gedankens, für die das Produkt Weinbergpfirsich insbesondere mit seiner ästhetisch ansprechenden Blüte zweckmäßig war.

Slow-Food-Gruppen sahen und sehen sich vorwiegend selbst als Konsumentenorganisationen. Der eigene Zielhorizont hatte also Überlappungen mit Erwartungen an den Konsumenten, denen die Gruppen selbst gerecht werden wollten. Politisch daran war das Verständnis von Qualität, das von der sozialen Komponente nachhaltiger Entwicklung geprägt war. Jedoch war der Bezugsrahmen bei Slow Food für gewöhnlich nicht der Nationalstaat.[182] Die Projekte, die Slow Food förderte, hatten schlicht keinen einheitlichen Bezugsrahmen: Als Bewegung nahmen sich die Teilnehmer international wahr, während sich ihre Praxis auf eine selbst definierte Region bezog und keine Ansprüche auf legislative Schutzmaßnahmen, etwa für die Arche-Produkte, erhoben wurden.

4.2.2.3 Erfolge ökologischer Verbraucherschützer

Mit der steigenden Nachfrage nach ökologischen Konsumgütern war auch ein steigender Bedarf an Beratung verbunden. Ökologische Verbraucherschützer hatten deshalb eine ähnlich erfolgreiche Entwicklung wie Anbauverbände. Professionalisierung der eigenen Arbeit prägte die letzten Jahre vor der Jahrtausendwende. Für die Verbraucher Initiative bedeutete dies eine stärkere Orientierung an politischen Akteuren. Im Fall von Öko-Test als zweitem hier betrachteten Akteur bezog sich die Professionalisierung dagegen auf die bereits bewährte Alltagsorientierung. Die Zeitschrift war noch stärker auf ein lebensstilorientiertes Publikum ausgerichtet und weniger auf kommunale umweltpolitische Problemstellungen.

179   Ebd.

180   Vgl. Löwenstein, Reinhard: Passagiere der Arche. Wer gehört in die Arche? In: Schneckenpost, Heft 1/1999, S. 21.

181   Vgl. Weidner, Thomas: Anstöße zum neuen Archemanifest. In: Schneckenpost, Heft 4/2000, S. 22.

182   Vgl. Sept, Von Slow Food zu Cittaslow, S. 74.

Verbraucher Initiative: Nutzen von Marktmacht

Eine Geschichte der Verbraucher Initiative ließe sich als Erfolgsgeschichte beschreiben: Fehlstellen der AgV, sowohl beim fehlenden Schwerpunkt auf sozial-ökologische Themen als auch bei der Frage nach individuellen Teilhabemöglichkeiten, wurden von ihr zum Aufbau eines eigenen Profils genutzt, das sich im eigens verfassten Manifest 1991 widerspiegelte.[183] Dementsprechend war die Institutionalisierung der Verbraucher Initiative als Mitglied des 2000/01 gegründeten Verbraucherzentrale Bundesverband (vzbv) auch eine staatliche Anerkennung dieser Interessen.[184] Dieser Erfolg war auch das Ergebnis der Arbeit des Verbands insbesondere zu Beginn der 1990er Jahre.

Den Schwerpunkt der eigenen Arbeit legte die Verbraucher Initiative auf Europa. Mit der Einführung des Binnenmarktes in der EU 1992 waren die nunmehr europarechtlichen Regularien zur Einführung von neuartigen Gütern, insbesondere Lebensmitteln, auf dem deutschen Markt nach dem Empfinden der Verbraucher Initiative für Endverbraucher nur schwer zu durchschauen. Problematisch war demnach das Prinzip gegenseitiger Anerkennung, soweit keine EU-seitige Regulierung bestand:[185] In einem Mitgliedsstaat erlaubte Lebensmittel mussten grundsätzlich in jedem anderen Mitgliedsstaat ebenfalls angeboten werden können. Während kulturell unterschiedliche Auffassungen, etwa von der Zusammensetzung einzelner Produkte wie Nudeln oder Bier, dabei weniger problematisch erschienen, konzentrierte sich die Verbraucher Initiative vor allem auf Lebensmittel mit gentechnisch manipulierten Zutaten oder Zusatzstoffen.

Damit ging die Verbraucher Initiative über ihren Ansatz der Hilfestellung für Konsumenten zur Wahrnehmung von verantwortlichem Konsum hinaus und betrieb selbständig Verbraucherpolitik. Zentraler Gegenstand der Arbeit in den kommenden Jahren war die sogenannte »Novel-Food-Verordnung«, die bis zu ihrer Verabschiedung 1997 kontrovers diskutiert wurde.[186] Im Wesentlichen regelt die Verordnung den Umgang mit Lebensmitteln, deren Inhaltsstoffe bislang nicht in der Europäischen Union verwendet wurden, weshalb potentiell gesundheitsschädliche Folgen für Konsumenten nicht erfahrungsgemäß ausgeschlossen werden können. Obwohl diese Bedingungen auch bspw. bei in Europa ungenutzten natürlichen Zutaten erfüllt werden könnten, drehte sich die Diskussion in den 1990er Jahren an diesem Punkt um die Frage, wie gentechnisch manipulierte Zutaten verhindert oder zumindest beim Einkauf erkannt werden könnten. Letzteres wurde in Form einer etwaigen Kennzeichnungspflicht diskutiert.[187]

Konsumentenbezogene Befürchtungen betrafen in dieser Debatte die Möglichkeit der Verbrauchertäuschung. In der EU-Verordnung wurde die Kennzeichnungspflicht mittels des Kriteriums einer messbaren Veränderung der Produktzusammensetzung

---

183   Vgl. Verbraucher Initiative, Verantwortung der Verbraucherinnen und Verbraucher.

184   Vgl. Steffens, Verbraucherpolitik, S. 32.

185   Vgl. Fackeldey, Beate: Wieviel Eier braucht der Löffelbiskuit? In: Verbraucher Telegramm, Heft 1/1993, S. 8–10; Rieping, Maria: Umweltschutz im EG-Binnenmarkt. In: Verbraucher Telegramm, Heft 2/1993, S. 7–10.

186   Vgl. EG: Verordnung (EG) Nr.258/97 des Europäischen Parlaments und des Rates vom 27. Januar 1997 über neuartige Lebensmittel und neuartige Lebensmittelzutaten.

187   Vgl. Fackeldey, Beate: Kein Gentech-Lebensmittel ohne Kennzeichnung! In: Verbraucher Telegramm, Heft 3/1993, S. 5.

umgesetzt. Die Verbraucher Initiative hätte dagegen eine produktionsbezogene Kennzeichnungspflicht vorgezogen, also eine Information über verwendete genmanipulierte
Stoffe im Produktionsprozess, auch wenn sie im fertigen Konsumprodukt nicht mehr
nachweisbar sind.[188] Problematisch daran war aus Sicht der Initiative die praktische
Unmöglichkeit für den Konsumenten, seine Verantwortung wahrzunehmen, wozu
er nach dem Manifest der Verbraucher Initiative aufgefordert werden sollte. Zudem
erschienen die EU-Regulierungen als zu lasch, da sie Betrugsfälle vermeintlich nicht
hinreichend ausschließen konnten. Die Verbraucher Initiative warnte vor der Trägheit
der EU-Kommission bei möglicherweise illegalen Importen, bei denen bspw. genmanipulierte Maisfrüchte in gemeinsamen Chargen mit gentechnikfreien transportiert
würden.[189]

Bereits zu Beginn der 1990er Jahre, mit der Veröffentlichung des Manifestes der
Verbraucher Initiative, betonte der Verband stärker als zur Gründungszeit die Notwendigkeit zur Zusammenarbeit mit dem kommerziellen Handel. Grundlage dafür
war das amerikanische Projekt »Shopping for a better world«, das bereits erfolgreiche
Ratgeber herausgegeben hatte.[190] Der Kriterienkatalog, der von der Verbraucher Initiative für einen deutschen Ratgeber erarbeitet worden war, wurde zudem von Öko-
Test und vom AgV und den Verbraucherzentralen sowie vom UBA unterstützt.[191] Die
Verbraucher Initiative sah darin selbst einen entscheidenden Schritt ihrer eigenen Arbeit: Eine Zusammenarbeit zwischen »klassischen Verbraucherinstitutionen« und »der
neuen Verbraucherbewegung«[192], bestehend aus Öko-Test und eben der Verbraucher
Initiative, stelle einen Schritt auf Neuland dar. Die Phrase »Shopping for a better world«
könne eine Chiffre für die verbraucherpolitische Arbeit der Verbände in Deutschland
werden, ohne zwischen den alten Verbraucherverbänden und ihren jungen ökologischen
Gegenstücken grundsätzlich zu trennen.

Mit der Phrase »Shopping for a better world« änderte sich auch die Sicht auf den
Handel. Die Macht der Verbraucher bezog sich vor allem auf die Sanktionsfähigkeit,
sprich eine Boykottierung von Unternehmen. Der Vergleich zwischen Marktkonkurren-
ten, insbesondere Supermarktketten und Discountern in der Frage der Versorgung mit
ökologisch-sozial einwandfreien Waren erschien grundsätzlich geboten. Die organisier-

---

188   Vgl. EG, Verordnung (EG) Nr. 258/97; Spelsberg, Gerd: Novel Food-Verordnung: Notstopfen mit großen Lücken, in: Verbraucher Telegramm, Heft 1/1997, S. 6f.

189   Vgl. Spelsberg, Gerd: Die Zeit der Versuche ist vorbei. In: Verbraucher Telegramm, Heft 3/1995,
S. 2f.; ders: Kampf um Soja. In: Verbraucher Telegramm, Heft 4/1996, S. 6f.; ders.: Gen-Mais und
Markt-Macht. In: Verbraucher Telegramm, Heft 1/1997, S. 1f.

190   Vgl. Abel, Georg: Deutschlands erster Unternehmenstest: Ratgeber für einen verantwortlichen
Einkauf, in: Verbraucher Telegramm, Heft 5/1995, S. 2f.; zuvor bereits Walia, Susanne: Verantwortliches Einkaufen – verantwortliches Verkaufen. In: Verbraucher Telegramm, Heft 11/1991, S. 1f.; vgl.
Tepper Marlin, Alice (Hg.): Shopping for a Better World. The Quick and Easy Guide to All Your Socially Responsible Shopping, San Francisco 1994.

191   Vgl. dazu Institut für Markt Umwelt Gesellschaft (Hg.): Unternehmenstest. Neue Herausforderungen für das Management der sozialen und ökologischen Verantwortung, München 1997.

192   Beide Zitate Abel, Unternehmenstest, S. 2.

te Lenkung von Nachfrage war also entscheidend.[193] Vor diesem Hintergrund sei es auch im Interesse von Unternehmen, Dialog über lebensstilpolitische Fragen zuzulassen und eine konsensuelle Lösung von ökologisch-sozialen Problemstellungen anzustreben. Der Erfolg dieses Ansatzes zeigt sich auch in der zunehmenden Beschäftigung der AgV mit ökologischen Problemstellungen für Endverbraucher sowie nicht zuletzt in der Integration der Verbraucher Initiative in den vzbv im Jahr 2000.[194]

Bedeutend war für die Verbraucher Initiative die Sorge vor dem Missbrauch von gesetzlichen bzw. exekutiven Lücken: Beispielhaft ist die Recherche zu Pestizidrückständen in Babynahrung der Drogeriekette Schlecker im Jahr 1993, die die ökologisch angebaute Nahrung von Hipp der höheren Preise wegen ausgelistet hatte und stattdessen unter eigenem Label von einem spanischen Hersteller produzieren ließ.[195] Nachdem Auffälligkeiten bei einer routinemäßigen Probennahme nicht zur Veröffentlichung ebendieser Belastung geführt hatten, setzte die Verbraucher Initiative 1994 nach der Untersuchung in eigenen Tests gegenüber Schlecker die vollständige Unterlassung des Weiterverkaufs durch.

Mit der Durchführung eigener Tests bediente sich die Verbraucher Initiative der Hauptmethode der Arbeit von Öko-Test, ging aber anders als die Zeitschrift einen Schritt weiter. Dem Selbstverständnis als Repräsentantin der Konsumenteninteressen folgte auch die vermittelnde Arbeit mit Unternehmen. Diese Eigenwahrnehmung als Vermittlerin zeigte sich auch bei der konstruktiven Zusammenarbeit mit Produzenten und Händlern. Bei Letzteren sticht vor allem die gemeinsame Informationskampagne der Verbraucher Initiative und der Drogeriekette DM hervor, bei der ab 1993 DM-Filialen mit Informationsbroschüren der Initiative ausgestattet wurden und zudem verbraucherfreundliche Ideen wie Informationen über Preisstabilität an den Preisschildern eingeführt wurden.[196]

Das erste große Projekt einer Zusammenarbeit mit einem Großproduzenten war der Austausch mit Unilever zum Thema Gentechnik in Lebensmitteln 1995 gemeinsam mit Handelsvertretern der Deutschen Spar, der Gewerkschaft Nahrung-Genuß-Gaststätten sowie mit dem Deutschen Hausfrauenbund. Gegenstand der Gespräche waren die Lücken in der Zulassung gentechnisch modifizierter Nahrungsmittel am Beispiel von Enzymen, mithin also das »Thema, das bei vielen Verbrauchern Ängste und vielfältige Befürchtungen weckt«[197]. Dementsprechend sah sich die Verbraucher Initiative gegenüber ihren Individualmitgliedern hier besonders verpflichtet, da Unilever als multinationaler Mischkonzern sinnbildlich für die Gefahr einer globalisierten Nahrungsmittelversorgung stand. Schließlich war aus der Sicht des ökologischen Verbraucherschutzes zu

193 Vgl. dazu Billen, Gerd: Die Macht der Konsumenten: Was können wir tun? In: Glauber, Hans/Pfriem, Reinhard (Hg.): Ökologisch wirtschaften. Erfahrungen, Strategien, Modelle, Frankfurt a.M. 1992, S. 213–221, hier S. 217f.

194 Vgl. Steffens, Verbraucherpolitik, S. 29–33.

195 Vgl. Kühnle, Bernhard: Lindan im Babybrei – von Karotten, Lindan, Bananen, Brompropylat und anderen Zutaten, in: Verbraucher Telegramm, Heft 3/1994, S. 3f.

196 Vgl. Kühnle, Bernhard: Verbraucher Initiative startet Informationskampagne mit dm-drogerie markt. In: Verbraucher Telegramm, Heft 4/1993, S. 11.

197 Spelsberg, Gerd: Gendialog mit Unilever: »Interessenvertretung, nicht Kumpanei!« In: Verbraucher Telegramm, Heft 5/1995, S. 2f., hier S. 2.

befürchten, dass, wie im Falle der Verhandlungen über eine europäische Novel-Food-Verordnung, sich staatliche Regulierungen nach internationalen und damit vermeintlich intransparenten Standards richten könnten. Die Verbraucher Initiative sei daher in der Pflicht, über die fundamentale Opposition gegen Gentechnik hinauszugehen und »Schritte zu wagen, um den Prozess der Kommerzialisierung im Interesse der Verbraucher zu beeinflussen«[198].

Dass hier Gentechnik mit Kommerzialisierung gedanklich verknüpft wird, zeigt die Auseinandersetzung mit Unilever. Im Dialog selbst ging es um das gentechnisch veränderte Enzym Xylanase, dessen toxikologische Unbedenklichkeit von Unilever weitestgehend nachgewiesen werden konnte.[199] Wichtigstes Ergebnis war neben dieser Feststellung die Einsicht zur Notwendigkeit einer verbesserten Kommunikation zu Inhaltsstoffen, die gesetzlich nicht näher erläutert werden müssten.

Insofern war der Dialog mit Unilever zunächst ein Erfolg aus marketingstrategischer Sicht für Unilever selbst. Er steht analytisch aber auch für einen neuen partizipatorischen Weg mit Unilever als Sinnbild für die Lebensmittelindustrie: Stellvertretend für den Konsumentenbürger, der die Initiative unterstützte, erschien nun eine Lobbyarbeit gegenüber Produzenten sinnvoll, die sich ausschließlich auf die Marktmacht der Nachfrage stützte und auf einen Informationsausgleich abzielte. Mit dem Instrument Marktmacht ließen sich also Ergebnisse erzielen, ohne auf gesetzliche Regulierung angewiesen zu sein. Die Information zur bewussten Konsumentscheidung sei darüber hinaus »der Schlüsselbegriff für nachhaltigen Konsum«[200], womit der Vorstand der Initiative in einem Statement zum Abschluss des Dialogs die Konsumentenverantwortung als Hauptmotiv der eigenen Arbeit betonte. Damit Konsumenten Verantwortung wahrnehmen können, müsse jedoch eine transparente Kommunikation gesichert sein.

Die Unterstützung für den Verband konnte von den Mitgliedern auch lebensstilpolitisch geleistet werden. Nach der schrittweisen Liberalisierung der Telekommunikationsmarktes warb die Verbraucher Initiative um Unterstützung durch Nutzung eines spezifischen Anbieters, der wiederum eine Spende bzw. Provision an die Verbraucher Initiative überwies.[201] Dieses Modell bediene »eine soziale Preiskomponente«[202], die auch anbieterseitig eine attraktive Werbung darstellen könne mit einer moralischen anstelle einer sonst üblichen Betonung des Preis-Leistungs-Verhältnisses.

Das Spendenmodell der Verbraucher Initiative steht im Kontext der Kommunikation mit profitorientierten Händlern und Herstellern. Bei der Kommunikation betonte der Verband die eigene Expertise, die für Anbieter im Umgang mit einer nachlassenden Kun-

---

198   Ebd.

199   Vgl. Verbraucher Initiative/Deutscher Hausfrauenbund/Gewerkschaft Nahrung-Genuß-Gaststätten/Deutsche Spar/Unilever: Umwelt- und Verbraucherverbände mit Unilever im »Gen-Dialog«: Erstes Ergebnis und weitere Perspektiven, zit. in: Verbraucher Telegramm, Heft 5/1996, S. 16–18.

200   Vorstand der Verbraucher Initiative: Nach dem Gen-Dialog mit Unilever: Die 10 Punkte der Verbraucher Initiative, in: Verbraucher Telegramm, Heft 5/1996, S. 14f., hier S. 15.

201   Vgl. Abel, Georg: Telefonieren, Sparen & Spenden. Die etwas andere Form der Unterstützung unseres Verbandes, in: Verbraucher konkret, Heft 4–5/1999, S. 14; ders.: Mitglieder-Aktion geht weiter: »Telefonieren, sparen und spenden«, in: Verbraucher konkret, Heft 2/2001, S. 14f.

202   Abel, Telefonieren.

denbindung bestünde.[203] Demnach sei eine konsumentenseitig gefragte Strategie die Pflege eines verantwortungsbewussten Images. Dieses sei ein »notwendiges Geschäftskapital«[204], wobei ein umweltbewusstes Engagement einen wesentlichen Baustein dieses Geschäftskapitals darstelle. Am einfachsten sei dies durch eine entsprechende Anpassung des zu verkaufenden Sortiments im konventionellen Handel, der dann wiederum auch von den Verbrauchern verantwortungsbewusst angenommen werden sollte. Produzentenseitig erschien das Bestell-Versandhaus Manufactum als positives Beispiel, bei dem die eigens hergestellten Produkte möglichst nachhaltige Charakteristiken erfüllten, allen voran Reparaturfähigkeit, Verzicht auf Kunststoffe und Verzicht auf Importe von Billiglohnprodukten.

Öko-Test: Schutz und Verantwortung

Mit ihrer klar ökologischen Überzeugung war es auch der Zeitschrift Öko-Test gelungen, sich als bedeutender Akteur für den bundesdeutschen Verbraucherschutz zu etablieren. Bemerkenswert ist dieser Erfolg vor allem in Anbetracht der weit größeren Stiftung Warentest, die sich der steigenden Nachfrage nach umweltschonenden bzw. gesundheitsförderlichen Produkten keineswegs entzog. Öko-Test dürfte im Vergleich dazu bei umweltpolitisch engagierten Konsumenten gerade deshalb erfolgreich gewesen sein, weil die Redaktion sich keiner politischen Neutralität verpflichtet sah.

In den frühen 1990er Jahren begann Öko-Test damit, die eigene Schwerpunktsetzung und damit auch den eigenen Partizipationsanspruch zu ändern. Die Zeitschrift wandte sich, ebenso wie die Verbraucher Initiative, Verbraucherpolitik auf europäischer Ebene zu. So finden sich ab Mitte der 1990er Jahre kaum noch Reportagen über vermeintliche umweltpolitische Skandale auf lokaler Ebene. Häufiger kritisch begleitet wurden dagegen EU-Richtlinien, insbesondere zu Novel-Food-Produkten, zu denen im weiteren Sinn auch solche mit gentechnisch modifizierten Teilzutaten gehören.[205] Die Kritik daran, wie auch bei Artikeln über die Möglichkeiten zur Nutzung von Pseudo-Bio, fußte bei Öko-Test auf zwei Annahmen. Zum einen sei auf europäischer Ebene kein Verbraucherschutz existent, während Entscheidungen undurchsichtig gefällt würden. Zum anderen betonte Öko-Test, wie schon zuvor, die mangelnde demokratische Legitimierung von Agrarlobbyisten, während das Europäische Parlament praktisch kaum Relevanz habe. Zugriff auf eine potentiell ökologisch ambitioniertere Politik sei stärker durch direktpartizipatorische Verfahren zu erreichen. Deshalb sei besonders die ökologisch-kritische Begleitung von Umweltpolitiken auf lokaler Ebene durch Beteiligungen wie Mediationsverfahren wünschenswert.[206] Direktdemokratische Elemente erschienen aus dieser Sichtweise als wichtigstes Element, das in der Agenda 21 vorgeschlagen worden war. Die Forderung nach neuen Mitbestimmungsverfahren änderte jedoch

---

203　Vgl. Abel, Georg: Öko-Engagement noch gefragt? In: Verbraucher konkret, Heft 6/1999, S. 22–24.

204　Abel, Öko-Engagement, S. 24.

205　Vgl. Cejka, Regine: Alles Bio, alles Öko, alles Lüge. In: Öko-Test, Heft 1/1993, S. 10–17; Keller, Martina: Grüner Mist und weiße Westen. Die Gentechnik erobert den Alltag, in: Öko-Test, Heft 6/1993, S. 22–25; Paulus, Jochen: Mit Hummer und Informationen. Lobbyisten in Brüssel, in: Öko-Test, Heft 8/1993, S. 20–23; zur allgemein mangelhaften Kooperationsbereitschaft auf kommunaler Ebene dagegen Becker, Stefan: Das Schweigen der Ämter. In: Öko-Test, Heft 8/1995, S. 30–39.

206　Vgl. Cejka, Regine: Mut tut gut. Bürgerbeteiligung, in: Öko-Test, Heft 1/1996, S. 48–56.

nichts an der Wahrnehmung einer Staats- bzw. EU-Verantwortung beim ökologischen Verbraucherschutz, die nicht hinreichend oder nicht transparent genug erfüllt werde. Politisch war die Arbeit von Öko-Test also mit den Zielen der nachhaltigen Entwicklung seit dem Erdgipfel 1992 verknüpft. Anlässlich der Jahrtausendwende etwa beschäftigten sich zwei Grundsatzartikel mit dem »Ölzeitalter« als zwangsläufig historisch einmaligem Projekt, aus dessen Kenntnis sich die Pflicht zur Suche nach nachhaltigen Substituten ergebe, die aber gleichzeitig profitabel gestaltet werden könne, wie das Beispiel erdölfreier Kosmetikprodukte zeige.[207] Auch sei die Zerstörung der Umwelt zugunsten wirtschaftlichen Fortschritts schon traditionell eine schlechte Seite des menschlichen Handelns gewesen, erreiche jedoch neue Höhepunkte, da gegenüber dem historischen Vergleich die »Vergehen (...) drastischer, die Strafen hingegen milder geworden«[208] seien und umweltzerstörende Stoffe wie Treibhausgase oder radioaktiv belasteter Müll teilweise nicht mehr unmittelbar wahrnehmbar seien.

Die daraus entstehende Verantwortung zur Konsumreduktion bezog sich lediglich auf solche Produkte, die nicht-nachhaltig produziert werden. Dementsprechend wurden Orte für ökologischen Konsum größtenteils freundlich kommentiert. Während die Zeitschrift weiterhin kritisch über Pseudo-Bio-Labels aufklärte, erschienen etwa die Alnatura-Märkte und andere Bio-Supermärkte als attraktive Option zur Optimierung der Vertriebsmöglichkeiten von Öko-Bauern und zur praktischen Umsetzung nachhaltiger Entwicklung. Darüber hinaus übten Dorfläden eine eigene Funktion im Sinne sozial nachhaltiger Entwicklung aus, weshalb »Tante Emma (...) nicht sterben«[209] dürfe.

Unsicherheit über Gesundheitsrisiken blieb die Hauptgrundlage der Warenbeurteilungen von Öko-Test. Deutlich wurde dies während der BSE-Krise, zu deren medialer Rezeption Öko-Test einen Teil beitrug. Die Berichterstattung im Jahr 2001 war geprägt von Ratgebern zur möglichst umfassenden Vermeidung von Rindfleischprodukten bis hin zur Vermeidung von gelatinehaltigen Gummibärchen.[210] Die Redaktion empfahl dementsprechend Bio-Fleisch-Labels und sprach sich für Skepsis aus, wenn konventionelle Hersteller eine BSE-Freiheit garantierten.

Gleichwohl druckte Öko-Test während der vermeintlichen BSE-Krise ebensolche Werbungen, etwa vom Wurstfabrikanten Böklunder, ab, der die Verwendung von BSE-Schnelltests bei den eigenen Schlachtrindern garantierte.[211] Nicht zuletzt ist also der kommerzielle Erfolg zu beachten, den Öko-Test mit der Förderung von ökologischem Verbraucherschutz erreichen konnte. Dabei waren es nicht die meist lokalpolitischen Engagements mit dem Ziel der Herstellung öffentlicher Aufmerksamkeit, die eine wachsende Unterstützung der Redaktionsarbeit bewirkten, sondern der lebensstilpolitische Charakter der Zeitschrift mit der Mischung aus Gesundheitsschutz und politischer Teilhabe. Der Konsument, der hierbei angesprochen wurde, kam nicht aus

---

207 Vgl. Haas, Gabi: Das Ende von Oeldorado. In: Öko-Test, Heft 6/2000, S. 8–18.

208 Andreas-Grisebach, Manon: Geschichte einer Unterwerfung. In: Öko-Test, Heft 1/2000, S. 8–16, hier S. 16.

209 Schumacher, Birgit: Tante Emma darf nicht sterben! In: Öko-Test, Heft 6/1996, S. 10–17.

210 Vgl. N.N.: Fleischesfrust. In: Öko-Test, Heft 1/2001, S. 18–21; N.N.: Versteckte Risiken. In: Öko-Test, Heft 2/2001, S. 36–39; N.N.: Mehr Hirn als Verstand. In: Öko-Test, Heft 3/2001, S. 20–25; N.N.: Bovine Spongiforme Enzephalopathie. In: Öko-Test, Heft 3/2001, S. 36–54.

211 Vgl. Böklunder: Unsere Antwort auf Verbraucher-Verunsicherung. In: Öko-Test, Heft 3/2001, S. 43.

der Ökologiebewegung und hatte offenkundig noch keine hinreichenden Erfahrungen mit Bürgerbeteiligungsverfahren gemacht.

4.3 Der sozial-ökologische Konsumentenbürger

Zu Beginn des 21. Jahrhunderts war der politische Konsum weitestgehend etabliert, in Teilen sogar institutionalisiert. Dieses Ergebnis ist ein Erfolg für die Akteursgruppen, die sich für mehr und professionelleren Handel und für geringere politische Ansprüche an den politischen Konsum einsetzten. Selbst bis in die Gegenwart lassen sich ähnliche Praktiken und grosso modo die gleichen Akteure feststellen, die sich mit Zielen politischen Konsums auseinandersetzen. Allen voran diente in den letzten Jahren des 20. Jahrhunderts nachhaltige Entwicklung als einender Leitbegriff, der auch als Grundlage zur engeren Zusammenarbeit zwischen Akteuren des fairen und des ökologischen Handels diente. Die starken Überlappungen und fehlenden Konfliktlinien sind charakteristisch für die letzten Jahre vor der Jahrtausendwende, in denen sich auch die Konsumentenbilder deutlich von der Zeit vor 1990/92 unterschieden.

Kontinuitäten und Verständigung zwischen den Akteursgruppen begünstigten gemeinsam mit den Kontextänderungen zu gleichartigen Erwartungen an den Konsumenten. Diese Erwartungen lassen sich spätestens zur Jahrtausendwende als Sozialfigur beschreiben. Der Begriff Sozialfigur hat den Vorteil, nicht an eine feste soziologische Methodik gebunden zu sein.[212] Laut Sebastian Moser und Tobias Schlechtriemen, handele es sich

>»nicht einfach um eine historische Person. Vielmehr werden in ihr gesellschaftliche Erfahrungen figurativ verdichtet. Ihr Auftauchen bietet die Möglichkeit über Ereignisse oder Erfahrungen zu kommunizieren, die zu einem bestimmten historischen Zeitpunkt von den Gesellschaftsmitgliedern erlebt und geteilt werden.«[213]

Der sozial-ökologische Konsumentenbürger war eine Sozialfigur mit bestimmten Eigenschaften. Sie kann sich also erheblich vom messbaren Einkaufsverhalten der Verbraucher unterscheiden.[214] Die wesentlichen Eigenschaften, die diesen Konsumentenbürger definierten, gilt es näher zu untersuchen. Dabei ist nicht entscheidend, ob und wie viele Konsumenten tatsächlich aus Überzeugung den eigenen Konsumstil umstellten. Vielmehr war der sozial-ökologische Konsumentenbürger als Sozialfigur eine Basis für die partizipatorischen Ansprüche der Gruppen, die als Vertreter dieser Figur auftraten. Dazu gehörte auch, politische Partizipation sowie moralische Überlegungen als Elemente des jeweils eigenen Zielhorizonts zu nutzen.

---

212   Vgl. Moebius, Stephan/Schroer, Markus: Einleitung. In: Dies. (Hg.): Diven, Hacker, Spekulanten. Sozialfiguren der Gegenwart, Berlin 2010, S. 7–12, hier S. 8.

213   Moser, Sebastian/Schlechtriemen, Tobias: Sozialfiguren – zwischen gesellschaftlicher Erfahrung und soziologischer Diagnose. In: Zeitschrift für Soziologie, Heft 3/2018, S. 164–180, hier S. 171.

214   Vgl. dazu Noblet, Caroline/Teisl, Maria: Eco-labelling as sustainable consumption policy. In: Reisch, Lucia/Thogersen, John (Hg.): Handbook of Research on Sustainable Consumption. Cheltenham 2015, S. 300–312, hier S. 302–304.

Nachfolgend werden die beiden zentralen Eigenschaften des sozial-ökologischen Konsumentenbürgers vorgestellt. Diese Eigenschaften entsprechen den Erwartungen an das richtige Verhalten von Konsumenten. Für die Beschreibung einer Sozialfigur ist es zudem wichtig, dass die Eigenschaften eng miteinander verknüpft waren. Mit anderen Worten war eine solche Sozialfigur bspw. in den frühen 1980er Jahren mit den Deutungskämpfen um den richtigen solidarischen Konsum noch nicht möglich. Ohne diese Deutungskämpfe wurde die Partizipation insbesondere von Fragen nach Vertrauen geprägt. Gleichzeitig ist der sozial-ökologische Konsumentenbürger mündig. Er nimmt am politischen Konsum eigenverantwortlich teil.

In einem zweiten Schritt ist der Blick auf die Hürden zu richten, die mit der Sozialfigur deutlich wurden und deshalb indirekt Eigenschaften der Sozialfigur sind. Mit den Hürden sind Ungleichheiten gemeint, die in den vorherigen Entwicklungsphasen des politischen Konsums teilweise bereits offen zutage getreten waren. Bei der Konstruktion der Sozialfigur wurden sie allerdings zu notwendigen Voraussetzungen des sozial-ökologischen Konsumentenbürgers.

4.3.1 Eigenschaften der Sozialfigur

In den letzten Jahren vor der Jahrtausendwende erzeugten die Teilhabechancen beim politischen Konsum einen widersprüchlichen Eindruck: Durch die Handelsausweitungen der großen Fair- und Bio-Verbände wurde die Schwelle zum Einkauf von entsprechend gelabelten Produkten gesenkt, da sie schneller und einfacher zur Verfügung standen. Dieser Prozess ging zwangsläufig jedoch auch mit einer Professionalisierung der Verbandsarbeit einher, die den Gestaltungsspielraum für Laien in vielen Fällen auf den Einkauf selbst einschränkte. Der sozial-ökologische Konsumentenbürger zeichnete sich daher als Sozialfigur durch das Vertrauen aus, das er den Verbänden und ihrer Lobbyarbeit entgegenbrachte. Der Konsum diente insofern als Akt des Auftrags zur Interessenrepräsentation. Dieser Akt entband den Konsumentenbürger jedoch nicht von der eigenen, staatsbürgerlichen Verantwortung.

Vertrauen und Interessenrepräsentation

Besonders deutlich wurde die Rolle von Vertrauen beim fairen Handel, dessen Vorgänger stets auf das Vertrauen aller beteiligten Akteure angewiesen war. Obwohl die Wahrnehmung einer Kommerzialisierung des fairen Handels legitim war, ging damit keine pauschale Entpolitisierung einher. Professionalisierung des fairen Handels bedeutete für Chancen politischer Partizipation vor allem die Verlagerung von Gestaltungsmöglichkeiten. Weniger die Kirchengruppen oder einzelne Weltläden, vielmehr von GEPA und TransFair organisierte Kampagnen zur Förderung des fairen Handels galt es nun zu unterstützen. Entscheidend für diesen Ansatz waren vor allem Konsensfähigkeit und damit einhergehend Vertrauenswürdigkeit.

Der Konsumentenbürger war in diesem Bild ein reflektierter Marktteilnehmer. Die GEPA verlangte ein Denken, das Umwelt und Entwicklung nach dem Erdgipfel von Rio als wechselseitig abhängige Variablen betrachten solle.[215] Durch die optionalen Bio-Zu-schläge für ökologisch korrekten Anbau sei dem Konsumenten die Möglichkeit gegeben, einen Beitrag gegen die Zerstörung von Ackerflächen durch pestizidgestützte Landwirt-schaft in der Dritten Welt zu leisten. Die schon bei den Anfängen der A3WH diskutierte Vertrauensbeziehung, die sich in der Unterstützung der GEPA durch den Kaufakt äußer-te, ging beim Bio-Zuschlag noch einen Schritt weiter. Schließlich war für Konsumenten nicht ohne Weiteres überprüfbar, wie schadstoffarm das Produkt tatsächlich war und wie Bauern an die notwendige Expertise kommen konnten. Das Vertrauen in die an der Vertriebskette Beteiligten musste entsprechend hoch sein. Dadurch lag jedoch die Frage nahe, inwieweit Marktintegration und moralische Integrität vereinbar seien.

Misereor, das auch den TransFair-Sprecher stellte, war sich dessen bewusst.[216] Aller-dings sei »es in der gegenwärtigen Situation besser, besonders benachteiligte Kleinbau-ern durch faire Preise direkt zu unterstützen, als auf eine derzeit noch in weiter Ferne liegende globale Lösung zu setzen«[217]. Mit anderen Worten wurden die ursprünglichen Forderungen nach einer grundlegenden Änderung der außenhandelspolitischen Rah-men aufgegeben zugunsten professionalisierter Methoden.

Diese Einschränkung der eigenen Argumentation führte auch dazu, dass die Rolle der Konsumenten den marktwirtschaftlichen Prinzipien angepasst wurde. Als der Le-bensmitteldiscounter »Plus« im Jahr 1999 TransFair-gelabelten Kaffee auslistete, verwies TransFair in der eigenen Stellungnahme auf die fehlenden Einnahmen für Kleinbau-ernfamilien.[218] Der Leser wurde daher dazu angehalten, den Marktleiter der jeweiligen Plus-Filiale auf fair gehandelten Kaffee anzusprechen, um, entgegen den schwachen Verkaufszahlen, das Angebot fairen Kaffees als dem Kundenwunsch entsprechend dar-zulegen. Die Zentrale habe gegenüber TransFair angegeben, die »Sortimentsauswahl an der Nachfrage und den Wünschen der Kunden zu orientieren. Wir möchten mit dieser Nachfrageaktion der Geschäftsführung deutlich machen, dass die Auslistung nicht dem Kundenwunsch entspricht«[219]. TransFair war hierbei der Interessenvertreter der Kundenwünsche. Der Konsumentenbürger sollte also seiner Verantwortung nach-kommen und die Plus-Märkte anschreiben, während TransFair als vertrauenswürdiger Interessenrepräsentant auftrat.

Dementsprechend zielten Angriffe auf das Modell TransFair vor allem auf die Glaub-würdigkeit als verwundbaren Punkt ab, da hierbei das politische Mandat infrage stand. In einem Bericht der Fernsehsendung »Frontal« vom Mai 2000 wurde TransFair insbe-sondere vorgeworfen, nicht genügend für die Verteilung der durch den fairen Preis er-zielten Mehrerlöse zu sorgen und selbst eine hohe Lizenzgebühr zu verlangen, die nicht den Bauern zugutekomme.[220] Der Angriff auf die Glaubwürdigkeit von TransFair mit-hilfe von normativen Statements zur Moral war geschickt, da die gelabelten Produkte

---

215   Vgl. Glaser, Norbert: Fairer Dritte-Welt-Handel steht vor Strukturveränderungen. In: epd Entwick-lungspolitik, Heft 14/1996, S. 6.

216   Vgl. N.N.: Hilfe für Tausende von Kaffeebauern. In: Misereor aktuell, Heft 3/1994, S. 3.

217   Ebd.

218   Vgl. N.N.: Aktion bei »Plus« zur Wiederaufnahme des fair gehandelten Kaffees. In: Extra-Blatt, Heft 2/1999, S. 3.

219   Ebd.

220   Vgl. Schnurbus, Winfried: Unfaire Geschäfte über »Transfair«. ZDF »Frontal« vom 16.05.2000.

äußerlich nicht von nicht-fairen Produkten zu unterscheiden waren. Daher war es im Nachgang des Frontal-Berichts für die Labelorganisation auch einfacher, sich gegen Vorwürfe zu den eigenen hohen Lizenzgebühren zu verteidigen, während bei der Kontrolle auf die internationale Vernetzung und die häufigen Besuche internationaler Vertreter bei den fraglichen Bauern, eine Kakaobauerngenossenschaft in Ghana, verwiesen werden musste.[221]

Der Frontal-Bericht hatte nur kurzfristige Wirkungen in Form von zahlreichen irritierten Anfragen bei der Kölner Geschäftsstelle von TransFair. Die Intention des Berichts zeigt aber die Verknüpfung der Eigenschaften des Konsumentenbürgers auf: Die Zuschreibung von Reflexionsvermögen und sachliche Vorbildung waren als Vorbedingung ex negativo Teil der Sozialfigur, gleichzeitig hatte der Konsumentenbürger Vertrauen in die Interessenvermittler.

Außerhalb der Sozialfigur erschien gerade diese Verknüpfung problematisch. Tatsächlich mangelhafte Vorbildung bei einem Teil von Unterstützern des fairen Handels machte das große Vertrauen in Organisationen wie TransFair, die nun als Interessenrepräsentanten auftraten, angesichts fehlender Kontrolle aus Sicht der ZDF-Recherche problematisch. TransFairs Geschäftspraxis basierte auf einem Versprechen als Dienstleistung, wonach der Konsumentenbürger zwar über die entwicklungspolitische Arbeit im Rahmen des fairen Handels informiert sein sollte, aber in der Realität des fairen Handels im Supermarkt lediglich das Vertrauen des Käufers notwendig war.

Der sozial-ökologische Konsumentenbürger dagegen war für die Legitimation als politische Interessenvertretung notwendig für die Akteure des fairen Handels: Die Sozialfigur mit ihrem reflektierten Handeln machte die Umsätze beim Verkauf erst zu einem politischen Statement. Ohne die Sozialfigur ließe sich entwicklungspolitische Arbeit in diesem Kontext in erster Linie als Marketingstrategie lesen. Entsprechend war die Vertrauenswürdigkeit auch außerhalb des Bildes vom Konsumentenbürger nützlich als Werbung für Verbraucher, die offen waren für die moralische, aber nicht für die analytisch-kritische Komponente von lebensstilpolitischem Konsum. Inwiefern die Erwartung an ein moralisches Verhalten von Konsumenten noch als politischer Konsum oder tendenziell als unpolitische Spende zu werten sei, wurde jedoch nur von den Gruppen der Solidaritätsbewegung diskutiert.

Vertrauen als Grundlage für die Teilhabe am politischen Konsum beschränkt sich nicht auf den fairen Handel, der aufgrund der abstrakten Beziehung zwischen Produzenten und Konsument auf Vertrauenswürdigkeit stark angewiesen war. Bio-Labels brauchten ebenfalls das Vertrauen ihrer Käufer, jedoch nicht derart ausgeprägt. Bei Bio-Waren gibt es zumindest die Möglichkeit, geschmackliche und äußere Eigenschaften zu erkennen, die auf die Herkunft schließen lassen. Für den Konsumentenbürger waren zudem die Verbandslabels nicht in der Form Interessenrepräsentanten, wie es die Träger des fairen Handels waren. Bio-gelabelte Waren sollten vielmehr den Einkauf des Konsumentenbürgers erleichtern, um verantwortlich zu handeln. Dafür war jedoch,

221   Vgl. TransFair: Stellungnahme von TRANSFAIR zum Frontal-Beitrag »Unfairer Handel« vom 16.05.2000, in: epd-Entwicklungspolitik, Heft 11–12/2000, S. 54f.; Stricker, Stephan: Frontalzusammenstoß. In: Welt & Handel, Heft 7/2000, S. 1f.

wie noch zu zeigen ist, angesichts der Angebotsfülle zunächst ein gewisses Maß an Vorbildung nötig.

Auch im Bereich der ökologischen Verbraucherarbeit wurde Vertrauen als Bestandteil des Konsumentenbürgers vorausgesetzt. Interessenrepräsentation war ab den frühen 1990er Jahren vor allem für die Arbeit auf europäischer Ebene eine wichtige Legitimationsgrundlage. Die Fokussierung auf die europäische Ebene wiederum führte zu entsprechenden Aufrufen an den Konsumenten, wie sich am Beispiel der Verbraucher Initiative zeigte. Dieser sollte in seiner Eigenschaft als Verbraucher geschützt werden vor dem Missbrauch rechtlicher Grauzonen durch Produzenten, auch sollte er entsprechend der Verbandsziele eigenverantwortlich handeln. Vor allem aber war er als Konsumentenbürger dazu aufgefordert, die Verbraucher Initiative und ihre Arbeit in Brüssel zu unterstützen.

Dazu gehörten die schon länger etablierten Postkartenaktionen, aber nun auch die Bemühung, Aufmerksamkeit von Abgeordneten des Europäischen Parlaments zu erlangen. So erhielt in der hauseigenen Zeitschrift die Europawahl 1994 wesentlich mehr Berichterstattung als die Bundestagswahl im gleichen Jahr. Die Individualmitglieder sollten die Abgeordneten ihres Wahlkreises zur Stellungnahme zu Forderungen der Verbraucher Initiative auffordern:

> »Deshalb bitten wir Sie als unsere Mitglieder um Mithilfe: Geben Sie unsere Wahlprüfsteine Ihren/Ihre Kandidaten/in für das Europaparlament weiter (...). Schicken Sie uns die Antworten und Reaktionen Ihrer KandidatInnen zu.«[222]

Die Forderungen bezogen sich auf die Novel-Food-Verordnung, Lebensmittelbestrahlung, Kunstdünger- und Pestizidrückstände in Wasser und Nahrungsmitteln sowie auf Müllpolitik. Von den verbraucherpolitischen Sprechern der vier großen Parteien lehnte keiner eine Forderung der Verbraucher Initiative ab.[223] Während die bündnisgrüne Vertreterin Hiltrud Breyer in der Frage der Müllpolitik sogar mit einer Vermeidungsquote weitergehende Forderungen in den Raum stellt als die zur Debatte stehenden Packungs- und Recyclingfragen, war insbesondere der christdemokratische Sprecher Siegbert Alber um eine Vermittlung zwischen den Forderungen und der Arbeit des Europaparlaments bemüht.

Die Ergebnisse der Befragung zeigen beispielhaft die Wirkmacht des ökologischen Verbraucherschutzes auf. Etwaige argumentative Schwachstellen der Initiative-Forderungen wurden in keiner der 20 Antworten erwähnt, sondern durchgängig das Narrativ einer möglichen Bedrohung, die bspw. von Novel Food ausginge, übernommen.[224] Dieser Befund spricht für das hohe Level der Repräsentationsfähigkeit, die der Verbraucher Initiative zugesprochen wurde: Der Konsumentenbürger war bei der Verbraucher

222 Kühnle, Bernhard: Europa vor der Wahl. Über Verbraucherschutz wird in Brüssel entschieden, in: Verbraucher Telegramm, Heft 2/1994, S. 3f.

223 Vgl. Kühnle, Bernhard: Quo vadis, Europa? In: Verbraucher Telegramm, Heft 3/1994, S. 7–10.

224 Beispielhaft für willkommene Reformen wären natürliche gesundheitsfördernde Substitute, vgl. Spelsberg, Gerd: Roter Reis, oder: Die richtige Farbe der Wurst, in: Verbraucher Telegramm, Heft 3/1997, S. 2f.

Initiative die Legitimationsgrundlage, in diesem Fall allerdings in Form der Individualmitgliedschaft.

Darüber hinaus waren die Antworten der Bündnisgrünen die einzigen, die sich einschränkungslos den Forderungen anschlossen und nicht auf bereits erreichte Regulierungen verwiesen. Die Grünen arbeiteten intensiv mit der Rolle als Interessenrepräsentantin des sozial-ökologischen Konsumentenbürgers. Diese Rolle wurde zwar nicht von der Verbraucher Initiative etwa in Form eines Wahlaufrufs reflektiert, wurde aber zur Jahrtausendwende in der sich abzeichnenden BSE-Krise offensichtlich. Sinnbildlich dafür steht ein veröffentlichtes Gratulationsschreiben der Verbraucher Initiative an Renate Künast nach ihrer Ernennung zur Bundesministerin:[225] Demnach sei die Sicherheit der landwirtschaftlichen Güter höher einzuordnen als wirtschaftliche Interessen, auch der Endverbraucher, weshalb die Initiative der Ministerin die Unterstützung zur Umsetzung »auch unpopuläre[r] Maßnahmen«[226] zusagte. Damit verknüpft war die Hoffnung, insbesondere bei der Frage der kommerziellen Verwertung von vorsorglich geschlachteten Rindern während der BSE-Krise größeres Gehör als bislang im Vergleich zu Vertretern des DBV zu erlangen. Der Konsumentenbürger konnte, so das suggerierte Bild, durch die Individualmitgliedschaft einen Beitrag zur ökologischen Lobbyarbeit leisten.

Wie in den Vorkapiteln gezeigt wurde, fand ökologischer Verbraucherschutz bereits in den umweltpolitischen Skandalisierungen von insbesondere landwirtschaftlichen Produktionstechniken der 1980er Jahre Berücksichtigung. Zum Ende des 20. Jahrhunderts kam jedoch mit der BSE-Krise ein Phänomen hinzu, das Konsumenten vermeintlich unmittelbar bedrohen konnte. Im Gegensatz zu abstrakten Gefahren durch Spuren von Pestiziden o.ä. war es bei BSE möglich, dem Konsumentenbürger ein berechtigtes Misstrauen gegenüber der gesamten Fleischindustrie zuzuschreiben. Aus dieser Zuschreibung wiederum ließ sich die Legitimation für politische Forderungen ziehen.

Die Lösung für die diagnostizierte Vertrauenskrise bestand für die Bündnisgrünen in der Umsetzung der Vorschläge ökologischer Anbauverbände und Verbraucherberater. Das Ausweichen auf Bio-Fleisch erschien als sinnhafte Alternativempfehlung an den Konsumenten, da Rinder in Öko-Betrieben ohnehin zwei Hektar Weide zur Verfügung haben mussten und deshalb nicht auf eine Zufütterung durch Tiermehle angewiesen seien.[227] Als Konsequenz forderten die Bündnisgrünen, keine Entschädigung für die Massenschlachtungen in konventionellen Betrieben auszuschütten, sondern stattdessen ein Sofortprogramm zur Umstellung der Fleischversorgung auf regionale und ökologische Produktion zu finanzieren. Regionalität als Prinzip nachhaltiger Entwicklung sollte neben den positiven ökologischen Effekten auch zur Vertrauensbildung bei den Verbrauchern beitragen. Auch bot die Vorstellung des Konsumentenbürgers als Schutzbedürftiger die Möglichkeit, ähnlich emotional besetzte Themen wie etwa ein Verbot gentech-

---

225 Vgl. Kublitz, Dieter: Brief an Renate Künast vom 17.01.2001, zit. in: Verbraucher konkret, Heft 1/2001, S. 4.

226 Ebd.

227 Vgl. Höfken, Ulrike: Der Wahnsinn hat Methode. BSE ist keine Naturkatastrophe, in: grün & bündig, Heft Juli 1996, S. 12f.

nischer Arbeit in der Tierzucht als Teil einer grundsätzlichen, technikkritischen Problematik miteinzubeziehen.[228]

Die Grünen beschränkten sich hierbei auf einen ökologischen Schutz der Konsumenten, während Aktionsmöglichkeiten für Konsumenten ausgeblendet wurden. Auch die Regionalisierung der Fleischversorgung sollte als Sofortprogramm des Bundes eine rasch wirksame Top-down-Maßnahme darstellen, die sich vor allem mit der Größe der wahrgenommenen Gefahr erklären lässt, die einen etwaigen Boykott von Rindfleisch als gezielte Gegenmaßnahme als zu unsicher erscheinen ließ. Der Konsumentenbürger zeichnete sich durch das Vertrauen aus. Gleichwohl differenzierten die Bündnisgrünen nicht zwischen dem bereits vorhandenen Misstrauen gegenüber der Fleisch- und Agrarindustrie innerhalb des ökologischen Milieus einerseits und dem durch die akute BSE-Krise verursachten Misstrauen andererseits.

Unabhängig von unrealistischen Zielsetzungen wie etwa einem zehnprozentigen Marktanteil von Produkten des ökologischen Landbaus bis 2005 entwickelte Künasts Rhetorik ihre Wirkmacht, indem sie Normen, die innerhalb der Akteursgruppen des ökologischen Landbaus und allgemein innerhalb der ökologischen Szene bereits seit 20 Jahren etabliert waren, nun gegen wenig Kritik als Ziel für die staatliche Agrarpolitik etablieren konnte. Der Widerspruch, der seitens der Agrarindustrie hinsichtlich der Machbarkeit, insbesondere mit Verweis auf vermeintlich steigende Konsumentenpreise angeführt wurde, ließ sich mit dem Verweis auf die Gefahrenwahrnehmung der Konsumenten durch BSE als moralisch delegitimiert darstellen.

Anders als bei den bisherigen wahrgenommenen Umweltkatastrophen, insbesondere Seveso, Sandoz und Tschernobyl, waren nun potentiell unmittelbar deutsche Produzenten betroffen. Damit verknüpft war die Sorge der Verbraucher, die auf bündnisgrüne Verantwortungsträger traf.[229] Der Konsument sollte mündig agieren und benötigte Hilfe zur praktischen Umsetzung, um dem ökologischen Landbau über Subventionen hinaus zu umweltpolitisch erwünschten Absatzsteigerungen zu verhelfen. Dadurch konnte der Konsument zum Konsumentenbürger werden. Renate Künast schrieb hierzu:

»Die Sicherheit von Lebensmitteln und anderen Produkten muss bis ins Detail überwacht, Geschäftsbedingungen müssen durchschaubar gemacht werden. Was drin ist, muss auch draufstehen. Und was draufsteht, muss verständlich sein. Einheitliche Gütesiegel (...) bieten hier Transparenz und Sicherheit, denn die Verbraucher können so auf die Qualität des ausgewiesenen Produkts vertrauen. Die Kunst ist, den Verbraucher durch Gesetze und Verordnungen staatlich Schutz zu geben und ihn gleichzeitig zur Eigeninitiative und zur aktiven Mitsprache zu animieren. Von politischer Seite geht es darum, den Konsumenten die freie Wahl zu ermöglichen.«[230]

Kern der grünen Argumentation war hierbei Vertrauen. Das Konsumentenvertrauen erschien dieser Logik zufolge als Legitimation für weitere umweltpolitische Regelungen

---

228 Vgl. Fraktion Bündnis 90/Die Grünen, BT-Drucksache 13/4388.

229 Vgl. zur Eigensicht etwa Höfken, Ulrike/Grewer, Arnd: Gemeinsam umgestalten. In: Schrägstrich, Heft 1–2/2001, S. 22f.

230 Künast, Renate: Klasse statt Masse. Die Erde schätzen, den Verbraucher schützen, München 2002, hier S. 152f.

und Subventionen. Die Teilhabe des Konsumentenbürgers erstreckte sich auf das gezielte Einkaufen, das jedoch ein Mindestmaß an Vorbildung – hier: das Erkennen der Herkunft von Rindfleisch – voraussetzte. Politische Partizipation war nach diesem Modell nicht mit unmittelbarer politischer Gestaltungsfähigkeit verbunden.

Der sozial-ökologische Konsumentenbürger unterstützte also die Agrarwende. Verbunden war sie mit dem Kauf von Produkten mit Öko-Labels. Labels stellten zudem eine Trennlinie dar, auf die noch näher einzugehen ist.

Staatsbürgerliche Verantwortung

Als Sozialfigur ist der sozial-ökologische Konsumentenbürger eine Darstellung von Erfahrungen und idealisierten Erwartungen. Er lässt sich daher nicht ohne Weiteres auf das individuelle Konsumentenverhalten in der Zeit um das Jahr 2000 anwenden. Die Übernahme individueller Verantwortung als Beitrag zu nachhaltiger Entwicklung als Eigenschaft der Sozialfigur ist deshalb nicht zu verwechseln mit verbraucherwissenschaftlichen Phänomenen wie dem Lifestyle of Health and Sustainability.[231] Beispielhaft dafür sind die Konsumentenerwartungen des UBA: Nachhaltige Entwicklung diente dem UBA offensichtlich einer Zielerweiterung des Umweltzeichens. Während die erste Broschüre zum »Zeichen der Zeit« im Jahr 1983 noch die fakultativen Möglichkeiten aufzeigte, die Bürger zum Umweltschutz beim Konsum beitragen können, standen nach Rio individuelle Verantwortung und Pflicht des Konsumentenbürgers als Schlussfolgerungen der Beschlüsse im Vordergrund.

Der Kauf gelabelter Produkte könne dabei nur ein erster Schritt auf dem Weg zur nachhaltigen Entwicklung sein.[232] Umweltpolitische Informationsarbeit blieb zwar eine individuelle Verantwortung, aber das UBA erweiterte nun den Blick auf wünschenswerte Praktiken auch in anderen Konsumbereichen, für die bereits Beispiele eines wünschenswerten Konsumentenverhaltens vorlagen. Dieser zeichnete sich in erster Linie durch sein vorhandenes Wissen aus, aus dem sich ein vorbildhaftes Verhalten ableitete.

Hinsichtlich der Konsumenten war die Herausforderung für das UBA in den 1990er Jahren die Vermittlung zwischen der Notwendigkeit zu nachhaltiger Entwicklung und der Herstellung von konsumentenseitiger Einsicht für konsumeinschränkende Maßnahmen. Einsicht, so eine These des UBA zur nachhaltigen Entwicklung, könne desto eher erreicht werden, je länger sich der Anpassungszeitraum dehnen ließe.[233] Dementsprechend standen in den UBA-Ausführungen die logischen Spannungen zwischen der Befürwortung einer zunehmend globalisierten Handelspolitik und ökologischen Notwendigkeiten nicht im Vordergrund. Ziel des UBA war die Vermittlung eines Kompromisses gegenüber Konsumenten. Zweck dieses Kompromisses war die schrittweise Erweiterung des Konsumentenbürger-Bildes. So hätten Produkte sowohl einen symbolischen als auch einen funktionellen Wert. Das UBA erkannte, dass die Käufer über

---

231   Vgl. Kirig, Anja/Wenzel, Eike: LOHAS. Bewusst grün – alles über die neuen Lebenswelten, München 2009.

232   UBA Fachgebiet Umweltaufklärung, Im Zeichen der Zeit, hier S. 6.

233   Vgl. Arbeitsgruppe »Agenda 21/Nachhaltige Entwicklung« des UBA: Nachhaltiges Deutschland. Wege zu einer dauerhaft umweltgerechten Entwicklung, Berlin 1998, hier S. 223.

die Pflichten, vor allem aber die Chancen des sozial-ökologischen Konsumentenbürgers aufgeklärt werden mussten.

Wie oben beschrieben, erkannten auch die Bündnisgrünen in den 1990er Jahren den Wert von Lebensstilpolitik und verknüpften ihn mit Verantwortung. Trotzdem sei aber eine einfache »Umpolung der Präferenzmuster«[234] inklusive der Akzeptanz zum Konsumverzicht nicht durch einzelne politische Maßnahmen zu erreichen, da ein Bewusstseinswandel in dieser Größenordnung ein langsamer und teils diffuser Prozess sei. Eine »Nähe zu religiös und missionarisch motiviertem, in der heutigen Zeit aber kaum mehr akzeptierten Sendungsbewusstsein«[235] sei daher zu vermeiden. Die Mahnung vor Sendungsbewusstsein dürfte zum Zeitpunkt der Veröffentlichung des Programms, kurz vor der Bundestagswahl 1998, auch kontextbedingt gewesen sein. Eine Krisenwahrnehmung, wie sie die Bündnisgrünen mit der Forderung nach drastischen Benzinpreissteigerungen zu diesem Zeitpunkt förderten, entsprach nicht der gewünschten Freiwilligkeit des individuellen Konsumentenbeitrags in der nachhaltigen Entwicklung.

Wünschenswert sei nun die Unterstützung einer ökologischen Ethik, um die Lücke zwischen Umweltbewusstsein und erwünschtem entsprechenden Verhalten zu schließen.[236] Angewandt sollte sie eine Verantwortungsethik darstellen, die umweltschädigende Konsumformen problematisiere: »Bedürfniskritik kann auf die Konsequenzen solcher Verhaltensformen hinweisen und ihren Mangel an Verantwortlichkeit anmahnen«[237]. Gleichwohl stand nicht die Mahnung, sondern die Chance im Vordergrund: Das daraus resultierende umweltbewusste Konsumverhalten könne als wünschenswerter Charakterzug gelten und auch über den bereits gebildeten Konsumentenbürger hinaus eine umweltpolitische Wirkung entfalten. Der Zustand, auf den mit der Hilfe ökologischer Ethik hingearbeitet werden sollte, war nunmehr der nachhaltige Konsum. Zur Förderung von »Schritten zu nachhaltigen Konsummustern«[238] war stets die Selbstreflexion der Konsumenten erforderlich.

Die Fähigkeit zur Eigenreflexion war auch für die Verbraucher Initiative eine Grundeigenschaft des verantwortlich handelnden Konsumentenbürgers. Die Figur des Konsumentenbürgers sollte aus Sicht der Verbraucher Initiative aber nicht auf eine breitere Basis als zuvor gestellt werden. Die Möglichkeit dazu wäre durchaus gegeben gewesen: Ab 1997 schaltete die Verbraucher Initiative eigene Webseiten zur selbständigen Information über Produkte mit gentechnisch veränderten Zutaten und über Lebensmittelergänzungsstoffe mit E-Nummern, die mit dem Abruf über das Internet weitaus niedrigschwelliger verfügbar waren als über den Bezug der Mitgliederzeitschrift.[239] Motivationen der Mitglieder, die zwischen dem Interesse an politischer Repräsentierung und der Erwartung von Dienstleistungen seitens des Verbandes changieren, sollten sich mithin

---

234   Arbeitsgruppe, Nachhaltiges Deutschland, S. 231.

235   Ebd.

236   Vgl. Arbeitsgruppe, Nachhaltiges Deutschland, S. 234–236.

237   Arbeitsgruppe, Nachhaltiges Deutschland, S. 235.

238   Arbeitsgruppe, Nachhaltiges Deutschland, S. 248.

239   Vgl. Spelsberg, Gerd: www.transgen.de. Das neue Informationsangebot der Verbraucher Initiative, in: Verbraucher Telegramm, Heft 5/1997, S. 2f.; Abel, Georg: Zusatzstoffe online. Ein neues Informationssystem der Verbraucher Initiative, in: Verbraucher konkret, Heft 4–5/1999, S. 10f.

ergänzen.[240] Wichtiger seien aber die ökologisch-sozialen Zielsetzungen des Verbandes, weshalb der Weg einer Individualmitgliedschaft mit dem Schwerpunkt auf reflektiert handelnde Mitglieder der erfolgversprechendere sei. Der Konsumentenbürger ließ sich demnach um die Jahrtausendwende noch nicht auf eine breite Masse von Konsumenten übertragen. Die Lücke zwischen mehrheitsfähigen umweltpolitischen Meinungen und dem tatsächlichen Konsumverhalten ist vom verantwortlich handelnden Konsumentenbürger als Sozialfigur zu unterscheiden. Diese Lücke war jedoch zeitgenössisch nicht offensichtlich. Dass etwa die Lebensmittelkooperativen seit der Jahrtausendwende kaum noch in Debatten zum ökologischen Konsum eingreifen, dürfte auch auf ihre unrealistische Hoffnung auf einen realexistierenden Konsumentenbürger zurückzuführen sein. Dieser Gedanke folgte jedoch nicht nur nicht der Nachfrageentwicklung, sondern ging sowohl auf Produzentenseite als auch beim Bio-Großhandel an der Mehrheit der Interessen vorbei. Letztlich wurde der Absatz an Kooperativen für Bio-Bauern zunehmend unattraktiv, während kaum noch Geldersparnis durch ein Engagement bei der Food Coop anstelle von Bio-Supermärkten wie Alnatura erreicht werden konnte.

Ein weiterer Aspekt der Verantwortung des Konsumentenbürgers ist der Wunsch, Solidarität zu üben. Die Solidarität im Rahmen der Sozialfigur ist jedoch nicht zu verwechseln mit derjenigen der Nicaragua-Solidaritätsbewegung. Solidarität bezeichnete hier die Umsetzung der ökonomischen Dimension von nachhaltiger Entwicklung. Diese stand in einer potentiell widersprüchlichen Beziehung zur naturräumlichen Nachhaltigkeit, da das Recht eigenständiger wirtschaftlicher Entwicklung des globalen Südens nur in einem begrenzten Umfang naturräumliche Nachhaltigkeit garantieren konnte. Diese Widersprüchlichkeit ließ sich auch beim Konsumentenbürger feststellen. Dessen Solidarität galt meist Kleinbauern oder Fabrikarbeitern in Ländern des globalen Südens. Es war nicht die Aufgabe des sozial-ökologischen Konsumentenbürgers, die Probleme des Konstrukts nachhaltige Entwicklung zu problematisieren.

Es ist bereits herausgearbeitet worden, dass zu Beginn der 1990er Jahre eine Herausforderung für den fairen Handel darin bestand, den solidarischen Gruppen nach dem Ende der sozialistischen Utopien Deutungsangebote zu machen. Ebenfalls bereits benannt wurde hier eine Parallele zum Realo-Fundi-Konflikt der Grünen. Demnach war das TransFair- bzw. Realo-Prinzip stets darum bemüht, den Rahmen des Machbaren zu erweitern. Machbar erschien nun vor allem die Verknüpfung von fairem Handel mit einem Gerechtigkeitsempfinden, das zwischen Wohltätigkeit und dem Glauben an das Recht auf Chancengleichheit in der Marktwirtschaft changierte. Die bei TransFair fehlende solidarische Rhetorik einer strukturellen Ausbeutung von südamerikanischen Bauern durch die großen deutschen Kaffeeröstereien ließ ebendiesen die Möglichkeit offen, Sympathisanten der bisherigen Dritte-Welt-Bewegung durch die TransFair-Zertifizierung für sich zu gewinnen. Anders gewendet: Der Konsument hatte in diesem Bild das notwendige Vorwissen aufzubringen, um fair gehandelte Waren zu identifizieren, während die entwicklungspolitischen Maßnahmen vom Markt übernommen werden konnten. »Wenn auch nur aus Konkurrenzgründen«[241], so könne die Labelorganisation mit ihrer Arbeit dennoch entwicklungspolitische Arbeit leisten. Für die Vertreter des

---

240   Vgl. Lübke, Volmar: Sind Mitgliedschaften »out«? In: Verbraucher konkret, Heft 3/2000, S. 9f.
241   Wilß-Hasenkamp, Fair im Aufwind, S. 20.

fairen Handels lag bei der Anwendung von nachhaltiger Entwicklung die Betonung vor allem auf ökonomischer Planbarkeit. Diese Planbarkeit lag in der Verantwortung des Konsumentenbürgers.

4.3.2 Ungleichheiten

In der Folge der Handelsausweitungen und Kontextänderungen wurde die Vorbildung zu einer Hürde des sozial-ökologischen Konsumentenbürgers. Sowohl bei entwicklungspolitischen als auch bei ökologischen Fragen war die Erwartung von Vorbildung jedoch scheinbar widersprüchlich. Schließlich bemühten sich die Akteursgruppen um den Eindruck der Vertrauenswürdigkeit. Die Notwendigkeit einer Kontrollfunktion, auf die eine Vorbildung von Konsumenten bei der Warenauswahl für gewöhnlich abzielen soll, entfällt jedoch beim Vertrauen auf die Praktiken der Erzeuger bzw. Verbände. Der vorgebildete Konsumentenbürger betrachtete vielmehr gelabelte Produkte als Wegweiser, um sein bereits erworbenes Wissen in eine bewusste Konsumpraxis umzusetzen. Darüber hinaus erfüllte der sozial-ökologische Konsumentenbürger auch eine Funktion sozialer Abgrenzung. Er wurde zu einem Idealbild des besseren Konsums, der nicht jedem Konsumenten ohne Weiteres offensteht.

Notwendige Vorbildung

Das vom Konsumentenbürger erworbene Wissen über politischen Konsum beschreibt eine Ungleichheit. Zwar können Endverbraucher schon aus Zufall politisch konsumieren. Die Sozialfigur aber konsumierte mit dem notwendigen Vorwissen, um das eigene Handeln reflektieren zu können.

Ein Beispiel dafür ist die angesprochene Nutzung des Begriffs Solidarität, die in der Verantwortung des Konsumentenbürgers stand. Solidarität wurde in den 1990er Jahren von TransFair keineswegs in einen historischen Giftschrank gestellt: Der Begriff diente nun als rhetorisches Mittel, das die politischen Zielsetzungen plakativ kommunizieren sollte. Angewandt wurde es beispielsweise 1995 gegenüber Kritikern aus der Solidaritätsbewegung, die der Labelorganisation einen allzu unkritischen Umgang mit strukturellen Problemen bei der Vergabe ihrer Labels vorwarfen: »Die Schmoll- und Schmuddelecke der Weltläden wird verlassen und aus den im Kaufakt versteckten barmherzigen Spenden wird ein schickes ›ethical shopping‹ im glitzernden Supermarkt«[242].

Darauf antwortete die Kölner TransFair-Geschäftsstelle, indem sie die »Solidarität im Supermarkt« vorstellte. Darin wird »Solidaritätsarbeit« mit marktwirtschaftlichen Prinzipien bewusst verbunden. Erst durch den Anreiz eines Gewinns könnten marktwirtschaftliche Partner gewonnen werden, die mehr »fairen« Umsatz generierten. Der sozial-ökologische Konsumentenbürger war sich dieser Situation bewusst. Demnach schafften

> »[a]ufgeklärte VerbraucherInnen und deren Organisationen den Nachfrage-Druck, ohne den der hiesige Handel seine Produktpalette nicht erweitert. Ergo: Zuerst gab es

---

242 Baumgärtner, Ulf: Kleinbauern im Supermarkt. Zur Kritik am »fairen Handel«, in: Blätter des iz3w, Heft 206/1995, S. 20–22, hier S. 20.

die informierte Kundschaft und als Reaktion rechtfertigten Industrie und Handel die Einführung von Kaffee mit dem TransFair-Siegel strategisch mit der Sinnhaftigkeit des sozial verantwortlichen Handelns.«[243]

Stärker machte sich die Vorbildung als Element von Ungleichheit dort bemerkbar, wo es ein größeres Warenangebot gab. Exemplarisch dafür ist der Bio-Handel. Außerdem boten ökologische Problemstellungen weiterhin die Möglichkeit, Konsumenten auf emotionaler Ebene anzusprechen bei Themen der persönlichen Gesundheit. Diese Möglichkeit nutzten die Verbände des ökologischen Landbaus in der wahrgenommenen BSE-Krise, um Informationen zu eigenen Produkten als Vorsorge gegenüber der Erkrankung darzustellen. So konnte etwa der traditionelle Ab-Hof-Verkauf auch als eigene Werbemaßnahme dienen, da dieser den Schutz vor gefährlichen Produkten mit dem Ausschluss möglichst vieler Lieferkettenelemente am besten gewährleisten könne. Argumentativ übernahmen die Anbauverbände Elemente des Schutzes vor gefährlichem Konsum als Staatsversagen: Zur Jahrtausendwende etwa betonte besonders Naturland den Schutz, den das Bio-Fleisch vor der BSE-Seuche biete, da die Tiere von Biohöfen prinzipiell nicht mit Tiermehlen gefüttert würden.[244]

Gleichzeitig war nach der Einführung des staatliches Bio-Labels mit der Unterscheidung zwischen staatlichem Label und privaten Verbandslabels, die strenger waren, ein neues Potential für Ungleichheit verbunden. Wie bereits beschrieben, waren die Anbauverbände und die AGÖL interessiert am staatlichen Label mit seiner Öffentlichkeitswirksamkeit. Indem sie aber ihre verbandseigenen Labels beibehielten und ihre eigenen Standards noch einmal strenger als die EG-Richtlinien gestalteten, kam ein Klassenunterschied zwischen Öko-Labels zustande. Während qualitativ vor allem Demeter, dann die anderen großen Verbände oben standen, kam erst danach das staatliche Prüfzeichen, während Pseudo-Labels als minderwertig erschienen. Um dieses System gedanklich durchdringen zu können, brachte der Konsumentenbürger die entsprechende Vorbildung mit. Schließlich stand nun ein vermeintlich neutrales, weil staatliches, Label zur Verfügung, das aber gegenüber den privaten abgeglichen werden musste. Der Zugang zum ökologischen Konsum erweiterte sich also mit dem Künast-Label, während dessen Einführung eine neue Ungleichheit provozierte. Dieser Befund deckt sich abstrakt mit den Konsequenzen der Handelsausweitung im fairen Handel. Handelsausweitung führte zu breiteren Partizipationschancen zulasten inhaltlicher Profilschärfe. Letztere ging im Fall der Bio-Labels aber nicht verloren, da schließlich Unterschiede zwischen einzelnen Verbänden und Anbietern weiter bestanden. Diese eröffneten sich allerdings lediglich bei entsprechendem Vorwissen.

Zu beobachten ist darüber hinaus die wachsende Bedeutung von vermeintlichem Wissensvorsprung bei lebensstilpolitischen Entscheidungen, also solchen, die politische

---

243   TransFair Geschäftsstelle Köln: Solidarität im Supermarkt. Eine Replik auf die Kritik am »fairen Handel«, in: Blätter des iz3w, Heft 207/1995, S. 44f., hier S. 45.

244   Vgl. Fischer, Reinold: Öko-Fleisch schützt vor BSE-Gefahr. In: Naturland Magazin, Heft 2/2000, S. 8f.; ders.: Jetzt auf Öko-Landbau umstellen. Naturland zum Thema BSE, in: Naturland Magazin, Heft 1/2001, S. 6; Fischer, Claudia: BSE – ein Jahr danach. In: Naturland Magazin, Heft 1/2002, S. 16.

und unpolitische Motive miteinander verbanden. Beispielhaft dafür war »Grüne Katalog«, dessen Produkte 1994 von den Bündnisgrünen mit Empfehlungen der Öko-Test offensiv beworben wurden. Die getesteten Produkte in der Öko-Test-Zeitschrift selbst waren weiterhin verschiedenste Produkte meist des täglichen Bedarfs, jedoch zunehmend mit einem Schwerpunkt auf den Interessen von Familien. Für solche wurde auch die vermeintlich ökologische Aufklärungsarbeit erweitert: Neben bereits etablierte Tests etwa von Babynahrung mit dem Verdacht auf gentechnisch manipulierte Zutaten traten zudem Hilfsmittel, die insbesondere Elektrosmog verringern sollten.[245] Zu erklären ist diese Entwicklung vor allem nachfrageseitig mit der Etablierung von Mobiltelefonen in Privathaushalten zum Ende der 1990er Jahre und mit der damit einhergehenden Verunsicherung über möglicherweise noch unbekannte gesundheitliche Gefahren für den ökologisch vorgebildeten Konsumentenbürger.

Diese Annahme führt zu einem abschließenden Gedanken. So knüpften sich weit größere wirtschaftliche Erwartungen an den Gewinn von ökologisch orientierten urbanen Käufergruppen, die aufgrund ihres preisorientierten Einkaufsverhaltens nicht zum sozial-ökologischen Konsumentenbürger zählten. Insofern bezeichnete AGÖL-Vorsitzender Peter Wilbois die anfänglichen Selbstverständnisse bei Bio-Kunden und -Händlern in diesem Zusammenhang als elitär, welche geändert werden müssten.[246] So sei die nach wie vor kleinteilige Naturkostszene nachteilhaft, »weil sich Ökokunden und -händler anfangs als elitäre Bewegung empfunden haben, die mit dem herkömmlichen Vertriebssystem nichts zu tun haben wollen«[247].

Abgrenzung gegenüber dem Verbraucher

Konsumpraktiken, die dem Bild des sozial-ökologischen Konsumentenbürgers entsprechen, sind in jüngster Vergangenheit mehrfach zur Zielscheibe zynischer Kommentare geworden. Meist werden dabei die Diskrepanzen angesprochen, die zwangsläufig aus der Identifikation mit einem Idealbild und den tatsächlichen Konsumpraktiken des einzelnen Verbrauchers entstehen. Die Hauptschuld daran trügen demnach Konzerne, die sich ökologische Interpretamente zu eigen gemacht hätten. So schreibt die Journalistin Kathrin Hartmann dazu, dass

> »sich Großkonzerne [auf verstörende Art und Weise] der Bilder und Begriffe der Umweltbewegung bemächtigt [haben]. (...) Es ist ihnen sogar gelungen, NGOs vor ihren Karren zu spannen und Politiker im Namen der Nachhaltigkeit zu Verwaltern von Konzerninteressen zu machen. Der Bürger indes scheint sich mit seiner ökonomischen Rolle als Verbraucher abgefunden zu haben, hat politisches Engagement durch ›ethischen Konsum‹ ersetzt und verbraucht munter weiter.«[248]

---

245 Vgl. bspw. Hermes, Peter: Vom Markt gefegt. In: Öko-Test, Heft 5/1994, S. 34–38; Arnold, Martina: Kinder unter Strom. In: Ökotest, Heft 10/1998, S. 24–32.

246 Vgl. Kirbach, Roland: Hauptsache billig. BSE, Dioxinskandal, Batteriehühner – auch der Konsument hat Schuld, weil er nur auf den Preis schielt, in: Schneckenpost, Heft 3/1999, S. 16–18, hier S. 18.

247 Ebd.

248 Hartmann, Kathrin: Die grüne Lüge. Weltrettung als profitables Geschäftsmodell, München 2018, hier S. 22.

Das Statement beinhaltet den Vorwurf an Konsumenten, dem eigenen moralischen Maßstab nicht gerecht zu werden. Der sozial-ökologische Konsumentenbürger kann als Sozialfigur an dieser Stelle einen Beitrag leisten, um die Gründe für solche zynischen Kommentare historisch zu umreißen.

Dazu ist ein Blick auf den Zugang zu bestimmten Formen politischen Konsums hilfreich. Die zuvor ungleichen Zugangsbedingungen zu alternativ gehandelten Waren oder zu regionalen ökologischen Anbauprodukten waren in den 1990er Jahren im Zuge der Handelsausweitungen in kommerzielle Räume zunehmend eingeebnet. Jedoch diente Gruppenzugehörigkeit als Abgrenzungsmerkmal, das auch abseits der Verkaufsräume wirkte. Dieses Phänomen ließ sich weniger bei den Vertretern fairer bzw. ökologischer Waren, sondern insbesondere bei Verbrauchergruppen beobachten. Um zu beschreiben, wie die Gruppenzugehörigkeit sich um das Jahr 2000 als abgrenzende Eigenschaft des sozial-ökologischen Konsumentenbürgers gefestigt hatte, sind zudem die Kapitalformen Pierre Bourdieus nützlich. Zu bedenken ist zwar, dass Bourdieu weitestgehend empirisch arbeitete, während hier eine Sozialfigur beschrieben wird. Jedoch sind die drei Grundformen – soziales, kulturelles und ökonomisches Kapital – geeignet, um die Beschaffenheit dieser Hürde näher zu beschreiben.

Beispielhaft dafür ist Slow Food. Die Eigenbezeichnung »Convivien« für deren Ortsgruppen legt bereits eine inhaltliche Konstruktion von Slow Food als bildungsbürgerliche Konsumentenorganisation nahe. Vereinsmitglieder selbst betonten dagegen eine kulturgeschichtliche Kausalkette, die den deutschen Ableger als gesellschaftspolitische Opposition auftreten ließ. So sei der Hedonismus, den die Vereinsmitglieder reflektiert praktizierten, nicht zufällig ursprünglich in Italien erfunden worden.[249] Gerade der norddeutsche Protestantismus lasse Genuss beim Essen despektierlich erscheinen, weshalb auch viele nordwesteuropäische Länder, allen voran Großbritannien, keine ausgeprägte Genusskultur vorweisen könnten. Daher erklärt sich abseits der politischen Positionen die Eigensicht als Bewegung, die Genuss sozioökonomisch auch nach oben abgrenzte.

Slow Food hoffe demnach darauf,

> »dass biologisch einwandfreie Lebensmittel nicht durch Klassenzugehörigkeit gedemütigt werden. (...) Jeder Gast, jeder Koch, der sich gegen Genmanipulation, gegen Fooddesign, gegen die Nahrungsmittelindustrie stemmt, ist gleichwertig. Jeder, der einen Beitrag dazu leistet, dass Essen nicht weiter zur bloßen Kalorienaufnahme verkommt, ist herausragend und trägt die Botschaft unters Volk.«[250]

So könne nicht Geld über guten Geschmack entscheiden, sondern lediglich die eigenen Sinne und die eigene Vorbildung. Der Lebensstil, den Slow Food vertrat, setzte expressis verbis kaum ökonomisches, wohl aber inkorporiertes kulturelles Kapital voraus.[251]

---

249   Vgl. Klink, Vincent: Zeitwende in Töpfen und Hirnen. In: Schneckenpost, Heft 1/1996, S. 1f.
250   Ebd.
251   Vgl. ebd; Gassner, Sigmund: Slow Food mit 8,71 DM am Tag? In: Schneckenpost, Heft 4/2000, S. 14; »inkorporiert« wird hier verstanden als bereits unbewusst verinnerlicht, vgl. Bourdieu, Die feinen Unterschiede, S. 129.

Über die zunächst unpolitischen Wünsche nach Genuss hinaus setzte sich Slow Food selbst den Anspruch, Ökologie und Genuss miteinander zu vereinen.[252] Ausgangspunkt dieser Überlegung waren die bekannten Botschaften zur Notwendigkeit der Beachtung naturräumlicher Belastungsgrenzen um 1990. Gleichwohl war 1992 bei der Gründung des deutschen Vereins »das Thema ›Regionen‹ außerhalb von kleinen engagierten Gruppen kein öffentliches Thema«[253]. Verbunden wurde die Regionalität mit der vermeintlich höheren Qualität der Lebensmittel.

Unabhängig von bildungsbürgerlich-frankophonen Begriffen wie »Terroir« und »Convivien« für die lokalen Gruppen war für die Teilhabe eine Betonung der Zugangshürden charakteristisch. Der Konsument war in den Ausführungen von Slow Food verknüpft mit einer neuen Form von sozialer Abgrenzung durch Konsum, die auch explizit gegenüber bislang als geschmackvoll angenommenen, hochpreisigen Restaurants angewandt wurde. Ungleiche Zugangschancen waren bei Slow Food ein Teil des Selbstverständnisses. Schließlich sind die Merkmale der Abgrenzung in diesem Fall nicht an bestimmte, hochklassige Produkte gebunden.[254] Demnach wäre die Möglichkeit zur Darstellung des eigenen Geschmacks in Restaurants mit einer Hürde ökonomischen Kapitals verknüpft. Das lehnte Slow Food nicht nur ab, sondern sprach Geschmack einzig dem kulturellen Kapital zu.

Auf abstrakter Ebene stellt die ostentative Ablösung von ökonomischem durch inkorporiert-kulturelles Kapital in den späten 1990er Jahren die Haupteigenschaft der Abgrenzung beim nachhaltigkeitsorientierten politischen Konsum dar. Die Aufnahme in die Gemeinschaft der Convivien diente darüber hinaus als Ausweis sozialen Kapitals, das gleichwohl für die Slow-Food-Bewegung notwendig war, nicht aber für den vermeintlich nachhaltigen Lebensstil als solchen.[255]

Neben die Abgrenzung gegenüber dem ökonomischen Kapital trat eine weitgehende Gleichgültigkeit gegenüber den Milieus, die bereits ihren Geschmack vermeintlich an Fast Food und den dazugehörigen Lebensstil verloren hätten. Anders als etwa die Volksmund-Initiative war bspw. mit der Arche-Kampagne von Slow Food kein legislativer Anspruch verbunden. Demnach stellten sich Slow-Food-Gruppen nicht die Frage, wie etwa die Slow-Food-Idee solchen Bürgern zugänglich gemacht werden könnte, deren Geschmack bereits durch die konventionelle Ernährung verkümmert sei. Das hohe kulturelle Kapital, das sich durch einen besseren Geschmack auszeichnete, diente nicht nur als

---

252 Vgl. Vorstand Slow Food Deutschland: Slow Food profiliert sich. In: Schneckenpost, Heft 2/2000, S. 14.

253 N.N.: Slow Food agiert nicht im luftleeren Raum. In: Schneckenpost, Heft 2/2000, S. 23f.; vgl. zum gesellschaftspolitischen Anspruch auch den Vereinsvorsitzenden Arcais, Andrea: Eine Arche gegen den Wahnsinn. In: Schneckenpost, Heft 1/1997, S. 1.

254 Vgl. zum kulturellen Allesfresser [eigene Übersetzung] Peterson, Richard/Kern, Roger: Changing Highbrow Taste: From Snob to Omnivore, in: American Sociological Review, Heft 5/1996, S. 900–907; vgl. dazu die Einordnung bei Savage, Mike: Status, Lifestyle, and Taste. In: Trentmann, Frank (Hg.): The Oxford Handbook of the History of Consumption. Oxford 2012, S. 551–567, hier S. 564–566.

255 Diese Feldregeln sind vergleichbar mit denen, die Sven Reichardt für das alternative Milieu erarbeitet hat, vgl. Reichardt, Authentizität und Gemeinschaft, S. 40.

Aufnahmekriterium zur Teilhabe am Convivium, sondern auch als notwendige Voraussetzung für praktische Partizipation. Der Geschmack als Abgrenzungsmerkmal war eine notwendige, aber keine hinreichende Bedingung für die Auswahl der Arbeitsschwerpunkte, da Regionalität und möglichst kurze Verarbeitungsketten andere Trends ausschlossen. Beispielhaft genannt sei der Trend zu Bio-Tiefkühlkost in den späten 1990er Jahren, der produzentenseitig besonders bei Bioland Aufmerksamkeit erregte.[256] Solche Angebote fielen aus dem Raster von Slow Food, da sie gegen den Terroir-Aspekt des eigenen Konzeptes verstießen.

Während Slow Food ein eingängliches Beispiel für den hohen Wert inkorporiert-kulturellen Kapitals für den sozial-ökologischen Konsumentenbürger darstellt, ist daraus keineswegs zu schließen, dass ökonomische Voraussetzungen keine Grenze für den Zugang zu politischem Konsum gesetzt hätten. Der Konsumentenbürger war etwa in der Verbraucher Initiative kontinuierlich mit einer bezahlten Mitgliedschaft verknüpft. Jedoch fiel diese Form von Ungleichheit nun stärker als noch zur Gründungszeit ins Gewicht, da die Forderungen in konsensorientierten Dialogformaten wie beim Beispiel Unilever nicht mehr auf eine politische Legitimierung abzielten, sondern die Verbraucher Initiative dort beinahe ausschließlich mit Verkaufsargumenten arbeitete. Dieser Schritt lässt die kritische Interpretation einer Vermarktlichung von politischen Partizipationschancen zu.

An den ökonomischen und kulturellen Hürden, die durch die Konsumentenbürger-Figur aufgestellt wurden, gab es auch Kritik, die besonders in der Solidaritätsbewegung formuliert wurde. Das prägnanteste Beispiel dafür waren die Stellungnahmen aus der El Salvador-Solidaritätsbewegung zum fairen Handel. In der TransFair-Kritik in den Blättern des iz3w von 1995 äußerte ihr Vertreter noch konstruktive Kritik, die vor allem die Beteiligung von kommerziellen Röstereien am fairen Markt betraf.[257] Demnach sollte nicht die Handelsausweitung grundsätzlich zu hinterfragen sein, sondern das Geschäft mit kommerziellen Kaffeeröstereien. Diese seien zur Verantwortung zu ziehen und sollten den fairen Handel nicht nur als hippes Werbeelement nutzen, sondern sich auf eine Mindestquote von fairem Kaffee beim eigenen Vertrieb einlassen. Ein Jahr später fiel die Kritik in der Informationsstelle Lateinamerika umfassender aus: Ohne eine verbindliche Quotenreglung sei das Geschäft mit fairem Kaffee nicht bloß ein moralisches Feigenblatt, sondern darüber hinaus als Luxussegment mit einer zusätzlichen Gewinnspanne von über 20 Prozent gegenüber dem konventionellen Kaffee aus betriebswirtschaftlichen Gründen spannend. Grundsätzlich sei Fairness dabei eine Ware, »eine quantitative Größe, deren Qualität zweitens auch noch messbar ist. Es gibt billige und weniger billige Fairness. (...) Insofern unterscheidet sie sich nicht von der Spende«[258].

Der Bürger, also gerade nicht die Sozialfigur, könne demnach den fairen Handel aus entwicklungspolitischen Gründen auch überspringen und unmittelbar an solche NGOs spenden, die den Aufbau von Infrastrukturen vor Ort unterstützten. Eine ernstzunehmende Auseinandersetzung über das Verhältnis zwischen Produzenten und Konsumen-

---

256 Vgl. Müller, Patrik: Biogemüse im Tiefkühlfach. In: Bioland, Heft 3/1999, S. 40.

257 Vgl. Baumgärtner, Kleinbauern im Supermarkt; ders.: Rentablere Gewinnspannen. Zur politischen Ökonomie des »fairen« Handels, in: Ila, Heft 199/1996, S. 10–12.

258 Baumgärtner, Rentablere Gewinnspannen, S. 11.

ten bei einer feingliedrigen Vertriebskette wie beim Kaffee sei erst möglich, wenn der Markt in seiner jetzigen Form nicht mehr existiere. Dementsprechend war die fatalistische Erwartung gegenüber dem Konsumenten des fairen Marktsegments von Ungleichheit geprägt: »Damit sie [die Konsumentenmacht, SW] in Aktion tritt, bedarf es zunächst der Geldbeutel und der Ethik. Die korrelieren miteinander genauso wie das Bildungsniveau mit dem Einkommen«[259], weshalb den finanziell Schwächergestellten unter den herrschenden Marktverhältnissen zwangsläufig ein mangelndes moralisches Verständnis unterstellt werde. Auch deutet hier die Verbindung von Bildungsniveau und Einkommen auf die Annahme einer grundsätzlichen Konvertibilität beider Ressourcen hin.

Die Folgerungen aus dieser Annahme sind maßgeblich für die Rekonstruktion der Figur Konsumentenbürger: Die inhaltlichen und partizipatorischen Verkürzungen, die die Verschiebung des alternativen zum fairen Handel mit sich brachte, führten dazu, dass der Einkauf solcher Produkte nun soziale Abgrenzung sichtbar machen konnte bzw. sogar dazu diente.

---

259   Baumgärtner, Rentablere Gewinnspannen, S. 12.

5 Zusammenfassung

Dieses Buch hat sich mit Akteursgruppen des politischen Konsums und mit ihren Konsumentenbildern im späten 20. Jahrhundert beschäftigt. Allgemein lassen sich drei grundlegende Beobachtungen machen. Erstens waren die beteiligten Akteursgruppen sehr heterogen. Weder ideell noch hinsichtlich ihrer Organisation lassen sie sich auf einen gemeinsamen Hintergrund reduzieren. Dass Konsumentenbilder sich grosso modo bei allen hier behandelten Bereichen, zunächst unabhängig voneinander, zur Mitte der 1970er Jahre zu formieren begannen, spricht für die Annahme eines grundlegenden Unterschieds zwischen Konsumgesellschaft und der individualisierten Konsumentengesellschaft nach dem Boom in Westdeutschland. Die Konsumentenbilder näherten sich, zweitens, zunehmend einander an. Sie wurden zudem kaum als Aufforderungen an individuelle Konsumenten verstanden, sondern dienten als Teil des Selbstverständnisses der Akteure. Davon zeugt die Möglichkeit, zur Jahrtausendwende von einer Verdichtung der Erfahrungen in einer Sozialfigur, dem sozial-ökologischen Konsumentenbürger, zu sprechen. Drittens schließlich kann die politikgeschichtliche Kontextbindung der Akteursgruppen und ihrer Konsumentenbilder kaum überschätzt werden. Es lohnt sich daher, die Ergebnisse dieser Untersuchung anhand der Kontextbindungen zu strukturieren.

Für das Entstehen der Konsumentenbilder im politischen Konsum waren die alternativen entwicklungs- und umweltpolitischen Ansätze um 1970 mitentscheidend. Entwicklungspolitisch war die Abgrenzung vom BMZ und die Befürwortung der Prebisch-Singer-These für den Zielhorizont im alternativen Handel fundamental. Bei den kirchlich geprägten Akteuren, in erster Linie die Importorganisation GEPA, war darüber hinaus die Projektarbeit zur Unterstützung der Selbsthilfebemühungen einzelner Vorhaben in Ländern des globalen Südens, wie sie etwa Misereor durchführte, sinnstiftend. Es überrascht daher nicht, dass eine christlich-karitative Nächstenliebe als Teil ihres Konsumentenbildes neben den Wunsch einer solidarischen Haltung trat, die sich aus der Annahme einer unterdrückten Peripherie gegenüber dem Zentrum im globalen Norden ergab. Eine Diskussion über die Spannung zwischen diesen Argumentationsweisen fand zunächst nicht statt.

Daher sollte die unzweifelhaft hohe Bedeutung der sandinistisch-sozialistischen Revolution in Nicaragua 1979 für die Entwicklung des alternativen Handels differenziert werden: Das Engagement von Gruppen der Solidaritätsbewegung, die sich meinungsstark für Abonnement-Modelle der »Sandino-Dröhnung« einsetzten, zeugte von einem unmittelbaren Willen zur Unterstützung der nicaraguanischen Regierung. Diese Gruppen waren aber kaum an einer gesamtgesellschaftlichen Bewusstseinsbildung innerhalb Westdeutschlands interessiert, weshalb Konsumentenbilder in diesem Fall meist mit der Eigenwahrnehmung deckungsgleich waren. Obwohl also der solidarische Kaffeekauf ein oft erinnertes Merkmal der Solidaritäts- und der Antiimperialismusbewegung der frühen 1980er Jahre ist, waren es in erster Linie die kirchlichen Gruppen, die den politischen Zielhorizont und die Rolle des Konsumenten weiterentwickelten. Sie waren es auch, die schon in den frühen 1980er Jahren die Gemeinsamkeiten mit dem ökologischen Handel sahen. Darüber hinaus sind die praktischen Überlappungen zwischen kirchlichem und solidarischem alternativem Handel zu betonen. Nicaragua-Kaffee wurde nicht nur als Abomodell, sondern auch über die GEPA bezogen und verkauft. Dementsprechend machte für die beteiligten Gruppen der eigene politische Zielhorizont einen entscheidenden Unterschied. Die erzielten Umsätze kamen in jedem Fall der staatlichen Exportorganisation Encafé zugute. Finanziell war die GEPA fraglos ein bedeutenderer Partner für das sandinistische Nicaragua als die Solidaritätsgruppen.

In der bisherigen Forschung zu politischen Konsumformen ist die Herkunft ökologischer Handelsformen bislang kaum beachtet worden. Dieser Befund ist umso erstaunlicher in Anbetracht des Blauen Engels, der in den 1970er Jahren als quasi-staatliches Label konzipiert wurde und von Anfang an weitaus professioneller organisiert wurde als Food-Labels. Die wesentliche Rolle des Umweltbundesamts bietet hierzu einen Erklärungsansatz: Gerade weil der Blaue Engel hinsichtlich seines Bekanntheitsgrads in Westdeutschland bis 1990 eine bemerkenswerte Performanz vorweisen konnte, sah sich das UBA mit dem Label häufiger Kritik ausgesetzt vonseiten zivilgesellschaftlicher umweltpolitischer Akteure. Schließlich sahen Unternehmen verschiedener Industriezweige den Blauen Engel als Möglichkeit für Werbung mit ökologischem Anstrich an. Es war in den frühen Jahren des politischen Konsums vor allem das UBA, das Verantwortungsbewusstsein als Teil der Konsumentenbilder etablierte. Dass das idealisierte Bild deutlich von den Verhaltensweisen von Konsumenten abwich, war kein entscheidendes Problem.

Die Bio-Labels im Food-Bereich agierten in der entstehenden individualisierten Konsumentengesellschaft mit zwei Stoßrichtungen. Erstens begannen Bioland und auch Demeter erst spät, sich mit dem Bild von den eigenen Konsumenten zu beschäftigen. Diese Gedanken waren neu und waren eine Folge der steigenden Nachfrage nach Bio-Produkten, nachdem Demeter in der eigenen Traditionslinie den Konsumenten stets als Teil des anthroposophischen Betriebskreislaufs angesehen hatte. Zweitens neigten die Bio-Labels rasch zum koordinierten Handeln mithilfe von Organisationen wie IFOAM oder der SÖL, die als politische und wissenschaftliche Vertretungen auftraten. Hierbei wurde zunehmend der Schutz vor pseudo-ökologischen Werbeangeboten zur vordringlichen Aufgabe. Die Differenzierung zwischen richtigem und falschem Angebot wurde den Konsumenten ohne weitere Vorbildung nicht zugetraut. Das Konsumentenbild der Bio-Labels war in den ersten Jahren des politischen Konsums noch stark von der Tradition einer Gruppenzugehörigkeit geprägt, während der Verkauf an neuen Orten wie dem Supermarkt auf Zurückhaltung traf, da Konsumenten dort ungebildet waren.

Damit ist eine Gemeinsamkeit angesprochen, die alle Akteursgruppen problematisierten. Der Verkaufsort war bis zur Mitte der 1980er Jahre Gegenstand der Eigenwahrnehmung, mithin sogar identitätsstiftend. Der Ort als Teil der Identität lässt sich sowohl beim alternativen Handel mit den Weltläden als auch im ökologischen Handel mit Kooperativen feststellen. Dazu gehörte auch die starke Überlappung zwischen Händler und Konsumenten. In vielen nur wenige Personen umfassenden, aber meinungsstarken Gruppen fußte der Betrieb im Kern auf dem Eigenbedarf der Beteiligten. Hierzu stand insbesondere das UBA mit dem Blauen Engel im Kontrast. Dieser wurde für eine möglichst breite Gruppe von Verbrauchern konzipiert und sollte dementsprechend auch im Supermarkt sichtbar sein.

Angesichts der stark unterschiedlichen Ursprünge waren die Konsumentenbilder beim politischen Konsum bis zur Mitte der 1980er Jahre deutlich differenzierter, als sie es später wurden. Während Vertrauen im weiteren Verlauf zur Grundeigenschaft des sozial-ökologischen Konsumentenbürgers wurde, war es anfangs noch eng mit der Motivation einer christlichen Nächstenliebe verknüpft. Auch die Gruppenzugehörigkeit war eine Eigenschaft, die in dieser Form nur vor der Handelsausweitung bestehen konnte. Verantwortungsbewusstsein dagegen wurde dem politischen Konsumenten schon früh in beiden untersuchten Themengebieten zugeschrieben.

In Kapitel 3 ist deutlich geworden, dass die Umorientierungen der Akteure innerhalb weniger Jahre um 1990 nicht ohne die politikgeschichtlichen Kontextänderungen dieser Zeit zu verstehen sind. Ihre Praktiken und ihre Konsumentenbilder änderten sich seit deren Entstehungszeit vor allem aufgrund von äußeren Einflüssen, in Teilen, besonders im Fall der Unterstützung von TransFair durch die GEPA, auch aus eigenem Antrieb. Darüber hinaus entwickelten sich die Motivationen zum politischen Konsum im Vergleich zwischen Entwicklungs- und Umweltpolitik stark unterschiedlich.

Markante Einschnitte waren auf entwicklungspolitischer Seite der Wegfall des real-existierenden Sozialismus in Europa sowie vor allem das Ende des sandinistischen Nicaraguas. Mit der Wahl der US-gestützten Opposition 1990 endete für die Solidaritätsgruppen nicht nur die Motivation für den Kauf und den Genuss des Sandino-Kaffees, sondern es erodierte auch die Vorstellung einer antiimperialistischen Utopie, deren Wahrnehmung in der Solidaritätsbewegung offensichtlich nicht der Realität entsprochen hatte. Ökologisch waren die Jahre um 1990 von internationaler Umweltpolitik mit den Eckpunkten Brundtland-Bericht (1987) und Rio-Erdgipfel (1992) geprägt. Unter diesen Voraussetzungen ist es zunächst wenig überraschend, dass nachhaltige Entwicklung in den frühen 1990er Jahren ein zentraler Begriff politischen Konsums wurde. Immerhin setzt er Verantwortungsbewusstsein bei den Handlungen von allen beteiligten Akteuren voraus und konnte durch seine sozialpolitischen und ökonomischen Komponenten auch die entwicklungspolitische Debatte beeinflussen. Jedoch sei an dieser Stelle resümiert: Abgesehen von der Aachener Erklärung, die stark von der Brundtland-Erklärung geprägt sein dürfte, nutzte lediglich das UBA »nachhaltige Entwicklung« expressis verbis, um den Begriff mit Argumentationsketten zu füllen. Nachhaltige Entwicklung wurde vielmehr zu einem Zielzustand, zu dessen Erreichen politischer Konsum einen Beitrag leisten konnte. Je nach Arbeitsschwerpunkt wandten sich die Akteursgruppen verschiedenen Aspekten nachhaltiger Entwicklung zu.

Diese beiden grundlegenden Kontextänderungen hatten ebenso grundlegende Auswirkungen auf den politischen Konsum, die sich durch abnehmende Konfrontation äußerten. Erstens begann um 1990 eine koordinierte Zusammenarbeit zwischen alternativen bzw. fairen und ökologischen Labels. Zweitens kam es zu abnehmenden Widersprüchen zwischen den Konsumentenbildern. Drittens schließlich führten diese Annäherungsbewegungen nicht zu einer Auseinandersetzung mit aufkommenden logischen Widersprüchen. Erinnert sei an dieser Stelle an den ökologischen Fußabdruck des ökologisch angebauten Kaffees, dessen Erlös Bauern im globalen Süden zugutekommen sollte.

Die vieldiskutierten Spannungen zwischen karitativen und progressiv-solidarischen Motiven im alternativen Handel fielen zum Ende der 1980er Jahre weg: wegen der erfolgreichen Kommerzialisierungsstrategie der Vertreter des fairen Handels und zudem wegen der Krise der Sandino-Solidaritätsgruppen. So verfolgte die GEPA eine doppelte Strategie, indem sie sich offensiv mit dem eigenen Verständnis von Solidarität auseinandersetzte und gleichzeitig die Ausweitung des alternativen Handels auf den Supermarktverkauf vorbereitete. Nicht zu unterschätzen ist dabei der Wegfall der Solidaritätsgruppen als Meinungsführer, die nach 1991 eine möglicherweise organisierte Opposition gegen TransFair als Labelorganisation gestellt hätten. Da es nun auch gewinnorientierten Kaffeeröstereien möglich war, ein Label des fairen Handels zu erlangen, sofern sie die Anforderungen dafür erfüllten, ließ sich ab nun vom fairen und nicht mehr vom alternativen Handel sprechen. Problematisch war die Handelsausweitung dagegen für einige Weltläden, die ihren Verkaufsraum weniger als Möglichkeitsraum entwicklungspolitischer Bildungsarbeit sahen, sondern sich selbst als nichtkommerzielles Gegenmodell zum Supermarkt verstanden.

Der Verkaufsort und seine Bedeutung wurde bis in die 1990er Jahre kontrovers diskutiert. Für gewöhnlich war der Verkauf der mit politischen Botschaften aufgeladenen Produkten im gewinnorientierten Supermarkt mit grundsätzlichen, gruppenintern geführten Debatten verbunden, wobei der Anschein eines eigenen kommerziellen Anspruchs stets vermieden werden sollte. Die Reflexion der Frage, aus welchen Gründen und an welchem Ort politischer Konsum stattfand, war ein großer Streitpunkt um die Positionierung gegenüber gewinnorientiert arbeitenden Unternehmen. Daher positionierten sich nahezu alle Akteure, alternativ-faire wie auch ökologische, zur Frage, ob die Gewinnorientierung von Händlern wie etwa Supermarktketten und Discountern die moralische Integrität der eigenen Argumentation untergrabe, wenn die eigenen oder befürworteten Produkte dort angeboten würden. Dem gegenüber standen teilweise eigens geschaffene Strukturen wie Weltläden auf entwicklungspolitischer bzw. Lebensmittelkooperativen auf umweltpolitischer Seite, die sich ab den späten 1980er Jahren auch über eine wahrgenommene Konkurrenzsituation mit Supermärkten und Lebensmitteldiscountern definierten.

Im Ergebnis führten die Änderungen um 1990 im alternativen bzw. fairen Handel dazu, dass Nächstenliebe und Solidarität kaum noch für die Konsumentenbilder genutzt wurden. Deutlich stärker ausgeprägt war nun das Vertrauen des Konsumenten in die Arbeit der fairen Importorganisationen. Vertrauenswürdigkeit war in der Praxis unentbehrlich aufgrund der zunehmend professionalisierten Vertriebsstrukturen. Der Kauf eines fair gehandelten Produktes erforderte kein Gespräch mit Weltladenmitarbeitern mehr, sondern lediglich das Wissen um ein Label. Damit wurde die Teilhabe des Konsumenten am fairen Handel erheblich vereinfacht. Wissen und in geringerem Umfang das verfügbare Budget verblieben in der Praxis als Schwellen für Verbraucher im fairen Handel.

Der Abbau von Hürden durch eine Professionalisierung des Verkaufs lässt sich auch bei ökologischen Handelsformen für die Zeit um 1990 feststellen. Zu beachten ist hier der weitaus größere Umfang: Bereits 1986 brachte die Bundestagsfraktion der Grünen einen Gesetzesvorschlag zum Schutz von Bio-Produkten in den Bundestag ein und zu Beginn der 1990er Jahre Jahre spiegelte sich der Erfolg der Bio-Labels auch auf europäischer Ebene wider. Der Blaue Engel diente als Vorbild für die Ausarbeitung eines europäischen Öko-Labels im Non-Food-Bereich. Vor allem das UBA arbeitete hier mit einem Konsumentenbild, das auf Verantwortungsbewusstsein beruhte. So sei sich der Konsument über die Konsequenzen des eigenen Handelns bewusst und müsse daher mit verlässlichen Informationen über die verfügbaren ökologischen Alternativen beim Einkauf versorgt werden. Mit den Handelsausweitungen ging jedoch auch eine wachsende Ungleichheit in den Partizipationsmöglichkeiten einher, als Ehrenämter sich zu einer weniger tragenden Säule entwickelten. Sichtbar wurde diese Problematik bei den anspruchsvollen Weltläden und Lebensmittelkooperativen, deren Bilder des Konsumentenbürgers auch Selbstbilder waren. Die Entwicklung des politischen Konsums hin zur standardmäßigen Verwendung von Labels führte also zu einer Verbreiterung und gleichzeitig einer Verflachung der Möglichkeitsräume politischer Partizipation.

In diesem Umfeld wuchs auch der Erfolg des ökologischen Landbaus. Insbesondere Demeter und Bioland verzeichneten um 1990 einen starken Zulauf und öffneten sich im Zuge dessen gegenüber der kommerziellen Vermarktung, deren bis heute sichtbarster Erfolg die anthroposophisch geführte Marktkette Alnatura darstellt. Dagegen sahen sich Lebensmittelkooperativen zunehmender Konkurrenz und auch dem Vorwurf ausgesetzt, ökologische Trittbrettfahrer zu sein und lediglich günstige Bio-Produkte als Selbstzweck zu organisieren. Begleitet wurde das wachsende Interesse an ökologischen Produkten auch von ökologischen Verbraucherschutzgruppen. Die Zeitschrift Öko-Test und die Verbraucher Initiative konnten ihre Abonnenten bzw. Mitglieder als Konsumenten darstellen, deren politische Interessen sie repräsentierten.

Themenübergreifend ist schließlich bemerkenswert, dass die Konsumentenbilder sich einander zunehmend ergänzten. Während Nächstenliebe und Solidarität als Motivation des Konsumenten verschwanden, waren drei Trends feststellbar. Die Anforderungen an die Teilhabe am politischen Konsum verflachten, da der Supermarktverkauf weniger Hürden aufstellte. Vertrauenswürdigkeit wurde im Zuge der Professionalisierung des fairen bzw. ökologischen Handels für die Labels unabdingbar als Legitimation für eigene Forderungen. Auch das Verantwortungsbewusstsein des Konsumenten wurde immer häufiger betont. Diese Trends ermöglichten nachfolgend das Entstehen der Sozialfigur des sozial-ökologischen Konsumentenbürgers.

Diese Entwicklungen wurden bis zur Jahrtausendwende noch deutlicher sichtbar. Verstärkt wurden sie noch durch die Etablierung von nachhaltiger Entwicklung als unhinterfragbarer Leitbegriff, der über entwicklungs- und umweltpolitische Aspekte hinausging und gesellschaftspolitisch allgemeingültig wurde. Verdichtet wiedergeben wurde das gültige Verständnis von Nachhaltigkeit in der Arbeit »Zukunftsfähiges

Deutschland«, bei dem Misereor und der BUND zusammenarbeiteten. Die Studie ging von der Notwendigkeit eines ökologisch verantwortungsbewussten Konsumenten aus, der im Sinne eines zunehmenden Zeitwohlstands auch abnehmenden materiellen Wohlstand hinnehmen sollte. Die Studie führte aufgrund ihrer Verbraucherfixierung zum Widerspruch bei entwicklungspolitisch engagierten Gruppen wie dem BUKO, der aber zu keinen praktischen Handelsalternativen führte. Zu bedenken ist im Food-Bereich auch der BSE-Skandal, der um 2000 die politischen Handlungsmöglichkeiten unerwartet vergrößerte.

Da der faire Handel weiterhin vollständig von zivilgesellschaftlichen Akteuren getragen wurde, bemühten sich GEPA und TransFair in den 1990er Jahren um eine verstärkte öffentliche Anerkennung. Diese konnte umso leichter erreicht werden, da das eigene Verständnis von Nachhaltigkeit vom ökonomischen Aspekt geprägt war und die potentiell abschreckenden Argumentationen der Solidaritätsgruppen keine Rolle mehr spielten. Dementsprechend war das Ziel möglichst großer Umsätze im fairen Handel gleichbedeutend mit ökonomischer Nachhaltigkeit, unabhängig von den involvierten Akteuren. Die Professionalisierungskampagne der Weltläden fügte sich in diese Entwicklung ein. Mit ihr wurden die Weltläden weitestgehend zu Fachgeschäften für Produkte, die über Fair-Trade-Labels gehandelt wurden, während das Verständnis eines Ortes für entwicklungspolitische Bildung verschwand. Diese Sicht war verschiedenen Gruppen in den 1990er Jahren zu simpel und zu weit von der Bekämpfung neokolonialistischer Strukturen entfernt. Die Arbeiten mit Kooperativen von Bauern oder im Fall von BanaFair mit dem Versuch des politischen Agenda-Settings waren Ansätze, die sich quantitativ nicht mit GEPA und TransFair vergleichen lassen. Inwiefern sie als wirkungsvoll betrachtet werden können, lässt sich angesichts ihrer Gegenwartsnähe noch nicht abschließend beurteilen.

Der ökologische Bereich politischen Konsums ist seit den 1990er Jahren deutlich stärker institutionalisiert. Dem UBA gelang es, den Blauen Engel als Möglichkeit zu interpretieren, die Forderungen nach nachhaltiger Konsumentenverantwortung zu erfüllen. Nach der Jahrtausendwende konnte sich Renate Künast als Bundeslandwirtschaftsministerin profilieren, indem sie dem bereits vorher geplanten staatlichen Bio-Label bei dessen Einführung Öffentlichkeitswirksamkeit verlieh. Dieser Effekt wurde noch durch die Unterstützung seitens der Verbraucher Initiative verstärkt. Beide (quasi-)staatlichen Labels nutzten das Bild eines verantwortungsbewussten, mündigen Konsumenten zur Legitimierung. Bemerkenswert ist diese Entwicklung auch deshalb, weil die privaten Bio-Labels mit Ausnahme von Naturland keine eigenen Akzente zum Konsumentenbild mehr setzten. Wichtiger war um die Jahrtausendwende die Abgrenzung vom neuen Bio-Label mit staatlicher Garantie. Als verbrauchernahe Akteure traten die Lebensmittelkooperativen in den 1990er Jahren immer weniger in Erscheinung, was in der Praxis mit dem ausgebauten Vertrieb des Bio-Handels zu erklären sein dürfte. Erwähnenswert ist zudem der Erfolg von Slow Food, das seinen Mitgliedern einen Beitrag zur sozialen nachhaltigen Entwicklung bescheinigte.

Die Kontextfaktoren, allen voran nachhaltige Entwicklung als einender Leitbegriff, aber auch steigende Nachfrage und der BSE-Skandal, führten gemeinsam mit den jeweiligen Bemühungen und den Professionalisierungskampagnen dazu, dass sich die Konsumentenbilder weit stärker als zuvor anglichen. Zum Ende des 20. Jahrhunderts lässt sich daher von einer Sozialfigur sprechen, auf die sich die Akteursgruppen für politischen Konsum bezogen. Zu beachten ist hier erneut die Trennung zwischen Sozialfigur und tatsächlichen Verbrauchergewohnheiten. So sind die Kritiken am politischen Konsum bis in die Gegenwart zahllos, in denen die Lücke zwischen politischem Anspruch und der tatsächlichen Praxis thematisiert wird, etwa in Debatten zum ökologischen Fußabdruck. Die Sozialfigur dagegen wurde nicht zur Beschreibung von tatsächlichen Praktiken wahrgenommen, sondern sie war für die Akteursgruppen vielmehr ein Mittel zum Zweck.

Die Eigenschaften der Sozialfigur, die hier als sozial-ökologischer Konsumentenbürger bezeichnet wird, gliedern sich in zwei Dimensionen: Teilhabe und Ungleichheiten. Demnach führten die Praktiken und Ideen des politischen Konsums zum Ende des 20. Jahrhunderts zu zwei grundlegenden Eigenschaften, die der Konsumentenbürger aufbrachte. Erstens vertraute er darauf, dass die Akteursgruppen und ihre Labels eine Funktion für ihn erfüllten. Sie dienten als Repräsentanten der Interessen des sozial-ökologischen Konsumentenbürgers. Die Sozialfigur sollte politischen Forderungen der Akteursgruppen also Legitimität verleihen. Zweitens übernahm der Konsumentenbürger selbständig Verantwortung. Der Gedanke des verantwortungsbewussten Konsumenten war bereits in den späten 1970er Jahren vorhanden, nahm nun jedoch eine entscheidende Position ein, um die Sozialfigur von anderen Verbrauchern zu differenzieren.

Dieser Befund bedeutet jedoch nicht, dass der sozial-ökologische Konsumentenbürger für Verbraucher ohne Weiteres als Vorbild dienen konnte. Mit der Sozialfigur gingen die Akteursgruppen von einem höheren Maß an Vorbildung aus, als es noch zu Beginn des politischen Konsums der Fall war. Die ständige Verfügbarkeit der Waren außerhalb der geschützten Verkaufsräume Weltladen bzw. Bioladen bedeutete auch, dass Käufer vorab über die Bedeutung der Waren informiert sein mussten, um auch intendiert einkaufen zu können. Zudem diente der Einkauf des sozial-ökologischen Konsumentenbürgers auch der Abgrenzung. Dieses Phänomen wäre als Entpolitisierung verfälschend kurz umschrieben. Wohl aber führt es zur These einer Vermarktlichung von politischen Teilhabechancen.

Dieses Buch hat sich mit Akteuren politischen Konsums in der Bundesrepublik Deutschland beschäftigt. Da die Konsumentenbilder mit einem Staatsbürger als Konsumenten arbeiteten, war die Fokussierung auf (West-)Deutschland folgerichtig. Abschließend sei aber auf ein Desiderat für die weitere Forschung hingewiesen: Für die Aufarbeitung der Ideen politischen Konsums wäre eine international vergleichende Arbeit enorm hilfreich. Zur Konsumgeschichte liegen Erkenntnisse zum deutsch-deutschen Vergleich vor, während sich beim Nach-dem-Boom-Ansatz ein vergleichender Blick zwischen BRD und Frankreich oder Großbritannien anbietet. Diese Untersuchung ist aber ein beredtes Zeugnis dafür, dass offensichtlich in beiden Themenbereichen politischen Konsums Ideen und Impulse in erster Linie aus den Niederlanden sowie aus Ländern des globalen Südens stammten. In diesem Zusammenhang wäre auch zu untersuchen, inwieweit postkoloniale Perspektiven Erklärungsansätze für Ideen politischen Konsums erweitern können.

Abkürzungsverzeichnis

A3WH	Aktion Dritte Welt Handel
AAB	Anti-Apartheid-Bewegung
AAW	Aktion Arme Welt
AbL	Arbeitsgemeinschaft bäuerlicher Landwirte
ABP	Ausschuss für entwicklungsbezogene Bildung und Publizistik
AEJ	Arbeitsgemeinschaft der Evangelischen Jugend
Afas	Archiv für alternatives Schrifttum
AG3WL	Arbeitsgemeinschaft der Dritte-Welt-Läden
AGÖL	Arbeitsgemeinschaft Ökologischer Landbau
AgV	Arbeitsgemeinschaft der Verbraucherverbände
AKP	Asien, Karibik- und Pazifikregionen
BAG	Bundesarbeitsgemeinschaft
BBU	Bundesverband Bürgerinitiativen Umweltschutz
BDI	Bundesverband der Deutschen Industrie
BDKJ	Bund der Deutschen Katholischen Jugend
BMI	Bundesministerium des Innern
BML	Bundesministerium für Ernährung, Landwirtschaft und Forsten
BMU	Bundesministerium für Umwelt, Naturschutz und Reaktorsicherheit
BMZ	Bundesministerium für wirtschaftliche Zusammenarbeit
BNN	Bundesverband Naturkost Naturwaren
BSE	Bovine spongiforme Enzephalopathie
BUKO	Bundeskongresses entwicklungspolitischer Aktionsgruppen
BUND	Bund für Umwelt- und Naturschutz Deutschland
CMA	Centrale Marketing-Gesellschaft der deutschen Agrarwirtschaft
CSR	Corporate social responsibility

DIN	Deutsches Institut für Normung
DNR	Deutscher Naturschutzring
DBV	Deutscher Bauernverband
epd	Evangelischer Pressedienst
EFD	Evangelische Frauenarbeit in Deutschland
EFTA	European Fair Trade Association
EVG	Erzeuger-Verbraucher-Gemeinschaft
FAU	Freie Arbeiterinnen- und Arbeiter-Union
FEDECOCAGUA	Federación de Cooperativas Agrícolas de Productores de Café de Guatemala
GAP	Gemeinsame Agrarpolitik
GATT	General Agreement on Tariffs and Trade
GEPA (zuerst: GFP)	Gesellschaft zur Förderung der Partnerschaft mit der Dritten Welt
GMO	Gemeinsame Marktordnung
ICA	International Coffee Agreement
IFOAM	International Federation of Organic Agriculture Movements
Ila	Informationsstelle Lateinamerika
iz3w	(Blätter des) Informationszentrum(s) Dritte Welt
MITKA	Mittelamerika Kaffee Im- und Export GmbH
NGO	Non-governmental organisation
RAL	Reichsausschuss für Lieferbedingungen
S.O.S.	Steun voor Onderontwikkelde Streken
SÖL	Stiftung Ökologie und Landwirtschaft (zuerst: Stiftung Ökologischer Landbau)
Taz	Tageszeitung
UBA	Umweltbundesamt
UCIRI	Unión de Comunidades Indígenas de la Región del Istmo
UNCTAD	United Nations Conference on Trade and Development
VCI	Verband der chemischen Industrie
VDA	Verband der Automobilindustrie
vzbv	Verbraucherzentrale Bundesverband
WaBoLu	Institut für Wasser-, Boden- und Lufthygiene

Übersicht zu Archiven und Zeitschriften

Genutzte Archive

- Misereor, Aachen
- Institut für Sozialgeschichte, Amsterdam
- Grünes Gedächtnis, Berlin
- Demeter, Darmstadt
- Archiv für alternatives Schrifttum, Duisburg
- Informationszentrum Dritte Welt, Freiburg [Seit Ende 2022: Afas Duisburg]
- Archiv Soziale Bewegungen, Freiburg
- Institut für angewandte Kulturforschung, Göttingen
- Bundesarchiv, Koblenz

Zusätzlich wurde im Rahmen des DFG-geförderten Forschungsprojekts »Der konsumierende Staatsbürger als semantische Konstruktion neuer Partizipationsformen in der Bundesrepublik Deutschland« ein Vorlass (»Sammlung Wertingen«) erfasst, der in dieser Untersuchung genutzt wurde. Nähere Information hierzu gibt das Forschungszentrum Europa der Universität Trier (fze@uni-trier.de).

Durchgesehene Zeitschriften

- AG3WL-Rundbrief
- Alligator
- Alternativ handeln
- Anders leben
- Arche-Info
- asb-Rundbrief
- BanaFair-Info
- Bauernblatt
- Bauernstimme
- Bio Gemüse Rundbrief

- Bioland
- Blätter des iz3w
- Boykott-Rundbrief
- BUKO Agrar-Dossier
- Buko Agrar-Info
- BUKO Agrar-Koordnination
- Consum Critik
- Contraste
- Das bessere Müllkonzept
- DED-Brief
- Demeter Fachbrief
- Demeter-Blätter
- Demeter-Mitteilungen
- Der Rabe Ralf
- Die Grünen
- DNR Deutschland-Rundbrief
- Dritte Welt Information des epd
- El Puente informiert
- epd Entwicklungspolitik
- EPK – Entwicklungspolitische Korrespondenz
- Euroinfo
- Forum entwicklungspolitischer Aktionsgruppen
- Forum Umwelt & Entwicklung (Rundbrief)
- Früchte aus Südafrika
- Graswurzelrevolution
- IFOAM
- Ila
- Informationsbrief Weltwirtschaft & Entwicklung
- Informationsbüro Nicaragua Rundschreiben
- Kaffeebohne und Teeblatt
- Kaffee-Brief
- Lateinamerika Nachrichten
- Lebendige Erde
- Mahlzeit! Verbraucherzeitung für Umwelt, Landbau und Ernährung
- Misereor – Das Magazin
- Misereor aktuell
- Misereor inform
- Natur
- Natur & Umwelt
- Naturland Magazin
- Naturland-Informationen
- Neuform-Echo
- Ökologie und Landbau
- Öko-Test
- Robin Wood Magazin

- Rundbrief AG Bundesweiter Food-Coops
- Rundbrief Grüne Liga
- Rundbrief Volksmund
- Schneckenpost
- Schrägstrich
- Schrot & Korn
- Slow
- Tageszeitung (Taz)
- Teekampagne Projektwerkstatt
- Verbraucher Telegramm
- Wandelsblatt
- Welt & Handel
- weltläden aktuell

Quellenverzeichnis

Abel, Georg: Deutschlands erster Unternehmenstest: Ratgeber für einen verantwortlichen Einkauf, in: Verbraucher Telegramm, Heft 5/1995, S. 2f.

Abel, Georg: Öko-Engagement noch gefragt? In: Verbraucher konkret, Heft 6/1999, S. 22–24.

Abel, Georg: Telefonieren, Sparen & Spenden. Die etwas andere Form der Unterstützung unseres Verbandes, in: Verbraucher konkret, Heft 4–5/1999, S. 14.

Abel, Georg: Zusatzstoffe online. Ein neues Informationssystem der Verbraucher Initiative, in: Verbraucher konkret, Heft 4–5/1999, S. 10f.

Abel, Georg: Mitglieder-Aktion geht weiter: »Telefonieren, sparen und spenden«, in: Verbraucher konkret, Heft 2/2001, S. 14f.

Aktion Arme Welt: Verkauf von Kleinbauernkaffee im Lebensmitteleinzelhandel. 1990, Archiv iz3w, Ernährung Kaffee.

Aktion Dritte Welt Handel: Aktion Dritte-Welt-Handel. September 1970, Universität Trier, Sammlung Wertingen, 1.the.001.

Aktion Dritte Welt Handel: Kennen Sie die Geschichte vom Indio-Kaffee aus Guatemala? Hier ist sie: Reiner Indio-Guatemala-Kaffee, März 1974, Universität Trier, Sammlung Wertingen, 1.gua.001.

Aktion Dritte Welt Handel: Aluschok. Süß für uns, bitter für andere, undatiert [1974], iz3w Freiburg, Fair Trade 1973–1983.

Aktion Jute statt Plastik: Jute statt Plastik. Basisinformationen, Wuppertal 1978.

Aktionszentrum Arme Welt Tübingen: Aktion sauberer Kaffee. In: AG3WL-Rundbrief, Heft 37/1989, S. 15–19.

Albert, Sven: Kennzeichnungsproblematik alternativ erzeugter Produkte. In: Ökologie und Landbau, Heft 81/1992, S. 30f.

Albrecht, Thomas: Die Food-Coop-Perspektive. In: Contraste, Heft 34–35/1987, S. 15.

Albrecht, Thomas: Die unbekannten Wesen. In: Contraste, Heft 34–35/1987, S. 13.

Albrecht, Thomas: Kooperation oder freie Marktwirtschaft? In: Contraste, Heft 34–35/1987, S. 12.

Albuschkat, Christoph/Nitschke, Ulrich: Weltläden als Einfallstor zur nachhaltigen Wirtschaft?! In: Weltläden aktuell, Heft 76/2000, S. 8–10.

Anders, Uli/Kowalczyk, Charlie: »Wir sind radikaler als TransFair«. In: Forum entwicklungspolitischer Aktionsgruppen, Heft 168/1992, S. 13–15.

Andreas-Grisebach, Manon: Geschichte einer Unterwerfung. In: Öko-Test, Heft 1/2000, S. 8–16.

Anti-Apartheid-Bewegung/Evangelische Frauenarbeit in Deutschland: Aktionäre und Kunden der Dresdner Bank fordern: Keine Kredite für Apartheid! Kein Geld für Gold aus Südafrika! 1984, Afas Duisburg, AAB.147.

Antiimperialistisches Solidaritätskomitee für Afrika, Asien und Lateinamerika: Boykottiert die Kaffeekonzerne. Solidarität mit den Völkern von El Salvador und Guatemala, Unterstützt den Aufbau des freien Nicaragua, Frankfurt a.M. 1981.

APURA: Brief an Günter Hartkopf, BMI, vom 30.10.1979 (L/M). 1979, Bundesarchiv Koblenz, B 295/17525.

Arbeitsgemeinschaft bäuerlicher Landwirtschaft/Bundesverband Bürgerinitiativen Umweltschutz/Bundeskongress entwicklungspolitischer Aktionsgruppen/Bund für Umwelt- und Naturschutz Deutschland: Aachener Erklärung vom 02.07.1987. Bauern und Verbraucher für eine neue Agrarpolitik, zit. u.a. in: AG3WL-Rundbrief, Heft 30/1988, S. 30f.

Arbeitsgemeinschaft Dritte Welt Läden: Der Dritte Welt Laden. Hamburg 1980.

Arbeitsgemeinschaft Dritte Welt Läden (Hg.): Zuivere Koffie. Materialien zur Diskussion über die Aktion Sauberer Kaffee, Darmstadt o.J. [1988].

Arbeitsgemeinschaft Evangelischer Jugend/Bund Deutscher Katholischer Jugend/Action 365/Terre des Hommes: Politische Forderungen des Friedensmarsches ›70 an die Bundesregierung. 1970, Archiv Misereor Aachen, FH 20.

Arbeitsgemeinschaft Kassel/Arbeitsgemeinschaft Schwaben: »Der Karren läuft zu sehr in Richtung Bio«. In: Bauernstimme, Heft 110/1990, S. 14.

Arbeitsgruppe »Agenda 21/Nachhaltige Entwicklung« des UBA: Nachhaltiges Deutschland. Wege zu einer dauerhaft umweltgerechten Entwicklung, Berlin 1998.

Arcais, Andrea: Eine Arche gegen den Wahnsinn. In: Schneckenpost, Heft 1/1997, S. 1.

Arcais, Andrea: Mit Qualität Genuss retten. Noch nie war Slow Food so aktuell wie heute, in: Schneckenpost, Heft 1/2001, S. 3.

Arickal, George/Wirtz, Hermann: Zur Diskussion um den Entwurf zum Konzept der A3WH. 1972, Archiv Misereor Aachen, FH 8.

Arickal, George: Zusammenfassung einiger Erfahrungen der »Alu-schok-Verkäufer«. Undatiert [1975?], Archiv Misereor Aachen, FH 12.

Arickal, George: Die Aktion Jute statt Plastik. In: Unsere Dritte Welt, Heft 1/1978, S. 12f.

Arickal, George/Wirtz, Hermann: Zur Diskussion um den Entwurf zum Konzept der A3WH. 1972, Archiv Misereor Aachen, FH 8.

Armborst, Stefan/Brand, Ulrich: »Gegen ein technokratisches und naivaufklärerisches Politikverständnis«. In: Blätter des iz3w, Heft 217/1996, S. 34–36.

Armborst, Stefan/Brand, Ulrich: Undemokratisch und dezentral in den nationalen Öko-Konsens? Die Debatte über die Wuppertal-Studie geht weiter, in: Lateinamerika Nachrichten, Heft 259/1996, S. 25–30.

Armborst, Stefan/Brand, Ulrich: Nachhaltig zukunftsfähig? Kritik der Wuppertaler Umwelt-Studie, in: Blätter des iz3w, Heft 211/1996, S. 38–40.

Arndt, Fritz: Bezirksregierung Trier kämpft gegen Öko-Winzer. In: Öko-Test, Heft November 1985, S. 45–47.

Arndt, Fritz: Weine im Test: Prost Schwefel, in: Öko-Test, Heft April 1985, S. 24–32.

Arndt, Fritz: Nach dem Schreck bald neue Vollwert-Kunden? In: Öko-Test, Heft 7/1986, S. 24–27.

Arndt, Fritz: Reformhäuser: Wird Zeit, dass da Bewegung reinkommt, in: Öko-Test, Heft 6/1986, S. 13–16.

Arndt, Fritz: Etikettenschwindel im Supermarkt. In: Öko-Test, Heft 4/1987, S. 34f.

Arndt, Fritz: Persilschein für Umweltgangster. In: Öko-Test, Heft 8/1988, S. 8–12.

Arndt, Fritz: Produkthaftungsgesetz: Am untersten Niveau, in: Öko-Test, Heft 5/1988, S. 20–23.

Arndt, Fritz: B wie Braubach, B wie Blei. In: Öko-Test, Heft 2/1990, S. 8–13.

Arnold, Martina: Kinder unter Strom. In: Ökotest, Heft 10/1998, S. 24–32.

ATW GmbH Produkte für Holzveredelung: Brief an Klaus Töpfer vom 11.04.1989. 1989, Bundesarchiv Koblenz, B 295/4281.

Audi NSU Union AG: Brief an Heinrich von Lersner vom 02.08.1984. 1984, Bundesarchiv Koblenz, B 295/98350.

Augenstein, Johannes: Brief an die Geschäftsführung der GEPA. Zit. in: AG3WL-Rundbrief, Heft 35/1989, S. 54–58.

Auswärtiges Amt: EG-rechtliche Stellungnahme des Auswärtigen Amtes zum »Blauen Umweltengel«. 1989, Bundesarchiv Koblenz, B 295/4282.

Autorenkollektiv »Coco-Piranhas«: Sie lebe hoch, hoch, hoch... Anmerkungen zur Nicaragua-Solidarität, in: Ila, Heft 123/1989, S. 34f.

Bade, Reinhard/Fink, Andrea: Bioland-Produkte im Supermarkt. In: Bauernstimme, Heft 86/1988, S. 11.

Baeumle, Peter: Ausstieg aus der GEPA? Zum LeserInnenbrief des Dritte-Welt-Ladens Heidelberg, in: Weltläden aktuell, Heft 64/1996, S. 20f.

Ballot, Julia: Zur besonderen Lage der Frau in Südafrika. In: Blätter des iz3w, Heft 76/1979, S. 18–22.

Bananenkampagne: Eine faire Chance für fairen Handel. Die Kampagne zur Reform der EU-Bananenmarktordnung, in: Misereor aktuell, Heft 6/1995 (Beilage).

Banneyer, Hildegard/Schaaf, Helmut/Wendler, Helmut: »Substanzlose Provokation«. Entgegnung auf den Beitrag »Sie lebe hoch...« in ila 123, in: Ila, Heft 123/1989, S. 36f.

Baringdorf, Friedrich-Wilhelm Graefe zu/Höfken, Ulrike: Der integrierte Landbau aus politischer Sicht. In: Ökologie und Landbau, Heft 81/1992, S. 37f.

Baringdorf, Friedrich-Wilhelm Graefe zu/Höfken, Ulrike: BSE: Billigfüttern – Notschlachten – Entschädigen. In: Euroinfo, Heft 4/1996, S. 14f.

Bärliner Kaffeegenossenschaft: Sandino-Dröhnung – zum Letzten? In: Lateinamerika Nachrichte, Heft 205–206/1991, S. 45–48.

Baumgärtner, Ulf: Kleinbauern im Supermarkt. Zur Kritik am »fairen Handel«, in: Blätter des iz3w, Heft 206/1995, S. 20–22.

Baumgärtner, Ulf: Rentablere Gewinnspannen. Zur politischen Ökonomie des »fairen« Handels, in: Ila, Heft 199/1996, S. 10–12.

Baumhöfer, Alf: Vermarktung von Naturkost. In: Wandelsblatt, Heft 2/1984, S. 13.

Baumhöfer, Alf: Vom Sinn und Scheitern einer Erzeuger-Verbraucher-Genossenschaft. In: Contraste, Heft 9/1985, S. 8f.

Baur, Max: Politisches Selbstverständnis gehört dazu. In: Contraste, Heft 73/1990, S. 7.

BDI-Konsumgüterausschuss: Sitzungsprotokoll vom 14.12.1989. 1989, Bundesarchiv Koblenz, B 295/19398.

Becker, Stefan: Das Schweigen der Ämter. In: Öko-Test, Heft 8/1995, S. 30–39.

Behrend, Benjamin: Hände weg vom Tropenwald. In: Robin Wood Magazin, Heft 13/1987, S. 16f.

Beringer, J./Schlenczek, G.: Die Informationssituation für Verbraucher in Verkaufsstätten für Produkte des ökologischen Landbaus. In: Ökologie und Landbau, Heft 81/1992, S. 25–28.

Bernd, Annette/Fuchs, Hildegard: Soziale Kriterien im Handel mit Produkten aus ökologischem Anbau. In: GEPA (Hg.): Fairer Handel und ökologischer Anbau. O.O. o.J., S. 18–26.

Bernd, Annette/Rau, Albert/Hanft, Michael: Umweltschutz in der Dritten Welt durch verändertes Konsum-verhalten in der Ersten Welt? In: Forum für interdisziplinäre Forschung, Heft 2/1990, S. 74–80.

Bichler, Sepp: Ein Jahr Direktvermarktung – Chancen zum Überleben oder neuer Konkurrenzkampf? In: Bauernblatt, Heft 29/1982, S. 3.

Bielefeld, Jochen: Preisvergleich: Schiefe Optik, in: Neuform-Echo aktuell, Heft 10/1990, S. 3.

Bielefeld, Jochen: ZDF: Schwere Vorwürfe gegen Demeter, in: Neuform-Echo aktuell, Heft 1/1992, S. 3.

Bill, Hans-Christoph: Spenden ist sch...! In: Weltläden aktuell, Heft 72/1999, S. 5.

Billen, Gerd: Umweltzeichen. Der fragwürdige Engel, in: Consum Critik, Heft 1/1987, S. 5.

Billen, Gerd: Neue Bündnisse von VerbraucherInnen und Bauern. In: Consum Critik, Heft 2/1988, S. 22f.

Billen, Gerd: Schweinefleisch: Neues Markenfleisch, in: Verbraucher Telegramm, Heft 5/1988, S. 1f.

Billen, Gerd: Stärkung ehrenamtlicher Umweltberatung statt Professionalisierung – Umwelt und Ernährungsberatung bei der ›Verbraucher-Initiative‹. In: Zimmermann, Monika (Hg.): Umweltberatung in Theorie und Praxis. Basel 1988, S. 337–344.

Billen, Gerd: Schweinefleisch: Neues Markenfleisch, in: Verbraucher Telegramm, Heft 5/1988, S. 1f.

Billen, Gerd: Lebensmittel mit Qualität. In: Verbraucher Telegramm, Heft 3/1989, S. 1f.

Billen, Gerd: Britisches Rindfleisch: Aktion »Vertrauen ist gut, Kontrolle ist besser«, in: Verbraucher Telegramm, Heft 6–7/1990, S. 10.

Billen, Gerd: Die Organisation von Konsumenteninteressen. In: Hildebrandt, Eckart (Hg.): Ökologischer Konsum (Schriftenreihe des IÖW 25/89). Berlin 1990, S. 90–92.

Billen, Gerd: Die Macht der Konsumenten: Was können wir tun? In: Glauber, Hans/Pfriem, Reinhard (Hg.): Ökologisch wirtschaften. Erfahrungen, Strategien, Modelle, Frankfurt a.M. 1992, S. 213–221.

Blume, Christhilde: Jahreszeiterleben auf der Nord- und Südhalbkugel. In: Demeter-Blätter, Heft 48/1990, S. 8–10.

Boesenberg, Eva/Lampe, Thorsten/Fuhrmann, Gisela/Kowalczyk, Charly: »Der Umgang mit der GEPA radikalisiert selbst die friedlichsten und kompromissbereitesten Leute«. In: Forum entwicklungspolitischer Aktionsgruppen, Heft 150/1991, S. 8–11.

Böklunder: Unsere Antwort auf Verbraucher-Verunsicherung. In: Öko-Test, Heft 3/2001, S. 43.

Bornhöft, Petra: Von der Krise zur Agrarwende. In: Der Spiegel, Heft 3/2001, S. 20–24.

Bosse-Brekenfeld, Peter: Zukunftsfähig. Naturverträglich und gerecht: Das global erträgliche Deutschland, in: epd Entwicklungspolitik, Heft 21/1995, S. 19–23.

Brakel, Manus van/Buitenkamp, Maria: Sustainable Netherlands – Aktionsplan für eine nachhaltige Entwicklung der Niederlande (hg. vom Institut für sozial-ökologische Forschung). Frankfurt a.M. 1993.

Brakel, Manus van/Buitenkamp, Maria: »Sustainable Netherlands«. Perspektiven für einen veränderten Lebensstil im Norden, in: Kritische Ökologie, Heft 6/1993, S. 29–33.

Breda, Erhard: Zur Sicherung der DEMETER-Qualität. In: Demeter-Blätter, Heft 30/1981, S. 12f.

Breda, Erhard/Heinze, Hans/Schaumann, Wolfgang: Biologisch-dynamischer Landbau und Situation der Weltwirtschaft. In: Demeter-Blätter, Heft 21/1977, S. 3–5.

Bringmann, Rosemarie: Finca Irlanda – Erfolg der Boykott-Kampagne. In: Lateinamerika Nachrichten, Heft 271/1997, S. 21–23.

Brocke, Madeleine: »Zukunftsfähiges Deutschland«. In: Misereor aktuell, Heft 6/1995, S. 6–9.

Brückmann, Thomas: Wird Rio unseren Planeten retten? Grüne Liga verzichtet auf Teilnahme, in: Rundbrief Grüne Liga, Heft Mai-Juni 1992, S. 1–4.

Buley, Maron: KbA für alle?! Trends und Tendenzen, in: Bio-Fach, Heft 6/1996, S. 24f.

Bundesarbeitsgemeinschaft ChristInnen: Wer Ökologie sagt, muss auch Antikapitalismus sagen. In: Grüner Basis-Dienst, Heft 5/1990, S. 12–14.

Bundesarbeitsgemeinschaft Lebensmittelkooperativen: Das Food-Coop Handbuch. Gemeinsam ökologisch handeln, Bochum 1998.

Bundeskongress entwicklungspolitischer Aktionsgruppen: »Zukunftsfähiges Deutschland« – ein Technokratenmärchen. In: Forum entwicklungspolitischer Aktionsgruppen, Heft 197–198/1995, S. 4–9.

Bundesministerium des Innern: Ergebnisvermerk über die Ressortbesprechung im Bundesministerium des Innern am 15. Mai 1972 (Projekt UI4 – 500 080 1). 1972, Bundesarchiv Koblenz, B 106/71650.

Bundesministerium des Innern: Gespräch über geplante Maßnahmen der Umweltaufklärung. Ergebnisprotokoll, 25.01.1981, Bundesarchiv Koblenz, B 419/519.

Bundesministerium des Innern: Protokoll der 1. Sitzung der Jury Umweltzeichen am 05. Juni 1978 in Bonn (BMI) (UI2 – 500 080/4). 1978, Bundesarchiv Koblenz, B 106/71652.

Bundesministerium für Ernährung, Landwirtschaft und Forsten: Leitmotiv zur Öffentlichkeitsarbeit für den Umweltschutz und Umweltzeichen (U 5280) vom 29.93.1972. 1972, Bundesarchiv Koblenz, B 106/71650.

Bundesministerium für Ernährung, Landwirtschaft und Forsten/Auswertungs- und Informationsdienst für Ernährung, Landwirtschaft und Forsten (AID) (Hg.): Alternativen im Landbau. Statusbericht aus dem Forschungsbereich des Bundesministeriums für Ernährung, Landwirtschaft und Forsten, Münster 1978.

Bundesministerium für Justiz: Brief an BMWi vom 20.09.1971 (7000 – 14 – 36 649/71). 1971, Bundesarchiv Koblenz, B 106/71650.

Bundesministerium für Umwelt, Naturschutz und Reaktorsicherheit (Hg.): Konferenz der Vereinten Nationen für Umwelt und Entwicklung im Juni 1992 in Rio de Janeiro. Dokumente, Agenda 21, Bonn 1992.

Bundesministerium für Wirtschaft: Bericht betr. Vergabe eines Qualitätskennzeichens durch die Stiftung Warentest (Der Bundesminister für Wirtschaft, II B 4 – 30 08 21/290). 1971, Bundesarchiv Koblenz, B 106/71650.

Bundesministerium für Wirtschaft: Brief an BMI vom 29.05.1878 (III D 5 – 02 28 00/8). 1978, Bundesarchiv Koblenz, B 106/71652.

Bundesverband der Deutschen Industrie: Brief an BMI vom 18.09.1979 (III/2-40-00/1 Mt/Br, III/3-300/57). 1979, Bundesarchiv Koblenz, B 295/6710.

Bündnis 90/Die Grünen: Assoziationsvertrag zwischen Bündnis 90 und Die Grünen. 1993, Archiv Grünes Gedächtnis Berlin (https://www.boell.de/sites/default/files/assets/boell.de/images/download_de/publikationen/1993_001_Assoziationsvertrag.pdf, 25.09.2023).

Bündnis 90/Die Grünen: Der grüne Katalog. Bonn 1994.

Bündnis 90/Die Grünen im Bundestag: Ökologische Steuerreform: Steuern in die richtige Richtung, Bonn 1994.

Bunzenthal, Roland: Warum Guatemalas Indio-Kaffee nicht nur befreiend wirkt. In: Forum entwicklungspolitischer Aktionsgruppen, Heft 42/1981, S. 5f.

Burdick, Bernhard: Öko-Landbau contra Treibhauseffekt. In: Bioland, Heft 5/1997, S. 36f.

Burkert, Bettina/Hirsch, Thomas: Bananen-Kampagne: 150.000 Postkarten für den EU-Agrarkommissar, in: BanaFair-Info, Heft 7/1996, S. 3f.

Burkhardt, Christine: Rassismus im GEPA-Regal? In: Alternativ handeln, Heft 7/1981, S. 28.

Callenius, Carolin: Bildung und Lobbying. Den Boom des fairen Handels als Chance nutzen, in: epd Entwicklungspolitik, Heft 19/1994, S. 14–17.

Carlowitz, Hannss Carl von: Sylvicultura Oeconomica oder haußwirthliche Nachricht und Naturmäßige Anweisung zur Wilden Baum-Zucht, Leipzig 2013 [1713].

Carson, Rachel: Silent Spring. Boston 1962.

Cejka, Regine: Alles Bio, alles Öko, alles Lüge. In: Öko-Test, Heft 1/1993, S. 10–17.

Cejka, Regine: Mut tut gut. Bürgerbeteiligung, in: Öko-Test, Heft 1/1996, S. 48–56.

Clever, Martin: Ökologischer Landbau – ein Weg aus der Krise? In: Bauernblatt, Heft 29/1982, S. 8f.

Cremer, Georg/Wenzler, Hildegard: Die Nestlé-AG ist entlarvt. In. Blätter des iz3w, Heft 55/1976, S. 54–61.

Cropp, Hermann: Kornkraft. Verbraucher-Genossenschaft künftig ohne Verbraucher? In: Contraste, Heft 57/1989, S. 12.

Cropp, Hermann: Naturkost radikalökologisch umgestalten! In: Contraste, Heft 65/1990. S. 12.

Cropp, Hermann: »Revolutionierung aller Lebensbereiche«. In: Contraste, Heft 66/1990, S. 13.

Cropp, Hermann: Wo, bitte, geht's lang zur Umgestaltung? In: Contraste, Heft 68/1990, S. 5.

Dambroth, M.: Alternativen der pflanzlichen Produktion und ihre Auswirkungen auf Bodenproduktivität sowie Ertrag und Qualität des Erntegutes. In: Bundesministerium für Ernährung, Landwirtschaft und Forsten/Auswertungs- und Informationsdienst für Ernährung, Landwirtschaft und Forsten (AID) (Hg.): Alternativen im Landbau. Statusbericht aus dem Forschungsbereich des Bundesministeriums für Ernährung, Landwirtschaft und Forsten, Münster 1978, S. 6–33.

Debald, Jürgen: Nicarauga-Kaffee: »Statt Jacobs-Krönung ... Sandino-Dröhnung!« In: Mahlzeit, Heft 2/1986, S. 1f.

Debald, Jürgen: Naturkost für Arme?! Immer mehr Bioläden – immer mehr Arbeitslose, in: Mahlzeit, Heft 2/1987, S. 1/12.

Deutscher Bundestag: Umweltprogramm der Bundesregierung. Drucksache 6/2710, 1971.

Deutscher Bundestag: Entwurf eines Gesetzes zur Regelung der Anwendung der Begriffe »bio«, »biologisch«, »öko« und »ökologisch« zur Kennzeichnung von Lebensmitteln im Handel. Drucksache 11/1039, 1987.

Deutscher Kaffee-Verband: Kaffee-Bericht 1990. Hamburg o.J. [1991].

Die Grünen: Das Bundesprogramm. O.O. o.J. [Karlsruhe 1980].

Die Grünen: Bundestagswahlprogramm 1987. Farbe bekennen, Bonn o.J. [1987].

Die Grünen: Das Programm zur 1. gesamtdeutschen Wahl 1990. Bonn o.J. [1990].

Die Grünen im Bundestag: Auf dem Weg zu einer ökologisch-solidarischen Weltwirtschaft. Konzept für eine grüne Außenwirtschaftspolitik, Bonn 1990.

Die Grünen im Bundestag: Konsumwende, was sonst? Bonn 1990.

Die Grünen im Bundestag/Arbeitskreis Wirtschaft und Umwelt: Ökologisch Handeln. Wochenmarkt statt Aldi, Bonn 1991.

Diehl, Marion: Forum Banane IV: Anmerkungen einer Teilnehmerin, in: BanaFair-Info, Heft 10/1997, S. 11.

Diehl-Kita, Annette/Schaaf, Helmut/Heß, Klaus: Nicaragua bleibt spannend. In: Ila, Heft 144/1991, S. 44–46.

Diermann, Ulrich: Die internationale Hack-(fleisch)-ordnung. In: Forum entwicklungspolitischer Aktionsgruppen, Heft 101/1986, S. 8–10.

Diermann, Ulrich: Neue Bündnisse braucht das Land. Aachener Erklärung gegen die Agrarpolitik der BRD, in: Ila, Heft 109/1987, S. 16f.

Doll, Wolfgang: Erklärung der Vertreter von AEJ und BDKJ aus dem Entwicklungspolitischen Arbeitskreis in der Mitgliederversammlung der Aktion Dritte Welt Handel e.V. In: Blätter des iz3w, Heft 74/1978, S. 57.

Dosch, Thomas: Das neue Künast-Siegel – ein Zeichen der Zeit. In: Bioland, Heft 4/2001, S. 47.

Dreßen, Rolf: Gedanken zum Naturkosthandel. In: Rundbrief AG Bundesweiter Food-Coops, Heft 1/1990, S. 21–27.

Dritte-Welt-Laden Darmstadt: Nica-Kaffee. In: AG3WL-Rundbrief, Heft 2/1982, S. 7f.

Drohsin, Andrea: Südafrika – Boykott als Mittel des Widerstands. In: Graswurzelrevolution, Heft 102/1986, S. 18–21.

Eblinghaus, Helga/Strickler, Armin: Nachhaltigkeit und Macht. Zur Kritik von Sustainable Development, Frankfurt a.M. 1996.

Economic Commission for Latin America: The Economic Development of Latin America and its Principal Problems. New York 1950.

Eder, Stephan/Hermle, Reinhard/Endrukaitis, Edgar/Berger, Ralf: Perspektive oder Illusion? In: Natur & Umwelt, Heft 1/1996, S. 23f.

El Rojito: MITKA blickt skeptisch zu TransFair. In: Forum entwicklungspolitischer Aktionsgruppen, Heft 167/1992, S. 32f.

El Rojito: Selbstdarstellung. In: BUKO Agrar-Dossier, Heft 2/1992, S. 32.

El Rojito: Der sozialdemokratische Wolf im humanistischen Schafspelz. In: epd Entwicklungspolitik, Heft 15/1994, S. n. [sic!]

Erzeuger-Verbraucher-Gemeinschaft Schmanddibben: Die Vermarktung selbst in die Hand nehmen! In: Bauernblatt, Heft 44/1984, S. 13.

Eisenburger, Peter: Grüne Revolution: Ruin der Kleinbauern, in: Blätter des iz3w, Heft 67/1978, S. 16–20.

Endlich, Bruno: Mensch und Umweltgefahren. In: Demeter-Mitteilungen, Heft 11/1971, S. 9f.

Endlich, Bruno: Innere und äußere Vergiftung. In: Demeter-Mitteilungen, Heft 9/1971, S. 10–12.

Endlich, Bruno: Biologische Verdrehungen. In: Demeter-Mitteilungen, Heft 59/1975, S. 8–10.

Engelhardt, Wolfgang: Der Erdgipfel. UNCED-Nachbetrachtungen, in: Robin Wood Magazin, Heft 34/1992, S. 26f.

Eppler, Erhard: Die Qualität des Lebens. In: IG Metall (Hg.): Aufgabe Zukunft. Qualität des Lebens (Bd. 1, Qualität des Lebens), Frankfurt a.M. 1973.

Eppler, Erhard: Wende oder Ende. Von der Machbarkeit des Notwendigen, Stuttgart 1975.

Europäische Gemeinschaften: Entwurf einer Entschließung des Rates zur Fortschreibung und Durchführung einer Umweltpolitik und eines Aktionsprogramms der Europäischen Gemeinschaften für den Umweltschutz 1987–1992. In: ABl. C 70 vom 18.03.1987.

Europäische Gemeinschaften: Verordnung (EG) Nr. 258/97 des Europäischen Parlaments und des Rates vom 27. Januar 1997 über neuartige Lebensmittel und neuartige Lebensmittelzutaten.

Evangelische Frauenarbeit in Deutschland: Kauft keine Früchte aus Südafrika! Baut nicht mit an der Mauer der Apartheid, Frankfurt a.M. 1980.

Fackeldey, Beate: Kein Gentech-Lebensmittel ohne Kennzeichnung! In: Verbraucher Telegramm, Heft 3/1993, S. 5.

Fackeldey, Beate: Wieviel Eier braucht der Löffelbiskuit? In: Verbraucher Telegramm, Heft 1/1993, S. 8–10.

Ferenschild, Sabine/Hax-Schoppenhorst, Thomas: Weltkursbuch. Globale Auswirkungen eines »Zukunftsfähigen Deutschlands«, Hinweise und Tips für unser alltägliches Handeln, Basel 1998.

Fetscher, Iring: Ökodiktatur – oder Alternativzivilisation? In: Kunz, Norbert (Hg.): Ökologie und Sozialismus. Perspektiven einer umweltfreundlichen Politik, Köln 1986, S. 158–176.

Firgau, Martin: Wohin mit der Knete? In: Graswurzelrevolution, Heft 122/1987, S. 30.

Fischer, Claudia: Schnelles Öko-Menü. In: Naturland Magazin, Heft 4/1997, S. 9.

Fischer, Claudia: BSE – ein Jahr danach. In: Naturland Magazin, Heft 1/2002, S. 16.

Fischer, Helmut: Neue Märkte für Biogemüse. In: Contraste, Heft 19/1985, S. 7.

Fischer, Reinold: Öko-Fleisch schützt vor BSE-Gefahr. In: Naturland Magazin, Heft 2/2000, S. 8f.

Fischer, Reinold: Das neue »Bio-Siegel«. In: Naturland Magazin, Heft 4/2001, S. 15.

Fischer, Reinold: Jetzt auf Öko-Landbau umstellen. Naturland zum Thema BSE, in: Naturland Magazin, Heft 1/2001, S. 6.

Flaig, Stefan: Das Ende einer Utopie. In: Blätter des iz3w, Heft 164/1990, S. 3.

Fleissner, Petra: »Im Zeichen der Schnecke«. Die Slow Food Bewegung, in: Umweltnachrichten, Heft 83/1999, S. 9–14.

Flieger, Burghard: »Ökologisches Marketing«. Zukunftschance für den alternativen Naturkosthandel? In: Contraste, Heft 33/1987, S. 13.

Flieger, Burghard: Kooperatives Marketing für ökologische Produkte. In: Contraste, Heft 52/1989, S. 12.

Food Coop Bundesarbeitsgemeinschaft: Häufig wird gefragt... In: Food Coop online (https://www.foodcoops.de/, 25.09.2023).

Förster, Bernhard: Milch vom DEMETER-Hof. In: Demeter-Blätter, Heft 26/1979, S. 15f.

Förster, Heike: Ökosteuern als Instrument der Umweltpolitik? Darstellung und Kritik einiger Vorschläge, Köln 1990.

Fraktion Bündnis 90/Die Grünen: BT-Drucksache 13/4388. Umfassende Verbraucherschutzmaßnahmen gegen die Rinderseuche BSE – Sofortprogramm für regionale Fleischerzeugung. Antrag vom 18.04.1996.

Fraktion Bündnis 90/Die Grünen: BT-Drucksache 13/4741. Maßnahmen zum Schutz vor BSE-Gefahren und Creutzfeldt-Jakob-Erkrankungen, Kleine Anfrage vom 23.05.1996.

Fraktion SPD/Fraktion Bündnis 90/Die Grünen: BT-Drucksache 14/6067. Vorsorgende Verbraucherpolitik gestalten und stärken, Antrag vom 16.05.2001.

Fraktion SPD/Fraktion Bündnis 90/Die Grünen: BT-Drucksache 14/6891. Entwurf eines Gesetzes zur Einführung und Verwendung eines Kennzeichens für Erzeugnisse des ökologischen Landbaus, Gesetzesentwurf vom 11.09.2001.

Frauen aus der »Danke für den Fisch«-Gruppe des BUKO: Zwischen Sparstrümpfen und Gigabytes: der Ökologen Lust, der Frauen Frust, in: Contraste, Heft 140/1996, S. 4f.

Frieauff, Markus: Vision 2003. Perspektiven für die Weltladen-Bewegung, in: Weltläden aktuell, Heft 73/1999, S. 5f.

Fried, Ferdinand: Das Ende des Kapitalismus. Leipzig 1932.

Friege, Hannelore: Positionspapier zum Umweltzeichen. In: Informationsdienst Chemie & Umwelt, Heft 3/1991, S. 16–19.

Fuchs, Nikolai: Qualität am Markt. In: Lebendige Erde, Heft 1/2000, S. 6f.

Fusenig, Werner: Fair Trade als Beitrag zu nachhaltiger Entwicklung. In: Forum Umwelt & Entwicklung, Heft 4/1996, S. 11.

Gassner, Sigmund: Slow Food mit 8,71 DM am Tag? In: Schneckenpost, Heft 4/2000, S. 14.

Geier, Bernward: Bio-Produkte nur für die Reichen? In: IFOAM, Heft 41/1982, S. 2–6.

Geier, Bernward: Überleben unsere »Lebens«mittel? In: Ökologie und Landbau, Heft 1/2001, S. 38–40.

Geiger, Peter: Nicht mit dir und nicht ohne dich!? In: AG3WL-Rundbrief, Heft 37/1989, S. 13f.

Gesellschaft zur Förderung der Partnerschaft mit der Dritten Welt (Hg.): Dokumentation Kaffee. 1981, Afas Duisburg, 90.II.198151.

Gesellschaft zur Förderung der Partnerschaft mit der Dritten Welt (Hg.): Dokumentation Kaffee. 1984, Afas Duisburg, 13.SCH.1.19841.

Gesellschaft zur Förderung der Partnerschaft mit der Dritten Welt (Hg.): Fairer Handel und ökologischer Anbau. O.O. o.J. [Schwelm 1992].

Gesellschafterversammlung der GEPA: Entwicklungspolitische Zielsetzung und Kriterien der gepa für entwicklungskonforme Produktion und Handel. In: GEPA Informationsdienst, Heft 3–4/1994, S. 6f.

Glaser, Norbert: Aufbruch aus der Nische? Profilierungskampagne der »Welt-Läden« soll Schwellenängste abbauen, in: epd Entwicklungspolitik, Heft 19/1994, S. 37–39.

Glaser, Norbert: Fairer Dritte-Welt-Handel steht vor Strukturveränderungen. In: epd Entwicklungspolitik, Heft 14/1996, S. 6.

Gohla, Hans-Peter/Schroif, Werner: »Projektpartnerschaft« – ein neuer Weg der Unterstützung. In: Misereor aktuell, Heft 4/1985, S. 6–8.

Grefe, Christiane/Herbst, Martin/Pater, Siegfried: Das Hackfleischimperium. In: Natur, Heft 10/1985, S. 30–37.

Grefe, Christiane/Herbst, Martin/Pater, Siegfried: Das Brot des Siegers. Das Hackfleisch-Imperium, Bornheim-Merten 1985.

Greenpeace London: What's Wrong With McDonald's? Alles, was sie Euch nicht wissen lassen wollen... In: BUKO Agrar-Dossier, Heft 21/1998, S. 122–128.

Greiner-Schuster, Edda: Löcher im Brüsseler Einheitskäse. In: Öko-Test, Heft 8/1992, S. 18–22.

Grießhammer, Rainer: Umweltengel, Umweltteufel. Mit Verhaltenstipps nach Tschernobyl, Freiburg 1986.

Grießhammer, Rainer: Der Absturz des Umweltengels. In: Informationsdienst Chemie & Umwelt, Heft 8/1986, S. 12–15.

Grosch, Peter: Neuorganisation der Fördergemeinschaft. In: Bioland, Heft 2/1986, S. 37.

Große-Bley, Melanie/Dudde, Matthias: Die Pluralität der Lebensstile. In: Robin Wood Magazin, Heft 41/1992, S. 31f.

Grözinger, Claudia: IFOAM-Konferenz und BIOFACH: Ökologie und fairer Handel gehören zusammen! In: GEPA Informationsdienst, Heft 2–3/1995, S. 26–31.

Güzin, Kuzu: Nicht alles darf sich »bio« nennen. In: Öko-Test, Heft 10/1986, S. 8–10.

Haan, Gerhard de/Kuckartz, Udo/Rheingans-Heintze, Anke: Bürgerbeteiligung in Lokale Agenda 21-Initiativen. Analysen zu Kommunikations- und Organisationsformen (hg. vom Umweltbundesamt), Opladen 2000.

Haas, Gabi: Das Ende von Oeldorado. In: Öko-Test, Heft 6/2000, S. 8–18.

Habermann, Hanna: Im Zeichen der gelben Schürze. In: Boykott-Rundbrief, Heft 11/1981, S. 4f.

Habs, Georg: Vom Mengenwachstum zur differenzierten Produktionsbegrenzung. In: Grüner Basis-Dienst, Heft 7/1990, S. 28–32.

Haccius, Manon: Der ökologische Landbau im April 1992. In: AGÖL (Hg.): Beratungsordner Ökologischer Landbau und Großverbraucher. Darmstadt 1992, S. 11f.

Haller, Daniel: »Boykottiert die Kaffeekonzerne«: Die Avantgarde macht eine Aktion, um die Logistik kümmert sie sich nicht! In: Alternativ handeln, Heft 8/1981, S. 14f./18f.

Hälsig, Elisabeth: Ist das biologisch oder biologisch-dynamisch angebaute Gemüse oder Obst wirklich eine Geldabschneiderei? In: Demeter-Mitteilungen, Heft 52/1976, S. 11f.

Hamm, Ulrich: Nachfrageentwicklung bei »Bioprodukten«. In: Demeter-Blätter, Heft 43/1988, S. 7f.

Hamm, Ulrich: Hat »Bioland« noch Chancen? In: Bioland, Heft 4/1992, S. 6f.

Hamm, Ulrich: Gemeinsam neue Wege in der Vermarktung beschreiten. In: Ökologie und Landbau, Heft 1/1995, S. 10–13.

Hamm, Ulrich: »Kontrolliert« = »Ökologisch«? Verbraucherkenntnisse über landwirtschaftliche Produktionsverfahren, in: Ökologie und Landbau, Heft 2/1997, S. 33f.

Hamm, Ulrich/Konrad, Michael: Probleme bei der Umstellung auf ökologischen Landbau im Rahmen des EG-Extensivierungsprogramms. In: Ökologie und Landbau, Heft 85/1993, S. 9–11.

Hartkopf, Günter: Brief an Heinrich von Lersner vom 22.10.1981 (U I 2 – 500 080–2/2). 1981, Bundesarchiv Koblenz, B 106/71662.

Hauptgeschäftsführer des WdK: Brief ans UBA vom 27.07.1978 (Mo/ra). 1978, Bundesarchiv Koblenz, B 106/71652.

Hausmann, Paulus: Entwicklungshilfe mit Aluminium und Schokolade. Die niederländische Aktion »Alu-schok« verkauft 150.000 Tafeln, in: Dritte Welt Information des epd, Heft 27/1972, S. 1–3.

Hedewig, Sabine: McDonald's auf der Gesundheitswelle. In: Consum Critik, Heft 3/1986, S. 9.

Helling, Barbara/Spring, Harald: Läden gehören Verbrauchern. In: Contraste, Heft 61/1989, S. 13f.

Heidt, Wilfried: Grundsatzresolution. In: Anders leben, Heft 3/1980, S. 32.

Helmke, Lutz: Food Coops – was sie sind und warum wir mehr von ihnen brauchen – ein Aufruf zur Neugründung. In: Der Rabe Ralf, Heft September 1995, S. 14f.

Helzer, Manfred: Die Bedeutung der Warenzeichen in der Landwirtschaft. In: Bioland, Heft 2/1989, S. 24f.

Hennig, Heike: Fleischverkauf im Hofladen. In: Bioland, Heft 2/1997, S. 36–38.

Herkenrath, Norbert: »Zukunftsfähiges Deutschland«. Misereor und sein ureigenster Auftrag, in: Misereor aktuell, Heft 2/1996, S. 19f.

Hermannstorfer, Udo: Wie weiter mit der Qualität? In: Lebendige Erde, Heft 1/2000, S. 18f.

Hermanowski, Robert: Convenience – Fortschritt oder Sündenfall? In: Bioland, Heft 2/1998, S. 12f.

Hermes, Peter: Vom Markt gefegt. In: Öko-Test, Heft 5/1994, S. 34–38.

Herrmann, Gerald: Das Naturland-Zeichen – ein Signal für Glaubwürdigkeit. In: Naturland Magazin, Heft 4/1993, S. 15.

Herrnkind, Renée: Bio-Kaffee. In: Schrot & Korn, Heft 7/1991, S. 16–20.

Hertner, Uwe: Abschied von der Nische. Bundesweite Fachtagung der Marktchancen für Produkte aus dem ökologischen Landbau, in: Bauernstimme, Heft 144/1993, S. 16f.

Heß, Klaus-Dieter/Weiland, Thomas: Kaffee aus der »Arbeitsaktiengesellschaft«. Arbeiterselbstverwaltung – ein Ausweg aus dem neoliberalen Desaster? In: Ila, Heft 161/1992, S. 10–12.

Himmelheber, Martin: »Hamburger« fressen und Kolibris ausrotten. In: Taz vom 22.05.1981, S. 12.

Hirsbak, Stig/Nielsen, Birgitte [sic!]/Lindhqvist, Thomas: ECO-Products. Proposal for an European Community Environmental Label, Prepared for the Commission of the European Communities (hg. vom Danish Technological Institute), o.O. 1990.

Hoechst Aktiengesellschaft: Brief an Ministerialdirektor Menke-Glückert vom 19.07.1978 (DI.Ho/P. ATA AN). 1978, Bundesarchiv Koblenz, B 106/71652.

Hoeft, Annette: Sind Öko-Lebensmittel Luxus? In: Koop-Telegramm, Heft März 1998, S. 4f.

Hoff, Frans van der: Symbolischer Handel ist keine Partnerschaft! Erwartungen an die GEPA als Handelspartner, in: Alternativ handeln, Heft 19/1987, S. 23f.

Hoffstiepel, Annette: Transparenz in der Bioszene. In: Alligator, Heft 11/2001, S. 8.

Höfken, Ulrike: Der Wahnsinn hat Methode. BSE ist keine Naturkatastrophe, in: grün & bündig, Heft Juli 1996, S. 12f.

Höfken, Ulrike/Grewer, Arnd: Gemeinsam umgestalten. In: Schrägstrich, Heft 1–2/2001, S. 22f.

Huber, Beate: Die Qualität von Bio-Produkten. In: Bioland, Heft 2/1989, S. 23f.

Informationsbüro Nicaragua: Bundesweite Aktionswoche vom 14.-21. Oktober 1985. Gegen die Macht der Kaffeekonzerne, in: Lateinamerika Nachrichten, Heft 140/1985, S. 79.

Informationsbüro Nicaragua: Gegen die Macht der Kaffeekonzerne. 1985, Flugblatt abgedruckt u.a. in: Informationsbüro Nicaragua Rundschreiben, Heft Dezember 1985, S. 32.

Institut für Markt Umwelt Gesellschaft (Hg.): Unternehmenstest. Neue Herausforderungen für das Management der sozialen und ökologischen Verantwortung, München 1997.

Jänicke, Ekkehard: Ein Diskussionspapier wirft Fragen auf. In: Weltläden aktuell, Heft 57/1994, S. 8–11.

Jetzke, Siegfried: Bio-Produkte im Internet. In: Bioland, Heft 1/1998, S. 32f.

Jorzick, Peter: Jute statt Plastik – eine entwicklungspolitische Informationsaktion. In: Entwicklungspolitische Korrespondenz, Heft 1/1978, S. 16f.

Jurriaanse, Thomas: Von der Verantwortung des Konsumenten. In: Demeter-Blätter, Heft 13/1973, S. 5f.

Kape, Burkhard.: Öko-Prüfzeichen wartet auf Signal zum Durchstarten. In: DNR Deutschland-Rundbrief, Heft 4/2001, S. 6.

Kape, Burkhard: Wegweiser für den Kunden. In: Biopress, Heft 26/2001, S. 1.

Katholischer Arbeitskreis Entwicklung und Frieden: Erklärung zur Denkschrift der EKD »Der Entwicklungsdienst der Kirche«, 26. April 1973, in: Zwiefelhofer, Hans (Hg.): Entwicklung heißt: Befreiung und Gerechtigkeit, Stellungnahmen aus der Katholischen Kirche in der Bundesrepublik Deutschland zur Dritten Welt und zur Entwicklungspolitik 1970–1983, München/Mainz 1983, S. 29–35.

Kayser, Dorothee: Bankkredite für die Apartheid. In: Entwicklungspolitische Korrespondenz, Heft 4–5/1979, S. 34–36.

Keiper, Martin: Jute statt Plastik – ein neuer Anlauf. In: Alternativ handeln, Heft 10/1983, S. 5f.

Keller, Martina: Die fetten Jahre sind vorbei. In: Öko-Test, Heft 10/1992, S. 10–17.

Keller, Martina: Klaus Lippold. Ich bin mit mir zufrieden, in: Öko-Test, Heft 7/1992, S. 18–22.

Keller, Martina: Grüner Mist und weiße Westen. Die Gentechnik erobert den Alltag, in: Öko-Test, Heft 6/1993, S. 22–25.

Kerschgens, Dorothea: Aktion Dritte Welt Handel. Vielleicht ein Lehrstück über Abhängigkeit, in: Unsere Dritte Welt, Heft 12/1977, S. 6–8.

Kessler, Thomas: Fluch oder Chance? In: Ökologie und Landbau, Heft 90/1994, S. 45–48.

Kiefer, Walter: Drei Jahre Fastenaktion der deutschen Katholiken. 1962, Archiv Misereor Aachen, Sammlung »Publikationen verschiedener Aktionen und Organisationen der Entwicklungszusammenarbeit«.

Kipp, Thomas: Kaffee aus Nicaragua. Gleiche Sorte – andere politische Verpackung, in: Ila, Heft 92/1986, S. 10f.

Kirbach, Roland: Hauptsache billig. BSE, Dioxinskandal, Batteriehühner – auch der Konsument hat Schuld, weil er nur auf den Preis schielt, in: Schneckenpost, Heft 3/1999, S. 16–18.

Kirig, Anja/Wenzel, Eike: LOHAS. Bewusst grün – alles über die neuen Lebenswelten, München 2009.

Klett, Manfred: Ein vereinigtes Europa – Zerstörer seiner Landwirtschaft oder Wegbereiter einer neuen Landbaukultur? In: Demeter-Blätter, Heft 51/1992, S. 3f.

Klink, Vincent: Zeitwende in Töpfen und Hirnen. In: Schneckenpost, Heft 1/1996, S. 1f.

Knüfer, Michael: Nichts neues aus Rio. In: Robin Wood Magazin, Heft 34/1992, S. 28f.

Koch, Egmont/Vahrenholt, Fritz: Seveso ist überall. Die tödlichen Risiken der Chemie, Frankfurt a.M. 1980.

Koch, Liutgard: McDonald's auf dem Öko-Trip. In: Natur, Heft 7/1991, S. 52–58.

Koehn, Hans (Bundesverband Altoel): Brief an BMU vom 27.07.1988. 1988, Bundesarchiv Koblenz, B 295/4280.

Koepf, Herbert: Kaffee in DEMETER-Qualität. In: Demeter-Blätter, Heft 8/1970, S. 8f.

Koerber, Karl: Zukunftsfähige Ernährungskultur. In: Ökologie und Landbau, Heft 4/2001, S. 6–9.

König, Hartmut: Forderungen aus Sicht des Verbrauchers zur Klarstellung des Begriffs »biologisch«. In: IFOAM, Heft 55/1985, S. 24f.

Köstlin, Konstanze/Müller, Roland: Im Spannungsfeld zwischen Politik und Profit. In: Blätter des iz3w, Heft 167/1990, S. 46–50.

Kowalczyk, Charly: Mit der Macht der Kaffeekonzerne für »faire« Preise. In: Forum entwicklungspolitischer Aktionsgruppen, Heft 168/1992, S. 16.

Kublitz, Dieter: Brief an Renate Künast vom 17.01.2001, zit. in: Verbraucher konkret, Heft 1/2001, S. 4.

Kühnle, Bernhard: Verbraucher Initiative startet Informationskampagne mit dm-drogerie markt. In: Verbraucher Telegramm, Heft 4/1993, S. 11.

Kühnle, Bernhard: Europa vor der Wahl. Über Verbraucherschutz wird in Brüssel entschieden, in: Verbraucher Telegramm, Heft 2/1994, S. 3f.

Kühnle, Bernhard: Lindan im Babybrei – von Karotten, Lindan, Bananen, Brompropylat und anderen Zutaten, in: Verbraucher Telegramm, Heft 3/1994, S. 3f.

Kühnle, Bernhard: Quo vadis, Europa? In: Verbraucher Telegramm, Heft 3/1994, S. 7–10.

Kreidl, Günter: Neuheit für Teefreunde: Jetzt auch Tee aus kontrolliert-biologischem Anbau, in: Mahlzeit, Heft 3/1987, S. 1.

Kreye, Rolf: Verhaltensgestört durch Fast Food? In: Volksmund Rundbrief, Heft 1/1988, S. 18f.

Krug, Andreas: Wie zukunftsfähig ist Deutschland? In: Bioland, Heft 1/1996, S. 40f., hier S. 40.

Kuhlendahl, Siegfried: Biologisch-organischer Landbau. Wirtschaftsform mit Zukunft, in: Bauernblatt, Heft 27/1982, S. 6f.

Künast, Renate: Die ersten Schritte sind getan. In: Ökologie & Landbau, Heft 120/2001, S. 34f.

Künast, Renate: Klasse statt Masse. Die Erde schätzen, den Verbraucher schützen, München 2002.

Kunz, Martin: TransFair. In: Inkota-Brief, Heft 4/1992, S. 53f.

Küster, Katrin: Lasst uns streiten wie es weitergehen soll! In: Bauernstimme, Heft 177/1996, S. 16f.

Küstermann, Andreas: Boykott allein genügt nicht! In: Contraste, Heft 67/1990, S. 8f.

Küstermann, Andreas: Tropenholzboykott na klar – aber was sind die Folgen? In: Contraste, Heft 68/1990, S. 5.

Lahmann, Matthias: Aus McDonald's das Beste machen…? In: Contraste, Heft 65/1990, S. 1/3.

Lampe, Thorsten: »Die Gesellschafter wurden sich einig…« – oder was geschah auf der letzten GEPA-GV? In: AG3WL-Rundbrief, Heft 36/1989, S. 40–44.

Landmann, Ute: Das Europäische Umweltzeichen. Wege zum produktbezogenen Umweltschutz in Europa (UBA-Texte, Heft 62/96), Berlin 1996.

Laubach, Birgit: Rund um Rio. Einige Bemerkungen zum Gipfel, in: Regenbogen, Heft 8/1992, S. 14f.

Laubach, Birgit/Zgaga, Christel: Der Norden muss umdenken. In: Regenbogen, Heft 5/1992, S. 4.

Lauber, Johannes: »Fairer Handel« weltweit? Ein Plädoyer für verbindliche Umwelt- und Sozialklauseln im Welthandel, in: Weltläden aktuell, Heft 66/1997, S. 10–15.

Lehmann, Eckhard: Nachlese. In: Forum entwicklungspolitischer Aktionsgruppen, Heft 43–44/1981, S. 5.

Leifert, Rudolf: Anbaumethode und politische Bewegung zugleich. In: Bioland, Heft 1/1996, S. 13f.

Leonhard, Ralf: Kaffeepolitik: Verknappung der Solidaritätsware, in: Tageszeitung vom 25.09.1987, S. 8.

Lersner, Heinrich von: Brief an den Bundesminister des Innern vom 24.04.1979 (I 2.1 – 90 081 – 1/0). 1979, Bundesarchiv Koblenz, B 106/71654.

Lersner, Heinrich von: Brief an den Bundesminister des Innern vom 26.11.1979 (I 1.1 – 90 081–1/3). 1979, Bundesarchiv Koblenz, B 295/17525.

Lersner, Heinrich von: Vermerk betr. Umweltzeichen. Übertragung der Organisation der Anhörungsbesprechungen und evtl. der Zeichenvergabe an das DIN (14.10.1981). 1981, Bundesarchiv Koblenz, B 106/71662.

Lersner, Heinrich von: Brief an den Bundesminister des Innern vom 30.05.1985. 1985, Bundesarchiv Koblenz, B 295/98350.

Lieckfeld, Claus-Peter: Bios Garage. In: Natur, Heft 2/1985, S. 73.

Lipper, Hella: Profilierung der AG3WL? Eindrücke vom Weltladenkongress, in: Weltläden aktuell, Heft 55/1994, S. 8f.

Loske, Reinhard: Zukunftsfähiges Deutschland. Ein Beitrag zu einer global nachhaltigen Entwicklung, Studie des Wuppertal Instituts für Klima, Umwelt, Energie (hg. von BUND und Misereor), Zürich 1997.

Loske, Reinhard: Orientierungspunkte für ein zukunftsfähiges Deutschland. In: Altner, Günter (Hg.): Jahrbuch Ökologie 1996. München 1996, S. 50–62.

Löwenstein, Reinhard: Passagiere der Arche. Wer gehört in die Arche? In: Schnecken-post, Heft 1/1999, S. 21.

Lucius, Irene: Umweltschäden durch überhöhten Fleischkonsum. In: Naturland Maga-zin, Heft 11/1991, S. 3–6.

Lübke, Volmar: Sind Mitgliedschaften »out«? In: Verbraucher konkret, Heft 3/2000, S. 9f.

Lüdke, Hans Werner: Grünes Bewusstsein. In: Die Grünen, Heft 4/1979, S. 1f.

Lug, Andrea: Das Erbe der Diktatur. In: GEPA (Hg.): Kaffeezeitung. Ein Beitrag zur Mei-nungsbildung im Rahmen der Aktion Dritte Welt Handel (A3WH)/GEPA, Wuppertal o.J. [1985], S. 1–4.

Lust, Volkmar: DEMETER-Qualitäts-Obstbau – ein Beitrag zum Umweltschutz und zur Obstgesundheit. In: Demeter-Blätter, Heft 22/1977, S. 7–10.

Lymburn, Janet: Das kulinarische terroir. In: Slow, Heft 4/2005, S. 60–63.

Mabille, Yvonne: Power to the Biobauer. In: Öko-Test, Heft 5/1988, S. 8–14.

Matt, Rüdiger: Mit harten Bandagen. In: Neuform-Echo, Heft 5/1986, S. 1.

Meadows, Dennis/Meadows, Donella/Randers, Jorgen/Behrens, William: Die Grenzen des Wachstums. Bericht des Club of Rome zur Lage der Menschheit, Reinbek 1973.

Meier-Ploeger, Angelika: Verbrauchererwartungen im Wandel: Qualität statt Quantität? Bioland, Heft 2/1989, S. 17–21.

Meier-Ploeger, Angelika: Steigern Convenience-Produkte den Verzehr von ökologischen Lebensmitteln? In: Ökologie und Landbau, Heft 4/1996, S. 24–26.

Mercker, Ulrich: Jetzt erst recht! Die Solibewegung und die Wahlen in Nicaragua, in: Ila extra, 1990, S. 1f.

Merk, Bernhard: A3WH: Kritik eines »entwicklungspolitischen Modells«. In: Blätter des iz3w, Heft 59/1977, S. 22–28.

Merz, Friedhelm/Mock, Erwin: Entwicklungshilfe. Versuch einer Gesamtdarstellung, in: Misereor inform, Heft 1/1969, S. 7–10.

Merzenich, Bernd: Die Sache mit dem Splitter und dem Balken. In: Alternativ handeln, Heft 14/1984, S. 16–18.

Michel, Len: Aktion Jute statt Plastic. In: Dritt-Wält-Lade: Rundbrief der Vereinigung der Dritte-Welt-Läden, Heft 10/1980, S. 13f.

Misereor: Brief der Misereor-Geschäftsstelle an Leo Dolfen vom 13.12.1968. 1968, Archiv Misereor Aachen, FH 31.

Misereor: Ein Misereor-Projekt sucht Partner: FEDECOCAGUA. Eine Chance für indianische Kaffeebauern, Aachen 1975.

Misereor (Hg.): Lobby für die Armen, Hintergründe, Informationen und Argumente für
Gespräche mit Bundestagsabgeordneten über den Stellenwert und die Finanzierung
der deutschen Entwicklungszusammenarbeit, Aachen 1998.

Mittelamerika Kaffee Im- und Export GmbH: Abwarten und weiter Nica-Kaffee trinken...
In: Lateinamerika Nachrichten, Heft 191/1990, S. 36f.

Mittelamerika Kaffee Im- und Export GmbH: TransFair, MITKA und die politische Triebkraft des alternativen (Kaffee-)Handels. In: El Puente informiert, Heft Winter 1992,
S. 11f.

Möcker, Volkhard/Tänzer, Dietmar: Umweltbewusst Leben. Handbuch für den umweltbewussten Haushalt (hg. vom Umweltbundesamt), Berlin 1995.

Moeller, Eva: Rätselraten um die BSE. In: Öko-Test, Heft 10/1990, S. 54–56.

Morazan, Pedro: Reform des EU-Bananenregimes: Fair Trade statt Liberalisierung, in:
Informationsbrief Weltwirtschaft & Entwicklung, Heft 2/1995, S. 4.

Moritz, Martin: biofairsiegelt. In: Weltläden aktuell, Heft 56/1994, S. 10.

Moritz, Martin: El Puente. In: Weltläden aktuell, Heft 64/1996, S. 9–11.

Moritz, Martin: Sich nach den eigenen Kriterien organisieren. In: Contraste, Heft
136/1996, S. 8.

Muller, Claude: Für die Kommerzialisierung von ›Sauberem Kaffee‹. In: Blätter des iz3w,
Heft 160/1989, S. 51.

Müller, Edda: Ergebnisprotokoll zur Sitzung der Jury Umweltzeichen am 09.12.1981. 1981,
Bundesarchiv Koblenz, B 106/71659.

Müller, Edda: Ergebnisprotokoll zur Sitzung der Jury Umweltzeichen am 27.05.1982 (I 1.1
– 90 081 – 1/14). 1982, Bundesarchiv Koblenz, B 106/71660.

Müller, Edda: Bericht an BMU vom 21.04.1989. 1989, Bundesarchiv Koblenz, B 295/19397.

Müller, Edda: Brief an BMU vom 21.05.1989. 1989, Bundesarchiv Koblenz, B 295/2239.

Müller, Edda: Bericht an BMU vom 16.01.1990. 1990, Bundesarchiv Koblenz, B 295/19398.

Müller, Patrik: Biogemüse im Tiefkühlfach. In: Bioland, Heft 3/1999, S. 40.

Müller, Wolfgang: Handel zwischen Barmherzigkeit und Profit. In: Blätter des iz3w, Heft
59/1977, S. 9–21.

Munz, Claudia: Fix & Frisch. In: Natur, Heft 1/1988, S. 97–99.

Neitzel, Harald: Umweltfreundliche Beschaffung. Handbuch zur Berücksichtigung des
Umweltschutzes in der öffentlichen Verwaltung und im Einkauf (hg. vom Umweltbundesamt), Wiesbaden 1986.

Neitzel, Harald: Das Umweltverhalten der Verbraucher – Daten und Tendenzen. Empirische Grundlagen zur Konzipierung von »Sustainable Consumption Patterns«, Elemente einer »Ökobilanz Haushalte« (UBA-Texte, Bd. 75/94), Berlin 1994.

Neumann, Norbert: Leserbrief. In: Blätter des iz3w, Heft 60/1977, S. 53.

Neyer, Harry: Aktion Dritte Welt Handel (A3WH) und Gesellschaft für Handel mit der
Dritten Welt mbH. 07.10.1974, Archiv Misereor Aachen, FH 32.

Nickoleit, Gerd: Entwicklung der Unterentwicklung. 1974 (4. Auflage), International Institute of Social History Amsterdam, Bro 864/3 fol.

Nickoleit, Gerd: Aktion Dritte Welt Handel lebt! Es geht um die Dritte Welt – und nicht
um uns, in: Alternativ handeln, Heft 1/1978, S. 3.

Nickoleit, Gerd: Nicaragua. Bericht von einer Reise, in: Alternativ handeln, Heft 4/1980, S. 7–9.

Nickoleit, Gerd: Jutetaschen können bedenkenlos verspeist werden. In: Alternativ handeln, Heft 13/1984, S. 3–5.

Nickoleit, Gerd: Fairer Handel und Ökologie. In: GEPA Informationsdienst, Heft 2–3/1995, S. 5–8.

Niesbach, Petra: Verbraucherorganisation – Bestandsaufnahme und Kritik. In: Consum Critik, Heft 2/1984, S. 2f.

Novitec GmbH: Brief an BMU vom 22.07.1988. 1988, Bundesarchiv Koblenz, B 295/4280.

Oberhaus, Ulrike/Ostendorf, Friedrich: Biologische Landwirtschaft – was ist das? In: Bauernblatt, Heft 12/1979, S. 5f.

Oeser, Kurt: Ziele und Anforderungsprofil der Umweltzeichenvergabe – Organisationsvergleich RAL – DIN (Anlage 1 zum Ergebnisprotokoll der Jury Umweltzeichen am 13.05.1981). 1981, Bundesarchiv Koblenz, B 106/71658.

Oeser, Kurt: Brief an die Vorstände der deutschen Automobilindustrie vom 17.01.1986. 1986, Bundesarchiv Koblenz, B 295/98350.

Ökotopia: Sandino Dröhnung. Die Broschüre zum Kaffee oder Warum es schon immer etwas teurer war, einen besonderen Geschmack zu haben, Berlin o.J. [1985].

Ökotopia: Fairer Kleinbauernkaffee – eine Stellungnahme. In: Lateinamerika Nachrichten, Heft 217–218/1992, S. 99–101.

Ökotopia/El Rojito: Sauber und doch nicht rein. In: Lateinamerika Nachrichten, Heft 210/1991, S. 24f.

Ott, Hans: Jute statt Plastik – bis der Markt gesättigt ist. In: Alternativ handeln, Heft 7/1981, S. 31f.

Paret, Hans-Ulrich: Die Sichtweise der Bioläden. In: Contraste, Heft 34–35/1987, S. 13

Paret, Hans Ulrich: Partner oder Konkurrenz? In: Contraste, Heft 34–35/1987, S. 14.

Paschen, Götz: Bürger gegen Burger. Das Hackfleischimperium stoppen! In: Contraste, Heft 50/1988, S. 12.

Paschen, Götz: Verzicht verhindert Verwüstung. In: Contraste, Heft 53/1989, S. 14.

Paul VI.: Populorum Progressio. Über die Entwicklung der Völker, Vatikan 1967 (https://www.vatican.va/content/paul-vi/de/encyclicals/documents/hf_p-vi_enc_26031967_populorum.html, 25.09.2023).

Paulus, Jochen: Mit Hummer und Informationen. Lobbyisten in Brüssel, in: Öko-Test, Heft 8/1993, S. 20–23.

Petrini, Carlo/Schaefer, Barbara: »Wir sind Kämpfer«. Interview mit »Slow Food«-Präsident Carlo Petrini, in: Spiegel Special, Heft 11/1997, S. 101.

Pfeifer, Rudi: Droht das Aus für kleine Produzenten? In: Contraste, Heft 72/1990, S. 5.

Pfeifer, Rudi: Fairer Handel mit Bananen? In: Contraste, Heft 94/1992, S. 13–15.

Pfeifer, Rudi: Alltagshandeln ist politisches Handeln. In: BanaFair-Info, Heft 11/1998, S. 3–5.

Pickert, Bernd: Die Solidaritätsbewegung – der erste Frust ist überwunden. In: Lateinamerika Nachrichten, Heft 191/1990, S. 32–35.

Pickert, Bernd: Wahlen. In: Lateinamerika Nachrichten, Heft 189/1990, S. 47–52.

Pioch, Ernst-Erwin: Hurra, wir sind alternativ! In: Alternativ handeln, Heft 2/1979, S. 12f.

Piorr, Ralf: Nicht nur ein Rechenschaftsbericht über die Arbeit bei El Puente. In: AG3WL-Rundbrief, Heft 31/1988, S. 17f.

Poddig, Georg: Nicht schweigen... In: El Puente informiert, Heft Winter 1992, S. 4.

Pollmer, Udo: Iss und würg. In: Öko-Test, Heft 7/1987, S. 8–13.

Prebisch, Raul: Towards a New Trade Policy for Development. New York 1964.

Ramm, Beate: Futter aus Tierbeseitigungsanlagen. In: Tageszeitung vom 17.11.1990 (Ausgabe Bremen), S. 31.

Rat der Europäischen Gemeinschaften: COUNCIL REGULATION (EEC) No 2092/91 of 24 June 1991 on organic production of agricultural products and indications referring thereto on agricultural products and foodstuffs.

Rat der Europäischen Gemeinschaften: VERORDNUNG (EWG) Nr.880/92 DES RATES vom 23. März 1992 betreffend ein gemeinschaftliches System zur Vergabe eines Umweltzeichens.

Rat von Sachverständigen für Umweltfragen: Umweltgutachten 1974. Stuttgart/Mainz 1974.

Rauch, Theo: Nun partizipiert mal schön. Modediskurse in den Niederungen entwicklungspolitischer Praxis, in: iz3w, Heft 213/1996, S. 20–22.

Rediske, Michael/Schneider, Robin: Nicaragua. Zwischen Kolonialismus und Revolution, in: Blätter des iz3w, Heft 98/1981, S. 28f.

Reichert, Tobias: Das Ende der A3WH – eine Illusion? Kritik einer womöglich verfrühten Autopsie, in: Forum entwicklungspolitischer Aktionsgruppen, Heft 159/1992, S. 27f.

Reichsausschuss für Lieferbedingungen/Deutsches Institut für Gütesicherung und Kennzeichnung (Hg.): Umweltzeichen. Produktanforderungen, Zeichenanwender und Produkte, Bonn 1990.

Renzenbrink, Udo: Der Mensch in der Verantwortung für den lebendigen Erdorganismus. In: Demeter-Blätter, Heft 33/1983, S. 3–6.

Rieping, Maria: Umweltschutz im EG-Binnenmarkt. In: Verbraucher Telegramm, Heft 2/1993, S. 7–10.

Röder, Ingrid: Ein Kommentar zum Frauen-Thesenpapier. In: Contraste, Heft 140/1996, S. 5.

Rohr, Harald: Stellungnahme Jute statt Plastik. In: AG3WL-Rundbrief, Heft 12/1984, S. 29f.

Röhrs, Birgit: EG-Binnenmarkt – EG-Ökosiegel – Konsequenz, Folgen, Gefahren. In: Rundbrief AG Bundes-weiter Food-Coops, Heft 1/1990, S. 37–39.

Röhrs, Birgit: Verkommen die Koops zu Billigkonsumenten? In: Rundbrief AG Bundesweiter Food-Coops, Heft 4/1990, S. 8–10.

Rosenthal, Rüdiger: Rio war ein Karneval verpasster Chancen. In: Robin Wood Magazin, Heft 34/1992, S. 29.

Ruks, Hans-Werner: Eindrücke vom Bundestreffen Nicaragua-Solidaritätsgruppen. In: AG3WL-Rundbrief, Heft 10/1983, S. 27f.

Scharlowski, Boris: Bananen ausgerechnet. Bilanz nach einem Jahr Bananenmarktordnung, in: Blätter des iz3w, Heft 202/1994, S. 8–11.

Scharlowski, Boris: Alles Öko – alles O.K.? In: BanaFair-Info, Heft 7/1996, S. 9.

Scharlowski, Boris/Pfeifer, Rudi: Banane apart. In: Lateinamerika Nachrichten, Heft 245/1994, S. 24–30.

Scharpf, Martin: Eine große Auseinandersetzung verlangt unsere Antwort. In: Bio Gemüse Rundbrief, Heft März 1977, S. 3–6.

Schaumann, Wolfgang: Zum Beitrag: Alternativen der pflanzlichen Produktion und ihre Auswirkungen auf Bodenproduktivität sowie Ertrag und Qualität des Erntegutes, in: Stiftung Ökologischer Landbau (Hg.): Der ökologische Landbau: eine Realität, Selbstdarstellung und Richtigstellung, Karlsruhe 1979, S. 46–57 [sic!].

Schaumann, Wolfgang/Grosch, Peter/Schmid, Peter/Vogtmann, Hartmut/Kameke, Ekkehard von: Eine Richtigstellung des Heftes 206, »Alternativen im Landbau«, Landwirtschaft – Angewandte Wissenschaft. Zum Vorwort von Prof. Dr. Frank, Präsident des Senats der Bundesforschungsanstalten des BML, in: Stiftung Ökologischer Landbau (Hg.): Der ökologische Landbau: eine Realität, Selbstdarstellung und Richtigstellung, Karlsruhe 1979, S. 43–103 [sic!].

Schimmelpfennig, Barbara: Umweltminister unterstützt gepa. In: Welt & Handel, Heft 16/2000, S. 1.

Schmidheiny, Stephan: Changing Course. A Global Business Perspective on Development and the Environment, Boston 1992.

Schneider, Günther: Zum Geleit. In: Bio Gemüse Rundbrief, Heft 4/1979, S. 1.

Schneider, Hans-Peter: Zustände, die nach Veränderung schreien! In: AG3WL-Rundbrief, Heft 54/1994, S. 27f.

Schneider, Heinz-Peter: GEPA – (k)ein Mitbestimmungsmodell!? Anmerkungen zur Kritik des Heidelberger Weltladens an der GEPA in »weltläden aktuell« Nr. 61, in: Weltläden aktuell, Heft 63/1996, S. 30f.

Schneider, Rudolf: Bericht über die Tätigkeit des Breslauer Demeter-Konsumenten-Ringes. In: Demeter. Monatsschrift für biologisch-dynamische Wirtschaftsweise, Jg. 5/1930, S. 187–189.

Schnurbus, Winfried: Unfaire Geschäfte über »Transfair«. ZDF »Frontal« vom 16.05.2000.

Scholer, Bernhard: Ökologisches Marketing. In: Contraste, Heft 37/1987, S. 6.

Schreiber, Oda: Regionalität im Test – Aktionen in der Food-Coop. In: Koop-Telegramm, Heft Juni 1997, S. 9.

Schrom, Stefan: Politik mit dem Einkaufskorb (1). In: Der Rabe Ralf, Heft Mai 1995, S. 10.

Schrom, Stefan: Politik mit dem Einkaufskorb (2). In: Der Rabe Ralf, Heft Juni 1995, S. 14.

Schrom, Stefan: Politik mit dem Einkaufskorb. Teil 5: Mißbrauch des »fairen Handels«/Kommerzialisierung der Bio-Branche, in: Der Rabe Ralf, Heft November 1995, S. 14.

Schrom, Stefan: Politik mit dem Einkaufskorb. Teil 8: Wie fair sind deutsche Kaffeebarone in Mexiko? In: Der Rabe Ralf, Heft März 1996, S. 20.

Schrom, Stefan: Politik mit dem Einkaufskorb. Teil 13: Lebensbaum-Boykott nach fast 18 Monaten erfolgreich, in: Der Rabe Ralf, Heft April 1997, S. 13.

Schumacher, Birgit: Tante Emma darf nicht sterben! In: Öko-Test, Heft 6/1996, S. 10–17.

Schumacher, Ernst Friedrich: Small is Beautiful. Die Rückkehr zum menschlichen Maß, Karlsruhe 1993 [1975].

Schuphan, Werner/Redaktion: Tendenziös? In: Test, Heft 6/1976, S. 7.

Schwall, Gabi: Es desinformiert die chemische Industrie. In: Öko-Test, Heft Dezember 1985, S. 43f.

Schwarzwälder Apparatebau: Brief an BMU vom 12.08.1988. 1988, Bundesarchiv Koblenz, B 295/4280.

Schwentek, Heinrich: Müssen es denn unbedingt DEMETER-Produkte sein? In: Demeter-Blätter, Heft 27/1980, S. 11f.

Seeberg, Andreas: A3WH = GEPA? In: AG3WL-Rundbrief, Heft 25/1987, S. 18.

Seina-Produkte: Brief an BMU vom 29.08.1988. 1988, Bundesarchiv Koblenz, B 295/4280.

Seitz, Klaus: Zur Fragwürdigkeit der internationalen Umweltpolitik. In: Forum entwicklungspolitischer Aktionsgruppen, Heft 84/1984, S. 3f.

Senft, Josef: Entwicklungshilfe oder Entwicklungspolitik. Ein interessenpolitisches Spannungsfeld – dargestellt am Kirchlichen Hilfswerk Misereor, Münster 1978.

Senghaas, Dieter: Vorwort. Elemente einer Theorie des peripheren Kapitalismus, in: Ders. (Hg.): Peripherer Kapitalismus. Analysen über Abhängigkeit und Unterentwicklung, Frankfurt a.M. 1981, S. 7–36.

Siefert, Erich: Nachfrage nach biologischen Produkten steigt! In: IFOAM, Heft 39/1981, S. 20.

Slow Food Deutschland: Das Manifest zur Kampagne: Die Arche des Geschmacks, in: Schneckenpost, Heft 4/2000, S. 19f.

Solano, Carlos; Baginski, Katja; Kowalczyk, Charly: Bald gibt es hierzulande »Cafe justo« im Supermarkt. In: Forum entwicklungspolitischer Aktionsgruppen, Heft 158/1991-92, S. 24f.

Sollbach, Markus: Schein und Sein. Die Lokale Agenda und ihr Kaffee, in: Weltläden aktuell, Heft 76/2000, S. 4f.

Sommer, Jörg: Informationsdienst Ökodorf. Rückzug in die Idylle oder politische Aktion? In: Contraste, Heft 22–23/1986, S. 2.

Sommerfeld, Michael/Stahl, Rainer: Von der Politik zum Kommerz. Zum entwicklungsbezogenen Handel, in: Blätter des iz3w, Heft 159/1989, S. 31–33.

Sonntag, Christoph: Giftgrün bewusster leben. In: Natur, Heft 5/1985, S. 100f.

Sozialdemokratische Partei Deutschlands/Bündnis 90/Die Grünen: Aufbruch und Erneuerung – Deutschlands Weg ins 21. Jahrhundert. Bonn 1998.

Speck, Andreas: Sustainable Anarchism? In: Graswurzelrevolution, Heft 216/1997, S. 1/10f.

Spelsberg, Gerd: Gendialog mit Unilever: »Interessenvertretung, nicht Kumpanei!« In: Verbraucher Telegramm, Heft 5/1995, S. 2f.

Spelsberg, Gerd: Kampf um Soja. In: Verbraucher Telegramm, Heft 4/1996, S. 6f.

Spelsberg, Gerd: Gen-Mais und Markt-Macht. In: Verbraucher Telegramm, Heft 1/1997, S. 1f.

Spelsberg, Gerd: Novel Food-Verordnung: Notstopfen mit großen Lücken, in: Verbraucher Telegramm, Heft 1/1997, S. 6f.

Spelsberg, Gerd: Roter Reis, oder: Die richtige Farbe der Wurst, in: Verbraucher Telegramm, Heft 3/1997, S. 2f.

Spelsberg, Gerd: www.transgen.de. Das neue Informationsangebot der Verbraucher Initiative, in: Verbraucher Telegramm, Heft 5/1997, S. 2f.

Spielberger, Fritz: Heilung der Erde – Heilung des Menschen. In: Demeter-Blätter, Heft 53/1993, S. 3–6.

Stattwerke: Direktimport. In: Contraste, Heft 7/1985, S. 5.

Steiner, Rudolf: Anthroposophie als persönlicher Lebensweg. Stuttgart 2019 [Den Haag 1923].

Steiner, Rudolf: Geisteswissenschaftliche Grundlagen zum Gedeihen der Landwirtschaft. Landwirtschaftlicher Kurs, Dorn 1999 [Koberwitz 1924].

Stelck, Edda: Aluschok – eine Aktion unter vielen. Möglichkeiten und Grenzen, in: Unsere Dritte Welt, Heft 3/1974, S. 2f.

Stelck, Edda: Politik mit dem Einkaufskorb. Die Boykott-Aktion der evangelischen Frauen gegen Apartheid, Wuppertal 1980.

Stiftung Ökologischer Landbau: Rahmenrichtlinien für die Erzeugung von landwirtschaftlichen Produkten aus ökologischem Landbau in der Bundesrepublik Deutschland. In: IFOAM, Heft 59/1986, S. 5–10.

Stiftung Ökologischer Landbau (Hg.): Der ökologische Landbau: eine Realität, Selbstdarstellung und Richtigstellung, Karlsruhe 1979.

Stodieck, Friedhelm: Welchen Weg geht der ökologische Landbau? In: Bauernstimme, Heft 153/1993, S. 12.

Stricker, Stephan: Frontalzusammenstoß. In: Welt & Handel, Heft 7/2000, S. 1f.

Suro, Mary Davis: Romans Protest McDonald's. In: The New York Times vom 05.05.1986, S. C 20.

Tepper Marlin, Alice (Hg.): Shopping for a Better World. The Quick and Easy Guide to All Your Socially Responsible Shopping, San Francisco 1994.

Thimm, Conrad: Vermarktung wohin? In: Wandelsblatt, Heft 13/1984, S. 13.

Thimm, Conrad: Neue Absatzwege und Elastizität des Marktes. In: Ökologie und Landbau, Heft 86/1993, S. 39–43.

Tolmein, Oliver: Nordenham: die bleierne Vergangenheit, in: Öko-Test, Heft Juli 1985, S. 12–20.

Tolmein, Oliver: Die Staatsgewalt macht am Müllberg halt. In: Öko-Test, Heft Mai 1985, S. 45/47.

TransFair: Stellungnahme von TRANSFAIR zum Frontal-Beitrag »Unfairer Handel« vom 16.05.2000, in: epd-Entwicklungspolitik, Heft 11–12/2000, S. 54f.

TransFair (Hg.): Kaffee. Materialien für Bildungsarbeit und Aktionen, Aachen/Stuttgart 1992.

TransFair (Hg.): Extra-Blatt. Sonderausgabe Ökologie & Fairer Handel, Heft Juli 2000.

TransFair Geschäftsstelle Köln: Solidarität im Supermarkt. Eine Replik auf die Kritik am »fairen Handel«, in: Blätter des iz3w, Heft 207/1995, S. 44f.

Tupac Amaru (Hg.): Hoch die (K)Tassen. Braune Bohnen mit bitterem Geschmack, Bremen 1981.

Tupac Amaru: Nicaragua-Kaffee, die Gepa und wir. In: AG3WL-Rundbrief, Heft 6/1982, 27–32.

Tupac Amaru: Sri Lanka Tee – nein danke?! In: AG3WL-Rundbrief, Heft 20/1988, S. 41f.

Tupac Amaru/Nicaragua-/El Salvador-Komitee Bremen: Boykottiert die Kaffeekonzerne. Vorschlag einer Boykottwoche gegen die Kaffeekonzerne Mitte September 1985, in: AG3WL-Rundbrief, Heft 17/1985, S. 43–45.

Umweltbundesamt: Jahresbericht 1983. Berlin 1984.

Umweltbundesamt: 20 Argumente zum Umweltzeichen und was man von ihnen zu halten hat. Berlin 1989.

Umweltbundesamt (Hg.): Was Sie schon immer über Umweltchemikalien wissen wollten. Berlin 1975.

Umweltbundesamt (Hg.): Bürger im Umweltschutz. Nichtstaatliche Umweltschutzorganisationen und Bürgerinitiativen Umweltschutz in der Bundesrepublik Deutschland, Berlin 1978.

Umweltbundesamt (Hg.): Was Sie schon immer über Umweltschutz wissen wollten. Stuttgart 1979.

Umweltbundesamt (Hg.): »Tu was«. Ökologische Pioniergruppen in Deutschland, Berlin 1980.

Umweltbundesamt (Hg.): Das Zeichen der Zeit. Einkaufen mit Durchblick, Berlin o.J. [1983].

Umweltbundesamt (Hg.): Stoffliche Belastung der Gewässer durch die Landwirtschaft und Maßnahmen zu ihrer Verringerung. Berlin 1994.

Umweltbundesamt Fachgebiet Umweltaufklärung: Im Zeichen der Zeit – umweltbewusster Konsum für eine nachhaltige Entwicklung. O.O. o.J. [Berlin 1997].

United Nations General Assembly: Report of the United Nations Conference on Environment and Development. Annex I, Rio Declaration on Environment and Development (A/CONF.151/26(Vol.1)) (https://www.un.org/en/development/desa/population/mig ration/generalassembly/docs/globalcompact/A_CONF.151_26_Vol.I_Declaration.p df, 25.09.2023).

United Nations General Assembly: Report of the United Nations Conference on Environment and Develop-ment. Annex III, Non-Legally Binding Authoritative Statement of Principles for a Global Consensus on the Management, Conservation and Sustainable Development of All Types of Forests (A/CONF.151/26(Vol.3)) (https://digitallibrar y.un.org/record/144461/files/A_CONF-151_6-E.pdf?ln=en, 25.09.2023).

Urbschat, Uwe: Marketingaktion DEMETER-Brot und -Backwaren 1990. In: Demeter-Blätter, Heft 47/1990.

Urbschat, Uwe: Warum DEMETER-Produkte nicht in jedem Supermarkt? In: Demeter-Blätter, Heft 51/1992, S. 14f.

Verband der chemischen Industrie: Brief an Kurt Oeser (Vorsitz Umweltjury) vom 14.06.1980 (dr.ln/My). 1980, Bundesarchiv Koblenz, B 106/71656.

Verbraucher Initiative: Die Verantwortung der Verbraucherinnen und Verbraucher. In: Verbraucher Telegramm, Heft 10/1991, S. 7–10.

Verbraucher Initiative/Deutscher Hausfrauenbund/Gewerkschaft Nahrung-Genuß-Gaststätten/Deutsche Spar/Unilever: Umwelt- und Verbraucherverbände mit Unilever im »Gen-Dialog«: Erstes Ergebnis und weitere Perspektiven, zit. in: Verbraucher Telegramm, Heft 5/1996, S. 16–18.

Verslius, Stiena: Kriterien für den alternativen Handel. Ein erster Schritt auf dem Weg zu einer neuen gemeinsamen Definition in der Aktion Dritte Welt Handel (A3WH), Darmstadt/Vechta 1993.

Vidal, John: McLibel. Burger Culture on Trial, New York 1998.

Vitakraft-Werke: Brief an BMU vom 21.07.1988. 1988, Bundesarchiv Koblenz, B 295/4280.

Vogtmann, H./Grosch, Peter/Bergmann, Th./Fricke, K.: Was erwartet der Verbraucher von Nahrungsmitteln aus biologischem Anbau. In: IFOAM, Heft 49/1984, S. 4–6.

Volmer, Martin: Verbraucher als Privat-Detektive? EG-Kontrollnummer für Öko-Produkte, in: Naturland Magazin, Heft 1/1993, S. 18.

Vorstand der Verbraucher Initiative: Nach dem Gen-Dialog mit Unilever: Die 10 Punkte der Verbraucher Initiative, in: Verbraucher Telegramm, Heft 5/1996, S. 14f.

Vorstand Slow Food Deutschland: Slow Food profiliert sich. In: Schneckenpost, Heft 2/2000, S. 14.

Wagener, Klaus: »Echt Bio«. Die Zukunft der Naturkost, in: Contraste, Heft 33/1987, S. 11.

Wagner, Achim: Handel kommt von handeln. In: Contraste, Heft 55/1989, S. 3.

Wahrlich, Heike: Heute im Angebot: Bio-Öko-Natur, in: Öko-Test, Heft Oktober 1985, S. 36–42.

Wahrlich, Heide: Das Zeichen der Zeit. Der missbrauchte Engel, in: Öko-Test, Heft 4/1986, S. 14–21.

Wahrlich, Heide: Zwischen den Stühlen. In: Öko-Test, Heft 1/1987, S. 52f.

Walia, Susanne: Verantwortliches Einkaufen – verantwortliches Verkaufen. In: Verbraucher Telegramm, Heft 11/1991, S. 1f.

Walia, Susanne: Öko-Ware im Supermarkt. In: Verbraucher Telegramm, Heft 1/1992, S. 11.

Weidner, Thomas: Anstöße zum neuen Archemanifest. In: Schneckenpost, Heft 4/2000, S. 22.

Weilandt, Oliver: McDonald's will das Herz der Kinder. Eltern setzen sich zur Wehr, in: Volksmund Rundbrief, Heft 4/1989, S. 20.

Weinmann, Christoph: Nochmal aus Freiburg. Argumente, in: Rundbrief AG Bundesweiter Food-Coops, Heft 8/1989, S. 35–37.

Weinmann, Christoph: Lebensmittelkooperativen – Hintergründe, Grundsätze und Motivation. In: Koop-Telegramm, Heft Januar 1996, S. 5–8, hier S. 6f.

Weller, Manfred: Wie schaut künftig die Vermarktung von Bioprodukten nach dem Tschernobyl-Unglück aus? In: Bioland, Heft 3/1986, S. 12.

Weltladen Göttingen: Ein Diskussionsbeitrag zum Thema alternative Handelsausweitung. In: Weltläden aktuell, Heft 57/1994, S. 12–14.

Weltladen Heidelberg: Brief an GEPA-GV vom 01.12.1988, betr. Stellungnahme zum Nahrungsmittelprospekt/neues Konzept der GEPA (fairer Handel und Professionalisierung). Zit. in: AG3WL-Rundbrief, Heft 33/1988, S. 54.

Weltladen Heidelberg: Brief an GEPA vom 20.09.1995. Zit. in: Weltläden aktuell, Heft 61/1995, S. 13f.

Weltladengruppe Bonn: Stellungnahme zu GEPA-Geschäftspolitik: Kaffee im Universalpack, Kakao und Schokolade TransFair-gesiegelt in den Lebensmitteleinzelhandel, in: Weltläden aktuell, Heft 64/1996, S. 19f.

Weltladengruppe Mannheim: Leserbrief. In: Alternativ handeln, Heft 6/1981, S. 19.

Weltladen-Dachverband: Land Macht Satt. Eine Kampagne der europäischen Weltläden, Nierstein 1999.

Werner, Rita: Umweltsiegel Marke Eigenbau. In: Öko-Test, Heft 6/1986, S. 45.

Willer, Helga: EG-einheitliche Bestimmungen für den ökologischen Landbau. In: Ökologie und Landbau, Heft 79/1991, S. 5f.

Wilß-Hasenkamp, Cornelia: Fair im Aufwind. In: epd Entwicklungspolitik, Heft 19/1994, S. 18–24.

Wingert, Helga: Einen Urwald für Buletten. In: Natur, Heft 3/1982, S. 66–71.

Wirth, Gernot/Eisenbürger, Gert: Die Stunde des Imperialismus? In: Ila extra, 1990, S. 3f.

Wirtz, Hermann: Kleider machen Leute, Leute machen Kleider. Baumwolle, Textilien und Bekleidung in der Weltwirtschaft, Düsseldorf 1981.

Wirtz, Hermann: Von Mensch zu Mensch? Direktkontakte mit Partnerschaftsprojekten in der Dritten Welt, in: Alternativ handeln, Heft 15/1985, S. 14f.

Wirtz, Hermann/Weißmann, Norbert: Eine Vision gewinnt Gestalt. In: Fair Trade (Hg.): Im Zeichen der Nachhaltigkeit. Verknüpfung von Öko- & Fair Trade-Initiativen, Wuppertal 2001, S. 6–14.

Wistinghausen, Almar von: 50 Jahre Biologisch-Dynamische Wirtschaftsweise. In: Demeter-Blätter, Heft 15/1974, S. 7–9.

Wistinghausen, Almar von: Was heißt »biologisch-dynamisch«? In: Demeter-Blätter, Heft 29/1981, S. 15–17.

Witzel, Walter: Anklage gegen Nestlé: Baby-Killer, in: Blätter des iz3w, Heft 40/1974, S. 36–38.

World Commission on Environment and Development: Our Common Future. Oslo 1987.

Wörle, Michael: Ökobank: Geld abziehen und Gegenmacht ausüben? In: Graswurzelrevolution, Heft 102/1986, S. 25–27.

Zenck, Michael: Nächstenliebe am Beispiel der Flüsse – oder: Darf der Mensch alles machen? In: Bio Gemüse Rundbrief, Heft April 1976, S. 1f.

Zenck, Michael: Umkehr in die Zukunft. In: Bio Gemüse Rundbrief, Heft Juni 1976, S. 1f.

Zimmer, Jürgen/Faltin, Günter: Nicht mit Solidarität am Markt vorbei. In: Teekampagne Projektwerkstatt, Heft 1/1994, S. 3f.

Zumach, Hildegard: Brief der Evangelischen Frauenarbeit in Deutschland an die Geschäftsleitung von Firmen, die südafrikanische Nahrungsmittel importieren oder damit handeln sowie an die Geschäftsleitung einiger Großkaufhäuser und Ladenketten (siehe Anschriftenliste). In: Boykott-Rundbrief, Heft 1/1978, S. 6f.

Quellen ohne Autorenangabe

N.N.: Geschichte ohne h. In: Der Spiegel, Heft 20/1966 (https://www.spiegel.de/politik/geschichte-ohne-h-a-0b211668-0002-0001-0000-000046407170, 25.09.2023).

N.N.: Politische Forderungen des Friedensmarsches ›70 an die Bundesregierung, gezeichnet von AG der Evangelischen Jugend Deutschlands, BDKJ, Action 365, Terre des Hommes. Undatiert [1970?], Archiv Misereor Aachen, FH 20.

N.N.: Aktionen zum Problem der Welthandelsbeziehungen. In: Dritte Welt Information des epd, Heft 7/1971, S. 1f.

N.N.: An die DEMETER-Verbraucher. In: Demeter-Mitteilungen, Heft 22/1972, S. 2.

N.N.: DEMETER-Markt erfordert Marktbewusstsein. In: Demeter-Mitteilungen, Heft 14/1972, S. 3.

N.N.: DEMETER-Qualitätsstreben in der Diskussion. In: Demeter-Mitteilungen, Heft 13/1972, S. 4.

N.N.: Stiftung SOS eröffnete Erweiterungsbau »Hilfe durch Handel«. Prof. Jan Tinbergen bei SOS in Kerkrade, in: Misereor aktuell, Heft 26/1972, S. 8f.

N.N.: Unsere Verbraucher sind angesprochen. In: Demeter-Mitteilungen, Heft 15/1972, S. 3.

N.N.: Zielsetzung der biologisch-dynamischen Arbeit. In: Demeter-Mitteilungen, Heft 25/1973, S. 3–5.

N.N.: »Bisschen zu heiß«. In: Der Spiegel, Heft 32/1974, S. 19–21.

N.N.: An die Verbraucher von DEMETER-Erzeugnissen. In: Demeter-Mitteilungen, Heft 64/1976, S. 3f.

N.N.: Funk und Presse über den »test«-Bericht. In: Demeter-Mitteilungen, Heft 65/1976, S. 3.

N.N.: Gegendarstellung zu Warentest-Artikel. In: Demeter-Mitteilungen, Heft 63/1976, S. 3–5.

N.N.: Gesichtspunkte zur Demeter-Arbeit. Biologisch-Dynamischer Landbau: Therapie für den Naturorganismus, in: Demeter-Mitteilungen, Heft 71–72/1976, S. 7f.

N.N.: Nicht besser als Normalkost. In: Test, Heft 2/1976, S. 21–25.

N.N.: Bioland GmbH. In: Bio Gemüse Rundbrief, Heft 1/1978, S. 13f.

N.N.: Informationsbüro in der BRD eröffnet. In: Blätter des iz3w, Heft 67/1978, S. 13f.

N.N.: Gedanken über Fedocagua nach einem Besuch ihrer Vertreter bei der GEPA. In: Alternativ handeln, Heft 3/1979, S. 11f.

N.N.: Wie alternativ ist die GEPA? In: Alternativ handeln, Heft 2/1979, S. 4–11.

N.N.: Die GEPA ist kein Supermarkt. In: Alternativ handeln, Heft 5/1980, S. 17.

N.N.: Eppler geht. Der Grüne in der SPD verzichtet auf den Landesvorsitz, in: Die Grünen, Heft 29/1980, S. 1.

N.N.: Erklärung der Grünen zum Tod von Erich Fromm. In: Anders leben, Heft 5/1980, S. 20.

N.N.: Jute statt Plastik. Wenn Sie weiterlesen, wissen Sie mehr über diese Aktion, undatiert [1980?], Universität Trier, Sammlung Wertingen, 1.bag.034.

N.N.: Solidarität. In: Boykott-Rundbrief, Heft 7/1980, S. 30–33.

N.N.: Was ist los mit Fedecocagua? In: Alternativ handeln, Heft 5/1980, S. 7–10.

N.N.: Boykottiert die Kaffeekonzerne. Solidarität mit den kämpfenden Völkern von El Salvador und Guatemala! Unterstützt den Aufbau eines freien Landes in Nicaragua! In: Lateinamerika Nachrichten, Heft 92/1981, S. 52f.

N.N.: Indio-Kaffee ist tot – es lebe Fedecocagua-Kaffee aus Guatemala. In: Alternativ handeln, Heft 8/1981, S. 27.

N.N.: Kein Geld für Gold aus Südafrika! In: Boykott-Rundbrief, Heft 9/1981, S. 16–20.

N.N.: Miskitos und Creoles zwischen Kolonialismus und Revolution. In: Lateinamerika Nachrichten, Heft 92/1981, S. 52f.

N.N.: Alles frisch. Grüne Woche in Berlin, in: Tageszeitung vom 25.01.1982, S. 11.

N.N.: Dorn im Auge. In: Der Spiegel, Heft 29/1982, S. 74.

N.N.: Sitzungsunterlage zu TOP 2: Öffentlichkeitsarbeit (I 1.1 – 90 081 – 1/14 bzw. – 1/23). 1982, Bundesarchiv Koblenz, B 106/71660.

N.N.: Was hat eine Jutetasche aus Bangladesh mit Apartheid zu tun? In: Alternativ handeln, Heft 9/1982, S. 21f.

N.N.: Gift im Sack. In: Der Spiegel, Heft 8/1984, S. 108.

N.N.: Kaffee – Genossenschaft in Gründung. In: Wandelsblatt, Heft 3/1984, S. 6.

N.N.: »Kaffee aus Nicaragua«. 1984, Universität Trier Sammlung Wertingen, 1.nic.001.

N.N.: Kaffee aus Nicaragua. Über die Schwierigkeiten solidarischen Handel(n)s, in: Alternativ handeln, Heft 14/1984, S. 18–22.

N.N.: Blauer Engel keine Bio-Garantie. In: Anders leben, Heft 5/1985, S. 141f.

N.N.: Bremer Protokoll. In: Die Gewinne denen, die den Kaffee anbauen. Rundbrief für die Kaffeekampagne, Heft 1/1985, S. 5–7.

N.N.: Das Konzept des Öko-Test-Magazins. In: Öko-Test, Nullnummer 1985, S. 56f.

N.N.: Kaffee – Krönung der Ausbeutung. In: Informationsbüro Nicaragua Rundschreiben, Heft Dezember 1985, S. 33–35.

N.N.: Kritik der reinen Bank. In: Contraste, Heft 7/1985, S. 13.

N.N.: Nachlese. In: Lateinamerika Nachrichten, Heft 143/1985, S. 65–67.

N.N.: Verbraucher organisieren sich. In: Graswurzelrevolution, Heft 97/1985, S. 23f.

N.N.: Zur Geschichte des Öko-Test-Magazins. In: Öko-Test, Nullnummer 1985, S. 53–55.

N.N.: Café Organico. Zum biologisch angebauten Kaffee von indianischen Kleinbauern, in: Alternativ handeln, Heft 18/1986, S. 8f.

N.N.: Der Weg der Naturkost, Dritter Teil. Brot, Gemüse, Milch, in: Schrot & Korn, Heft 1/1986, S. 20–23.

N.N.: Entwicklungsförderung dank Konsumenteninformation. In: AG3WL-Rundbrief, Heft 2/1986, S. 29–32.

N.N.: Kritische Solidarität: Parteilichkeit ohne Scheuklappen, in: Lateinamerika Nachrichten, Heft 148/1986, S. 60–65.

N.N.: Produkte: Abgekupfert! In: Neuform-Echo aktuell, Heft 1/1986, S. 8.

N.N.: El Puente. In: AG3WL-Rundbrief, Heft 27/1987, S. 21f.

N.N.: Gegen Pseudo-Bio-Fraß. In: Tageszeitung vom 27.10.1987, S. 5.

N.N.: Glaubhaftigkeit: Logisch? In: Neuform-Echo aktuell, Heft 4/1987, S. 6.

N.N.: Grüne wollen Gesetz zur Kennzeichnung von »Bio«. In: Schrot & Korn, Heft 12/1987, S. 4.

N.N.: Integriertes Projekt »La Paz del Tuma« (Region VI). In: Informationsbüro Nicaragua Rundschreiben, Heft 1/1987, S. 39–41.

N.N.: Lebensmittel: Skandal um »Bio«, in: Neuform-Echo aktuell, Heft 8/1987, S. 5.

N.N.: Betrifft: Aktion Sauberer Kaffee, in: AG3WL-Rundbrief, Extrablatt 2/1988, S. 2f.

N.N.: Big Mäc – oder: Wie man eine Esskultur umkrempelt... In: Bauernstimme, Heft 88/1988, S. 16.

N.N.: Das Hackfleisch-Imperium schlägt zurück. Kirche kuscht vor McDonald's: Kein Geld mehr für Volksmund, in: Bauernstimme, Heft 94/1988, S. 20.

N.N.: Naturkost: Augen auf beim Kauf, in: Kernpunkte, Heft 1/1988, S. 1/4.

N.N.: Kennzeichnung von Bio-Lebensmitteln. In: Naturland-Informationen, Heft 6/1988, S. 16.

N.N.: Konsumenten im Jahr 2000: Einfluss auf Angebot ist möglich. In: Bauernstimme, Heft 92–93/1988, S. 7.

N.N.: Mehr Transparenz durch die Kennzeichnung von Bio-Lebensmitteln. In: IFOAM, Heft 65/1988, S. 22f.

N.N.: Programm der Bundesarbeitsgemeinschaft der Lebensmittelkooperativen. In: Rundbrief AG Bundesweiter Food-Coops, Heft 7/1988, S. 14–17.

N.N.: Solidarität statt Kommerzialisierung! In: AG3WL-Rundbrief, Heft 31/1988, S. 15f.

N.N.: Volksmund gegen Fast-Food. In: Die Grünen, Heft 18/1988, S. 3.

N.N.: 10 Jahre Solidaritätsbewegung. In: Informationsbüro Nicaragua Rundschreiben, Heft Juli 1989, S. 10–14.

N.N.: 74 Prozent sind gegen Früchteboykott. Schwarze und Farbige: Mehr Früchte kaufen, in: Früchte aus Südafrika, Heft 2/1989, S. 1f.

N.N.: Eine wichtige Debatte. In Sachen Volksmund Fast-Food Informationsbüro, in: asb-Rundbrief, Heft 1/1989, S. 5–11.

N.N.: In den Niederlanden: Zuivere Koffie in Beweging, In der BRD: tut sich auch was, in: AG3WL-Rundbrief, Heft 34/1989, S. 70–72.

N.N.: Muss Vollwertkost vegetarisch sein? In: Kernpunkte, Heft 5/1989, S. 1/4.

N.N.: Nica-Zucker geht – Mascobado von den Philippinen kommt. In: GEPA Informationsdienst, Heft 1/1989, S. 4.

N.N.: Perspektiven der Naturkostbewegung. Oder: Sind die Bioläden noch zu retten? Oder: von der sozialen Bewegung zur Entsorgung ideologischer Altlasten, in: Contraste, Heft 52/1989, S. 3.

N.N.: Das ›neue Nicaragua‹ – »Kaffee aus Nicaragua«... In: Alternativ handeln, Heft 24/1990, S. 8–11.

N.N.: Der Laden-Koop-Konflikt. In: Rundbrief AG Bundesweiter Food-Coops, Heft 2/1990, S. 13–19.

N.N.: Ökologischer Landbau – warum? In: Kernpunkte, Heft 1/1990, S. 1/4.

N.N.: Aufgetischt: Die Schnellrestaurants. Kaufen & Verändern, in: Natur, Heft 9/1991, S. 63–66.

N.N.: Chemie in der Kleidung. In: Naturland, Heft 5/1991, S. 15f.

N.N.: Dritte Welt im Supermarkt. In: Blätter des iz3w, Heft 178/1991-1992, S. 56.

N.N.: Aktionsplan der Frauen zur Umweltkonferenz in Rio. In: Gen-ethischer Informationsdienst, Heft 74/1992, S. 13–15.

N.N.: Das Ende des Konsumrauschs (Dossier). In: Verbraucher Telegramm, Heft 3/1992, S. 7–10.

N.N.: Faire Preise für Kaffee. »Transfair« appelliert an die Solidarität der Verbraucher, in: Misereor aktuell, Heft 6/1992, S. 16.

N.N.: Gütesiegel nicht nur für Kaffee, sondern auch für andere Produkte. In: Kaffee-Brief, Heft 1/1992, S. 1f.

N.N.: Mittelmäßig bis mangelhaft. Das Öko-Angebot in Supermärkten (Dossier), in: Verbraucher Telegramm, Heft 5/1992, S. 7–10.

N.N.: Café Organico aus Mexiko. In: Schrot & Korn, Heft 4/1993, S. 23f.

N.N.: Parlament trinkt Dritte-Welt-Kaffee. In: GEPA Informationsdienst, Heft 3–4/1993, S. 4.

N.N.: Bio-Verbände befürchten Mogelpackungen bei Bio-Produkten. In: Bauernstimme, Heft 162/1994, S. 16.

N.N.: Bundesregierung unterstützt Rugmark-Initiative. In: Aktionsbrief Teppichknüpfer, Heft 9/1994, S. 2.

N.N.: Hilfe für Tausende von Kaffeebauern. In: Misereor aktuell, Heft 3/1994, S. 3.

N.N.: Rugmark-Foundation nahm Arbeit auf. In: Aktionsbrief Teppichknüpfer, Heft 9/1994, S. 1f.

N.N.: AGÖL verfolgt Ökoschwindel. In: Naturland Magazin, Heft 4/1995, S. 17.

N.N.: Alles Banane?! Alternativer Handel konkret, in: Die Kampagnen-Aktionszeitung, Heft 2/1995, o.S.

N.N.: »Der Luxus ist grün«. In: Der Spiegel, Heft 13/1995, S. 188–201.

N.N.: Lust auf Langsamkeit. In: Der Spiegel, Heft 43/1995, S. 214–217.

N.N.: Man muss kein Schwein sein auf dieser Welt. In: El Puente informiert, Heft Winter 1995, S. 33.

N.N.: Zukunft mit bäuerlichen Werten. Bäuerliche Werte bestimmen die Studie Zukunftsfähiges Deutschland, deshalb ist die AbL in der Diskussion gefordert, in: Bauernstimme, Heft 12/1995, S. 6.

N.N.: Lebensbaum – mit Volldampf auf dem Rückzug. In: Direkte Aktion, Heft 118/1996, S. 5.

N.N.: 20 Jahre Informationsbüro Nicaragua. Positionen, in: Informationsbüro Nicaragua Rundschreiben, Heft 1/1998, S. 39–45.

N.N.: Jetzt auf dem Markt: Bananen mit dem TransFair-Siegel. In: Welt & Handel, Heft 7/1998, S. 3.

N.N.: Öko-Siegel – Steigt AGÖL ins CMA-Boot? In: Bauernstimme, Heft 2/1998, S. 7.

N.N.: Öko-Siegel noch unbesiegelt. Ringen um Geld und Einfluss setzt den Bundes-Ökopunkt, in: Bauernstimme, Heft 4/1998, S. 6.

N.N.: Verknüpfen von Öko- und Fair Trade-Initiativen. In: epd Entwicklungspolitik, Heft 12/1998, S. 51.

N.N.: Aktion bei »Plus« zur Wiederaufnahme des fair gehandelten Kaffees. In: Extra-Blatt, Heft 2/1999, S. 3.

N.N.: Bundespräsident Rau wünscht sich mehr Fairen Handel. In: Welt & Handel, Heft 15/1999, S. 1.

N.N.: Leitbild des Weltladen-Dachverbandes. In: Weltläden aktuell, Heft 73/1999, S. 28.

N.N.: Die Chronologie der BSE-Krise. In: Spiegel Online vom 28.11.2000 (https://www.spiegel.de/politik/ausland/rinderseuche-die-chronologie-der-bse-krise-a-105210.html, 25.09.2023).

N.N.: Slow Food agiert nicht im luftleeren Raum. In: Schneckenpost, Heft 2/2000, S. 23f.

N.N.: Bovine Spongiforme Enzephalopathie. In: Öko-Test, Heft 3/2001, S. 36–54.

N.N.: Fleischesfrust. In: Öko-Test, Heft 1/2001, S. 18–21.

N.N.: Künast kündigt Agrarwende an. In: Spiegel Online vom 08.02.2001 (https://www.spiegel.de/politik/deutschland/bse-krise-kuenast-kuendigt-agrarwende-an-a-116480.html, 25.09.2023).

N.N.: Mehr Hirn als Verstand. In: Öko-Test, Heft 3/2001, S. 20–25.

N.N.: Naturland und das neue Bio-Siegel. In: Naturland Magazin, Heft 4/2001, S. 16f.

N.N.: Versteckte Risiken. In: Öko-Test, Heft 2/2001, S. 36–39.

N.N.: Zustimmung von allen Seiten. In: Bauernstimme, Heft 238/2001, S. 12.

Literaturverzeichnis

Altner, Günter: Naturvergessenheit. Grundlagen einer umfassenden Bioethik, Darmstadt 1991.

Anderson, Matthew: Fair Trade: partners in development? A reassessment of trading partnerships within the Fair Trade model, in: Granville, Brigitte/Dine, Janet: The Processes and Practices of Fair Trade. Trust, ethics, and governance, Abingdon 2013, S. 79–95.

Arickal, George: Meine Heimat ist grenzenlos. Begegnungen und Erfahrungen in Indien, Deutschland und der ganzen Welt, Oberursel 2009.

Bacia, Jürgen/Leidig, Dorothée: »Kauft keine Früchte aus Südafrika!« Geschichte der Anti-Apartheid-Bewegung, Frankfurt a.m. 2008.

Badou, Alain/Rancière, Jacques: Politik der Wahrheit. Wien 2014 [1996].

Balsen, Werner/Rössel, Karl: Hoch die internationale Solidarität. Zur Geschichte der Dritte-Welt-Bewegung in der Bundesrepublik, Köln 1986.

Barber, Benjamin: Consumed! Wie der Markt Kinder verführt, Erwachsene infantilisiert und die Bürger verschlingt, München 2007.

Baringhorst, Sigrid/Kneip, Veronika/Niesyto, Johanna: Wandel und Kontinuität von Protestkulturen seit den 1960er Jahren: Eine Analyse ausgewählter Anti-Corporate Campaigns, in: Dies./März, Annegret (Hg.): Politik mit dem Einkaufswagen. Unternehmen und Konsumenten als Bürger in der globalen Mediengesellschaft, Bielefeld 2007, S. 109–153.

Bartelt, Michael/Gripp, Helga/Kaiser, Kurt/Wenke, Karl Ernst/Westmüller, Horst/Zilleßen, Horst: Grundsätzliche Überlegungen zu den Motiven, den Zielen und den Möglichkeiten eines Neuen Lebensstils. In: Wenke, Karl Ernst/Zilleßen, Horst (Hg.): Neuer Lebensstil. Verzichten oder verändern? Auf der Suche nach Alternativen für eine menschlichere Gesellschaft, Opladen 1978, S. 15–72.

Baumann, Shyon/Engman, Athena/Johnston, Josée: Political consumption, conventional politics, and high cultural capital. In: International Journal of Consumer Studies, Heft 39/2015, S. 413–421.

Beck, Ulrich: Risikogesellschaft. Auf dem Weg in eine andere Moderne, Frankfurt a.M. 1986.

Behre, Silja: Bewegte Erinnerung. Deutungskämpfe um »1968« in deutsch-französischer Perspektive, Tübingen 2016.

Bergstedt, Jörg: Agenda, Expo, Sponsoring – Recherchen im Naturschutzfilz (Bd. 1). Daten, Fakten, historische und aktuelle Hintergründe, Frankfurt a.M. 1998.

Blühdorn, Ingolfur: Nachhaltigkeit und postdemokratische Wende. Zum Wechselspiel von Demokratiekrise und Umweltkrise, in: Vorgänge, Heft 2/2010, S. 44–54.

Blühdorn, Ingolfur: Das postdemokratische Doppeldilemma. Politische Repräsentation in der simulativen Demokratie, in: Thaa, Winfried/Linden, Markus (Hg.): Krise und Reform politischer Repräsentation. Baden-Baden 2011, S. 45–74.

Boddenberg, Max: Solidarische Landwirtschaft als innovative Praxis – Potenziale für einen sozial-ökologischen Wandel. In: Jaeger-Erben, Melanie (Hg.): Soziale Innovationen für nachhaltigen Konsum. Wissenschaftliche Perspektiven, Strategien der Förderung und gelebte Praxis, Wiesbaden 2017, S. 125–148.

Borowy, Iris: Sustainable Development and the United Nations. In: Caradonna, Jeremy (Hg.): Routledge Handbook of the History of Sustainability, Abingdon 2018, S. 151–163.

Bösch, Frank: Zeitenwende 1979. Als die Welt von heute begann, München 2019.

Boström, Magnus/Klintman, Mikael: Eco-Standards, Product Labelling and Green Consumerism. Basingstoke 2011.

Bourdieu, Pierre: Entwurf einer Theorie der Praxis. Frankfurt a.M. 1976.

Bourdieu, Pierre: Die feinen Unterschiede. Kritik der gesellschaftlichen Urteilskraft, Frankfurt a.M. 1984.

Brooks, David: Bobos in Paradise. The new upper class and how they got there, New York 2000.

Budde, Gunilla: Bürgertum und Konsum: Von der repräsentativen Bescheidenheit zu den »feinen Unterschieden«, in: Haupt, Heinz-Gerhard/Torp, Claudius (Hg.): Die Konsumgesellschaft in Deutschland 1890 – 1990. Ein Handbuch, Frankfurt a.M. 2009, S. 131–153.

Carfagna, Lindsey/Dubois, Emilie/Fitzmaurice, Connor/Ouimette, Monique/Schor, Juliet/Willis, Margaret: An emerging eco-habitus: The reconfiguration of high cultural capital practices among ethical consumers, in: Journal of Consumer Culture, Heft 2/2014, S. 158–178.

Carter, Erica: How German Is She? Postwar West German Reconstruction and the Consuming Woman, Ann Arbor 1997.

Coote, Belinda: Der Unfaire Handel. Die Dritte Welt in der Handelsfalle und mögliche Auswege, Stuttgart 1994 [1992].

D'Haese, Marigret: Die Bedeutung von Umweltzeichen. In: Haan, Gerhard de (Hg.): Umweltbewusstsein und Massenmedien. Perspektiven ökologischer Kommunikation, Berlin 1995, S. 157–165.

Daviron, Benoit/Ponte, Stefano: The coffee paradox. Global markets, commodity trade and the elusive promi-se of development, London/New York 2005.

Doering-Manteuffel, Anselm: Die Vielfalt der Strukturbrüche und die Dynamik des Wandels in der Epoche nach dem Boom. In: Reitmayer, Morten/Schlemmer, Thomas (Hg.): Die Anfänge der Gegenwart. Umbrüche in Westeuropa nach dem Boom, München 2014, S. 135–145.

Doering-Manteuffel, Anselm: Konturen von Ordnung. Berlin 2019.

Doering-Manteuffel, Anselm/Raphael, Lutz: Nach dem Boom. Perspektiven auf die Zeitgeschichte seit 1970, Göttingen 2012.

Drücke, Bernd: Zwischen Schreibtisch und Straßenschlacht? Anarchismus und libertäre Presse in Ost- und Westdeutschland, Ulm 1998.

Engels, Jens Ivo: Von der Heimat-Connection zur Fraktion der Ökopolemiker. Personale Netzwerke und politischer Verhaltensstil im westdeutschen Naturschutz, in: Karsten, Anne (Hg.): Nützliche Netzwerke und korrupte Seilschaften. Göttingen 2006, S. 18–45.

Engels, Jens Ivo: Umweltschutz in der Bundesrepublik – von der Unwahrscheinlichkeit einer Alternativbewegung, in: Reichardt, Sven/Siegfried, Detlef (Hg.): Das Alternative Milieu. Antibürgerlicher Lebensstil und linke Politik in der Bundesrepublik Deutschland und Europa 1968–1983, Göttingen 2010, S. 405–422, hier S. 413.

Fabian, Sina: Boom in der Krise. Konsum, Tourismus, Autofahren in Westdeutschland und Großbritannien 1970–1990, Göttingen 2016.

Falasca, Anina: »Spaßige Spontis« und »fröhliche Freaks«. Zur theoretischen Neuorientierung der Neuen Linken um 1978, in: Arbeit – Bewegung – Geschichte, Heft 2/2018, S. 72–87.

Franc, Andrea: Von der Makroökonomie zum Kleinbauern. Die Wandlung der Idee eines gerechten Nord-Süd-Handels in der Schweizerischen Dritte-Welt-Bewegung (1964–1984), Berlin 2020.

Freyer, Bernhard/Klimek, Milena/Fiala, Valentin: Ethik im Ökologischen Landbau – Grundlagen und Diskurse. In: Freyer, Bernhard (Hg.): Ökologischer Landbau. Grundlagen, Wissensstand und Herausforderungen, Bern 2016, S. 44–79.

Frieder, Thomas/Schneider, Manuel/Kraus, Jobst (Hg.): Kommunen entdecken die Landwirtschaft. Perspektiven und Beispiele einer zukunftsfähigen Agrarpolitik in Dorf und Stadt, Heidelberg 1995.

Fridell, Gavin: Fair Trade Coffee. The Prospects and Pitfalls of Market-Driven Social Justice, Toronto 2007.

Fritzen, Florentine: Gesünder leben. Die Lebensreformbewegung im 20. Jahrhundert, Stuttgart 2006.

Gebauer, Annekatrin: Apokalyptik und Eschatologie. Zum Politikverständnis der Grünen in ihrer Gründungsphase, in: Archiv für Sozialgeschichte, Heft 43/2003, S. 405–420.

Gesellschaft zur Förderung der Partnerschaft mit der Dritten Welt: FEDECOCAGUA: Eine Erfolgsgeschichte des Fairen Handels (https://www.gepa.de/fileadmin/user_upl oad/Info/Hintergrundinfo/fedecocagua_gestern_heute_morgen.pdf, 25.09.2023).

Geserer, Anselm: Sinnhafter Marken-Konsum. Wie Marken Sinn erzeugen am Beispiel von »Weleda«, in: Szabo, Sacha (Hg.): Brand Studies. Marken im Diskurs der Cultural Studies, Marburg 2009, S. 67–79.

Gräber, Gerhard: Alternative Expertokratie statt mehr Demokratie? Über den demokratischen Wert grüner Regierungsbeteiligungen, in: Ders./Thaa, Winfried/Salomon, Dieter (Hg.): Grüne an der Macht. Widerstände und Chancen grün-alternativer Regierungsbeteiligungen, Köln 1994, S. 63–74.

Grober, Ulrich: Die Entdeckung der Nachhaltigkeit. Kulturgeschichte eines Begriffs, München 2010.

Grober, Ulrich: Eternal Forest, Sustainable Use: The Making of the Term »Nachhaltig« in Seventeenth- and Eighteenth-Century German Forestry, in: Caradonna, Jeremy (Hg.): Routledge Handbook of the History of Sustainability, Abingdon 2018, S. 96–105.

Grom, Bernhard: Der anthroposophische Erkenntnisweg Rudolf Steiners. In: EZW-Texte, Heft 190/2007, S. 15–30.

Hartmann, Kathrin: Die grüne Lüge. Weltrettung als profitables Geschäftsmodell, München 2018.

Hein, Bastian: Die Westdeutschen und die Dritte Welt. Entwicklungspolitik und Entwicklungsdienste zwischen Reform und Revolte 1959–1974, München 2006.

Hein, Wolfgang: Unterentwicklung. Krise der Peripherie, Opladen 1998.

Heisterkamp, Jens: Ein Türöffner für Anthroposophie. In: Ders. (Hg.): Kapital = Geist. Pioniere der Nachhaltigkeit, Anthroposophie in Unternehmen, Frankfurt a.M. 2009, S. 15–28.

Helm, Christian: Reisen für die Revolution. Solidaritätsbrigaden als Praktik transnationaler Solidarität zwischen der Bundesrepublik und dem sandinistischen Nicaragua, in: Bösch, Frank/Moine, Caroline/Senger, Stefanie (Hg.): Internationale Solidarität. Globales Engagement in der Bundesrepublik und der DDR. Göttingen 2018.

Huber, Joseph: Allgemeine Umweltsoziologie. Wiesbaden 2011.

Hünemörder, Kai: Die Frühgeschichte der globalen Umweltkrise und die Formierung der deutschen Umweltpolitik (1960–1973). Wiesbaden 2004.

Hysing, Erik: Government Engagement with Political Consumerism. In: Boström, Magnus/Micheletti, Michele/Oostermer, Peter: The Oxford Handbook of Political Consumerism. Oxford 2019, S. 833–852.

Inglehart, Ronald: The Silent Revolution. Changing Values and Political Styles Among Western Publics, Princeton 1977.

Johnson, Erik/Greenberg, Pierce: The US Environmental Movement of the 1960s and 1970s. Building Frameworks of Sustainability, in: Caradonna, Jeremy (Hg.): Routledge Handbook of the History of Sustainability, Abingdon 2018, S. 137–150.

Jösch, Jutta: Konsumgenossenschaften und food-cooperatives: Ein Vergleich der Entstehungsbedingungen von Verbraucherselbstorganisationen, Berlin 1983.

Kempf, Udo: Der Bundesverband Bürgerinitiativen Umweltschutz (BBU). In: Ders./Guggenberger, Bernd (Hg.): Bürgerinitiativen und repräsentatives System. Opladen 1984 (1978), S. 404–421.

Kleiner, Uwe: Inlandswirkungen des Fairen Handels. In: Misereor/Brot für die Welt/Friedrich-Ebert-Stiftung (Hg.): Entwicklungspolitische Wirkungen des Fairen Handels. Beiträge zur Diskussion, Aachen 2000, S. 21–110.

Kneuer, Marianne/Masala, Carlo: Politische Solidarität. Vermessung eines weiten und unerschlossenen Feldes, in: dies. (Hg.): Solidarität. Politikwissenschaftliche Zugänge zu einem vielschichtigen Begriff (Zeitschrift für Politikwissenschaft, Sonderband 14), Baden-Baden 2015, S. 7–25.

Knoch, Habbo/Möckel, Benjamin: Moral History. Überlegungen zu einer Geschichte des Moralischen im »langen« 20. Jahrhundert, in: Zeithistorische Forschungen/Studies in Contemporary History, Heft 1/2017, S. 93–111.

Koerber, Karl/Männle, Thomas/Leitzmann, Claus: Vollwert-Ernährung. Konzeption einer zeitgemäßen und nachhaltigen Ernährung, Stuttgart 2012.

Kupper, Patrick: »Weltuntergangs-Vision aus dem Computer«. Zur Geschichte der Studie »Die Grenzen des Wachstums« von 1972, in: Uekötter, Frank/Hohensee, Jens (Hg.): Wird Kassandra heiser? Die Geschichte falscher Ökoalarme, Stuttgart 2004, S. 98–111.

Lamla, Jörn: Die neuen kulturellen Grenzen des Konsums. Entscheidungsarchitekturen und ihre verbraucherwissenschaftliche Reflexion, in: Hohnsträter, Dirk/Krankenhagen, Stefan (Hg.): Konsumkultur. Eine Standortbestimmung, Berlin 2019, S. 45–58.

Linden, Markus: Beziehungsgleichheit als Anspruch und Problem politischer Partizipation. In: Zeitschrift für Politikwissenschaft, Heft 26/2016, S. 173–195.

Lindenberg, Christoph: Rudolf Steiner. Eine Biographie, Band II, 1915–1925, Stuttgart 1997.

Lorenz, Stephan: Biolebensmittel und die ›Politik mit dem Einkaufswagen‹. In: Lamla, Jörn/Neckel, Sighard (Hg.): Politisierter Konsum – konsumierte Politik. Wiesbaden 2006, S. 91–112.

Lünzer, Immo: Die Stiftung Ökologie & Landbau und ihr Beitrag zur Entwicklung der ökologischen Agrarkultur, in: Ders./Schaumann, Wolfgang/Siebeneicher, Georg: Geschichte des ökologischen Landbaus. Bad Dürkheim 2002, S. 83–114.

Mende, Silke: »Nicht rechts, nicht links, sondern vorn«. Eine Geschichte der Gründungsgrünen, München 2011.

Mende, Silke: Eine Partei nach dem Boom. Die Grünen als Spiegel und Motor ideengeschichtlicher Wandlungsprozesse seit den 1970er Jahren, in: Reitmayer, Morten/Schlemmer, Thomas (Hg.): Die Anfänge der Gegenwart. Umbrüche in Westeuropa nach dem Boom, München 2014, S. 23–36.

Mende, Silke: Das »Momo«-Syndrom. Zeitvorstellungen im alternativen Milieu und in den »neuen« Protestbewegungen, in: Esposito, Fernando (Hg.): Zeitenwandel. Transformationen geschichtlicher Zeitlichkeit nach dem Boom, Göttingen 2017, S. 153–191.

Micheletti, Michele: Political Virtue and Shopping. Individuals, Consumerism, and Collective Action, New York 2003.

Micheletti, Michele/Stolle, Dietlind: Sustainable Citizenship and the New Politics of Consumption. In: The ANNALS of the American Academy of Political and Social Science, Heft 644/2012, S. 88–120.

Milder, Stephen: Greening Democracy. The Anti-Nuclear Movement and Political Environmentalism in West Germany and Beyond, 1968–1983, Cambridge 2017.

Mock, Mirjam: Verantwortliches Individuum? Die (Un-)Haltbarkeit der Erzählung von der Konsument*innenverantwortung, in: Blühdorn, Ingolfur: Nachhaltige Nicht-Nachhaltigkeit. Warum die ökologische Transformation der Gesellschaft nicht stattfindet, Bielefeld 2020, S. 227–253.

Möckel, Benjamin: Gegen die »Plastikwelt der Supermärkte«. Konsum- und Kapitalismuskritik in der Entstehungsgeschichte des »fairen Handels«, in: Archiv für Sozialgeschichte, Jg. 56/2016, S. 336–352.

Möckel, Benjamin: »Ökonomische Eigenlogiken« und »alternative Sachzwänge«. Ökonomisierungsdiskurse im ethischen Konsum seit den 1960er Jahren, in: Graf, Rüdiger (Hg.): Ökonomisierung. Debatten und Praktiken in der Zeitgeschichte, Göttingen 2019, S. 360–382.

Moebius, Stephan/Schroer, Markus: Einleitung. In: Dies. (Hg.): Diven, Hacker, Spekulanten. Sozialfiguren der Gegenwart, Berlin 2010, S. 7–12.

Möhring, Maren: Ethnic food, fast food, health food. Veränderung der Ernährung und der Esskultur im letzten Drittel des 20. Jahrhunderts, in: Doering-Manteuffel, Anselm/Raphael, Lutz/Schlemmer, Thomas (Hg.): Vorgeschichte der Gegenwart. Dimensionen des Strukturbruchs nach dem Boom, Göttingen 2016, S. 309–331.

Moser, Sebastian/Schlechtriemen, Tobias: Sozialfiguren – zwischen gesellschaftlicher Erfahrung und soziologischer Diagnose. In: Zeitschrift für Soziologie, Heft 3/2018, S. 164–180.

Müller, Edda: 25 Jahre Umweltbundesamt – Spuren in der Umweltpolitik. Erster Teil, in: Altner, Günter et al. (Hg.): Jahrbuch Ökologie 1999. München 1998, S. 207–224.

Müller, Edda: 25 Jahre Umweltbundesamt – Spuren in der Umweltpolitik. Zweiter Teil, in: Altner, Günter et al. (Hg.): Jahrbuch Ökologie 2000. München 1999, S. 199–221.

Noblet, Caroline/Teisl, Maria: Eco-labelling as sustainable consumption policy. In: Reisch, Lucia/Thogersen, John (Hg.): Handbook of Research on Sustainable Consumption. Cheltenham 2015, S. 300–312.

Oostinga, Hansi: »Wir kriegen nur, wofür wir kämpfen!« Anarchosyndikalismus heute, in: Degen, Hans/Knoblauch, Jürgen (Hg.): Anarchismus 2.0. Bestandsaufnahmen. Perspektiven, Stuttgart 2009, S. 41–55.

Overwien, Bernd: Partizipation und Nachhaltigkeit. Innovationen für die politische Bildung, in: Harles, Lothar/Lange, Dirk (Hg.): Zeitalter der Partizipation. Paradigmenwechsel in Politik und politischer Bildung? Schwalbach (Taunus) 2015, S. 158–167.

Peterson, Richard/Kern, Roger: Changing Highbrow Taste: From Snob to Omnivore, in: American Sociological Review, Heft 5/1996, S. 900–907.

Pollmer, Udo: Öko-Test und Stiftung Warentest im Vergleich. In: Deutschlandfunk Kultur vom 20.10.2017 (https://www.deutschlandfunkkultur.de/analyse-des-bundesa mts-fuer-verbraucherschutz-oeko-test-und-100.html, 25.09.2023).

Quaas, Ruben: Fair Trade. Eine global-lokale Geschichte am Beispiel des Kaffees, Köln 2015.

Raphael, Lutz: Jenseits von Kohle und Stahl. Eine Gesellschaftsgeschichte Westeuropas nach dem Boom, Berlin 2019.

Raphael, Lutz/Doering-Manteuffel, Anselm: Nach dem Boom: Neue Einsichten und Erklärungsversuche, in: Raphael, Lutz: Ordnungsmuster und Deutungskämpfe. Wissenspraktiken im Europa des 20. Jahrhunderts, Göttingen 2018, S. 173–197.

Raschke, Markus: Fairer Handel. Engagement für eine gerechte Weltwirtschaft, Ostfildern 2009.

Reckwitz, Andreas: Die Gesellschaft der Singularitäten. Zum Strukturwandel der Moderne, Berlin 2017.

Rehn, Götz: Wirtschaft neu denken – das Alnatura Modell. In: Diedrich, Ralf/Heilemann, Ullrich (Hg.): Ökonomisierung der Wissensgesellschaft. Wie viel Ökonomie braucht und wie viel Ökonomie verträgt die Wissensgesellschaft? Berlin 2011, S. 211–219.

Reichardt, Sven: Authentizität und Gemeinschaft. Linksalternatives Leben in den siebziger und frühen achtziger Jahren, Berlin 2014.

Reichardt, Sven/Siegfried, Detlef: Das Alternative Milieu. Konturen einer Lebensform, in: Dies. (Hg.): Das Alternative Milieu. Antibürgerlicher Lebensstil und linke Politik in der Bundesrepublik Deutschland und Europa 1968–1983, Göttingen 2010, S. 9–24.

Reitmayer, Morten: Nach dem Boom – eine neue Belle Époque? Versuch einer vorläufigen Synthese, in: ders./Schlemmer, Thomas (Hg.): Die Anfänge der Gegenwart. Umbrüche in Westeuropa nach dem Boom, München 2014, S. 13–22.

Rihm, Susanne: Bioland kooperiert mit Lidl. In: Bioland online (https://www.bioland.d e/bioland-blog/bioland-kooperiert-mit-lidl, 25.09.2023).

Rist, Gilbert: The history of development. From western origins to global faith, London 2019.

Rosanvallon, Pierre: Die Gegen-Demokratie. Politik im Zeitalter des Misstrauens, Hamburg 2017 [2006].

Rosanvallon, Pierre: Die Gesellschaft der Gleichen. Hamburg 2013.

Rucht, Dieter: Das alternative Milieu in der Bundesrepublik. Ursprünge, Infrastruktur und Nachwirkungen, in: Reichardt, Sven/Siegfried, Detlef (Hg.): Das Alternative Milieu. Antibürgerlicher Lebensstil und linke Politik in der Bundesrepublik Deutschland und Europa 1968–1983, Göttingen 2010, S. 61–86.

Rucht, Dieter/Blattert, Barbara/Rink, Dieter: Soziale Bewegungen auf dem Weg zur Institutionalisierung? Zum Strukturwandel »alternativer« Gruppen in beiden Teilen Deutschlands, Frankfurt a.M./New York 1997.

Rucht, Dieter/Roose, Jochen: Von der Platzbesetzung zum Verhandlungstisch? Zum Wandel von Aktionen und Struktur der Ökologiebewegung, in: Rucht, Dieter (Hg.): Protest in der Bundesrepublik. Strukturen und Entwicklungen, Frankfurt a.M. 2001, S. 173–210.

Savage, Mike: Status, Lifestyle, and Taste. In: Trentmann, Frank (Hg.): The Oxford Handbook of the History of Consumption. Oxford 2012, S. 551–567.

Schäffler, Harald: Von der ökratischen Steuerung zum partizipativen Diskurs. In: Ders. (Hg.): Nachhaltige Entwicklung. Transdisziplinäre Aspekte eines neuen Entwicklungskonzepts, Berlin 1996, S. 73–82.

Schelsky, Helmut: Gesellschaftlicher Wandel. In: Ders.: Auf der Suche nach der Wirklichkeit. Gesammelte Aufsätze, Düsseldorf 1965, S. 337–351.

Scherhorn, Gerhard/Weber, Christoph (Hg.): Nachhaltiger Konsum. Auf dem Weg zur gesellschaftlichen Verantwortung, München 2002.

Schmied, Ernst: Die »Aktion Dritte Welt Handel« als Versuch der Bewusstseinsbildung. Ein Beitrag zur Diskussion über Handlungsmodelle für das politische Lernen, Aachen 1977.

Schulz, Werner/Kreeb, Martin: Unsichtbares sichtbar machen. Die Bedeutung der Umweltzeichen in der Nachhaltigkeitsdiskussion, in: Scherhorn, Gerhard/Weber, Christoph (Hg.): Nachhaltiger Konsum. Auf dem Weg zur gesellschaftlichen Verantwortung, München 2002, S. 159–170.

Schüßler, Rudolf: Nachhaltigkeit und Ethik. In: Kahl, Wolfgang (Hg.): Nachhaltigkeit als Verbundbegriff. Tübingen 2008, S. 60–79.

Sebastiani, André: Anthroposophie. Eine kurze Kritik, Aschaffenburg 2019.

Sedlmaier, Alexander: Konsum und Gewalt. Radikaler Protest in der Bundesrepublik, Berlin 2018.

Sept, Ariadne: Von Slow Food zu Cittaslow. Zur Übertragung einer innovativen Idee aus der Ernährung in die Stadtentwicklung, in: Hergesell, Jannis/Maibaum, Arne/Minnetian, Clelia/Sept, Ariadne (Hg.): Innovationsphänomene. Modi und Effekte der Innovationsgesellschaft, Wiesbaden 2018, S. 61–79.

Siebeneicher, Georg: Geschichte der frühen Biolandbaupublizistik. In: Ders./Schaumann, Wolfgang/Lünzer, Immo: Geschichte des ökologischen Landbaus. Bad Dürkheim 2002, S. 61–81.

Simon, Bryant: Not going to Starbucks: Boycotts and the out-scouring of politics in the branded world, in: Journal of Consumer Culture, Heft 2/2011, S. 145–167.

Spehr, Christoph: Die Ökofalle. Nachhaltigkeit und Krise, Wien 1996.

Steffens, Heiko: Verbraucherpolitik. Von der Arbeitsgemeinschaft der Verbraucherverbände zum Verbraucherzentrale Bundesverband (vzbv), Strukturreform 1995–2001, Bonn 2018.

Stiftung Ökologischer Landbau (Hg.): Der ökologische Landbau: eine Realität, Selbstdarstellung und Richtigstellung, Karlsruhe 1979.

Stockmann, Reinhard/Menzel, Ulrich/Nuscheler, Franz: Entwicklungspolitik. Theorien – Probleme – Strategien, München 2010.

Stolle, Dietlind: Kaufen, um die Welt zu retten: Wie Verbraucherinnen und Verbraucher globale Probleme lösen wollen, in: Kenning, Peter/Lamla, Jörn (Hg.): Entgrenzungen des Konsums. Dokumentation der Jahreskonferenz des Netzwerks Verbraucherforschung, Wiesbaden 2018, S. 3–14.

Stolle, Dietlind/Hooghe, Marc/Micheletti, Michele: Politics in the Supermarket. Political Consumerism as a Form of Political Participation, in: International Political Science Review, Heft 3/2005, S. 245–269.

Streeck, Wolfgang: Bürger als Kunden. Überlegungen zur neuen Politik des Konsums, in: Bude, Heinz/Staab, Philipp (Hg.): Kapitalismus und Ungleichheit. Die neuen Verwerfungen, Frankfurt a.M. 2016, S. 261–284.

Taylor, Ian/Smith, Karen: United Nations Conference on Trade and Development (UNC-TAD). Abingdon 2007.

Torp, Claudius: Wachstum, Sicherheit, Moral. Politische Legitimationen des Konsums im 20. Jahrhundert, Göttingen 2012.

Trentmann, Frank: Unstoppable: The Resilience and Renewal of Consumption after the Boom, in: Doering-Manteuffel, Anselm/Raphael, Lutz/Schlemmer, Thomas (Hg.): Vorgeschichte der Gegenwart. Dimensionen des Strukturbruchs nach dem Boom, Göttingen 2016, S. 293–307

Trentmann, Frank: Herrschaft der Dinge. Die Geschichte des Konsums vom 15. Jahrhundert bis heute, München 2017.

Tripp, Sebastian: »Frauen gegen Apartheid«. Die Evangelische Frauenarbeit in Deutschland zwischen kirchlichem Verband und Neuer Sozialer Bewegung, in: Damberg, Wilhelm/Jähnichen, Traugott (Hg.): Neue Soziale Bewegungen als Herausforderung sozialkirchlichen Handelns, Stuttgart 2015, S. 273–278.

Tripp, Sebastian: Fromm und politisch. Christliche Anti-Apartheid-Gruppen und die Transformation des westdeutschen Protestantismus 1970 – 1990, Göttingen 2015.

Uekötter, Frank: Die Wahrheit ist auf dem Feld. Eine Wissensgeschichte der deutschen Landwirtschaft, Göttingen 2010.

Uekötter, Frank: Am Ende der Gewissheiten. Die ökologische Frage im 21. Jahrhundert, Frankfurt a.M./New York 2011.

Uekötter, Frank: Deutschland in Grün. Eine zwiespältige Erfolgsgeschichte, Bonn 2015.

Uekötter, Frank: Ökologische Verflechtungen. Umrisse einer grünen Zeitgeschichte, in: Bösch, Frank (Hg.): Geteilte Geschichte. Ost- und Westdeutschland 1970–2000, Göttingen 2015, S. 117–152.

Umweltbundesamt (Hg.): 1974 – 2014. 40 Jahre Umweltbundesamt, Berlin 2015.

Umweltbundesamt (Hg.): Blauer Engel – 40 Jahre. Gut für mich, Gut für die Umwelt, Dessau-Roßlau 2018.

Urry, John: The Tourist Gaze. Leisure and Travel in Contemporary Societies, London 1990.

Urry, John: The Tourist Gaze and the ›Environment‹. In: Theory, Culture & Society, Heft 1/1992, S. 1–26.

Vogt, Gunter: Entstehung und Entwicklung des ökologischen Landbaus (Ökologische Konzepte, Bd. 99), Bad Dürkheim 1999.

Vogt, Gunter: Entstehung und Entwicklung des ökologischen Landbaus. Bad Dürkheim 2000.

Volmer, Ludger: Die Grünen. Von der Protestbewegung zur etablierten Partei – Eine Bilanz, München 2009.

Voss, Gerhard: Die veröffentlichte Umweltpolitik. Ein sozio-ökologisches Lehrstück, Köln 1990.

Weispfennig, Stefan: Politischer Konsum und Solidarität. Konturen und Kontexte eines Schlüsselbegriffs im späten 20. Jahrhundert, in: Archiv für Sozialgeschichte, Bd. 60/2020, S. 237–259.

Wildt, Michael: Konsumbürger. Das Politische als Optionsfreiheit und Distinktion, in: Hettling, Manfred/Ulrich, Bernd (Hg.): Bürgertum nach 1945. Hamburg 2005, S. 255–283.

Wolfrum, Edgar: Rot-Grün an der Macht. Deutschland 1998–2005, München 2013.

Zakaria, Fareed: Das Ende der Freiheit? Wieviel Demokratie verträgt der Mensch? München 2007.

Zander, Helmut: Anthroposophie in Deutschland. Theosophische Weltanschauung und gesellschaftliche Praxis 1884–1945 (2 Bde.), Göttingen 2007.

Zander, Helmut: Die Anthroposophie. Rudolf Steiners Ideen zwischen Esoterik, Weleda, Demeter und Waldorfpädagogik, Paderborn 2019.